D1666207

Einführung in die Ökonometrie

Von
Universitätsprofessor
Dr. Walter Assenmacher
Universität Essen

6., vollständig überarbeitete und erweiterte Auflage

Bis Seite 186

R. Oldenbourg Verlag München Wien

Die Deutsche Bibliothek - CIP-Einheitsaufnahme

Assenmacher, Walter:
Einführung in die Ökonometrie / von Walter Assenmacher. – 6., vollst.
überarb. und erw. Aufl.. – München ; Wien : Oldenbourg, 2002
ISBN 3-486-25429-4

© 2002 Oldenbourg Wissenschaftsverlag GmbH
Rosenheimer Straße 145, D-81671 München
Telefon: (089) 45051-0
www.oldenbourg-verlag.de

Das Werk einschließlich aller Abbildungen ist urheberrechtlich geschützt. Jede Verwertung außerhalb der Grenzen des Urheberrechtsgesetzes ist ohne Zustimmung des Verlages unzulässig und strafbar. Das gilt insbesondere für Vervielfältigungen, Übersetzungen, Mikroverfilmungen und die Einspeicherung und Bearbeitung in elektronischen Systemen.

Gedruckt auf säure- und chlorfreiem Papier
Gesamtherstellung: Druckhaus „Thomas Müntzer“ GmbH, Bad Langensalza

ISBN 3-486-25429-4

Vorwort zur sechsten Auflage

In den mehr als zwanzig Jahren, die seit dem erstmaligen Erscheinen der „Einführung in die Ökonometrie“ vergangen sind, hat die Ökonometrie einen beachtlichen Akzeptanzgewinn sowohl bei wissenschaftlich arbeitenden als auch anwendungsorientierten Ökonomen erfahren. Sie ist heute eine anerkannte und fest etablierte Disziplin zur quantitativen Analyse der ökonomischen Realität, deren Vorteile nicht nur von Spezialisten gesehen werden. Zwei Gründe haben diese Entwicklung positiv beeinflusst. Zum einen hat die Ökonometrie ihre (Schätz-)Methoden ständig erweitert und verbessert, zum anderen wurden durch die Fortschritte bei der Informationstechnologie sowohl eine umfangreiche Datenspeicherung als auch ihre rasche, benutzerfreundliche Bearbeitung auch mit formal aufwendigen Methoden möglich.

In der sechsten Auflage der „Einführung“ sind die wesentlichen Entwicklungen der ökonometrischen Methoden integriert worden, ohne den ursprünglichen Charakter des Buches allzu sehr zu ändern. Nach wie vor gilt, dass sich die Vorteile ökonometrischer Analysen erst bei einer adäquaten ökonomisch-theoretischen Fundierung der Regressionsgleichung in der gewünschten Weise einstellen und vor einer Fehlinterpretation der empirischen Resultate schützen. Daher bleibt im ersten Teil des Buches die wissenschaftstheoretisch orientierte Einführung in die stochastische Modellanalyse in leicht modifizierter Weise erhalten.

Der Methodenteil enthält neben dem mittlerweile klassischen Stoff die neueren Ergebnisse der theoretischen ökonometrischen Forschung sowie die für die Ökonometrie relevanten Teile der statistischen Zeitreihenanalyse. Der ökonometrischen Behandlung dynamischer Regressionsgleichungen kommt nun ein größeres Gewicht als vormals zu.

Um einem möglicherweise erweiterten Leserkreis ökonometrische Methoden und ökonometrisches Arbeiten zugänglich zu machen, wird die ursprüngliche Grundkonzeption bei der Darstellung des Stoffes beibehalten. Auch jetzt wurde versucht, die Mathematik als Hürde so niedrig wie möglich zu halten. Hier gilt immer noch das im Vorwort zur ersten Auflage Gesagte. Dennoch sind bestimmte formale Nachweise enthalten, die ein nur anwendungsinteressierter Leser übergehen kann, ohne den Gesamtzusammenhang zu verlieren. Zur besseren Orientierung sind zentrale Begriffe da, wo sie definiert oder erläutert werden, durch Fettdruck hervorgehoben.

Die meisten Kapitel enden mit Beispielen, in denen die jeweils behandelten Verfahren zur Anwendung kommen. Um den Leser dabei nicht durch eine Fülle verschiedenster Möglichkeiten zu verwirren, wird die Anwendung der Verfahren überwiegend an demselben, einfachen ökonometrischen Modell gezeigt. Die Schätzungen basieren nur auf relativ wenigen Beobachtungen, so dass sie mit einem Taschenrechner, der statistisch-wissenschaftliche Funktionen unterstützt, nachgerechnet werden können. Alle Daten sind dem Zeitreihenservice des Statistischen Bundesamtes entnommen. Längere Zeitreihen zum eigenen Schätzen der Beispiele mit ökonometrischen Programmpaketen stehen unter http://www.vwl.uni-essen.de/dt/oek/ zur Verfügung. Die im Buch enthaltenen Schätzungen wurden mit EViews, Version 3.1 durchgeführt. Übungsaufgaben zu jedem Kapitel sollen helfen, den Stoff zu verfestigen.

Auch bei dieser Auflage, die erstmals in LaTeX erscheint, habe ich verschiedenen Helfern zu danken. Meine Mitarbeiter, Herr Diplom Volkswirt Andreas Kunert, Herr Diplom Kaufmann Oliver Murschall und Herr Diplom Volkswirt Stephan Popp haben die Beispiele geschätzt, den Text kritisch gelesen und wertvolle Hinweise gegeben. Herr Murschall überführte den Text mit großem Engagement und bewundernswerter Geduld bei notwendigen Änderungen in die vorliegende LaTeX-Version. Ihnen allen gilt mein besonderer Dank.

Frau cand. rer. pol. Sonja Schillo, Frau stud. rer. pol. Eva Plinta und Frau stud. rer. pol. Anne Rüter danke ich für ihre Hilfe beim Korrekturlesen.

Meiner Frau danke ich für ihre Geduld, mit der sie die „sozialen Kosten“ während der Überarbeitung wieder getragen hat.

Schließlich gilt mein Dank Herrn Diplom Volkswirt Martin Weigert vom Oldenbourg Verlag für die erneut angenehme Zusammenarbeit.

Walter Assenmacher

Vorwort zur ersten Auflage

Es bedarf heute kaum noch einer besonderen Rechtfertigung für die Eigenständigkeit der Ökonometrie; ebenso sind ihre Verdienste auf wirtschafswissenschaftlichem und wirtschaftspolitischem Gebiet unumstritten. Dennoch fehlt der Ökonometrie seitens des akademischen Nachwuchses und der Ökonomen in der Praxis ein Zuspruch, wie er ihrer Bedeutung und der berechtigten Forderung nach empirischer Relevanz ökonomischer Theorien entsprechen müßte. Dies mag zum überwiegenden Teil in der starken Formalisierung begründet sein, auf die in weiten Bereichen der Ökonometrie nicht verzichtet werden kann. Ein Ziel des vorliegenden Lehrbuches ist es daher, die mathematischen Grundvoraussetzungen zum Verständnis der ökonometrischen Materie so gering wie möglich zu halten und kompliziertere Zusammenhänge schrittweise zu entwickeln. und ausführlich zu begründen. Um den Leser nicht von vornherein mit statistischen Methoden und Elementen der linearen Algebra zu konfrontieren, ist auf eine geschlossene Darstellung der für die Ökonometrie wichtigen Teilbereiche dieser beiden Gebiete verzichtet worden. Es reicht für das Verständnis aus, wenn Grundkenntnisse der induktiven Statistik und linearen Algebra, wie sie für Studenten der Wirtschaftswissenschaften konzipiert sind, zur Verfügung stehen. Die im Zuge der ökonometrischen Analyse notwendigen Erweiterungen dieser Kenntnisse werden an den betreffenden Stellen im Text oder in Anmerkungen nachgeholt. Dadurch bleibt die Nützlichkeit des mathematischen Kalküls stets präsent. Mehr an der Anwendung interessierte Leser können diese Stellen ohne Verlust des Verständnisses nachfolgender Zusammenhänge überfliegen.

Der Entwicklung ökonometrischer Methoden und den formalen Nachweisen bestimmter Schätzeigenschaften ist viel Raum gewidmet, um auch dem nicht mathematisch Geschulten die Logik der Zusammenhänge transparent zu machen und ihn in die Lage zu versetzen, Forschungsergebnisse, die wegen ihres Adressatenkreises in der Diktion sehr knapp gehalten sind, fruchtbringend lesen zu können. Diese Konzeption verlangt, die bei Ableitungen gebräuchliche Formulierungen „nach einigen Umformungen sieht man ... " oder „wie man leicht sieht ..." tatsächlich nur für solche Entwicklungen zu reservieren, die jeder – sofern ihm die Begriffe Gleichung und Funktion geläufig sind – nachvollziehen zu kann.

Die Anwendung ökonometrischer Verfahren ist stets an eine formalisierte ökonomische Theorie und möglichst genau erhobene Daten gebunden. Um die Ergebnisse der empirischen Wirtschaftsforschung adäquat beurteilen zu können, sind neben einer wissenschaftstheoretisch orientierten Analyse der Struktur ökonomischer Theorien die Bedingungen anzugeben, die erfüllt sein müssen, damit ökonomische Theorien als Grundlage ökonometrischer Modelle herangezogen werden können. Hierzu gehört auch die Diskussion, ob für die Wirtschaftswissenschaft ein stochastischer oder deterministischer Ansatz zur Analyse menschlicher Verhaltensweisen angemessen ist. Diese Debatte wird gerade in letzter Zeit lebhaft geführt und sollte deshalb auch ihren Niederschlag in einem Lehrbuch finden (Teil I). Gleichzeitig ist damit einer mechanischen Anwendung ökonometrischer Verfahren vorgebeugt, die nur allzuoft zu enttäuschenden, weil überschätzten, Resultaten führen wird: Sowohl das ökonometrische Verfahren als auch die ökonomische Theorie müssen mit dem realen wirtschaftlichen Geschehen kompatibel sein.

Um die in der Realität verborgenen Informationen über die Beziehungen ökonomischer Variablen aufzudecken, sollten neben einer adäquaten Spezifikation der Kausalstruktur die ökonomischen Größen in einem exakt abgegrenzten Erhebungszeitraum möglichst genau gemessen werden. Die Notwendigkeit einer sorgfältigen Datengewinnung kann man nicht oft genug betonen; auf eine ausführliche Darstellung der Erhebungstechniken und Meßvorschriften wird hier jedoch verzichtet, da sie Erkenntnisgegenstand der Wirtschafts- und Sozialstatistik sind. Ebenso sei die aus Meßfehlern (Fehlern in den Variablen) resultierende Problematik nur am Rande erwähnt. Trotz einer adäquaten Datenerhebung kann es vorkommen, daß die durch die ökonometrische Verfahren verdichteten Informationen aus den Beobachtungsdaten nicht eindeutig den in einer ökonomischen Theorie enthaltenen Variablen zugerechnet werden können. Es liegt dann ein Identifikationsproblem vor (Teil II).

Bei der rasanten Entwicklung der ökonometrischen Forschung behandelt jedes Lehrbuch nur eine begrenzte Anzahl an Verfahren und Problemfeldern. Die Auswahl des Stoffes erfolgte unter dem Gesichtspunkt, sowohl Anforderungen der praktischen ökonometrischen Arbeit als auch der mehr erkenntnistheoretisch begründeten Überprüfung ökonomischer Theorien zu genügen (Teil III). Denn weder mit Theorien. die nicht von der Realität gestützt werden, noch mit einer Verkettung von Einzeleinflüssen, die theoretisch nicht begründbar sind, lassen sich reale Phänomene erklären und verläßlich prognostizieren.

Ein einfaches, aus zwei Gleichungen bestehendes ökonometrisches Modell dient bei den meisten Kapiteln als Beispiel für die Anwendung der betreffenden ökonometrischen Verfahren. Dabei wurden Modell und Datenumfang bewußt so gewählt, daß jede Berechnung von dem an einer Übung interessierten Leser selbst nachvollzogen werden kann. Darüber hinaus endet jedes Kapitel miut Aufgaben und Verständnisfragen, die eine Vertiefung des Stoffes ermöglichen; ein Teil der Lösungen findet man bei aufmerksamer Lektüre im nachfolgenden Text.

Zur Erleichterung der Benutzung sind alle wichtigen Gleichungen durchnumeriert, wobei die erste Zahl das entsprechende Kapitel kennzeichnet.

Die Konzeption des Buches resultierte aus Lehrveranstaltungen in Wirtschaftstheorie, Statistik und Ökonometrie, die ich an den Universitäten Dortmund und Essen gehalten habe. In diesem Zusammenhang möchte ich den Studenten, die an den Veranstaltungen teilnahmen, für ihre Diskussionsbeiträge danken, aus denen Anregungen für die Gliederung des Stoffes und für die Übungsaufgaben hervorgingen. Besonders hervorzuheben ist Herr cand. rer. pol. Reinhold Kosfeld, der die als Beispiele wiedergegebenen Schätzungen gewissenhaft durchgeführt hat.

Wie jede Arbeit ist auch die vorliegende durch Erkenntnisse anderer, die nicht durch Zitate kenntlich gemacht werden können, geprägt. Die Ansätze für eine formal konzipierte, empirisch überprüfbare ökonomische Theorie verdanke ich meinen akademischen Lehrern während des Studiums an den Universitäten Heidelberg und München, den Herrn Prof. Dr. Menges, Prof. Dr. Münnich, Prof. Dr. Ott, Prof. Dr. Preiser, Prof. Dr. Wagenführ und Prof. Dr. Weizsäcker.

Zu besonderem Dank bin ich Herrn Prof. Dr. Münnich verpflichtet, der durch die Forderung nach empirischer Relevanz ökonomischer Theorien maßgeblich zu der wissenschaftstheoretischen Position des Verfassers beigetragen hat.

Herrn Prof. Dr. von der Lippe danke ich für wertvolle Hinweise bei der Klärung statistischer Probleme.

Mein Dank gilt ferner Frau Elisabeth Becker für die auch in hektischen Phasen sorgfältige Anfertigung des Manuskripts.

Meiner Frau danke ich besonders für ihre Hilfe beim Korrekturlesen des Konzepts.

Dem Oldenbourg Verlag, vertreten durch Herrn Diplom Volkswirt Martin Weigert, danke ich für die umsichtige verlegerische Betreuung und die stets angenehme Zusammenarbeit.

Walter Assenmacher

Inhaltsverzeichnis

„Economic life is more complicated than can be described completely by any deterministic economic model.“

CHOW (1975), S. 6

Einleitung

Entstehung und Aufgabe der Ökonometrie

Ziel einer jeden empirischen Wissenschaft ist es, beobachtbare Erscheinungen zu beschreiben und zuverlässige kausale Beziehungen, die eine Verknüpfung und Erklärung der Einzelbeobachtungen erlauben, aufzustellen. „Zuverlässig" bedeutet dabei, dass die kausalen Beziehungen – die auch als **Theorien** bezeichnet werden können – zum einen logisch richtig sind, zum anderen die Realität gut wiedergeben. Erst wenn eine Theorie beiden Anforderungen genügt, ist sie für eine Erklärung der Realität brauchbar.[1]

Die logische Richtigkeit einer Theorie kann überprüft werden, indem untersucht wird, ob sie auf Axiomen basiert, die „widerspruchsfrei", „unabhängig", „hinreichend" und „notwendig" sind.[2] Um den Realitätsbezug einer Theorie zu untersuchen, konfrontiert man sie mit den empirischen Beobachtungen. Die empirischen Beobachtungen können vereinfachend auf zwei Weisen gewonnen werden. Aus den Naturwissenschaften resultiert die Datenbeschaffung in Form von Experimenten, die sich beliebig oft unter gleichen Bedingungen wiederholen lassen. Eine Theorie steht dann in Einklang mit der Realität, wenn das von ihr vorausgesagte (erklärte) Ereignis bei den Versuchen auch eintritt. Diese Vorgehensweise ist heute für bestimmte Bereiche der Mikroökonomik charakteristisch, die daher auch experimentelle Ökonomik heißen. Sind kontrollierbare Experimente nicht möglich, müssen historische Beobachtungen herangezogen werden, die während des wirtschaftlichen Geschehens anfallen. Um bei solchen Daten den empirischen Bezug einer Theorie aufzudecken, ist im Bereich der Wirtschaftswissenschaften die **Öko-**

[1] Vgl. hierzu: ALBERT (1959), S. 8ff.

[2] Vgl. hierzu: POPPER (1969), S. 41. POPPER bezeichnet eine Theorie, die diese vier Anforderungen erfüllt, als axiomatisiert.

nometrie entstanden,[3] wobei aufgrund der Problemstellung als konstituierende Elemente Bereiche aus der Wirtschaftstheorie, der Statistik und der Mathematik übernommen wurden.

Die Ökonometrie stellt das Bindeglied zwischen ökonomischer Theorie und ökonomisch–historischer Empirie dar.[4] Um die Empirie, die datenmäßig von der Wirtschafts- und Sozialstatistik erfasst wird, in eine Theorie einzubeziehen, muss diese erst durch eine mathematische Formulierung konkretisiert werden. Dies kann, je nach betrachtetem Zusammenhang, zu einer Gleichung oder zu einem Gleichungssystem führen. Aufgabe der Ökonometrie ist es nun, diese Gleichungen zu quantifizieren, indem die vorhandenen Parameter mittels bekannter oder von der Ökonometrie neu zu entwickelnder statistischer Schätzverfahren numerisch bestimmt werden.

Um zuverlässige Parameterschätzungen[5] zu erzielen, müssen von der Ökonometrie einige grundlegende Probleme gelöst werden. Dabei ist von zentraler Bedeutung, ob aus statistischen Daten, die zunächst nur Individualerscheinungen darstellen, überhaupt auf die sie erzeugenden kausalen Ursachen geschlossen werden kann. Durch eine stochastische Interpretation des realen ökonomischen Geschehens kann diese Frage positiv beantwortet werden. Damit entsteht aber gleichzeitig die Notwendigkeit einer statistischen Spezifikation der Zufallseinflüsse. Hierzu zählen Annahmen über die Wahrscheinlichkeitsverteilung oder wenigstens über einige ihrer Momente. Das ökonomische Modell, das die vermutete kausale Beziehung zwischen ökonomischen Variablen beschreibt, wird nun durch ein statistisches Modell erweitert, das die stochastischen Einflüsse und ihre Eigenschaften, denen die ökonomischen Variablen unterliegen, zusammenfasst. Erst wenn das statistische Modell hinreichend genau entwickelt ist, kann entschieden werden, welches Schätzverfahren sich zur numerischen Bestimmung der Parameter eignet.

Die Bedeutung der Ökonometrie

Aufgrund ihrer Aufgabenstellung beeinflusst die Ökonometrie sowohl die Weiterentwicklung der Wirtschaftstheorie als auch die praktische Wirtschafts- und Unternehmenspolitik. Auf theoretischem Gebiet wird ihre Bedeutung unmittelbar deutlich: Es ist nun prinzipiell möglich, zwischen empirisch ge-

[3] Die Gründung der ökonometrischen Gesellschaft am 29. 12. 1930 wird als die Geburtsstunde der Ökonometrie angesehen. Jedoch hat es schon vor diesem Zeitpunkt ökonometrische Forschung gegeben. Vgl. MENGES (1961), S. 9ff.

[4] Im Folgenden ist mit Empirie stets die historisch–ökonomische gemeint.

[5] Was unter einer zuverlässigen Schätzung verstanden werden soll, wird später geklärt; hier genügt zunächst die umgangssprachliche Bedeutung.

haltvollen und empirisch leeren Theorien zu diskriminieren.[6] Darüber hinaus gibt es Modelle, bei denen ohne Kenntnisse der numerischen Werte der Parameter noch nicht einmal etwas über die Richtung und Stabilität des qualitativen Zusammenhangs ausgesagt werden kann.[7]

Aber auch bei den meisten wirtschaftspolitischen Entscheidungen, die auf eine Globalsteuerung des Wirtschaftsprozesses abzielen, ist die Kenntnis der Parameter für ein Gelingen Voraussetzung. Die Wirkung einer autonomen staatlichen Investitionspolitik z.B. auf das Inlandsprodukt und damit auf die Beschäftigung von Arbeit und Kapital kann quantitativ nur dann bewertet werden, wenn die (marginale) Sparneigung und die Reaktionsverzögerungen bekannt sind. Die vielfältigen, mehr oder weniger erfolgreichen Bemühungen um eine stabile gesamtwirtschaftliche Entwicklung (Beseitigung von Konjunkturzyklen) weisen deutlich auf die Notwendigkeit dieser Kenntnis hin; die Ökonometrie versucht, hier durch die Entwicklung und Schätzung gesamtwirtschaftlicher Modelle Entscheidungshilfen bereitzustellen. Zu diesen Entscheidungshilfen zählt nicht zuletzt auch eine Prognose der Entwicklung wichtiger makroökonomischer Variablen. Neben der Voraussage auf der Basis von Einzelgleichungen werden hierzu in zunehmendem Maße Totalmodelle eingesetzt, denn nur mit ihnen kann der Interdependenz ökonomischer Beziehungen Rechnung getragen werden.

Die Anwendung ökonometrischer Verfahren ist jedoch nicht nur auf den makroökonomischen Bereich begrenzt. Bei der regionalen und sektoralen Strukturpolitik sowie bei der Entscheidungsfindung der Unternehmen kommt sie immer mehr zum Einsatz, so z.B. bei der Schätzung branchenspezifischer Produktionsfunktionen und Preisnachfrageelastizitäten.

Die Vorteile, die aus einer Ergänzung qualitativer Beziehungen durch ihre Quantifizierung erwachsen, werden – nicht nur bei den Wirtschaftswissenschaften[8] – immer deutlicher gesehen. Allein schon deshalb ist eine Auseinandersetzung mit der Ökonometrie sinnvoll. Jedoch gilt auch hier, dass Vorteile nur aus theoretisch fundierten Methodenkenntnissen erwachsen.

---

[6] Auf Schwierigkeiten, die hierbei entstehen, wird in den Kapiteln 9 und 10 eingegangen. Eine weitergehende Analyse findet man bei ASSENMACHER (1986).

[7] Als Beispiel sei die bekannte Untersuchung von SAMUELSON (1939) über die „Wechselwirkungen zwischen der Multiplikatoranalyse und dem Akzelerationsprinzip" angeführt. Vgl. auch OTT (1979).

[8] Eine ähnliche Entwicklung bei anderen Wissenschaften führte zu der Etablierung der Biometrie, Psychometrie und Soziometrie.

Teil I
Konzepte der stochastischen Modellanalyse

Kapitel 1

Realität, Theorie und Modell

Erkenntnisgegenstand der **Realwissenschaften** ist die uns umgebende Realität. Man kann die **Realität** als eine Menge präzisieren, deren Elemente Individuen, Dinge, Eigenschaften und Beziehungen sind. Diesen Elementen werden nun Begriffe[1] zugeordnet, die eine Abbildung der Realität in den Sprachbereich und damit in unser Denken bewirken.

Jedes gedankliche Ordnen der Realität und jede Erklärung ihrer Erscheinungsformen stellen eine **Theorie** dar. Wegen ihrer Komplexität können immer nur Teilbereiche der Realität einer Theorie zugrunde liegen.[2] Welche Elemente der Realität diese Teilbereiche umfassen, hängt von dem Untersuchungsgegenstand ab, der mit Hilfe einer Theorie erhellt werden soll. Ein allgemeines Auswahlkriterium existiert hierfür nicht; die Abstraktion muss jedoch stets so erfolgen, dass alle hinsichtlich der Zielsetzung relevanten Elemente enthalten sind. Jede Theorie besteht daher aus einer bestimmten Anzahl von Sätzen, mit denen die als wichtig erachteten Zusammenhänge der Realitätsausschnitte möglichst wahrheitsgetreu wiedergegeben werden.

[1] Obwohl ein Begriff immer an ein Wort gebunden ist, handelt es sich nicht um synonyme Bezeichnungen. „Vielmehr kann ein Begriff durch jedes Wort und jede Wortgruppe aus einer Menge von Wörtern und Wortgruppen wiedergegeben werden, die sich gegenseitig vertreten können" (1). Zum Beispiel bezeichnen „weißes Pferd" und „Schimmel" den gleichen Begriff (2). „Der Begriff ist also das, was gleich bleibt, wenn die verbundenen Wörter sich ändern (3). SEIFERT (1969), (1): S. 39, (2) und (3): S. 37.

[2] Theorien, die sich auf annähernd gleiche Teilbereiche beziehen, werden zu wissenschaftlichen Disziplinen zusammengefasst, z.B. zu Wirtschaftswissenschaften, Physik usw. Wegen der Schwierigkeit, den spezifischen Gegenstand einer wissenschaftlichen Disziplin genau anzugeben, sind die Grenzen zu benachbarten Disziplinen fließend.

Die verwendeten Sätze müssen dabei untereinander logisch richtig sein. Bei den Sozialwissenschaften lassen sich drei Satztypen unterscheiden, die bei der Theorienkonstruktion Verwendung finden: analytische, hypothetische und normative Sätze.[3]

Analytische Sätze umfassen Definitionen und Identitäten. Definitionen sind aufgrund ihres Zustandekommens wahr, da sie die Gleichsetzung bestimmter Wörter bzw. Wortgruppen bewirken.[4] Beispielsweise kann die Definition der durchschnittlichen Konsumquote als Quotient aus Konsum und Volkseinkommen nicht unwahr sein. Die in den Wirtschaftswissenschaften vorkommenden Identitäten sind wegen ihrer Berechnungsvorschrift wahr; als Beispiel diene die ex post Identität zwischen den Nettoinvestitionen und der Ersparnis in einer Periode.

In **hypothetischen Sätzen** werden den Erscheinungsformen der Realität vermutete Ursachen zugeordnet. Diese Erklärungsversuche können im Gegensatz zu den analytischen Sätzen grundsätzlich falsch sein, d.h. an der Realität scheitern. Dies ist dann der Fall, wenn die aufgestellten Hypothesen nicht durch die Realität bestätigt werden; man bezeichnet dann solche Sätze als **falsifiziert** (widerlegt).[5]

Normative Sätze bringen zum Ausdruck, wie etwas sein sollte, nicht wie es tatsächlich ist. Implizit ist in ihnen die Forderung nach allgemeiner Anerkennung enthalten. Diese Sätze entziehen sich jeglicher Wahrheitsbeurteilung. Bis auf ganz wenige Ausnahmen[6] gehören zu den normativen Sätzen alle Gleichgewichtsbedingungen, wie beispielsweise die ex ante geforderte Gleichheit von Nettoinvestitionen und Ersparnis.

Diese drei Satztypen dienen auch zur Kategorisierung wirtschaftswissenschaftlicher Theorien. Je nach Dominanz des in ihnen enthaltenen Satztypus erfolgt eine Aufteilung in:[7]

(1) **klassifikatorische (definitorische) Theorien**: analytische Sätze dominieren;

(2) **nomologische (erklärende) Theorien**: hypothetische Sätze dominieren,

[3] Vgl. hierzu HEIKE und KADE (1968), S. 298 und S. 314.

[4] Diese Definitionen heißen genauer Nominaldefinitionen.

[5] Wann man einen Satz bzw. eine Theorie als falsifiziert ansehen kann, wird in den Kapiteln 9 und 10 untersucht.

[6] Eine dieser Ausnahmen ist die im HARRODschen Wachstumsmodell enthaltene „Normalauslastung des Kapitalstocks". Obwohl es sich um eine Gleichgewichtsbedingung handelt, ist sie zu den hypothetischen Sätzen zu zählen, da ihr verhaltensorientierter Gehalt überwiegt.

[7] Zur Bezeichnung der Theorien vgl. JOCHIMSEN und KNOBEL (1971), S. 45.

(3) **Entscheidungs- (dezisionsorientierte) Theorien**: normative Sätze dominieren.

Wenn auch bei einzelnen Theorien eine eindeutige Zuordnung zu einer dieser drei Theoriengruppen schwierig und in manchen Fällen unmöglich sein wird, stellt diese Klassifikation für die meisten Theorien ein sinnvolles Aufteilungsschema dar.

Klassifikatorische Theorien dienen hauptsächlich der Bezeichnung und Beschreibung ökonomischer Phänomene. Das Bestehende wird ohne Analyse der Ursachen seiner Erscheinungsformen klassifiziert. Dies ist eine Betrachtungsweise der Realität, die von den Beziehungen, die zwischen Individuen, Dingen, Dingen und Individuen bestehen können, abstrahiert.[8]

Bei nomologischen und dezisionsorientierten Theorien stellen gerade diese Beziehungen wesentliche Bestandteile dar. Während bei dezisionsorientierten Theorien die Beziehungen als bekannt vorausgesetzt werden, bilden sie den eigentlichen Untersuchungsgegenstand nomologischer Theorien. Sind diese Beziehungen derart, dass jeder realen Bedingung (Ursache) eine reale Folge zugeordnet werden kann, so spricht man vom **Kausalprinzip**: Gleiche Ursachen haben die gleiche Wirkung. Beziehungen liegen in der Realität jedoch nie isoliert vor, sondern werden durch eine Reihe anderer Beziehungen überlagert und durch Nebenwirkungen gestört. All diese Nebeneinflüsse lassen sich zu allgemeinen Bedingungen zusammenfassen. Können die allgemeinen Bedingungen nicht von der zu untersuchenden Beziehung getrennt werden, dann besagt das Kausalprinzip, dass jetzt bei unveränderten allgemeinen Bedingungen eine Ursache immer die gleiche Folge zeigt. Ist es möglich, die allgemeinen Bedingungen konstant zu halten, kann die Gültigkeit einer aufgestellten Kausalfolge experimentell überprüft werden.

Gehören zu einer realen Bedingung unterschiedliche reale Folgen, aus denen mindestens zwei disjunkte Ereignisse gebildet werden können, so ist nach HARTWIG[9] das **Ätialprinzip** wirksam. Dieses Prinzip lässt sich wie folgt charakterisieren: Einer realen Bedingung (Ursache) sind mehrere (disjunkte) Folgen (Wirkungen, Ausgänge) zugeordnet, deren Verteilungsfunktion bei unveränderten allgemeinen Bedingungen konstant bleibt. Ändern sich die allgemeinen Bedingungen, dann ändern sich entweder nur die Verteilungsfunktion oder auch die realen Folgen.[10] Neben allen Zufallsexperimenten unterliegen

[8] Der einer klassifikatorischen Theorie zugrunde liegende Teilbereich der Realität umfasst demnach nur die Elemente: Individuen, Dinge, Eigenschaften, nicht aber die Beziehungen.

[9] Vgl. HARTWIG (1956).

[10] Die reale Bedingung „Werfen eines Würfels" verdeutlicht dies. Ihr sind bei gleich bleibenden allgemeinen Bedingungen – also immer bei „fairen" Würfeln – sechs reale Folgen, die Zahlen 1 bis 6, mit gegebener Verteilungsfunktion zugeordnet. Verändert man die allgemeinen Bedingungen, indem „nicht-faire" Würfel verwendet werden, ändert sich die Verteilungsfunktion, während die realen Folgen unberührt bleiben.

dem Ätialprinzip auch solche Beziehungen, bei denen die möglichen realen Folgen nicht alle a priori bekannt sind und die sich nicht unter gleichen Bedingungen beliebig oft wiederholen lassen.

Der Begriff „Modell“ wird in den Wirtschaftswissenschaften nicht einheitlich verwendet. Teilweise entsteht der Eindruck, als handele es sich nur um eine andere Bezeichnung für „Theorie“. Ein Satzsystem wird meistens dann als **Modell** bezeichnet, wenn es wenigstens eine der folgenden Eigenschaften besitzt:[11]

(1) Die Sätze sind formalisiert.

(2) Das Satzsystem ist einfach in dem Sinne, dass es nur wenige Funktionen enthält.

(3) Es basiert auf vereinfachenden Annahmen und/oder idealisierten Begriffen.

(4) Es ist so formuliert, dass es durch die Realität nicht widerlegt (falsifiziert) werden kann.

(5) Die Parameter eines formalisierten Satzsystems sind numerisch nicht spezifiziert.

Die letzte Eigenschaft ist kennzeichnend für die Verwendung des Modellbegriffs in der Ökonometrie.

Diese unterschiedlichen Inhalte legen eine Präzisierung des Modellbegriffs nahe, um

- eine einheitliche Verwendung zu erreichen,
- eine Abgrenzung zum Theoriebegriff zu erzielen und um
- seine Stellung und Bedeutung innerhalb der Ökonometrie aufzuzeigen.

Im Folgenden soll ein Satzsystem dann als Modell bezeichnet werden, wenn es die nachstehenden Charakteristika aufweist:

(1) Es muss neben normativen Sätzen mindestens ein hypothetischer Satz enthalten sein.

(2) Alle Sätze sind funktionale Beziehungen derart, dass mindestens eine der in ihnen enthaltenen Variablen in mindestens einer anderen Funktion des Systems vorkommt.

[11] Vgl. hierzu HEIKE und KADE (1968), S. 300 sowie JOCHIMSEN und KNOBEL (1971), S. 44.

(3) Da Modelle die Wirkungszusammenhänge zwischen den Variablen abbilden, muss aufgeführt werden, welche Variablen erklärende, und welches zu erklärende Variablen sind.

(4) Es existieren genau so viele voneinander unabhängige und widerspruchsfreie Funktionen wie zu erklärende Variablen.

(5) Die durch die Funktionen festgelegten Kausalrichtungen zwischen den einzelnen Variablen oder gegebenenfalls die Funktionenklasse sind bis auf eine numerische Spezifikation der Parameter vor der Modellkonstruktion bekannt.

(6) Alle zu erklärenden Variablen stellen geplante und somit ex ante Größen dar, die nicht direkt beobachtbar sind. Daher muss ihr Übergang zu beobachtbaren ex post Größen angegeben werden.

So definierte Modelle besitzen jetzt drei wichtige Eigenschaften:

(1) Modelle sind gegenüber der Realität nicht immunisiert, d.h. wegen der Verwendung mindestens eines hypothetischen Satzes und der Einbeziehung beobachtbarer ex post Größen können sie durch Tatsachen falsifiziert werden.

(2) Sie lassen sich als eine Gleichung darstellen, in der nur noch eine zu erklärende Variable enthalten ist.[12] Dies bewirken die zweite und die vierte Bedingung. Für die zu erklärenden Variablen existiert eine eindeutige Lösung. Man bezeichnet solche Modelle als vollständig.

(3) Theorie und Modell bedeuten nicht dasselbe. Die Kausalrichtung und oft auch die Funktionenklasse werden stets von der Theorie vorgegeben; eine Theorie ist einem Modell logisch vorgelagert.

Ist eine Theorie so allgemein, dass bei einigen Sätzen lediglich Aussagen über die Kausalrichtung zwischen den einzelnen Variablen möglich sind, lassen sich aus ihr nur „abstrakte Modelle“ formulieren. In einem **abstrakten Modell** sind deshalb einige oder alle Funktionstypen nicht konkretisiert; diese liegen daher bei einer impliziten Darstellung immer in der Form vor:

$$f_g(y_1, \ldots, y_G, x_1, \ldots, x_K) = 0, \quad \text{für } g = 1, \ldots, G.$$
$$y: \text{ zu erklärende Variable,} \quad x: \text{ erklärende Variable}$$

[12] Der Umformungsmechanismus lässt sich durch den GAUSSschen Algorithmus veranschaulichen. Vgl. hierzu OBERHOFER (1984), S. 61.

Liefert eine Theorie jedoch Aussagen über die Funktionstypen aller Sätze, können **konkrete Modelle** aufgestellt werden. In konkreten Modellen ist jede Funktion bis auf ihre Parameter spezifiziert.

Es kann teilweise sinnvoll sein, Modelle noch hinsichtlich ihres Anwendungsbereiches zu unterteilen. So unterscheidet BAUMOL[13] zwischen allgemeinen und speziellen Modellen. **Allgemeine Modelle** beziehen sich auf das Typische[14] an den Erscheinungsformen der Realität; sie müssen daher notwendigerweise auf Einzelheiten, die das Konkrete einer bestimmten Situation ausmachen, verzichten. Dadurch erreichen sie einen sehr großen Anwendungsbereich, der nicht selten zu Lasten des empirischen Gehaltes geht. **Spezielle Modelle** hingegen werden für ganz bestimmte Situationen und Fälle entworfen. Sie gehen meist aus allgemeinen Modellen durch die für den besonderen Fall notwendig gewordene Konkretisierung hervor. Ihr Anwendungsbereich ist daher nur sehr begrenzt, der Erklärungsgehalt kann jedoch sehr groß sein. Im Gegensatz zu abstrakten und konkreten Modellen wird eine strenge Grenzziehung zwischen allgemeinen und speziellen Modellen oft schwer fallen.

Ein Beispiel soll einige der bis jetzt eingeführten Begriffe verdeutlichen. Der makroökonomische Aspekt der klassischen Theorie[15] kann als ein fünf Gleichungen umfassendes Modell dargestellt werden:

$$(1)\ Y = Y(A, \bar{K}) \quad \text{mit } \frac{\partial Y}{\partial A} > 0 \text{ und } \frac{\partial^2 Y}{\partial A^2} < 0\text{: Produktionsfunktion,}$$

$$(2)\ \frac{\partial Y}{\partial A^D} = \frac{l}{P} \qquad \text{: Arbeitsnachfrage,}$$

$$(3)\ A^S = A^S\left(\frac{l}{P}\right), \quad \text{mit } \frac{\partial A^S}{\partial(\frac{l}{P})} > 0 \qquad \text{: Arbeitsangebot,}$$

$$(4)\ vM = PY \qquad \text{: Quantitätstheorie,}$$

$$(5)\ A^S = A^D = A \qquad \text{: Markträumungsbedingung.}$$

Hierbei haben die Symbole folgende Bedeutung:

Y: reales Inlandsprodukt, $\bar{K}$: konstanter Kapitalstock,
A^D: Arbeitsnachfrage, A^S: Arbeitsangebot,
A: Beschäftigung, l: Geldlohnsatz,

[13]BAUMOL (1972).

[14]Die Diskussion über den Idealtypus bzw. das Typische gehört zu den klassischen Kontroversen der Nationalökonomie. Einen Überblick über die wichtigsten Denkansätze bietet MACHLUP (1960). Eine logische Begründung des Typus liefert KEMPSKI (1952).

[15]Eine ausführliche Darstellung der klassischen Theorie geben z.B. ACKLEY (1961), S. 105-167 und MANKIN (1996), S.51-272.

P: Preisindex für alle produzierten Güter der Volkswirtschaft,

v: Einkommenskreislaufgeschwindigkeit des Geldes,

M: Geldmenge im Nichtbankensektor.

Es kann leicht überprüft werden, dass die ein Modell konstituierenden Charakteristika erfüllt sind: Es existieren fünf zu erklärende Variablen: Y, A^D, A^S, P, l und ebenso viele unabhängige Gleichungen. Jede Gleichung enthält mindestens eine Variable, die auch in mindestens einer anderen Gleichung vorkommt. Die ersten vier Gleichungen stellen Formalisierungen hypothetischer Sätze dar,[16] die fünfte Gleichung ist ein formalisierter normativer Satz. Er gibt an, wie die ex ante Größen A^S und A^D in die tatsächlich beobachtbare Größe A (ex post Größe) übergehen.

Das Modell ist abstrakt, da bis auf die beiden letzten Gleichungen die Funktionstypen nicht konkretisiert sind; ebenso kann es als allgemein bezeichnet werden, weil sein Anwendungsbereich alle marktwirtschaftlich organisierten Volkswirtschaften umfasst.

Übungsaufgaben

1.1 Gegeben sei das einfache Keynessche Kreislaufmodell:

$$C_t = \alpha_1 + \beta_1 Y_t, \quad 0 < \beta_1 < 1, \quad Y_t = C_t + I_t,$$

Y : Inlandsprodukt, C : Konsum, I : Nettoinvestitionen,

t : Periodenindex.

a) Welche formalisierten Satztypen werden hier verwendet?

b) Welches sind die erklärenden und welches die zu erklärenden Variablen?

c) Handelt es sich um ein abstraktes oder konkretes Modell?

d) Prüfen Sie, ob das Modell vollständig ist!

[16] Die vierte Gleichung kann auch als eine Identität und damit, da sie ex ante gelten soll, als normative Gleichung aufgefasst werden. Es soll hier bei der Einordnung jedoch der quantitätstheoretische Aspekt dominieren. Vgl. hierzu JARCHOW (1973), S. 182.

Kapitel 2

Stochastisches, statistisches und ökonometrisches Modell

Der Einbezug der tatsächlichen Beobachtungen in das Modell geschieht durch die Annahme, dass die geplanten (ex ante) und die faktischen (ex post) Größen in jeder Periode übereinstimmen. Damit ist aber impliziert, dass sich die Wirtschaftssubjekte hinsichtlich der Durchsetzung ihrer Wirtschaftspläne im Gleichgewicht befinden. Ist in einem Modell ein formalisierter normativer Satz als Gleichgewichtsbedingung enthalten, kann dieser als Vorschrift für den Übergang von ex ante in beobachtbare ex post Größen angesehen werden. Diese normativen Sätze zählen wegen ihres Gleichsetzungscharakters daher zu den Identitäten. Die Markträumungsbedingung des klassischen Modells ist ein Beispiel für diesen Satztyp.

Hypothetische Sätze können inhaltlich in drei Gruppen aufgeteilt werden:

(1) technische Relationen,

(2) institutionelle Beziehungen,

(3) Verhaltensgleichungen.

Technische Relationen fassen die unter einem ökonomischen Aspekt wichtigen technischen Möglichkeiten zu einer Funktion zusammen. Die Produktionsfunktion ist hierfür ein typisches Beispiel. **Institutionelle Beziehungen** sind Funktionen, in denen die für den wirtschaftlichen Ablauf relevanten legislativen Richtlinien quantifiziert werden. Die Steueraufkommensfunktion verdeutlicht diese Beziehungen. Sie bestimmt bei gegebenen Steuersätzen das Steueraufkommen in Abhängigkeit von der Höhe des Inlandsproduktes. In den **Verhaltensgleichungen** kommen die vermuteten Beziehungen zwischen den Plangrößen einzelner oder gruppierter Wirtschaftssubjekte und den jeweiligen Ursachen, auch Determinanten genannt, zum Ausdruck. Die Preis-Nachfrage-Funktion eines Haushalts oder die Konsumfunktion sind hierfür Beispiele.

Bis auf Identitäten und Definitionen ist allen anderen in einem ökonomischen Modell enthaltenen Gleichungen gemeinsam, dass sie als prinzipiell zufallsgestört (**stochastisch**) angesehen werden können. Denn die mit der Formalisierung assoziierte Eindeutigkeit zwischen der zu erklärenden und den erklärenden Variablen ist in der Realität keineswegs gegeben. Vielmehr wird für jede Wertekonstellation der erklärenden Variablen eine Vielzahl möglicher Werte der zu erklärenden Variablen verträglich sein, von der dann jeweils nur ein Wert realisiert wird: Ökonomische Variablen unterliegen somit dem Ätialprinzip.

Mehrere sich ergänzende Erklärungsansätze lassen sich für diese Interpretation heranziehen. Eine mögliche Ursache wird darin gesehen, dass die Modellbegriffe der ökonomischen Theorien und die Zählbegriffe der Statistik, die ja letztlich Theorie und Realität verbinden, nicht immer die gleiche Bedeutungsskala haben. Daher ist eine minimale logische Diskrepanz zwischen Zähl- und Modellbegriff (**statistische Adäquation**) anzustreben. Trotz der statistischen Adäquation mag die verbleibende Unschärfe, was alles unter einem Begriff zusammengefasst und ausgezählt werden soll, zu zahlenmäßigen Variationen beitragen.[1] Obwohl dieser Ansatz die Schwankungen gerade makroökonomischer Daten zu einem erheblichen Teil zu erklären vermag, bleibt er letztlich doch unbefriedigend, da die stochastische Eigenschaft als „Messfehler" und nicht dem Erkenntnisobjekt inhärent angesehen wird.[2]

Ein weiterer Grund für die stochastische Interpretation ökonomischer Beziehungen resultiert aus der Abstraktion einer jeden Theorie von Faktoren, die für den zu analysierenden Sachverhalt als unwesentlich erachtet werden. Sie sind dann zwar nicht in der Theorie enthalten, dennoch liegt ihr Einfluss in den numerischen Ausprägungen der Beobachtungen der zu erklärenden Variablen vor. Keiner dieser Faktoren kann die funktionale Beziehung zwischen

[1] Hiervon können bei getrennter statistischer Erhebung auch die Variablen von Identitätsgleichungen betroffen sein. Liegen solche Messfehler vor, erfolgt eine Fehlerbereinigung der Daten.

[2] Messfehler, die häufig als Fehler in den Variablen bezeichnet werden, können zu erheblichen Konsequenzen bei den Parameterschätzungen führen. Hierauf wird in Kapitel 4 eingegangen.

der zu erklärenden und den erklärenden Variablen ändern,[3] wohl aber die Beobachtungen der zu erklärenden Variablen beeinflussen. Dies führt dazu, dass bei gleichen Werten für die erklärenden Variablen unterschiedliche Werte für die zu erklärende Variable eintreten können.

Schließlich kann argumentiert werden, dass der stochastische Erklärungsansatz im menschlichen Verhalten selbst begründet ist. Menschliche Handlungen resultieren aus dem Zusammenwirken von Erfahrung (Wissen), Persönlichkeitsstruktur und sozialer Einbeziehung.[4] Die Erfahrung sowie ihre Berücksichtigung bei der Entscheidungsfindung sind einem ständigen Wandel unterworfen. Es kann daher vermutet werden, dass sich Wirtschaftssubjekte bei der quantitativen Bestimmung ihrer Plangrößen auch unter gleich bleibenden ökonomischen Rahmenbedingungen nicht immer auf dieselbe Weise entscheiden. So wird das nutzenmaximierende Sortiment eines Haushalts trotz konstanter Nutzenfunktion, Einkommen und Güterpreise in aufeinander folgenden Perioden mengenmäßig variieren.

Diese zunächst an eine mikroökonomische Betrachtungsweise gebundene stochastische Interpretation der Realzusammenhänge kann ohne Schwierigkeiten auf makroökonomische Relationen übertragen werden. Auch bei denjenigen makroökonomischen Beziehungen, die durch Aggregation der einzelwirtschaftlichen Verhaltensgleichungen entstehen, bleibt der stochastische Charakter erhalten,[5] jedoch kann die Variabilität der zu erklärenden Variablen hierauf reagieren. Das Ausmaß hängt auch davon ab, wie beeinflussbar die Wirtschaftssubjekte in ihrem Verhalten untereinander sind, d.h. ob ihre Entscheidungen unabhängig von den Entscheidungen anderer getroffen werden oder nicht.

Diese drei Hypothesen zur Begründung des stochastischen Ansatzes erlauben es, alle ökonomischen Variablen in den Verhaltensgleichungen als Zufallsvariablen anzusehen, denn die erklärenden ökonomischen Variablen eines Modells können grundsätzlich die zu erklärenden Variablen eines anderen Modells sein. Die stochastische Fundierung bedeutet jedoch nicht, dass das reale Wirtschaftsgeschehen ausschließlich planlos und zufällig abläuft, „sondern nur vom Allgemeinen, vom logischen Zusammenhang her sind die Realzusammenhänge zufällig“[6]. Der tatsächlich beobachtete Wert einer Variablen setzt sich somit aus einem systematischen und einem nicht systematischen (sto-

[3]Würde sich durch die Hinzunahme einer vormals ausgeschlossenen erklärenden Variablen die qualitative Richtung zwischen der zu erklärenden Variablen und einigen erklärenden Variablen ändern, so ist diese Variable als wesentlicher Bestandteil explizit in die Theorie und das Modell aufzunehmen.

[4]Eine allgemeinere Analyse menschlicher Entscheidungen geben TINTNER und SENGUPTA (1972).

[5]Siehe hierzu ASSENMACHER und BRAUN (1981), S. 157f.

[6]STÖWE (1959), S. 8.

chastischen) Teil zusammen. Der **systematische Teil** entspricht dabei einer Modellgleichung und wird deshalb stets durch eine Theorie begründet, die das tendenzielle Verhalten der Wirtschaftssubjekte erklärt; der **nicht systematische Teil** fasst alle stochastischen Einflüsse zu einer einzigen Variablen zusammen, die aufgrund ihrer Wirkungsweise als **Störvariable** bezeichnet wird. Erst durch diese stochastische Interpretation beobachtbarer Werte wird es möglich, Modelle und damit Theorien mit der Realität zu konfrontieren, denn als wirtschaftliches Datum sind alle numerischen Ausprägungen ökonomischer Variablen Individualerscheinungen, die in keinem Zusammenhang zueinander stehen. „Nur durch den Rekurs auf die stochastischen Eigenschaften einer empirischen Zahl vermag (...) (man, *W. A.*) diese von dem hic et nunc zu befreien, das (...) den Weg zu allgemeingültigen Sätzen (Theorien, *W.A.*) versperrt“[7].

Ein einfaches Streudiagramm illustriert die Zusammenhänge. Für die ökonomischen Variablen x und y gilt der lineare, wahre Zusammenhang:

$$y = \alpha_0 + \alpha_1 x, \quad \alpha_{0,1} > 0$$

y : zu erklärende Variable,

x : erklärende Variable.

Statistische Messungen in drei aufeinander folgenden Perioden liefern für diese Variablen die Beobachtungen $(x_1, y_1), (x_2, y_2)$ und (x_3, y_3), die durch Punkte in Abbildung 2.1 dargestellt sind.

Abb. 2.1: Systematischer und stochastischer Teil

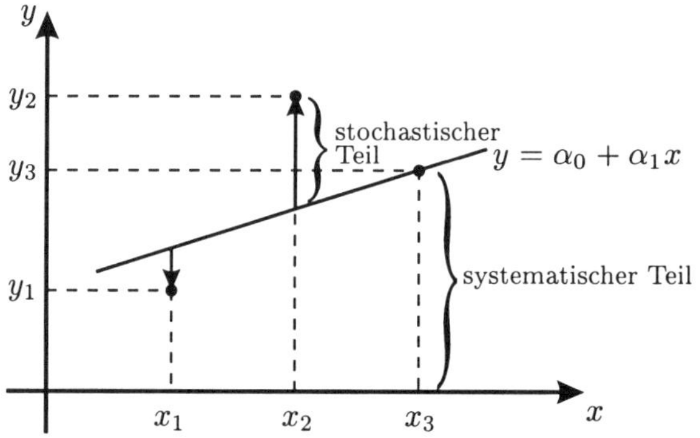

Setzt man in die Geradengleichung die Werte x_1, x_2 und x_3 ein, erhält man als Funktionswert den systematischen Teil der jeweiligen Beobachtungswerte von y. Grafisch entspricht das den gestrichelten senkrechten Linien in obiger

[7] Menges (1961), S. 19.

Abbildung. Die Pfeile veranschaulichen die stochastischen Einflüsse. In der Periode 1 wirken diese Einflüsse negativ: Der tatsächlich beobachtete Wert y_1 ist kleiner als er aufgrund des systematischen Teils hätte sein müssen. In der Periode 2 ist der stochastische Einfluss positiv. In der dritten Periode haben sich die stochastischen Einflüsse gegenseitig kompensiert: Systematischer Teil und Beobachtungswert stimmen überein.

Wird die stochastische Interpretation ökonomischer Beziehungen in der Formulierung von Modellen berücksichtigt, spricht man von **stochastischen Modellen.**[8] Da alle hypothetischen Sätze nach diesem Ansatz zufallsgestört sind, muss für die daraus abgeleiteten Gleichungen eine geeignete funktionale Verknüpfung des systematischen Teils mit der stochastischen Komponente erfolgen. Hierbei lässt man sich weitgehendst von Einfachheitsüberlegungen leiten; man nimmt an, dass die Störvariable den systematischen Teil additiv überlagert. Zu allen Gleichungen hypothetischer Sätze addiert man jeweils eine Störvariable. Diese Störvariablen sind

(1) nicht direkt beobachtbar[9], da sie im Wesentlichen die zusammengefasste Wirkung verschiedener, unbekannter Einzeleinflüsse repräsentieren,

(2) unterschiedlich in ihren stochastischen Eigenschaften – wie z.B. in ihren Verteilungsfunktionen – da sie in jeder Gleichung für andere latente Einzeleinflüsse stehen.

Werden die stochastischen Eigenschaften der Störvariablen und der erklärenden Variablen weiter präzisiert, z.B. durch die Angabe der Verteilungsfunktion und/oder einiger Momente, spricht man von einem **statistischen Modell** für diese Variablen. Da die zu erklärenden Variablen mit den erklärenden und den Störvariablen funktional verbunden sind, werden durch das statistische Modell auch die stochastischen Eigenschaften der zu erklärenden Variablen festgelegt.

Ein **ökonometrisches Modell** entsteht aus der Kombination eines konkreten ökonomischen Modells mit einem statistischen Modell. Aus rechen- und schätztechnischen Gründen wird das konkrete Modell meist in eine lineare Form gebracht.[10] Da zur Bestimmung der Parameter linearer Funktionen im Vergleich mit anderen Funktionen bei gleicher Anzahl erklärender Variablen immer die geringste Anzahl an Punkten notwendig ist, bleibt bei einem

[8] Nicht bei allen Problemen sind stochastische Modelle notwendig. Sollen nur rein qualitative Aussagen getroffen werden, reichen bereits abstrakte Modelle aus.

[9] Deswegen und weil in ihnen u.a. der Einfluss ausgeschlossener Variablen aufgefangen wird, bezeichnet man dic Störvariablen häufig auch als „**latente Variablen**“.

[10] Eine wissenschaftstheoretische Begründung der Linearhypothese in der Ökonometrie findet man bei ASSENMACHER (1985).

vorgegebenen Stichprobenumfang eine maximale Anzahl an Punkten bzw. Beobachtungen für die Schätzung der Parameter des statistischen Modells übrig. Um die Parameter einer Geradengleichung festzulegen, benötigt man nur zwei Punkte, während ein Polynom 2. Grades (Parabel) erst mit mindestens drei Punkten bestimmbar wird.

Linearität bezieht sich sowohl auf die Variablen als auch auf die Parameter. Bei den Parametern bedeutet dies, dass sie nur als Linearkombination mit den Variablen in der Gleichung vorkommen. Drei Funktionen sollen dies verdeutlichen. Die Funktion

$$y = a_0 + a_1 x_1 + a_2 x_2 \tag{2.1}$$

ist linear in den Parametern und Variablen, während die Funktion

$$y = \frac{a_0}{1 - a_1} x_1 + \frac{a_2}{1 - a_1} x_2 \tag{2.2}$$

nur linear in den Variablen ist. Schließlich ist die Funktion

$$y = x_1^{a_0} x_2^{a_1} \tag{2.3}$$

weder in den Parametern noch in den Variablen linear.

Soll ein ökonometrisches Modell für ein konkretes Modell entwickelt werden, das nicht linear in den Variablen ist, kann es leicht durch eine geeignete Variablentransformation linearisiert werden. Es ist hierfür nicht notwendig, dass alle in der Gleichung enthaltenen Variablen der gleichen Transformation unterworfen werden. So erhält man für die Funktion $y = a_0 + a_1 x_1 + a_2 x_2^2$ nach der Transformation $x_2^* = x_2^2$ eine lineare Beziehung der Form:

$$y = a_0 + a_1 x_1 + a_2 x_2^*,$$

während Gleichung (2.3), die formal einer Cobb-Douglas-Produktionsfunktion entspricht, durch eine Logarithmustransformation und Neudefinition aller Variablen linearisiert wird:

$$\log y = a_0 \log x_1 + a_1 \log x_2.$$

Setzt man $y^* = \log y$ und $x_{1/2}^* = \log x_{1/2}$, geht diese Gleichung über in:

$$y^* = a_0 x_1^* + a_1 x_2^*. \tag{2.4}$$

Liegt einem ökonometrischen Modell ein abstraktes Modell zugrunde, kann es nicht durch eine Variablentransformation linearisiert werden, da die Kenntnis der Transformationsgleichungen fehlt. Wie an den obigen Beispielen nachvollzogen werden kann, legt erst das konkrete Modell die zur Linearisierung benötigten Transformationsgleichungen fest. Man hilft sich bei abstrakten Modellen, indem einfach lineare Beziehungen angenommen werden. Dies ist dann unbedenklich, wenn die Linearhypothese den unbekannten Zusammenhängen tatsächlich entspricht; andernfalls führt diese Annahme zu einer Linearapproximation unbekannter, nicht linearer Funktionen. Unter stochastischen Gesichtspunkten ist dies nicht ganz unproblematisch.[11]

Da sich die meisten Modelle mühelos linearisieren lassen, erfolgt die Darstellung und Entwicklung geeigneter Schätzverfahren nur für die unbekannten Parameter linearer Modelle. Ökonometrische Modelle liegen daher immer als lineares Gleichungssystem vor. Um eine ökonomisch-inhaltliche Festlegung zu vermeiden und um eine einheitliche Verwendungsweise zu erreichen, wird für die Koeffizienten (Parameter) und Variablen durchgängig folgende Symbolik eingeführt: y bezeichnet die zu erklärenden, x die erklärenden Variablen. Die Koeffizienten der zu erklärenden Variablen werden mit β, die der erklärenden Variablen mit α gekennzeichnet. Der Buchstabe u steht für die Störvariablen.

Ein G Gleichungen, G zu erklärende und K erklärende Variablen umfassendes ökonometrisches Modell kann dann geschrieben werden als:

$$\begin{aligned} &\beta_{11}y_1 + \beta_{12}y_2 + \ldots + \beta_{1G}y_G + \alpha_{11}x_1 + \alpha_{12}x_2 + \ldots + \alpha_{1K}x_K = u_1 \\ &\vdots \\ &\beta_{G1}y_1 + \beta_{G2}y_2 + \ldots + \beta_{GG}y_G + \alpha_{G1}x_1 + \alpha_{G2}x_2 + \ldots + \alpha_{GK}x_K = u_G. \end{aligned} \tag{2.5}$$

In Matrizenschreibweise erhält man:

$$\begin{bmatrix} \beta_{11} & \ldots & \beta_{1G} \\ \vdots & & \vdots \\ \beta_{G1} & \ldots & \beta_{GG} \end{bmatrix} \begin{bmatrix} y_1 \\ \vdots \\ y_G \end{bmatrix} + \begin{bmatrix} \alpha_{11} & \ldots & \alpha_{1K} \\ \vdots & & \vdots \\ \alpha_{G1} & \ldots & \alpha_{GK} \end{bmatrix} \begin{bmatrix} x_1 \\ \vdots \\ x_K \end{bmatrix} = \begin{bmatrix} u_1 \\ \vdots \\ u_G \end{bmatrix}$$

oder:

$$\boldsymbol{B}\boldsymbol{y} + \boldsymbol{A}\boldsymbol{x} = \boldsymbol{u}. \tag{2.6}$$

Die Matrix $\boldsymbol{B}$ ist quadratisch mit der Ordnung G, $\boldsymbol{A}$ ist eine Matrix der Ordnung $G \times K$, die nicht quadratisch sein muss; $\boldsymbol{y}$, $\boldsymbol{x}$ und $\boldsymbol{u}$ stellen Spaltenvektoren dar. Modelle in der Form (2.5) oder (2.6) heißen **Strukturmodelle** bzw. liegen in **struktureller Form** vor. Da ihre Gleichungen die durch die ökonomische Theorie festgelegten Beziehungen zwischen den Variablen angeben, bezeichnet man sie als **Strukturgleichungen** bzw. **strukturelle Gleichungen**, ihre Koeffizienten entsprechend als **strukturelle Koeffizienten** bzw. **strukturelle Parameter**.

[11]Vgl. hierzu ASSENMACHER und BRAUN (1981), S. 152ff.

Das ökonometrische Modell ist in der Form (2.5) bzw. (2.6) noch nicht vollständig, da das statistische Modell fehlt. Bevor jedoch dieses entwickelt wird, seien einige Konventionen im Zusammenhang mit obiger Darstellung eingeführt:

(1) Unter formalen Aspekten bleibt eine Gleichung erhalten, wenn sie mit einer Konstanten multipliziert wird, d.h. Gleichungen sind unbestimmt in den Parametern. Bildet eine Gleichung eine kausale Beziehung ab, gibt es immer eine zu erklärende Variable, die einen Koeffizienten im Werte von eins haben muss. Die Multiplikation mit einer Konstanten ist somit unzulässig, weil sich dadurch andere Parameter ergeben würden. Man kann das Gleichungssystem gemäß seiner kausalen Struktur nun so anordnen, dass in der g-ten Gleichung jeweils y_g, $g = 1, \dots, G$ erklärt wird. Dies bedeutet, dass alle Elemente auf der Hauptdiagonalen der Matrix $\boldsymbol{B}$ den Wert eins haben. Das Gleichungssystem heißt dann **normiert** und die mathematisch zulässige Unbestimmtheit in den Parametern ist beseitigt.

(2) Bei inhomogenen Gleichungen wird einer erklärenden Variablen der Wert eins zugeordnet. Sie heißt deshalb auch **Scheinvariable**. Im Gleichungssystem (2.5) werden für $x_1 \equiv 1$ die Achsenabschnitte der einzelnen G Gleichungen durch die Koeffizienten α_{g1}, $g = 1, \dots, G$ gegeben.

(3) Da Identitäten nicht zufallsgestört sein können, nehmen die Störvariablen in Identitätsgleichungen immer den Wert null an.

(4) Will man aus einzelnen Gleichungen bzw. aus dem ganzen System bestimmte Variablen ausschließen, setzt man die betreffenden Koeffizienten gleich null. Durch diese Restriktion ist es möglich, jedes ökonomische Modell in der Form (2.5) bzw. (2.6) darzustellen. Ebenso lassen sich aus theoretischen Erwägungen resultierende lineare Vorgaben für einzelne Koeffizienten berücksichtigen. Alle für die g-te Gleichung vorliegenden Restriktionen können dann als lineares Gleichungssystem angegeben werden:

$$\boldsymbol{R}_g(\boldsymbol{\beta}'_g \;\; \boldsymbol{\alpha}'_g)' = \boldsymbol{r}_g, \qquad g = 1, \dots, G. \tag{2.7}$$

Dabei sind $\boldsymbol{\beta}'_g = (\beta_{g1}, \dots, \beta_{gG})$ und $\boldsymbol{\alpha}'_g = (\alpha_{g1}, \dots, \alpha_{gK})$ die g-ten Zeilenvektoren der Matrizen $\boldsymbol{B}$ und $\boldsymbol{A}$; $(\boldsymbol{\beta}'_g \;\; \boldsymbol{\alpha}'_g)'$ ist demnach ein Spaltenvektor, dessen Elemente die in der g-ten Gleichung enthaltenen Koeffizienten sind. Die Matrix $\boldsymbol{R}_g$ und der Vektor $\boldsymbol{r}_g$ geben an, welchen linearen Restriktionen die Koeffizienten der g-ten Gleichung unterliegen. Ein Beispiel verdeutlicht dies. Aus der ersten Gleichung:

$$\beta_{11}y_1 + \beta_{12}y_2 + \alpha_{11}x_1 + \alpha_{12}x_2 + \alpha_{13}x_3 = u_1$$

eines ökonometrischen Modells mit $G = 2$ und $K = 3$ soll die Variable x_3 ausgeschlossen und β_{11} auf den Wert eins normiert werden; die Summe der Koeffizienten von x_1 und x_2 soll gleich eins sein. Dies geschieht durch drei Restriktionen:

$$\beta_{11} = 1, \quad \alpha_{13} = 0 \quad \text{und} \quad \alpha_{11} + \alpha_{12} = 1.$$

Analog zu Gleichung (2.7) lassen sich diese Beschränkungen angeben als:

$$\begin{bmatrix} 1 & 0 & 0 & 0 & 0 \\ 0 & 0 & 1 & 1 & 0 \\ 0 & 0 & 0 & 0 & 1 \end{bmatrix} \begin{bmatrix} \beta_{11} \\ \beta_{12} \\ \alpha_{11} \\ \alpha_{12} \\ \alpha_{13} \end{bmatrix} = \begin{bmatrix} 1 \\ 1 \\ 0 \end{bmatrix}.$$

Die Anzahl der Zeilen der Restriktionenmatrix $\boldsymbol{R}_g$ entspricht der Anzahl der Beschränkungen für die Koeffizienten der g-ten Gleichung, während die Anzahl der Spalten gleich der Anzahl $G + K$ der Modellvariablen ist. Die Beschränkungen müssen voneinander unabhängig und widerspruchsfrei sein, was in der Bedingung zum Ausdruck kommt, dass $\boldsymbol{R}_g$ vollen Zeilenrang hat. Würden $G + K$ Restriktionen aufgestellt, gilt $\text{Rang}(\boldsymbol{R}_g) = G + K$. Es existiert dann für $(\boldsymbol{\beta}_g' \quad \boldsymbol{\alpha}_g')'$ eine eindeutige Lösung. Bereits die Restriktionen allein würden die Werte der Koeffizienten festlegen; ihre Schätzung wäre dann überflüssig. Daher darf die Anzahl der Restriktionen pro Gleichung höchstens $G + K - 1$ betragen.

Eine umfassende stochastische Spezifikation des statistischen Modells kann nur unter Bezugnahme auf das Ätialprinzip erfolgen, denn das statistische Modell ist nur so lange gültig, wie die allgemeinen Bedingungen konstant bleiben. Die in einem ökonometrischen Modell enthaltenen Funktionen sind deshalb stets als **Quasi-Gesetze** zu interpretieren, die nur für genau abgegrenzte Regionen und Zeiträume gelten.[12] Die Beschränkung auf bestimmte Regionen lässt sich leicht bei der Messung der einzelnen Variablen berücksichtigen; die Einschränkung auf einen bestimmten Zeitraum (**Stützperioden** bzw. **Relevanzzeitraum**) erfasst man dadurch, dass man für das – in diskreten Perioden ablaufende – ökonomische Geschehen Intervallgrenzen angibt.

[12] Bei allgemeinen bzw. universellen Gesetzen fehlt mindestens eine der Quasi-Gesetze konstituierenden Beschränkungen.

Das ökonometrische Modell und dabei speziell die Annahmen bezüglich seiner stochastischen Eigenschaften gelten zunächst nur für jeden Zeitpunkt (Periode) dieses Intervalls. Formal lässt sich dies durch die Indizierung aller Variablen mit einem Zeitindex t ausdrücken. Die erste Zeile des Gleichungssystems (2.5) wird dann geschrieben als:

$$\beta_{11}y_{1t} + \ldots + \beta_{1G}y_{Gt} + \alpha_{11}x_{1t} + \ldots + \alpha_{1K}x_{Kt} = u_{1t}, \quad \text{mit: } \beta_{11} = 1$$

für alle t, $t \in [1, T]$.

Durch die Einführung des Zeitbezuges sind jetzt alle Variablen eines ökonometrischen Modells noch gemäß ihres Zeitindexes zu unterscheiden. Daher geht in jeder Gleichung g, $g = 1, \ldots, G$, die Störvariable u_g in die Störvariablen $u_{g1}, u_{g2}, \ldots, u_{gT}$ über. Ihre – in der Regel – unbekannten Verteilungsfunktionen können, müssen aber nicht gleich sein. Jede dieser Zufallsvariablen kann gedanklich unendlich viele Realisationen annehmen, wovon jedoch immer nur eine pro Periode eintritt. Sie werden somit als stetige Zufallsvariablen aufgefasst. Wegen des stochastischen Ansatzes trifft diese Annahme auch für die übrigen Variablen eines ökonometrischen Modells zu. Steht z.B. y_1 innerhalb eines Modells für die Konsumausgaben einer Volkswirtschaft, dann stellen jetzt $y_{11}, y_{12}, \ldots, y_{1T}$ verschiedene Zufallsvariablen dar; y_{11} bezeichnet die Zufallsvariable „Konsumausgaben in der Periode 1“, y_{12} die Zufallsvariable „Konsumausgaben in der Periode 2“ usw.

Die statistische Güte geschätzter Parameter hängt von dem statistischen Modell und dem Ausmaß ab, wie weit die in ihm enthaltenen Annahmen mit der Realität übereinstimmen. Je mehr Annahmen eingeführt werden müssen, desto schwerer wird eine Übereinstimmung mit der Realität zu erzielen sein. Bei den erklärenden Variablen kann man sich jedoch auf Mindestanforderungen bezüglich ihrer stochastischen Eigenschaften beschränken, ohne dass dadurch die statistische Güte der geschätzten Koeffizienten leidet. So reicht es aus anzunehmen, dass für jede erklärende Variable und zu jeder Periode t der Erwartungswert E und die Varianz var existieren.[13]

$$|\mathrm{E}(x_{kt})| < \infty \quad \text{und} \tag{2.8}$$

$$0 \leq \mathrm{var}(x_{kt}) = \mathrm{E}[x_{kt} - \mathrm{E}(x_{kt})]^2 < \infty, \tag{2.9}$$

$$\text{für alle } t = 1, \ldots, T \text{ und } k = 1, \ldots, K.$$

Von diesen beiden verteilungstheoretischen Annahmen für die Zufallsvariablen x_{kt}, $k = 1, \ldots, K$ und $t = 1, \ldots, T$ ist eine zweite Annahmegruppe zu

[13] Ist die Varianz null, liegt eine Einpunkt-Verteilung (degenerierte Verteilung) für x_t vor. Die Variable x_t nimmt dann mit Wahrscheinlichkeit eins pro Periode t immer nur einen Wert $\mathrm{E}(x_t) = x_t$ an, der über t verschieden sein kann. Sie ist dann keine Zufallsvariable mehr und heißt daher **mathematische Variable**.

unterscheiden, die sich für die tatsächlichen Beobachtungen aufstellen lässt. Da der funktionale Zusammenhang zwischen einer zu erklärenden und den erklärenden Variablen nur deutlich wird, wenn die erklärenden Variablen im Zeitraum $[1, T]$ auch variieren, muss für jedes x_k die empirische Varianz über $t = 1, \ldots, T$ existieren und größer als null sein:[14]

$$0 < \operatorname{var}(x_k) = \frac{1}{T} \sum (x_{kt} - \bar{x}_k)^2 \quad \text{mit } \bar{x}_k = \frac{1}{T} \sum x_{kt}, \tag{2.10}$$
$$\text{für jedes } k = 1, \ldots, K.$$

Diese Annahme folgt nicht aus Gleichung (2.9), denn mit ihr ist eine empirische Varianz von null durchaus verträglich. Dies ist dann der Fall, wenn die Zufallsvariablen $x_{k1}, \ldots, x_{kT}$ gleiche Realisationen annehmen.

Die Bedeutung der Annahme (2.10) zeigt ein einfaches Beispiel. Stellt $y_{1t} = \alpha_{11} + \alpha_{12} x_{2t} + u_{1t}$ eine makroökonomische Konsumfunktion dar und bezeichnen y_{1t} den Konsum und x_{2t} das persönlich verfügbare Einkommen pro Periode, so schließt Annahme (2.10) aus, dass für alle $t = 1, ..., T$ x_{2t} immer den gleichen Wert annimmt. Hieran ist auch leicht nachvollziehbar, dass bei einem über t konstanten Wert $x_{2t} = x_2$ zwar auf den stochastischen Einfluss der Störvariablen u_{1t} geschlossen werden kann, nicht aber auf die Konsumfunktion.

Schließlich soll angenommen werden, dass die beiden folgenden Grenzwerte für $t \to \infty$ existieren:

$$-\infty < \lim_{T \to \infty} \bar{x}_k = \lim_{T \to \infty} \frac{1}{T} \sum x_{kt} < \infty \tag{2.11}$$

und

$$\lim_{T \to \infty} \overline{x_k^2} = \lim_{T \to \infty} \frac{1}{T} \sum x_{kt}^2 < \infty. \tag{2.12}$$

Aus Annahme (2.12) folgt die Existenz zweier weiterer Grenzwerte. Es gilt:

$$-\infty < \lim_{T \to \infty} \frac{1}{T} \sum x_{kt} x_{jt} < \infty \text{ für alle } k \neq j, \quad k, j = 1, \ldots, K, \tag{2.13}$$

und für die empirische Varianz (2.10):

$$0 < \lim_{T \to \infty} \operatorname{var}(x_k) < \infty \quad \text{für } k = 1, \ldots, K. \tag{2.14}$$

Da Modelle bei adäquater Beschreibung der Realität alle für das vorliegende Problem wesentlichen Einflussgrößen als Variablen enthalten, darf von dem

[14] Die Verwendung des Summenzeichens erfolgt bis auf Ausnahmen, die durch entsprechende Indizierung kenntlich gemacht werden, stets so, dass eine Summation über $t = 1, \ldots, T$ gemeint ist. Aus schreibtechnischen Gründen entfällt daher die Angabe der Grenzen für t.

stochastischen Teil kein systematischer Einfluss auf die zu erklärende Variable ausgehen. Zudem müssen die erklärenden Variablen zumindest in einem logischen Sinne vor der zu erklärenden und damit auch vor der Störvariablen eingetreten sein. Beide Aspekte kommen in der Annahme zum Ausdruck, dass der Erwartungswert für die Störvariable u_{gt} unter der Bedingung vorliegender Beobachtungen für die erklärenden Variablen $x_{kt},\ k = 1, \ldots, K$ in jeder Periode t null ist. Fasst man die Bedingung zu einem Zeilenvektor $\boldsymbol{x}_t' = (x_{1t}, \ldots, x_{Kt})$ zusammen, erhält man:

$$\mathrm{E}(u_{gt}|\boldsymbol{x}_t') = 0. \tag{2.15}$$

Diese Annahme kann auch als unbedingter Erwartungswert geschrieben werden:

$$\mathrm{E}(u_{gt}) = 0. \tag{2.16}$$

Dies entspricht einer nochmaligen Erwartungswertbildung für Gleichung (2.15), jetzt jedoch über $\boldsymbol{x}_t$:

$$\mathrm{E}(u_{gt}) = \mathrm{E}[\mathrm{E}(u_{gt}|\boldsymbol{x}_t')] = 0.$$

Trifft Annahme (2.15) bzw. (2.16) nicht zu, wäre der Erwartungswert der Störvariablen also von null verschieden, würde sich dies bei einer inhomogenen Gleichung stets in dem konstanten Glied niederschlagen. Im Gegensatz zu $\mathrm{E}(u_{gt}) = 0$ verschiebt z.B. ein Erwartungswert $\mathrm{E}(u_{gt}) > 0$ und konstant über t jede Gleichung des Systems (2.5) parallel nach oben. Als Beispiel soll für die Störvariable der Funktion $y_{1t} = \alpha_{11} + \alpha_{12}x_{2t} + u_{1t}$ gelten $\mathrm{E}(u_{1t}) = a > 0$. Der bedingte Erwartungswert für y_{1t} ergibt sich dann als: $\mathrm{E}(y_t|x_{2t}) = \mathrm{E}(\alpha_{11} + \alpha_{12}x_{2t} + u_{1t}) = (\alpha_{11} + a) + \alpha_{12}x_{2t}$; für $\mathrm{E}(u_{1t}) = 0$ erhält man: $\mathrm{E}(y_t|x_{2t}) = \alpha_{11} + \alpha_{12}x_{2t}$. Beide Funktionen sind in Abbildung 2.2 dargestellt.

Abb. 2.2: Auswirkungen von $\mathbf{E(u_{gt}) \neq 0}$

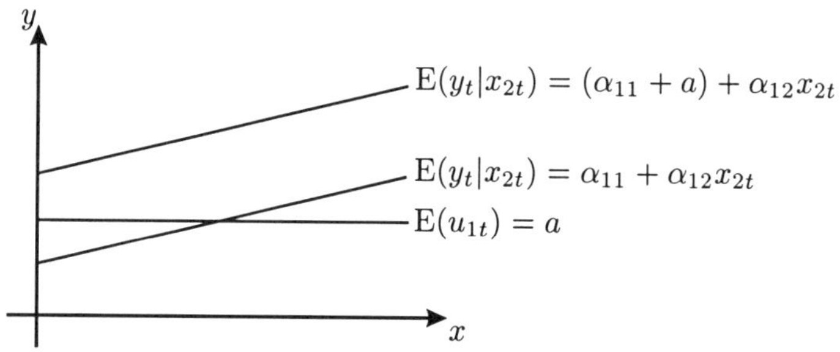

Die Grafik verdeutlicht, dass eine Verletzung der Annahme (2.15) bzw. (2.16) niemals empirisch identifiziert werden kann, da immer der ganze Achsenabschnitt $\alpha_{11} + a$ geschätzt wird. Dies legt eine vorsichtige Interpretation geschätzter absoluter Glieder nahe.

Bei einer genauen Modellspezifikation darf zudem vermutet werden, dass

(1) für die Störvariablen einer Gleichung g stochastische Unabhängigkeit bzw. Unkorreliertheit vorliegt, wenn sie unterschiedlichen Zeitbezug besitzen;

(2) die Störvariablen aus verschiedenen Gleichungen bei beliebigem Zeitbezug untereinander und damit auch paarweise stochastisch unabhängig sind bzw. nicht korrelieren. Alle **kontemporären Kovarianzen** (gleicher Zeitbezug) und alle nicht kontemporären Kovarianzen (unterschiedlicher Zeitbezug) haben dann den Wert null.

Sind zwei Zufallsvariablen stochastisch unabhängig, ist auch ihre Kovarianz null; die Umkehrung gilt jedoch nur bei normalverteilten Zufallsvariablen. In allen anderen Fällen kann aus einer Kovarianz von null, die „keine Korrelation" bedeutet, nicht auf stochastische Unabhängigkeit geschlossen werden. Da bei Unkorreliertheit der Störvariablen die geschätzten Koeffizienten die gleichen statistischen Eigenschaften aufweisen wie bei stochastischer Unabhängigkeit, sollen die beiden obigen Annahmen in der schwächeren Formulierung eingeführt werden:[15]

$$\operatorname{cov}(u_{gt}, u_{g\tau}|\boldsymbol{x}_t') = \mathrm{E}(u_{gt}u_{g\tau}|\boldsymbol{x}_t') = 0 \quad \text{für alle } t \neq \tau,\ t, \tau = 1, \ldots, T \tag{2.17}$$

und:

$$\begin{aligned} &\operatorname{cov}(u_{gt}, u_{j\tau}|\boldsymbol{x}_t') = \mathrm{E}(u_{gt}u_{j\tau}|\boldsymbol{x}_t') = 0, \\ &\text{für alle } g \neq j,\ g, j = 1, \ldots, G \\ &t = 1, \ldots, T,\ \tau = 1, \ldots, T \\ &\operatorname{cov}:\ \text{Kovarianz.} \end{aligned} \tag{2.18}$$

Wird Annahme (2.17) nicht erfüllt, bezeichnet man die Zeitabhängigkeit der Störvariablen als **Autokorrelation**. Hiervon müssen nicht alle G Störvariablen eines ökonometrischen Modells betroffen sein. Wie noch gezeigt wird (siehe Kapitel 12), treten bei Autokorrelation besondere Schwierigkeiten beim

[15] Die Berechnung der Kovarianz cov zweier Zufallsvariablen X und Y erfolgt nach der Formel: $\operatorname{cov}(X, Y) = \mathrm{E}\{[X - \mathrm{E}(X)][Y - \mathrm{E}(Y)]\} = \mathrm{E}(XY) - \mathrm{E}(X)\mathrm{E}(Y)$. Ist mindestens ein Erwartungswert null, erhält man: $\operatorname{cov}(X, Y) = \mathrm{E}(XY)$.

Schätzen der Koeffizienten auf. Im einfachsten Fall kann die Autokorrelation als **Markov-Prozess** erster Ordnung dargestellt werden:

$$u_{gt} = \varrho u_{g,t-1} + \varepsilon_{gt}, \quad \text{mit } \mathrm{E}(\varepsilon_{gt}) = 0 \text{ und } |\varrho| < 1, \quad g = 1, \ldots, G. \tag{2.19}$$

Gleichung (2.19) heißt **Autoregressionsgleichung** erster Ordnung, da die größte zeitliche Verzögerung eine Periode beträgt. Korrelieren auch hier die Störvariablen ε_{gt} über die Zeit, muss eine Autoregressionsgleichung höherer Ordnung gewählt werden, beispielsweise:

$$u_{gt} = \varrho_1 u_{g,t-1} + \varrho_2 u_{g,t-2} + \varepsilon_{gt}, \quad \text{mit } |\varrho_i| < 1,\ i = 1, 2 \text{ und } \mathrm{E}(\varepsilon_{gt}) = 0.$$

Die Ordnung wird so lange erhöht, bis die Kovarianz $\mathrm{E}(\varepsilon_t \varepsilon_\tau)$, $t \neq \tau$, verschwindet.

Schließlich soll die Varianz der Störvariablen existieren und von den Realisationen der erklärenden Variablen sowie der Periode t unabhängig sein:

$$\mathrm{var}(u_{gt}) = \mathrm{E}(u_{gt}^2 | \boldsymbol{x}_t') = \mathrm{E}(u_{gt}^2) = \sigma_g^2 \quad \text{für alle } t. \tag{2.20}$$

Die Eigenschaft der Periodenunabhängigkeit der Varianz nennt man **Homoskedastizität** oder auch **Homoskedastie**; ist diese nicht gegeben, bleibt die Varianz also über t nicht konstant, spricht man von **Heteroskedastizität** bzw. **Heteroskedastie**.[16]

Die Annahmen (2.15) und (2.20) drücken lediglich aus, dass die bedingte Wahrscheinlichkeitsverteilung der Störvariablen u in Mittelwert und Varianz unabhängig von den jeweiligen Werten der erklärenden Variablen x ist. Dies bedeutet aber nicht stochastische Unabhängigkeit zwischen diesen beiden Variablengruppen, da immer noch andere Charakteristika der bedingten Verteilung für u von der Variablen x abhängen könnten.[17] Jedoch führt Annahme (2.15) bzw. (2.16) zu einer Kovarianz von null zwischen x und u. Da dies für jedes x_{kt} und u_{gt} zu jedem Zeitpunkt t, $t = 1, \ldots, T$ gilt, wird beim Beweis von einer Indizierung abgesehen. Wegen Annahme (2.16) erhält man die Kovarianz als:

$$\mathrm{cov}(x, u) = \mathrm{E}(xu) - \mathrm{E}(x)\mathrm{E}(u) = \mathrm{E}(xu). \tag{2.21}$$

Der Erwartungswert $\mathrm{E}(xu)$ lässt sich wie folgt umformen:

$$\mathrm{E}(xu) = \mathrm{E}[\mathrm{E}(xu|x)] = \mathrm{E}[x\mathrm{E}(u|x)] = 0, \quad \text{wegen Annahme (2.15).} \tag{2.22}$$

[16] Ein stochastisches Modell mit heteroskedastischer Eigenschaft wird im III. Teil behandelt.

[17] Wird zusätzlich angenommen, dass bei gegebenem x die Störvariable u_{gt} normalverteilt ist, dann stellen die Annahmen (2.15) und (2.20) notwendige und hinreichende Bedingungen für stochastische Unabhängigkeit zwischen x und u dar.

Vom zweiten zum dritten Schritt gelangt man, weil aufgrund der bedingten Erwartungswertbildung die Zufallsvariable x in $\mathrm{E}(xu|x)$ eine Konstante ist und somit vor den Erwartungswertoperator geschrieben werden kann. Mit $\mathrm{E}(xu) = 0$ verschwindet auch die Kovarianz:

$$\mathrm{cov}(x, u) = 0. \tag{2.23}$$

Die eingeführte Annahmemenge konstituiert das **statistische Modell**. Die Gleichungen (2.8) bis (2.12) beziehen sich ausschließlich auf die erklärenden Variablen, während in den Gleichungen (2.15) bis (2.18) und (2.20) die Annahmen über die stochastischen Eigenschaften der Störvariablen und deren wahrscheinlichkeitstheoretischen Beziehungen zu den erklärenden Variablen zum Ausdruck kommen. Die Gleichungen (2.13), (2.14) und (2.23) stellen Implikationen der eingeführten Annahmen dar.

Die statistische Konzeption der Störvariablen basiert auf der Annahme, dass die Werte der erklärenden Variablen x_{kt}, $k = 1, \ldots, K$, $t = 1, \ldots, T$ bereits eingetreten sind. Damit verlieren sie ihren ursprünglich zufälligen Charakter, ihre Realisationen werden zu sicheren Ereignissen. Man kann daher die stochastische Interpretation der erklärenden Variablen aufgeben und sie wie mathematische Variablen behandeln. Bei dieser Interpretation wird die Angabe der Bedingung in den Gleichungen (2.15), (2.17) und (2.18) überflüssig, und Gleichung (2.23) folgt bereits aus der Definition von x als mathematische Variable. Der Darstellung in den folgenden Kapiteln liegt immer x_{kt} als mathematische Variable zugrunde. Es bleiben dann nur noch die Annahmen bezüglich der empirischen Eigenschaften der erklärenden Variablen relevant.

In einigen Fällen reicht dieser Katalog an Forderungen nicht aus, so dass für die Störvariablen zusätzlich eine gemeinsame (mehrdimensionale) Normalverteilung angenommen wird, deren Rechtfertigung der zentrale Grenzwertsatz[18] der theoretischen Statistik liefert. Die Normalverteilungshypothese führt in Verbindung mit Annahme (2.17) zur Unabhängigkeit der Störvariablen einer Gleichung, und dann zusammen mit den Annahmen (2.16) und (2.20) dazu, dass sie identisch verteilt sind. Aus der englischen Bezeichnung „identically independently distributed" resultiert die Abkürzung i.i.d. zur Kennzeichnung dieser Verteilungseigenschaft. Sind Zufallsvariablen i.i.d., bilden sie einen **reinen Zufallsprozess**, der auch als **White-Noise Prozess** oder als **weißes Rauschen** bezeichnen wird. Wegen Annahme (2.16) haben in der Ökonometrie die Zufallsvariablen eines reinen Zufallsprozesses einen Erwartungswert von null.

Das statistische Modell ist jetzt soweit entwickelt, dass in Verbindung mit einem konkreten ökonomischen Modell ein **ökonometrisches Modell** entsteht. Da seine Parameter bis auf wenige Ausnahmen unbekannt sind, müssen

[18] Vgl. hierzu ASSENMACHER (2000), S.176ff.

sie mit geeigneten statistischen Verfahren so geschätzt werden, dass sie optimale statistische Eigenschaften aufweisen. Bei jeder konkreten ökonometrischen Schätzung muss daher geprüft werden, ob die Annahmen des statistischen Modells – und ganz besonders diejenigen, die sich auf die Störvariablen beziehen – Gültigkeit haben. Ist dies teilweise oder sogar ganz nicht der Fall, geht dies zu Lasten der statistischen Eigenschaften der geschätzten Koeffizienten. Welche Eigenschaften bei der Verletzung bestimmter Annahmen dennoch erhalten bleiben, wird in Teil III dargestellt.

Abb. 2.3: Stufen der ökonometrischen Analyse

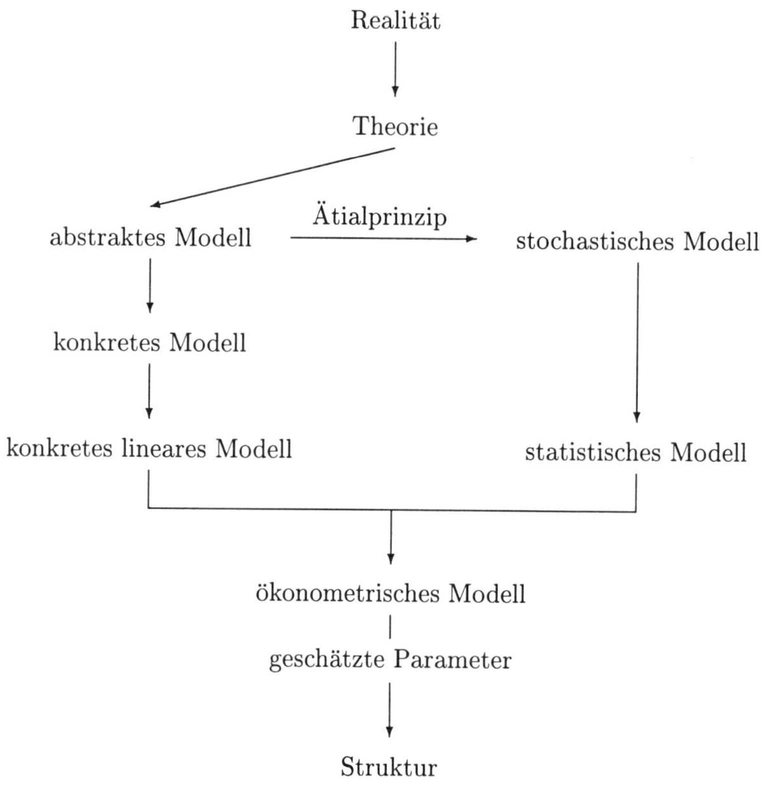

Sind die Koeffizienten numerisch bekannt, geht das Modell in eine **Struktur** über. Diese Bezeichnung ist nicht mit dem Begriff eines Strukturmodells zu verwechseln. In einer Struktur sind die Koeffizienten immer numerisch bekannt, in Strukturmodellen bzw. Modellen in struktureller Form nicht. Ein Strukturmodell repräsentiert somit eine ganze Klasse möglicher Strukturen.

Die Zusammenhänge zwischen den bis jetzt eingeführten Begriffen von der „Realität" bis hin zur „Struktur" sind in Abbildung 2.3 schematisch aufgeführt.

Übungsaufgaben

2.1 Geben Sie einige ökonomische und nicht ökonomische Einflussfaktoren an, die auf die Konsumhöhe einwirken, in der Konsumfunktion der Aufgabe 1.1 aber nicht erfasst werden.

2.2 a) Verdeutlichen Sie jeweils an einem Beispiel, dass durch eine Aggregation mikroökonomischer zu makroökonomischen Verhaltensgleichungen die Variabilität der zu erklärenden Variablen zu- bzw. abnimmt!

b) Wie hängt das Ausmaß der Variabilität der zu erklärenden Variablen von der Periodenlänge ab?

2.3 Warum muss bei den Beobachtungen für die zu erklärenden Variablen zwischen einem systematischen und einem nicht systematischen Teil unterschieden werden?

2.4 Die beiden Zufallsvariablen X_1 und X_2 haben folgende Verteilung:

(X_1, X_2) :	(0,0)	(1,0)	(0,1)	(1,1)	(0,2)	(1,2)
$f(x_1, x_2)$:	$\frac{1}{18}$	$\frac{3}{18}$	$\frac{5}{18}$	$\frac{3}{18}$	$\frac{1}{18}$	$\frac{5}{18}$

$f(x_1, x_2)$: Gemeinsame Wahrscheinlichkeitsverteilung für X_1 und X_2.

a) Ermitteln Sie die Randverteilungen für X_1 und X_2 sowie die beiden Erwartungswerte $\mathrm{E}(X_1)$ und $\mathrm{E}(X_2)$!

b) Berechnen Sie die beiden bedingten Erwartungswerte: $\mathrm{E}(X_2|x_1 = 0)$ und $\mathrm{E}(X_2|x_1 = 1)$!

c) Wie groß ist die Kovarianz zwischen X_1 und X_2?

2.5 Warum sollten die Schätzungen konstanter Glieder in Regressionsgleichungen vorsichtig interpretiert werden?

2.6 a) Zeigen Sie die Unterschiede zwischen der Varianz nach Gleichung (2.9) und nach Gleichung (2.10) auf.

b) Welche Bedeutung hat die empirische Varianz der erklärenden Variablen für die quantitative Ermittlung des systematischen Zusammenhangs?

2.7 Zeigen Sie, dass

a) gilt: $\text{cov}(x, u) = \text{E}(xu) - \text{E}(x)\text{E}(u)$!

b) stochastische Unabhängigkeit zwischen x und u auch zu einer Kovarianz von null führt!

c) Gilt auch die Umkehrung der Aussage unter b)?

2.8 a) Überführen Sie das Keynessche Modell der Aufgabe 1.1 in ein stochastisches Modell und stellen Sie es analog zu den Formen (2.5) und (2.6) dar!

b) Bestimmen Sie für beide Gleichungen die Matrix der Koeffizientenrestriktionen!

c) Begründen Sie, warum ökonometrische Modelle einer Normierungsregel unterliegen!

2.9 Zeigen Sie, dass Gleichung (2.12) auch Gleichung (2.13) impliziert!

Kapitel 3

Variablenarten und Klassifikationen ökonometrischer Modelle

Neben der mehr ökonomisch-theoretisch orientierten Unterteilung in erklärende und zu erklärende Variablen kann man die Variablen eines Modells auch nach ihrer Verwendungsweise und Beziehung zu den Störvariablen gruppieren und bezeichnen. Löst man jede Gleichung des Systems (2.5) nach derjenigen zu erklärenden Variablen y_{gt} auf, deren Koeffizient β_{gg} auf eins normiert wurde, heißen in der ökonometrischen Analyse alle rechts vom Gleichheitszeichen stehenden Variablen **Regressoren**, die links stehende Variable ist der **Regressand**. Für $g = 1$ ergibt sich:

$$
\begin{aligned}
& y_{1t} = -\beta_{12}y_{2t} - \ldots - \beta_{1G}y_{Gt} - \alpha_{11}x_{1t} - \ldots - \alpha_{1K}x_{Kt} + u_{1t} \\
& \text{mit } \beta_{11} = 1.
\end{aligned}
$$

Regressoren können sowohl erklärende als auch zu erklärende Variablen sein, während als Regressand nur zu erklärende Variablen bzw. deren aus dem Linearitätspostulat resultierenden Transformationen verwendet werden.

Ein weiteres Unterteilungsschema wird durch das Begriffspaar „**exogene**“ und „**endogene**“ **Variable** gegeben. Obwohl es sich hierbei weitgehendst um Synonyma für „erklärende = exogene“ und „zu erklärende = endogene“ Variable handelt, hat sich in der ökonometrischen Literatur die Bezeichnung mit dem griechischen Ursprung durchgesetzt. Dies mag daran liegen, dass gleichzeitig auch die besonderen stochastischen Beziehungen zwischen den

Stör- und den exogenen Variablen betont werden sollen. So heißen in einem ökonometrischen Modell jene Variablen exogen, die zu jedem Zeitpunkt von allen im Modell enthaltenen Störvariablen stochastisch unabhängig sind oder für die wenigstens die schwächere Annahme einer Kovarianz von null, wie sie in Gleichung (2.23) zum Ausdruck kommt, gilt.

Die Berücksichtigung der Zeit erlaubt es, die Variablen gemäß ihres Zeitbezuges zu unterscheiden. Wirkungs-, Entscheidungs- und Informationslags führen dazu, dass nicht alle Variablen einer Gleichung denselben Zeitbezug haben. Nimmt man die laufende Periode als Bezugspunkt, so können Modelle zeitlich verzögerte und nicht verzögerte Variablen umfassen. Verzögerte Variablen beziehen sich stets auf eine der Vorperioden, unverzögerte Variablen sind auf die laufende Periode datiert. Man spricht dann von **dynamischen Modellen**. Haben jedoch alle Variablen innerhalb einer Gleichung denselben Zeitbezug, handelt es sich um ein **statisches Modell**.

Einer zeitlichen Verzögerung können sowohl exogene als auch endogene Variablen unterliegen. Bei endogenen Variablen bewirkt eine Verzögerung, dass sie nicht mehr endogene Variablen bleiben, da sie in der laufenden Periode bekannt sind und nicht durch das Modell erklärt werden müssen. Man verlangt daher von den in der Periode t verzögert endogenen Variablen, dass sie stochastisch unabhängig von allen gegenwärtigen und zukünftigen Störvariablen des Modells sind bzw. nicht mit diesen korrelieren. Diese Forderung kann nur erfüllt sein, wenn für die Störvariablen keine Autokorrelation vorliegt. Da in der Periode $t-l$, $l = 1, 2, \ldots$ die Variable $y_{g,t-l}$ endogen und deshalb von $u_{g,t-l}$ abhängt, kann in der Periode t stochastische Unabhängigkeit für die jetzt um l Perioden verzögerte endogene Variable $y_{g,t-l}$ und die Störvariable $u_{g,t}$ nur dann gegeben sein, wenn $u_{g,t}$ selbst stochastisch unabhängig von den Störvariablen $u_{g,t-1}, u_{g,t-2}, \ldots$ der Vorperioden ist. Bei Autokorrelation ist dies aber nicht der Fall.

Häufig fasst man die (verzögert und unverzögert) exogenen und die verzögert endogenen Variablen zu einer Gruppe zusammen. Man bezeichnet sie dann als **determinierte** oder **vorherbestimmte** Variablen, weil sie durch das vorliegende Modell nicht erklärt werden. Wenn es auf eine Differenzierung nicht ankommt, bezeichnet x auch die verzögert endogenen Variablen. Ist dies der Fall, gilt Gleichung (2.23) nicht mehr uneingeschränkt.

Eine Unterteilung ökonometrischer Modelle in der Form (2.6) kann anhand der Koeffizientenmatrizen $\boldsymbol{A}$ und $\boldsymbol{B}$ erfolgen. Diese Matrizen können drei, für die Modelltheorie typische Formen annehmen: Es sind dies die Nullmatrix $\mathbf{0}$, die Einheitsmatrix $\boldsymbol{I}$ und schließlich eine Form, die weder der Einheits- noch der Nullmatrix entspricht; dieser dritte Typ wird ebenfalls mit den Symbolen $\boldsymbol{A}$ bzw. $\boldsymbol{B}$ bezeichnet. Alle möglichen Kombinationen, die aus dieser Unterteilung resultieren, sind in Tabelle (3.1) dargestellt, wobei die Kopfzeile die

Unterteilung für $\boldsymbol{A}$, die Vorspalte diejenige für $\boldsymbol{B}$ umfasst.

Tab. 3.1: Modellklassifikationen

B \ A	0	I	A
0	00	$0I$	$0A$
I	$I0$	II	IA
B	$B0$	BI	BA

Modelle, die durch die erste Zeile oder erste Spalte der Tabelle charakterisiert werden können, sind inhaltlich bedeutungslos, da in ihnen keine zu erklärenden Variablen ($\boldsymbol{B} = \boldsymbol{0}$) oder keine erklärenden Variablen ($\boldsymbol{A} = \boldsymbol{0}$) vorkommen. Wegen der Vollständigkeit eines ökonometrischen Modells ist die Matrix $\boldsymbol{B} \neq \boldsymbol{0}$ invertierbar und die einzige Lösung für $\boldsymbol{A} = \boldsymbol{0}$ lautet: $\boldsymbol{y} = \boldsymbol{0}$. Bei all diesen Fällen sollte man auch besser nicht von Modellen sprechen.

Stellen sowohl $\boldsymbol{A}$ als auch $\boldsymbol{B}$ die Einheitsmatrix $\boldsymbol{I}$ dar, wurde ein klassifikatorisches Modell formal abgebildet.[1] Da es keine Verhaltensgleichungen und keine unbekannten Koeffizienten enthält, kann es nicht Grundlage eines ökonometrischen Modells sein. Erst die den restlichen drei Kombinationen entsprechenden Gleichungssysteme sind unter ökonometrischem Aspekt relevante Modelle. Dabei fällt auf, dass bei den in Frage kommenden Modellen der dritten Zeile die endogenen Variablen zumindest teilweise untereinander abhängen: In einigen oder allen Gleichungen werden endogene Variablen als Regressoren verwendet.[2] Bei einem Modell mit $\boldsymbol{B} = \boldsymbol{I}$ und $\boldsymbol{A} = \boldsymbol{A}$ ist dies wegen $\boldsymbol{B} = \boldsymbol{I}$ ausgeschlossen. Unter Berücksichtigung dieser Beziehungen zwischen den endogenen Variablen spricht man von **vollkommen unabhängigen** ($\boldsymbol{B} = \boldsymbol{I}$) oder **interdependenten Modellen** ($\boldsymbol{B} = \boldsymbol{B}$).

Die in interdependenten Modellen enthaltenen endogenen Variablen der Periode t heißen jetzt **gemeinsam abhängige** oder auch **gemeinsam bestimmte Variablen**, weil sie über die Modellgleichungen voneinander und von den determinierten Variablen abhängen.

[1] Nicht alle klassifikatorischen Theorien liegen in dieser Formalstruktur vor. Gilt jedoch $\boldsymbol{A} = \boldsymbol{B} = \boldsymbol{I}$, handelt es sich immer um ein klassifikatorisches Modell.

[2] Endogene Variablen können nur dann Regressoren sein, wenn durch eine Theorie eine entsprechende Kausalwirkung auf andere endogene Variablen begründet ist.

Die Abhängigkeit zwischen den endogenen Variablen kann gegenseitig oder einseitig sein. Die beiden Variablen y_1 und y_2 heißen in einem Modell dann **gegenseitig voneinander abhängig**, wenn bei gleichem Zeitbezug in der ersten Gleichung y_1 von y_2, in der zweiten aber y_2 von y_1 abhängt. Bei **einseitiger Abhängigkeit** darf nur eine der beiden Beziehungen gelten. Ist die Interdependenz derart, dass ausschließlich einseitige Abhängigkeit vorkommt und gilt für die Störvariablen des Modells noch die Annahme (2.18), liegt ein **rekursives Modell** vor. Obwohl auch die Rekursivität ein Spezialfall der Interdependenz ist, versteht man als interdependent nur solche Modelle, deren endogene Variablen wenigstens teilweise gegenseitig voneinander abhängen.[3]

Unter Bezugnahme auf die Periodenabhängigkeit der einzelnen Variablen kann der Unterschied zwischen diesen beiden Modellarten leicht veranschaulicht werden. Da für die Unterscheidung nur die Beziehungen zwischen den endogenen Variablen relevant sind, stellen die Gleichungssysteme (3.1) und (3.2) zwei ökonometrische Modelle dar, die nur endogene und verzögert endogene Variablen enthalten und sich nur durch einen anderen Zeitbezug in der 2. Gleichung unterscheiden.[4]

$$\begin{array}{lll} (1) & y_{1t} = & \beta_{12}y_{2t} + \beta_{13}y_{3t} + u_{1t} \\ (2) & y_{2t} = \beta_{21}y_{1t} & + u_{2t} \\ (3) & y_{3t} = & \alpha_{31}y_{1,t-1} + u_{3t} \end{array} \qquad (3.1)$$

$$\begin{array}{lll} (1) & y_{1t} = & \beta_{12}y_{2t} + \beta_{13}y_{3t} + u_{1t} \\ (2) & y_{2t} = & \alpha_{21}y_{1,t-1} + u_{2t} \\ (3) & y_{3t} = & \alpha_{31}y_{1,t-1} + u_{3t} \end{array} \qquad (3.2)$$

y_{1t}, y_{2t}, y_{3t} : endogene Variablen,

$y_{1,t-1}$: verzögert endogene Variable.

In dem erstmals von TINBERGEN[5] in diesem Zusammenhang angewendeten Pfeilschema ergeben sich für die Modelle (3.1) und (3.2) folgende Darstellungen (Abbildungen 3.1 und 3.2). Die Pfeile in den Abbildungen repräsentieren die Kausalrichtungen des systematischen Teils. Bei einem rekursiven Modell sind alle Pfeile innerhalb einer Periode gleichgerichtet, während ein interdependentes Modell gegengerichtete Pfeile pro Periode aufweisen muss. Die

[3]Nach STROTZ und WOLD (1960) ist es schwierig, interdependente Modelle noch kausal zu interpretieren. SIMON (1953) hat gezeigt, dass sich nach geringfügiger Uminterpretation eines kontrollierten Experimentes auch interdependente Modelle kausal deuten lassen.

[4]Zur visuellen Hervorhebung werden hier die verzögert endogenen Variablen nicht mit x symbolisiert, ihre Koeffizienten jedoch wie für determinierte Variablen vereinbart mit α notiert.

[5]TINBERGEN (1939), S. 73ff.

Pfeile, die über die Periodengrenzen hinweggehen, haben als Unterscheidungsmerkmal keine Bedeutung; ihre Richtung verläuft immer von einer früheren zu einer nachfolgenden Periode. An den beiden Abbildungen lässt sich leicht erkennen, dass interdependente Modelle durch zeitliche Verzögerungen geeigneter Variablen oder durch eine Verkürzung der Periodenlänge, indem man z.B. von Jahres- zu Quartalsdaten übergeht, in rekursive Modelle überführt werden können: Die Anzahl der die Periodengrenze überschreitenden Pfeile nimmt dann zu.

Abb. 3.1: Interdependentes Modell

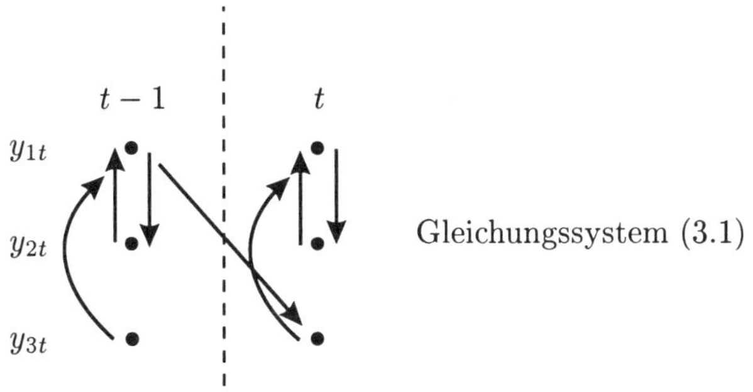

Abb. 3.2: Rekursives Modell

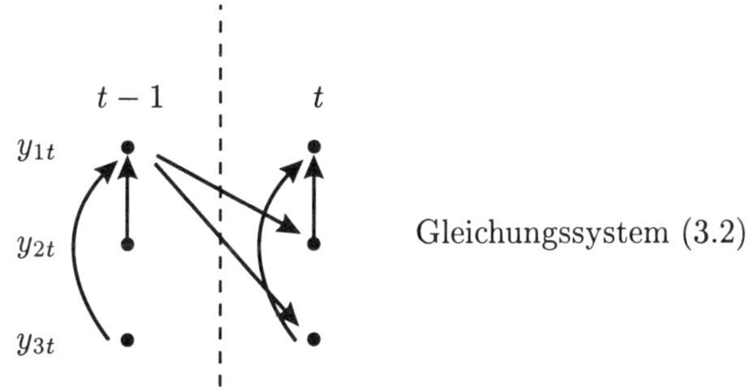

Rekursive und interdependente Modelle können auch an der Form der Koeffizientenmatrix $\boldsymbol{B}$ erkannt werden. Bei einem rekursiven Modell sind unter Beachtung der Normierungsregel die Elemente der Hauptdiagonale gleich 1, während entweder alle Elemente ober- oder unterhalb der Hauptdiagonalen den Wert 0 haben. Von den jeweils restlichen Elementen wird nur verlangt, dass mindestens ein Element ungleich 0 ist; sind alle Elemente unterhalb (oberhalb) der Hauptdiagonalen von 0 verschieden, hat $\boldsymbol{B}$ die Form einer **unteren (oberen) Dreiecksmatrix**; es liegt dann **vollständige Rekursivität** vor.

Die Koeffizientenmatrix $\boldsymbol{B}$ eines interdependenten Modells enthält sowohl über als auch unterhalb der Hauptdiagonalen jeweils mindestens ein von null verschiedenes Element, die paarweise symmetrisch zur Hauptdiagonalen angeordnet sind. Darin kommt die gegenseitige Abhängigkeit der endogenen Variablen zum Ausdruck. Für die Modelle (3.1) und (3.2) erhält man die Koeffizientenmatrix $\boldsymbol{B}$ der endogenen Variablen als:

$$\boldsymbol{B} = \begin{bmatrix} 1 & -\beta_{12} & -\beta_{13} \\ -\beta_{21} & 1 & 0 \\ 0 & 0 & 1 \end{bmatrix} \tag{3.3}$$

und

$$\boldsymbol{B} = \begin{bmatrix} 1 & -\beta_{12} & -\beta_{13} \\ 0 & 1 & 0 \\ 0 & 0 & 1 \end{bmatrix}. \tag{3.4}$$

Beide Matrizen weisen die typischen Merkmale für interdependente bzw. rekursive Modelle auf.

Schließlich kann $\boldsymbol{B}$ eine Matrix sein, bei der jedes Element von null verschieden ist. Alle endogenen Variablen hängen dann gegenseitig voneinander ab: Es liegt **vollkommene Interdependenz** vor.[6]

In vielen Fällen erweist es sich aus schätztheoretischen Gründen als vorteilhaft, das Gleichungssystem (2.6) nach den endogenen Variablen aufzulösen. Das Strukturmodell geht dann in seine **reduzierte Form** über. Schreibt man Gleichung (2.6) als:

$$\boldsymbol{By} = -\boldsymbol{Ax} + \boldsymbol{u},$$

resultiert die reduzierte Form nach Linksmultiplikation mit der inversen Matrix $\boldsymbol{B}^{-1}$:

$$\boldsymbol{B}^{-1}\boldsymbol{By} = \boldsymbol{Iy} = \boldsymbol{y} = -\boldsymbol{B}^{-1}\boldsymbol{Ax} + \boldsymbol{B}^{-1}\boldsymbol{u}. \tag{3.5}$$

Damit $\boldsymbol{B}^{-1}$ existiert, muss die Determinante von $\boldsymbol{B}$, $|\boldsymbol{B}|$, von null verschieden sein; dies ist dann der Fall, wenn der Rang von $\boldsymbol{B}$ gleich der Anzahl G der endogenen Variablen ist. Vernachlässigt man den stochastischen Teil, ist jetzt jede endogene Variable eine Funktion der determinierten Variablen.[7] Die

[6] In der Literatur findet sich hierfür vereinzelt auch die Bezeichnung simultanes Modell. Dies ist insofern irreführend, weil die allgemeine Formulierung (2.6) eines ökonometrischen Modells bereits ein simultanes Gleichungssystem darstellt.

[7] Es liegt also ein vollständiges Modell vor.

Modellgleichungen müssen nicht nur, wie bereits angenommen, unabhängig, sondern auch noch widerspruchsfrei (konsistent) sein;[8] da sie aus logisch richtigen Theorien gewonnen werden, besitzen sie diese Eigenschaften. Gleichung (3.5) lässt sich vereinfachen, indem die Matrix $-\boldsymbol{B}^{-1}\boldsymbol{A}$ als neue Matrix $\boldsymbol{\Pi}$ aufgefasst wird, deren Elemente π_{ij} Funktionen der Strukturparameter α und β des Modells sind. Das Produkt $\boldsymbol{B}^{-1}\boldsymbol{u}$ stellt einen Vektor $\boldsymbol{v}$ dar, dessen Elemente Linearkombinationen der Zufallsvariablen u_{gt} sind. Bezeichnet man die Elemente von $\boldsymbol{B}^{-1}$ mit β_{ij}^{-1}, erhält man das i-te Element v_{it}, von $\boldsymbol{v}$ als:

$$v_{it} = \beta_{i1}^{-1} u_{1t} + \ldots + \beta_{iG}^{-1} u_{Gt}. \tag{3.6}$$

Gleichung (3.5) kann nun geschrieben werden als:

$$\boldsymbol{y} = \boldsymbol{\Pi x} + \boldsymbol{v}, \qquad \boldsymbol{\Pi} = \begin{bmatrix} \pi_{11} & \cdots & \pi_{1K} \\ \vdots & & \vdots \\ \pi_{G1} & \cdots & \pi_{GK} \end{bmatrix}. \tag{3.7}$$

Es kann durch direkte Berechnung gezeigt werden, dass bis auf Gleichung (2.18) alle übrigen Annahmen des statistischen Modells bezüglich der Störvariablen u_{gt} immer auch gleichermaßen für die Störvariablen v_{it}, $i = 1, \ldots, G$, gelten. Bei der Hervorhebung bestimmter stochastischer Eigenschaften der Störvariablen v_{it} wird sich daher bei den folgenden Ausführungen stets auf die entsprechende Gleichung des statistischen Modells für u_{gt} bezogen.

Die Verletzung der Annahme (2.18) ist nur bei Modellen möglich, deren Matrix $\boldsymbol{B}$ nicht der Einheitsmatrix $\boldsymbol{I}$ entspricht: Einige Koeffizienten β_{ij}^{-1} der Linearkombination (3.6) sind daher von eins und null verschieden. Der Beweis soll für $G = 2$ unter der Annahme, dass $\mathrm{var}(u_{1t}) = \mathrm{var}(u_{2t}) = \sigma_u^2$ ist, durchgeführt werden. Es reicht aus zu zeigen, dass die Kovarianz für v_{1t} und v_{2t} in manchen Fällen nicht verschwindet; die beiden Störvariablen können dann auch nicht stochastisch unabhängig sein.

Die Linearkombination für v_{1t} und v_{2t} lauten nach Gleichung (3.6):

$$\begin{aligned} &v_{1t} = \beta_{11}^{-1} u_{1t} + \beta_{12}^{-1} u_{2t} \quad \text{und} \quad v_{2t} = \beta_{21}^{-1} u_{1t} + \beta_{22}^{-1} u_{2t} \\ &\text{mit } \beta_{ij}^{-1} \neq 0 \text{ für } i = 1,2 \text{ und } j = 1,2 \\ &\mathrm{var}(u_{1t}) = \mathrm{var}(u_{2t}) = \sigma_u^2. \end{aligned}$$

[8] Das zweidimensionale Gleichungssystem $y_1 + y_2 = 2$ und $2y_1 + 2y_2 = 5$ ist nicht widerspruchsfrei, denn nach der ersten Gleichung muss gelten: $2y_1 + 2y_2 = 4$. In der Matrixschreibweise erhält man:

$$\begin{bmatrix} 1 & 1 \\ 2 & 2 \end{bmatrix} \begin{bmatrix} y_1 \\ y_2 \end{bmatrix} = \begin{bmatrix} 2 \\ 5 \end{bmatrix}$$

Es existiert keine Lösung, da die Determinante null ist.

Die Kovarianz zwischen v_{1t} und v_{2t} wird gegeben durch:

$$\text{cov}(v_{1t}, v_{2t}) = \text{E}(v_{1t}v_{2t}) - \text{E}(v_{1t})\text{E}(v_{2t}).$$

Wegen der Annahme (2.16): $\text{E}(v_{it}) = 0$ für $i = 1, 2$, vereinfacht sich die Kovarianz zu:

$$\text{cov}(v_{1t}, v_{2t}) = \text{E}(v_{1t}v_{2t}).$$

Nach Berechnung des Produkts $v_{1t}v_{2t}$ lässt sich der Erwartungswert angeben als:

$$\begin{aligned}
\text{E}(v_{1t}v_{2t}) &= \text{E}[(\beta_{11}^{-1}u_{1t} + \beta_{12}^{-1}u_{2t})(\beta_{21}^{-1}u_{1t} + \beta_{22}^{-1}u_{2t})] \\
&= \text{E}(\beta_{11}^{-1}\beta_{21}^{-1}u_{1t}^2 + \beta_{11}^{-1}\beta_{22}^{-1}u_{1t}u_{2t} + \beta_{12}^{-1}\beta_{21}^{-1}u_{1t}u_{2t} + \beta_{12}^{-1}\beta_{22}^{-1}u_{2t}^2) \\
&= \beta_{11}^{-1}\beta_{21}^{-1}\text{E}(u_{1t}^2) + \beta_{12}^{-1}\beta_{22}^{-1}\text{E}(u_{2t}^2),
\end{aligned}$$

weil nach Gleichung (2.18) gilt: $\text{E}(u_{it}u_{jt}) = 0$ für $i \neq j$.

Die Erwartungswerte $\text{E}(u_{it}^2)$, $i = 1, 2$ sind die Varianzen der Störvariablen u_{1t} und u_{2t}, die hier annahmegemäß übereinstimmen. Somit erhält man für die Kovarianz schließlich:

$$\text{cov}(v_{1t}, v_{2t}) = (\beta_{11}^{-1}\beta_{21}^{-1} + \beta_{12}^{-1}\beta_{22}^{-1})\sigma_u^2. \tag{3.8}$$

Je nachdem, welche Werte die Koeffizienten β_{ij}^{-1}, $i = 1, 2, j = 1, 2$ annehmen, kann $\beta_{11}^{-1}\beta_{21}^{-1} + \beta_{12}^{-1}\beta_{22}^{-1}$ verschwinden oder von null verschieden sein. Ist dieser Ausdruck ungleich null, dann sind v_{1t} und v_{2t} stochastisch abhängig; ist der Ausdruck gleich null, bleibt Gleichung (2.18) weiterhin gültig. Korrelieren die Störvariablen bei einem Modell in reduzierter Form, entsteht eine gemeinsame Abhängigkeit der endogenen Variablen, die nicht aus der Modellstruktur deutlich wird. Es liegt dann ein Modell mit nur **„scheinbar" unverbundenen Gleichungen** vor.

Entsprechen Modelle der Kombination $\boldsymbol{B} = \boldsymbol{I}$ und $\boldsymbol{A} = \boldsymbol{A}$ der Tabelle 3.1, liegen sie bereits in ihrer reduzierten Form vor. Hier gilt dann das statistische Modell wegen $\boldsymbol{B}^{-1} = \boldsymbol{I}$ ohne Einschränkung und man spricht von einem Modell **unverbundener Gleichungen**.

Wurde für die Störvariablen u_{gt}, $g = 1, \ldots, G$ noch zusätzlich angenommen, dass sie normalverteilt sind, gilt dies auch für v_{it}, $i = 1, \ldots, G$, jedoch stimmen die Verteilungen für u und v nur im Erwartungswert, nicht jedoch in der Varianz überein. Für den Erwartungswert ergibt sich:

$$E(v_{it}) = E(\beta_{i1}^{-1}u_{1t} + \ldots + \beta_{iG}^{-1}u_{Gt}) = \sum_{g=1}^{G}\beta_{ig}^{-1}E(u_{gt}) = 0,$$

weil $E(u_{gt}) = 0$ für $g = 1, \ldots, G$.

Nach dem Additionssatz für Varianzen von unabhängigen Zufallsvariablen erhält man:

$$\begin{aligned}\operatorname{var}(v_{it}) &= \operatorname{var}(\beta_{i1}^{-1}u_{1t} + \ldots + \beta_{iG}^{-1}u_{Gt}) \\ &= \operatorname{var}(\beta_{i1}^{-1}u_{1t}) + \ldots + \operatorname{var}(\beta_{iG}^{-1}u_{Gt}) \\ &= \sum_{g=1}^{G}(\beta_{ig}^{-1})^2 \operatorname{var}(u_{gt}) \neq \operatorname{var}(u_{gt}).\end{aligned}$$

Enthält ein Modell verzögert endogene Variablen, legen diese die Entwicklung der endogenen Variablen im Zeitablauf fest. Für gegebene Anfangswerte der verzögert endogenen Variablen lässt sich der Zeitpfad für y_{gt} schrittweise errechnen. Der Wert für die Periode t kann ermittelt werden, wenn die Werte für alle Vorperioden bekannt sind. Um dieses langwierige Rechenverfahren zu verkürzen, bringt man dynamische Modelle in eine Form, die sich für eine Berechnung des Zeitpfades und Abschätzung seiner Stabilitätseigenschaften besser eignet. Hierzu werden alle Gleichungen so umgeformt, dass nunmehr jede endogene Variable eine lineare Funktion der Verzögerungen ihrer selbst, den verzögerten und unverzögerten exogenen Variablen sowie der Störvariablen ist:

$$\begin{aligned}y_{gt} = {} & \alpha_{g1}y_{g,t-1} + \alpha_{g2}y_{g,t-2} + \ldots + \alpha_{gp}y_{g,t-p} \\ & + \sum_{j=p+1}^{K} \alpha_{gj}x_{jt} + u_{gt}.\end{aligned} \tag{3.9}$$

Diese Modellgleichung stellt eine **stochastische Differenzengleichung** dar, deren Ordnung gleich der größten Verzögerung p der endogenen Variablen ist. Gibt es für die exogenen Variablen mindestens einen Koeffizienten, der von null verschieden ist, heißt die Differenzengleichung **inhomogen**; sind alle α_{gj}, $j = p+1, \ldots, K$ gleich null, nennt man sie **homogen**. Obige Gleichung ist demnach eine **inhomogene stochastische Differenzengleichung p-ter Ordnung**. Bildet man für beide Seiten von Gleichung (3.9) den Erwartungswert, erhält man eine **deterministische Differenzengleichung**, da annahmegemäß $\mathrm{E}(u_{gt}) = 0$ ist. Setzt man $\mathrm{E}(y_{g,t-s}) = \bar{y}_{g,t-s}$ für $s = 0, \ldots, p$ kann geschrieben werden:

$$\bar{y}_{gt} = \alpha_{g1}\bar{y}_{g,t-1} + \ldots + \alpha_{gp}\bar{y}_{g,t-p} + \sum_{j=p+1}^{K} \alpha_{gj}x_{jt}. \tag{3.10}$$

Die gegebene deterministische Differenzengleichung (3.10) gibt den erwarteten Zeitpfad der stochastischen Differenzengleichung (3.9) wieder. Die Lösung einer deterministischen Differenzengleichung besteht darin, dass die endogene Variable bei gegebenen Anfangswerten für ihre Verzögerungen nur noch eine Funktion der Zeit t ist.[9] Diese Funktionen können nun zwei charakteristische zeitliche Verläufe der endogenen Variablen beschreiben. Entspricht der zeitliche Verlauf einer konstanten Zeitreihe oder konvergiert die Folge $\{\bar{y}_t, \bar{y}_{t+1}, \ldots\}$ für $t \to \infty$ gegen eine solche, nennt man die Lösung oder die Grenzfolge „Gleichgewicht".

Für dieses Gleichgewicht gilt:

$$\ldots = \bar{y}_{t-1} = \bar{y}_t = \bar{y}_{t+1} = \ldots = \bar{y}_e,$$
$$\bar{y}_e: \text{ Gleichgewichtswert.}$$

Da y über die Zeit konstant bleibt, spricht man von einem **stationären Gleichgewicht**.

Einen **Gleichgewichtspfad** erhält man, wenn die Lösungsfunktion einer Differenzengleichung für $t \to \infty$ gegen eine Exponentialfunktion $\bar{y}_t = ae^{bt}$, $a, b \in \mathbb{R}$, e: Eulersche Zahl, konvergiert oder dieser bereits entspricht. Die Variable $\bar{y}_t$ verändert sich jetzt von Periode zu Periode mit konstanter Wachstumsrate b. Um Lösungen mit dieser Eigenschaft zu erhalten, muss mindestens eine exogene Variable einem exponentiellen Trend folgen.

Schließlich nennt man gleichgewichtige Entwicklungen **stabil**, wenn nach jeder beliebigen, einmaligen Abweichung eine Rückkehr zum Gleichgewicht unabhängig von den Anfangswerten erfolgt.

Die besprochenen dynamischen Aspekte sollen an der stochastischen Differenzengleichung erster Ordnung

$$y_t = \alpha_1 y_{t-1} + \alpha_2 + u_t \tag{3.11}$$

verdeutlicht werden, deren Koeffizienten in den Intervallen $-1 < \alpha_1 < 0$ und $0 < \alpha_2 < \infty$ liegen.

Die Lösung für den erwarteten Zeitpfad von $\bar{y}_t$ lässt sich hier leicht ermitteln. Aus Gleichung (3.11) erhält man für $\bar{y}_{t-1}$:

$$\bar{y}_{t-1} = \alpha_1 \bar{y}_{t-2} + \alpha_2;$$

analog hierzu ist dann:

$$\bar{y}_{t-2} = \alpha_1 \bar{y}_{t-3} + \alpha_2 \quad \text{usw.}$$

[9]Eine ausführliche Behandlung von Differenzengleichungen findet man bei ASSENMACHER (1998), S. 323ff.

Nach t-maliger sukzessiver Substitution der Verzögerungen geht Gleichung (3.11) über in:

$$\bar{y}_t = \alpha_1^t y_0 + \alpha_2(1 + \alpha_1 + \ldots + \alpha_1^{t-1}) \quad \text{oder:}$$
$$\bar{y}_t = \alpha_1^t y_0 + \alpha_2 \frac{\alpha_1^t - 1}{\alpha_1 - 1}. \tag{3.12}$$

Hierbei ist $y_0 = y_{t-t}$ der Anfangswert, für den gilt: $E(y_0) = \bar{y}_0 = y_0$; er wird also wie eine vorgegebene Konstante behandelt. Der Bruch auf der rechten Seite von Gleichung (3.12) ist für jedes t größer null, da Zähler und Nenner immer negativ sind. Für gerade t-Werte ist $\alpha_1^t y_0$ positiv, für ungerade t-Werte negativ. Dies bedeutet eine alternierende Lösungsfolge $\{\bar{y}_t, \bar{y}_{t+1}, \ldots\}$, deren Gleichgewicht durch ihre Grenzfolge (falls sie existiert) gegeben wird:

$$\lim_{t\to\infty} \bar{y}_t = \lim_{t\to\infty} \alpha_1^t y_0 + \lim_{t\to\infty} s_t, \quad \text{mit } s_t = \alpha_2(1 + \alpha_1 + \ldots + \alpha_1^{t-1}) = \alpha_2 \frac{\alpha_1^t - 1}{\alpha_1 - 1}.$$

Wegen $|\alpha_1| < 1$ konvergiert $\alpha_1^t y_0$ für $t \to \infty$ gegen 0 und die Summe der unendlichen geometrischen Reihe $\alpha_2(1 + \alpha_1 + \alpha_1^2 + \ldots)$ existiert:

$$\lim_{t\to\infty} s_t = \frac{\alpha_2}{1 - \alpha_1} > 0.$$

Folglich liegt mit $\lim_{t\to\infty} \bar{y}_t = \frac{\alpha_2}{1-\alpha_1} = \bar{y}_e$ ein stationäres Gleichgewicht vor. Nur wenn gilt: $y_0 = \frac{\alpha_2}{1-\alpha_1}$, vollzieht sich die Entwicklung von Anfang an gleichgewichtig:

$$\bar{y}_1 = \alpha_1 y_0 + \alpha_2 = \alpha_1 \frac{\alpha_2}{1 - \alpha_1} + \alpha_2 = \frac{\alpha_1\alpha_2 + \alpha_2(1 - \alpha_1)}{1 - \alpha_1} = \frac{\alpha_2}{1 - \alpha_1} = \bar{y}_e.$$

Nimmt man an, dass nur in der Periode 1 ein einmaliger Störeinfluss u_1 wirksam wird, beträgt y_1:

$$y_1 = \alpha_1 y_0 + \alpha_2 + u_1.$$

Für die nächste und übernächste Periode erhält man:

$$y_2 = \alpha_1 y_1 + \alpha_2 = \alpha_1(\alpha_1 y_0 + \alpha_2 + u_1) + \alpha_2 = \alpha_1^2 y_0 + \alpha_1\alpha_2 + \alpha_2 + \alpha_1 u_1$$
$$\text{und} \quad y_3 = \alpha_1^3 y_0 + \alpha_2(1 + \alpha_1 + \alpha_1^2) + \alpha_1^2 u_1.$$

Man erkennt schon nach drei Perioden, dass wegen $|\alpha_1| < 1$ der Einfluss von u_1 auf y_t zurückgeht. Die Entwicklung ist somit stabil, denn nach der einmaligen Störung konvergiert y_t wieder gegen das Gleichgewicht $\bar{y}_e$. Werden in jeder Periode Störeinflüsse wirksam, überlagern sich deren Auswirkungen;

es ist dann möglich, dass für einige aufeinander folgende Perioden ein **instabiler Verlauf** generiert wird, obwohl das Modell inhärent stabil ist. Die hier dargestellten Aspekte der zeitlichen Entwicklung ökonomischer Variablen werden in den Kapiteln 13 bis 15 wieder aufgegriffen und ausführlich analysiert.

Übungsaufgaben

3.1 a) Welche Unterschiede bestehen zwischen den stochastischen Beziehungen exogener und verzögert endogener Regressoren zu den Störvariablen?

b) Wie wirkt sich Autokorrelation für die Störvariablen auf die unter a) aufgeführten stochastischen Eigenschaften aus?

c) Warum können verzögert endogene Regressoren zu den erklärenden Variablen gezählt werden?

3.2 a) Welcher Kombination der Tabelle 3.1 entspricht das in Aufgabe 1.1 gegebene makroökonomische Modell?

b) Stellen Sie für dieses Modell das Tinbergensche Pfeilschema auf und prüfen Sie, ob es interdependent oder rekursiv ist!

c) Dynamisieren Sie dieses Modell durch Einführung eines Robertson-Lags. Wird dadurch Ihre Antwort unter b) beeinflusst?

3.3 Stellen Sie für das Modell der Aufgabe 1.1 und für seine Modifikation (Aufgabe 3.2 c) die reduzierte Form auf!

3.4 a) Zeigen Sie, dass die beiden transformierten Störvariablen $v_1 = \lambda_1 u_1 + (1 - \lambda_1)u_2$ und $v_2 = \lambda_2 u_1 + (1 - \lambda_2)u_2$ für jeden Wert des offenen Intervalls $0 < \lambda_i < 1$, $i = 1, 2$ korrelieren, obwohl u_1 und u_2 stochastisch unabhängig sind! Gehen Sie davon aus, dass gilt: $\sigma^2_{u_1} = \sigma^2_{u_2}$.

b) Geben Sie ein Wertepaar (λ_1, λ_2) an, für das die Kovarianz zwischen v_1 und v_2 null wird!

3.5 a) Welche Gleichgewichtsarten kennt man bei der dynamischen Analyse?

b) Für welche der drei Differenzengleichungen

$$(1) \quad y_t = 5 + \frac{1}{6}y_{t-1}, \qquad (2) \quad y_t = 3 - y_{t-1}, \qquad (3) \quad y_t = \frac{3}{2}y_{t-1}$$

existiert ein Gleichgewicht?

3.6 Wie muss die Matrix $\boldsymbol{B}$ (definiert durch Gleichung (2.6)) aussehen, wenn alle endogenen Variablen gegenseitig voneinander abhängig sein sollen?

Teil II

Beobachtungsdaten und Identifikation

Kapitel 4

Die Datenbasis des ökonometrischen Modells

Mit der Aufstellung eines ökonometrischen Modells ist ein wichtiger Schritt zur Quantifizierung ökonomischer Theorien getan. Erhebt eine Theorie Realitätsanspruch, müssen sich die in einem Modell formulierten Beziehungen zwischen den ökonomischen Variablen auch in den tatsächlichen Beobachtungen dieser Variablen widerspiegeln. Die Quantifizierung der unbekannten Koeffizienten, einschließlich der Parameter des statistischen Modells, erfolgt daher auf der Basis dieser Beobachtungen. Die Erhebung für jede Variable des konkreten ökonomischen Modells[1] geschieht so, dass die Anwendung statistisch-ökonometrischer Schätzverfahren – die im Teil III dargestellt werden – möglich wird. Dies ist keineswegs eine triviale Aufgabe, da alle Daten auch dem statistischen Modell genügen müssen.

Beobachtungsdaten können auf drei verschiedene Arten gewonnen werden: Als Längsschnitt- oder Querschnitterhebung und als Kombination dieser beiden Verfahren. Trotz Verbesserungen der Erhebungsmethoden und präziser Abgrenzung der Zählbegriffe besteht bei jeder Datengewinnung die Gefahr eines Messfehlers. Dieser lässt sich theoretisch in einen systematischen und einen zufälligen Teil zerlegen, die aber nicht quantifiziert werden können. Die Existenz von Messfehlern bewirkt nun, dass die erklärenden Variablen und die Störvariablen, die alle Fehlerkomponenten der in einer Gleichung enthaltenen Variablen umfassen, nicht mehr stochastisch unabhängig sind. Die

[1] Ein ökonometrisches Modell enthält zusätzlich zu den Variablen des ihm zugrunde liegenden konkreten ökonomischen Modells noch die Störvariablen. Da diese aber nicht direkt beobachtbar sind, kann die Realität nur über die Variablen des ökonomischen Modells erfasst werden.

Bedeutung einer Kovarianz von null für die Eigenschaften geschätzter Koeffizienten wird in Kapitel 8 deutlich; Kapitel 17 zeigt, dass aus einer Verletzung dieser Annahme für die Schätzungen Verzerrungen resultieren. Diese können ganz auf die Messfehler in den erklärenden Variablen zurückgeführt werden. Es wird daher in diesem Buch angenommen, dass die Messfehler im Vergleich zu dem übrigen stochastischen Einfluss vernachlässigbar klein sind.[2]

Die **Längsschnitterhebung**, die auch **Zeitreihenmodell** genannt wird, sammelt die Beobachtungen der einzelnen Variablen für aufeinander folgende Zeitpunkte oder Perioden. Diese lassen sich dann als eine Beobachtungsmatrix darstellen, bei der jede Zeile ein Beobachtungstupel für alle im Modell enthaltenen Variablen zu einer bestimmten Periode repräsentiert:[3]

$$\begin{bmatrix} y_{11} & \cdots & y_{G1} & x_{11} & \cdots & x_{K1} \\ y_{12} & \cdots & y_{G2} & x_{12} & \cdots & x_{K2} \\ \vdots & & \vdots & \vdots & & \vdots \\ y_{1T} & \cdots & y_{GT} & x_{1T} & \cdots & x_{KT} \end{bmatrix} \begin{matrix} \leftarrow \text{Beobachtungstupel für die 1. Periode} \\ \\ \\ \leftarrow \text{Beobachtungstupel für die } T\text{-te Periode} \end{matrix}$$

Die Zahlen $1, \ldots, T$ geben die Beobachtungsperioden an. Die Werte einer Spalte bilden eine Zeitreihe, der sowohl makro- als auch mikroökonomische Variablen zugrunde liegen können.

Mit einer **Querschnitterhebung** werden Beobachtungen für die einzelnen Variablen bei unterschiedlichen Merkmalsträgern – jedoch stets für die gleiche Periode – gewonnen. Sie liefern daher meistens mikroökonomisches Datenmaterial. Jedoch gewinnt man hiermit auch, wie z.B. bei einem Ländervergleich, makroökonomische Daten. Die Beobachtungsmatrix hat den gleichen Aufbau wie bei einer Längsschnitterhebung, nur stellen jetzt die Zeilen Beobachtungstupel für den 1., 2. usw. Merkmalsträger dar.

Sind mikroökonomische Verhaltensgleichungen (mit Querschnittdaten) quantifiziert, kann die entsprechende makroökonomische Relation nicht durch einfache Aggregation der einzelwirtschaftlichen Gleichungen erreicht werden. Man bezeichnet die hierbei auftauchende Schwierigkeit, die nur bei der Addition von Gleichungen, nicht jedoch bei der Addition von Variablen auftritt, als **Aggregationsproblem**. Ein einfaches Beispiel verdeutlicht die Zusam-

[2] Zu Schätzverfahren bei expliziter Berücksichtigung von Fehlern-in-den-Variablen vergleiche SCHMIDT (1976), S. 105ff. sowie SCHNEEWEISS (1986).

[3] In dieser Schreibweise bezieht sich der zweite Variablenindex auf die Zeit. Eine Spalte dieser Matrix stellt somit alle Beobachtungen für ein und dieselbe Variable dar. Obwohl hier im Gegensatz zu der üblichen Konvention der linearen Algebra der zweite Index eines Matrixelementes dem Zeilenindex entspricht, ist diese Darstellung in der ökonometrischen Literatur vielfach anzutreffen.

menhänge. Es sei

$$y_i = \alpha_{1i} + \alpha_{2i} x_{2i}$$

die Konsumfunktion des i-ten Haushalts, wobei y_i den Konsum und x_{2i} das persönlich verfügbare Einkommen bezeichnen. In der Volkswirtschaft existieren N Haushalte: $i = 1, \ldots, N$. Die makroökonomische Konsumfunktion $y = \alpha_1 + \alpha_2 x_2$ ergibt sich nicht aus der Addition aller N Gleichungen. Eine Summation über i führt zu:

$$\sum_{i=1}^{N} y_i = \sum_{i=1}^{N} \alpha_{1i} + \sum_{i=1}^{N} \alpha_{2i} x_{2i}.$$

Die Summe $\sum_{i=1}^{N} y_i$ stellt zweifellos die makroökonomischen Konsumausgaben y dar, ebenso ist $\sum_{i=1}^{N} \alpha_{1i} = \alpha_1$ das konstante Glied der gesamtwirtschaftlichen Konsumfunktion. Jedoch gilt nicht:

$$\sum_{i=1}^{N} \alpha_{2i} x_{2i} = \alpha_2 x_2.$$

Diese Gleichung wäre nur unter der zusätzlichen Annahme gültig, dass alle Haushalte die gleiche marginale Konsumneigung aufweisen würden, also: $\alpha_{21} = \alpha_{22} = \ldots = \alpha_{2N}$. Dann stellt α_{2i} eine Konstante α_2 dar und man erhält:

$$\sum_{i=1}^{N} \alpha_{2i} x_{2i} = \alpha_2 \sum_{i=1}^{N} x_{2i} = \alpha_2 x_2.$$

Aufgrund theoretischer Erwägungen ist diese Annahme keineswegs gerechtfertigt, vielmehr korreliert die marginale Konsumneigung negativ mit der Einkommenshöhe. Um dies zu berücksichtigen, wird jedes Haushaltseinkommen als Anteil am Volkseinkommen ausgedrückt:

$$x_{2i} = \lambda_i x_2 \quad \text{mit} \quad x_2 = \sum_{i=1}^{N} x_{2i}.$$

Die gesamtwirtschaftliche marginale Konsumneigung α_2 ergibt sich dann als gewogener Durchschnitt:

$$\text{Aus:} \quad \sum_{i=1}^{N} \alpha_{2i} x_{2i} = \sum_{i=1}^{N} \alpha_{2i} \lambda_i x_2 = x_2 \sum_{i=1}^{N} \alpha_{2i} \lambda_i \quad \text{folgt:} \quad \alpha_2 = \sum_{i=1}^{N} \alpha_{2i} \lambda_i.$$

Werden beide Erhebungsarten kombiniert, erhält man Daten, die sich sowohl auf unterschiedliche Merkmalsträger als auch auf verschiedene Perioden beziehen. Jede Variable hat jetzt drei Indizes; die Beobachtungsmatrix ist dann in geeigneter Weise anzuordnen. Die Beobachtungen für eine Kombination aus Quer- und Längsschnitterhebung werden meist mit der **Listen-Technik** (**Panel-Daten**) bereitgestellt: In den einzelnen Perioden $t = 1, \ldots, T$ beobachtet man immer dieselben Merkmalsträger $i = 1, \ldots, N$. Die so gewonnenen Daten bezeichnet man als **Paneldaten** oder kurz **Panel**.

Für die meisten ökonometrischen Untersuchungen ist die Art der Datenerhebung bereits durch die Formulierung des konkreten ökonomischen Modells festgelegt. Bei allen dynamischen Modellen scheidet die reine Querschnitterhebung aus. Da mit Modellen auf Querschnittsdatenbasis keine Prognosen möglich sind, dominieren in der praktischen ökonometrischen Arbeit immer noch Längsschnitterhebungen. Es soll deshalb auch hier von dieser Art der Datenbeschaffung ausgegangen werden.[4] Das Gleichungssystem (2.5) gilt dann für alle Perioden, für die Beobachtungen vorliegen; z.B. hat die erste Gleichung für das t-te Beobachtungstupel die Form:

$$\beta_{11}y_{1t} + \beta_{12}y_{2t} + \ldots + \beta_{1G}y_{Gt} + \alpha_{11}x_{1t} + \ldots + \alpha_{1K}x_{Kt} = u_{1t}.$$

Für alle Perioden $t = 1, \ldots, T$ und alle Gleichungen $g = 1, \ldots, G$ ergibt sich in Matrizenschreibweise:

$$\begin{bmatrix} y_{11} & \cdots & y_{G1} \\ \vdots & & \vdots \\ y_{1T} & \cdots & y_{GT} \end{bmatrix} \begin{bmatrix} \beta_{11} & \cdots & \beta_{G1} \\ \vdots & & \vdots \\ \beta_{1G} & \cdots & \beta_{GG} \end{bmatrix} \tag{4.1}$$
$$+ \begin{bmatrix} x_{11} & \cdots & x_{K1} \\ \vdots & & \vdots \\ x_{1T} & \cdots & x_{KT} \end{bmatrix} \begin{bmatrix} \alpha_{11} & \cdots & \alpha_{G1} \\ \vdots & & \vdots \\ \alpha_{1K} & \cdots & \alpha_{GK} \end{bmatrix} = \begin{bmatrix} u_{11} & \cdots & u_{G1} \\ \vdots & & \vdots \\ u_{1T} & \cdots & u_{GT} \end{bmatrix},$$

oder kompakt:

$$\boldsymbol{Y}\boldsymbol{B}' + \boldsymbol{X}\boldsymbol{A}' = \boldsymbol{U}, \tag{4.2}$$

wobei $\boldsymbol{Y}$ eine Matrix der Ordnung $T \times G$ und $\boldsymbol{X}$ eine Matrix der Ordnung $T \times K$ sind. Beide Matrizen entstehen durch Zerlegung der Beobachtungsmatrix, indem die endogenen und exogenen Variablen getrennt werden. Mit $\boldsymbol{U}$ wird eine Matrix der Ordnung $T \times G$ bezeichnet, deren Spaltenelemente die gemäß des Zeitbezuges zu unterscheidenden T Störvariablen jeder g-ten

[4] Damit ist keine Einengung des Anwendungsbereiches ökonometrischer Analysen verbunden, da die ökonometrischen Verfahren unabhängig von der Art der Datenerhebung sind.

Gleichung sind. Die Matrizen $\boldsymbol{A}'$ und $\boldsymbol{B}'$ sind die Transponierten der Koeffizientenmatrizen $\boldsymbol{A}$ und $\boldsymbol{B}$, die in Gleichung (2.6) definiert wurden.

Der Umfang der Datenbasis unterliegt einer wichtigen Beschränkung. Aufgrund des Ätialprinzips können nur Beobachtungen aus Perioden aufgenommen werden, in denen die allgemeinen Bedingungen gleich bleiben, da sie sonst mit dem statistischen Modell inkompatibel wären. Diese Perioden bilden den **Stützzeitraum**. Bestünde auch in den Wirtschaftswissenschaften die Möglichkeit kontrollierbarer Experimente, wäre diese Bedingung leicht einzuhalten und die Datenbasis könnte einen beliebigen Umfang annehmen. Da dies im Allgemeinen jedoch nicht der Fall ist, muss man sich auf a priori Kenntnisse verlassen. Fällt in eine Datenbasis zum Beispiel der Ölpreisschock des Jahres 1973, wird sich kaum begründen lassen, dass alle Beobachtungen unter gleich bleibenden allgemeinen Bedingungen realisiert wurden.

Sind die Einschnitte nicht so gravierend und zeitlich nicht so genau zu präzisieren, müssen geeignete Tests zur Überprüfung der Konstanz der allgemeinen Bedingungen durchgeführt werden.[5] Dies wird umso notwendiger, je länger der dem Längsschnitt zugrunde liegende Zeitraum ist. Solange die allgemeinen Bedingungen konstant bleiben, kann das ökonometrische Modell als eine unendlich große Grundgesamtheit gedacht werden, für die das statistische Modell gilt und in der die funktionalen Beziehungen zwischen den einzelnen Variablen wirksam werden. Das so interpretierte ökonometrische Modell bildet dann den datenerzeugenden Prozess für die tatsächlich eingetretenen Beobachtungen. Da über den systematischen Teil eine Kausalwirkung von x auf y ausgeht, reicht es aus, in der gedachten Grundgesamtheit neben den Störvariablen nur die endogenen Variablen als Zufallsvariablen zu berücksichtigen. Jede Beobachtung für y stellt dann eine Stichprobe mit dem Umfang eins bei gegebenen Werten für die determinierten Variablen x dar. Durch diese Interpretation der Beobachtungsdaten für y als Realisationen von Stichprobenvariablen, die letztlich in dem stochastischen Ansatz der Ökonometrie begründet ist, kann das Defizit an Experimentiermöglichkeiten ausgeglichen werden. Mit den vorliegenden Beobachtungen ist es nun möglich, unter Anwendung der statistischen Schätztheorie auf die unbekannten Parameter des datenerzeugenden Prozesses, des ökonometrischen Modells also, zu schließen.

---

[5]Bleiben die allgemeinen Bedingungen nicht konstant, schlägt sich dies in den Parametern des ökonomischen Modells nieder. In Kapitel 12 werden daher Tests zur Überprüfung der Homoskedastizitätsannahme entwickelt; Kapitel 16 befasst sich u.a. mit Tests zur Ermittlung signifikanter Veränderungen der Strukturparameter.

Übungsaufgaben

4.1 Welche Argumente sprechen gegen eine beliebig große Datenbasis?

4.2 Was versteht man unter dem Aggregationsproblem?

4.3 Schreiben Sie das Modell der Aufgabe 1.1 gemäß Gleichung (4.1)! Der Stichprobenumfang sei T. Kontrollieren Sie Ihr Ergebnis, indem Sie die entstandenen Matrixmultiplikationen auf ihre Zulässigkeit hin überprüfen!

4.4 Definieren Sie die Begriffe Längsschnitt- und Querschnitterhebung!

4.5 Begründen Sie, warum jede Beobachtung der endogenen Variablen als Zufallsstichprobe interpretiert werden kann!

Kapitel 5

Identifikation

5.1 Das Identifikationsproblem

Die nach dem Ätialprinzip abgegrenzte Datenbasis stellt Realisationen des ökonometrischen Modells dar. In den Beobachtungen haben sich dann die qualitativen und quantitativen Beziehungen zwischen den Modellvariablen manifestiert. Diese Beziehungen, kurz als „wahre Struktur" bezeichnet, sind unbekannt. Sie sollen gerade mit Hilfe einer Theorie erklärt und ihr quantitativer Aspekt mit geeigneten ökonometrischen Verfahren aus den Daten geschätzt werden. Für das ökonometrische Modell wird nun die Annahme getroffen, dass eine einzige „wahre Struktur" in der Menge seiner Strukturen[1] enthalten ist, sofern das Modell die unbekannte Kausalstruktur zwischen den beobachtbaren Variablen richtig erfasst.[2] Die „**wahre Struktur**" wird dann dadurch ausgezeichnet, dass bei ihr die empirische Verteilung der Beobachtungen der endogenen Variablen bei gegebenen Werten der determinierten Variablen mit der durch das statistische Modell festgelegten theoretischen Verteilung kompatibel ist.[3] Dies ist jedoch nur eine notwendige Bedingung, die immer von der „wahren Struktur" erfüllt wird, jedoch auch bei anderen

[1] Es sei daran erinnert, dass ein ökonometrisches Modell durch Spezifikation seiner Koeffizienten in eine Struktur übergeht. Das ökonometrische Modell kann deshalb als Menge aller seiner Strukturen aufgefasst werden. Vgl. hierzu auch Kapitel 2 , S. 30ff.

[2] In den Kapiteln 9 und 10 wird gezeigt, wie die Gültigkeit dieser Annahmen getestet werden kann.

[3] Aufgrund der Notwendigkeit der Abstraktion wird ein Modell nie in dem Sinne „wahr" sein können, dass **alle** Einflussfaktoren, die in der Realität auf einen Sachverhalt wirken, erfasst werden. Jedes Modell stellt eine mehr oder weniger gute Approximation an die Wirklichkeit dar, die wenigstens so sein muss, dass die Beobachtungsdaten ihr nicht widersprechen.

Strukturen gültig sein kann. Führen unterschiedliche numerische Parameterspezifikationen für ein und dasselbe Modell zu denselben, mit den tatsächlichen Beobachtungen verträglichen Verteilungen für die endogenen Variablen, kann aus der Datenbasis allein – und sei diese noch so groß – nicht mehr eindeutig auf die Parameter der wahren Struktur geschlossen werden, da jetzt mehrere numerische Spezifikationen **beobachtungsäquivalent** sind, d.h. die gleichen Konsequenzen für die Beobachtungen haben. Das betreffende Modell ist dann als ganzes nicht **identifizierbar**. Dennoch kann es möglich sein, dass bei solchen Modellen einzelne Parameter oder einige Strukturgleichungen identifiziert werden können. Die Identifikation eines Parameters gelingt dann, wenn er seinen Wert in keiner der beobachtungsäquivalenten Strukturen des Modells ändert; gilt dies für alle Parameter einer Gleichung, so ist diese innerhalb des Modells identifizierbar.

Daraus ergibt sich, dass die Struktur eines Modells identifizierbar ist, wenn jede Gleichung des Modells identifiziert werden kann. Dies ist dann der Fall, wenn nur eine Struktur existiert, die sowohl mit dem ökonometrischen Modell als auch mit den empirischen Daten kompatibel ist. Die Menge der zu ihr beobachtungsäquivalenten Strukturen ist leer. Diese identifizierbare Struktur muss dann auch die für dieses Modell wahre Struktur sein.

Das Problem der Identifizierbarkeit kann auch an der reduzierten Form eines Modells erkannt werden. Sind nämlich Strukturen beobachtungsäquivalent, müssen sie auch dieselbe reduzierte Form haben. Dies lässt sich indirekt begründen. Hätten z.B. zwei beobachtungsäquivalente Strukturen verschiedene reduzierte Formen, so könnten sich diese in ihren Koeffizienten π_{ij}, in dem statistischen Modell für die Störvariablen v_i, oder in beiden unterscheiden. Dann resultieren daraus aber auch für die Verteilung der endogenen Modellvariablen bei denselben Beobachtungen für x unterschiedliche Konsequenzen, was ein Widerspruch zur Beobachtungsäquivalenz ist. Lauten z.B. beide Gleichungen für dasselbe y zweier verschiedener reduzierter Formen: $y = \pi_1 x + v_1$ und $y = \pi_2 x + v_2$ mit $\pi_1 \neq \pi_2$ und $\mathrm{E}(v_1) = \mathrm{E}(v_2) = 0$, dann stimmen die bedingten Erwartungswerte für y nicht überein: $\mathrm{E}(y|x) = \pi_1 x \neq \mathrm{E}(y|x) = \pi_2 x$ und die beiden reduzierten Formen sind nicht beobachtungsäquivalent.

Gelten für v_1 und v_2 unterschiedliche statistische Modelle, sind dementsprechend auch die stochastischen Eigenschaften der endogenen Variablen (z.B. deren Verteilung) verschieden. Auch jetzt stellt sich ein Widerspruch zur Beobachtungsäquivalenz ein.

Es lässt sich zeigen, dass zwei Strukturen genau dann die gleiche reduzierte Form haben, wenn sie durch eine eineindeutige Lineartransformation ineinander überführt werden können.

$$\text{Sind:} \qquad \boldsymbol{B}_1\boldsymbol{y} = -\boldsymbol{A}_1\boldsymbol{x} + \boldsymbol{u}_1 \quad \text{und} \quad \boldsymbol{B}_2\boldsymbol{y} = -\boldsymbol{A}_2\boldsymbol{x} + \boldsymbol{u}_2$$

zwei Strukturen, $\boldsymbol{T}$ eine reguläre Transformationsmatrix und gilt:

$$\boldsymbol{B}_2 = \boldsymbol{T}\boldsymbol{B}_1, \quad \boldsymbol{A}_2 = \boldsymbol{T}\boldsymbol{A}_1, \quad \boldsymbol{u}_2 = \boldsymbol{T}\boldsymbol{u}_1,$$

dann haben beide Strukturen die gleiche reduzierte Form. Für die Struktur 1 erhält man die reduzierte Form als:

$$\boldsymbol{y} = -\boldsymbol{B}_1^{-1}\boldsymbol{A}_1\boldsymbol{x} + \boldsymbol{B}_1^{-1}\boldsymbol{u}_1 = \boldsymbol{\Pi}\boldsymbol{x} + \boldsymbol{v},$$

für die Struktur 2 entsprechend als:

$$\begin{aligned} \boldsymbol{y} &= -\boldsymbol{B}_2^{-1}\boldsymbol{A}_2\boldsymbol{x} + \boldsymbol{B}_2^{-1}\boldsymbol{u}_2 = -(\boldsymbol{T}\boldsymbol{B}_1)^{-1}\boldsymbol{T}\boldsymbol{A}_1\boldsymbol{x} + (\boldsymbol{T}\boldsymbol{B}_1)^{-1}\boldsymbol{T}\boldsymbol{u}_1 \\ &= -\boldsymbol{B}_1^{-1}\boldsymbol{T}^{-1}\boldsymbol{T}\boldsymbol{A}_1\boldsymbol{x} + \boldsymbol{B}_1^{-1}\boldsymbol{T}^{-1}\boldsymbol{T}\boldsymbol{u}_1, \end{aligned}$$

weil $\boldsymbol{T}$ und $\boldsymbol{B}$ reguläre Matrizen sind.[4] Schließlich erhält man wegen $\boldsymbol{T}^{-1}\boldsymbol{T} = \boldsymbol{I}$:

$$\boldsymbol{y} = -\boldsymbol{B}_1^{-1}\boldsymbol{A}_1\boldsymbol{x} + \boldsymbol{B}_1^{-1}\boldsymbol{u}_1,$$

die gleiche reduzierte Form also wie für die Struktur 1.

Schätzt man die Koeffizienten der reduzierten Form eines nicht identifizierbaren Modells, können hieraus keine eindeutigen Schätzwerte für die Strukturparameter berechnet werden. Bei manchen empirischen Problemen – vornehmlich bei der Erstellung von Prognosen – ist nur die Kenntnis der reduzierten-Form-Koeffizienten notwendig; in allen anderen Fällen muss das ökonomische Modell so weiterentwickelt werden, dass sich Identifizierbarkeit der Strukturparameter einstellt. Wie hierbei möglicherweise vorzugehen ist, wird deutlich, wenn Kriterien für die Identifizierbarkeit vorliegen. Zuvor jedoch sollen einige Beispiele das Identifikationsproblem veranschaulichen.

Ausgangspunkt ist ein einfaches Marktmodell[5], das aus einer Angebots- und Nachfragefunktion sowie der Markträumungsbedingung besteht:

$$q_t^S = \alpha_{10} + \beta_{11}p_t + u_{1t} \quad : \text{Angebot}, \tag{5.1}$$

$$q_t^D = \alpha_{20} + \beta_{21}p_t + u_{21} \quad : \text{Nachfrage}, \tag{5.2}$$

$$q_t^D = q_t^S = q_t \quad : \text{Markträumung}, \tag{5.3}$$

$$\alpha_{20}, \beta_{11} > 0 \text{ und } \beta_{21} < 0,$$

[4] Sind $\boldsymbol{A}$ und $\boldsymbol{B}$ zwei reguläre Matrizen derselben Ordnung, gilt für die Inverse ihres Produkts: $(\boldsymbol{AB})^{-1} = \boldsymbol{B}^{-1}\boldsymbol{A}^{-1}$.

[5] An diesem Beispiel entwickelte KOOPMANS (1953) in seiner berühmt gewordenen Arbeit: „Identification Problems in Economic Model Construction“ das Identifikationsproblem.

$$q_t^S: \text{ angebotene Menge}, \quad p_t: \text{ Preis},$$
$$q_t^D: \text{ nachgefragte Menge}, \quad t: \text{ Periodenindex}.$$

Das statistische Modell für die Störvariablen u_1 und u_2 wird durch die Gleichungen (2.15) bis (2.18) und (2.20) unter der zusätzlichen Annahme gegeben, dass die beiden Störvariablen gemeinsam normalverteilt sind:[6]

$$u_i: N(0, \sigma_i^2) \quad i = 1, 2 \quad N: \text{ Normalverteilung}.$$

In diesem ökonometrischen Modell stellen q_t^S, q_t^D und p_t die endogenen Variablen dar; eine exogene Variable wird als Scheinvariable zur Darstellung der Achsenabschnitte benötigt. Nach Substitution der Markträumungsbedingung (5.3) in die Gleichungen (5.1) und (5.2) erhält man:

$$q_t = \alpha_{10} + \beta_{11} p_t + u_{1t}. \tag{5.4}$$
$$q_t = \alpha_{20} + \beta_{21} p_t + u_{2t}. \tag{5.5}$$

Die Matrizenschreibweise liefert dann nach einer Gruppierung der Variablen in endogene und exogene:[7]

$$\begin{bmatrix} 1 & -\beta_{11} \\ 1 & -\beta_{21} \end{bmatrix} \begin{bmatrix} q_t \\ p_t \end{bmatrix} = \begin{bmatrix} \alpha_{10} \\ \alpha_{20} \end{bmatrix} x + \begin{bmatrix} u_{1t} \\ u_{2t} \end{bmatrix} \quad \text{mit } x \equiv 1.$$

Die Auflösung dieses Gleichungssystems nach den endogenen Variablen führt zu der reduzierten Form:

$$p_t = \frac{\alpha_{20} - \alpha_{10}}{\beta_{11} - \beta_{21}} + \frac{u_{2t} - u_{1t}}{\beta_{11} - \beta_{21}} = p^* + v_{1t}, \tag{5.6}$$
$$q_t = \frac{\alpha_{20}\beta_{11} - \alpha_{10}\beta_{21}}{\beta_{11} - \beta_{21}} + \frac{\beta_{11}u_{2t} - \beta_{21}u_{1t}}{\beta_{11} - \beta_{21}} = q^* + v_{2t}. \tag{5.7}$$

Die beiden reduzierte-Form-Gleichungen transformieren die Störvariablen v_{1t} und v_{2t} eineindeutig in die neuen Zufallsvariablen p_t und q_t. Da v_{it}, $i = 1, 2$

[6]Zur zweidimensionalen Normalverteilung siehe ASSENMACHER (2000), S. 163ff.

[7]Dieses Gleichungssystem könnte auch so geschrieben werden, dass die Normierungsregel erfüllt wird. Da wegen Gleichung (5.3) alle Beobachtungen Marktgleichgewichte darstellen, lässt sich eine Kausalwirkung der angebotenen Menge über die Nachfragefunktion auf den Marktpreis gut begründen. Diese Kausalwirkung könnte dann in der Formulierung

$$p_t = -\frac{\alpha_{20}}{\beta_{21}} + \frac{1}{\beta_{21}} q_t - \frac{1}{\beta_{21}} u_{2t}$$

Ausdruck finden. In Matrizenschreibweise führt das Marktmodell jetzt zu einer Koeffizientenmatrix $\boldsymbol{B}$, deren Elemente auf der Hauptdiagonalen den Wert 1 haben. Die Beachtung der Normierungsregel erhöht bei diesem Beispiel den Rechenaufwand: Sie wird deshalb nicht eingehalten, zumal die gewonnenen Ergebnisse hiervon unabhängig sind.

als Linearkombination der Störvariablen u_{1t} und u_{2t} selbst normalverteilt ist, müssen auch p_t und q_t diesem Verteilungsgesetz unterliegen mit den Erwartungswerten

$$E(p_t) = p^* \quad \text{und} \quad E(q_t) = q^*.$$

Diese Ergebnisse erhält man aus dem rechten Teil der Gleichungen (5.6) und (5.7) unter Beachtung, dass gilt: $\mathrm{E}(p^*) = p^*$, $\mathrm{E}(q^*) = q^*$ und $\mathrm{E}(v_{it}) = 0$ wegen $E(u_{it}) = 0$ für $i = 1, 2$ und $t = 1, \ldots, T$.

Aus den Gleichungen (5.4) und (5.5) wird nun durch eine Linearkombination eine neue Gleichung gebildet:

$$\left.\begin{array}{rcl} \lambda_1 q_t & = & \lambda_1\alpha_{10} + \lambda_1\beta_{11}p_t + \lambda_1 u_{1t} \\ (1-\lambda_1)q_t & = & (1-\lambda_1)\alpha_{20} + (1-\lambda_1)\beta_{21}p_t + (1-\lambda_1)u_{2t} \end{array}\right\} +$$

$$\begin{aligned} q_t =& \lambda_1\alpha_{10} + (1-\lambda_1)\alpha_{20} + [(\lambda_1\beta_{11} + (1-\lambda_1)\beta_{21}]p_t \\ &+ \lambda_1 u_{1t} + (1-\lambda_1)u_{2t}. \end{aligned} \tag{5.8}$$

Wählt man λ_1 so, dass die durch das Modell gegebene a priori Restriktion einer positiven Abhängigkeit der angebotenen Menge vom Preis erhalten bleibt, stellt Gleichung (5.8) ebenfalls eine Angebotsfunktion dar. Diese Werte für λ_1 erfüllen die Ungleichung:

$$\lambda_1\beta_{11} + (1-\lambda_1)\beta_{21} > 0;$$

man bezeichnet Gleichung (5.8) dann als **Pseudogleichung**.

Wegen $\lambda_1 + (1-\lambda_1) = 1$ wird auch die Normierungsregel in Gleichung (5.8) eingehalten. Es sind jedoch auch andere Koeffizienten für die Linearkombination zulässig, die sich nicht zu 1 addieren. Ist ein der Normierungsregel unterworfener Koeffizient nach einer Linearkombination ungleich 1, wird die Gleichung einfach durch diesen Koeffizienten dividiert.

Auf gleiche Weise wie bei der Angebotsfunktion kann eine Pseudogleichung für die Nachfragefunktion als Linearkombination der Gleichungen (5.4) und (5.5) für alle λ_2 gebildet werden, die zur Einhaltung der Restriktionen für die Koeffizienten der Nachfragefunktion führt:

$$\begin{aligned} q_t =& \lambda_2\alpha_{10} + (1-\lambda_2)\alpha_{20} + [\lambda_2\beta_{11} + (1-\lambda_2)\beta_{21}]p_t \\ &+ \lambda_2 u_{1t} + (1-\lambda_2)u_{2t} \\ &\text{mit} \quad \lambda_2\beta_{11} + (1-\lambda_2)\beta_{21} < 0 \quad \text{und} \quad \lambda_2\alpha_{10} + (1-\lambda_2)\alpha_{20} > 0. \end{aligned} \tag{5.9}$$

Das für u_{1t} und u_{2t} angenommene statistische Modell gilt auch für die beiden neuen Störvariablen $u_{1t}^* = \lambda_1 u_{2t} + (1-\lambda_1)u_{2t}$ und $u_{2t}^* = \lambda_2 u_{1t} + (1-\lambda_2)u_{2t}$; jedoch ist Gleichung (2.18) ungültig, wenn λ_1 und λ_2 Werte der Intervalle $0 < \lambda_1 < 1$ und $0 < \lambda_2 < 1$ annehmen. In diesem Fall ist wegen $\lambda_i > 0$

und $(1 - \lambda_i) > 0$, $i = 1, 2$, immer auch $\lambda_1\lambda_2 + (1 - \lambda_1)(1 - \lambda_2) > 0$. Analog zu Gleichung (3.8) existiert zwischen u_1^* und u_2^* eine positive Kovarianz; die beiden Störvariablen sind stochastisch abhängig.

Die Gleichungen (5.8) und (5.9) stellen nun ein neues ökonometrisches Modell dar, das zu derselben reduzierten Form wie die Gleichungen (5.4) und (5.5) führt. Die Transformationsmatrix $\boldsymbol{T}$, die beide Modelle verbindet, lautet:

$$\boldsymbol{T} = \begin{bmatrix} \lambda_1 & (1 - \lambda_1) \\ \lambda_2 & (1 - \lambda_2) \end{bmatrix}.$$

Ihre Determinante beträgt: $|\boldsymbol{T}| = \lambda_1 - \lambda_2$; damit diese Matrix regulär ist, muss nur gelten: $\lambda_1 \neq \lambda_2$. Dies gilt aber immer, wenn λ_1 und λ_2 so gewählt werden, dass auch für die Gleichungen (5.8) und (5.9) die a priori Restriktionen des Ausgangsmodells erfüllt sind. Nach dem neuen, aus Linearkombinationen hervorgegangenen ökonometrischen Modell sind p_t und q_t ebenfalls normalverteilt mit den Erwartungswerten $\mathrm{E}(p_t) = p^*$ und $\mathrm{E}(q_t) = q^*$. Für die beobachtbaren endogenen Variablen p_t und q_t resultieren somit unabhängig davon, ob nun das Gleichungssystem (5.4) und (5.5) oder (5.8) und (5.9) die Realität erklären, die gleichen Konsequenzen hinsichtlich der Verteilungseigenschaften der abhängigen Variablen.[8] Beide Modelle haben dieselbe reduzierte Form und sind deshalb beobachtungsäquivalent; ihre Parameter können aus den Beobachtungen nicht eindeutig identifiziert werden.

Haben die Koeffizienten β der endogenen Variablen solche Werte, dass die Störvariablen v der reduzierten Form (5.6) und (5.7) genau wie die Störvariablen u des Ausgangsmodells unkorreliert sind,[9] dann gilt dies auch bei vorgegebenen x–Werten für die endogenen Variablen p und q. Bei gleich großen Varianzen für die beiden Störvariablen v_1 und v_2 sind die Kurven gleicher Dichte in einem (q, p)–Koordinatensystem Kreise mit unterschiedlichen Radien, die alle den Mittelpunkt (q^*, p^*) haben (vgl. Abbildung 5.1).

Entspricht eine dieser beiden Strukturen (5.4) und (5.5) bzw. (5.8) und (5.9) auch der „wahren Struktur“ , dann werden die Eintragungen der Beobachtungstupel in einem (q, p)-Koordinatensystem ebenfalls kreisförmig streuen (vgl. Abbildung 5.2, in der die Beobachtungen durch Kreuze dargestellt sind).

[8] Dies gilt auch bei Modellen, in denen exogene Variablen nicht nur als Scheinvariablen verwendet werden.

[9] Dem Leser, der Schwierigkeiten beim Verständnis dieser Argumentation hat, sei empfohlen, die Seiten 39ff. nochmals zu lesen, auf denen dieser Zusammenhang ausführlich begründet wird.

Abb. 5.1: Zweidimensionale Normalverteilung mit $\sigma^2_{v_1} = \sigma^2_{v_2}$

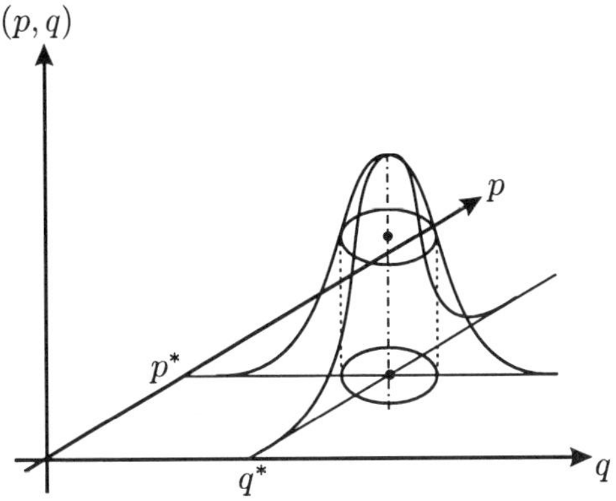

Anhand dieser Beobachtungen kann aber nicht geschlossen werden, welche der beiden Strukturen die „wahre“ ist. Sowohl das Modell M_1 mit der Nachfrage- und Angebotsfunktion q_1^D, q_1^S als auch das Modell M_2 mit der Nachfrage- und Angebotsfunktion q_2^D, q_2^S (vgl. Abbildung 5.2) sind mit den Beobachtungen verträglich.

Abb. 5.2: Isodichtekurve

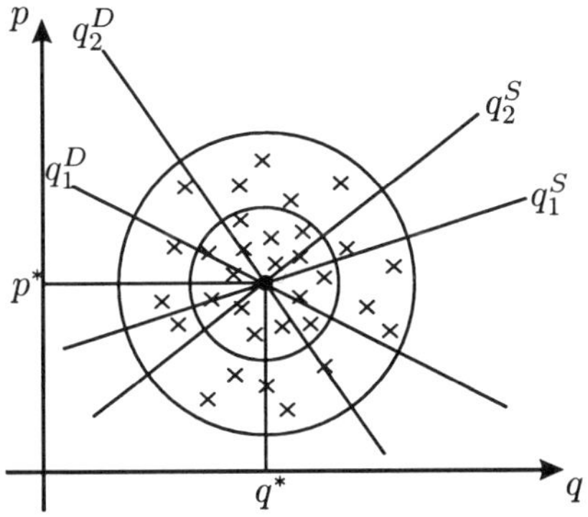

Resultiert aus der Transformation in die reduzierte Form eine Korrelation für die Störvariablen v_1 und v_2, dann korrelieren auch p und q. Kurven gleicher Dichten sind hier Ellipsen mit Achsen, die nicht parallel zu den Achsen des

Koordinatensystems verlaufen. Das Streudiagramm wird dann ebenfalls eine solche Form haben (vgl. Abbildung 5.3). Auch jetzt ist es nicht möglich, die wahre Struktur zu identifizieren.

Abb. 5.3: Isodichtekurven bei korrelierten Störvariablen

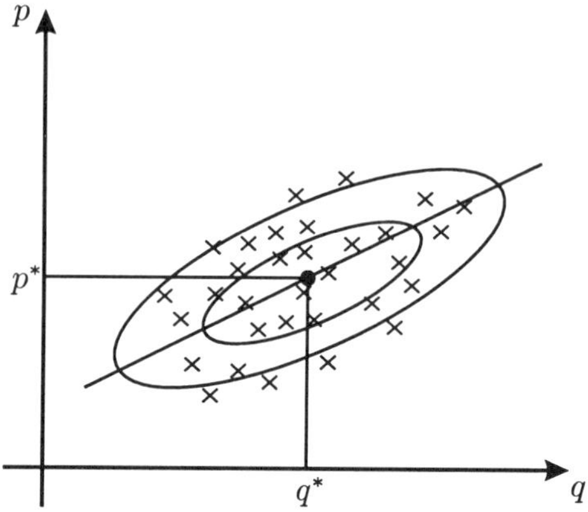

Aufgrund des Streudiagramms könnte man vermuten, dass wenigstens die Angebotsfunktion geschätzt werden könnte. Jedoch weiß man auch hier nicht, ob nicht doch eine Linearkombination aus Angebots- und Nachfragefunktion ermittelt wird.

Die Zusammenhänge sind in Abbildung 5.4 schematisch dargestellt.

Abb. 5.4: Beobachtungsäquivalenz und Isodichtekurven

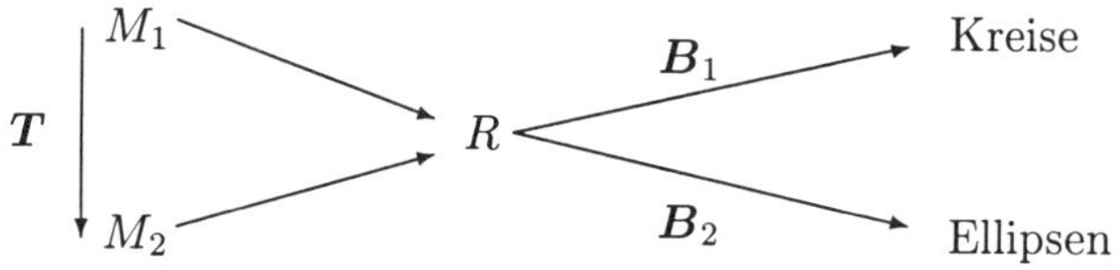

Das Modell M_2 geht durch die umkehrbare Transformation $\boldsymbol{T}$ aus dem Modell M_1 hervor, beide haben daher dieselbe reduzierte Form R. Die Gestalt der Kurven gleicher Dichten für p und q hängt von der Matrix $\boldsymbol{B}$ der endogenen Variablen ab. Ist diese so (Matrix $\boldsymbol{B_1}$), dass v_1 und v_2 nicht korrelieren, erhält man Kreise; korrelieren v_1 und v_2 (Matrix $\boldsymbol{B}_2$), sind Kurven gleicher Dichte Ellipsen. In beiden Fällen lässt sich die wahre Struktur nicht identifizieren.

5.2 Kriterien für Identifizierbarkeit

Die Ausführungen des vorangegangenen Abschnitts zeigen, dass mit der Datenbasis allein das Identifikationsproblem nicht gelöst werden kann. Es muss also an den einzelnen Gleichungen bzw. an dem ökonometrischen Modell liegen, ob es sich um eine identifizierbare Struktur handelt.

Bei der Entwicklung von **Identifikationskriterien** wird von einem einfachen Beispiel ausgegangen, das zeigt, welche charakteristische Eigenschaft eine Gleichung innerhalb eines ökonometrischen Modells aufweisen muss, damit sie identifizierbar ist. Das nicht identifizierbare Marktmodell, bestehend aus den Gleichungen (5.1) bis (5.3), wird hierfür so geändert, dass in der Nachfragefunktion jetzt die nachgefragte Menge zusätzlich noch eine Funktion des persönlich verfügbaren Einkommens y ist. Diese Änderung der Nachfragefunktion ist nicht willkürlich, sondern muss theoretisch begründet sein: Im ursprünglichen Modell wurden die ökonomischen Determinanten des Nachfrageverhaltens noch nicht ganz erfasst. Damit ist gewährleistet, dass auch jetzt die „wahre Struktur" Element der Menge der Strukturen des neuen Modells ist. Das neue Modell wird dann nach Substitution der Markträumungsbedingung gegeben durch:

$$q_t = \alpha_{10} + \beta_{11} p_t + u_{1t} \quad : \text{Angebot,} \tag{5.10}$$

$$q_t = \alpha_{20} + \beta_{21} p_t + \alpha_{21} y_t + u_{2t} \quad : \text{Nachfrage,} \tag{5.11}$$

$$\alpha_{20}, \alpha_{21}, \beta_{11} > 0 \text{ und } \beta_{21} < 0.$$

Es ist nun wegen der Hinzunahme der exogenen Variablen „persönlich verfügbares Einkommen" y_t nicht mehr möglich, eine Angebotsfunktion als Linearkombination der beiden Gleichungen (5.10) und (5.11) aufzustellen, denn in der Linearkombination wäre dann auch die angebotene Menge eine Funktion von y, was aber aus theoretischen Erwägungen ausgeschlossen ist. Wohl lässt sich weiterhin eine Nachfragefunktion als Linearkombination der beiden Modellgleichungen bilden. Die zu dem ökonometrischen Modell, bestehend aus den Gleichungen (5.10) und (5.11), beobachtungsäquivalenten Modelle werden somit gegeben durch:

$$q_t = \alpha_{10} + \beta_{11} p_t + u_{1t}, \tag{5.12}$$

$$\begin{aligned} q_t = {} & \lambda\alpha_{10} + (1-\lambda)\alpha_{20} + [\lambda\beta_{11} + (1-\lambda)\beta_{21}]p_t \\ & + (1-\lambda)\alpha_{21} y_t + \lambda u_{1t} + (1-\lambda) u_{2t}, \end{aligned} \tag{5.13}$$

für alle λ, die die Ungleichungen erfüllen:

$$\lambda\alpha_{10} + (1-\lambda)\alpha_{20} > 0, \quad \lambda\beta_{11} + (1-\lambda)\beta_{21} < 0, \quad (1-\lambda)\alpha_{21} > 0.$$

Dass dieses Gleichungssystem alle zu dem Ausgangsmodell (Gleichungen (5.10) und (5.11)) beobachtungsäquivalenten Modelle repräsentiert, solange λ den Modellrestriktionen genügt, kann auch an der Transformationsmatrix $\boldsymbol{T}$ erkannt werden. Die Matrix $\boldsymbol{T}$ ist hier definiert als:

$$\boldsymbol{T} = \begin{bmatrix} 1 & 0 \\ \lambda & (1-\lambda) \end{bmatrix}.$$

Da $\boldsymbol{T}$ quadratisch und regulär ist, haben alle Modelle, die für unterschiedliche λ aus dem Ausgangsmodell gewonnen werden, die gleiche reduzierte Form. Charakteristisch an diesen beobachtungsäquivalenten Modellen ist, dass die Angebotsfunktion immer in derselben Form erhalten bleibt. Ihre Parameter verändern sich in keinem der beobachtungsäquivalenten Modelle. Diese Gleichung muss deshalb innerhalb der Modelle identifizierbar sein. Die Identifikation wurde erreicht, weil in der Nachfragefunktion eine Variable enthalten ist, die nicht in der Angebotsfunktion vorkommt. Diese Variable beeinflusst die Lage der Nachfragefunktion in einem $(q,p)-$Koordinatensystem. Unterschiedliche $y-$Werte bewirken eine Parallelverschiebung der Nachfragefunktion. Man erhält auf diese Weise für jede Einkommenshöhe einen anderen Schnittpunkt mit der Angebotsfunktion (vgl. Abbildung 5.5).

Abb. 5.5: Wirkung der Shift–Variablen

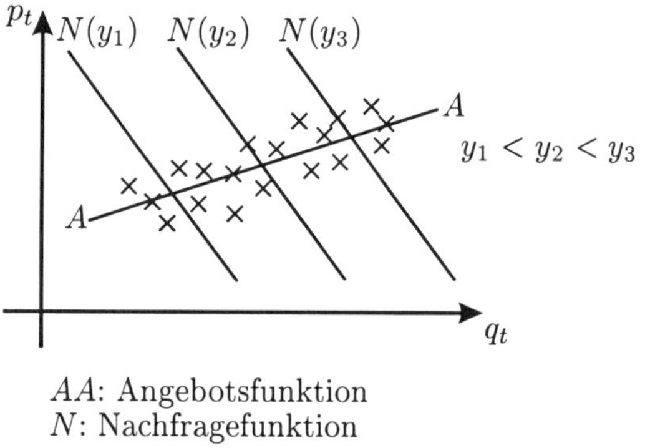

AA: Angebotsfunktion
N: Nachfragefunktion

Die Beobachtungstupel (q_t, p_t) (Kreuze in Abbildung 5.5) werden deshalb bei variablem y_t um die Angebotsfunktion streuen. Dies ermöglicht die Identifikation der Parameter der Angebotsfunktion. Wegen ihres Einflusses heißen in ökonometrischen Modellen alle Variablen mit gleicher Wirkung wie y in unserem Beispiel **Shift-Variablen**. Kann die Angebotsfunktion theoretisch so weiterentwickelt werden, dass auch sie eine Shift-Variable enthält,[10] dann sind weder die Angebots- noch die Nachfragefunktion als eine Linearkombination von Angebot und Nachfrage darstellbar. In diesem Fall ist das ganze Marktmodell identifizierbar.

Wie diese Beispiele zeigen, ist die Identifikation der Modellgleichungen dadurch erreicht, dass beide Gleichungen jeweils unterschiedliche Modellvariablen ausschließen. Es soll nun diese Identifikationsmöglichkeit auf den allgemeineren Fall von G unabhängigen Modellgleichungen übertragen werden. Da es – wie man an dem Marktmodell leicht erkennt – für die Identifikation bedeutungslos ist, ob der Ausschluss einer endogenen oder determinierten Variablen zur Identifikation führt, werden jetzt alle Variablen des Modells zu einem Vektor $\boldsymbol{z}$, alle Koeffizienten zu einer Matrix $\boldsymbol{M}$ zusammengefasst:[11]

$$\boldsymbol{M}\boldsymbol{z} = \boldsymbol{u} \quad \text{mit} \tag{5.14}$$

$$\boldsymbol{M} = (\boldsymbol{B}\ \boldsymbol{A}) : \text{ Zeilenvektor, dessen Elemente Matrizen sind,}$$

$$\boldsymbol{z} = \begin{bmatrix} \boldsymbol{y} \\ \boldsymbol{x} \end{bmatrix} : \text{ Spaltenvektor, dessen Elemente Spaltenvektoren sind.}$$

Die Matrizen und Vektoren $\boldsymbol{A}$, $\boldsymbol{B}$, $\boldsymbol{x}$, $\boldsymbol{y}$ und $\boldsymbol{u}$ sind durch die Gleichungen (2.5) und (2.6) definiert und haben die dort angegebenen Ordnungen.

Die Modellvariablen, die nicht in der g-ten Gleichung vorkommen, erkennt man daran, dass die entsprechenden Elemente der Matrix $\boldsymbol{M}$ den Wert 0 haben. Damit für eine Gleichung überhaupt die Möglichkeit einer Identifikation besteht, muss sie mindestens eine Modellvariable ausschließen; ob dies jedoch zur Identifikation reicht, ist noch völlig offen. Es soll nun geprüft werden, unter welchen Bedingungen die erste Gleichung[12] des Modells (5.14) identifiziert werden kann. Schließt die erste Gleichung d Modellvariablen aus, wobei d eine natürliche Zahl darstellt, kann das Gleichungssystem (5.14) so neu angeordnet werden, dass die in der ersten Gleichung ausgeschlossenen d Variablen auf den ersten Positionen des Vektors $\boldsymbol{z}$ stehen. Soll diese Gleichung identifizierbar sein, müssen ihre Parameter in allen beobachtungsäquivalenten Strukturen unverändert bleiben, d.h.: die erste Gleichung darf nicht als

[10] Es darf sich hierbei nicht um dieselbe Shiftvariable wie in der Nachfragefunktion handeln. Bei gleichen Shiftvariablen ginge die Identifikation wieder verloren.

[11] Enthält ein Modell verzögert endogene Variablen, müssen die Kriterien für Identifikation über eine andere formale Entwicklung gewonnen werden. Da sich jedoch die gleichen Ergebnisse einstellen, wird auf eine gesonderte Darstellung dieses Falles verzichtet. Vgl. hierzu aber SCHÖNFELD (1971).

[12] Der Bezug auf die erste Gleichung erfolgt aus Vereinfachungsgründen. Damit ist keine Einschränkung der Allgemeinheit verbunden, da jede beliebige Gleichung des Modells als erste Gleichung geschrieben werden kann.

eine Linearkombination aller G Gleichungen darstellbar sein, die gleichzeitig auch die a priori Restriktion (z.B. Ausschluss der ersten d Variablen) erfüllt. Um zu sehen, was dies formal bedeutet, wird das Gleichungssystem (5.14) ausgeschrieben:

$$\begin{bmatrix} 0 & \dots & 0 & | & m_{1d+1} & \dots & m_{1G+K} \\ -- & -- & -- & | & -- & -- & -- \\ m_{21} & \dots & m_{2d} & | & m_{2d+1} & \dots & m_{2G+K} \\ \vdots & & \vdots & | & \vdots & & \vdots \\ m_{G1} & \dots & m_{Gd} & | & m_{Gd+1} & \dots & m_{GG+K} \end{bmatrix} \begin{bmatrix} z_1 \\ \vdots \\ \vdots \\ z_{G+K} \end{bmatrix} = \begin{bmatrix} u_1 \\ \vdots \\ \vdots \\ u_G \end{bmatrix} \tag{5.15}$$

Die a priori Restriktionen kommen hier dadurch zum Ausdruck, dass die Elemente m_{1j}, $j = 1, \dots, d$ null gesetzt werden und eins der restlichen Elemente m_{1j}, $j = d+1, \dots, G+K$ wegen der Normierungsregel den Wert 1 hat.

Eine Zerlegung der Matrix $\boldsymbol{M}$ nach der $d-$ten Spalte und der ersten Zeile – vgl. gestrichelte Linien in Gleichung (5.15) – ergibt:

$$\boldsymbol{M} = \begin{bmatrix} \boldsymbol{M}_{11} & \boldsymbol{M}_{12} \\ \boldsymbol{M}_{21} & \boldsymbol{M}_{22} \end{bmatrix}, \qquad \boldsymbol{M}_{ij} : \text{ Teilmatrizen, } i, j = 1, 2.$$

Damit die erste Zeile von $\boldsymbol{M}$ nicht als Linearkombination der $G - 1$ übrigen Zeilen gebildet werden kann, ist es notwendig und hinreichend, dass die Teilmatrix $\boldsymbol{M}_{21}$ mit der Ordnung $(G-1) \times d$ vollen Zeilenrang hat:

$$\text{Rang}\,(\boldsymbol{M}_{21}) = G - 1.$$

Denn dann sind alle $G - 1$ Zeilen von $\boldsymbol{M}_{21}$ linear unabhängig und die Matrix $\boldsymbol{M}_{11}$ (Nullvektor) ist nur als **triviale Linearkombination**[13] der Zeilen von $\boldsymbol{M}_{21}$ darstellbar. Vollen Zeilenrang hat $\boldsymbol{M}_{21}$ nur dann, wenn die Anzahl ihrer Spalten mindestens so groß wie die Anzahl ihrer Zeilen ist: $d \geq G - 1$. Dann hat aber auch die Teilmatrix $\boldsymbol{M}_1$, die aus $\boldsymbol{M}$ durch Streichen der erste Zeile entsteht, den Rang $G-1$. Eine Linearkombination aus allen Zeilen der Matrix $\boldsymbol{M}_1$, die alle Nullrestriktionen der ersten Zeile der Matrix $\boldsymbol{M}$ erfüllt, führt zu $\lambda_1 = \lambda_2 = \ldots = \lambda_{G-1} = 0$ und ergibt den Nullvektor (als Zeile). Eine zur ersten Zeile der Matrix $\boldsymbol{M}$ beobachtungsäquivalente Zeile ließe sich jetzt nur noch als Linearkombination des Nullvektors und eines beliebigen Vielfachen λ der ersten Zeile darstellen. Der Skalar $\lambda = 1$ ist aber der einzige Wert, der mit der Normierungsregel verträglich ist. Die einzige geeignete Linearkombination aller G Zeilen der Matrix $\boldsymbol{M}$, die mit der ersten Zeile des Modells unter Einhaltung sämtlicher Restriktionen beobachtungsäquivalent ist, führt

[13] Stellen $m_1, \dots, m_d$ Zeilenvektoren dar, dann heißt die Linearkombination $\lambda_1 m_1 + \lambda_2 m_2 + \ldots + \lambda_d m_d$ trivial, wenn sie nur für $\lambda_1 = \lambda_2 = \ldots = \lambda_d = 0$ den Nullvektor ergibt, mit λ: Skalar.

genau zu der ersten Zeile. Dies bedeutet, dass die erste Gleichung in allen beobachtungsäquivalenten Modellen erhalten bleibt: Sie ist somit identifizierbar. Die übrigen Gleichungen des Modells werden analog hierzu behandelt. Ein notwendiges und hinreichendes Kriterium für die Identifizierbarkeit von ökonometrischen Gleichungen ist gegeben durch:

$$\text{Rang}\,(\boldsymbol{M}_{21}) = G - 1. \tag{5.16}$$

Man nennt dieses Kriterium das **Rangkriterium**.

Wäre die Anzahl d der Spalten von $\boldsymbol{M}_{21}$ kleiner als $G-1$, dann könnte $\boldsymbol{M}_{21}$, nicht den Rang $G - 1$ haben, da Zeilen- und Spaltenrang stets gleich groß sind. Für d muss deshalb gelten:

$$d \geq \text{Rang}\,(\boldsymbol{M}_{21}).$$

Bei großen ökonometrischen Modellen ist die Prüfung der Identifikation mit dem Rangkriterium sehr umständlich und rechenaufwendig. Man begnügt sich bei den meisten praktischen Arbeiten mit dem **Abzählkriterium**, das jedoch nur eine notwendige Bedingung für die Identifikation einer Gleichung ist. Allerdings sind die Fälle, bei denen nicht identifizierbare Gleichungen fälschlicherweise als identifizierbar ausgewiesen werden, selten. Das Abzählkriterium lässt sich leicht ermitteln. Wenn $d < G-1$ ist, dann hat die Matrix $\boldsymbol{M}_{21}$ nicht mehr den Rang $G - 1$. Die $G - 1$ Zeilen von $\boldsymbol{M}_{21}$ sind jetzt linear abhängig, die Matrix $\boldsymbol{M}_{11}$ (Nullvektor) ist als nichttriviale Linearkombination darstellbar. Mithin lässt sich die erste Zeile von $\boldsymbol{M}$ als nichttriviale Linearkombination aller $G-1$ Zeilen der Matrix $\boldsymbol{M}_1$ schreiben. Aus dieser Linearkombination und der ersten Zeile der Matrix $\boldsymbol{M}$ bildet man eine weitere Linearkombination derart, dass die Normierungsregel für die erste Zeile nicht verletzt wird.[14] Das Ergebnis ist eine neue Gleichung, die genau wie die ursprüngliche alle a priori Restriktionen erfüllt, jedoch in den Parameterwerten verschieden ist. Wegen dieses Zusammenhanges lautet das Abzählkriterium:

> Eine Modellgleichung ist nicht identifizierbar, wenn aus ihr weniger als $G - 1$ Variablen ausgeschlossen werden: $d < G - 1$.

Eine solche Gleichung heißt **unteridentifiziert**.

Ist nun $d \geq G - 1$, kann es sich um eine identifizierbare Gleichung handeln, weil diese Ungleichung eine notwendige Bedingung für Rang $(\boldsymbol{M}_{21}) = G - 1$ ist. Das Abzählkriterium lautet daher:[15]

[14] Hierzu wählt man die Skalare einfach so, wie es in den Beispielen des Abschnitts 5.1 bereits geschehen ist.

[15] Das Abzählkriterium lässt sich unterschiedlich formulieren. Bezeichnet H die Anzahl der in einer Gleichung enthaltenen Variablen und $G+K$ die Anzahl aller Modellvariablen, dann gilt auch: $(G+K) - H < G - 1$.

> Eine notwendige Bedingung für die Identifizierbarkeit einer ökonometrischen Gleichung wird dadurch gegeben, dass mindestens $G-1$ Variable von ihr ausgeschlossen sind.

Diese notwendige Bedingung wird von allen identifizierbaren, aber auch von einigen nicht identifizierbaren Gleichungen erfüllt. Es ist somit trotz Gültigkeit des Abzählkriteriums möglich, dass eine nicht identifizierbare Gleichung vorliegt. Schließlich bezeichnet man eine identifizierbare Gleichung, von der mehr als $G-1$ Variablen ausgeschlossen sind, als **überidentifiziert**.

Zusammenfassend können die Strukturgleichungen eines ökonometrischen Modells hinsichtlich des Abzählkriteriums unterteilt werden in:

$$d < G-1: \text{ unteridentifizierte Gleichung,}$$
$$d = G-1: \text{ genau identifizierbare Gleichung,}$$
$$d > G-1: \text{ überidentifizierte Gleichung.}$$

Abschließend sei darauf hingewiesen, dass eine Identifikation manchmal auch möglich ist, obwohl nach dem Abzählkriterium eine unteridentifizierte Gleichung vorliegt. Die Identifikation wird dann durch identifizierende Restriktionen erreicht, die nicht aus der Struktur der Matrizen $\boldsymbol{A}$ und $\boldsymbol{B}$ resultieren. Ist es zum Beispiel möglich, das Verhältnis aus den beiden Varianzen der Störvariablen u_{1t} und u_{2t} genau anzugeben, erreicht man dadurch für das nach dem Abzählkriterium nicht identifizierbare Marktmodell des Abschnitts 5.1 wieder Identifikation, da jede Lineartransformation dieses Verhältnis verletzt.

Auch bei weniger genauer Kenntnis über das Verhältnis der Varianzen ist eine Identifikation noch immer teilweise möglich. Weiß man, dass bei einem Modell mit zwei Gleichungen eine der beiden Gleichungen weniger als die andere zufallsgestört ist, lässt sich auch hier eine identifizierende Restriktion ableiten: Eine der beiden endogenen Variablen muss eine kleinere Varianz als die andere aufweisen. Dies erlaubt – mit einer aus der identifizierenden Restriktion resultierenden Unschärfe – die Identifikation der Parameter der weniger zufallsgestörten Gleichung,[16] da die Punkte eines Streudiagramms enger an dieser Gleichung liegen müssen.

Bei den folgenden Ausführungen werden mit identifizierbar nur solche Gleichungen bezeichnet, für die nach dem Abzählkriterium gilt: $d = G-1$ und

[16] In frühen ökonometrischen Untersuchungen, die ohne Kenntnis des Identifikationsproblems und seiner Lösung durchgeführt wurden, lässt sich mit Hilfe identifizierbarer Restriktionen nachträglich begründen, welche Gleichungen identifizierbar sind und welche nicht. Als Beispiel hierfür sei die bereits 1938 vorgelegte Arbeit von SCHULTZ angeführt, der aufgrund identifizierbarer Restriktionen tatsächlich Nachfragefunktionen nach Agrarprodukten geschätzt hatte. Auch rekursive Modelle sind aufgrund bestimmter Annahmen für die Störvariablen identifizierbar. Diese Modelle werden ausführlich im Abschnitt 17.3 dargestellt.

für die auch das Rang-Kriterium erfüllt ist. Schließen Gleichungen mehr als $G-1$ Variablen aus und hat für sie das Rang-Kriterium ebenfalls Gültigkeit, heißen sie, obwohl sie auch identifizierbar sind, „überidentifiziert“.

Übungsaufgaben

5.1 a) Was versteht man unter dem Identifikationsproblem?

b) Kann das Identifikationsproblem durch eine direkte Schätzung der Modellgleichung oder durch Vergrößerung der Datenbasis umgangen werden?

5.2 Wann heißt ein Parameter identifizierbar?

5.3 In der Funktion $y_t = \alpha_1 + \alpha_2 x_t + u_t$ bedeutet y die angebotene Arbeitsmenge (gemessen in Stunden pro Periode) und x den realen Stundenlohnsatz. Von der Arbeitsnachfrage weiß man, dass sie ebenfalls von x abhängt. Kann der Ökonometriker immer sicher sein, bei Verwendung tatsächlicher Beobachtungen obige Funktion als Arbeitsangebotsfunktion geschätzt zu haben?

5.4 Für die Störvariablen u_{1t} und u_{2t} des durch die Gleichungen (5.4) und (5.5) gegebenen Marktmodells gilt: $\mathrm{E}(u_{1t}) = \mathrm{E}(u_{2t}) = 0$, $\sigma^2_{u_1} = \sigma^2_{u_2} = 1$ und $\mathrm{cov}(u_{1t}, u_{2t}) = 2$. Die Störvariablen u_{1t}, u_{2t} werden mit der Matrix $T = \begin{bmatrix} \frac{1}{4} & \frac{1}{4} \\ \frac{1}{4} & -\frac{1}{4} \end{bmatrix}$ in die neuen Störvariablen u^*_{1t} und u^*_{2t} transformiert.

Zeigen Sie, dass

a) T regulär ist,

b) die Störvariablen u^*_{1t} und u^*_{2t} nicht korrelieren.

5.5 a) Was versteht man unter dem Abzähl- und dem Rangkriterium?

b) Begründen Sie, warum das erste dieser beiden Kriterien nur eine notwendige Bedingung für Identifizierbarkeit darstellt!

5.6 Welche Rolle spielen Shift-Variablen bei der Identifizierbarkeit?

5.7 Gegeben sei das ökonometrische Modell:

$$\begin{aligned} y_{1t} + \beta_{12} y_{2t} &= \alpha_{11} + \alpha_{12} x_{2t} + u_{1t}, \\ y_{2t} + \beta_{21} y_{1t} &= \alpha_{23} x_{3t} + \alpha_{24} x_{4t} + u_{2t}, \\ y_{3t} + \beta_{32} y_{2t} &= \alpha_{31} + \alpha_{32} x_{2t} + \alpha_{33} x_{3t} + \alpha_{34} x_{4t} + u_{3t}. \end{aligned}$$

Prüfen Sie mit dem Abzählkriterium, ob das Modell insgesamt identifizierbar ist oder ob dies nur für einzelne Gleichungen gilt!

5.8 Begründen Sie die Möglichkeit, dass eine nach dem Abzählkriterium unteridentifizierte Gleichung dennoch identifizierbar ist!

5.9 Stellen Sie das Streudiagramm für einen Gütermarkt dar, bei dem nur die Angebotsfunktion zufallsgestört ist!

Teil III
Schätz- und Testverfahren

Kapitel 6

Statistische Eigenschaften guter Schätzfunktionen

6.1 Die Schätzfunktion

Um die unbekannten Koeffizienten eines ökonometrischen Modells zu schätzen, müssen geeignete Schätzverfahren zur Verfügung stehen. All diesen Verfahren ist gemeinsam, dass sie sich auf wenigstens einen Teil der im Modell enthaltenen beobachtbaren Variablen beziehen. Wegen des Kausalzusammenhangs ökonomischer Modelle müssen jedoch mindestens eine zu erklärende und eine erklärende Variable in der Schätzfunktion vorkommen. Verwendet man die Symbolik für Koeffizienten exogener Variablen, obwohl die Ausführungen für jeden geschätzten Koeffizienten gleichermaßen gelten, kann nun allgemeingültig formuliert werden:

$$a = f(x_{1t}, \ldots, x_{mt}, y_{1t}, \ldots, y_{nt}) \quad m \leq K, \quad n \leq G, \quad t = 1, \ldots, T,$$

wobei a eine **Schätzfunktion**, auch **Schätzer** genannt, für den wahren, jedoch unbekannten Strukturparameter α darstellt und das Funktionszeichen f die aus dem Schätzverfahren resultierenden konkreten Rechenoperationen umfasst. Welche beobachtbaren Variablen letztlich in der Schätzfunktion enthalten sind, wird durch das jeweilige konkrete Schätzverfahren festgelegt. Aufgrund der stochastischen Interpretation der endogenen Variablen stellt die Schätzfunktion a ebenfalls eine Zufallsvariable dar, deren wahrscheinlichkeitstheoretischen Eigenschaften durch das statistische Modell und das Schätzverfahren f festgelegt sind. Für die Zufallsvariable a können nun die hinsichtlich ihrer Verteilung relevanten Kenngrößen ermittelt werden, wie z.B.

der Erwartungswert, die Varianz usw., vorausgesetzt, das statistische Modell ist für diese Ableitungen präzise genug formuliert.

Aus der Schätzfunktion a erhält man einen konkreten numerischen Wert, wenn die Beobachtungen der Stichprobe in die Schätzfunktion eingesetzt werden. Dieser Wert heißt **Schätzung** und wird mit $\hat{a}$ bezeichnet. Obwohl die Beobachtungen in den meisten Fällen einen einmaligen und nicht wiederholbaren Vorgang darstellen, erlaubt die stochastische Interpretation der Realität weiterhin die Annahme, dass die zeitlich fest abgegrenzte Datenbasis bei unveränderten Beobachtungen für die determinierten Variablen aus anderen Beobachtungen für die zu erklärenden Variablen hätte bestehen können. Es ist deshalb zulässig und vorteilhaft, die Schätzfunktion a als bedingte Zufallsvariable zu interpretieren, wobei die Bedingung durch eben die in der Stichprobe vorliegenden Daten der determinierten Variablen gegeben wird. Für a existiert dann auch eine bedingte Wahrscheinlichkeitsverteilung. Man kann daher die determinierten Variablen wie mathematische Variablen behandeln. Der Nachweis bestimmter statistischer Eigenschaften der geschätzten Koeffizienten ist bei dieser Interpretation leichter als bei stochastischen Regressoren und für das praktische Arbeiten völlig ausreichend.

Vor der Entwicklung konkreter Methoden zur Schätzung der Strukturparameter ist zunächst zu klären, welche Anforderungen an gute Schätzfunktionen zu richten sind. Das Ausmaß, in dem die einzelnen Schätzfunktionen diese Anforderungen erfüllen, gibt eine erste Auskunft über Güte und Sicherheit des geschätzten Zusammenhangs und ist hilfreich bei der Beurteilung des quantitativen Aspekts der dem Modell zugrunde liegenden Theorie.

6.2 Erwartungstreue

Ziel einer jeden guten Schätzung ist es, mit großer Wahrscheinlichkeit möglichst nahe bei dem wahren Wert α zu liegen. Dies lässt sich nun statistisch wie folgt präzisieren: Die Differenz $a - \alpha$ stellt ein Maß für den Fehler der Schätzung dar; man bezeichnet ihn auch als **Zufalls-** bzw. **Schätzfehler**. Er entsteht, weil a aufgrund einer endlichen Stichprobe geschätzt wird. Eine wünschenswerte Eigenschaft der Schätzfunktion a wäre darin zu sehen, dass der Erwartungswert für diesen Schätzfehler bei jedem beliebigen Stichprobenumfang T verschwindet:

$$E(a - \alpha) = 0. \tag{6.1}$$

Man nennt eine Schätzung mit dieser Eigenschaft **erwartungstreu** bzw. **unverzerrt** (englisch: unbiased). Die Erwartungstreue kann nach Auflösung der Gleichung (6.1) äquivalent formuliert werden als:

$$E(a) = \alpha. \qquad (6.2)$$

Liegt keine Erwartungstreue vor, bezeichnet man die Differenz $\mathrm{E}(a) - \alpha \neq 0$ als **Verzerrung** (englisch: bias). Abbildung 6.1 zeigt die Dichtefunktion einer erwartungstreuen und einer verzerrten Schätzfunktion.

Abb. 6.1: Erwartungstreue und verzerrte Schätzfunktion

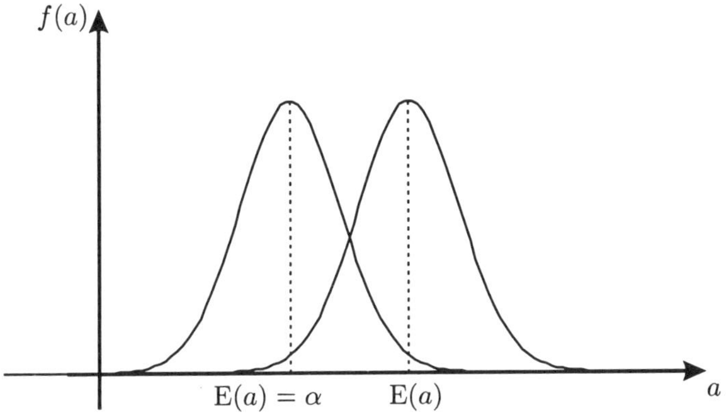

Stellt sich Erwartungstreue erst für $T \to \infty$ ein, ist die Schätzfunktion **asymptotisch erwartungstreu**.

6.3 Konsistenz

Bei vielen ökonometrischen Modellen ist es nicht möglich, erwartungstreue Schätzfunktionen zu entwickeln. Es ist dann nur sinnvoll, die Parameter solcher Modelle zu schätzen, wenn die Schätzfunktionen wenigstens konsistent sind. Die Konsistenz ist ein Gütekriterium, dem sowohl erwartungstreue als auch verzerrte Schätzfunktionen genügen können; sie stellt daher eine Minimalforderung an gute Schätzfunktionen dar. **Konsistenz** liegt vor, wenn mit wachsendem Stichprobenumfang T die Wahrscheinlichkeit, dass der absolute Wert des Schätzfehlers $|a - \alpha|$ kleiner ist als eine beliebig kleine positive Zahl

ε, gegen 1 konvergiert:

$$\lim_{T\to\infty} P(|a-\alpha|<\varepsilon)=1 \quad \text{für jedes } \varepsilon>0, \tag{6.3}$$
$$P: \text{ Wahrscheinlichkeit.}$$

Dies bedeutet, dass bei wachsendem Stichprobenumfang der Schätzer a mit Wahrscheinlichkeit gegen den wahren Wert α strebt. „Mit Wahrscheinlichkeit“ besagt, dass bei großen Stichproben kleine Schätzfehler wahrscheinlicher sind als große. Dennoch ist es möglich, dass bei einer großen Stichprobe ein größerer Schätzfehler realisiert wird als bei einer Stichprobe mit relativ kleinem Umfang. Gleichung (6.3) stimmt mit dem schwachen Gesetz der großen Zahlen von Bernoulli überein. Man spricht deshalb auch bei Gültigkeit dieser Gleichung von **schwacher Konsistenz**. Für den Grenzübergang schreibt man:

$$\operatorname*{plim}_{T\to\infty} a=\alpha,$$

wobei die Abkürzung plim aus „probability limit“ resultiert und **Wahrscheinlichkeitslimes bzw. -grenzwert** heißt.

Um eine Schätzfunktion auf Konsistenz zu prüfen, müssen zwei Bedingungen erfüllt sein, die sich als hinreichend erweisen: (1) asymptotische Erwartungstreue und (2) verschwindende Varianz bei wachsendem Stichprobenumfang T. Formal lauten beide Bedingungen:

$$\lim_{T\to\infty} E(a)=\alpha \quad \text{und} \tag{6.4}$$
$$\lim_{T\to\infty} \operatorname{var}(a)=0. \tag{6.5}$$

Obwohl die Bedingungen (6.4) und (6.5) zwar hinreichend, aber nicht notwendig sind,[1] reichen sie bei den meisten ökonometrischen Schätzfunktionen zum Konsistenznachweis aus. Abbildung 6.2 zeigt die Dichtefunktionen zweier konsistenter Schätzfunktionen bei zunehmendem Stichprobenumfang $T_1 < T_2$. In Abbildung 6.2.a ist für jeden Stichprobenumfang der Erwartungswert gleich α. Abbildung 6.2.b gibt eine konsistente Schätzfunktion wieder, die bei endlichen Stichprobenumfängen verzerrt ist. Der Erwartungswert für a ist ungleich α, er hängt vom Stichprobenumfang ab. Je größer der Stichprobenumfang wird, desto kleiner werden die Varianz $\operatorname{var}(a)$ und die Abweichung $E(a)-\alpha$, bis schließlich die Gleichungen (6.4) und (6.5) gelten.

[1] Auch bei einer unendlichen Varianz kann Konsistenz vorliegen (siehe Aufgabe 6.4).

Abb. 6.2: Konsistente Schätzfunktionen

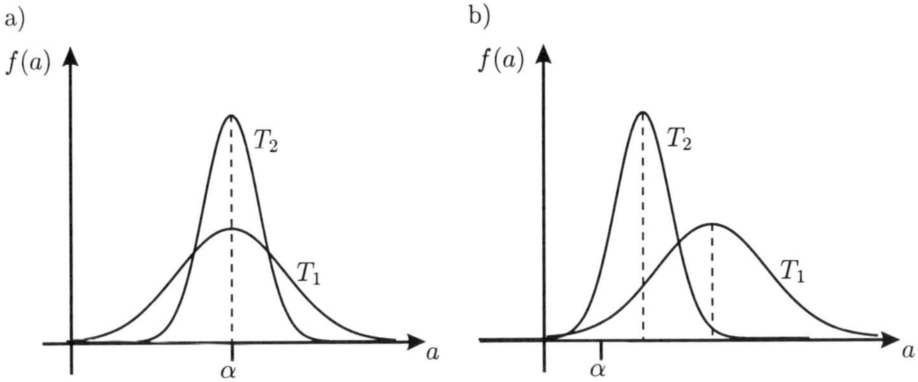

Bei nicht konsistenten Schätzungen verschwindet auch für $T \to \infty$ die vorhandene Verzerrung nicht. Existiert der Wahrscheinlichkeitslimes, spricht man von einer **asymptotischen Verzerrung**, die sich ergibt als:

$$\alpha - \underset{T\to\infty}{\text{plim}}\, a \neq 0.$$

Da α aber unbekannt ist, lässt sich diese Differenz nicht quantifizieren. Nicht konsistente Schätzungen haben daher keine Aussagekraft. Das gleiche gilt, wenn $\text{plim}\, a$ gegen $-\infty$ oder $+\infty$ divergiert.

6.4 Effizienz

Weil der wahre Wert α stets unbekannt ist, kann nicht angegeben werden, wie stark eine Schätzung a von α abweicht. Man ist deshalb bestrebt, solche Schätzfunktionen zu entwickeln, die bei jedem Stichprobenumfang T mit kleinster Varianz um den wahren Wert α streuen. Dies ist im Allgemeinen nur bei erwartungstreuen Schätzungen sinnvoll, da sich verzerrte, aber konsistente Schätzfunktionen bei keinem endlichen Stichprobenumfang um den wahren Wert α gruppieren (vgl. Abbildung 6.2.b). Eine erwartungstreue Schätzfunktion a heißt **effizient**, wenn ihre Varianz von keiner anderen erwartungstreuen Schätzfunktion a^* unterschritten wird:

$$E\{[a - E(a)]^2\} = E[(a - \alpha)^2] \leq E[(a^* - \alpha)^2]. \tag{6.6}$$

In vielen Fällen lässt sich die Effizienz einer Schätzung erst für $T \to \infty$ nachweisen; man spricht dann von **asymptotischer Effizienz**.

Stellt sich die varianzminimale Eigenschaft (6.6) einer Schätzfunktion nur innerhalb einer bestimmten Klasse von erwartungstreuen Schätzfunktionen ein, heißt sie oft auch **beste Schätzfunktion**.

6.5 Linearität der Schätzfunktion

Die letzte wünschenswerte Eigenschaft wird aus rechentechnischen Gründen eingeführt. Aus der Menge der Schätzfunktionen werden diejenigen ausgewählt, die lineare Funktionen in den Beobachtungen der endogenen Variablen sind. Ist eine Schätzfunktion aus dieser Klasse erwartungstreu und effizient, bezeichnet man sie als **blu-Schätzer**. Die Abkürzung resultiert aus:

b: best (kleinste Varianz), l: linear (in den endogenen Variablen),
u: unbiased (erwartungstreu).

Beschränkt sich die varianzminimale Eigenschaft einer Schätzfunktion nicht nur auf die Klasse linearer, erwartungstreuer Schätzfunktionen, sondern gilt sie für alle (linearen und nichtlinearen) erwartungstreuen Schätzfunktionen, liegt ein bu-Schätzer vor.

6.6 Mittlerer quadratischer Fehler

Obwohl Erwartungstreue und Effizienz zentrale Eigenschaften für Schätzfunktionen sind, sollten sie jedoch nicht ausschließlich die Wahl des Schätzverfahrens bestimmen. Denn es liegen mittlerweile Schätzfunktionen vor, wie z.B. die Ridge–Regression, die nur sehr geringe Verzerrungen, dafür aber erheblich kleinere Varianzen als die beste erwartungstreue Schätzfunktion aufweisen. Es existiert daher bei diesen Schätzfunktionen ein Trade–off zwischen Verzerrung und Varianzreduktion, den Abbildung 6.3 wiedergibt.

In Abbildung 6.3 stellt a den effizienten und daher definitionsgemäß erwartungstreuen und a' einen verzerrten Schätzer dar. Ist die Varianz von a' viel kleiner als diejenige von a, kann unter Umständen der verzerrte dem effizienten Schätzer vorgezogen werden. Um für solche Fälle ein Auswahlkriterium zu besitzen, ist der Trade–off zu formalisieren. Eine verbreitete Vorgehensweise stellt die Berechnung eines gewogenen Durchschnitts aus Varianz und quadrierter Verzerrung dar. Bei gleichen Gewichten erhält man den **mittleren quadratischen Fehler (mean square error)**, der mit MSE abgekürzt wird.

Abb. 6.3: Trade–off zwischen Verzerrung und Varianzreduktion

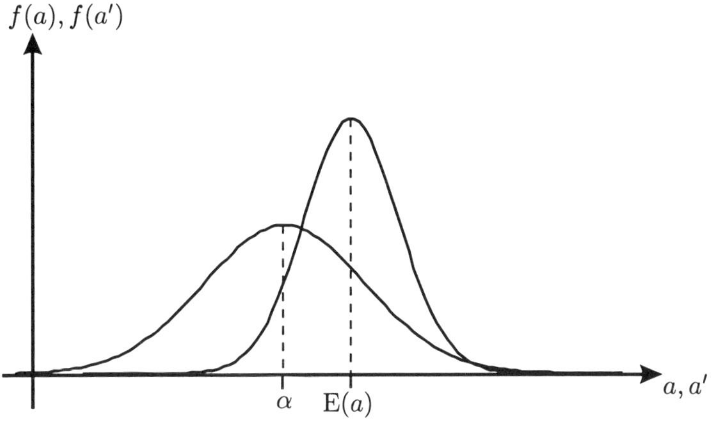

Der mittlere quadratische Fehler ist definiert als:

$$\text{MSE}(a) = \text{E}(a - \alpha)^2. \tag{6.7}$$

Die Nullergänzung $\text{E}(a) - \text{E}(a)$ ermöglicht für Gleichung (6.7) folgende Umformung:

$$\begin{aligned}\text{MSE}(a) &= \text{E}[a - \text{E}(a) + \text{E}(a) - \alpha]^2 \\ &= \text{E}[a - \text{E}(a)]^2 + \text{E}[\text{E}(a) - \alpha]^2 + 2\text{E}\{[a - \text{E}(a)][\text{E}(a) - \alpha]\}.\end{aligned}$$

Die drei Erwartungswerte auf der rechten Gleichungsseite haben bestimmte Eigenschaften. Der erste Erwartungswert ist die Varianz von a: $\text{E}[a-\text{E}(a)]^2 = \text{var}(a)$; der zweite bezieht sich auf eine Konstante und stimmt daher mit ihr überein. Diese Konstante gibt die quadrierte Verzerrung an: $\text{E}[\text{E}(a) - \alpha]^2 = [\text{E}(a) - \alpha]^2$. Für den dritten Erwartungswert lässt sich zeigen, dass er null wird. Es gilt:

$$\text{E}\{[a-\text{E}(a)][\text{E}(a)-\alpha]\} = [\text{E}(a)-\alpha]\text{E}[a-\text{E}(a)] = [\text{E}(a)-\alpha][\text{E}(a)-\text{E}(a)] = 0.$$

Damit ist der mittlere quadratische Fehler in Varianz und quadrierte Verzerrung zerlegt:

$$\text{MSE}(a) = \text{var}(a) + [\text{E}(a) - \alpha]^2. \tag{6.8}$$

Bei erwartungstreuen Schätzfunktionen liegt keine Verzerrung vor; mittlerer quadratischer Fehler und Varianz stimmen dann überein. Mit dem mittleren quadratischen Fehler liegt ein Auswahlkriterium für die in Abbildung

6.3 dargestellte Situation vor: Man wählt diejenige Schätzfunktion, die den mittleren quadratischen Fehler minimiert.

Übungsaufgaben

6.1 Wann und warum sind Schätzfunktionen mit kleinster Varianz vorteilhaft?

6.2 Der von dem Stichprobenumfang T abhängige Erwartungswert einer konsistenten Schätzfunktion a wird gegeben durch:

$$E(a|T) = \frac{3T}{T+1}$$

a) Welchen Wert hat der wahre Strukturparameter α?

b) Kann aus dieser Abhängigkeit des Erwartungswertes vom Stichprobenumfang auch geschlossen werden, dass mit Sicherheit die Abweichungen der Schätzwerte von α geringer werden, je größer die Datenbasis ist?

6.3 Wann werden statistische Eigenschaften mit dem Zusatz „asymptotisch“ versehen?

6.4 Der Parameter einer Grundgesamtheit beträgt $\alpha = 0$, was aber unbekannt ist. Die zu seiner Schätzung verwendete Schätzfunktion a nimmt nur die Werte $a_1 = 0$ und $a_2 = T$ mit den Wahrscheinlichkeiten

$$f(a) = \begin{cases} 1 - \frac{1}{T} & , a_1 = 0 \\ \frac{1}{T} & , a_2 = T \end{cases}$$

an; T: Stichprobenumfang. Berechnen Sie: $\underset{T\to\infty}{\operatorname{plim}} a$, $\lim\limits_{T\to\infty} \mathrm{E}(a)$ und $\lim\limits_{T\to\infty} \operatorname{var}(a)$! Interpretieren Sie das Ergebnis!

Kapitel 7

Die Methode der kleinsten Quadrate: Das einfache und das multiple Regressionsmodell

7.1 Das einfache Regressionsmodell

Um die Rationalität und den Anwendungsbereich der Schätzverfahren übersichtlich darzustellen, wird zunächst von einem einfachen ökonometrischen Modell ausgegangen, das aus einer inhomogenen, linearen Verhaltensgleichung und einer Identität besteht. Mit der Identitätsgleichung wird erreicht, die Beobachtungen für die endogene Variable als die geplanten Größen aufzufassen. Das ökonometrische Modell lautet:

$$y_t^g = \alpha_1 + \alpha_2 x_{2t} + u_t, \tag{7.1}$$

$$y_t = y_t^g. \tag{7.2}$$

Die Scheinvariable x_{1t}, die zur Darstellung des Achsenabschnitts benötigt wird, ist in Gleichung (7.1) nicht explizit aufgeführt, da sie immer den Wert eins annimmt. Gleichung (7.1) ist nach dem Abzählkriterium identifizierbar.

Nach Substitution von y_t^g durch Gleichung (7.2) geht das Modell in nur eine Gleichung über,[1] die seine reduzierte Form darstellt. Daher werden die Koeffizienten mit π und die Störvariable u_t mit v_t bezeichnet:

$$y_t = \pi_1 + \pi_2 x_{2t} + v_t. \tag{7.3}$$

Gleichung (7.3) heißt **Schätzgleichung**. Da nur ein variabler Regressor vorkommt, spricht man von einer **einfachen** bzw. **univariaten Regressionsgleichung**. Wegen der Konstanten π_1 ist sie **inhomogen**. Bei der Entwicklung geeigneter Schätzverfahren wird stets von einer inhomogenen Regressionsgleichung ausgegangen, selbst dann, wenn die der Regressionsgleichung zugrunde liegende Theorie einen homogenen Ansatz rechtfertigen würde. Der a priori Ausschluss des Achsenabschnitts stellt eine Restriktion dar, die wesentliche Eigenschaften der Schätzmethode verändert, sobald mit den Daten ein von null abweichender Achsenabschnitt geschätzt würde. Die allgemeinere Formulierung einer inhomogenen Regressionsgleichung ist daher die angemessene Vorgehensweise; die Signifikanz des Achsenabschnitts kann dann immer noch getestet werden (siehe Kapitel 9). Sind die Koeffizienten π_1 und π_2 geschätzt, hat man auch die Strukturparameter α_1 und α_2: $\pi_1 = \alpha_1$ und $\pi_2 = \alpha_2$. Für die Schätzgleichung (7.3) gilt das statistische Modell des Kapitels 2 ohne Einschränkung.

Es sind nun die Koeffizienten der Gleichung (7.3) auf der Basis einer Stichprobe zu schätzen. Man erhält dann ein T−dimensionales Gleichungssystem:

$$\begin{bmatrix} y_1 \\ \vdots \\ y_T \end{bmatrix} = \begin{bmatrix} 1 & x_{21} \\ \vdots & \vdots \\ 1 & x_{2T} \end{bmatrix} \begin{bmatrix} \pi_1 \\ \pi_2 \end{bmatrix} + \begin{bmatrix} v_1 \\ \vdots \\ v_T \end{bmatrix}.$$

Nimmt man an, dass in jeder Periode die Störvariablen identisch normalverteilt sind mit der Dichtefunktion $f(v_t)$, repräsentieren die Abbildungen 7.1 und 7.2 das ökonometrische Modell bei vorgegebenen x_{2t}−Werten.

Gleichung (7.3) zeigt den datenerzeugenden Prozess für die als Kreuze in Abbildung 7.2 eingetragenen Beobachtungen. Diese streuen wegen der Störvariablen v_t um den unbekannten systematischen Teil, den man als Erwartungswert für y_t bei gegebenen Beobachtungen x_{2t} erhält:

$$E(y_t) = E(\pi_1 + \pi_2 x_{2t} + v_t) = \pi_1 + \pi_2 x_{2t}. \tag{7.4}$$

[1] Bei allen Einzelgleichungsschätzungen wird im Folgenden davon ausgegangen, dass Identitäten, die eine Gleichsetzung geplanter mit tatsächlichen Größen bewirken, bereits in die betreffende Verhaltensgleichung substituiert wurden. Die zu schätzende Gleichung enthält daher nur noch beobachtbare ökonomische Variablen.

Abb. 7.1: Ökonometrisches Modell

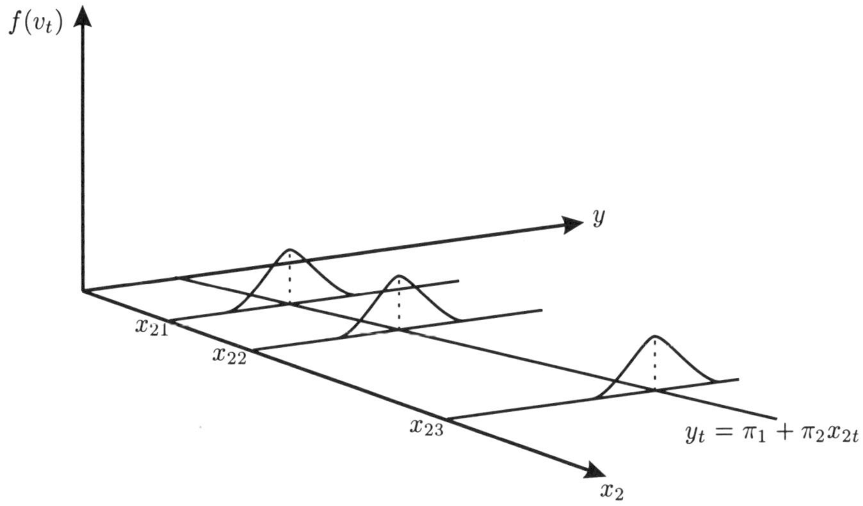

Intuitiv erscheint es plausibel, eine Gerade so in die Punktwolke der Abbildung 7.2 zu legen, dass eine gute Anpassung an die Beobachtungstupel erreicht wird.

Abb. 7.2: Streudiagramm

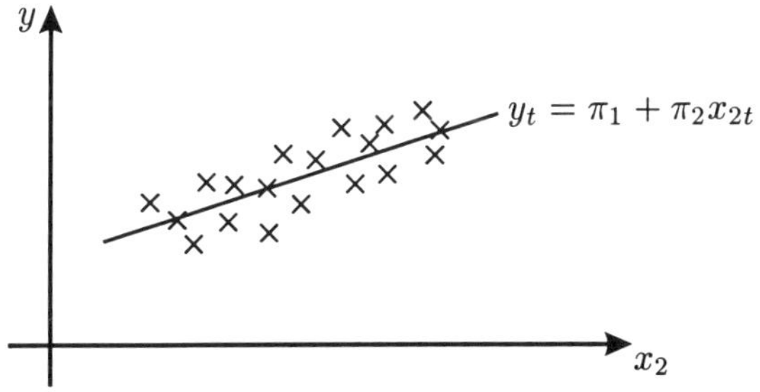

Aus der Klasse der linearen Funktionen ist nun diejenige zu wählen, die diese Bedingung am besten erfüllt. Die Parameter dieser Funktion sind die Schätzwerte für die unbekannten Koeffizienten π_1 und π_2; diese werden mit $\hat{p}_1$ und

$\hat{p}_2$ bezeichnet. Die Schätzung der Regressionsgleichung (7.3) lautet dann:

$$\hat{y}_t = \hat{p}_1 + \hat{p}_2 x_{2t}, \tag{7.5}$$

und heißt **Regressionsgerade**. Die Variable $\hat{y}_t$ stellt gemäß Gleichung (7.4) einen Schätzwert für den Erwartungswert von y_t bei gegebenem x_{2t}–Wert dar. Es hat sich hierfür die Bezeichnung „**berechneter** y**–Wert**" oder „**Regresswert** " durchgesetzt. Die additive Verknüpfung des systematischen mit dem stochastischen Teil legt nahe, die Abweichungen der Beobachtungen von der geschätzten Regressionsgeraden vertikal zu messen. Die Differenz $y_t - \hat{y}_t$ misst diese Abweichung und ist ein Schätzwert $\hat{v}_t$ für die nicht beobachtbare Störvariable v_t in der Periode t:

$$\hat{v}_t = y_t - \hat{y}_t. \tag{7.6}$$

Man bezeichnet $\hat{v}_t$ als **Residuum**.

Die Anpassungsvorschrift kann mit Hilfe der Residuen operationalisiert werden. Eine Regressionsgerade könnte als gut angepasst gelten, wenn sie die Summe der absolut gemessenen Abweichungen minimiert:

$$\sum |\hat{v}_t| \quad \rightarrow \quad \underset{p_1,p_2}{\text{Min!}}$$

Zwei Schwächen aber lassen diese Anpassungsvorschrift ungeeignet erscheinen:

(1) Sie ist nicht eindeutig, d.h. mehrere Regressionsgeraden können bei vorgegebener Punktwolke zum selben Minimum führen.

(2) Es kann vorkommen, dass Regressionsgeraden gewählt werden, deren Residuen in Widerspruch zu den stochastischen Annahmen für die Störvariablen stehen.

Die Abbildungen 7.3 und 7.4 verdeutlichen diese Schwächen. Bei der Punktwolke in der Abbildung 7.3 haben die beiden Regressionsgeraden I und II dasselbe Minimum: $\sum |\hat{v}_t| = 1$ (siehe auch Aufgabe 7.2).

In Abbildung 7.4 erfüllt nur eine Regressionsgerade die Minimierungsvorschrift; jedoch führt diese Gerade zu Residuen, die ausnahmslos größer oder gleich null sind. Dies verletzt aber die Annahme, dass die Störvariablen um den Wert null streuen.

Abb. 7.3: Mehrdeutige Lösung

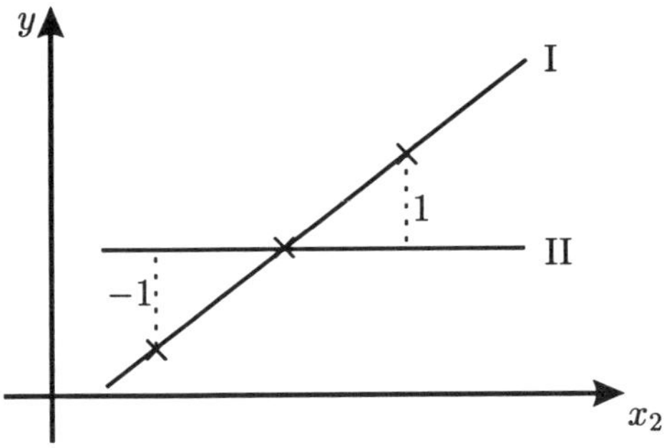

Abb. 7.4: Eindeutige Lösung, die gegen das statistische Modell verstößt

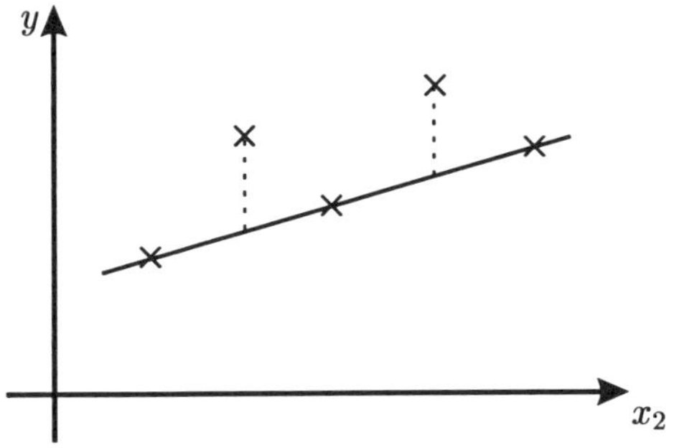

Diese Schwächen sind behoben, wenn die Minimierung der Quadratsumme der Residuen als Anpassungskriterium eingeführt wird:

$$\sum \hat{v}_t^2 \quad \to \quad \underset{p_1, p_2}{\text{Min!}} \tag{7.7}$$

Aus der Anpassungsvorschrift (7.7) lassen sich Schätzfunktionen zur numerischen Bestimmung der unbekannten Koeffizienten π_1 und π_2 der Regressionsgleichung (7.3) entwickeln. Da diese Schätzfunktionen für jeden Datensatz gelten, werden sie mit p_1 und p_2 bezeichnet. Aus diesen Schätzfunktionen erhält man die Schätzungen bzw. Schätzwerte $\hat{p}_1$ und $\hat{p}_2$, wenn konkrete Beobachtungen eingesetzt werden. Gleichung (7.5) wird jetzt geschrieben als:

$$\hat{y}_t = p_1 + p_2 x_{2t}; \tag{7.8}$$

in Verbindung mit Gleichung (7.6) geht die Anpassungsvorschrift (7.7) über in:

$$S = \sum \hat{v}_t^2 = \sum (y_t - \hat{y}_t)^2 = \sum (y_t - p_1 - p_2 x_{2t})^2 \quad \rightarrow \quad \underset{p_1, p_2}{\text{Min!}},$$

wobei S für „Summe" steht.

Es sind nun die beiden Schätzfunktionen p_1 und p_2 so zu bestimmen, dass sie die Summe der quadrierten Residuen minimieren. Unter der Annahme, dass S endlich ist, findet man diese Funktionen dadurch, dass man den Klammerausdruck hinter dem dritten Summenzeichen partiell nach p_1 und p_2 differenziert, das Summenzeichen beibehält und dann die Ableitungen gleich null setzt. Danach erfolgt die Auflösung der beiden Gleichungen nach p_1 und p_2 unter der Annahme, dass eine eindeutige Lösung existiert. Da S nie negativ werden kann, liefern diese notwendigen Bedingungen in Verbindung mit dem Satz, dass stationäre Werte nichtnegativer quadratischer Funktionen immer Minima sind, tatsächlich eine Lösung für p_1 und p_2, die S minimiert. Es lässt sich also eine Regressionsgerade eindeutig bestimmen. Die beiden partiellen Ableitungen lauten:

$$\frac{\partial S}{\partial p_1} = \sum -2(y_t - p_1 - p_2 x_{2t}) = 0, \tag{7.9}$$

$$\frac{\partial S}{\partial p_2} = \sum -2x_{2t}(y_t - p_1 - p_2 x_{2t}) = 0. \tag{7.10}$$

Dividiert man beide Gleichungen durch -2 und löst die Klammern auf, erhält man nach Umstellung:

$$\sum y_t = T p_1 + p_2 \sum x_{2t}, \tag{7.11}$$

$$\sum y_t x_{2t} = p_1 \sum x_{2t} + p_2 \sum x_{2t}^2. \tag{7.12}$$

Die Gleichungen (7.11) und (7.12) nennt man die beiden **Normalformen** oder **Normalgleichungen**. Die Auflösung dieser beiden Bestimmungsgleichungen nach p_1 und p_2 ergibt die Schätzfunktionen für π_1 und π_2 der **Kleinste-Quadrat-Methode**[2], die im Folgenden mit **OLS-Methode** bezeichnet wird.

---

[2] In der Literatur findet man hierfür eine Reihe von Abkürzungen. Das „Prinzip der kleinsten Quadrate" = KQ-Prinzip, „principle of least squares" = LS-Prinzip, „ordinary least squares" = OLS und „single equation least squares" = SELS bedeuten alle, dass die Parameter einer Regressionsfunktion mit der Methode der kleinsten Quadrate geschätzt wurden.

Dividiert man Gleichung (7.11) durch T, folgt:

$$\bar{y} = p_1 + p_2\bar{x}_2 \quad \text{oder}$$
$$p_1 = \bar{y} - p_2\bar{x}_2, \tag{7.13}$$

wobei $\bar{y} = \frac{1}{T}\sum y_t$ und $\bar{x}_2 = \frac{1}{T}\sum x_{2t}$ die jeweiligen arithmetischen Mittel sind.

Gleichung (7.13) wird nun in Gleichung (7.12) eingesetzt; sie geht dann über in:

$$\sum y_t x_{2t} = p_2 \sum x_{2t}^2 + (\bar{y} - p_2\bar{x}_2)\sum x_{2t} = p_2 \sum x_{2t}^2 - p_2 T\bar{x}_2^2 + T\bar{y}\bar{x}_2 \quad \text{oder:}$$
$$p_2 \sum x_{2t}^2 - p_2 T\bar{x}_2^2 = \sum y_t x_{2t} - T\bar{y}\bar{x}_2.$$

Nach p_2 aufgelöst ergibt:

$$p_2 = \frac{\sum y_t x_{2t} - T\bar{y}\bar{x}_2}{\sum x_{2t}^2 - T\bar{x}_2^2}. \tag{7.14}$$

Durch geeignete Umformungen kann für p_2 auch geschrieben werden:

$$p_2 = \frac{\sum(y_t - \bar{y})(x_{2t} - \bar{x}_2)}{\sum(x_{2t} - \bar{x}_2)^2}. \tag{7.15}$$

Wegen dieser Gleichung ist es zulässig, die Beobachtungen als Abweichungen von ihrem jeweiligen Mittelwert zu messen. Der Rechenaufwand lässt sich dadurch reduzieren. Wird beachtet, dass gilt:

$$\sum(y_t - \bar{y})(x_t - \bar{x}) = \sum y_t(x_t - \bar{x}) = \sum x_t(y_t - \bar{y}),$$

führt dies zu:

$$p_2 = \frac{\sum y_t(x_{2t} - \bar{x}_2)}{\sum(x_{2t} - \bar{x}_2)^2}. \tag{7.16}$$

Erweitert man schließlich den Bruch mit $1/T$, geht Gleichung (7.15) über in:

$$p_2 = \frac{\text{cov}(y, x_2)}{\text{var}(x_2)}. \tag{7.17}$$

In dieser Formulierung zeigt sich die Bedeutung der Annahme (2.10); die Schätzfunktion p_2 existiert nur dann, wenn die Varianz von x_{2t} endlich und von null verschieden ist. Die Schätzfunktion p_1 erhält man, indem in Gleichung (7.13) p_2 durch eine der Gleichungen (7.14) bis (7.17) substituiert wird.

7.2 Eigenschaften der Regressionsgeraden

Eine erste Eigenschaft der Regressionsgeraden lässt sich nach Einsetzen der Gleichung (7.13) in Gleichung (7.8) zeigen:

$$\hat{y}_t = \bar{y} - p_2\bar{x}_2 + p_2 x_{2t} \quad \text{oder}$$
$$\hat{y}_t - \bar{y} = p_2(x_{2t} - \bar{x}_2). \tag{7.18}$$

Nimmt x_{2t} den Wert $\bar{x}_2$ an, folgt: $\hat{y}_t = \bar{y}$, d.h., die Regressionsgerade geht immer durch den Punkt $(\bar{x}_2, \bar{y})$, den man auch als **Schwerpunkt der Punktwolke** bezeichnet.

Liegen die Schätzfunktionen für die Koeffizienten einer Regressionsgeraden vor, können die Residuen ermittelt werden. Ihnen kommt insofern große Bedeutung zu, da man an den Residuen der Methode der kleinsten Quadrate überprüfen kann, ob sie in Einklang mit den angenommenen stochastischen Eigenschaften der nicht beobachtbaren Störvariablen stehen. Es lässt sich zeigen, dass die Summe der OLS-Residuen immer gleich null ist; hieraus folgt ein arithmetisches Mittel $\bar{\hat{v}}$ in derselben Höhe. Gleichung (7.6) ergibt unter Beachtung der Gleichungen (7.8) und (7.11):

$$\sum \hat{v}_t = \sum(y_t - p_1 - p_2 x_{2t}) = \sum y_t - Tp_1 - p_2 \sum x_{2t}$$
$$= Tp_1 + p_2 \sum x_{2t} - Tp_1 - p_2 \sum x_{2t} = 0, \quad \text{also:}$$

$$\sum \hat{v}_t = 0. \tag{7.19}$$

Das arithmetische Mittel der Residuen ist wegen Gleichung (7.19) stets mit der Annahme $\mathrm{E}(v_t) = 0$ verträglich. Dies ist ein Vorzug gegenüber der Anpassung durch Minimierung der absoluten Abweichungen, bei der diese Verträglichkeit nicht immer gewährleistet war.

Weiter gilt:

$$\sum \hat{v}_t x_{2t} = 0. \tag{7.20}$$

Dies verdeutlicht folgende Umformungskette:

$$\sum \hat{v}_t x_{2t} = \sum(y_t - \hat{y}_t)x_{2t} = \sum y_t x_{2t} - \sum \hat{y}_t x_{2t}.$$

Substituiert man für $\sum y_t x_{2t}$ die Gleichung (7.12) und für $\hat{y}_t$ die Gleichung (7.8), erhält man:

$$\sum \hat{v}_t x_{2t} = p_1 \sum x_{2t} + p_2 \sum x_{2t}^2 - \sum(p_1 x_{2t} + p_2 x_{2t}^2) = 0.$$

Hieraus folgt die wichtige Eigenschaft, dass die Kovarianz zwischen $\hat{v}_t$ und x_{2t} gleich null ist:

$$\operatorname{cov}(\hat{v}, x_2) = \frac{1}{T}\sum \hat{v}_t(x_{2t} - \bar{x}_2) = \frac{1}{T}\sum \hat{v}_t x_{2t} - \frac{1}{T}\bar{x}_2 \sum \hat{v}_t = 0 \qquad (7.21)$$

wegen der Gleichungen (7.19) und (7.20). Auch dieses Ergebnis ist mit der Annahme (2.23) kompatibel.

Unter Bezugnahme auf die beiden Gleichungen (7.19) und (7.20) kann weiter gezeigt werden, dass gilt:

$$\sum \hat{v}_t \hat{y}_t = 0 \qquad (7.22) \qquad \text{und} \qquad \sum y_t = \sum \hat{y}_t. \qquad (7.23)$$

Nach entsprechendem Einsetzen ergibt sich:

$$\sum \hat{v}_t \hat{y}_t = \sum \hat{v}_t(p_1 + p_2 x_{2t}) = p_1 \sum \hat{v}_t + p_2 \sum \hat{v}_t x_{2t} = 0.$$

Aus $y_t = \hat{y}_t + \hat{v}_t$ folgt: $\sum y_t = \sum \hat{y}_t + \sum \hat{v}_t$ oder: $\sum y_t = \sum \hat{y}_t$. Somit stimmen y_t und $\hat{y}_t$ auch in ihren arithmetischen Mitteln überein.

Die Gleichungen (7.19) bis (7.22) können jeweils auch als Skalarprodukt zweier Vektoren geschrieben werden. Die Beobachtungsmatrix für die Regressoren wird gegeben durch:

$$\begin{bmatrix} 1 & x_{21} \\ \vdots & \vdots \\ 1 & \vdots \\ 1 & x_{2T} \end{bmatrix},$$

wobei die erste Spalte der **Summenvektor** $\boldsymbol{i}$ ist (alle Komponenten haben den Wert 1), der die „Beobachtungen" der Scheinvariablen repräsentiert. Eine Anordnung der Residuen $\hat{v}_t$ und der berechneten y–Werte zu einem Zeilen- bzw. Spaltenvektor führt zu:

$$\begin{aligned} \hat{\boldsymbol{v}}' &= (\hat{v}_1, \ldots, \hat{v}_T) : \text{ Zeilenvektor,} \\ \hat{\boldsymbol{y}} &= (\hat{y}_1, \ldots, \hat{y}_T)' : \text{ Spaltenvektor.} \end{aligned}$$

Gleichung (7.19) entsteht als Skalarprodukt des Zeilenvektors der Residuen mit der ersten Spalte der Beobachtungsmatrix:

$$\hat{\boldsymbol{v}}'(1, \ldots, 1)' = \hat{\boldsymbol{v}}'\boldsymbol{i} = \sum \hat{v}_t = 0.$$

Analog hierzu werden die Gleichungen (7.20), (7.21) und (7.22) als Skalarprodukte dargestellt. Da die Skalarprodukte jeweils null sind, heißen die entsprechenden Vektoren **orthogonal**. Bei der Methode der kleinsten Quadrate steht der Vektor der Residuen sowohl senkrecht auf den Beobachtungsvektoren der Regressoren als auch auf dem Vektor $\hat{\boldsymbol{y}}$ der berechneten y–Werte.

Der OLS–Schätzprozess und seine Eigenschaften lassen sich sich auch grafisch wiedergeben. Nimmt man aus Illustrationsgründen einen Stichprobenumfang von $T = 3$ an, geht Gleichung (7.3) über in:

$$\begin{bmatrix} y_1 \\ y_2 \\ y_3 \end{bmatrix} = \begin{bmatrix} 1 & x_{21} \\ 1 & x_{22} \\ 1 & x_{23} \end{bmatrix} \begin{bmatrix} \pi_1 \\ \\ \pi_2 \end{bmatrix} + \begin{bmatrix} v_1 \\ v_2 \\ v_3 \end{bmatrix} \quad \text{oder:}$$

$$\boldsymbol{y} = (\boldsymbol{i}, \boldsymbol{x}_2)(\pi_2, \pi_2)' + \boldsymbol{v} \quad \text{mit:}$$
$$\boldsymbol{i} = (1,1,1)' = \boldsymbol{x}_1, \quad \boldsymbol{x}_2 = (x_{21}, x_{22}, x_{23})',$$
$$\boldsymbol{y} = (y_1, y_2, y_3)', \quad \boldsymbol{v} = (v_1, v_2, v_3)'.$$

Die Achsen eines kartesischen Koordinatensystems kennzeichnen jetzt nicht mehr die Variablen, sondern die Beobachtungen. Auf der mit „1. Beobachtung" beschrifteten Achse werden die erste Beobachtung für x_{2t} also x_{21}, für y_t, also y_1 und für die Scheinvariable x_{1t} der Wert 1 abgetragen. Da drei Beobachtungen vorliegen, benötigt man auch drei Achsen (vgl. Abbildung 7.5).

Abb. 7.5: Graphische Darstellung der OLS–Methode

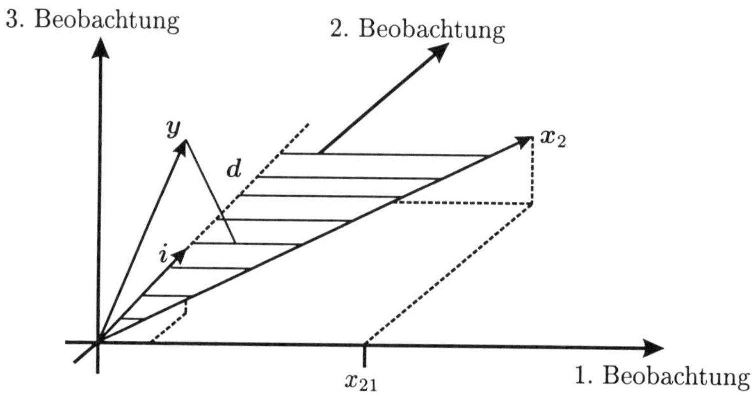

Die Vektoren $\boldsymbol{x}_2$, $\boldsymbol{y}$ und $\boldsymbol{i}$ stellen die Beobachtungsvektoren dar. Von den Vektoren $\boldsymbol{x}_2$ und $\boldsymbol{i}$ wird eine Ebene aufgespannt (schraffierte Fläche in Abbildung 7.5). Jede Linearkombination dieser beiden Vektoren, somit auch die Linearkombination $\hat{\boldsymbol{y}} = p_1\boldsymbol{i} + p_2\boldsymbol{x}_2$, die den Vektor der Regresswerte darstellt, liegt in der von $\boldsymbol{i}$ und $\boldsymbol{x}_2$ aufgespannten Ebene. Nach der OLS–Methode wird der Abstand des Vektors $\boldsymbol{y}$ zum Vektor $\hat{\boldsymbol{y}}$ minimiert. Graphisch bedeutet dies, das Lot vom Vektor $\boldsymbol{y}$ auf die aufgespannte Ebene zu fällen (vgl. den Vektor $\boldsymbol{d}$ in Abbildung 7.5, der orthogonal zur aufgespannten Ebene ist). Der Fußpunkt des Lotes legt die Linearkombination $\hat{\boldsymbol{y}} = p_1\boldsymbol{i} + p_2\boldsymbol{x}_2$ fest. Diese Linearkombination ist die OLS–Regressionsgerade und $\boldsymbol{d}$ der Vektor der Residuen.

7.3 Das multiple Regressionsmodell

Es soll nun die Verallgemeinerung auf eine Regressionsgleichung mit mehr als zwei Regressoren erfolgen. Die zu schätzende Gleichung wird gegeben durch:

$$y_t = \pi_1 x_{1t} + \pi_2 x_{2t} + \ldots + \pi_K x_{Kt} + v_t \quad \text{mit } x_{1t} \equiv 1, \tag{7.24}$$

und heißt **multiple Regressionsgleichung**. Sind ihre Parameter geschätzt, geht diese Gleichung über in:

$$\hat{y}_t = p_1 x_{1t} + p_2 x_{2t} + \ldots + p_K x_{Kt}. \tag{7.25}$$

Für $K = 2$ folgt aus dem multiplen wieder der einfache Regressionsansatz als Spezialfall. Da Gleichung (7.24) für jedes Beobachtungstupel gilt, erhält man unter Einbeziehung der Stichprobe:

$$\begin{bmatrix} y_1 \\ \vdots \\ y_T \end{bmatrix} = \begin{bmatrix} x_{11} & x_{21} & \ldots & x_{K1} \\ \vdots & \vdots & & \vdots \\ x_{1T} & x_{2T} & \ldots & x_{KT} \end{bmatrix} \begin{bmatrix} \pi_1 \\ \vdots \\ \pi_K \end{bmatrix} + \begin{bmatrix} v_1 \\ \vdots \\ v_T \end{bmatrix} \quad \text{oder:} \tag{7.26}$$

$$\boldsymbol{y} = \boldsymbol{X}\boldsymbol{\pi} + \boldsymbol{v}, \tag{7.27}$$

$$\boldsymbol{y}, \boldsymbol{v} : \ (T \times 1) - \text{Vektoren}, \ \boldsymbol{X} : \ (T \times K) - \text{Matrix},$$
$$\boldsymbol{\pi} : \ (K \times 1) - \text{Vektor}.$$

Um die Schätzfunktionen der Methode der kleinsten Quadrate zu ermitteln, ist wieder die Summe der quadrierten Residuen zu minimieren, die jetzt lautet:

$$S = \sum \hat{v}_t^2 = \sum (y_t - p_1 x_{1t} - p_2 x_{2t} - \ldots - p_K x_{Kt})^2 \to \underset{p_1,\ldots,p_K}{\text{Min!}} \tag{7.28}$$

Aus denselben Gründen wie bei der einfachen Regression ist der stationäre Wert für Gleichung (7.28) ein Minimum, falls er existiert. Die K partiellen Ableitungen ergeben sich als:

$$\frac{\partial S}{\partial p_k} = -2 \sum (y_t - p_1 x_{1t} - p_2 x_{2t} - \ldots - p_K x_{Kt}) x_{kt} = 0,$$
für $k = 1, \ldots, K$.

Nach Division durch (−2) und Umstellen erhält man K Normalgleichungen:

$$\begin{aligned} p_1 \sum x_{1t}^2 + p_2 \sum x_{2t}x_{1t} + \ldots + p_K \sum x_{Kt}x_{1t} &= \sum x_{1t}y_t \\ &\vdots \\ p_1 \sum x_{1t}x_{Kt} + p_2 \sum x_{2t}x_{Kt} + \ldots + p_K \sum x_{Kt}^2 &= \sum x_{Kt}y_t. \end{aligned} \tag{7.29}$$

Matrixschreibweise führt zu:

$$\begin{bmatrix} \sum x_{1t}^2 & \sum x_{2t}x_{1t} & \ldots & \sum x_{Kt}x_{1t} \\ \vdots & \vdots & & \vdots \\ \sum x_{1t}x_{Kt} & \sum x_{2t}x_{Kt} & \ldots & \sum x_{Kt}^2 \end{bmatrix} \begin{bmatrix} p_1 \\ \vdots \\ p_K \end{bmatrix} = \begin{bmatrix} \sum x_{1t}y_t \\ \vdots \\ \sum x_{Kt}y_t \end{bmatrix},$$

oder:

$$\boldsymbol{M}\boldsymbol{p} = \boldsymbol{b}.$$

Es lässt sich durch Ausrechnen leicht überprüfen, dass gilt:

$\boldsymbol{M} = \boldsymbol{X}'\boldsymbol{X}$ und $\boldsymbol{b} = \boldsymbol{X}'\boldsymbol{y}$,

$\boldsymbol{X}'$: transponierte Matrix $\boldsymbol{X}$ oder Transponierte von $\boldsymbol{X}$,

$\boldsymbol{M}$: quadratische Matrix K−ter Ordnung.

Das obige Gleichungssystem kann daher geschrieben werden als:

$$\boldsymbol{X}'\boldsymbol{X}\boldsymbol{p} = \boldsymbol{X}'\boldsymbol{y}. \tag{7.30}$$

Löst man Gleichung (7.30) nach $\boldsymbol{p}$ auf, hat man den Schätzvektor gefunden. Die Auflösung gelingt nur, wenn die Inverse $(\boldsymbol{X}'\boldsymbol{X})^{-1}$ existiert. Dies macht aber eine zusätzliche Annahme notwendig. Der Rang der quadratischen Matrix $(\boldsymbol{X}'\boldsymbol{X})$ muss gleich ihrer Ordnung und damit gleich der Anzahl K der zu schätzenden Parameter sein:

$$\text{Rang } (\boldsymbol{X}'\boldsymbol{X}) = K. \tag{7.31}$$

Damit Gleichung (7.31) überhaupt gültig sein kann, ist es notwendig, dass auch die Matrix $\boldsymbol{X}$ den Rang K hat:

$$\text{Rang } (\boldsymbol{X}) = K,$$

denn es gilt immer Rang $(\boldsymbol{X}'\boldsymbol{X})$ = Rang $(\boldsymbol{X}\boldsymbol{X}')$ = Rang $(\boldsymbol{X}')$ = Rang $(\boldsymbol{X})$. Hieraus resultiert eine wichtige Konsequenz für den Stichprobenumfang T. Er darf nie kleiner als die Anzahl K der Regressionskoeffizienten sein. Bei jedem Schätzverfahren ist deshalb darauf zu achten, dass mindestens so viele Beobachtungen wie zu schätzende Koeffizienten vorliegen.

Bei Rang($\boldsymbol{X}$) $< K$ ist Gleichung (7.31) nicht erfüllt. Mindestens 2 Spalten der Matrix $\boldsymbol{X}$ und damit auch 2 Regressoren sind dann linear abhängig. Es ist dies ein spezieller Fall der Multikollinearität, die in Kapitel 11 ausführlich behandelt wird. Damit die Bedingung (7.31) erfüllt ist, dürfen die Spalten von X nicht linear abhängig sein. Gleichung (7.30) kann dann eindeutig nach $\boldsymbol{p}$ aufgelöst werden:

$$(\boldsymbol{X}'\boldsymbol{X})^{-1}(\boldsymbol{X}'\boldsymbol{X})\boldsymbol{p} = \boldsymbol{I}\boldsymbol{p} = (\boldsymbol{X}'\boldsymbol{X})^{-1}\boldsymbol{X}'\boldsymbol{y} \quad \text{oder:}$$

$$\boldsymbol{p} = (\boldsymbol{X}'\boldsymbol{X})^{-1}\boldsymbol{X}'\boldsymbol{y}. \tag{7.32}$$

Da Gleichung (7.32) für jedes Element von $\boldsymbol{p}$ den OLS-Schätzer festlegt, stellt sie kompakt die OLS-Schätzfunktion für das multiple Regressionsmodell (7.24) dar.

Der Vektor der Residuen wird gegeben durch:

$$\hat{\boldsymbol{v}} = \boldsymbol{y} - \hat{\boldsymbol{y}} = \boldsymbol{y} - \boldsymbol{X}\boldsymbol{p}.$$

Es lässt sich zeigen, dass $\hat{\boldsymbol{v}}$ zu jeder Spalte der Matrix $\boldsymbol{X}$ orthogonal ist. Aus Gleichung (7.30) folgt nach Umformung:

$$\boldsymbol{0} = \boldsymbol{X}'\boldsymbol{y} - \boldsymbol{X}'\boldsymbol{X}\boldsymbol{p} = \boldsymbol{X}'(\boldsymbol{y} - \boldsymbol{X}\boldsymbol{p}) \quad \text{oder:}$$

$$\boldsymbol{X}'\hat{\boldsymbol{v}} = \boldsymbol{0}, \quad \boldsymbol{0}: \text{Nullvektor}. \tag{7.33}$$

Wegen Gleichung (7.33) ist $\hat{\boldsymbol{v}}$ auch zu jeder Linearkombination der Spalten von $\boldsymbol{X}$ orthogonal, also auch zu dem Vektor $\hat{\boldsymbol{y}}$ (siehe auch Aufgabe 7.9).

Da in $\boldsymbol{X}$ die erste Spalte die Scheinvariable repräsentiert, entspricht die erste Zeile von $\boldsymbol{X}'$ dem Summenvektor $\boldsymbol{i}' = (1, \ldots, 1)$. Auch bei der multiplen Regression ist die Summe der Residuen null:

$$\boldsymbol{i}'\hat{\boldsymbol{v}} = 0, \quad 0: \text{Skalar}.$$

Aus Gleichung (7.33) folgt analog zur Herleitung der Gleichung (7.21), dass die Kovarianz zwischen jedem Regressor und den Residuen null ist: $\text{cov}(x_k, \hat{v}) = 0$ für $k = 1, \ldots, K$. Daher sollte mit der OLS-Methode nur geschätzt werden, wenn die Regressionsgleichung ausschließlich exogene Regressoren enthält, für die dann Gleichung (2.23) a priori gilt.

Die Koeffizienten der Gleichung (7.24) lassen sich mit geringerem Rechenaufwand schätzen, wenn jede Variable in Abweichungen von ihrem arithmetischen Mittel gemessen wird. Wegen $x_{1t} \equiv 1$ für alle t ergibt sich die erste Gleichung des Gleichungssystems (7.29) als:

$$Tp_1 + p_2 \sum x_{2t} + \ldots + p_K \sum x_{Kt} = \sum y_t \quad \text{oder:}$$

$$p_1 + p_2\bar{x}_2 + \ldots + p_K\bar{x}_K = \bar{y}. \tag{7.34}$$

Zieht man ein geeignetes Vielfaches dieser Gleichung von der zweiten Gleichung des Gleichungssystems (7.29) ab, so dass aus ihr der Koeffizient p_1 eliminiert wird, ergibt dies:

$$\left.\begin{aligned} p_1 \sum x_{2t} + p_2 \sum x_{2t}^2 + p_3 \sum x_{3t}x_{2t} + \ldots + p_K \sum x_{Kt}x_{2t} &= \sum x_{2t}y_t \\ p_1 \sum x_{2t} + p_2\bar{x}_2 \sum x_{2t} + p_3\bar{x}_3 \sum x_{2t} + \ldots + p_K\bar{x}_K \sum x_{2t} &= \bar{y} \sum x_{2t} \end{aligned}\right\} -$$

$$\begin{aligned} &p_2(\sum x_{2t}^2 - \bar{x}_2 \sum x_{2t}) + p_3(\sum x_{3t}x_{2t} - \bar{x}_3 \sum x_{2t}) + \ldots + \\ &+ p_K(\sum x_{Kt}x_{2t} - \bar{x}_K \sum x_{2t}) = \sum x_{2t}y_t - \bar{y} \sum x_{2t}. \end{aligned} \tag{7.35}$$

Da gilt:

$$\begin{aligned} \sum x_{it}^2 - \frac{1}{T}(\sum x_{it})^2 &= \sum (x_{it} - \bar{x}_i)^2, \\ \sum x_{it}x_{jt} - \frac{1}{T}\sum x_{it} \sum x_{jt} &= \sum (x_{it} - \bar{x}_i)(x_{jt} - \bar{x}_j), \\ \sum x_{jt}y_t - \frac{1}{T}\sum x_{it} \sum y_t &= \sum (x_{it} - \bar{x}_i)(y_t - \bar{y}), \end{aligned}$$

kann Gleichung (7.35) geschrieben werden als:

$$\begin{aligned} &p_2 \sum (x_{2t} - \bar{x}_2)^2 + p_3 \sum (x_{3t} - \bar{x}_3)(x_{2t} - \bar{x}_2) + \ldots + \\ &p_K \sum (x_{Kt} - \bar{x}_K)(x_{2t} - \bar{x}_2) = \sum (x_{2t} - \bar{x}_2)(y_t - \bar{y}). \end{aligned}$$

Verfährt man so mit den übrigen Gleichungen, indem Gleichung (7.34) dann sukzessive mit $\sum x_{it}, i = 3, \ldots, K$ multipliziert wird, erhält man ein Gleichungssystem für die Koeffizienten $p_2, \ldots, p_K$, in dem alle Beobachtungen als Abweichungen von ihrem arithmetischen Mittel erscheinen. Dieses Gleichungssystem in $K-1$ unbekannten Koeffizienten kann nun genau so wie das System (7.29) in Matrizenschreibweise dargestellt und nach den Unbekannten aufgelöst werden:

$$(\boldsymbol{X}^{*\prime}\boldsymbol{X}^*)\boldsymbol{p}^* = \boldsymbol{X}^{*\prime}\boldsymbol{y}^*, \tag{7.36}$$

mit:

$$\boldsymbol{X}^* = \begin{bmatrix} x_{21} - \bar{x}_2 & \ldots & x_{K1} - \bar{x}_K \\ \vdots & & \vdots \\ x_{2T} - \bar{x}_2 & \ldots & x_{KT} - \bar{x}_K \end{bmatrix}; \quad \boldsymbol{y}^* = \begin{bmatrix} y_1 - \bar{y} \\ \vdots \\ y_T - \bar{y} \end{bmatrix}; \quad \boldsymbol{p}^* = \begin{bmatrix} p_2 \\ \vdots \\ p_K \end{bmatrix}.$$

Dieses Gleichungssystem ist in Verbindung mit Gleichung (7.34) zu dem Gleichungssystem (7.29) äquivalent und führt daher auch zu derselben Schätzfunktion $\boldsymbol{p}$, wie sie mit Gleichung (7.32) vorliegt.

Man kann nun in allen folgenden Gleichungen $\boldsymbol{X}$ durch $\boldsymbol{X}^*$, $\boldsymbol{y}$ durch $\boldsymbol{y}^*$ und $\boldsymbol{p}$ durch $\boldsymbol{p}^*$ ersetzen, jedoch ist zu beachten, dass dann der Koeffizient p_1 ausgeschlossen ist. Der Vorteil eines solchen Vorgehens liegt darin, dass neben dem Rechenvorteil die Matrix $\boldsymbol{X}^{*\prime}\boldsymbol{X}^*$ nach Multiplikation mit $1/T$ die empirischen Varianzen bzw. Kovarianzen der Regressoren enthält. Benötigt man eine Schätzung für π_1, kann diese leicht mit Gleichung (7.34) erstellt werden.

7.4 Modellschätzungen

Der Anwendungsbereich der OLS-Methode kann nochmals erweitert werden. Liegt ein ökonometrisches Modell mit G endogenen Variablen vor und entspricht es der Kombination $\boldsymbol{B} = \boldsymbol{I}$ und $\boldsymbol{A} = \boldsymbol{A}$ der Tabelle 3.1, d.h., seine ursprüngliche Formulierung ist auch die reduzierte Form, so spricht einiges dafür, dass Annahme (2.18) erfüllt wird: Die Kovarianz zwischen Störvariablen aus verschiedenen Gleichungen ist null. Es liegt dann ein Modell unverbundener Gleichungen vor, bei dem jede der G Gleichungen unabhängig von den übrigen ist, so dass sie einzeln mit der OLS-Methode geschätzt werden können.

Liegt ein ökonometrisches Modell noch nicht in seiner reduzierten Form vor, kann es in diese transformiert werden. Hierbei wird im allgemeinen wegen der Transformationsmatrix $\boldsymbol{B}^{-1}$ (vgl. Gleichung (3.5)) die Gültigkeit der Annahme (2.18) verloren gehen, da jetzt jede Störvariable v_{gt} und v_{jt}, $j \neq g, j, g = 1, \ldots, G$ als eine Linearkombination der ursprünglichen Störvariablen u_g hervorgeht. Wegen der Korrelation der Störvariablen über die Gleichungen liegt nun ein Modell „scheinbar“ unverbundener Gleichungen vor. Auch hier ist die Schätzung jeder einzelnen Gleichung nach der OLS-Methode möglich. Da alle Regressionsgleichungen dieselben Regressoren enthalten, stellt die OLS-Methode sogar die geeignete Vorgehensweise dar.

7.5 Beispiel

Das OLS-Schätzverfahren wird an dem in Aufgabe 1.1 gegebenen einfachen Modell verdeutlicht, das zur Erleichterung hier nochmals angegeben wird:

$$\begin{aligned} C_t &= \alpha_1 + \beta_1 Y_t, \quad 0 < \beta_1 < 1, \\ Y_t &= C_t + I_t. \end{aligned}$$

Obwohl dieses Modell nicht zu einer multiplen Regressionsgleichung führt, lassen sich dennoch bei Verwendung der Matrizenschreibweise alle Rechenschritte der multiplen Regression übersichtlich zeigen.

Das zu schätzende ökonometrische Modell lautet in der eingeführten Symbolik:

$$
\begin{array}{ll}
y_{1t} = \alpha_{11} + \beta_{12} y_{2t} + u_{1t} & : \text{Konsumfunktion,} \\
y_{2t} = y_{1t} + x_{2t} & : \text{Gleichgewichtsbedingung,} \\
\text{exogene Variablen} & : \ x_1 \equiv 1,\ x_2, \\
\text{endogene Variablen} & : \ y_1, y_2; \\
y_{1t} : \ \text{Konsum } (C), & x_{2t} : \ \text{Investitionen } (I), \\
y_{2t} : \ \text{Inlandsprodukt } (Y), & u_{1t} : \ \text{Störvariable.}
\end{array}
$$

In Matrizenschreibweise erhält man unter Beachtung der Normierungsregel:

$$
\begin{bmatrix} 1 & -\beta_{12} \\ -1 & 1 \end{bmatrix} \begin{bmatrix} y_{1t} \\ y_{2t} \end{bmatrix} = \begin{bmatrix} \alpha_{11} & 0 \\ 0 & 1 \end{bmatrix} \begin{bmatrix} 1 \\ x_{2t} \end{bmatrix} + \begin{bmatrix} u_{1t} \\ 0 \end{bmatrix} \text{ oder: } \boldsymbol{By} = \boldsymbol{Ax} + \boldsymbol{u},
$$

wobei die Beziehungen $x_{1t} \equiv 1$ (Scheinvariable) und $u_{2t} = 0$ (Störvariable in Identitäten) verwendet werden.

Man erkennt an der Matrix $\boldsymbol{B}$ ($\boldsymbol{B} \neq \boldsymbol{I}$), dass das Modell noch nicht in einer für die OLS-Methode adäquaten Form vorliegt. Es wird deshalb in seine reduzierte Form transformiert:

$$
\begin{aligned}
\begin{bmatrix} y_{1t} \\ y_{2t} \end{bmatrix} &= \begin{bmatrix} \frac{1}{1-\beta_{12}} & \frac{\beta_{12}}{1-\beta_{12}} \\ \frac{1}{1-\beta_{12}} & \frac{1}{1-\beta_{12}} \end{bmatrix} \begin{bmatrix} \alpha_{11} & 0 \\ 0 & 1 \end{bmatrix} \begin{bmatrix} 1 \\ x_{2t} \end{bmatrix} + \begin{bmatrix} \frac{1}{1-\beta_{12}} & \frac{\beta_{12}}{1-\beta_{12}} \\ \frac{1}{1-\beta_{12}} & \frac{1}{1-\beta_{12}} \end{bmatrix} \begin{bmatrix} u_{1t} \\ 0 \end{bmatrix} \\
&= \begin{bmatrix} \frac{\alpha_{11}}{1-\beta_{12}} & \frac{\beta_{12}}{1-\beta_{12}} \\ \frac{\alpha_{11}}{1-\beta_{12}} & \frac{1}{1-\beta_{12}} \end{bmatrix} \begin{bmatrix} 1 \\ x_{2t} \end{bmatrix} + \begin{bmatrix} \frac{1}{1-\beta_{12}} u_{1t} \\ \frac{1}{1-\beta_{12}} u_{1t} \end{bmatrix} \text{ oder: } \boldsymbol{y} = \boldsymbol{\Pi x} + \boldsymbol{v}.
\end{aligned}
$$

An den Elenmenten des Spaltenvektors $\boldsymbol{v}$ sieht man in diesem Fall die stochastische Abhängigkeit der Störvariablen v_{1t} und v_{2t}.

Es soll nun die erste Gleichung der reduzierten Form mit der OLS-Methode geschätzt werden: $y_{1t} = \frac{\alpha_{11}}{1-\beta_{12}} + \frac{\beta_{12}}{1-\beta_{12}} x_{2t} + \frac{1}{1-\beta_{12}} u_{1t}$. Vernachlässigt man bei den Koeffizienten π den Index, der sich auf die Gleichung bezieht, lautet diese Gleichung in der reduzierte-Form Schreibweise:

$$
y_{1t} = \pi_1 + \pi_2 x_{2t} + v_{1t}. \tag{7.37}
$$

Für die Schätzung der Koeffizienten benötigt man Beobachtungen, die unter gleich bleibenden allgemeinen Bedingungen entstanden sind. Um dieses Erfordernis annähernd einzubehalten, bestehen die Beobachtungen aus Jahresdaten für die Bundesrepublik Deutschland (alte Bundesländer) für den Zeitraum

1982 bis 1994. Sie sind dem Zeitreihenservice des Statistischen Bundesamtes entnommen. Die Variable y_1, die den Konsum darstellt, wird gemessen als privater Verbrauch. Da die Abschreibungen nur ungenau zu ermitteln sind, werden für die Zeitreihe der Investitionen die Bruttogrößen verwendet. Beide Zeitreihen sind in Preisen des Jahres 1991 und in Milliarden DM gemessen. Da die Berechnungen nur als Beispiel dienen, lässt sich hier diese Vorgehensweise vertreten; bei einer empirischen Überprüfung der dem Modell zugrunde liegenden Theorie oder bei Verwendung der Schätzung für Prognosen ist auf eine größere Übereinstimmung zwischen Modellvariablen und Zählbegriffen zu achten.

Unter Einbeziehung der Beobachtungen geht die zu schätzende Gleichung über in: $\boldsymbol{y} = \boldsymbol{X}\boldsymbol{\pi} + \boldsymbol{v}$ oder ausgeschrieben:

$$\begin{bmatrix} 1094,49 \\ 1110,59 \\ 1130,55 \\ 1150,05 \\ 1189,95 \\ 1230,61 \\ 1264,34 \\ 1300,15 \\ 1464,09 \\ 1630,33 \\ 1676,38 \\ 1678,70 \\ 1698,96 \end{bmatrix} = \begin{bmatrix} 1 & 804,81 \\ 1 & 846,02 \\ 1 & 853,21 \\ 1 & 843,09 \\ 1 & 872,88 \\ 1 & 883,87 \\ 1 & 935,67 \\ 1 & 999,40 \\ 1 & 1145,64 \\ 1 & 1324,83 \\ 1 & 1359,10 \\ 1 & 1279,23 \\ 1 & 1347,68 \end{bmatrix} \begin{bmatrix} \pi_1 \\ \pi_2 \end{bmatrix} + \begin{bmatrix} v_{82} \\ \vdots \\ \vdots \\ \vdots \\ \vdots \\ \vdots \\ \vdots \\ v_{94} \end{bmatrix}.$$

Den Schätzvektor $\hat{\boldsymbol{p}}$ erhält man mit der Schätzfunktion $\boldsymbol{p} = (\boldsymbol{X}'\boldsymbol{X})^{-1}\boldsymbol{X}'\boldsymbol{y}$. Mit den Beobachtungen können die Elemente der Produktmatrix $(\boldsymbol{X}'\boldsymbol{X})$ berechnet werden:

$$\boldsymbol{X}'\boldsymbol{X} = \begin{bmatrix} T & \sum x_{2t} \\ \sum x_{2t} & \sum x_{2t}^2 \end{bmatrix} = \begin{bmatrix} 13 & 13495,43 \\ 13495,43 & 14587150,23 \end{bmatrix}.$$

Ihre Determinante beträgt:

$$|\boldsymbol{X}'\boldsymbol{X}| = T\sum x_{2t}^2 - (\sum x_{2t})^2 = 7506325,96.$$

Hieraus ergibt sich die Inverse als:[3]

$$(\boldsymbol{X}'\boldsymbol{X})^{-1} = \frac{1}{|\boldsymbol{X}'\boldsymbol{X}|}(\boldsymbol{X}'\boldsymbol{X})^{+} = \frac{1}{7506325,96}\begin{bmatrix} 14587150,23 & -13495,43 \\ -13495,43 & 13 \end{bmatrix}$$

$$= \begin{bmatrix} 1,9433143 & -0,0017979 \\ -0,0017979 & 0,0000017 \end{bmatrix}, \quad (\boldsymbol{X}'\boldsymbol{X})^{+} : \text{ adjungierte Matrix.}$$

Schließlich erhält man für $\boldsymbol{X}'\boldsymbol{y}$:

$$\boldsymbol{X}'\boldsymbol{y} = \begin{bmatrix} \sum y_{1t} \\ \sum x_{2t}y_{1t} \end{bmatrix} = \begin{bmatrix} 17619,19 \\ 18916083,83 \end{bmatrix}.$$

Die Berechnung von $\hat{\boldsymbol{p}}$ führt zu:

$$\hat{\boldsymbol{p}} = \begin{bmatrix} \hat{p}_1 \\ \hat{p}_2 \end{bmatrix} = \begin{bmatrix} 1,9433143 & -0,0017979 \\ -0,0017979 & 0,0000017 \end{bmatrix} \begin{bmatrix} 17619,19 \\ 18916083,83 \end{bmatrix}$$
$$= \begin{bmatrix} 230,88412 \\ 1,08316 \end{bmatrix}.$$

Analog hierzu kann die zweite reduzierte-Form-Gleichung geschätzt werden. Alle Schätzergebnisse sind in der Matrix $\hat{\boldsymbol{P}}$ zusammengestellt. Die erste Zeile enthält die Koeffizientenschätzungen der ersten, die zweite Zeile die der zweiten reduzierte-Form-Gleichung:

$$\hat{\boldsymbol{P}} = \begin{bmatrix} 230,88412 & 1,08316 \\ 230,88412 & 2,08316 \end{bmatrix}.$$

Beide geschätzten reduzierte-Form-Gleichungen ergeben sich hieraus als:

$$\hat{y}_{1t} = 230,8841 + 1,0832x_{2t}, \tag{7.38}$$
$$\hat{y}_{2t} = 230,8841 + 2,0832x_{2t}. \tag{7.39}$$

Mit dem Abzählkriterium lässt sich leicht überprüfen, dass die Konsumfunktion genau identifizierbar ist. Man kann daher die Schätzwerte $\hat{p}_1$ und $\hat{p}_2$ nach b_1 und a_1 auflösen und gelangt auf diese Weise zu konsistenten Schätzungen für die unbekannten Strukturparameter α_1 und β_1.

Aus $\hat{p}_2 = 1,0832 = \dfrac{b_{12}}{1 - b_{12}}$ folgt für $\hat{b}_{12}$:

$$\hat{b}_{12} = \frac{\hat{p}_2}{1 + \hat{p}_2} = \frac{1,0832}{2,0832} = 0,52.$$

[3]Die Inverse wird nach folgender Regel gebildet: $(\boldsymbol{X}'\boldsymbol{X})^{-1} = \frac{1}{|\boldsymbol{X}'\boldsymbol{X}|}\text{adj}(\boldsymbol{X}'\boldsymbol{X})$. Dabei bedeutet: $\text{adj}(\boldsymbol{X}'\boldsymbol{X})$ =adjungierte Matrix=transponierte Matrix der Kofaktoren.

Als geschätzter Achsenabschnitt ergibt sich:

$$\hat{p}_1 = \frac{a_{11}}{1 - b_{12}} = 230,8841 \quad \text{oder:}$$

$$\hat{a}_{11} = \hat{p}_1(1 - \hat{b}_{12}) = 230,8841 \cdot 0,48 = 110,8244.$$

Die geschätzte Konsumfunktion lautet somit: $\hat{y}_{1t} = 110,8244 + 0,52y_{2t}$.

Überraschend an diesem Ergebnis ist die geringe marginale Konsumneigung. Dies liegt an der Messung der Investitionen.

Übungsaufgaben

7.1 Welche Annahmen des statistischen Modells benötigt man, um mit der OLS-Methode Koeffizientenschätzungen durchzuführen?

7.2 Zeigen Sie graphisch, dass für die Punktwolke in Abbildung 7.3 nicht nur die Geraden I und II dasselbe Minimum haben, sondern dass es noch unendlich viele weitere Geraden gibt.

7.3 Die Störvariablen u_t (bzw. v_t) seien symmetrisch um den Erwartungswert null verteilt.

a) Bestimmen Sie die Wahrscheinlichkeit dafür, dass u_t n–mal hintereinander einen positiven Wert annimmt!

b) Wie groß ist die Wahrscheinlichkeit, dass bei einer Zeitreihe von T Perioden n–mal positive Werte ($n < T$) realisiert werden?

7.4 Stellen Sie das Gleichungssystem (7.11), (7.12) in Matrixschreibweise dar, und leiten Sie die Schätzfunktion p_1 und p_2 unter Anwendung der Cramer–Regel her!

7.5 a) Leiten Sie die Normalgleichungen für die multiple Regression mit drei Regressoren ab!

b) Warum existiert für die Schätzwerte p_i, $i = 1, 2, 3$ keine Lösung, wenn für jede Variable jeweils nur zwei Beobachtungen vorliegen?

7.6 Für die reduzierte-Form-Gleichung $y_t = \pi_1 + \pi_2 x_{2t} + v_t$ liegen folgende Beobachtungen als Abweichungen von den jeweiligen arithmetischen Mitteln vor:

t	1	2	3	4	5
$y_t - \bar{y}$	1	-1	1	-3	2
$x_t - \bar{x}$	1	-1	3	-5	2

Die beiden arithmetischen Mittel betragen $\bar{x}_2 = 5$ und $\bar{y} = 4$.

a) Schätzen Sie die Parameter π_1 und π_2 sowie die fünf Realisationen der Störvariablen!

b) Zeigen Sie durch Ausrechnen, dass das Skalarprodukt für den Beobachtungsvektor der Scheinvariablen und den Vektor der Residuen null wird!

7.7 Man zeige, dass gilt:

a) $\sum(y_t - \bar{y})(x_t - \bar{x}) = \sum y_t(x_t - \bar{x}) = \sum x_t(y_t - \bar{y})$,

b) $\sum(y_t - \bar{y})(x_t - \bar{x}) = \sum y_t x_t - T\bar{y}\bar{x}$,

c) $\sum(x_t - \bar{x})^2 = \sum x_t^2 - T\bar{x}^2$.

7.8 Entwickeln Sie für die homogene lineare Gleichung $y_t = \pi_2 x_t + v_t$ die OLS-Schätzfunktion für π_2. Welche Unterschiede ergeben sich zu Gleichung (7.15)?

7.9 Zeigen Sie, dass gilt: $\hat{\boldsymbol{y}}'\hat{\boldsymbol{v}} = \boldsymbol{0}$.

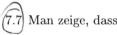

Kapitel 8

Die Schätzeigenschaften der Methode der kleinsten Quadrate, Varianz der Schätzfunktionen und Residualvarianz

8.1 Linearität der Schätzfunktionen

Es soll nun überprüft werden, ob die in Kapitel 6 aufgestellten wünschenswerten Eigenschaften bei den OLS-Schätzfunktionen der einfachen und multiplen Regression vorliegen. Die Analyse erfolgt immer zuerst für die einfache Regression. Es lässt sich leicht zeigen, dass sowohl p_1 als auch p_2 lineare Funktionen in den Beobachtungen der endogenen Variablen y_t sind. Hierzu wird Gleichung (7.15) umgeformt:

$$p_2 = \sum \frac{(x_{2t} - \bar{x}_2)}{\sum(x_{2t} - \bar{x}_2)^2}(y_t - \bar{y}) = \sum w_t(y_t - \bar{y}) \tag{8.1}$$

$$= \sum w_t y_t - \bar{y} \sum w_t = \sum w_t y_t \quad \text{mit:}$$

$$w_t = \frac{x_{2t} - \bar{x}_2}{\sum(x_{2t} - \bar{x}_2)^2} \quad \text{und} \quad \sum w_t = 0. \tag{8.2}$$

Der Beweis für $\sum w_t = 0$ ist einfach:

$$\sum w_t = \sum \frac{x_{2t} - \bar{x}_2}{\sum(x_{2t} - \bar{x}_2)^2} = \frac{1}{\sum(x_{2t} - \bar{x}_2)^2} \sum(x_{2t} - \bar{x}_2) = 0,$$

weil $\sum(x_{2t} - \bar{x}_2) = 0$.

Gleichung (8.1) ist dann ausgeschrieben:

$$p_2 = w_1 y_1 + \ldots + w_t y_t, \tag{8.3}$$

was eine lineare Funktion in y_t ist.

Setzt man Gleichung (8.1) in Gleichung (7.13) ein, erhält man:

$$p_1 = \bar{y} - \bar{x}_2 \sum w_t y_t = \frac{1}{T} \sum y_t - \bar{x}_2 \sum w_t y_t = \sum \left(\frac{1}{T} - \bar{x}_2 w_t \right) y_t,$$

$$\text{oder: } p_1 = \left(\frac{1}{T} - \bar{x}_2 w_1 \right) y_1 + \ldots + \left(\frac{1}{T} - \bar{x}_2 w_T \right) y_T.$$

Auch p_1 ist eine lineare Schätzfunktion in den Beobachtungen y_t.

Die Linearität der Schätzwerte in den Beobachtungen y_t bei der multiplen Regression wird anhand der Matrizengleichung (7.32) deutlich. Schreibt man diese aus und bezeichnet die Elemente der Matrix $(\boldsymbol{X}'\boldsymbol{X})^{-1}\boldsymbol{X}'$ mit a_{kt}, führt dies zu:

$$\begin{bmatrix} p_1 \\ \vdots \\ p_K \end{bmatrix} = \begin{bmatrix} a_{11} & \ldots & a_{1T} \\ \vdots & & \vdots \\ a_{K1} & \ldots & a_{KT} \end{bmatrix} \begin{bmatrix} y_1 \\ \vdots \\ y_T \end{bmatrix}.$$

Die Schätzfunktion für den k-ten Regressionskoeffizienten lautet dann:

$$p_k = a_{k1} y_1 + \ldots + a_{kT} y_T.$$

Diese Gleichung gilt für jedes $k = 1, \ldots, K$; alle Schätzer sind deshalb lineare Funktionen in den Beobachtungen der endogenen Variablen.

8.2 Erwartungstreue

Um bei der einfachen Regression Erwartungstreue für die Schätzfunktionen nachzuweisen, müssen p_1 und p_2 zunächst in Abhängigkeit von π_1 bzw. π_2 formuliert werden. Aus Gleichung (8.1) folgt nach Substitution von y_t durch Gleichung (7.3):

$$\begin{aligned} p_2 &= \sum w_t(\pi_1 + \pi_2 x_{2t} + v_t) \qquad (8.4) \\ &= \pi_1 \sum w_t + \pi_2 \sum w_t x_{2t} + \sum w_t v_t. \end{aligned}$$

Wegen Gleichung (8.2) gilt $\sum w_t = 0$, und Gleichung (8.4) geht über in:

$$p_2 = \pi_2 \sum w_t x_{2t} + \sum w_t v_t. \tag{8.5}$$

Für $\sum w_t x_{2t}$ erhält man nach Nullergänzung mit $-\bar{x}_2 \sum w_t = 0$:

$$\sum w_t x_{2t} = \sum w_t x_{2t} - \bar{x}_2 \sum w_t = \sum (x_{2t} - \bar{x}_2) w_t = \sum \frac{(x_{2t} - \bar{x}_2)^2}{\sum (x_{2t} - \bar{x}_2)^2} = 1. \tag{8.6}$$

Damit geht Gleichung (8.5) über in:

$$p_2 = \pi_2 + \sum w_t v_t. \tag{8.7}$$

Der Erwartungswert für Gleichung (8.7) kann unter Anwendung des Satzes, dass der Erwartungswert einer Summe gleich der Summe der Erwartungswerte ist, gebildet werden. Da w_t nur eine Funktion von x_{2t} und x_{2t} fest vorgegeben ist, lässt sich w_t als Konstante vor den Erwartungswertoperator schreiben:

$$\mathrm{E}(p_2) = \mathrm{E}(\pi_2) + \sum w_t \mathrm{E}(v_t).$$

Aus $\mathrm{E}(v_t) = 0$ und $\mathrm{E}(\pi_2) = \pi_2$ folgt:

$$\mathrm{E}(p_2) = \pi_2. \tag{8.8}$$

Für p_1 ist Erwartungstreue wie folgt nachzuweisen:

Aus $p_1 = \sum \left(\frac{1}{T} - \bar{x}_2 w_t\right) y_t$ ergibt sich nach Substitution von y_t durch Gleichung (7.3):

$$\begin{aligned} p_1 &= \sum \left(\frac{1}{T} - \bar{x}_2 w_t\right)(\pi_1 + \pi_2 x_{2t} + v_t) \qquad (8.9)\\ &= \pi_1 - \pi_1 \bar{x}_2 \sum w_t + \frac{1}{T}\pi_2 \sum x_{2t} - \pi_2 \bar{x}_2 \sum x_{2t} w_t + \sum \left(\frac{1}{T} - \bar{x}_2 w_t\right) v_t. \end{aligned}$$

Gleichung (8.9) vereinfacht sich durch die Summeneigenschaften von w_t zu:

$$p_1 = \pi_1 + \sum \left(\frac{1}{T} - \bar{x}_2 w_t\right) v_t.$$

Der Erwartungswert für diesen Ausdruck ergibt:

$$\mathrm{E}(p_1) = \pi_1 + \sum \left[\left(\frac{1}{T} - \bar{x}_2 w_t\right) \mathrm{E}(v_t)\right] = \pi_1.$$

Um bei der multiplen Regression Erwartungstreue nachzuweisen, setzt man zunächst Gleichung (7.27) in Gleichung (7.32) ein:

$$\begin{aligned} \boldsymbol{p} &= (\boldsymbol{X}'\boldsymbol{X})^{-1}\boldsymbol{X}'\boldsymbol{y} = (\boldsymbol{X}'\boldsymbol{X})^{-1}\boldsymbol{X}'(\boldsymbol{X}\boldsymbol{\pi} + \boldsymbol{v}) \\ &= (\boldsymbol{X}'\boldsymbol{X})^{-1}\boldsymbol{X}'\boldsymbol{X}\boldsymbol{\pi} + (\boldsymbol{X}'\boldsymbol{X})^{-1}\boldsymbol{X}'\boldsymbol{v} = \boldsymbol{\pi} + (\boldsymbol{X}'\boldsymbol{X})^{-1}\boldsymbol{X}'\boldsymbol{v}. \end{aligned} \tag{8.10}$$

Die Berechnung des Erwartungswertes für den Vektor $\boldsymbol{p}$ erfolgt unter Anwendung des Satzes: Der Erwartungswert eines Vektors (Matrix) ist gleich dem Vektor (der Matrix) der Erwartungswerte. Dieser Satz ist unmittelbar einleuchtend, da E ein linearer Operator ist. $\mathrm{E}(\boldsymbol{p})$ ist dann:

$$\mathrm{E}(\boldsymbol{p}) = \mathrm{E}[\boldsymbol{\pi} + (\boldsymbol{X}'\boldsymbol{X})^{-1}\boldsymbol{X}'\boldsymbol{v}] = \boldsymbol{\pi} + (\boldsymbol{X}'\boldsymbol{X})^{-1}\boldsymbol{X}'\mathrm{E}(\boldsymbol{v}) = \boldsymbol{\pi}$$

bei gegebenen Regressorenwerten. Der Erwartungswert $\mathrm{E}(\boldsymbol{v})$ ist wegen Annahme (2.16) der Nullvektor, womit die Erwartungstreue $\mathrm{E}(\boldsymbol{p}) = \boldsymbol{\pi}$ gezeigt ist.

8.3 Die Varianz der Schätzfunktionen und der Störvariablen

Da die Schätzfunktionen der einfachen und multiplen Regression erwartungstreu sind, ist es vorteilhaft, ihre Varianzen zu kennen. Erwartungstreue Schätzwerte haben eine umso größere Aussagekraft, je kleiner ihre Varianz ist.[1] Die Varianz der Schätzfunktionen soll zuerst wieder für die einfache Regression ermittelt werden. Die Varianz für p_2 wird definitionsgemäß gegeben durch: $\mathrm{var}(p_2) = \mathrm{E}[(p_2 - \mathrm{E}(p_2)]^2$. Da p_2 erwartungstreu ist, gilt: $\mathrm{var}(p_2) = \mathrm{E}(p_2 - \pi_2)^2$. Aus Gleichung (8.7) erhält man den Schätzfehler $(p_2 - \pi_2)$ als:

$$p_2 - \pi_2 = \sum w_t v_t. \tag{8.11}$$

Die Varianz für p_2 ist dann:

$$\mathrm{var}(p_2) = \mathrm{E}(p_2 - \pi_2)^2 = \mathrm{E}(\sum w_t v_t)^2. \tag{8.12}$$

[1]Dies ist auch der Grund, weshalb erwartungstreue Schätzwerte wünschenswert sind, die zu kleinster Varianz führen.

Eine Vereinfachungsmöglichkeit für Gleichung (8.12) resultiert daraus, dass die Summe ausgeschrieben und das Quadrat berechnet wird:

$$\begin{aligned}\operatorname{var}(p_2) &= \mathrm{E}[(w_1v_1 + \ldots + w_Tv_T)(w_1v_1 + \ldots + w_Tv_T)]\\ &= \mathrm{E}[(w_1^2v_1^2 + w_1v_1w_2v_2 + \ldots + w_1v_1w_Tv_T)+\\ &\quad (w_2v_2w_1v_1 + w_2^2v_2^2 + \ldots + w_2v_2w_Tv_T) + \ldots +\\ &\quad (w_Tv_Tw_1v_1 + \ldots + w_T^2v_T^2)].\end{aligned}$$

Bildet man nun für jeden Summanden den Erwartungswert, verschwinden wegen Annahme (2.17) alle Kreuzprodukte der Störvariablen, da sie nicht autokorrelieren:

$$\begin{aligned}&\mathrm{E}(w_tv_tw_\tau v_\tau) = w_tw_\tau\mathrm{E}(v_tv_\tau) = 0,\\ &\text{für alle } t,\tau \in [1,T] \text{ und } t \neq \tau.\end{aligned}$$

Die Erwartungswerte der ins Quadrat erhobenen Summanden verschwinden nicht. Wegen der Annahme (2.20) homoskedastischer Störvariablen erhält man:

$$\mathrm{E}(w_t^2v_t^2) = w_t^2E(v_t^2) = w_t^2\sigma_v^2 \quad \text{für alle } t.$$

Die Varianz $\operatorname{var}(p_2)$ hat nun die Form:

$$\begin{aligned}\operatorname{var}(p_2) &= \sigma_v^2(w_1^2 + \ldots + w_T^2)\\ &= \sigma_v^2\sum w_t^2.\end{aligned} \tag{8.13}$$

Gleichung (8.13) wird unter Beachtung der Definition (8.2) und Gleichung (2.10) zu:

$$\begin{aligned}\operatorname{var}(p_2) &= \sigma_v^2\frac{\sum(x_{2t}-\bar{x}_2)^2}{[\sum(x_{2t}-\bar{x}_2)^2]^2}\\ &= \sigma_v^2\frac{1}{\sum(x_{2t}-\bar{x}_2)^2} = \frac{\sigma_v^2}{T\operatorname{var}(x_2)}.\end{aligned} \tag{8.14}$$

Die Berechnung der Varianz von p_1 erfolgt hinsichtlich der Annahmen und Umformungen analog zu der von p_2. Ausgangspunkt ist die Gleichung:

$$p_1 = \pi_1 + \sum\left(\frac{1}{T} - \bar{x}_2w_t\right)v_t.$$

Nach Subtraktion von π_1, Quadrieren und Erwartungswertbildung ergibt sich:

$$\operatorname{var}(p_1) = \mathrm{E}(p_1-\pi_1)^2 = \mathrm{E}\left[\sum\left(\frac{1}{T} - \bar{x}_2w_t\right)v_t\right]^2. \tag{8.15}$$

Da auch hier die Erwartungswerte der Kreuzprodukte der Störvariablen null sind, erhält man:

$$\begin{aligned}\operatorname{var}(p_1) &= \sum \left(\frac{1}{T} - \bar{x}_2 w_t\right)^2 \mathrm{E}(v_t^2) \\ &= \sigma_v^2 \sum \left(\frac{1}{T} - \bar{x}_2 w_t\right)^2 . \end{aligned} \tag{8.16}$$

Die Summe lässt sich durch leichte Umformungen vereinfachen:

$$\begin{aligned}\sum(\frac{1}{T} - \bar{x}_2 w_t)^2 &= \sum(\frac{1}{T^2} - 2\frac{1}{T}\bar{x}_2 w_t + \bar{x}_2^2 w_t^2) \\ &= \frac{1}{T} + \bar{x}_2^2 \sum w_t^2 \qquad \text{(wegen: } \sum w_t = 0) \\ &= \frac{1}{T} + \frac{\bar{x}_2^2}{\sum(x_{2t} - \bar{x}_2)^2} \qquad \text{(wegen: } \sum w_t^2 = \frac{1}{\sum(x_{2t} - \bar{x}_2)^2}) \\ &= \frac{\sum(x_{2t} - \bar{x}_2)^2 + T\bar{x}_2^2}{T\sum(x_{2t} - \bar{x}_2)^2} \\ &= \frac{\sum x_{2t}^2 - T\bar{x}_2^2 + T\bar{x}_2^2}{T\sum(x_{2t} - \bar{x}_2)^2} \qquad \text{(wegen: } \sum x_{2t} = T\bar{x}_2) \\ &= \frac{\sum x_{2t}^2}{T\sum(x_{2t} - \bar{x}_2)^2}.\end{aligned}$$

Die Varianz von p_1 ist dann:

$$\operatorname{var}(p_1) = \sigma_v^2 \frac{\sum x_{2t}^2}{T\sum(x_{2t} - \bar{x}_2)^2} = \sigma_v^2 \frac{\overline{x_2^2}}{T\operatorname{var}(x_2)}. \tag{8.17}$$

Die beiden Gleichungen (8.14) und (8.17) verdeutlichen den Zusammenhang zwischen der Varianz der Schätzfunktionen einerseits und der Varianz der Störvariablen, der Varianz des Regressors sowie dem Stichprobenumfang T. Nehmen der Stichprobenumfang und/oder die Streuung des Regressors zu, werden die Varianzen von p_1 und p_2 kleiner: π_1 und π_2 sind dann verlässlicher zu schätzen. Die Strukturparameter lassen sich überhaupt nicht ermitteln, wenn als Grenzfall x_{2t} immer nur denselben Wert annehmen würde. Die Varianz wäre dann null. Wegen der positiven Korrelation zwischen σ_v^2 und $\operatorname{var}(p_{1,2})$ sind die Schätzwerte umso unzuverlässiger, je stärker die Störvariablen um ihren Erwartungswert streuen.

Die Varianz für die Schätzfunktionen der multiplen Regression ist genau wie bei der einfachen Regression definiert durch:

$$\mathrm{E}(p_k - \pi_k)^2, \quad k = 1, \ldots, K.$$

Bildet man das Produkt der beiden Vektoren $(\boldsymbol{p}-\boldsymbol{\pi})$ (Spaltenvektor) und $(\boldsymbol{p}-\boldsymbol{\pi})'$ (Zeilenvektor), erhält man eine quadratische Matrix, deren Hauptdiagonale die Elemente $(p_k-\pi_k)^2$, $k=1,\ldots,K$ enthält und deren Nebenelemente Kreuzprodukte sind. Wendet man auf diese Produktmatrix den Erwartungswertoperator an, resultiert die Matrix der Erwartungswerte, deren Elemente jetzt die Varianzen bzw. Kovarianzen der Regressionskoeffizienten darstellen. Diese Matrix heißt **Kovarianz - Varianzmatrix** oder kurz **Kovarianzmatrix** und wird mit $\text{var}(\boldsymbol{p})$ bezeichnet.

Im Einzelnen sieht die Entwicklung wie folgt aus:

$$E[(\boldsymbol{p}-\boldsymbol{\pi})(\boldsymbol{p}-\boldsymbol{\pi})'] = \tag{8.18}$$

$$= E\begin{bmatrix} (p_1-\pi_1)^2 & \ldots & (p_1-\pi_1)(p_K-\pi_K) \\ \vdots & & \vdots \\ (p_K-\pi_K)(p_1-\pi_1) & \ldots & (p_K-\pi_K)^2 \end{bmatrix}$$

$$= \begin{bmatrix} \text{var}(p_1) & \text{cov}(p_1,p_2) & \ldots & \text{cov}(p_1,p_K) \\ \vdots & \vdots & & \vdots \\ \text{cov}(p_K,p_1) & \text{cov}(p_K,p_2) & \ldots & \text{var}(p_K) \end{bmatrix}.$$

Aus Gleichung (8.10) erhält man den Schätzfehler der multiplen Regression als:

$$\boldsymbol{p}-\boldsymbol{\pi} = (\boldsymbol{X}'\boldsymbol{X})^{-1}\boldsymbol{X}'\boldsymbol{v}. \tag{8.19}$$

Daher geht Gleichung (8.18) über in:[2]

$$\text{var}(\boldsymbol{p}) = \text{E}[(\boldsymbol{p}-\boldsymbol{\pi})(\boldsymbol{p}-\boldsymbol{\pi})'] = \text{E}[(\boldsymbol{X}'\boldsymbol{X})^{-1}\boldsymbol{X}'\boldsymbol{v}\boldsymbol{v}'\boldsymbol{X}(\boldsymbol{X}'\boldsymbol{X})^{-1}]. \tag{8.20}$$

Da die Elemente der Matrix $\boldsymbol{X}$ nicht stochastische Größen sind, folgt:

$$\text{var}(\boldsymbol{p}) = (\boldsymbol{X}'\boldsymbol{X})^{-1}\boldsymbol{X}'\text{E}(\boldsymbol{v}\boldsymbol{v}')\boldsymbol{X}(\boldsymbol{X}'\boldsymbol{X})^{-1}. \tag{8.21}$$

Der Ausdruck $\text{E}(\boldsymbol{v}\boldsymbol{v}')$ soll näher untersucht werden. Wegen des Zeitbezuges der Störvariablen unterscheidet man im einfachen und multiplen Regressionsmodell T verschiedene Störvariablen, die zu dem Spaltenvektor $\boldsymbol{v}$ zusammengefasst sind. Das Produkt $\boldsymbol{v}\boldsymbol{v}'$ ergibt dann eine Matrix der Ordnung $T\times T$:

$$\boldsymbol{v}\boldsymbol{v}' = \begin{bmatrix} v_1^2 & v_1v_2 & \ldots & v_1v_T \\ \vdots & \vdots & & \vdots \\ v_Tv_1 & v_Tv_2 & \ldots & v_T^2 \end{bmatrix}.$$

[2]Bei der Umformung wird von folgenden Sätzen Gebrauch gemacht: (1) Ist das Produkt für die Matrizen $\boldsymbol{A}_1,\ldots,\boldsymbol{A}_n$ definiert, dann gilt: $(\boldsymbol{A}_1\boldsymbol{A}_2\ldots\boldsymbol{A}_n)' = \boldsymbol{A}_n'\cdot\ldots\cdot\boldsymbol{A}_2'\boldsymbol{A}_1'$. (2) Existiert für $\boldsymbol{A}$ die Inverse $\boldsymbol{A}^{-1}$, gilt: $(\boldsymbol{A}^{-1})' = (\boldsymbol{A}')^{-1}$.

Nach Anwendung des Operators E erhält man die **Kovarianzmatrix der Störvariablen**:

$$\mathrm{E}(\boldsymbol{v}\boldsymbol{v}') = \begin{bmatrix} \mathrm{E}(v_1^2) & \mathrm{E}(v_1 v_2) & \dots & \mathrm{E}(v_1 v_T) \\ \vdots & \vdots & & \vdots \\ \mathrm{E}(v_T v_1) & \mathrm{E}(v_T v_2) & \dots & \mathrm{E}(v_T^2) \end{bmatrix}. \tag{8.22}$$

$\mathrm{E}(v_t v_\tau)$, $t \neq \tau$ stellt die Kovarianz der Störvariablen v_t und v_τ dar; dementsprechend ist $\mathrm{E}(v_t^2)$ die Varianz. Wegen der Annahme der Homoskedastizität gilt:

$$\mathrm{E}(v_1^2) = \mathrm{E}(v_2^2) = \dots = \mathrm{E}(v_T^2) = \sigma_v^2.$$

Annahme (2.17) führt zu: $\mathrm{E}(v_t v_\tau) = 0$, da die Störvariablen nicht autokorrelieren. Gleichung (8.22) wird dann:

$$\mathrm{E}(\boldsymbol{v}\boldsymbol{v}') = \begin{bmatrix} \sigma_v^2 & 0 & \dots & & 0 \\ 0 & & & & \vdots \\ \vdots & & & & \vdots \\ 0 & & \dots & 0 & \sigma_v^2 \end{bmatrix} = \sigma_v^2 \boldsymbol{I}. \tag{8.23}$$

Dadurch vereinfacht sich Gleichung (8.21) zu:

$$\mathrm{var}(\boldsymbol{p}) = \sigma_v^2 (\boldsymbol{X}'\boldsymbol{X})^{-1} \boldsymbol{X}'\boldsymbol{X} (\boldsymbol{X}'\boldsymbol{X})^{-1} = \sigma_v^2 (\boldsymbol{X}'\boldsymbol{X})^{-1}, \tag{8.24}$$

weil $(\boldsymbol{X}'\boldsymbol{X})^{-1}\boldsymbol{X}'\boldsymbol{X} = \boldsymbol{I}$.

Der Ausdruck auf der rechten Seite von Gleichung (8.24) ist eine quadratische Matrix der Ordnung K; die Varianz für p_k erhält man als:

$$\mathrm{var}(p_k) = \sigma_v^2 d_{kk}, \quad k = 1, \dots, K,$$

$$d_{kk} : k - \text{tes Diagonalelement von } (\boldsymbol{X}'\boldsymbol{X})^{-1}.$$

8.4 Konsistenz

Um die Konsistenz für die OLS-Schätzfunktionen nachzuweisen, muss nur noch gezeigt werden, dass Gleichung (6.5) gilt:

$$\lim_{T \to \infty} \mathrm{var}(p_k) = 0,$$

da asymptotische Erwartungstreue bei erwartungstreuen Schätzfunktionen ohnehin vorliegt. Bei der einfachen Regression kann man den Grenzwert unmittelbar aus den Gleichungen (8.14) und (8.17) unter Bezugnahme auf die

Annahmen (2.12) und (2.14) ermitteln:

$$\lim_{T\to\infty} \operatorname{var}(p_1) = \sigma_v^2 \lim_{T\to\infty} \frac{\overline{x_2^2}}{T\operatorname{var}(x_2)} = 0,$$

und ebenso:

$$\lim_{T\to\infty} \operatorname{var}(p_2) = \sigma_v^2 \lim_{T\to\infty} \frac{1}{T\operatorname{var}(x_2)} = 0.$$

Bei der multiplen Regression sind die Hauptdiagonalelemente der Kovarianzmatrix (8.24) die Varianzen der einzelnen Schätzfunktionen. Die Konsistenz verlangt, dass gilt:

$$\lim_{T\to\infty} \operatorname{var}(\boldsymbol{p}) = \lim_{T\to\infty} \sigma_v^2(\boldsymbol{X}'\boldsymbol{X})^{-1} = \boldsymbol{0}, \quad \boldsymbol{0}: \text{ Nullmatrix.}$$

Um diese Eigenschaft nachzuweisen, wird die Matrix $\boldsymbol{X}'\boldsymbol{X}$ zunächst mit dem Skalar $\frac{1}{T}$ multipliziert:

$$\boldsymbol{M} = \frac{1}{T}(\boldsymbol{X}'\boldsymbol{X}).$$

Man nennt $\boldsymbol{M}$ die **Momentenmatrix**. Beachtet man, dass die erste Zeile (Spalte) von $\boldsymbol{X}'$ ($\boldsymbol{X}$) der Summenvektor ist, dann hat die Momentenmatrix folgenden Aufbau:

$$\boldsymbol{M} = \frac{1}{T}\boldsymbol{X}'\boldsymbol{X} = \begin{bmatrix} 1 & \bar{x}_2 & \dots & \bar{x}_K \\ \bar{x}_2 & \overline{x_2^2} & \dots & \bar{x}_2\bar{x}_K \\ \vdots & \vdots & & \vdots \\ \bar{x}_K & \bar{x}_K\bar{x}_2 & \dots & \overline{x_K^2} \end{bmatrix}, \tag{8.25}$$

$$\begin{aligned} \text{mit} \quad \bar{x}_k &= \frac{1}{T}\sum x_{kt}: && \text{erstes Anfangsmoment,} \\ \overline{x_k^2} &= \frac{1}{T}\sum x_{kt}^2: && \text{zweites Anfangsmoment,} \\ \bar{x}_i\bar{x}_j &= \frac{1}{T}\sum x_{it}x_{jt}: && \text{Kreuzmoment bzw. gemischtes Moment, } i \neq j. \end{aligned}$$

Wegen der Annahmen (2.11), (2.12) und der Implikation (2.13) stellt der Grenzwert von $\boldsymbol{M}$ für $T \to \infty$ eine Matrix dar, deren Elemente existieren und die annahmegemäß vollen Rang hat. Die Kovarianzmatrix var($\boldsymbol{p}$) kann auch in Abhängigkeit von $\boldsymbol{M}$ gebildet werden. Wegen $\boldsymbol{X}'\boldsymbol{X} = T\boldsymbol{M}$ und $(\boldsymbol{X}'\boldsymbol{X})^{-1} = \frac{1}{T}\boldsymbol{M}^{-1}$ erhält man:

$$\operatorname{var}(\boldsymbol{p}) = \sigma_v^2 \frac{1}{T}\boldsymbol{M}^{-1}.$$

Bildet man hierfür den Limes unter Anwendung des Satzes, dass der Grenzwert eines Produktes gleich dem Produkt der Grenzwerte ist, ergibt sich:

$$\lim_{T\to\infty} \operatorname{var}(\boldsymbol{p}) = \sigma_v^2 \lim_{T\to\infty} \left(\frac{1}{T}\right) \lim_{T\to\infty} (\boldsymbol{M}^{-1}) = \boldsymbol{0},$$

weil $\lim\limits_{T\to\infty} \frac{1}{T} = 0$ und $\lim(\boldsymbol{M}^{-1})$ existiert und endlich ist. Damit ist auch bei der multiplen Regression die Konsistenz der OLS-Schätzfunktionen nachgewiesen.

8.5 Effizienz

Werden die Parameter $\pi_1, \ldots, \pi_K$ mit der Methode der kleinsten Quadrate geschätzt, gibt es keine andere erwartungstreue und lineare Schätzfunktion für diese Parameter mit einer kleineren Varianz. Der Beweis wird zunächst für die einfache Regression durchgeführt, weil dadurch der Beweisgang bei der multiplen Regression besser nachzuvollziehen ist.

Ausgangspunkt ist, dass man die Varianz einer beliebigen Schätzfunktion p_2, die linear in y_t und erwartungstreu sein soll, minimiert und prüft, ob die auf diesem Wege gewonnene Minimierungsbedingung von den Schätzfunktionen der Methode der kleinsten Quadrate erfüllt wird. Ist dies der Fall, existiert keine andere in y lineare und erwartungstreue Schätzfunktion, die eine kleinere Varianz als die OLS-Schätzer haben kann.

Es sei p_2^* eine in den Beobachtungen der endogenen Variablen lineare Schätzfunktion für $\pi_2 : p_2^* = \sum c_t y_t$. Ersetzt man y_t durch Gleichung (7.3), lassen sich die Bedingungen ableiten, denen c_t im Falle der Erwartungstreue unterliegt:

$$p_2^* = \sum c_t(\pi_1 + \pi_2 x_{2t} + v_t) = \pi_1 \sum c_t + \pi_2 \sum c_t x_{2t} + \sum c_t v_t. \tag{8.26}$$

Hieraus ergibt sich nur dann $\mathrm{E}(p_2^*) = \pi_2$, wenn gilt:

$$\sum c_t = 0 \tag{8.27}$$

und

$$\sum c_t x_{2t} = 1. \tag{8.28}$$

Die Varianz von p_2^* erhält man bei Gültigkeit der Bedingungen (8.27) und (8.28) aus Gleichung (8.26) als:

$$\operatorname{var}(p_2^*) = \mathrm{E}(p_2^* - \pi_2)^2 = \mathrm{E}(\sum c_t v_t)^2. \tag{8.29}$$

Schreibt man die Summe in Gleichung (8.29) aus und löst das Quadrat auf, entstehen Summanden, die entweder Kreuzprodukte: $c_t c_\tau v_t v_\tau$, $t \neq \tau$

oder Quadrate: $c_t^2 v_t^2$, $t = 1, \ldots, T$ sind. Für deren Erwartungswerte gilt: $\mathrm{E}(c_t c_\tau v_t v_\tau) = 0$, weil v_t und v_τ nicht autokorrelieren und $\mathrm{E}(c_t^2 v_t^2) = c_t^2 \mathrm{E}(v_t^2) = c_t^2 \sigma_v^2$. Gleichung (8.29) geht daher über in:

$$\mathrm{var}(p_2^*) = \sigma_v^2 \sum c_t^2. \tag{8.30}$$

Gleichung (8.30) kann nur über $\sum c_t^2$ minimiert werden, weil σ_v^2 eine Konstante ist. Da gleichzeitig auch die Bedingungen (8.27) und (8.28) einzuhalten sind, wird für die Extremwertbestimmung ein **Lagrange-Ansatz** benutzt,[3] wobei rechentechnische Gründe die Wahl der Lagrange-Multiplikatoren bestimmen:

$$L = \sum c_t^2 - 2\lambda_1 \sum c_t - 2\lambda_2 \left(\sum c_t x_{2t} - 1\right). \tag{8.31}$$

Die notwendige Bedingung für Extrema unter Nebenbedingungen erhält man, indem Gleichung (8.31) partiell nach $c_t = 1, \ldots, T$ sowie nach $2\lambda_1$ und $2\lambda_2$ differenziert wird und die Ableitungen gleich null gesetzt werden. Der so gefundene stationäre Wert muss, falls er existiert, ein Minimum sein, da $\sum c_t^2$ eine nicht negative quadratische Funktion ist. Die partiellen Ableitungen lauten:

$$\frac{\partial L}{\partial c_t} = 2c_t - 2\lambda_1 - 2\lambda_2 x_{2t} = 0 \quad \text{für } t = 1, \ldots, T \quad \text{oder:}$$

$$c_t = \lambda_1 + \lambda_2 x_{2t}, \tag{8.32}$$

$$\frac{\partial L}{\partial(2\lambda_1)} = -\sum c_t = 0 \quad \text{und ,} \tag{8.33}$$

$$\frac{\partial L}{\partial(2\lambda_2)} = -\left(\sum c_t x_{2t} - 1\right) = 0. \tag{8.34}$$

Diese partiellen Ableitungen bestimmen c_t. Setzt man Gleichung (8.32) in Gleichung (8.33) ein, gibt das:

$$T\lambda_1 + \lambda_2 \sum x_{2t} = 0 \quad \text{oder:}$$

$$\lambda_1 = -\lambda_2 \bar{x}_2. \tag{8.35}$$

Substitution von λ_1 in Gleichung (8.32) durch die Beziehung (8.35) führt zu:

$$c_t = \lambda_2 (x_{2t} - \bar{x}_2).$$

Multiplikation mit x_{2t} und Summation ergeben, wegen Nebenbedingung (8.28):

$$\sum c_t x_{2t} = \lambda_2 \sum (x_{2t} - \bar{x}_2) x_{2t} = 1.$$

[3]Dem Leser, der mit diesem Verfahren nicht mehr ganz vertraut ist, sei das entsprechende Kapitel in HUANG und SCHULZ (1988) empfohlen.

Schließlich erhält man nach Auflösen für λ_2:

$$\lambda_2 = \frac{1}{\sum(x_{2t} - \bar{x}_2)^2}. \tag{8.36}$$

Damit ist jetzt auch λ_1 bestimmt:

$$\lambda_1 = \frac{-\bar{x}_2}{\sum(x_{2t} - \bar{x}_2)^2}. \tag{8.37}$$

Ersetzt man nun in Gleichung (8.32) λ_1 und λ_2 durch die Beziehungen (8.36) und (8.37), dann ist dasjenige c_t gefunden, für das unter Einhaltung der beiden Nebenbedingungen die Quadratsumme $\sum c_t^2$ ein Minimum wird:

$$c_t = \frac{x_{2t}}{\sum(x_{2t} - \bar{x}_2)^2} - \frac{\bar{x}_2}{\sum(x_{2t} - \bar{x}_2)^2} = \frac{x_{2t} - \bar{x}_2}{\sum(x_{2t} - \bar{x}_2)^2} = w_t. \tag{8.38}$$

Gleichung (8.38) zeigt, dass c_t mit w_t der OLS-Methode übereinstimmt. Die Methode der kleinsten Quadrate liefert somit Schätzwerte mit kleinster Varianz. Für p_1 verläuft der Beweis analog hierzu.

Bei der multiplen Regression hat ein in den Beobachtungen der endogenen Variablen y beliebiger linearer Schätzvektor $\boldsymbol{p}^*$ die Form:

$$\boldsymbol{p}^* = \boldsymbol{C}^* \boldsymbol{y}. \tag{8.39}$$

Die Matrix $\boldsymbol{C}^*$ mit der Ordnung $K \times T$, deren Elemente Funktionen der Beobachtungen der exogenen Variablen sein müssen, da $\boldsymbol{p}^*$ mit den Beobachtungen geschätzt werden soll, lässt sich ohne Verlust der Allgemeingültigkeit darstellen als:

$$\boldsymbol{C}^* = \boldsymbol{C} + (\boldsymbol{X}'\boldsymbol{X})^{-1}\boldsymbol{X}'. \tag{8.40}$$

Nach Substitution von $\boldsymbol{C}^*$ in Gleichung (8.39) geht diese über in:

$$\begin{aligned} \boldsymbol{p}^* &= [\boldsymbol{C} + (\boldsymbol{X}'\boldsymbol{X})^{-1}\boldsymbol{X}']\boldsymbol{y} = [\boldsymbol{C} + (\boldsymbol{X}'\boldsymbol{X})^{-1}\boldsymbol{X}'](\boldsymbol{X}\boldsymbol{\pi} + \boldsymbol{v}) \\ &= \boldsymbol{C}\boldsymbol{X}\boldsymbol{\pi} + \boldsymbol{I}\boldsymbol{\pi} + [\boldsymbol{C} + (\boldsymbol{X}'\boldsymbol{X})^{-1}\boldsymbol{X}']\boldsymbol{v}. \end{aligned} \tag{8.41}$$

Soll $\boldsymbol{p}^*$ erwartungstreu sein, muss gelten: $\boldsymbol{C}\boldsymbol{X} = \boldsymbol{0}$. Der Erwartungswert $\mathrm{E}(\boldsymbol{p}^*)$ ist dann wegen $\mathrm{E}(\boldsymbol{v}) = \boldsymbol{0}$ gleich $\boldsymbol{\pi}$. Die Schätzfunktion vereinfacht sich unter dieser Bedingung zu:

$$\boldsymbol{p}^* = \boldsymbol{\pi} + [\boldsymbol{C} + (\boldsymbol{X}'\boldsymbol{X})^{-1}\boldsymbol{X}']\boldsymbol{v}.$$

Hieraus ergibt sich der Schätzfehler als: $\boldsymbol{p}^* - \boldsymbol{\pi} = [\boldsymbol{C} + (\boldsymbol{X}'\boldsymbol{X})^{-1}\boldsymbol{X}']\boldsymbol{v}$; die Kovarianzmatrix lautet daher:

$$\begin{aligned} \mathrm{var}(\boldsymbol{p}^*) &= E\{[\boldsymbol{C} + (\boldsymbol{X}'\boldsymbol{X})^{-1}\boldsymbol{X}']\boldsymbol{v}\boldsymbol{v}'[\boldsymbol{C}' + \boldsymbol{X}(\boldsymbol{X}'\boldsymbol{X})^{-1}]\} \\ &= [\boldsymbol{C} + (\boldsymbol{X}'\boldsymbol{X})^{-1}\boldsymbol{X}']E(\boldsymbol{v}\boldsymbol{v}')[\boldsymbol{C}' + \boldsymbol{X}(\boldsymbol{X}'\boldsymbol{X})^{-1}] \\ &= \sigma_v^2[\boldsymbol{C}\boldsymbol{C}' + (\boldsymbol{X}'\boldsymbol{X})^{-1}], \quad \text{wegen } \boldsymbol{C}\boldsymbol{X} = \boldsymbol{X}'\boldsymbol{C}' = \boldsymbol{0}. \end{aligned}$$

↳ nicht wichtig

Nimmt man wegen der Eindeutigkeit der Schätzfunktion an, dass die Ränge von $\boldsymbol{C}^*$ und $(\boldsymbol{X}'\boldsymbol{X})^{-1}\boldsymbol{X}'$ gleich K sind [vgl. Gleichung (7.31)], kann $\boldsymbol{C}$ einen kleineren Rang als K haben. Die Produktmatrix $\boldsymbol{C}\boldsymbol{C}'$ ist dann auf jeden Fall positiv semidefinit.[4] Die Kovarianzmatrix $\text{var}(\boldsymbol{p}^*)$ ist um die positiv semidefinite Matrix $\boldsymbol{C}\boldsymbol{C}'$ größer als die Kovarianzmatrix $\text{var}(\boldsymbol{p})$. Es kann leicht verifiziert werden, dass alle Elemente der Hauptdiagonalen von $\boldsymbol{C}\boldsymbol{C}'$ Quadratsummen sind. Die Varianz von p_k^* wird gegeben durch:

$$\begin{aligned} \text{var}(p_k^*) &= \sigma_v^2(c_{kk} + d_{kk}) \quad \text{für } k = 1, \ldots, K, \\ c_{kk} &: k\text{-tes Diagonalelement von } \boldsymbol{C}\boldsymbol{C}', \\ d_{kk} &: k\text{-tes Diagonalelement von } (\boldsymbol{X}'\boldsymbol{X})^{-1}. \end{aligned}$$

Sie ist dann für jedes k minimal, wenn alle $c_{kk} = 0$ sind, weil c_{kk} eine Quadratsumme und d_{kk} eine Konstante ist. Es muss eine Matrix gefunden werden, die zu einer Produktmatrix $\boldsymbol{C}\boldsymbol{C}'$ führt, deren Hauptdiagonalelemente null sind. Eine solche Matrix $\boldsymbol{C}$ ist mit $\boldsymbol{C} = \boldsymbol{0}$ gefunden. Aus Gleichung (8.40) folgt für $\boldsymbol{C} = \boldsymbol{0}$:

$$\boldsymbol{C}^* = (\boldsymbol{X}'\boldsymbol{X})^{-1}\boldsymbol{X}'.$$

Dann ist aber $\boldsymbol{p}^*$ der OLS-Schätzvektor $\boldsymbol{p}$: $\boldsymbol{p}^* = \boldsymbol{p} = (\boldsymbol{X}'\boldsymbol{X})^{-1}\boldsymbol{X}'\boldsymbol{y}$. Damit ist gezeigt, dass es auch bei der multiplen Regression keine andere lineare und erwartungstreue Schätzfunktion gibt, die zu einer kleineren Varianz als die OLS-Schätzer führt.

8.6 Die Schätzfunktion für die Varianz der Störvariablen

Anhand der Gleichungen (8.14), (8.17) und (8.24) sieht man, dass die Varianzen der Regressionskoeffizienten noch nicht berechnet werden können, da sie von der unbekannten Varianz σ_v^2 der Störvariablen abhängen. Jedoch lässt sich über die Residuen eine erwartungstreue Schätzfunktion für die Varianz der Störvariablen ermitteln. Setzt man dieses Ergebnis dann in die entsprechende Gleichung für die Varianzen der Regressionskoeffizienten ein, ist auch für diese eine erwartungstreue Schätzfunktion gefunden.

Wegen der Homoskedastizitätsannahme ist die Varianz für jede Störvariable v_t, $t = 1, \ldots, T$ gleich groß. Man kann daher die T Residuen als Schätzwerte für T Stichprobenwerte der Störvariablen ansehen, die alle aus derselben

[4] Eine Matrix $\boldsymbol{A}$ heißt **positiv semidefinit**, wenn ihre quadratische Form für jeden Vektor $\boldsymbol{x} \neq \boldsymbol{0}$ größer oder gleich null ist: $\boldsymbol{x}'\boldsymbol{A}\boldsymbol{x} \geq 0$. Ist $\boldsymbol{B}$ eine beliebige Matrix der Ordnung $m \times n$ mit einem Rang kleiner als m und n, dann sind die Produktmatrizen $\boldsymbol{B}'\boldsymbol{B}$ und $\boldsymbol{B}\boldsymbol{B}'$ positiv semidefinit.

Grundgesamtheit stammen, obwohl strenggenommen jedes einzelne Residuum einen Schätzwert für nicht beobachtbare Realisationen unterschiedlicher Grundgesamtheiten repräsentiert. Eine erwartungstreue Schätzfunktion für σ_v^2, die auch **Residualvarianz** heißt, wird gegeben durch:

$$s_v^2 = \frac{\hat{\boldsymbol{v}}'\hat{\boldsymbol{v}}}{T-2} \quad \text{für die einfache Regression,} \tag{8.42}$$

$$s_v^2 = \frac{\hat{\boldsymbol{v}}'\hat{\boldsymbol{v}}}{T-K} \quad \text{für die multiple Regression,} \tag{8.43}$$

$$s_v^2 : \text{ Residualvarianz,} \quad \hat{\boldsymbol{v}}'\hat{\boldsymbol{v}} = \sum \hat{v}_t^2.$$

Der Nenner beider Gleichungen stellt die Anzahl der Freiheitsgrade dar. Da bei der einfachen Regression die Residuen den linearen Beschränkungen (7.19) und (7.20) unterworfen sind, werden nach freier Wahl von $T-2$ Residuen auch die beiden restlichen festgelegt. Bei der multiplen Regression bestehen K solche linearen Beschränkungen für die Residuen, die aus der Orthogonalität des Vektors der Residuen zu jedem Beobachtungsvektor der Regressoren resultieren.

Der Beweis der Erwartungstreue soll gleich für die multiple Regression durchgeführt werden. Das Ergebnis der einfachen Regression folgt daraus unmittelbar für $K = 2$. Der Vektor der Residuen kann in eine für den Beweisgang geeignetere Form gebracht werden:

$$\begin{aligned} \hat{\boldsymbol{v}} &= \boldsymbol{y} - \boldsymbol{X}\boldsymbol{p} = \boldsymbol{y} - \boldsymbol{X}(\boldsymbol{X}'\boldsymbol{X})^{-1}\boldsymbol{X}'\boldsymbol{y} = [\boldsymbol{I} - \boldsymbol{X}(\boldsymbol{X}'\boldsymbol{X})^{-1}\boldsymbol{X}']\boldsymbol{y} \\ &= \boldsymbol{M}\boldsymbol{y} = \boldsymbol{M}(\boldsymbol{X}\boldsymbol{\pi} + \boldsymbol{v}) = \boldsymbol{M}\boldsymbol{v}, \\ &\text{mit: } \boldsymbol{M} = [\boldsymbol{I} - \boldsymbol{X}(\boldsymbol{X}'\boldsymbol{X})^{-1}\boldsymbol{X}'] \quad \text{und} \quad \boldsymbol{M}\boldsymbol{X} = \boldsymbol{0}.^{5} \end{aligned} \tag{8.44}$$

Für $\hat{\boldsymbol{v}}'\hat{\boldsymbol{v}}$ ergibt sich jetzt:

$$\hat{\boldsymbol{v}}'\hat{\boldsymbol{v}} = \boldsymbol{v}'\boldsymbol{M}'\boldsymbol{M}\boldsymbol{v}. \tag{8.45}$$

Durch Ausrechnen zeigt sich, dass gilt: $\boldsymbol{M}' = \boldsymbol{M}$ und $\boldsymbol{M}^2 = \boldsymbol{M}$. Man nennt Matrizen mit der letzten Eigenschaft **idempotent**. Gleichung (8.45) geht daher über in:

$$\hat{\boldsymbol{v}}'\hat{\boldsymbol{v}} = \boldsymbol{v}'\boldsymbol{M}\boldsymbol{v}. \tag{8.46}$$

Führt man noch die **Spur** Sp einer quadratischen Matrix $\boldsymbol{A}$ der Ordnung T ein, die definiert ist als die Summe der Elemente der Hauptdiagonalen: $\text{Sp}(\boldsymbol{A}) = \sum a_{ii}$, $i = 1, \ldots, T$, so kann durch Ausschreiben gezeigt werden,

[5] Der Beweis ist sehr einfach:
$\boldsymbol{M}\boldsymbol{X} = [\boldsymbol{I} - \boldsymbol{X}(\boldsymbol{X}'\boldsymbol{X})^{-1}\boldsymbol{X}']\boldsymbol{X} = \boldsymbol{X} - \boldsymbol{X}(\boldsymbol{X}'\boldsymbol{X})^{-1}\boldsymbol{X}'\boldsymbol{X} = \boldsymbol{X} - \boldsymbol{X} = \boldsymbol{0}.$

dass die Matrix $\boldsymbol{Mvv}'$ eine Spur besitzt, die mit der quadratischen Form $\boldsymbol{v}'\boldsymbol{Mv}$ übereinstimmt:

$$\boldsymbol{v}'\boldsymbol{Mv} = \mathrm{Sp}(\boldsymbol{Mvv}').$$

Gleichung (8.46) wird dadurch zu:

$$\hat{\boldsymbol{v}}'\hat{\boldsymbol{v}} = \mathrm{Sp}(\boldsymbol{Mvv}'). \tag{8.47}$$

Da die Spur Sp ein linearer Operator ist, führt der Erwartungswert für Gleichung (8.47) zu:

$$\mathrm{E}(\hat{\boldsymbol{v}}'\hat{\boldsymbol{v}}) = \mathrm{Sp}[\mathrm{E}(\boldsymbol{Mvv}')] = \mathrm{Sp}[\boldsymbol{M}\mathrm{E}(\boldsymbol{vv}')]. \tag{8.48}$$

Für die Kovarianzmatrix $\mathrm{E}(\boldsymbol{vv}')$ der Störvariablen gilt: $\mathrm{E}(\boldsymbol{vv}') = \sigma_v^2 \boldsymbol{I}$; Gleichung (8.48) geht daher über in:

$$E(\hat{\boldsymbol{v}}'\hat{\boldsymbol{v}}) = \sigma_v^2 \mathrm{Sp}(\boldsymbol{M}). \tag{8.49}$$

Die Spur von $\boldsymbol{M}$ kann berechnet werden unter Anwendung des Satzes:

$$\mathrm{Sp}(\boldsymbol{M}) = \mathrm{Sp}[\boldsymbol{I} - \boldsymbol{X}(\boldsymbol{X}'\boldsymbol{X})^{-1}\boldsymbol{X}'] = \mathrm{Sp}(\boldsymbol{I}) - \mathrm{Sp}[\boldsymbol{X}(\boldsymbol{X}'\boldsymbol{X})^{-1}\boldsymbol{X}'].$$

Da die Einheitsmatrix $\boldsymbol{I}$ die Ordnung T hat, folgt für ihre Spur:

$$\mathrm{Sp}(\boldsymbol{I}) = \sum 1 = T.$$

Die Matrix $\boldsymbol{X}(\boldsymbol{X}'\boldsymbol{X})^{-1}\boldsymbol{X}'$ ist idempotent. Bei idempotenten Matrizen gilt der Satz, dass Spur und Rang übereinstimmen. Aus Annahme (7.31) folgt:

$$\mathrm{Rang}[\boldsymbol{X}(\boldsymbol{X}'\boldsymbol{X})^{-1}\boldsymbol{X}'] = K$$

und somit auch:

$$\mathrm{Sp}[\boldsymbol{X}(\boldsymbol{X}'\boldsymbol{X})^{-1}\boldsymbol{X}'] = K.$$

Schließlich geht Gleichung (8.49) über in:

$$\mathrm{E}(\hat{\boldsymbol{v}}'\hat{\boldsymbol{v}}) = \sigma_v^2(T-K). \tag{8.50}$$

Mit Gleichung (8.50) lässt sich zeigen, dass die Residualvarianz s_v^2 eine erwartungstreue Schätzfunktion für σ_v^2 ist:

$$\mathrm{E}(s_v^2) = \mathrm{E}\left[\frac{\hat{\boldsymbol{v}}'\hat{\boldsymbol{v}}}{T-K}\right] = \frac{1}{T-K}\mathrm{E}(\hat{\boldsymbol{v}}'\hat{\boldsymbol{v}}) = \frac{1}{T-K}(T-K)\sigma_v^2 = \sigma_v^2. \tag{8.51}$$

Ersetzt man in Gleichung (8.24) die Varianz σ_v^2 durch die Residualvarianz (8.43), dann wird wegen Gleichung (8.51) die Varianz der Regressionskoeffizienten erwartungstreu geschätzt. Die Schätzfunktion $\mathrm{var}(p_k)$ für die Varianz des k-ten Regressionskoeffizienten lautet jetzt:

$$\mathrm{var}(p_k) = s_v^2 d_{kk}, \quad k = 1, \dots, K,$$

und hat den Erwartungswert: $\mathrm{E}[\mathrm{var}(p)] = \sigma_v^2 d_{kk}$.

8.7 Zusammenfassung

Für die einfache und multiple Regression ist nachgewiesen, dass die OLS-Schätzfunktionen die blu-Eigenschaften aufweisen. Man bezeichnet diese drei Eigenschaften der OLS-Methode auch als GAUSS-MARKOV **Theorem.** Die Eigenschaften und die hierfür notwendigen Annahmen sind in Tabelle 8.1 zusammengefasst:

Tab. 8.1: Schätzeigenschaften der OLS-Methode

Eigenschaft	Annahmen
Existenz eines eindeutigen Schätzvektors	(2.10) bzw. (7.31)
Erwartungstreue	(2.15) bzw. (2.16), (2.23)
Effizienz	(2.15) bzw. (2.16), (2.17), (2.20)
Konsistenz	(2.11) bis (2.13), (2.15) bzw. (2.16)

Um in den Beobachtungen der endogenen Variablen lineare Schätzfunktionen zu erzielen, bedurfte es keiner Annahme des statistischen Modells. Diese Eigenschaft folgt aus der zu minimierenden Funktion.

Diese Ergebnisse sind unabhängig davon, welche Gleichung des zugrunde liegenden Modells geschätzt wurde. Bei keinem Nachweis der statistischen Eigenschaften der Schätzfunktionen wurde die Annahme (2.18) benötigt. Die Eigenschaften ergaben sich somit unabhängig von der Gültigkeit dieser Annahme. Es können daher alle Gleichungen eines ökonometrischen Modells, das durch die Kombination $\boldsymbol{B} = \boldsymbol{I}$ und $\boldsymbol{A} = \boldsymbol{A}$ gegeben ist oder das in seine reduzierte Form transformiert wurde, einzeln mit den blu-Eigenschaften geschätzt werden. Bei Modellen der Form $\boldsymbol{B} = \boldsymbol{I}$ und $\boldsymbol{A} = \boldsymbol{A}$ hat man damit gleichzeitig auch die Strukturparameter gewonnen. Sind Modelle des Typs $\boldsymbol{B} = \boldsymbol{B}$ und $\boldsymbol{A} = \boldsymbol{A}$ oder $\boldsymbol{A} = \boldsymbol{I}$ identifizierbar, lassen sich aus den geschätzten reduzierte-Form-Koeffizienten die Modellparameter α und β eindeutig berechnen. Allerdings sind die ermittelten Strukturparameter nicht mehr erwartungstreu, sondern nur noch konsistent. Ein Beweis hierfür findet sich in Kapitel 17. Bei unteridentifizierten Modellen können die geschätzten reduzierte Form-Koeffizienten nicht mehr eindeutig nach den Strukturparametern aufgelöst werden, da in diesem Falle unendlich viele Strukturen mit der reduzierten Form verträglich sind.

Es fällt auf, dass man bei der OLS-Methode keinerlei Annahme bezüglich der Verteilung der Störvariablen oder der endogenen Variablen treffen muss; sie zählt daher zu den verteilungsfreien Schätzverfahren.

8.8 Beispiel

Für die in Abschnitt 7.5 bereits quantifizierte Regressionsgleichung (7.37) soll nun eine Schätzung der Residualvarianz und der Varianz der Regressionskoeffizienten durchgeführt werden. Nach Gleichung (8.43) erhält man einen Schätzwert für σ_v^2 mit der erwartungstreuen Schätzfunktion:

$$s_v^2 = \frac{\hat{\boldsymbol{v}}'\hat{\boldsymbol{v}}}{T-K}.$$

Setzt man die Residuen in die Schätzfunktion ein, resultiert ein konkreter Schätzwert, der mit $\hat{s}_v^2$ bezeichnet wird. Die Quadratsumme $\hat{\boldsymbol{v}}'\hat{\boldsymbol{v}}$ lässt sich mit $\boldsymbol{y}'\boldsymbol{y} - \boldsymbol{p}'\boldsymbol{X}\boldsymbol{y}$ berechnen (Beweis als Übungsaufgabe). Somit ergibt sich:

$$\begin{aligned}\hat{s}_v^2 = \frac{1}{T-K}(\boldsymbol{y}'\boldsymbol{y} - \boldsymbol{p}'\boldsymbol{X}'\boldsymbol{y}) &= \frac{1}{13-2}(24567688{,}5589 - 24557117{,}5954)\\ &= 961.\end{aligned}$$

Die Schätzung der Kovarianzmatrix (8.24) erhält man nach Substitution von σ_v^2 durch $\hat{s}_v^2$. Unter Verwendung der in Abschnitt 7.5 bereits ermittelten Inversen ist die Kovarianzmatrix nun numerisch bestimmt durch:

$$\begin{aligned}\hat{\text{var}}(\boldsymbol{p}) &= \hat{s}_v^2(\boldsymbol{X}'\boldsymbol{X})^{-1}\\ &= 961\begin{bmatrix}1{,}9433143 & -0{,}0017979\\ -0{,}0017979 & 0{,}0000017\end{bmatrix}\\ &= \begin{bmatrix}1867{,}5250 & -1{,}7278\\ -1{,}7278 & 0{,}0016\end{bmatrix}.\end{aligned}$$

Die Varianz der Schätzfunktionen p_1 und p_2 wird durch die Hauptdiagonalelemente gegeben, die positive Wurzel hieraus – als **Standardfehler** bzw. **mittlerer Fehler** bezeichnet – ist dann:

$$\hat{s}_{p_1} = \sqrt{\hat{\text{var}}(p_1)} = 43{,}2149 \quad \text{und} \quad \hat{s}_{p_2} = \sqrt{\hat{\text{var}}(p_2)} = 0{,}04.$$

Da in Abschnitt 7.5 eine einfache Regressionsgleichung geschätzt wurde, hätte die Varianz für p_1 und p_2 auch mit den Schätzfunktionen (8.16) und (8.14) gewonnen werden können.

Übungsaufgaben

8.1 Überlegen Sie, ob bei der einfachen Regression die Erwartungstreue der OLS-Schätzfunktionen erhalten bleibt, wenn eine verzögert endogene Variable als Regressor verwendet wird! (Hinweis: Dieses Problem wird in Abschnitt 14.6 ausführlich behandelt.)

8.2 Zeigen Sie, dass für die Varianz von y_t gilt: $\text{var}(y_t) = \sigma_v^2$.

8.3 Zeigen Sie, dass die OLS-Schätzfunktion p_1 bei der einfachen Regression effizient ist.

8.4 Zeigen Sie, dass $\boldsymbol{p}^* = \boldsymbol{X}^{-1}\boldsymbol{y}$ für $T = K$ ein linearer, erwartungstreuer Schätzvektor ist, für den aber nicht die Effizienzeigenschaft gilt!

8.5 Weisen Sie nach, dass auch bei periodenabhängiger Varianz der Störvariablen die Erwartungstreue der OLS-Schätzungen erhalten bleibt!

8.6 Berechnen Sie für die Regression der Aufgabe 7.6 den erwartungstreuen Schätzwert für σ_v^2!

8.7 Zeigen Sie, dass gilt:

$$\text{a) } \hat{\boldsymbol{v}}'\hat{\boldsymbol{v}} = \boldsymbol{y}'\boldsymbol{y} - \boldsymbol{p}'\boldsymbol{X}'\boldsymbol{y}\,, \quad \text{b) } \hat{\boldsymbol{y}}'\hat{\boldsymbol{y}} = \boldsymbol{p}'\boldsymbol{X}'\boldsymbol{y}.$$

8.8 Warum werden beim Nachweis der Effizienz der OLS-Schätzfunktionen die Bedingungen $\sum c_t = 0$ und $\sum c_t x_{2t} = 1$ (vgl. die Gleichung (8.27) und (8.28)) eingeführt?

Kapitel 9

Bestimmtheitsmaß, Signifikanztests und Konfidenzintervalle für Regressionskoeffizienten

9.1 Bestimmtheitsmaß und Korrelationskoeffizient

Nachdem die wesentlichsten statistischen Eigenschaften der Schätzfunktion dargestellt sind, soll nun eine Maßzahl entwickelt werden, die Aussagen über die Abweichungen der tatsächlichen Beobachtungen von der Regressionsgeraden bzw. Regressionshyperebene macht. Man bezeichnet diese Zahl als **Bestimmtheitsmaß** oder auch als **Determinationskoeffizient**. Vielfach wird darauf verwiesen, dass in ihm die Güte der Anpassung zum Ausdruck kommt. Man sollte aber beachten, dass eine Regressionsgerade mit einem hohen Bestimmtheitsmaß nicht besser angepasst wurde als diejenige Gerade mit einem niedrigen Determinationskoeffizienten. Denn die Güte ist stets in der Anpassungsvorschrift enthalten; die OLS-Methode passt alle Regressionsgeraden gleich gut in verschiedene Punktwolken ein, da immer die Summe der quadrierten Residuen minimiert wird. Jedoch kann man mit dem Determinationskoeffizienten beurteilen, welcher Funktionstyp besser mit einer vorgegebenen Punktwolke übereinstimmt. Dies ist dann bedeutsam, wenn der Regressionsgleichung nur ein abstraktes Modell zugrunde liegt und daher der funktionale Zusammenhang zwischen zu erklärender und erklärenden Variablen unbestimmt bleibt.

Die Grundidee des Bestimmtheitsmaßes lässt sich übersichtlich für die einfache Regression entwickeln und dann ohne Schwierigkeiten auf die multiple Regression übertragen. Subtrahiert man auf beiden Seiten der Gleichung $y_t = \hat{y}_t + \hat{v}_t$ das arithmetische Mittel $\bar{y}$ der endogenen Variable, quadriert und summiert über t, erhält man:

$$\begin{aligned} \sum(y_t - \bar{y})^2 &= \sum(\hat{y}_t - \bar{y} + \hat{v}_t)^2 \\ &= \sum(\hat{y}_t - \bar{y})^2 + \sum \hat{v}_t^2 + 2\sum \hat{v}_t(\hat{y}_t - \bar{y}). \end{aligned} \tag{9.1}$$

Der letzte Ausdruck auf der rechten Seite dieser Gleichung ist null. Denn Auflösen der Klammer führt zu:

$$\sum \hat{v}_t \hat{y}_t = 0 \quad \text{wegen Gleichung (7.22) und}$$

$$\bar{y}\sum \hat{v}_t = 0 \quad \text{wegen Gleichung (7.19).}$$

Gleichung (9.1) verkürzt sich dann zu:

$$\sum(y_t - \bar{y})^2 = \sum(\hat{y}_t - \bar{y})^2 + \sum \hat{v}_t^2. \tag{9.2}$$

In dieser Form heißt Gleichung (9.2) **Streuungszerlegungsformel**. Sie zerlegt die gesamte Quadratsumme $\sum(y_t - \bar{y})^2$, die aus der Streuung der endogenen Variable um ihr arithmetisches Mittel resultiert, in zwei Komponenten. Die erste Komponente $\sum(\hat{y}_t - \bar{y})^2$ gibt an, welche Summe entstehen würde, lägen alle Beobachtungstupel auf der Regressionsgeraden. Man nennt sie die **erklärte Quadratsumme**, da ihre Höhe ausschließlich durch die lineare funktionale Beziehung zwischen der zu erklärenden und der erklärenden Variable begründet ist. In der zweiten Komponente $\sum \hat{v}_t^2$ wird der Zufallseinfluss aufgefangen. Da eine ursächliche Zuordnung dieser Summe auf bestimmte Faktoren nicht möglich ist, heißt sie die **unerklärte Quadratsumme**. Die Streuung der Beobachtungstupel um die Regressionsgerade ist umso geringer, je kleiner der nicht erklärte Teil an der gesamten Quadratsumme ausfällt. Das Bestimmtheitsmaß wird daher definiert als Verhältnis aus erklärter zu gesamter Quadratsumme und mit R^2 bezeichnet:

$$R^2 = \frac{\sum(\hat{y}_t - \bar{y})^2}{\sum(y_t - \bar{y})^2}, \quad \text{oder wegen Gleichung (9.2):} \tag{9.3}$$

$$R^2 = 1 - \frac{\sum \hat{v}_t^2}{\sum(y_t - \bar{y})^2}. \tag{9.4}$$

Mit Gleichung (9.4) lassen sich die Intervallgrenzen für die Werte von R^2 anschaulich bestimmen. Liegen alle Beobachtungstupel auf der Regressionsgeraden, nimmt R^2 den Wert 1 an, da jetzt alle Residuen verschwinden. Enthält die gesamte Quadratsumme keinen erklärten Anteil, sind unerklärte und gesamte Quadratsumme gleich groß: R^2 hat jetzt den Wert null. Das Intervall für R^2 lautet daher:

$$0 \leq R^2 \leq 1.$$

Das durch Gleichung (9.3) definierte Bestimmtheitsmaß stimmt bei der einfachen Regression mit dem Quadrat des Korrelationskoeffizienten r_{y2} für y_t und x_{2t} überein, und misst daher nur die Stärke des linearen Zusammenhangs zwischen beiden Variablen. Wegen $(\hat{y}_t - \bar{y}) = p_2(x_{2t} - \bar{x}_2)$ ergibt sich aus Gleichung (9.3):

$$R^2 = \frac{p_2^2 \sum (x_{2t} - \bar{x}_2)^2}{\sum (y_t - \bar{y})^2}. \tag{9.5}$$

Diese Gleichung bringt den Zusammenhang zwischen dem Regressionskoeffizienten p_2 und dem Bestimmtheitsmaß zum Ausdruck. Ersetzt man p_2 durch Gleichung (7.15), führt dies zu:

$$R^2 = \frac{[\sum (y_t - \bar{y})(x_{2t} - \bar{x}_2)]^2}{\sum (y_t - \bar{y})^2 \sum (x_{2t} - \bar{x}_2)^2} = \frac{[\text{cov}(y, x_2)]^2}{s_y^2 s_{x_2}^2} = r_{y2}^2,$$

da der **(einfache) Korrelationskoeffizient** r_{y2} definiert ist als:

$$r_{y_2} = \frac{\text{cov}(y, x_2)}{s_y s_{x_2}}. \tag{9.6}$$

Soll der Determinationskoeffizient für die multiple Regression berechnet werden, stellt man die beiden Quadratsummen der Gleichung (9.3) nach leichten Umformungen als Skalarprodukte dar:

$$\begin{aligned} \sum (y_t - \bar{y})^2 &= \sum y_t (y_t - \bar{y}), \quad \text{weil } \bar{y} \sum (y_t - \bar{y}) = 0, \\ &= \sum y_t^2 - \bar{y} \sum y_t = \boldsymbol{y}'\boldsymbol{y} - T\bar{y}^2. \end{aligned}$$

Analog hierzu ergibt sich:

$$\sum (\hat{y}_t - \bar{y})^2 = \hat{\boldsymbol{y}}'\hat{\boldsymbol{y}} - T\bar{y}^2.$$

Der Determinationskoeffizient ist dann:

$$R^2 = \frac{\hat{\boldsymbol{y}}'\hat{\boldsymbol{y}} - T\bar{y}^2}{\boldsymbol{y}'\boldsymbol{y} - T\bar{y}^2} \quad \text{oder} \tag{9.7}$$

$$R^2 = 1 - \frac{\hat{\boldsymbol{v}}'\hat{\boldsymbol{v}}}{\boldsymbol{y}'\boldsymbol{y} - T\bar{y}^2}. \tag{9.8}$$

Bei der multiplen Regression entspricht R^2 dem Quadrat des **multiplen Korrelationskoeffizienten**: $R^2 = r^2_{y.2...K}$. Die Indizes geben die Korrelation zwischen der endogenen Variablen y und den erklärenden Variablen $x_2, \ldots, x_K$ an.[1] Der Determinationskoeffizient misst somit den gemeinsamen Einfluss aller Regressoren $x_2, \ldots, x_K$ auf y. Zusätzlich kann die Korrelation zwischen y und jedem einzelnen Regressor x_k mit dem einfachen Korrelationskoeffizienten r_{y_k} gemäß Gleichung (9.6) quantifiziert werden.

Es ist bei der multiplen Regression aber auch möglich, den Einfluss der einzelnen Regressoren auf die endogene Variable bei Konstanz bzw. Elimination der übrigen Regressoren zu ermitteln. Dadurch wird ein eventuell vorhandener Einfluss eines Regressors oder mehrerer Regressoren auf die Korrelation zwischen y und einem bestimmten x_k ausgeschlossen. Als Maßzahl für diesen Zusammenhang verwendet man den **partiellen Korrelationskoeffizienten**, dessen Ordnung der Anzahl konstant gehaltener bzw. eliminierter Regressoren entspricht. Der Ausdruck $r_{y2.34...K}$ bezeichnet den partiellen Korrelationskoeffizienten für y_t und x_{2t}, während $x_{3t}, \ldots, x_{Kt}$ konstant bleiben. Für die inhomogene Regression $y_t = \pi_1 x_{1t} + \pi_2 x_{2t} + \pi_3 x_{3t} + \pi_4 x_{4t} + v_t$ mit $x_{1t} \equiv 1$ existieren sechs partielle Korrelationskoeffizienten erster Ordnung: $r_{y2.3}$, $r_{y2.4}$, $r_{y3.2}$, $r_{y3.4}$, $r_{y4.2}$, $r_{y4.3}$ und drei partielle Korrelationskoeffizienten zweiter Ordnung: $r_{y2.34}$, $r_{y3.24}$ und $r_{y4.23}$.

Die Herleitung der partiellen Korrelationskoeffizienten erfolgt für eine multiple Regression mit $K = 3$, die mit der OLS-Methode geschätzt wird: $\hat{y}_t = p_1 x_{1t} + p_2 x_{2t} + p_3 x_{3t}, \quad x_{1t} \equiv 1$. Misst man alle Variablen als Abweichungen zu ihren jeweiligen arithmetischen Mitteln, erhält man:

$$y_t - \bar{y} = \hat{y}_t - \bar{y} + \hat{v}_t = p_2(x_{2t} - \bar{x}_2) + p_3(x_{3t} - \bar{x}_3) + \hat{v}_t. \tag{9.9}$$

Um den partiellen Korrelationskoeffizienten $r_{y2.3}$ zu ermitteln, ist der Einfluss von x_3 sowohl bei y als auch bei x_2 zu eliminieren. Hierzu schätzt man zunächst die beiden folgenden Hilfsregressionen, wobei bei den Störvariablen auf den Zeitindex t zwecks Vereinfachung verzichtet wird:

$$(y_t - \bar{y}) = \alpha_{13}(x_{3t} - \bar{x}_3) + v_{y3} \quad \text{und}$$
$$(x_{2t} - \bar{x}_2) = \alpha_{23}(x_{3t} - \bar{x}_3) + v_{23}.$$

Nach ihrer OLS-Schätzung erhält man die Residuen als:

$$\hat{v}_{y3} = (y_t - \bar{y}) - a_{13}(x_{3t} - \bar{x}_3) \quad \text{und} \tag{9.10}$$
$$\hat{v}_{23} = (x_{2t} - \bar{x}_2) - a_{23}(x_{3t} - \bar{x}_3). \tag{9.11}$$

[1] Da der Korrelationskoeffizient zwischen y_t und x_{1t} (Konstante) null ist, wird der Index 1 bei r^2 nicht aufgeführt.

Die Residuen $\hat{v}_{y3}$ und $\hat{v}_{23}$ stellen die Zeitreihen für y und x_2 nach Elimination von x_3 dar. Der partielle Korrelationskoeffizient $r_{y2.3}$ ergibt sich daher als einfacher Korrelationskoeffizient für die bereinigten Variablen:[2]

$$r_{y2.3} = \frac{\sum \hat{v}_{y3}\hat{v}_{23}}{\sqrt{\sum \hat{v}_{y3}^2}\sqrt{\sum \hat{v}_{23}^2}}. \tag{9.12}$$

Gleichung (9.12) lässt sich in Abhängigkeit einfacher Korrelationskoeffizienten formulieren. Den Zähler von Gleichung (9.12) erhält man nach Multiplikation der beiden Gleichungen (9.10) und (9.11) als:

$$\begin{aligned}\sum \hat{v}_{y3}\hat{v}_{23} &= \sum\{[(y_t-\bar{y}) - a_{13}(x_{3t}-\bar{x}_3)][(x_{2t}-\bar{x}_2) - a_{23}(x_{3t}-\bar{x}_3)]\}\\ &= \sum(y_t-\bar{y})(x_{2t}-\bar{x}_2) - a_{23}\sum(y_t-\bar{y})(x_{3t}-\bar{x}_3)\\ &\quad - a_{13}\sum(x_{3t}-\bar{x}_3)(x_{2t}-\bar{x}_2) + a_{13}a_{23}\sum(x_{3t}-\bar{x}_3)^2. \end{aligned} \tag{9.13}$$

Zur Vereinfachung der Notation werden folgende Abkürzungen verwendet:

$$s_{xy} = \operatorname{cov}(x,y) = \frac{1}{T}\sum(y_t-\bar{y})(x_t-\bar{x}),\ s_x^2 = \operatorname{var}(x) = \frac{1}{T}\sum(x_t-\bar{x})^2$$

und $s_x = \sqrt{s_x^2}$.

Wegen der Gleichungen (7.17) und (9.6) können die OLS-Koeffizientenschätzungen geschrieben werden als:

$$a_{13} = r_{y3}\frac{s_y}{s_{x_3}} \quad \text{und} \quad a_{23} = r_{23}\frac{s_{x_2}}{s_{x_3}}.$$

Gleichung (9.13) geht dann über in:

$$\begin{aligned}\sum \hat{v}_{y3}\hat{v}_{23} &= T(s_{yx_2} - r_{23}\frac{s_{x_2}}{s_{x_3}}s_{yx_3} - r_{y3}\frac{s_y}{s_{x_3}}s_{x_3}s_{x_2} + r_{y3}r_{23}\frac{s_y}{s_{x_3}}\frac{s_{x_2}}{s_{x_3}}s_{x_3}^2)\\ &= Ts_ys_{x_2}(r_{y2} - r_{y3}r_{23} - r_{y3}r_{23} + r_{y3}r_{23}) = Ts_ys_{x_2}(r_{y2} - r_{y3}r_{23}).\end{aligned}$$

Der Nenner der Gleichung (9.12) lässt sich ebenfalls umformen. Aus Gleichung (9.10) folgt:

$$\begin{aligned}\sum \hat{v}_{y3}^2 &= \sum(y_t-\bar{y})^2 - 2a_{13}\sum(y_t-\bar{y})(x_{3t}-\bar{x}_3) + a_{13}^2\sum(x_{3t}-\bar{x}_3)^2\\ &= T(s_y^2 - 2r_{y3}\frac{s_y}{s_{x_3}}s_{yx_3} + r_{y3}^2\frac{s_y^2}{s_{x_3}^2}s_{x_3}^2) = Ts_y^2(1-r_{y3}^2).\end{aligned}$$

[2]Man beachte, dass für OLS-Residuen gilt: $\bar{\hat{v}}_{y3} = \bar{\hat{v}}_{23} = 0$.

Analog hierzu gilt: $\sum \hat{v}_{23}^2 = Ts_{x_2}^2(1-r_{23}^2)$. Nach entsprechender Substitution in Gleichung (9.12) geht diese über in:

$$r_{y2.3} = \frac{Ts_y s_{x_2}(r_{y2} - r_{y3}r_{23})}{\sqrt{Ts_y^2(1-r_{y3}^2)}\sqrt{Ts_{x_2}^2(1-r_{23}^2)}} = \frac{r_{y2} - r_{y3}r_{23}}{\sqrt{1-r_{y3}^2}\sqrt{1-r_{23}^2}}. \tag{9.14}$$

Den partiellen Korrelationskoeffizienten $r_{y3.2}$, der die Korrelation zwischen y und x_3 nach Ausschluss des Einflusses von x_2 misst, leitet man wie oben her; als Ergebnis erhält man:

$$r_{y3.2} = \frac{r_{y3} - r_{y2}r_{23}}{\sqrt{1-r_{y2}^2}\sqrt{1-r_{23}^2}}. \tag{9.15}$$

Der Determinationskoeffizient besitzt zwei Eigenschaften, die bei seiner Interpretation beachtet werden sollten. Zum einen steigt R^2 bei konstantem Stichprobenumfang T und konstanter nicht erklärter Quadratsumme mit der Varianz der endogenen Variablen y. Nimmt die Varianz von y zu, muss auch $\sum(y_t - \bar{y})^2$ wachsen. Damit wird aber der Quotient $\sum \hat{v}_t^2 / \sum(y_t - \bar{y})^2$ kleiner und nach Gleichung (9.4) der Determinationskoeffizient R^2 größer. Zum anderen entwickelt sich R^2 mit der Anzahl der Regressoren monoton steigend. Sein Wert kann daher durch die Aufnahme weiterer Regressoren in die Regressionsgleichung erhöht werden.

Um diese beiden Schwächen des Determinationskoeffizienten zu beseitigen, wurde der **bereinigte Determinationskoeffizient** $\bar{R}^2$ entwickelt. Dazu bringt man Gleichung (9.4) in die Form:

$$1 - R^2 = \frac{\sum \hat{v}_t^2}{\sum(y_t - \bar{y})^2}.$$

Es wurde gezeigt, dass man eine erwartungstreue Schätzfunktion für die Varianz der Störvariablen erhält, wenn die Quadratsumme der Residuen durch die Anzahl der Freiheitsgrade dividiert wird. Dasselbe gilt für eine erwartungstreue Schätzung der Varianz von y_t, wenn $\mathrm{E}(y_t)$ unbekannt und durch $\bar{y}$ zu schätzen ist. Die Anzahl an Freiheitsgraden beträgt hier $T-1$. Aus Gleichung (9.4) folgt dann:

$$1 - \bar{R}^2 = \frac{\frac{1}{T-K}\sum \hat{v}_t^2}{\frac{1}{T-1}\sum(y_t - \bar{y})^2} = \frac{T-1}{T-K}(1-R^2). \tag{9.16}$$

Dabei stellt $\dfrac{T-1}{T-K}$ einen **Korrekturfaktor** dar. Löst man Gleichung (9.16) nach $\bar{R}^2$ auf, resultiert:

$$\bar{R}^2 = 1 - \frac{T-1}{T-K}(1-R^2). \tag{9.17}$$

Ist der Stichprobenumfang relativ groß zu der Anzahl der zu schätzenden Koeffizienten oder liegt R^2 sehr nahe bei 1, kann der Korrekturfaktor vernachlässigt werden. Für $R^2 = 1$ ist auch $\bar{R}^2 = 1$.

Aus Gleichung (9.17) erhält man:

$$\bar{R}^2 - 1 = \frac{T-1}{T-K}(R^2 - 1). \tag{9.18}$$

Da der Korrekturfaktor $(T-1)/(T-K)$ stets größer als eins ist und da für R^2 gilt: $0 \leq R^2 \leq 1$, folgt aus Gleichung (9.18): $\bar{R}^2 - 1 \leq R^2 - 1$, oder:

$$\bar{R}^2 \leq R^2. \tag{9.19}$$

Bis auf den Fall $R^2 = 1$ ist $\bar{R}^2$ immer kleiner als R^2; wegen des Korrekturfaktors kann bei sehr kleinen Werten für R^2 der bereinigte Determinationskoeffizient $\bar{R}^2$ auch negative Werte annehmen.[3]

Ist die Anzahl der zu schätzenden Regressionskoeffizienten relativ groß zum Stichprobenumfang T, wird $\bar{R}^2$ dem R^2 vorgezogen, da die Quadratsumme der Residuen hier tendenziell zu klein ausfällt und daher ein zu guter unbereinigter Determinationskoeffizient ausgewiesen würde. Auch sollte $\bar{R}^2$ bei einer vergleichenden Interpretation von Regressionsgleichungen mit einer unterschiedlichen Anzahl an Regressoren verwendet werden. Zur Beurteilung, welcher Funktionstyp sich besser an eine vorgegebene Punktwolke anpasst, reicht der unbereinigte Determinationskoeffizient aus.

Obwohl das Bestimmtheitsmaß formal mit dem Quadrat des (multiplen) Korrelationskoeffizienten übereinstimmt, besitzt es doch nicht immer auch dessen wahrscheinlichkeitstheoretische Eigenschaften. Die statistische Korrelationsanalyse basiert auf der Annahme, dass alle Beobachtungen einfache Zufallsstichproben aus normalverteilten, multivariaten Grundgesamtheiten darstellen. Die Normalverleilungsannahme ist für die endogenen Variablen erfüllt, wenn die Störvariablen v_t dieser Verteilung unterliegen und die Regressoren als vorgegeben oder nicht stochastisch betrachtet werden. Dann lassen sich für R^2 und $\bar{R}^2$ Signifikanztests durchführen (siehe Kapitel 10).

Die Aussagekraft des Determinationskoeffizienten als deskriptives Maß wird oft überschätzt. Aus einem hohen Wert für R^2 auf einen durch die Realität besonders gut gestützten Kausalzusammenhang einer ökonomischen Relation zu schließen, ist oft falsch. Dies wird auch daran deutlich, dass der Determinationskoeffizient mit zunehmender Regressorenanzahl steigt, solange zwischen der endogenen Variablen und dem zusätzlichen Regressor eine noch

[3] Es sei darauf hingewiesen, dass mit der Bereinigung noch keine Erwartungstreue für $\bar{R}^2$ erreicht wurde.

so geringe Korrelation besteht. Damit ist die Möglichkeit einer willkürlichen Beeinflussung des Bestimmtheitsmaßes gegeben. Dieser Zusammenhang gilt allerdings nicht für den bereinigten Determinationskoeffizienten $\bar{R}^2$. Aus Gleichung (9.17) folgt nach Umformungen (vgl. Aufgabe 9.5):

$$\bar{R}^2 = R^2 - \frac{T-1}{T-K}(1 - R^2). \tag{9.20}$$

Hieran sieht man, dass eine Zunahme der Regressorenanzahl (K steigt) auch zu einer Abnahme von $\bar{R}^2$ führen kann, wenn gleichzeigt R^2 nur schwach steigt. Überfordert man die deskriptive Aussagekraft des Determinationskoeffizienten nicht, stellt er eine informative Maßzahl dar.

9.2 Signifikanztests und ihre Interpretation

In der Formalisierung einer ökonomischen Theorie als konkretes Modell sind die Kausalwirkungen zwischen den Variablen als Funktionen erfasst. Wirkt eine Variable x auf eine andere Variable y, muss in der betreffenden funktionalen Verknüpfung der Koeffizient von x, der mit π bezeichnet werden soll, von null verschieden sein. Ein Koeffizient von null hingegen drückt aus, dass von x kein Einfluss auf y ausgeht. Dieser Zusammenhang kann bei der Ermittlung des empirischen Gehalts einer Theorie nutzbar gemacht werden. Würde z.B. eine Schätzung einen Koeffizienten von null ergeben, ist dies ein Hinweis darauf, dass der vermutete Kausalzusammenhang durch die Realität nicht gestützt wird. Obwohl ein solches Schätzergebnis zwar theoretisch möglich ist, wird man in der Praxis kaum solche Werte ermitteln; vielmehr weichen sie mehr oder weniger stark von null ab. Es wäre nun wünschenswert, ein Verfahren zur Verfügung zu haben, mit dessen Hilfe beurteilt werden kann, wann eine Abweichung von null als Stützung des Kausalzusammenhanges anzusehen ist. Ein solches Verfahren lässt sich mit Hilfe der statistischen Testtheorie entwickeln. Hierzu ist es notwendig, zunächst eine zu testende Hypothese zu formulieren, die als **Nullhypothese $\mathbf{H_0}$** bezeichnet wird. Da geprüft werden soll, ob die Beobachtungen die Annahme einer Kausalwirkung rechtfertigen, drückt man in der H_0-Hypothese aus, dass zwischen den beiden Variablen kein Kausalzusammenhang besteht, dass also der wahre, unbekannte Koeffizient π der Grundgesamtheit null ist. In Kurzform schreibt man:

$$H_0 : \pi = 0.$$

Erst wenn das Schätzergebnis zu einer Verwerfung der Nullhypothese Veranlassung gibt, ersetzt man sie durch eine **Alternativhypothese**, in der dann ein Wert π verschieden von null als wahrer Parameter der Grundgesamtheit zum Ausdruck kommt.

Natürlich führt nicht jeder von null verschiedene Schätzwert $\hat{p}$ zu einer Ablehnung der Nullhypothese. Da p eine Zufallsvariable darstellt, sind auch positive bzw. negative Schätzwerte mit $\mathrm{E}(p) = \pi = 0$ verträglich. Man muss nun zwei Grenzen kennzeichnen, deren Überschreiten als **signifikante Abweichung** anzusehen ist, während alle anderen Ergebnisse innerhalb dieses geschlossenen Intervalls als zufällige Variationen um den Wert null interpretiert werden. Bei ökonometrischen Analysen kommt man meistens mit einer Grenze aus (**einseitiger Test**), da durch die ökonomische Theorie für die einzelnen Koeffizienten a priori Informationen vorliegen, z.B. $\pi > 0$ usw. Diese Grenzen werden nun durch Angabe eines **Signifikanzniveaus** festgelegt. In Abhängigkeit von einer **Irrtumswahrscheinlichkeit** α werden eine Grenze p_α (einseitiger Test) oder zwei Grenzen $p_{1,\frac{\alpha}{2}}$ und $p_{2,\frac{\alpha}{2}}$ (**zweiseitiger Test**) bestimmt, deren Über- bzw. Unterschreiten mit der Wahrscheinlichkeit α eintritt und als **signifikante Abweichung** der Schätzung $\hat{p}$ von $\pi = 0$ interpretiert wird:

$$P(p \geq p_\alpha) = \alpha \quad \text{(rechtsseitiger Test, siehe Abbildung 9.1)},$$
$$P(p \leq p_\alpha) = \alpha \quad \text{(linksseitiger Test)},$$
$$P(p \leq p_{1,\frac{\alpha}{2}} \text{ oder } p \geq p_{2,\frac{\alpha}{2}}) = \alpha \quad \text{(zweiseitiger Test)}.$$

Der Wert α stellt die Wahrscheinlichkeit dafür dar, dass die H_0-Hypothese abgelehnt wird, obwohl sie richtig ist. Aus diesem Grund wird man α so klein wie möglich wählen. Dies gebietet schon die wissenschaftliche Vorsicht, der auch der gesamte Testaufbau Rechnung trägt. Erst bei signifikanten Abweichungen von null lässt man die dem ökonometrischen Modell zugrunde liegende Theorie als Erklärungsansatz für die Realität gelten.

Um den Test durchzuführen, muss die Verteilung von p bekannt sein. Wird für die Störvariable die Normalverteilung angenommen, dann sind auch bei gegebenen x-Werten die Regressionskoeffizientenschätzungen normalverteilt mit $\mathrm{E}(p) = \pi$ und der Varianz $\mathrm{var}(p) = \sigma_p^2$. Dies macht folgende Überlegung deutlich: Da die endogenen Variablen linear von den Störvariablen abhängen, besitzen sie auch deren Verteilung; die Regressionskoeffizientenschätzungen wiederum sind lineare Funktionen der endogenen Variablen, somit ebenfalls normalverteilt. Aber auch ohne diese Verteilungsannahme für v_t folgt aus den zentralen Grenzwertsätzen eine asymptotische Normalverteilung für die Regressionskoeffizientenschätzer, da diese Stichprobenfunktionen sind.

Standardisiert man die Zufallsvariable p, führt dies unter der Nullhypothese $\pi = 0$ zu:

$$z = \frac{p - \pi}{\sigma_p} = \frac{p}{\sigma_p} \tag{9.21}$$

mit σ_p als mittleren (quadratischen) Fehler bzw. Standardabweichung. Bei bekannter Standardabweichung σ_p ist die Zufallsvariable z standardnormalverteilt: $N(0,1)$. Es wurde bereits gezeigt, dass σ_p abhängig ist von der unbekannten Varianz der Störvariablen. Um σ_p zu ermitteln, muss vorher die Varianz σ_v^2 geschätzt werden. Dies geschieht gemäß der Gleichungen (8.42) bzw. (8.43). Dadurch erhält man bei Gültigkeit der Normalverteilungsannahme für v_t eine t-Verteilung mit $T-K$ Freiheitsgraden für die standardisierte Zufallsvariable z. Der Test ist jetzt sehr einfach durchzuführen (siehe Abbildung 9.1).

Abb. 9.1: Rechtsseitiger Signifikanztest und p-Wert

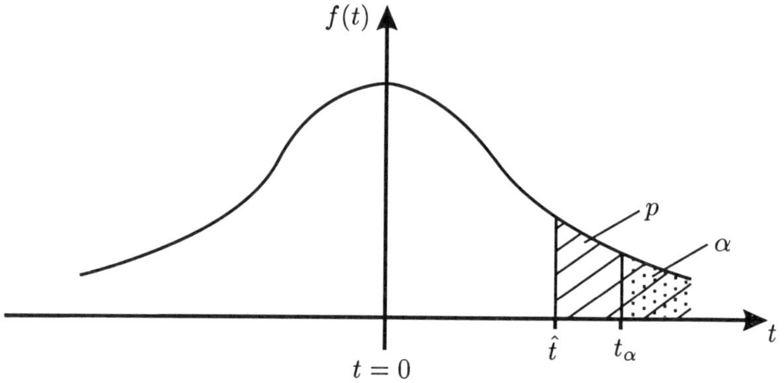

Durch die Irrtumswahrscheinlichkeit α und durch die Anzahl der Freiheitsgrade wird in der Tabelle der t-Verteilung ein t_α-Wert festgelegt (Tabelle 2 des Tabellenanhangs). Für einen geschätzten Regressionskoeffizienten $\hat{p}$ erhält man über Gleichung (9.21) den zugehörigen $\hat{t}$-Wert: $\hat{t} = \frac{\hat{p}}{\hat{s}_p}$. Ist dieser größer als t_α, wird bei einem rechtsseitigen Test die H_0-Hypothese wegen einer signifikanten Abweichung des Stichprobenbefundes abgelehnt, ist er kleiner als t_α, erachtet man die Abweichung als zufällig und behält die H_0-Hypothese weiterhin bei.

Alternativ zu diesem Verfahren kann auch mit dem **p-Wert** getestet werden. Der p-Wert gibt die Wahrscheinlichkeit für $t \geq \hat{t}$ an: $P(t \geq \hat{t}) = p$ und entspricht der schraffierten Fläche in Abbildung 9.1. Diese Wahrscheinlichkeit wird von den meisten Ökonometrie-Programmpaketen berechnet, sie lässt sich aber auch aus der Tabelle der t-Verteilung durch Interpolation abschätzen. Um mit dem p-Wert eine Testentscheidung zu treffen, benötigt man wieder die Vorgabe eines α-Fehlers. Anstelle der t-Quantile verwendet man jetzt die Wahrscheinlichkeiten bei der Testentscheidung. Ist z.B. bei einem rechtsseitigen Test der p-Wert kleiner als der α-Fehler, wird die Nullhypothese abgelehnt. Von der inhärenten Logik sind beide Teststrategien äquivalent. Bei der in Abbildung 9.1 dargestellten Testsituation entspricht der p-Wert der schraffierten und der α-Fehler der gepunkteten Fläche. Sowohl mit den t-Quantilen: $\hat{t} < t_\alpha$ als auch mit dem p-Wert: $P(t \geq \hat{t}) > \alpha$ wird die Nullhypothese angenommen.

Nicht signifikant geschätzte Regressionskoeffizienten bedeuten eine Erschütterung des empirischen Gehalts der betreffenden Theorie. Jedoch wird man noch nicht von einer Falsifikation sprechen, da wegen des α-Fehlers immer noch eine geringe Möglichkeit eines Kausalzusammenhanges besteht. Gelingt es aber auch bei weiteren Schätzungen auf verschiedenen Datenbasen nicht, signifikante Koeffizienten zu erhalten, ist die zugrunde liegende Theorie als empirisch leer anzusehen. Ein Realitätsbezug kann jetzt nur noch über geeignete Modifikationen oder Weiterentwicklungen der ökonomischen Theorie erreicht werden.

Bei der multiplen Regression kann der Signifikanztest dazu führen, dass entweder alle oder nur ein Teil der geschätzten Regressionskoeffizienten nicht signifikant sind. Stellt sich bei wiederholten Schätzungen auf verschiedenen Datenbasen immer wieder das gleiche Ergebnis ein, ist dies ein Hinweis darauf, die gesamte Theorie bzw. einen Teil von ihr als falsifiziert zu betrachten. Es ist aber hier immer noch die Besonderheit möglich, dass jeder Regressionskoeffizient oder einige für sich genommen nicht signifikant von null sind, sie zusammen jedoch einen signifikanten Einfluss auf die endogene Variable ausüben. Um dies mit einem statistischen Verfahren zu ermitteln, muss die Normalverteilungshypothese für die Störvariablen gültig sein. Der Test wird deshalb im nächsten Kapitel entwickelt, wo diese Annahme explizit eingeführt wird. Bringt auch er keinen Nachweis eines gemeinsamen, signifikanten Einflusses auf den Regressand, wird man eine neue Regression schätzen, von der die nicht signifikanten exogenen Variablen ausgeschlossen sind oder durch neue ersetzt wurden, die jetzt aufgrund einer Weiterentwicklung der ökonomischen Theorie adäquat erscheinen.

9.3 Konfidenzintervalle

Mit Hilfe signifikanter Regressionskoeffizienten können **Konfidenzintervalle** für den unbekannten Koeffizienten π gebildet werden. Hierzu bestimmt man zwei Intervallgrenzen derart, dass der wahre Wert π mit bestimmter, vorgegebener Wahrscheinlichkeit von diesen Intervallen eingeschlossen wird. Bezeichnet $1 - \alpha$ die vorgegebene **Vertrauenswahrscheinlichkeit**, auch **Konfidenzniveau** genannt, a und b die Intervallgrenzen, so muss gelten:

$$P(a < \pi < b) = 1 - \alpha. \tag{9.22}$$

Da jetzt $\pi \neq 0$ ist, wird z zu:

$$z = \frac{p - \pi}{s_p}. \tag{9.23}$$

Die standardisierte Zufallsvariable z unterliegt auch hier einer t-Verteilung mit $T - K$ Freiheitsgraden, wenn σ_p durch s_p geschätzt werden muss. Da die t-Verteilung axialsymmetrisch zur Ordinate verläuft, lautet das zu Gleichung (9.22) analoge Konfidenzintervall:

$$P(-a < z < a) = 1 - \alpha. \tag{9.24}$$

Der Wert a wird aus der Tabelle für die t-Verteilung bestimmt. Substituiert man in Gleichung (9.24) z durch Gleichung (9.23) und bezeichnet die Intervallgrenzen mit $\pm a = \pm t_{1-\frac{\alpha}{2}}$, erhält man:

$$P(-t_{1-\frac{\alpha}{2}} < \frac{p - \pi}{s_p} < t_{1-\frac{\alpha}{2}}) = 1 - \alpha.$$

Umgeformt führt dies zu:

$$P(p - s_p t_{1-\frac{\alpha}{2}} < \pi < p + s_p t_{1-\frac{\alpha}{2}}) = 1 - \alpha. \tag{9.25}$$

Ersetzt man p durch den Schätzwert $\hat{p}$, ist das Konfidenzintervall für π gefunden. Es besagt, dass mit der Wahrscheinlichkeit $1 - \alpha$ die nach Gleichung (9.25) gebildeten Konfidenzintervalle den wahren, unbekannten Parameter π einschließen. Je nach Wahl von α erhält man unterschiedliche Konfidenzintervalle.

9.4 Beispiel

Für die in den Abschnitten 7.5 und 8.8 quantifizierte Regressionsgleichung (7.37) werden zunächst das Bestimmtheitsmaß und sein bereinigter Wert ermittelt. Nach Gleichung (9.7) ist R^2 definiert als:

$$R^2 = \frac{\hat{\boldsymbol{y}}'\hat{\boldsymbol{y}} - T\bar{y}^2}{\boldsymbol{y}'\boldsymbol{y} - T\bar{y}^2}.$$

Unter Verwendung von $\hat{\boldsymbol{y}}'\hat{\boldsymbol{y}} = \boldsymbol{p}'\boldsymbol{X}'\boldsymbol{y}$ (vgl. hierzu Übungsaufgabe 8.7) und $T\bar{y}^2 = \frac{1}{T}(\sum y_t)^2$ erhält man für den Determinationskoeffizienten:

$$R^2 = \frac{\boldsymbol{p}'\boldsymbol{X}'\boldsymbol{y} - \frac{1}{T}(\sum y_t)^2}{\boldsymbol{y}'\boldsymbol{y} - \frac{1}{T}(\sum y_t)^2} = 0,9846.$$

Nach Gleichung (9.18) folgt für den bereinigten Wert $\bar{R}^2$:

$$\bar{R}^2 = 1 - \frac{T-1}{T-K}(1-R^2) = 1 - \frac{12}{11} \cdot 0,154 = 0,9832.$$

Die relativ geringe Abweichung dieser beiden Werte ist darauf zurückzuführen, dass R^2 bereits sehr nahe bei eins liegt.

Um die beiden Regressionskoeffizienten auf eine signifikante Abweichung von der H_0-Hypothese $\pi_1 = 0$ und $\pi_2 = 0$ zu testen, ist es wegen der Vorzeichen zweckmäßig, für beide Koeffizienten einen rechtsseitigen Test durchzuführen. Bei 11 Freiheitsgraden und einer alternativen Spezifikation des α-Fehlers von 5% bzw. 1% ergeben sich die t-Werte für einen rechtsseitigen Test als:

$$t_{11;0,05} = 1,796 \quad \text{und} \quad t_{11;0,01} = 2,718.$$

Für den Regressionskoeffizienten $\hat{p}_1$ berechnet sich der Wert $\hat{t}$ als:

$$\hat{t} = \frac{\hat{p}_1}{\hat{s}_{p_1}} = \frac{230,8841}{43,2149} = 5,3427.$$

Da dieser Wert größer als $2,718$ ist, muss sowohl bei $\alpha = 5\%$ als auch bei $\alpha = 1\%$ die Abweichung von der H_0–Hypothese $\pi_1 = 0$ als signifikant interpretiert werden: Die Nullhypothese ist somit abzulehnen.

Sichere Resultate liefert der Test auch für $\hat{p}_2$. Da $\hat{t} = \frac{1,0832}{0,04} = 27,08$ sowohl bei einem α-Fehler von 5% als auch 1% größer als die entsprechenden kritischen Werte ist, wird die H_0-Hypothese in beiden Fällen abgelehnt: Von dem Regressor geht eine signifikante Wirkung auf den Regressand aus.

Um den Signifikanztest mit dem p-Wert durchzuführen, benötigt man die Wahrscheinlichkeit $P(t \geq 27,08)$. Bei 11 Freiheitsgraden erhält man: $P(t > 27,08) = 0,0002$. Der p-Wert ist so viel kleiner als der α-Fehler von $0,01$, so dass die Nullhypothese auch jetzt abzulehnen ist.

Bei einem 95% Vertrauensniveau ergeben sich für die Koeffizienten π_1 und π_2 folgende Konfidenzintervalle:

$$\begin{aligned} &P(\hat{p}_1 - \hat{s}_{p_1} t_{11;0,025} < \pi_1 < \hat{p}_1 + \hat{s}_{p_1} t_{11;0,025}) \\ &= P(135,7681 < \pi_1 < 326) = 0,95. \end{aligned}$$

und

$$\begin{aligned} &P(\hat{p}_2 - \hat{s}_{p_2} t_{11;0,025} < \pi_2 < \hat{p}_2 + \hat{s}_{p_2} t_{11;0,025}) \\ &= P(0,9952 < \pi_2 < 1,1712) = 0,95. \end{aligned}$$

Da beide Konfidenzintervalle den Wert 0 nicht einschließen, sind die vorliegenden Schätzungen auch bei $\alpha = 2,5\%$ signifikant von null verschieden. Sobald die Null innerhalb eines Konfidenzintervalls liegt, weicht die zur Berechnung der Intervallgrenzen verwendete Schätzung $\hat{p}$ bei einem einseitigen Test und bei einer Irrtumswahrscheinlichkeit von $\frac{\alpha}{2}$ nicht signifikant von null ab. Analoges gilt für den zweiseitigen Test, nur beträgt jetzt die Irrtumswahrscheinlichkeit α.

Um multiple und partielle Korrelationskoeffizienten zu berechnen, muss die Regressionsgleichung mindestens 3 Regressoren enthalten. Deshalb wird das Beispiel in Abschnitt 7.5 um die exogene Variable „realer Zinssatz" erweitert. Die Abhängigkeit des Konsums vom Zinssatz lässt sich im Rahmen der klassischen Theorie begründen. Je größer der Zinssatz, desto höher ist die Ersparnisbildung und umso geringer fällt der Konsum aus. Die zu schätzende multiple Regression lautet jetzt:

$$y_t = \pi_1 + \pi_2 x_{2t} + \pi_3 x_{3t} + v_t, \qquad (9.26)$$
$$\pi_2 > 0, \ \pi_3 < 0,$$

wobei y wieder den privaten Verbrauch, x_2 die Bruttoinvestitionen und x_3 einen repräsentativen Zinssatz bedeuten. Die Beobachtungen für y_t und x_{2t} sind dieselben wie im Beispiel des des Abschnitts 7.5; die Zeitreihe für x_{3t} entsteht durch Aggregation des realen 3-Monatszinssatzes. Als Beobachtungen werden bei der Schätzung die folgenden Jahresdurchschnittswerte in Prozent verwendet:

t	1982	1983	1984	1985	1986	1987
x_{3t}	3,53	2,46	3,56	3,21	4,70	3,78

1988	1989	1990	1991	1992	1993	1994
2,91	4,27	5,74	5,72	5,48	3,02	2,30

Die geschätzte Regression ergibt sich als:

$$\hat{y}_t = 250,4141 + 1,1009 x_{2t} - 9,7403 x_{3t}, \qquad (9.27)$$
$$(5,5769) \quad (26,0843) \quad (-1,2560)$$

wobei die t-Werte in Klammern unter den Koeffizientenschätzungen stehen. Alle Koeffizienten haben das theoretisch zu erwartende richtige Vorzeichen; jedoch ist $\hat{p}_3$ bei einem α-Fehler von 5% nicht signifikant.

Unbereinigter und bereinigter Determinationskoeffizient betragen: $R^2 = 0,9867$ und $\bar{R}^2 = 0,9841$. Beide Werte sind erwartungsgemäß größer als bei der einfachen Regression (7.37) ohne x_3. Die Wurzel aus dem (unbereinigten) Determinationskoeffizient entspricht dem multiplen Korrelationskoeffizienten. Man erhält: $r_{y.23} = \sqrt{R^2} = 0,9933$.

Zusätzlich können noch drei einfache Korrelationskoeffizienten r_{23}, r_{y2}, r_{y3} und zwei partielle Korrelationskoeffizienten $r_{y2.3}, r_{y3.2}$ berechnet werden. Ihre Werte sind in der nachstehenden Tabelle zusammengefasst:

r_{23}	r_{y2}	r_{y3}
0,3351	0,9923	0,2894
	$r_{y2.3}$	$r_{y3.2}$
	0,9927	$-0,3691$

Wegen der positiven Korrelation zwischen x_3 und x_2 sowie y und x_2 fällt auch r_{y3} positiv aus. Schaltet man bei y und x_3 den Einfluss von x_2 aus, zeigt der partielle Korrelationskoeffizient $r_{y3.2}$ den erwartet negativen Zusammenhang zwischen Konsumausgaben und Zinssatz an.

Übungsaufgaben

9.1 Warum darf das Bestimmtheitsmaß als Anteil der erklärten Varianz an der Gesamtvarianz interpretiert werden?

9.2 Berechnen Sie für die Regression der Aufgabe 7.6 das Bestimmtheitsmaß!

9.3 a) Wann ist es sinnvoll, anstelle des Determinationskoeffizienten seinen bereinigten Wert zu verwenden?

b) In welchen Fällen stimmen R^2 und $\bar{R}^2$ immer überein?

9.4 a) Zeigen Sie die formale Übereinstimmung des Determinationskoeffizienten mit dem Quadrat des Korrelationskoeffizienten (einfache Regression)!

b) Was versteht man unter dem multiplen und dem partiellen Korrelationskoeffizienten?

9.5 Entwickeln Sie aus Gleichung (9.17) Gleichung (9.20)! Verwenden Sie dabei die Nullergänzung $\dfrac{KR^2 - KR^2}{T - K}$!

9.6 a) Beschreiben Sie die einzelnen Arbeitsschritte, die bei einem Signifikanztest für Regressionskoeffizienten durchgeführt werden müssen!

b) Welche Bedeutung haben solche Tests?

c) Was bedeutet die Irrtumswahrscheinlichkeit?

9.7 Die marginale Konsumneigung für die Bundesrepublik Deutschland wird mit 0,78 angegeben.

a) Wodurch erklären Sie sich den Unterschied zu dem Ergebnis in Abschnitt 7.5, wo eine marginale Konsumneigung von 0,52 berechnet wurde?

b) Prüfen Sie, ob der berechnete Wert signifikant von 0,78 abweicht! Der Standardfehler beträgt $\hat{s}_{b_{12}} = 0,0948$, der α-Fehler wird auf 1% festgelegt.

Kapitel 10

Normalverteilte Störvariablen und die Maximum Likelihood Methode

10.1 Die Maximum Likelihood Methode

Damit die OLS-Methode zu Schätzfunktionen mit den blu-Eigenschaften führt, ist es nicht nötig, für die Störvariablen eine bestimmte Verteilung anzunehmen. Es reichen vielmehr die Annahmen aus, die in Tabelle 8.1 zusammengefasst sind. Werden die stochastischen Eigenschaften der Störvariablen vollständig durch die Angabe einer Verteilungs- bzw. Dichtefunktion beschrieben, lässt sich die **Maximum Likelihood Methode (ML-Methode)** zur Koeffizientenschätzung heranziehen. Sie stellt ein verteilungsabhängiges Schätzverfahren dar.

Die häufigste Verteilungsannahme für die Störvariablen ist die gemeinsame, identische Normalverteilung. Ihre Rechtfertigung liefert der **zentrale Grenzwertsatz von Lindeberg-Levi**, da jede Störvariable den komprimierten Einfluss aller latenten Ursachen repräsentiert. Die Identität der Verteilungen lässt sich dadurch begründen, dass die Störvariablen zu jedem Zeitpunkt das gleiche, unbekannte Ursachenbündel abdecken; sie unterscheiden sich letztlich nur durch ihren Zeitbezug. Zu den bekannten Annahmen des statistischen

Modells kommt nun noch die Verteilungshypothese hinzu:

$$v_t = N(0, \sigma_v^2) \quad \text{für alle } t, \qquad (10.1)$$
$$N: \text{ Normalverteilung.}$$

Als Dichtefunktion erhält man:

$$f_t(v_t) = \frac{1}{\sigma_v (2\pi)^{\frac{1}{2}}} \exp\left(-\frac{v_t^2}{2\sigma_v^2}\right), \qquad \text{wobei } \exp(\ldots) \text{ bedeutet: } e^{(\ldots)}.$$

Gleichung (10.1) besagt in Verbindung mit Gleichung (2.17), dass alle Störvariablen voneinander stochastisch unabhängig sind. Die **gemeinsame Dichtefunktion aller Störvariablen** v_t, $t = 1, \ldots, T$ ergibt sich dann als Produkt der einzelnen Dichtefunktionen:

$$f(v_1, \ldots, v_T) = \prod_{t=1}^{T} f_t(v_t) = \frac{1}{\sigma_v^T (2\pi)^{\frac{T}{2}}} \exp\left(-\frac{1}{2\sigma_v^2} \sum v_t^2\right), \qquad (10.2)$$

$\prod$: Produktoperator.

Bei gegebenen x-Werten ist über die Gleichungen (10.2) und (7.24) auch die gemeinsame Verteilung der endogenen Variablen y_t, $t = 1, \ldots, T$ festgelegt. Genau wie die Störvariablen sind auch sie stochastisch unabhängig und normalverteilt mit einem Erwartungswert von $E(y_t) = \pi_1 x_{1t} + \ldots + \pi_k x_{Kt}$ und der Varianz σ_v^2. Ihre gemeinsame Dichtefunktion erhält man aus Gleichung (10.2) durch eine **Variablentransformation**, wobei die Transformation aus Gleichung (7.24) folgt:[1]

$$v_t = y_t - \pi_1 x_{1t} - \ldots - \pi_K x_{Kt}.$$

Die gemeinsame Dichtefunktion f_y der endogenen Variablen ist dann:

$$f_y(y_1, \ldots, y_T | x_{11} \ldots x_{1T}, \ldots, x_{K1} \ldots x_{KT}, \pi_1, \ldots, \pi_K, \sigma_v)$$
$$= \frac{1}{\sigma_v^T (2\pi)^{\frac{T}{2}}} \exp\left[-\frac{1}{2\sigma_v^2} \sum (y_t - \pi_1 x_{1t} - \ldots - \pi_K x_{Kt})^2\right]. \qquad (10.3)$$

Die Dichtefunktion ist nunmehr nur noch abhängig von den Parametern. Da diese nur für den Maximierungsprozess variieren und selbst keine Zufallsvariablen sind, bezeichnet man die Dichtefunktion jetzt als **Likelihoodfunktion** $L(\pi_1, \ldots, \pi_K, \sigma_v)$.

[1]Die JACOBI-Determinante hat bei dieser Transformation den Wert eins. Eine ausgezeichnete Darstellung der Variablentransformation findet sich bei HOGG und CRAIG (1978), Kapitel 4.

Das Prinzip der Maximum Likelihood Methode lässt sich durch folgendes, einfaches Beispiel veranschaulichen. Gegeben seien zwei Werte x_1 und x_2 einer normalverteilten Zufallsvariablen x, mit unbekanntem Verteilungsparameter $\mathrm{E}(x)$. Nach der ML-Methode wird nun derjenige Wert als Schätzung für $\mathrm{E}(x)$ bestimmt, bei dem die Wahrscheinlichkeitsdichte über dem durch die Beobachtungen gegebenen Intervall maximal wird (vgl. Abbildung 10.1):

Abb. 10.1: Prinzip einer ML-Schätzung

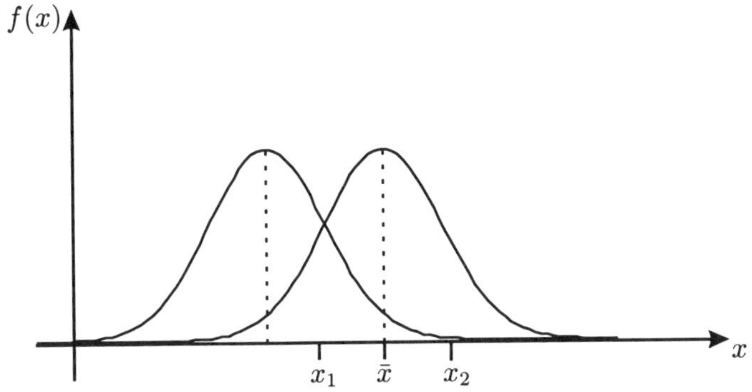

Die Grafik verdeutlicht, dass dies bei $\bar{x} = \frac{1}{2}(x_1 + x_2)$ der Fall ist. $\mathrm{E}(x)$ wird nach der ML-Methode durch $\bar{x}$ geschätzt. Auf die einfache bzw. multiple Regression übertragen bedeutet dies, die Parameter der Likelihoodfunktion so zu bestimmen, dass sich die größte Wahrscheinlichkeitsdichte über den Beobachtungen $y_1, \ldots, y_T$, $x_{11} \ldots x_{1T}, \ldots, x_{K1} \ldots x_{KT}$ ergibt. Die Parameter sind dann die Schätzfunktionen für die unbekannten Koeffizienten.

Bevor Gleichung (10.3) hinsichtlich der Parameter maximiert wird, soll sie durch eine monotone Transformation in eine für die Differentiation geeignetere Form gebracht werden. Die Extremwertstellen der ursprünglichen Funktion bleiben dabei erhalten. Da der Logarithmus hier eine geeignete monotone Transformation ist, lässt sich Gleichung (10.3) jetzt schreiben:

$$\begin{aligned} &\ln L(\pi_1, \ldots, \pi_K, \sigma_v) \\ &= -T \ln \sigma_v - \frac{T}{2} \ln(2\pi) - \frac{1}{2\sigma_v^2} \sum (y_t - \pi_1 x_{1t} - \ldots - \pi_K x_{Kt})^2. \end{aligned} \tag{10.4}$$

Es werden nun diejenigen Schätzfunktion für π_k, $k = 1, \ldots, K$ und σ_v gesucht, die Gleichung (10.4) maximieren. Deshalb wird sie als Funktion der Schätzer

p_k formuliert:

$$\begin{aligned} &\ln L(p_1, \ldots, p_K, s_v) \\ &= -T \ln s_v - \frac{T}{2} \ln(2\pi) - \frac{1}{2s_v^2} \sum (y_t - p_1 x_{1t} - \ldots - p_K x_{Kt})^2. \end{aligned} \tag{10.5}$$

Die notwendige Bedingung für ein Maximum verlangt, dass die $K + 1$ partiellen Differentiationen nach p_k, $k = 1, \ldots, K$ und s_v gleich null gesetzt werden:

$$\frac{\partial \ln L}{\partial p_k} = \frac{1}{s_v^2} \sum (y_t - p_1 x_{1t} - \ldots - p_K x_{Kt}) x_{kt} = 0, \tag{10.6}$$

für $k = 1, \ldots, K$ und:

$$\frac{\partial \ln L}{\partial s_v} = -\frac{T}{s_v} + \frac{\sum (y_t - p_1 x_{1t} - \ldots - p_K x_{Kt})^2}{s_v^3} = 0. \tag{10.7}$$

Multipliziert man die ersten K Gleichungen mit s_v^2, erhält man das gleiche Gleichungssystem für die Schätzfunktionen p_k, $k = 1, \ldots, K$ wie bei der multiplen Regression (vgl. das Gleichungssystem 7.29). Man sieht anhand der Gleichung (10.5), dass bei gegebenem s_v dann ein Maximum erreicht wird, wenn der dritte Ausdruck der rechten Seite ein Minimum annimmt; die ersten beiden Glieder sind von p_k unabhängig und entfallen somit bei der Differentiation nach p_k. Bei der multiplen Regression wurde bereits darauf hingewiesen, dass Gleichung (7.30) eine hinreichende Bedingung für ein Minimum darstellt. Somit ist sie auch eine hinreichende Bedingung für ein Maximum der Likelihoodfunktion. Als Schätzvektor $\boldsymbol{p}$ erhält man jetzt genau wie bei der OLS-Methode:

$$\boldsymbol{p} = (\boldsymbol{X}'\boldsymbol{X})^{-1} \boldsymbol{X}'\boldsymbol{y}. \tag{10.8}$$

Da für $K = 2$ die einfache Regression vorliegt, sind auch die Schätzfunktion (7.13) und (7.15) ML-Schätzer. Die Schätzfunktionen der ML-Methode besitzen wegen ihrer Übereinstimmung mit den Schätzfunktionen der OLS-Methode auch deren blu-Eigenschaften.

Löst man Gleichung (10.7) nach s_v^2 auf, ergibt dies wegen

$$\sum (y_t - p_1 x_{1t} - \ldots - p_K x_{Kt})^2 = \sum \hat{v}_t^2 :$$

$$s_v^2 = \frac{1}{T} \sum \hat{v}_t^2. \tag{10.9}$$

Die durch diese Gleichung bestimmte Schätzfunktion für die Varianz der Störvariablen maximiert die Likelihoodfunktion. Dies sieht man nach nochmaliger Differentiation von Gleichung (10.7) nach s_v:

$$\frac{\partial^2 \ln L}{\partial s_v^2} = \frac{T}{s_v^2} - \frac{3 \sum \hat{v}_t^2}{s_v^4} = \frac{T s_v^2 - 3 \sum \hat{v}_t^2}{s_v^4}. \tag{10.10}$$

Gleichung (10.9) wird nach $\sum \hat{v}_t^2$ aufgelöst und das Ergebnis in Gleichung (10.10) eingesetzt. Als hinreichende Bedingung für ein Maximum erhält man:

$$\frac{Ts_v^2 - 3Ts_v^2}{s_v^4} = -\frac{2T}{s_v^2} < 0.$$

Die mit der Maximum Likelihood Methode ermittelte Schätzfunktion s_v^2 für die Varianz σ_v^2 der Störvariablen ist verzerrt. Die erwartungstreue Schätzfunktion liegt mit Gleichung (8.43) vor, bei der die Quadratsumme der Residuen durch die Anzahl der Freiheitsgrade dividiert wird. Die Verzerrung ist in der ML-Methode begründet. Um die Dichte über den vorliegenden Beobachtungen zu maximieren, ist die verzerrte, kleinere Varianz der ML-Methode günstiger als die erwartungstreue, aber größere Varianzschätzung mit Gleichung (8.43).

Wird für die Störvariablen eine andere Verteilung als die gemeinsam identische Normalverteilung angenommen, weichen die ML- und die OLS-Schätzfunktionen voneinander ab.

10.2 Signifikanztests für gemeinsame Einflüsse

Die Annahme unabhängiger, identisch normalverteilter Störvariablen erlaubt nun die Konstruktion eines Tests um zu prüfen, ob ein Teil oder alle Regressionskoeffizienten gemeinsam von einer vorgegebenen H_0-Hypothese über die wahren Parameter abweichen. Diesem Test auf einen gemeinsamen Einfluss liegt dieselbe Teststrategie zugrunde, die bereits beim Einzeleinflusstest verfolgt wurde.

Nach Division der Störvariable v_t durch ihre Standardabweichung σ_v ist der Quotient v_t/σ_v standardnormalverteilt; das Quadrat v_t^2/σ_v^2 folgt dann einer χ^2-Verteilung mit einem Freiheitsgrad:[2] $\chi^2(1)$. Addiert man diese χ^2-verteilten, unabhängigen Zufallsvariablen über t, ist die Summe jetzt χ^2-verteilt mit T Freiheitsgraden:

$$\sum \frac{v_t^2}{\sigma_v^2} = \frac{1}{\sigma_v^2} \sum v_t^2 = \frac{1}{\sigma_v^2} \boldsymbol{v}'\boldsymbol{v} : \chi^2(T). \tag{10.11}$$

Gleichung (10.11) lässt sich verallgemeinern. Es sei $\boldsymbol{\xi}$ ein $(K \times 1)$-Spaltenvektor, dessen Elemente unabhängige, normalverteilte Zufallsvariablen sind, $\mathrm{E}(\boldsymbol{\xi})$ der Vektor der jeweiligen Erwartungswerte der Zufallsvariablen von $\boldsymbol{\xi}$ und

[2] Die Eigenschaften der χ^2-Verteilung findet man in jedem Buch zur Induktiven Statistik, so auch bei ASSENMACHER (2000), S. 134ff.

$\text{var}(\boldsymbol{\xi})$ die Kovarianzmatrix für $\boldsymbol{\xi}$. Die Quadratsumme, wie sie durch Gleichung (10.12) definiert wird, ist χ^2-verteilt mit K Freiheitsgraden:

$$w_1 = [\boldsymbol{\xi} - \text{E}(\boldsymbol{\xi})]'[\text{var}(\boldsymbol{\xi})]^{-1}[\boldsymbol{\xi} - \text{E}(\boldsymbol{\xi})] : \chi^2(K). \tag{10.12}$$

Wegen der Normalverteilungsannahme für v_t sind die Elemente des Schätzvektors $\boldsymbol{p}$ ebenfalls normalverteilte Zufallsvariablen mit den Erwartungswerten $\text{E}(p_k) = \pi_k$. Bei Unabhängigkeit gilt dann gemäß Gleichung (10.12):

$$w_2 = (\boldsymbol{p} - \boldsymbol{\pi})'[\text{var}(\boldsymbol{p})]^{-1}(\boldsymbol{p} - \boldsymbol{\pi}) : \chi^2(K). \tag{10.13}$$

Die Kovarianzmatrix $\text{var}(\boldsymbol{p})$ wird durch Gleichung (8.24) bestimmt:

$$\text{var}(\boldsymbol{p}) = \sigma_v^2(\boldsymbol{X}'\boldsymbol{X})^{-1}.$$

Für $[\text{var}(\boldsymbol{p})]^{-1}$ erhält man hieraus:

$$[\text{var}(\boldsymbol{p})]^{-1} = [\sigma_v^2(\boldsymbol{X}'\boldsymbol{X})^{-1}]^{-1} = \frac{1}{\sigma_v^2}(\boldsymbol{X}'\boldsymbol{X}).$$

Gleichung (10.13) geht dann über in:

$$w_2 = \frac{1}{\sigma_v^2}(\boldsymbol{p} - \boldsymbol{\pi})'(\boldsymbol{X}'\boldsymbol{X})(\boldsymbol{p} - \boldsymbol{\pi}) : \chi^2(K). \tag{10.14}$$

Dass die Zufallsvariable w_2 eine χ^2-Verteilung haben muss, lässt sich beweisen, indem man zeigt, dass w_2 eine Summe quadrierter, unabhängig standardnormalverteilter Zufallsvariablen ist. Da die Matrix $\boldsymbol{X}'$ vollen Zeilenrang K (vgl. Annahme (7.31)) und mehr Spalten als Zeilen hat ($T > K$), ist die Produktmatrix $(\boldsymbol{X}'\boldsymbol{X})$ **positiv definit**.[3] Eine positiv definite Matrix kann aber immer als Produkt $\boldsymbol{M}_1'\boldsymbol{M}_1$ einer regulären Matrix $\boldsymbol{M}_1$ dargestellt werden: $\boldsymbol{X}'\boldsymbol{X} = \boldsymbol{M}_1'\boldsymbol{M}_1$. Man beachte, dass $\boldsymbol{X} \neq \boldsymbol{M}_1$ ist, da $\boldsymbol{M}_1$ regulär, also quadratisch sein muss, während dies für die Matrix $\boldsymbol{X}$ nicht gilt. Gleichung (10.14) lässt sich jetzt schreiben als:

$$\begin{aligned} w_2 &= \frac{1}{\sigma_v^2}(\boldsymbol{p} - \boldsymbol{\pi})'\boldsymbol{M}_1'\boldsymbol{M}_1(\boldsymbol{p} - \boldsymbol{\pi}) \qquad (10.15) \\ &= \frac{1}{\sigma_v^2}[\boldsymbol{M}_1(\boldsymbol{p} - \boldsymbol{\pi})]'[\boldsymbol{M}_1(\boldsymbol{p} - \boldsymbol{\pi})] = \boldsymbol{z}'\boldsymbol{z}, \\ \text{mit} \quad \boldsymbol{z} &= \frac{1}{\sigma_v}[\boldsymbol{M}_1(\boldsymbol{p} - \boldsymbol{\pi})]. \end{aligned}$$

[3] Eine quadratische Matrix $\boldsymbol{A}$ heißt **positiv definit**, wenn ihre quadratische Form für jeden Vektor $\boldsymbol{x} \neq 0$ größer null ist: $\boldsymbol{x}'\boldsymbol{A}\boldsymbol{x} > 0$. Eine notwendige und hinreichende Bedingung, damit eine quadratische, reguläre Matrix $\boldsymbol{A}$ positiv definit ist, wird gegeben durch:

$$|a_{11}| > 0, \quad \begin{vmatrix} a_{11} & a_{12} \\ a_{21} & a_{22} \end{vmatrix} > 0, \quad \ldots \begin{vmatrix} a_{11} & \ldots & a_{1n} \\ \vdots & & \vdots \\ a_{n1} & \ldots & a_{nn} \end{vmatrix} > 0.$$

Jedes Element des Vektors $\boldsymbol{z}$ hat einen Erwartungswert von null und eine Varianz von eins:

$$\begin{aligned}
&\mathrm{E}(\boldsymbol{z}) = \mathrm{E}\left[\frac{1}{\sigma_v}\boldsymbol{M}_1(\boldsymbol{p}-\boldsymbol{\pi})\right] = \frac{1}{\sigma_v}\boldsymbol{M}_1[\mathrm{E}(\boldsymbol{p})-\boldsymbol{\pi}] = \boldsymbol{0},\\
&\text{weil} \quad \mathrm{E}(\boldsymbol{p}) = \boldsymbol{\pi};
\end{aligned}$$

$$\begin{aligned}
\mathrm{var}(\boldsymbol{z}) &= \mathrm{E}(\boldsymbol{z}\boldsymbol{z}') = \mathrm{E}\left[\frac{1}{\sigma_v}\boldsymbol{M}_1(\boldsymbol{p}-\boldsymbol{\pi})\right]\left[\frac{1}{\sigma_v}(\boldsymbol{p}-\boldsymbol{\pi})'\boldsymbol{M}_1'\right]\\
&= \frac{1}{\sigma_v^2}\boldsymbol{M}_1\mathrm{E}[(\boldsymbol{p}-\boldsymbol{\pi})(\boldsymbol{p}-\boldsymbol{\pi})']\boldsymbol{M}_1' = \frac{1}{\sigma_v^2}\boldsymbol{M}_1\mathrm{var}(\boldsymbol{p})\boldsymbol{M}_1'\\
&= \frac{1}{\sigma_v^2}\boldsymbol{M}_1\sigma_v^2(\boldsymbol{X}'\boldsymbol{X})^{-1}\boldsymbol{M}_1' = \boldsymbol{M}_1(\boldsymbol{X}'\boldsymbol{X})^{-1}\boldsymbol{M}_1'\\
&= \boldsymbol{M}_1(\boldsymbol{M}_1'\boldsymbol{M}_1)^{-1}\boldsymbol{M}_1' = \boldsymbol{M}_1\boldsymbol{M}_1^{-1}(\boldsymbol{M}_1')^{-1}\boldsymbol{M}_1' = \boldsymbol{I},
\end{aligned}$$

da für reguläre Matrizen gilt: $(\boldsymbol{M}_1'\boldsymbol{M}_1)^{-1} = \boldsymbol{M}_1^{-1}(\boldsymbol{M}_1')^{-1}$.

Da die Elemente des Vektors $\boldsymbol{p}$ normalverteilt sind, folgen die Elemente von $\boldsymbol{z}$ einer Standardnormalverteilung. Wegen $\mathrm{var}(\boldsymbol{z}) = \boldsymbol{I}$ korrelieren die Zufallsvariablen nicht, sie sind aufgrund der Normalverteilungshypothese dann auch stochastisch unabhängig. Damit ist gezeigt, dass die Zufallsvariable w_2 χ^2-verteilt sein muss.

Da Gleichung (10.14) die Abweichungen der Schätzungen $\boldsymbol{p}$ von den wahren Strukturparametern $\boldsymbol{\pi}$ enthält, könnte mit ihr ein Test auf gemeinsame Einflüsse durchgeführt werden, wenn σ_v^2 bekannt wäre. Dies ist aber nicht der Fall; vielmehr muss σ_v^2 geschätzt werden. Die Verwendung der Residualvarianz in Gleichung (10.14) führt dazu, dass w_2 nicht mehr χ^2-verteilt ist. Daher muss Gleichung (10.14) in eine Teststatistik überführt werden, in der σ_v^2 nicht mehr vorkommt, deren Verteilung aber bekannt ist. Hierzu geht man von Gleichung (8.44) aus, nach der $\hat{\boldsymbol{v}}$ als linearhomogene Transformation aus $\boldsymbol{v}$ hervorgeht: $\hat{\boldsymbol{v}} = \boldsymbol{M}\boldsymbol{v}$. Die Normalverteilungsannahme für $\boldsymbol{v}$ wird dadurch auf $\hat{\boldsymbol{v}}$ übertragen. Bildet man aus den Residuen $\hat{\boldsymbol{v}}$ nun eine neue Zufallsvariable w_3 gemäß Gleichung (10.11), erhält man:

$$w_3 = \sum \frac{\hat{v}_t^2}{\sigma_v^2} = \frac{1}{\sigma_v^2}\hat{\boldsymbol{v}}'\hat{\boldsymbol{v}}. \tag{10.16}$$

Die Zufallsvariable w_3 ist nach dem **Theorem von Cochrane**[4] ebenfalls χ^2-verteilt. In Abschnitt 8.6 wurde bereits gezeigt, dass die Summe $\hat{\boldsymbol{v}}'\hat{\boldsymbol{v}}$ genau

[4]COCHRANES Theorem: Sind $\boldsymbol{v} = (v_1, \ldots, v_T)'$ unabhängige, standardnormalverteilte Zufallsvariablen, aus denen durch linearhomogene Transformationen die Zufallsvariablen

$T - K$ Freiheitsgrade besitzt. Daher ist w_3 χ^2-verteilt mit $T - K$ Freiheitsgraden.

Die durch die Gleichungen (10.14) und (10.15) definierten Zufallsvariablen sind stochastisch unabhängig. Die Zufallsvariablen w_2 und w_3 ergeben sich ausschließlich als Funktionen der Zufallsvariablen $\boldsymbol{p}$ bzw. $\hat{\boldsymbol{v}}$. Da sie normalverteilt sind, reicht es aus zu zeigen, dass die Kovarianz für $\boldsymbol{p}$ und $\hat{\boldsymbol{v}}$ verschwindet.

Als Kovarianzmatrix erhält man:[5]

$$\text{cov}(\boldsymbol{p}, \hat{\boldsymbol{v}}) = \text{E}[(\boldsymbol{p} - \boldsymbol{\pi})\hat{\boldsymbol{v}}']. \tag{10.17}$$

Aus Gleichung (8.10) folgt: $(\boldsymbol{p} - \boldsymbol{\pi}) = (\boldsymbol{X}'\boldsymbol{X})^{-1}\boldsymbol{X}'\boldsymbol{v}$, aus Gleichung (8.44): $\hat{\boldsymbol{v}} = \boldsymbol{M}\boldsymbol{v}$ mit $\boldsymbol{M} = [\boldsymbol{I} - \boldsymbol{X}(\boldsymbol{X}'\boldsymbol{X})^{-1}\boldsymbol{X}']$. Gleichung (10.17) geht nach Substitution über in:

$$\begin{aligned} \text{cov}(\boldsymbol{p}, \hat{\boldsymbol{v}}) &= \text{E}[(\boldsymbol{X}'\boldsymbol{X})^{-1}\boldsymbol{X}'\boldsymbol{v}\boldsymbol{v}'\boldsymbol{M}'] = (\boldsymbol{X}'\boldsymbol{X})^{-1}\boldsymbol{X}'\text{E}(\boldsymbol{v}\boldsymbol{v}')\boldsymbol{M}' \qquad (10.18)\\ &= \sigma_v^2(\boldsymbol{X}'\boldsymbol{X})^{-1}\boldsymbol{X}'\boldsymbol{M}' = \boldsymbol{0}\\ &\text{weil } (\boldsymbol{X}'\boldsymbol{X})^{-1}\boldsymbol{X}'[\boldsymbol{I} - \boldsymbol{X}(\boldsymbol{X}'\boldsymbol{X})^{-1}\boldsymbol{X}'] = \boldsymbol{0}. \end{aligned}$$

Damit ist gezeigt, dass die beiden Zufallsvariablen w_2 und w_3 stochastisch unabhängig sind.

Die Zufallsvariable w_3 ermöglicht es nun, σ_v^2 in Gleichung (10.14) zu eliminieren. Dividiert man die beiden unabhängigen, χ^2-verteilten Zufallsvariablen w_2 und w_3 durch ihre Freiheitsgrade und bildet dann den Quotient, ist dieser F-verteilt und enthält nicht mehr den unbekannten Parameter σ_v^2:

$$F = \frac{\dfrac{w_2}{K}}{\dfrac{w_3}{T-K}} = \frac{\dfrac{1}{K}(\boldsymbol{p} - \boldsymbol{\pi})'\boldsymbol{X}'\boldsymbol{X}(\boldsymbol{p} - \boldsymbol{\pi})}{\dfrac{1}{T-K}\hat{\boldsymbol{v}}'\hat{\boldsymbol{v}}} = \frac{(\boldsymbol{p} - \boldsymbol{\pi})'\boldsymbol{X}'\boldsymbol{X}(\boldsymbol{p} - \boldsymbol{\pi})}{s_v^2 K}. \tag{10.19}$$

Die Zufallsvariable F folgt einer F-Verteilung mit K Freiheitsgraden im Zähler und $T - K$ Freiheitsgraden im Nenner: F_{T-K}^K.

$\boldsymbol{x} = \boldsymbol{A}\boldsymbol{v}$ und $\boldsymbol{y} = \boldsymbol{B}\boldsymbol{v}$ hervorgehen, dann sind $\sum_{t=1}^{T} x_t^2$ und $\sum_{t=1}^{T} y_t^2$ zwei stochastisch unabhängige, χ^2-verteilte Zufallsvariablen, sofern gilt: (1) Rang($\boldsymbol{A}$) + Rang($\boldsymbol{B}$) $= T$ und (2) $\boldsymbol{v}'\boldsymbol{v} = \boldsymbol{x}'\boldsymbol{x} + \boldsymbol{y}'\boldsymbol{y}$.
Um das Theorem von COCHRAN auf Gleichung (10.16) anzuwenden, muss die in Gleichung (10.11) gebildete Summe zerlegt werden in: $\frac{1}{\sigma_v^2}\boldsymbol{v}'\boldsymbol{v} = \frac{1}{\sigma_v^2}(\boldsymbol{p} - \boldsymbol{\pi})'\boldsymbol{X}'\boldsymbol{X}(\boldsymbol{p} - \boldsymbol{\pi}) + \frac{1}{\sigma_v^2}\hat{\boldsymbol{v}}'\hat{\boldsymbol{v}}$ (vgl. Aufgabe 10.4); man kann zeigen, dass hierfür auch die übrigen Bedingungen des COCHRAN-Theorems erfüllt sind.

[5] Die durch Gleichung (10.17) gegebene Matrix ist nicht quadratisch; ihre Elemente stellen ausschließlich Kovarianzen, niemals Varianzen dar. Sie wird deshalb abkürzend mit cov bezeichnet.

Mit Hilfe der Gleichung (10.19) ist es nun möglich zu prüfen, ob alle Regressionskoeffizienten gemeinsam oder nur einige gemeinsam signifikant von null abweichen. Die Nullhypothese wird formuliert als:

$$H_0 : \pi_1 = \pi_2 = \ldots = \pi_K = 0.$$

Gleichung (10.19) geht dann über in:

$$F = \frac{1}{s_v^2} \frac{1}{K} \boldsymbol{p}'(\boldsymbol{X}'\boldsymbol{X})\boldsymbol{p}. \tag{10.20}$$

Ist die H_0-Hypothese richtig, verursachen die Störvariablen wegen $\boldsymbol{y} = \boldsymbol{X}\boldsymbol{\pi} + \boldsymbol{v}$ allein die Variabilität von y_t. Dann streuen aber auch die Regresswerte $\hat{\boldsymbol{y}} = \boldsymbol{X}\boldsymbol{p}$ in etwa wie die Störvariablen und die Zufallsvariable F nimmt Werte nahe bei eins an. Je größer aber der Zähler in Gleichung (10.20) wird, desto unwahrscheinlicher ist es, dass alle Regressionskoeffizienten nur zufällig von $\boldsymbol{\pi} = \boldsymbol{0}$ abweichen. Dies führt zu folgender Teststrategie: Man legt – wie beim Einzeleinflusstest – eine Irrtumswahrscheinlichkeit α fest und bestimmt aus der Tabelle für die F-Verteilung bei gegebenen Freiheitsgraden den kritischen Wert $F(\alpha)$ (siehe die Tabellen 4 und 5 im Tabellenanhang). Ist der nach Gleichung (10.20) berechnete F-Wert größer als $F(\alpha)$, üben alle Variablen zusammen einen signifikanten Einfluss auf die endogene Variable aus; ist hingegen $F < F(\alpha)$, wird der Einfluss als zufallsbedingt interpretiert.

Analog hierzu verfährt man, wenn nur ein Teil der Koeffizienten getestet werden soll. Man kann diese so anordnen, dass es immer die ersten m Koeffizienten des Vektors $\boldsymbol{p}$ sind. Die H_0-Hypothese lautet jetzt: $\pi_1 = \pi_2 = \ldots = \pi_m = 0$ und Gleichung (10.19) geht über in:

$$F_m = \frac{1}{m s_v^2} \boldsymbol{p}_m'(\boldsymbol{X}_m'\boldsymbol{X}_m)\boldsymbol{p}_m. \tag{10.21}$$

Der Index m verdeutlicht, dass in den Vektoren nur die m zu testenden Koeffizienten enthalten sind und dass die Matrix $\boldsymbol{X}_m$ nur die Beobachtungen der ersten m exogenen Variablen umfasst; F ist F-verteilt mit m Zähler- und $T - K$ Nennerfreiheitsgraden. Der Testvorgang verläuft parallel zu dem Fall $k = K$.

Ein Spezialfall liegt vor, wenn der gemeinsame Einfluss aller Regressoren $x_2, \ldots, x_K$ außer der Scheinvariablen x_1 getestet werden soll. Unter der Nullhypothese $\pi_k = 0$ für $k = 2, \ldots, K$ kann die Testfunktion F in Abhängigkeit des Determinationskoeffizienten R^2 formuliert werden. Bezeichnet $\boldsymbol{p}_2$ den Spaltenvektor aller Regressionskoeffizienten außer p_1, also $\boldsymbol{p}_2 = (p_2, \ldots, p_K)'$ und enthält die Matrix $\boldsymbol{X}_2$ alle Beobachtungen bis auf die Werte der Scheinvariablen, geht Gleichung (10.21) unter der Nullhypothese über in:

$$F_{K-1} = \frac{\frac{1}{K-1}\boldsymbol{p}_2'\boldsymbol{X}_2'\boldsymbol{X}_2\boldsymbol{p}_2}{\frac{1}{T-K}\hat{\boldsymbol{v}}'\hat{\boldsymbol{v}}}.$$

Erweitert man den Bruch mit $\boldsymbol{y}'\boldsymbol{y} - T\bar{y}^2$, folgt:

$$F_{K-1} = \frac{\frac{1}{K-1}\frac{\boldsymbol{p}_2'\boldsymbol{X}_2'\boldsymbol{X}_2\boldsymbol{p}_2}{\boldsymbol{y}'\boldsymbol{y} - T\bar{y}^2}}{\frac{1}{T-K}\frac{\hat{\boldsymbol{v}}'\hat{\boldsymbol{v}}}{\boldsymbol{y}'\boldsymbol{y} - T\bar{y}^2}}. \tag{10.22}$$

Der Nenner kann wegen Gleichung (9.8) umgeformt werden zu: $\frac{1}{T-K}(1-R^2)$. Das Produkt $\boldsymbol{X}_2\boldsymbol{p}_2$ gibt für jedes t den Anteil am Regresswert $\hat{y}_t$ an, der durch die Regressoren $x_2, \ldots, x_K$ entsteht. Somit gilt: $\hat{y}_t - p_1 = p_2 x_{2t} + \ldots + p_K x_{Kt}$. Substituiert man p_1 durch Gleichung (7.34) , folgt: $\hat{y}_t - p_1 = \hat{y} - \bar{y} + p_2\bar{x}_2 + \ldots + p_K\bar{x}_K$. Unter der Nullhypothese weichen die Schätzungen p_k nur gering von null ab und man erhält approximativ: $\hat{y}_t - p_1 = \hat{y}_t - \bar{y}$. Daher kann schließlich geschrieben werden:

$$\boldsymbol{p}_2'\boldsymbol{X}_2'\boldsymbol{X}_2\boldsymbol{p}_2 \approx \hat{\boldsymbol{y}}'\hat{\boldsymbol{y}} - Tp_1^2 \approx \hat{\boldsymbol{y}}'\hat{\boldsymbol{y}} - T\bar{y}^2.$$

Nach entsprechender Substitution und unter Beachtung von Gleichung (9.7) lautet der Zähler der Gleichung (10.22) jetzt.

$$\frac{1}{K-1}\frac{\hat{\boldsymbol{y}}\hat{\boldsymbol{y}} - T\bar{y}^2}{\boldsymbol{y}'\boldsymbol{y} - T\bar{y}^2} = \frac{1}{K-1}R^2.$$

Somit erhält man als Testfunktion:

$$F_{K-1} = \frac{R^2\frac{1}{K-1}}{(1-R^2)\frac{1}{T-K}} = \frac{R^2}{1-R^2}\frac{T-K}{K-1}. \tag{10.23}$$

Die Zählerfreiheitsgrade betragen $K-1$, die Nennerfreiheitsgrade sind unverändert $T-K$. Ist der berechnete F-Wert bei gegebenem α-Fehler signifikant, gilt dies auch für R^2. Selbst wenn R^2 klein ausfällt, besteht dann ein signifikanter Gesamtzusammenhang zwischen y und den Regressoren $x_2, \ldots, x_K$.

Bei einer einfachen Regression geht das Bestimmtheitsmaß R^2 in den einfachen Korrelationskoeffizienten $r_{y_2}^2$ über. Gleichung (10.23) lautet für K=2:

$$F_1 = \frac{r_{y_2}^2(T-2)}{1-r_{y_2}^2}.$$

Da gilt: $F = t^2$, erhält man durch Auflösen nach r_{y2}^2:

$$r_{y2}^2 = \frac{t^2}{t^2 + (T-2)}. \tag{10.24}$$

Gleichung (10.24) stellt eine Beziehung zwischen dem t-Wert bei einem Signifikanztest und dem einfachen Korrelationskoeffizienten dar. Hat man nach Gleichung (9.21) den t-Wert berechnet, folgt aus Gleichung (10.24) der Korrelationskoeffizient. Dieser Zusammenhang bietet eine einfache Möglichkeit zur Berechnung partieller Korrelationskoeffizienten. Für die geschätzte Regressionsgleichung $\hat{y}_t = p_1 + p_2 x_{2t} + p_3 x_{3t}$ lassen sich die partiellen Korrelationskoeffizienten $r_{y2.3}$ und $r_{y3.2}$ anstelle mit den Gleichungen (9.14) und (9.15) jetzt mit Gleichung (10.24) gewinnen, indem der zu p_2 bzw. p_3 gehörende t-Wert t_2 bzw. t_3 verwendet wird. Man erhält:

$$r_{y2.3} = \sqrt{\frac{t_2^2}{t_2^2 + (T-3)}} \quad \text{und} \quad r_{y3.2} = \sqrt{\frac{t_3^2}{t_3^2 + (T-3)}}.$$

Das Vorzeichen des Korrelationskoeffizienten ist dasselbe wie beim t-Wert.

Diese Vorgehensweise lässt sich verallgemeinern. Soll bei einer multiplen Regression $y_t = \pi_1 x_{1t} + \ldots + \pi_K x_{Kt} + v_t$, $x_{1t} = 1$ z.B. $r_{y3.469}$ berechnet werden, schätzt man: $y_t = \pi_1 + \pi_3 x_{3t} + \pi_4 x_{4t} + \pi_6 x_{6t} + \pi_9 x_{9t} + v_t$ und berechnet $t_3 = p_3 / s_{p_3}$. Der partielle Korrelationskoeffizient beträgt dann:

$$r_{y3.469} = \sqrt{\frac{t_3^2}{t_3^2 + (T-5)}}.$$

Die Konstante ist bei der Festlegung der Freiheitsgrade mitzuzählen, man erhält sie also als T minus Anzahl K geschätzter Koeffizienten.

10.3 Beispiel

Bei der in Abschnitt 9.4 geschätzten multiplen Regression (9.26) ist der Regressor x_3 (realer Zinssatz) bei einem α-Fehler von 5% nicht-signifikant von null verschieden. Es soll nun getestet werden, ob der Regressor x_3 zusammen mit x_2 einen gemeinsamen Einfluss ausübt. Die Testfunktion hierfür wird mit Gleichung (10.23) gegeben. Das in Abschnitt 9.4 berechnete Bestimmtheitsmaß beträgt: $R^2 = 0,9867$. Damit lautet die Testfunktion:

$$F_{K-1} = \frac{R^2}{1-R^2}\frac{T-K}{K-1} = \frac{0,9867}{0,0133}\frac{10}{2} = 371.$$

Bei $K-1=2$ Zählerfreiheitsgraden und $T-K=10$ Nennerfreiheitsgraden beträgt der kritische F-Wert bei $\alpha=5\%$ nach Tabelle 4 des Tabellenanhangs: $F_{10}^2=4,10$. Da der berechnete F-Wert viel größer als der kritische Wert ist, weicht R^2 signifikant von null ab.

Wegen des in Gleichung (10.24) enthaltenen Zusammenhangs zwischen dem einfachen Korrelationskoeffizienten und t-Werten, können die beiden partiellen Korrelationskoeffizienten des Abschnitts 9.4 schneller mit den entsprechenden t-Werten berechnet werden. Man erhält:

$$r_{y2.3}=\sqrt{\frac{t_2^2}{t_2^2+(T-3)}}=\sqrt{\frac{(26,0843)^2}{(26,0843)^2+10}}=0,9927 \quad \text{und}$$

$$r_{y3.2}=\sqrt{\frac{t_3^2}{t_3^2+(T-3)}}=-\sqrt{\frac{(-1,256)^2}{(-1,256)^2+10}}=-0,3691.$$

Es liegen dieselben Werte wie in der Tabelle des Abschnitts 9.4 vor.

Übungsaufgaben

10.1 a) Erklären Sie das Prinzip der Maximum Likelihood Methode!

b) Welche stochastischen Annahmen werden für die Störvariablen eingeführt?

10.2 a) Man zeige, dass die partiellen Ableitungen der Likelihood Funktion nach p_k $k=1,\ldots,K$ die Normalgleichungen der multiplen OLS-Methode erzeugen!

b) Zeigen Sie, dass die Maximum Likelihood Schätzung für σ_v^2 verzerrt ist!

10.3 Ist es sinnvoll, zwischen Einzeleinflüssen und gemeinsamen Einflüssen der Regressoren auf den Regressand zu unterscheiden?

10.4 Zeigen Sie, dass gilt: $\boldsymbol{v}'\boldsymbol{v}=(\boldsymbol{p}-\boldsymbol{\pi})'\boldsymbol{X}'\boldsymbol{X}(\boldsymbol{p}-\boldsymbol{\pi})+\hat{\boldsymbol{v}}'\hat{\boldsymbol{v}}$!

10.5 Zeigen Sie, dass bei normalverteilten Störvariablen die Residuen und die geschätzten Koeffizienten bei gegebenen x-Werten stochastisch unabhängig sind!

10.6 Beschreiben Sie den Testvorgang zur Ermittlung eines signifikanten Einflusses der ersten vier Regressoren einer multiplen Regression mit $K>4$.

10.7 Leiten Sie die Kovarianzmatrix für die Residuen $\hat{v}_t$ her!

Kapitel 11

Multikollinearität

11.1 Das Problem

Bei der multiplen Regression blieben bis jetzt Beziehungen, die zwischen den exogenen Variablen auftreten können, unberücksichtigt. Diese sind aber oft Ursache für ernsthafte Test- und Schätzschwierigkeiten. Um den Einfluss auf die mit der OLS-Methode gewonnenen Schätzergebnisse zu analysieren, ist es zweckmäßig, von zwei Extrempositionen auszugehen, denen die Beziehungsstruktur der Regressoren unterliegt. Diese beiden Positionen werden dadurch gegeben, dass

(1) alle exogenen Variablen voneinander (stochastisch und linear) unabhängig sind,

(2) ein Teil oder alle Regressoren voneinander linear abhängen.

Der erste Fall birgt keine Probleme in sich. Dies wird sofort deutlich, wenn man sich auf die Matrix $\boldsymbol{X}^*$ bezieht. Die Produktmatrix $\boldsymbol{X}^{*\prime}\boldsymbol{X}^*$ (vgl. Gleichung (7.36)), deren Elemente die Quadratsummen und Kreuzprodukte der in Abweichungen vom Mittel gemessenen Beobachtungen darstellen, ist dann eine Diagonalmatrix:

$$\boldsymbol{X}^{*\prime}\boldsymbol{X}^* = \begin{bmatrix} \sum(x_{2t}-\bar{x}_2)^2 & \dots & 0 \\ \vdots & & \vdots \\ 0 & \dots & \sum(x_{Kt}-\bar{x}_K)^2 \end{bmatrix}. \qquad (11.1)$$

Ihre Inverse ist ebenfalls eine Diagonalmatrix, deren Elemente sich als reziproke Werte der jeweiligen Diagonalelemente von $\boldsymbol{X}^{*\prime}\boldsymbol{X}^{*}$ ergeben. Die Elemente des Schätzvektors $\boldsymbol{p}^{*} = (\boldsymbol{X}^{*\prime}\boldsymbol{X}^{*})^{-1}\boldsymbol{X}^{*\prime}\boldsymbol{y}^{*}$ erhält man dann wie bei der einfachen Regression mit der Gleichung:

$$p_k = \frac{\sum(x_{kt} - \bar{x}_k)(y_t - \bar{y})}{\sum(x_{kt} - \bar{x}_k)^2}.$$

Anstelle der multiplen Regression kann man auch $K - 1$ einfache, homogene Regressionen schätzen, wobei alle Variablen als Abweichungen von ihren jeweiligen arithmetischen Mitteln gemessen werden. Jedoch würde sich ein anderer Schätzer für die Varianz der Regressionskoeffizienten einstellen, da bei der multiplen Regression σ_v^2 durch Gleichung (8.43) und nicht durch Gleichung (8.42) geschätzt wird.

Im zweiten Fall kann das Normalgleichungssystem nicht eindeutig nach $\boldsymbol{p}$ aufgelöst werden. Der Rang der Matrix $\boldsymbol{X}$ muss jetzt kleiner als K sein, die Annahme (7.31) ist somit verletzt. Eine solche Beziehung zwischen den Regressoren wird als **vollkommene** oder **exakte Multikollinearität** bezeichnet.[1] Ihre Auswirkungen veranschaulicht ein Beispiel. In der Funktion

$$y_t = \pi_1 x_{1t} + \pi_2 x_{2t} + \pi_3 x_{3t} + v_t \quad \text{mit } x_{1t} \equiv 1 \tag{11.2}$$

sei die Variable x_{2t} eine Linearkombination der Variablen x_{1t} und x_{3t}:

$$x_{2t} = \partial_1 x_{1t} + \partial_2 x_{3t}. \tag{11.3}$$

Kein Koeffizient der Gleichung (11.2) ist jetzt identifizierbar. Dies wird nach Einsetzen von Gleichung (11.3) in Gleichung (11.2) deutlich:

$$y_t = (\pi_1 + \pi_2\partial_1) + (\pi_2\partial_2 + \pi_3)x_{3t} + v_t. \tag{11.4}$$

Für Gleichung (11.4) erhält man zwei geschätzte Koeffizienten, die nicht eindeutig nach fünf unbekannten Strukturparametern aufgelöst werden können.[2]

Wegen Gleichung (11.3) liegen alle Beobachtungen in der Ebene E_1 der Abbildung 11.1, die senkrecht auf der Ebene (x_2, x_3) steht und deren Schnittlinie mit der (x_2, x_3)-Ebene durch die Gerade (11.3) gegeben wird.

Die Gerade G_1 in Abbildung 11.1 stellt die Regression dar, die mit der OLS-Methode in die Punktwolke der Ebene E_1 eingepasst würde. Es existieren

[1] Einige Autoren sprechen auch von **offener Form der Multikollinearität** .

[2] Wäre die Verknüpfung von x_{2t} und x_{3t} durch $x_{2t} = \partial_2 x_{3t}$ gegeben worden, ließe sich in Gleichung (11.4) der Achsenabschnitt π_1 identifizieren. Die nicht identifizierbaren Parameter sind immer durch die in der Linearkombination enthaltenen Variablen festgelegt.

Abb. 11.1: Exakte Multikollinearität zwischen x_2 und x_3

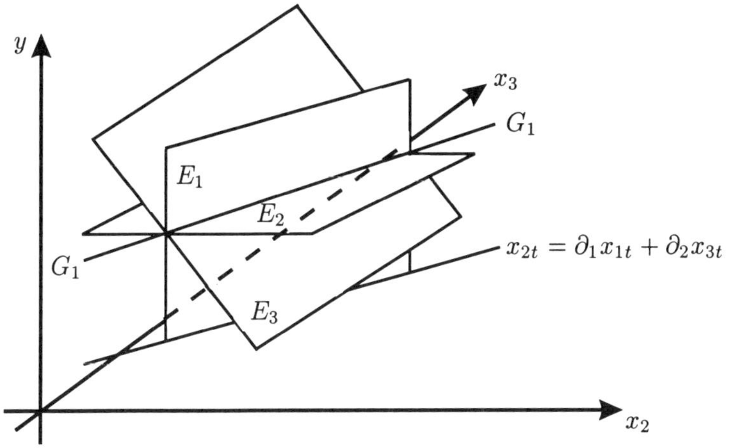

unendlich viele Ebenen z.B. die Ebenen E_2 oder E_3, die mit E_1 die gemeinsame Schnittlinie G_1 haben. Mit der multiplen Regression (11.2) hätte eine Ebene eindeutig bestimmt werden sollen; die Existenz der Beziehung (11.3) macht dies aber unmöglich, da sie die hierfür notwendige dreidimensionale Punktewolke zu einer zweidimensionalen reduziert.

In der Realität kommt exakte Multikollinearität zwischen den Variablen nur als Ausnahme vor. Wird der Zusammenhang nicht gänzlich durch eine lineare Funktion beschrieben, ist es jedoch so, dass zwischen den exogenen Variablen eine hohe Korrelation in der Nähe von eins besteht, spricht man einfach von **Multikollinearität** oder auch von der **versteckten Form der Multikollinearität** .[3] Alle exogenen Variablen eines Modells, deren Zeitreihen einem gemeinsamen Trend unterliegen, weisen einen hohen Korrelationskoeffizienten und damit Multikollinearität auf. Dasselbe gilt auch, wenn Regressoren verzögert und unverzögert in der Regressionsgleichung vorkommen. So werden z.B. die beiden Regressoren x_{2t} (unverzögert) und $x_{2,t-1}$ (um eine Periode verzögert) oft eine hohe Korrelation aufweisen. Aber auch in der Formulierung des exakten ökonomischen Modells kann die Multikollinearität begründet sein. Dies wird deutlich, wenn Möglichkeiten zur Beseitigung der Multikollinearität diskutiert werden.

[3] Auf dieses Problem machte bereits FRISCH (1934) aufmerksam.

11.2 Auswirkungen der Multikollinearität

Obwohl Multikollinearität die Identifizierbarkeit der Parameter in der Regel nicht berührt, können jetzt die Einzeleinflüsse der exogenen Variablen auf die endogene Variable nur ungenau bestimmt werden. Dies liegt in der Entwicklung der Determinante $|\boldsymbol{X}'\boldsymbol{X}|$ bei zunehmender Multikollinearität der Regressoren begründet: Sie strebt gegen null und verschwindet bei vollkommener Multikollinearität. Dadurch werden die Varianzen der Regressionskoeffizienten sehr groß, da nach Gleichung (8.24) zu ihrer Berechnung die Inverse $(\boldsymbol{X}'\boldsymbol{X})^{-1}$ notwendig ist, die wiederum vom Kehrwert ihrer Determinante abhängt. Große Varianzen für die Schätzwerte bedeuten aber, dass die Koeffizienten nicht mehr so verlässlich zu schätzen sind und u.U. sogar ein theoretisch falsches Vorzeichen aufweisen. Darüber hinaus können bei fast singulären Matrizen hohe Rundungsfehler bei der Berechnung ihrer Inversen entstehen.

Die Auswirkungen der versteckten Form der Multikollinearität sollen anhand der multiplen Regressionsgleichung (11.2) ausführlich dargestellt werden. Anstelle der exakten Multikollinearität, wie sie in Gleichung (11.3) zum Ausdruck kommt, wird jetzt für x_{2t} und x_{3t} nur eine hohe Korrelation angenommen. Dieser Ansatz gibt eine intuitive Illustration des Multikollinearitätsproblems. Die gewonnenen Ergebnisse lassen sich in ihrem qualitativen Aspekt ohne Schwierigkeiten auf den allgemeineren Fall einer multiplen Regression mit mehr als drei Regressoren übertragen, wobei beliebig viele exogene Variablen korrelieren können.

Wegen der Korrelationsannahme für x_{2t} und x_{3t} liegt eine Punktewolke nun so in dem (x_2, x_3, y)-Koordinatensystem der Abbildung 11.1, dass ihre Projektion in die (x_2, x_3)-Ebene eine geringe Streuung um die Gerade (11.3) aufweist. Dies verdeutlicht nochmals das Multikollinearitätsproblem: Eine in diese Punktewolke einzupassende Ebene wird durch die Beobachtungen nur wenig „gestützt“, jedoch mehr, als bei exakter Multikollinearität.

Aus formalen Gründen misst man die Beobachtungen als Abweichungen von ihren Mittelwerten; das konstante Glied π_1 der Gleichung (11.2) entfällt daher, es bleiben nur die eigentlichen Regressionskoeffizienten π_2 und π_3 übrig. Die Beobachtungsmatrix $\boldsymbol{X}^*$ der Regressoren und die Produktmatrix $\boldsymbol{X}^{*\prime}\boldsymbol{X}^*$ sind dann:

$$X^* = \begin{bmatrix} m_{21} & m_{31} \\ \vdots & \vdots \\ m_{2T} & m_{3T} \end{bmatrix}, \qquad \text{mit:} \quad m_{it} = (x_{it} - \bar{x}_i),\ i = 2, 3,$$

$$X^{*\prime}X^* = \begin{bmatrix} \sum m_{2t}^2 & \sum m_{2t}m_{3t} \\ \sum m_{3t}m_{2t} & \sum m_{3t}^2 \end{bmatrix} \qquad \text{und}$$

$$|X^{*\prime}X^*| = \sum m_{2t}^2 \sum m_{3t}^2 - (\sum m_{2t}m_{3t})^2.$$

Gemäß Gleichung (8.24) erhält man für die Kovarianzmatrix der Regressionskoeffizienten:

$$\begin{aligned} \mathrm{var}(p^*) &= \sigma_v^2 (X^{*\prime}X^*)^{-1} \\ &= \frac{\sigma_v^2}{\sum m_{2t}^2 \sum m_{3t}^2 - (\sum m_{2t}m_{3t})^2} \begin{bmatrix} \sum m_{3t}^2 & -\sum m_{3t}m_{2t} \\ -\sum m_{2t}m_{3t} & \sum m_{2t}^2 \end{bmatrix}. \end{aligned} \tag{11.5}$$

Der Korrelationskoeffizient für die Variablen x_{2t} und x_{3t} ergibt sich aus Gleichung (9.6):

$$r_{23} = \frac{\sum m_{2t}m_{3t}}{(\sum m_{2t}^2 \sum m_{3t}^2)^{\frac{1}{2}}}.$$

Hieraus folgt nach Quadrieren:

$$(\sum m_{2t}m_{3t})^2 = r_{23}^2 \sum m_{2t}^2 \sum m_{3t}^2. \tag{11.6}$$

Setzt man Gleichung (11.6) in Gleichung (11.5) ein, wird die Kovarianzmatrix für p^* abhängig von dem Korrelationskoeffizienten r_{23}:

$$\mathrm{var}(p^*) = \frac{\sigma_v^2}{(1 - r_{23}^2) \sum m_{2t}^2 \sum m_{3t}^2} \begin{bmatrix} \sum m_{3t}^2 & -\sum m_{3t}m_{2t} \\ -\sum m_{2t}m_{3t} & \sum m_{2t}^2 \end{bmatrix}.$$

Die Varianz für p_k, $k = 2, 3$ und die Kovarianz für p_2 und p_3 erhält man hieraus als:

$$\mathrm{var}(p_k) = \frac{\sigma_v^2}{(1 - r_{23}^2) \sum m_{kt}^2} \quad \text{für } k = 2, 3, \tag{11.7}$$

$$\mathrm{cov}(p_2, p_3) = -\frac{\sigma_v^2 \sum m_{2t}m_{3t}}{(1 - r_{23}^2) \sum m_{2t}^2 \sum m_{3t}^2}. \tag{11.8}$$

An den Gleichungen (11.7) und (11.8) erkennt man sofort, dass sowohl die Varianz als auch der absolute Wert der Kovarianz zunehmen, wenn r gegen 1 strebt. Der Korrelationskoeffizient für die Schätzfunktionen p_2 und p_3 kann nach Gleichung (9.6) unmittelbar aus den Gleichungen (11.7) und (11.8) gewonnen werden. Nach einigen Umformungen erhält man:

$$r_{p_2 p_3} = -r_{23}. \tag{11.9}$$

Die Korrelation der Regressionskoeffizienten ist dem Betrage nach genau so groß wie die der beiden exogenen Variablen, sie hat jedoch stets ein entgegengesetztes Vorzeichen. Dann hat der Korrelationskoeffizient für die beiden Schätzfehler $(p_2 - \pi_2)$ und $(p_3 - \pi_3)$ ebenfalls den Wert $-r_{23}$.

Weisen nun die Variablen x_{2t} und x_{3t} eine hohe positive Korrelation auf, dann sind die Schätzfehler mit gleichen Betrag negativ korreliert. Das bedeutet, dass große Schätzfehler für den Koeffizienten des einen Regressors tendenziell von kleinen Schätzfehlern für den Koeffizienten des anderen Regressors begleitet werden. Mit der OLS-Methode lassen sich daher die Einzeleinflüsse der multikollinearen Regressoren auf die endogene Variable nicht genau erfassen und trennen. Dies führt zu Situationen, in denen ein Regressionskoeffizient als signifikant von null verschieden getestet, der andere dann als zufällig von null abweichend angesehen wird. Dennoch kann wegen der hohen Korrelation zwischen den beiden Regressionskoeffizienten nicht entschieden werden, welche Variable als erklärende beizubehalten ist. Auch eine Zerlegung der multiplen Regressionsgleichung (11.2) in zwei einfache Regressionsgleichungen bietet keine Lösung. Schätzt man sowohl $y_t = \pi_1 x_{1t} + \pi_2 x_{2t} + v_t$ als auch $y_t = \pi_1 x_{1t} + \pi_3 x_{3t} + v_t^*$, dann sind entweder beide Schätzungen für π_2 und π_3 signifikant von null verschieden oder nicht. Diese Schätzungen weichen natürlich von denen der multiplen Regression ab, da bei Multikollinearität $(\boldsymbol{X}^{*\prime}\boldsymbol{X}^*)^{-1}$ keine Diagonalmatrix mehr ist (vgl. Gleichung (11.1)).

Obwohl Multikollinearität dazu führt, dass die Parameter nicht mehr so verlässlich geschätzt und getestet werden können, bleiben die blu-Eigenschaften der OLS-Methode erhalten. Es gibt auch jetzt kein anderes erwartungstreues und in y lineares Schätzverfahren, das bei multikollinearen Regressoren zu kleineren Varianzen für die Schätzfunktionen als die Methode der kleinsten Quadrate führt.[4] Nur ist diese Varianz eben recht groß (siehe Abbildung 11.2). Multikollinearität ist kein Schätz-, sondern ein Datenproblem.

Sind mehr als drei Regressoren in dem multiplen Regressionsansatz enthalten, ergeben sich nicht mehr solch einfache Beziehungen, wie sie in Gleichung (11.9) zusammengefasst zum Ausdruck kommen. Jedoch bleiben die qualitativen Auswirkungen der Multikollinearität auch hier bestehen, allerdings unter anderen quantitativen Ausmaßen.

[4] Eine vergleichende Analyse der Standardfehler verschiedener Schätzfunktionen bei Multikollinearität gibt FELDSTEIN (1973).

Abb. 11.2: Dichtefunktion für Schätzfunktionen mit und ohne Multikollinearität

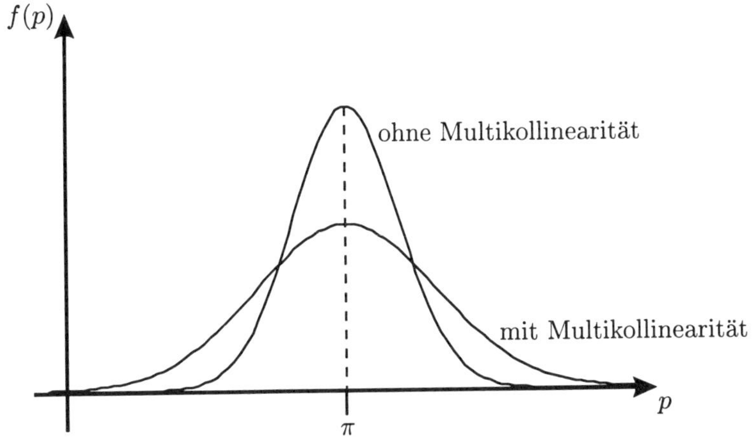

Die beschriebenen Auswirkungen der Multikollinearität treten bei der Koeffizientenschätzung der hiervon betroffenen Regressoren ein. Korreliert ein Regressor mit keinem der übrigen Regressoren eier Regressionsgleichung, heißt er **orthogonal**; sind die Korrelationskoeffizienten nahe bei null, nennt man ihn **quasiorthogonal**. Die Einzeleinflüsse dieser Regressoren sind von der Multikollinearität der anderen Regressoren nicht betroffen.

11.3 Verfahren zur Verringerung der Multikollinearität

Eine Situation, wie sie in der Beobachtungsmatrix (11.1) zum Ausdruck kommt, ist bei praktischen ökonometrischen Arbeiten kaum vorzufinden. Zwischen den Regressoren wird deshalb immer eine mehr oder weniger starke Korrelation vorliegen. Es gibt zwar einige Möglichkeiten, Multikollinearität zu beseitigen oder mindestens doch zu verringern, jedoch treten hierbei meist unerwünschte Nebeneffekte ein. Deshalb muss zuerst entschieden werden, ob Multikollinearität überhaupt zu beseitigen ist. Dies hängt vom Verwendungszweck der Regressionsschätzung ab. Kommt es dabei auf den signifikanten

Gesamtzusammenhang an, wie z.B. bei Prognosen mit Regressionsgleichungen, ist Multikollinearität mitunter nicht störend. Die Schätzung der Regressionsgleichung (11.2) lautet: $\hat{y}_t = p_1 x_{1t} + p_2 x_{2t} + p_3 x_{3t}$ mit $x_{1t} \equiv 1$. In dieser Gleichung sind die Beobachtungen determinierte und die Koeffizientenschätzungen sowie ihre Linearkombination $\hat{y}_t$ stochastische Variablen. Korrelieren x_{2t} und x_{3t} positiv mit $r_{23} > 0$, beträgt die Korrelation für p_2 und p_3: $-r_{23}$. Die Varianz von $\hat{y}_t$ erhält man mit dem Additionssatz für Varianzen abhängiger Zufallsvariablen[5] als:

$$\begin{aligned}\operatorname{var}(\hat{y}_t) = \sum_{k=1}^{3} x_{kt}^2 \operatorname{var}(p_k) + 2[x_{1t}x_{2t}\operatorname{cov}(p_1,p_2) + x_{1t}x_{3t}\operatorname{cov}(p_1,p_3) \\ + x_{2t}x_{3t}\operatorname{cov}(p_2,p_3)].\end{aligned}$$

Da wegen $x_{1t} \equiv 1$ sowohl (x_1, x_2) als auch (x_1, x_3) nicht und (p_2, p_3) negativ korrelieren, geht die Varianz über in:

$$\begin{aligned}\operatorname{var}(\hat{y}_t) =& \operatorname{var}(p_1) + x_{2t}^2 \operatorname{var}(p_2) + x_{3t}^2 \operatorname{var}(p_3) \\ &+ 2x_{2t}x_{3t}\operatorname{cov}(p_2,p_3).\end{aligned}$$

Bei positiven Werten für x_{2t} und x_{3t} wird die durch Multikollinearität ausgelöste Erhöhung der Varianzen von p_2 und p_3 durch die negative Kovarianz zwischen beiden Koeffizienten in etwa kompensiert. Die Varianz des Prognosewertes $\hat{y}_t$ ist von der Multikollinearität unabhängig. Korrelieren die Zeitreihen der beiden Regressoren x_{2t} und x_{3t} jedoch negativ, ist die Korrelation für p_2 und p_3 jetzt positiv und die Varianz von $\hat{y}_t$ erhöht sich wegen der Multikollinearität.

Soll mit der Schätzung der Regressionsgleichung der empirische Gehalt der ihr zugrunde liegenden Theorie überprüft werden oder ist eine ökonomische Interpretation der geschätzten Regressionskoeffizienten beabsichtigt, wirkt sich Multikollinearität ab einer bestimmten Größe ungünstig aus. Ist die Multikollinearität nicht stark ausgeprägt, empfiehlt sich keine Bereinigung des Datenmaterials. Ein Maß, ab wann die Multikollinearität ernsthafte Folgen zeigt, wurde von KLEIN vorgeschlagen.[6] Danach werden Schätzungen dann problematisch, wenn der einfache Korrelationskoeffizient r_{ij} für zwei Regressoren x_i und x_j größer als der multiple Korrelationskoeffizient ist:

$$r_{ij} > r_{y.2\ldots K} = R^2.$$

Die Verfahren zur Beseitigung oder zumindest zur Verringerung der Multikollinearität können in zwei Gruppen eingeteilt werden. In der ersten Gruppe sind Methoden zusammengefasst, die auf den durch das Datenmaterial

[5] Siehe hierzu ASSENMACHER (2000), S. 162/3.
[6] KLEIN (1969), S. 89.

gegebenen internen Informationen basieren. Sie bestehen hauptsächlich aus einer Manipulation der Datenbasis. Die Verfahren der zweiten Gruppe ziehen zusätzlich externe Informationen heran. Diese Informationen sind meistens in geeigneten ökonomischen Theorien begründet. Zunächst seien einige Verfahren der ersten Kategorie vorgestellt.

Ein einfaches und zugleich äußerst grobes Verfahren zur Beseitigung der Multikollinearität wird durch den Ausschluss einer oder mehrerer korrelierender Variablen gegeben. Gleichung (11.2) ist dann: $y_t = \pi_1 + \pi_k x_{kt} + v_t^*$, wobei k entweder den Wert 2 oder 3 annimmt. Dabei ist es gleichgültig, welchen Regressor man eliminiert. Beide, auf diese für $k = 2$ bzw. $k = 3$ entstandenen neuen einfachen Regressionen stimmen in ihrem Bestimmtheitsmaß R^2 nahezu überein. Auch sind die Schätzungen $\hat{p}_2$ und $\hat{p}_3$ entweder beide in ihren jeweiligen Regressionsgleichungen signifikant von null verschieden oder nicht. Diese Vorgehensweise impliziert aber, dass die ökonomische Theorie, die zu Gleichung (11.2) führte, insofern falsch ist, als sie für eine überflüssige Variable eine Kausalwirkung auf die zu erklärende Variable unterstellt. Ist die Theorie jedoch richtig, bewirkt das Unterdrücken einer relevanten Variablen, dass der verbleibende Regressor und die Störvariable v_t^* korrelieren: x_k und v_t^* sind jetzt beide von der ausgeschlossenen exogenen Variablen abhängig. Aber auch Annahme (2.16) ist außer Kraft, da die Störvariable jetzt zusätzlich den systematischen Einfluss der unterdrückten exogenen Variablen enthält: $\mathrm{E}(v_t^*) \neq 0$.

Liegt die Ursache für eine hohe Korrelation der Regressoren darin, dass sie einem Trend folgen, wird mit der Trendbereinigung auch die Multikollinearität beseitigt. Man transformiert daher die Zeitreihen in ihre erste Differenz für aufeinander folgende Perioden. Gleichung (11.2) geht dann über in:

$$\begin{aligned} \Delta y_t &= \pi_2 \Delta x_{2t} + \pi_3 \Delta x_{3t} + \Delta v_t, \qquad (11.10) \\ \Delta y_t &= y_t - y_{t-1}, \quad \Delta x_{kt} = x_{kt} - x_{k,t-1}, \quad \Delta x_{1t} = 0. \end{aligned}$$

Drei Einwände begrenzen den Anwendungsbereich dieses Verfahrens:

(1) Die Differenzen der einzelnen Regressoren werden in der Regel nur wenig streuen. Dies bewirkt eine sehr unzuverlässige Schätzung aller Regressionskoeffizienten, da jetzt ihre Varianz zunimmt.

(2) Die Störvariablen unterliegen nach dieser Transformation der Autokorrelation, obwohl sie zuvor nicht korrelierten:

$$
\begin{aligned}
\operatorname{cov}(\Delta v_t, \Delta v_{t-1}) &= \mathrm{E}[(v_t - v_{t-1})(v_{t-1} - v_{t-2})] \\
&= \mathrm{E}(v_t v_{t-1}) - \mathrm{E}(v_t v_{t-2}) - \mathrm{E}(v_{t-1}^2) + \mathrm{E}(v_{t-1} v_{t-2}) \\
&= -\sigma_v^2, \quad \text{weil } \mathrm{E}(v_t, v_\tau) = 0 \text{ für } t \neq \tau \text{ und} \\
&\qquad\qquad \mathrm{E}(v_{t-1}^2) = \sigma_v^2.
\end{aligned}
$$

(3) Es kann durch Bildung der ersten Differenz eine neue ökonomische Variable entstehen: Bestandsgrößen gehen in Stromgrößen über. So ist z.B. die erste Differenz der Bestandsgröße „Kapitalstock" die Stromgröße „Nettoinvestitionen".

Das letzte Verfahren dieser Gruppe ist ein von FRISCH und WAUGH[7] entwickeltes Bereinigungsverfahren, das auch zur Trendelimination geeignet ist. Ausgangspunkt ist wieder Gleichung (11.2) mit einer hohen Korrelation zwischen x_{2t} und x_{3t}. Aus dieser Gleichung soll der Einfluss von x_{3t} auf alle anderen Variablen eliminiert werden. Man bildet drei homogene Hilfsregressionen auf x_{3t} und schätzt sie mit der OLS-Methode. In vektorieller Schreibweise führt dies zu:

$$
\begin{aligned}
\boldsymbol{y} &= \hat{c}_0 \boldsymbol{x}_3 + \hat{\boldsymbol{e}}_0, \\
\boldsymbol{x}_1 &= \hat{c}_1 \boldsymbol{x}_3 + \hat{\boldsymbol{e}}_1, \\
\boldsymbol{x}_2 &= \hat{c}_2 \boldsymbol{x}_3 + \hat{\boldsymbol{e}}_2,
\end{aligned}
\tag{11.11}
$$

oder:

$$
\begin{aligned}
\boldsymbol{y} - \hat{c}_0 \boldsymbol{x}_3 &= \hat{\boldsymbol{e}}_0, \\
\boldsymbol{x}_1 - \hat{c}_1 \boldsymbol{x}_3 &= \hat{\boldsymbol{e}}_1, \\
\boldsymbol{x}_2 - \hat{c}_2 \boldsymbol{x}_3 &= \hat{\boldsymbol{e}}_2,
\end{aligned}
\tag{11.12}
$$

$\hat{c}_{0,1,2}$: geschätzte Regressionskoeffizienten.

Da es sich bei den Gleichungssystemen (11.11) bzw. (11.12) um OLS-Schätzungen handelt, sind die Residuenvektoren $\hat{\boldsymbol{e}}_0, \hat{\boldsymbol{e}}_1$ und $\hat{\boldsymbol{e}}_2$ zu dem Vektor $\boldsymbol{x}_3$ orthogonal:[8] $\hat{\boldsymbol{e}}_i' \boldsymbol{x}_3 = 0$ für $i = 0, 1, 2$. Wegen des Gleichungssystems (11.12) enthalten die Residuenvektoren die vom Einfluss der Variablen x_{3t} bereinigten Beobachtungen für die Variablen y, x_1 und x_2. Es wird jetzt eine neue Regression gebildet:

$$
\hat{\boldsymbol{e}}_0 = \pi_1^* \hat{\boldsymbol{e}}_1 + \pi_2^* \hat{\boldsymbol{e}}_2 + \boldsymbol{v}^*. \tag{11.13}
$$

[7] FRISCH und WAUGH (1933).

[8] Dies gilt auch für die Regression $\boldsymbol{x}_1 = \hat{c}_1 \boldsymbol{x}_3 + \hat{\boldsymbol{e}}_1$, obwohl alle Elemente des Vektors $\boldsymbol{x}_1$ den Wert eins haben. Wegen des homogenen Regressionsansatzes wird die OLS-Schätzung $\hat{c}_1$ nicht null.

Mit der OLS-Methode erhält man als Schätzung: $\hat{\hat{e}}_0 = p_1^* \hat{e}_1 + p_2^* \hat{e}_2$ oder:

$$\hat{e}_0 = p_1^* \hat{e}_1 + p_2^* \hat{e}_2 + \hat{v}^*. \tag{11.14}$$

Ersetzt man in Gleichung (11.14) die entsprechenden Ausdrücke durch die Gleichungen des Systems (11.12), ergeben einfache Umstellungen:

$$y = p_1^* x_1 + p_2^* x_2 + (\hat{c}_0 - \hat{c}_1 p_1^* - \hat{c}_2 p_2^*) x_3 + \hat{v}^*. \tag{11.15}$$

Es kann nun gezeigt werden, dass diese Schätzung mit der direkten OLS-Schätzung für Gleichung (11.2): $y = p_1 x_1 + p_2 x_2 + p_3 x_3 + \hat{v}$ übereinstimmt, denn der Vektor $\hat{v}^*$ ist genau wie der Vektor $\hat{v}$ zu jedem Beobachtungsvektor x_k orthogonal: $\hat{v}^{*\prime} x_k = 0$ für $k = 1, 2, 3$. Da $\hat{v}^*$ der OLS-Residuenvektor ist, gilt wegen Gleichung (11.14): $\hat{v}^{*\prime} \hat{e}_1 = 0$ und $\hat{v}^{*\prime} \hat{e}_2 = 0$. Löst man Gleichung (11.14) nach $\hat{v}^*$ auf, ergibt dies:

$$\hat{v}^* = \hat{e}_0 - p_1^* \hat{e}_1 - p_2^* \hat{e}_2.$$

Für das Skalarprodukt $\hat{v}^{*\prime} x_3$ gilt dann:

$$\hat{v}^{*\prime} x_3 = (\hat{e}_0' - p_1 x_1' - p_2^* \hat{e}_2') x_3 = 0,$$

weil die Skalarprodukte $\hat{e}_0' x_3 = 0$, $\hat{e}_1' x_3 = 0$ und $\hat{e}_2' x_3 = 0$ jeweils mit den durch das Gleichungssystem (11.12) bestimmten OLS-Residuenvektoren $\hat{e}_0, \hat{e}_1$ und $\hat{e}_2$ gebildet werden. Dann muss aber auch $\hat{v}^{*\prime} x_2$ wegen $\hat{v}^{*\prime} \hat{e}_2 = 0$ und $\hat{v}^{*\prime} x_3 = 0$ null sein:

$$\hat{v}^{*\prime} x_2 = \hat{v}^{*\prime} (\hat{e}_2 + \hat{c}_2 x_3) = \hat{v}^{*\prime} \hat{e}_2 + \hat{c}_2 \hat{v}^{*\prime} x_3 = 0.$$

Schließlich gilt: $\hat{v}^{*\prime} x_1 = \hat{v}^{*\prime} (\hat{c}_1 x_3 + \hat{e}_1) = 0$ wegen $\hat{v}^{*\prime} x_1 = 0$ und $\hat{v}^{*\prime} \hat{e}_1 = 0$. Damit stimmen die Vektoren $\hat{v}$ und $\hat{v}^*$ überein, das gleiche muss dann auch für die Schätzfunktionen gelten:

$$p_1^* = p_1, \quad p_2^* = p_2 \quad \text{und} \quad \hat{c}_0 - \hat{c}_1 p_1^* - \hat{c}_2 p_2^* = p_3.$$

Durch diese Vorgehensweise wird insgesamt keine Verbesserung der Schätzsituation erreicht. Dennoch bietet dieser Ansatz Möglichkeiten zur Behandlung der Multikollinearität. Will man die Multikollinearität durch Ausschluss einer der beiden korrelierenden Variablen erreichen, sollte auch ihr Einfluss auf die Beobachtungen der übrigen Regressionsvariablen entfernt werden. Unter Verwendung der Symbolik für die bereinigten Variablen lautet die zu schätzende Regressionsgleichung nach Ausschluss des Regressors x_3:

$$\hat{e}_0 = \pi_1^* \hat{e}_1 + \pi_2^* \hat{e}_2 + v^*.$$

Die Schätzfunktion p_2^* lässt sich dann aber möglicherweise nicht mehr als Einzeleinfluss des Regressors x_2 interpretieren.

Die Kovarianzmatrix für den Schätzvektor $(p_1^*, p_2^*)'$ erhält man, indem die Beobachtungsmatrix $\boldsymbol{X}$ in Gleichung (8.24) mit den synthetischen Variablen $\hat{\boldsymbol{e}}_1$ und $\hat{\boldsymbol{e}}_2$ gebildet wird: $\boldsymbol{X} = (\hat{\boldsymbol{e}}_1, \hat{\boldsymbol{e}}_2)$.

Man erhält auf diese Weise Regressionskoeffizienten- und Varianzschätzungen, die von denen abweichen, die sich nach Elimination der korrelierenden Variable(n) allein aus der Regressionsgleichung einstellen würden.

Genauso wie bei der Elimination des Einflusses der Variablen x_3 verfährt man, um einen linearen Trend zu beseitigen. Wie die obigen Ausführungen aber zeigen, kann anstelle der Trendbereinigung auch eine Trendvariable explizit in die Regressionsgleichung aufgenommen werden. Die Schätzung dieser Gleichung stimmt mit derjenigen Schätzung überein, die sich nach einer individuellen Trendbereinigung aller Variablen ergeben hätte, sofern der richtige Trendeinfluss mit der OLS-Methode erfasst wurde.

Die Verfahren der zweiten Gruppe lassen sich immer dann anwenden, wenn zuverlässige externe Informationen zu gewinnen sind. Zwei Beispiele veranschaulichen die Vorgehensweise, Multikollinearität zu verringern oder gar zu beseitigen. In Gleichung (11.2) seien die Regressoren x_{2t} und x_{3t} wiederum hoch korreliert, es ist aber das Verhältnis der beiden Koeffizienten π_2 und π_3 bekannt, das über den Zeitraum, für den das statistische Modell als gültig angenommen wird, konstant bleiben soll: $\pi_2/\pi_3 = c$. Gleichung (11.2) lässt sich nun unter Einbezug dieser externen Information schreiben als:

$$y_t = \pi_1 x_{1t} + \pi_3 \left(\frac{\pi_2}{\pi_3} x_{2t} + x_{3t} \right) + v_t .$$

Da das Verhältnis c bekannt ist, stellt $(cx_{2t} + x_{3t})$ einen neuen, **synthetischen Regressor** x_{3t}^* dar, dessen Beobachtungen aufgrund der Berechnungsvorschrift $x_{3t}^* = cx_{2t} + x_{3t}$ vorliegen. In der Regressionsgleichung $y_t = \pi_1 x_{1t} + \pi_3 x_{3t}^* + v_t$ ist die Multikollinearität gänzlich beseitigt; mit der OLS-Methode lassen sich π_1 und π_3 schätzen. Die Schätzfunktion p_2 erhält man hieraus dann als cp_3. Ebenso können die Varianzen aller Regressionskoeffizienten berechnet werden.

Die Anwendbarkeit dieses Bereinigungsverfahrens ist offensichtlich stark begrenzt, da eine a priori Kenntnis über das Verhältnis der Regressionskoeffizienten korrelierender Regressoren nur in den seltensten Fällen verfügbar sein wird. Mitunter kann es leichter fallen, durch eine Weiterentwicklung der ökonomischen Theorie das Multikollinearitätsproblem zu lösen. Die hohe Korrelation zwischen x_{2t} und x_{3t} mag ein Hinweis dafür sein, dass zwischen beiden

Variablen auch ein Kausalzusammenhang besteht.[9] Man betrachtet einen der beiden Regressoren, z.B. x_{2t} in einem erweiterten Modell als endogen; Gleichung (11.3) würde dann um eine Störvariable zu ergänzen sein:

$$x_{2t} = \partial_1 + \partial_2 x_{3t} + v_{2t}. \tag{11.16}$$

Die Gleichungen (11.2) und (11.16) bilden das neue ökonometrische Modell, das sich unter Verwendung der eingeführten allgemeinen Symbolik schreiben lässt als:

$$y_{1t} = \beta_{12} y_{2t} + \alpha_{11} x_{1t} + \alpha_{13} x_{3t} + v_{1t} \tag{11.17}$$

$$y_{2t} = \alpha_{21} x_{1t} + \alpha_{23} x_{3t} + v_{2t} \qquad \text{mit} \tag{11.18}$$

$$y_{2t} = x_{2t},\ \alpha_{11} = \pi_1,\ \alpha_{13} = \pi_3,\ \alpha_{21} = \partial_1,\ \alpha_{23} = \partial_2.$$

Nach dem Abzählkriterium ist Gleichung (11.18) identifizierbar, Gleichung (11.17) aber nicht. Kann Gleichung (11.18) aufgrund theoretischer Einsichten so weiter entwickelt werden, dass dies zu einer Aufnahme einer zusätzlichen erklärenden Variablen führt, ist das ganze Modell identifizierbar. Nach einer Transformation in die reduzierte Form erfüllen alle Regressoren die Annahmen des statistischen Modells; die Koeffizienten können daher mit der OLS-Methode geschätzt werden. Aus diesen Werten lassen sich wegen der Identifizierbarkeit eindeutig die Strukturparameter ermitteln.

Neben dieser ökonomisch-theoretisch orientierten Möglichkeit, Multikollinearität vollständig zu beseitigen, existiert auch ein rein statistisches Verfahren, das zu gleichem Ergebnis führt. Mit dem **Hauptkomponenten-** oder kurz **Komponentenverfahren** wird die Beobachtungsmatrix $\boldsymbol{X}$ so umgeformt, dass signifikante und zueinander orthogonale Beobachtungsvektoren entstehen, die jedoch alle künstlich aus dem vorhandenen Datenmaterial als Linearkombinationen konstruiert werden. Dieses Verfahren setzt sich in der Ökonometrie insofern nur schwer durch, da die einzelnen Regressoren nicht mehr inhaltlich als ökonomische Variablen interpretierbar sind.

11.4 Beispiel

Für die in Abschnitt 9.4 geschätzte multiple Regression (9.27) erhält man die Matrix $\boldsymbol{X}^{*\prime}\boldsymbol{X}^*$, bei der die Beobachtungen als Abweichungen von dem jeweiligen arithmetischen Mittel gemessen wurde, als:

$$\boldsymbol{X}^{*\prime}\boldsymbol{X}^* = \begin{bmatrix} 577409,70 & 1053,13 \\ 1053,13 & 17,1024 \end{bmatrix}.$$

[9]Dass dies nicht immer der Fall sein muss, veranschaulichen die Nonsense-Korrelationen.

Multipliziert man diese Matrix mit T^{-1}, stellen die Hauptdiagonalelemente die empirischen Varianzen, die übrigen Elemente die empirischen Kovarianzen der Regressoren dar. Bei orthogonalen Regressoren ist $\boldsymbol{X}^{*\prime}\boldsymbol{X}^{*}$ eine Diagonalmatrix. Da dies hier nicht der Fall ist, korrelieren die Regressoren x_2 und x_3. Ihr Korrelationskoeffizient und der multiple Korrelationskoeffizient wurden bereits in Abschnitt 9.4 berechnet. Sie betragen: $r_{23} = 0,3351$ und $r_{y.23} = 0,9933$. Nach der Faustregel von KLEIN ist die Multikollinearität für x_2 und x_3 vernachlässigbar gering. Dennoch lassen sich die in Abschnitt 11.2 analysierten Auswirkungen auch bei geringer Multikollinearität zeigen. Um die Kovarianzmatrix (11.5) für p^* zu bestimmen, benötigt man eine Schätzung der Varianz der Störvariablen. Bei der Regression (9.27) beträgt die Summe der quadrierten Residuen: $\sum \hat{v}_t^2 = 9130,634$; mit der Schätzfunktion (8.43) erhält man dann:

$$\hat{s}_v^2 = \frac{\sum \hat{v}_t^2}{T-K} = \frac{9130,634}{13-3} = 913,0634.$$

Die Kovarianzmatrix ergibt sich dann als:

$$\begin{aligned}\hat{\mathrm{var}}(p^*) &= \frac{913,0634}{8766008,856}\begin{bmatrix} 17,1024 & -1053,13 \\ -1053,13 & 577409,7 \end{bmatrix} \\ &= \begin{bmatrix} 0,0017813 & -0,10969353 \\ -0,10969353 & 60,142725 \end{bmatrix}.\end{aligned}$$

Die geschätzte Varianz für p_2 ist das erste Hauptdiagonalelement: $\hat{\mathrm{var}}(p_2) = 0,0017813$; die geschätzte Standardabweichung folgt hieraus als: $\hat{s}_{p_2} = \sqrt{\hat{\mathrm{var}}(p_2)} = 0,042206$. Entsprechend erhält man die geschätzte Varianz für p_3 als zweites Hauptdiagonalelement: $\hat{\mathrm{var}}(p_3) = 60,142725$; dies führt zu einer geschätzten Standardabweichung von: $\hat{s}_{p_3} = 7,755174$. Die Kovarianzschätzung steht auf der Nebendiagonalen und beträgt: $\hat{\mathrm{cov}}(p_1, p_2) = -0,10969353$. Mit diesen Werten lässt sich der Korrelationskoeffizient r_{p_2,p_3} berechnen:

$$r_{p_2,p_3} = \frac{\hat{\mathrm{cov}}(p_2,p_3)}{\hat{s}_{p_2}\hat{s}_{p_3}} = -\frac{0,10969353}{0,042206 \cdot 7,755174} = -0,3351.$$

In Abschnitt 9.l4 wurde der Korrelationskoeffizient r_{23} für x_2 und x_3 mit 0,3351 ermittelt. Damit stellt sich der in Gleichung (11.9) festgehaltene Zusammenhang zwischen r_{p_2,p_3} und r_{23} ein.

Übungsaufgaben

11.1 a) Was versteht man unter vollkommener (exakter) und der versteckten Form der Multikollinearität?

b) An welcher Matrix lässt sich eine Multikollinearität sofort ablesen?

11.2 Zeigen Sie für den Fall einer homogenen Regression mit zwei Regressoren, dass bei Multikollinearität die Überschätzung (Unterschätzung) des einen Koeffizienten mit der Unterschätzung (Überschätzung) des anderen verbunden ist.

11.3 a) Nennen Sie drei Verfahren zur Verringerung der Multikollinearität!

b) Welche unerwünschten Nebeneffekte können bei einer Beseitigung der Multikollinearität eintreten?

11.4 Leiten Sie Gleichung (11.9) her!

Kapitel 12

Autokorrelation und Heteroskedastizität

12.1 Ursachen der Autokorrelation

Korrelieren die Störvariaben untereinander, liegt **Autokorrelation** vor. Es ist zweckmäßig, zwischen echter und unechter Autokorrelation zu unterscheiden. **Echte Autokorrelation** resultiert ausschließlich aus der stochastischen Natur der Störvariablen. **Unechte Autokorrelation** entsteht entweder durch einen Spezifikationsfehler oder durch die formale Behandlung einer Regressionsgleichung, wie z.B. die Differenzenbildung zur Trendelimination bei Multikollinearität.

Unechte Autokorrelation kann durch eine unzureichende theoretische Fundierung der Regressionsgleichung entstehen. Wie bei jeder Wissenschaft gilt auch für die Ökonomik, dass die theoretischen Einsichten nicht ganz dem realen Geschehen genügen, die vorliegenden Theorien daher nicht die letzte Stufe wissenschaftlicher Erkenntnis repräsentieren. Vielmehr ist der Entwicklungsprozess durch Etablierung neuer Schulen (**Paradigmen**) oder Verbesserungen bestehender Theorien gekennzeichnet. Die Ökonometrie kann gerade bei wissenschaftlichen Kontroversen durch eine Überprüfung des empirischen Gehalts konkurrierender Theorien zu einer Klärung beitragen und damit eine Theorie bestätigen bzw. ihr zum Durchbruch verhelfen.

Jedoch birgt dieser Entwicklungsstand der ökonomischen Theorie auch die Gefahr in sich, dass die Annahmen des statistischen Modells nicht voll erfüllt werden. Sind wesentliche erklärende Variablen in einem Kausalzusammenhang (noch) nicht erfasst, schlägt sich dies in den Störvariablen nieder. Wenn die nicht erfassten Variablen einem Trend folgen, ist Annahme (2.17) des statistischen Modells verletzt, die für zeitlich aufeinanderfolgende Störvariablen eine Kovarianz von null fordert.[1] Die Störvariablen müssen dann autokorrelieren, da sie über die Zeit durch einen gemeinsamen systematischen Einfluss verbunden sind. Die Realisation einer laufenden Periode ist nicht unabhängig von bereits realisierten Werten der Vergangenheit.

Ist der Funktionstyp der Regressionsgleichung falsch spezifiziert, wirkt sich dies auf die Störvariablen wie ein fehlender Regressor aus. Wird anstelle der quadratischen Funktion $y_t = \pi_1 + \pi_2 x_{2t} + \pi_3 x_{2t}^2 + v_t$ die lineare Regressionsgleichung $y_t = \pi_1 + \pi_2 x_{2t} + v_t^*$ verwendet, enthält die Störvariable v_t^* den Einfluss von x_{2t}^2 und ist daher bei trendbehafteten x_{2t} von ihren Vorgängern abhängig.

Aber auch die zeitreihenanalytische Behandlung eines Modells kann eine Quelle für Autokorrelation sein, auch wenn die ursprünglichen Störvariablen davon frei sind. Es besteht hier noch die Möglichkeit, mit diesen Umformungen eine ursprüngliche Autokorrelation der Störvariablen zu beseitigen. Diese letztgenannte Problematik, die bei Modellen mit zeitlich verzögerten endogenen Variablen auftaucht, wird in Kapitel 14 behandelt.

12.2 Der Markov-Prozess

Um Tests zum Erkennen von Autokorrelation zu entwickeln und um die Auswirkungen der Autokorrelation auf die OLS-Schätzfunktionen zu analysieren, muss zunächst festgelegt werden, welcher zeitlichen Beziehung die Störvariablen unterliegen. Die Abhängigkeit einer Variablen von ihren zeitlichen Vorgängern bezeichnet man allgemein als **autoregressiven Prozess**, der mit $AR(p)$ abgekürzt wird. Die Zahl p gibt seine **Ordnung** an und entspricht der höchsten Verzögerung des Prozesses. Die Spezifikation der Autokorrelation geschieht sehr häufig durch einen autoregressiven Prozess erster Ordnung, $AR(1)$, besonders dann, wenn die Beobachtungen als Jahresdaten vorliegen:[2]

$$v_t = \varrho v_{t-1} + \varepsilon_t. \qquad (12.1)$$

[1] Man darf jedoch nicht dem Trugschluss verfallen, in der Gültigkeit der Annahme (2.17) bereits ein Zeichen für das Endstadium in der Entwicklung einer Theorie zu sehen.

[2] Es soll zur Bezeichnung der Störvariablen weiter der Buchstabe v verwendet werden, um somit eine durchgängige Symbolik mit den vorangegangenen Kapiteln zu erreichen. Jedoch ist Autokorrelation ein Phänomen, das bereits bei den ursprünglichen Störvariablen u des ökonometrischen Modells auftauchen kann, und nicht erst bei den Störvariablen v der reduzierten Form.

Die Störvariable ε_t unterliegt einem reinen Zufallsprozess (White-Noise-Prozess) mit: $\mathrm{E}(\varepsilon_t) = 0$, $\mathrm{var}(\varepsilon_t) = \sigma_\varepsilon^2$ und $\mathrm{cov}(\varepsilon_t, \varepsilon_\tau) = 0$ für $t \neq \tau$. Der Koeffizient ϱ ist dem Betrage nach kleiner als eins: $|\varrho| < 1$. Damit ist ausgeschlossen, dass die Realisationen der Störvariablen absolut mit der Zeit zunehmen und den systematischen Teil bis zu dessen Unkenntlichkeit überlagern.

Der in Gleichung (12.1) festgelegte $AR(1)$-Prozess mit $|\varrho| < 1$ entspricht Gleichung (2.19) und stellt einen MARKOV-Prozess dar. Werden die Beobachtungen in kleineren Grundzeitperioden erhoben, z.B. als Quartals- oder Monatswerte, sind Markov-Prozesse höherer Ordnung[3] angemessen:

$$v_t = \varrho v_{t-4} + \varepsilon_t : \quad AR(4),$$
$$v_t = \varrho v_{t-12} + \varepsilon_t : \quad AR(12).$$

Die durch Gleichung (12.1) beschriebene Folge der Störvariablen bildet einen **stochastischen Prozess**, dessen verteilungstheoretische Charakteristika wie Erwartungswert, Varianz und Kovarianzen der einzelnen v_t vom Anfangswert v_0 abhängen. Dies ist leicht anhand des Erwartungswertes für v_t zu zeigen, wenn der Start des Prozesses z.B. in die Periode $t-2$ gelegt wird: $v_{t-2} = v_0$. Aus Gleichung (12.1) erhält man $v_t = \varrho^2 v_0 + \varrho\varepsilon_{t-1} + \varepsilon_t$, was zu einem Erwartungswert von $\mathrm{E}(v_t) = \varrho^2 v_0$ führt, da annahmegemäß $\mathrm{E}(\varepsilon_{t-1}) = \mathrm{E}(\varepsilon_t) = 0$ ist. Verschiebt man den Start ziemlich weit in die Vergangenheit, wird der Einfluss von v_0 auf laufende Werte immer geringer. Bei einem Start in der Periode $t-\tau$ erhält man für v_t:

$$v_t = \varrho^\tau v_0 + \sum_{s=0}^{\tau-1} \varrho^s \varepsilon_{t-s}, \quad \text{mit} \quad v_0 = v_{t-\tau}. \tag{12.2}$$

Strebt τ gegen unendlich, geht diese Gleichung über in:

$$v_t = \sum_{s=0}^{\infty} \varrho^s \varepsilon_{t-s}, \quad \text{da wegen } |\varrho| < 1 \text{ gilt: } \lim_{\tau \to \infty} \varrho^\tau = 0. \tag{12.3}$$

Die Kovarianz zwischen ε_t und jedem v_{t-z}, $z = 1, 2, \ldots$ ist dann null:

$$\mathrm{E}(\varepsilon_t v_{t-z}) = \mathrm{E}(\varepsilon_t \sum_{s=0}^{\infty} \varrho^s \varepsilon_{t-z-s}) = \sum_{s=0}^{\infty} \varrho^s \mathrm{E}(\varepsilon_t \varepsilon_{t-z-s}) = 0, \tag{12.4}$$

weil wegen Annahme (2.17) gilt: $\mathrm{E}(\varepsilon_t \varepsilon_{t-z-s}) = 0$. Es erscheint plausibel, Gleichung (12.4) auch für einen sehr lang anhaltenden, aber endlichen Prozess als gültig anzusehen.

[3] Ein $AR(p)$-Prozess soll **Markov-Prozess p-ter Ordnung** heißen, wenn v_t nur von v_{t-p}, nicht aber von Vorgängern mit geringeren Verzögerungen abhängt. Die Bezeichnung „autoregressiver Prozess“ ist für $p > 1$ allgemeiner als die Bezeichnung „Markov-Prozess“.

Erwartungswert und Varianz eines MARKOV-Prozesses können in bedingter und unbedingter Form angegeben werden. Den bedingten Erwartungswert erhält man als:

$$\mathrm{E}(v_t|v_{t-1}) = \varrho v_{t-1}; \tag{12.5}$$

er ist über v_{t-1} zeitabhängig. Die bedingte Varianz beträgt:

$$\mathrm{var}(v_t|v_{t-1}) = \mathrm{E}\{[v_t - \mathrm{E}(v_t|v_{t-1})]|v_{t-1}\}^2 = \mathrm{E}(\varepsilon_t^2) = \sigma_\varepsilon^2; \tag{12.6}$$

und bleibt über die Zeit konstant.

Den unbedingten Erwartungswert für v_t gewinnt man aus Gleichung (12.3) als:

$$\mathrm{E}(v_t) = \sum_{s=0}^{\infty} \varrho^s \mathrm{E}(\varepsilon_{t-s}) = 0. \tag{12.7}$$

Die unbedingte Varianz für v_t wird deshalb zu:

$$\mathrm{var}(v_t) = \mathrm{E}(v_t^2) = \mathrm{E}[(\sum_{s=0}^{\infty} \varrho^s \varepsilon_{t-s})^2].$$

Schreibt man die Summe aus und löst das Quadrat auf, erhält man eine Summe aus Produkten, wobei die Erwartungswerte der Kreuzprodukte verschwinden. Als von null verschiedene Summanden bleiben übrig:

$$\mathrm{var}(v_t) = \mathrm{E}(\varepsilon_t^2) + \varrho^2 \mathrm{E}(\varepsilon_{t-1}^2) + \varrho^4 \mathrm{E}(\varepsilon_{t-2}^2) + \varrho^6 \mathrm{E}(\varepsilon_{t-3}^2) + \ldots$$

Da ε_t homoskedastisch ist, gilt: $\mathrm{E}(\varepsilon_t^2) = \ldots = \mathrm{E}(\varepsilon_{t-\tau}^2) = \sigma_\varepsilon^2, \quad \tau = 1, 2, \ldots$ Die unendliche geometrische Reihe wird unter Anwendung der Summenformel zu:

$$\sum_{i=0}^{\infty} \varrho^{2i} = \frac{1}{1-\varrho^2}.$$

Somit ist die unbedingte Varianz für v_t:

$$\mathrm{var}(v_t) = \frac{1}{1-\varrho^2} \sigma_\varepsilon^2 = \sigma_v^2. \tag{12.8}$$

Auch die unbedingte Varianz von v_t ist – wie der unbedingte Erwartungswert – periodenunabhängig; jedoch ist sie wegen $|\varrho| < 1$ größer als ihr bedingter Wert.

Wegen der Autokorrelation der Störvariablen existiert eine von null verschiedene Kovarianz zwischen v_t und v_{t-1}:

$$\begin{aligned}\operatorname{cov}(v_t, v_{t-1}) =& \mathrm{E}[(\sum_{s=0}^{\infty} \varrho^s \varepsilon_{t-s}) v_{t-1}] \\ =& \mathrm{E}\{[\varepsilon_t + \varrho(\varepsilon_{t-1} + \varrho\varepsilon_{t-2} + \ldots)] v_{t-1}\} \\ =& \mathrm{E}[\varepsilon_t v_{t-1} + \varrho v_{t-1}^2] \\ =& \mathrm{E}(\varepsilon_t v_{t-1}) + \varrho \mathrm{E}[(v_{t-1})^2] = \varrho\sigma_v^2,\end{aligned}$$

weil $(\varepsilon_{t-1} + \varrho\varepsilon_{t-2} + \ldots) = v_{t-1}$ und wegen Gleichung (12.4): $\mathrm{E}(\varepsilon_t v_{t-1}) = 0$.

Somit gilt:

$$\operatorname{cov}(v_t, v_{t-1}) = \varrho\sigma_v^2. \tag{12.9}$$

Berechnet man analog hierzu die Kovarianz für v_t und v_{t-2}, erhält man:

$$\operatorname{cov}(v_t, v_{t-2}) = \varrho^2\sigma_v^2. \tag{12.10}$$

Ein Vergleich der Ergebnisse (12.9) und (12.10) zeigt, dass die Kovarianz von dem zeitlichen Abstand der beiden Störvariablen abhängt, jedoch nicht von den Bezugsperioden. Es ist daher eine Verschiebung auf der Zeitachse bei gleichbleibendem Zeitintervall möglich, ohne dass sich dadurch die Kovarianz ändert. Zum Beispiel ist die Kovarianz für v_t und v_{t-e} genauso groß wie die Kovarianz für v_{t-T} und v_{t-T-e}. Es lässt sich leicht verifizieren, dass allgemein gilt:

$$\operatorname{cov}(v_{t-i}, v_{t-j}) = \varrho^{|j-i|}\sigma_v^2 \quad \text{für } i \neq j.$$

Bezeichnet man die Kovarianz mit γ und die positive, ganze Zahl $|j - i| = |i - j| = k$, lässt sich die Kovarianz schreiben als:

$$\gamma(k) = \varrho^k\sigma_v^2. \tag{12.11}$$

Gleichung (12.11) heißt **Autokovarianzfunktion**. Ist $i = j$, folgt für $k = 0$ die Varianz.

Der Korrelationskoeffizient r für v_t und $v_{t-\tau}$ ist definiert als:

$$r_{v_t, v_{t-k}} = r(k) = \frac{\operatorname{cov}(v_t, v_{t-k})}{\sigma_{v_t}\sigma_{v_{t-k}}} = \frac{\operatorname{cov}(v_t, v_{t-k})}{\sigma_v^2}.$$

Unter Verwendung der Autokovarianzfunktion (12.11) erhält man:

$$r(k) = \frac{\gamma(k)}{\gamma(0)} = \varrho^k. \tag{12.12}$$

Gleichung (12.12) stellt die **Autokorrelationsfunktion** $r(k)$ dar, deren Graph **Korrelogramm** heißt. Abbildung (12.1) gibt das Korrelogramm für $\varrho = -\frac{1}{2}$ wieder. Je kleiner der Betrag von ϱ ist, desto schneller konvergiert der Autokorrelationskoeffizient für $k \to \infty$ gegen null.

Abb. 12.1: Korrelogramm für $\varrho = -\frac{1}{2}$

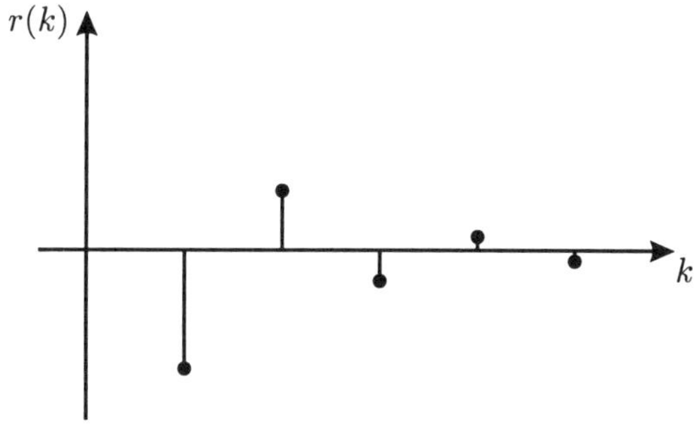

Für $k = 1$ ergibt sich der Autokorrelationskoeffizient zweier aufeinander folgender Perioden. Man bezeichnet ihn wegen dieses Zeitbezuges als **Autokorrelationskoeffizient erster Ordnung**. Ist $k > 1$, ergeben sich Autokorrelationskoeffizienten mit entsprechend höherer Ordnung.

Wegen der Eigenschaften (12.7), (12.8) und (12.11) nennt man den stochastischen Prozess, wie er durch Gleichung (12.1) gegeben wird, **schwach stationär**. Die Eigenschaft (12.7) heißt **mittelwertstationär**, wobei der über t konstante Erwartungswert nicht notwendigerweise wie hier null sein muss. Eigenschaft (12.8) nennt man **varianzstationär** und Eigenschaft (12.11) **kovarianzstationär**. Aus der Autokovarianzfunktion (12.11) folgt, dass ein kovarianzstationärer Prozess immer auch varianzstationär ist. Somit liegt schwache Stationarität bereits mit den Eigenschaften (12.7) und (12.11) vor.

Aufgrund dieser Überlegungen kann die Kovarianzmatrix für autokorrelierte Störvariablen leicht erstellt werden. Unter Beachtung der Gleichungen (12.8) und (12.11) erhält man:

$$\operatorname{var}(\boldsymbol{v}) = \mathrm{E}(\boldsymbol{v}\boldsymbol{v}') =$$

$$= \sigma_\varepsilon^2 \begin{bmatrix} \frac{1}{1-\varrho^2} & \frac{\varrho}{1-\varrho^2} & \frac{\varrho^2}{1-\varrho^2} & \cdots & \cdots & \frac{\varrho^{T-1}}{1-\varrho^2} \\ \frac{\varrho}{1-\varrho^2} & \frac{1}{1-\varrho^2} & \frac{\varrho}{1-\varrho^2} & \cdots & \cdots & \frac{\varrho^{T-2}}{1-\varrho^2} \\ \frac{\varrho^2}{1-\varrho^2} & \frac{\varrho}{1-\varrho^2} & \frac{1}{1-\varrho^2} & \frac{\varrho}{1-\varrho^2} & \cdots & \frac{\varrho^{T-3}}{1-\varrho^2} \\ \vdots & \vdots & \vdots & \vdots & & \vdots \\ \frac{\varrho^{T-1}}{1-\varrho^2} & \frac{\varrho^{T-2}}{1-\varrho^2} & \cdots & \cdots & \frac{\varrho^1}{1-\varrho^2} & \frac{1}{1-\varrho^2} \end{bmatrix} = \sigma_\varepsilon^2 \boldsymbol{V}. \qquad (12.13)$$

Während sich beim Erwartungswert für v_t die Auswirkung der Autokorrelation noch nicht bemerkbar macht, ist die Kovarianzmatrix jetzt hiervon betroffen. Für stochastisch unabhängige bzw. unkorrelierte Störvariablen wird die Kovarianzmatrix durch Gleichung (8.23) gegeben; man erhält sie aus Gleichung (12.13) für $\varrho = 0$. Die Varianz für jede Störvariable v_t beträgt dann σ_ε^2. Bei Autokorrelation ist Gleichung (12.13) die Kovarianzmatrix. Wegen $|\varrho| < 1$ sind alle Hauptdiagonalelemente $\dfrac{1}{1-\varrho^2}$ größer als eins. Da die Kovarianzmatrix der OLS-Schätzfunktionen von der Kovarianzmatrix der Störvariablen abhängt, ist es entscheidend zu wissen, ob bei einer Regression die Störvariablen autokorrelieren oder nicht.

12.3 Der Durbin-Watson-Test und der Q-Test

Da die Störvariablen nicht direkt beobachtbar sind, kann die Prüfung auf Autokorrelation nur anhand der Residuen erfolgen. Um die für einen Test notwendigen Werte zu erhalten, schätzt man zunächst ungeachtet einer möglichen Autokorrelation der Störvariablen die Parameter der Regressionsgleichung (7.3) oder (7.24) mit der OLS-Methode und bestimmt hieraus die Residuen. Wegen der auch bei korrelierenden Störvariablen erwartungstreuen OLS-Koeffizientenschätzfunktionen spiegelt sich eine eventuell vorhandene Autokorrelation bei den Störvariablen auch in den Residuen wider. Ergibt der Test, dass keine Autokorrelation vorliegt, wird die ursprüngliche Schätzung beibehalten; andernfalls empfiehlt es sich, die Daten so zu bereinigen, dass die Autokorrelation verschwindet oder ein Schätzverfahren zu wählen, das sich gegenüber autokorrelierten Störvariablen als robust erweist. Beide Möglichkeiten werden weiter unten entwickelt.

In der Ökonometrie wird die Überprüfung der Autokorrelation erster Ordnung häufig mit dem **Durbin–Watson–Test**[4] durchgeführt. Für seine An-

[4] DURBIN und WATSON (1970).

wendung müssen zwei Voraussetzungen erfüllt sein:

(a) Die Regressionsgleichung muss inhomogen sein,

(b) die endogene Variable darf nicht in verzögerter Form als Regressor vorkommen.

Die Teststatistik d ist definiert als:

$$d = \frac{\sum\limits_{t=2}^{T} (\hat{v}_t - \hat{v}_{t-1})^2}{\sum\limits_{t=1}^{T} \hat{v}_t^2} \quad \text{oder} \tag{12.14}$$

$$d = \frac{\sum\limits_{2} \hat{v}_t^2 + \sum\limits_{2} \hat{v}_{t-1}^2 - 2 \sum\limits_{2} \hat{v}_t \hat{v}_{t-1}}{\sum\limits_{1} \hat{v}_t^2}. \tag{12.15}$$

Bei zunehmendem Stichprobenumfang T gilt approximativ:

$$\sum_{2} \hat{v}_t^2 \approx \sum_{2} \hat{v}_{t-1}^2 \approx \sum_{1} \hat{v}_t^2.$$

Daher kann Gleichung (12.15) umgeformt werden zu:

$$d \approx 2 \left(1 - \frac{\sum\limits_{2} \hat{v}_t \hat{v}_{t-1}}{\sum\limits_{1} \hat{v}_t^2} \right). \tag{12.16}$$

Wird Gleichung (12.1) aus den Residuen mit der OLS-Methode geschätzt, erhält man für den Schätzwert $\hat{\varrho}$:

$$\hat{\varrho} = \frac{\sum\limits_{2} \hat{v}_t \hat{v}_{t-1}}{\sum\limits_{2} \hat{v}_{t-1}^2} \approx \frac{\sum\limits_{2} \hat{v}_t \hat{v}_{t-1}}{\sum\limits_{1} \hat{v}_t^2}. \tag{12.17}$$

Gleichung (12.16) geht dann über in:

$$d \approx 2(1 - \hat{\varrho}). \tag{12.18}$$

Da der Koeffizient ϱ nur Werte des offenen Intervalls $-1 < \varrho < 1$ annehmen kann, lassen sich über Gleichung (12.18) auch die Intervallgrenzen für die DURBIN-WATSON-Statistik d angeben. Hierzu setzt man die offenen Intervallgrenzen für ϱ in Gleichung (12.18) ein: Für $\hat{\varrho} = 1$ ist $d = 0$ und $\hat{\varrho} = -1$ führt zu $d = 4$. Daher gilt: $0 < d < 4$.

Sind die Störvariablen und damit auch die Residuen frei von Autokorrelation, nimmt d für $\hat{\varrho} = 0$ den Wert 2 an. Man wird nur dann auf Autokorrelation schließen, wenn die Prüfgröße d signifikant von zwei abweicht. Durbin und Watson[5] haben für verschiedene Signifikanzniveaus α, unterschiedliche Stichprobenumfänge und Regressorenanzahl K die kritischen Werte von d unter der Annahme normalverteilter Störvariablen tabelliert. Da die Residuen nur Schätzungen für die Realisationen der Störvariablen sind und noch von der Beobachtungsmatrix $\boldsymbol{X}$, die nur aus nicht stochastischen Variablen bestehen darf, abhängen, enthalten die Tabellen Unschärfebereiche. Jede Tabelle weist daher zwei Werte aus (vgl. die Tabellen 6 und 7 im Tabellenanhang), einen oberen (d_o) und einen unteren (d_u) kritischen Wert, die sich beide auf einen einseitigen Test beziehen, dessen Alternativhypothese durch „positive Autokorrelation" gegeben wird. Die Bedeutung dieser beiden Werte wird sofort bei der Beschreibung des Testvorganges verständlich. Die H_0-Hypothese lautet hier: „Keine Autokorrelation". Man berechnet nun, nachdem die Regressionsgleichung mit der OLS-Methode geschätzt wurde, nach Gleichung (12.14) den konkreten d-Wert. Bei vorgegebenem α-Risiko, Stichprobenumfang T und Anzahl der Regressoren K (einschließlich des Achsenabschnitts) erhält man aus der Tabelle zwei Werte d_u und d_o (vgl. Abbildung 12.2, in der die kritischen Werte für $\alpha = 5\%$, $K = 2$ und $T = 15$ eingetragen sind).

Abb. 12.2: Durbin-Watson Test

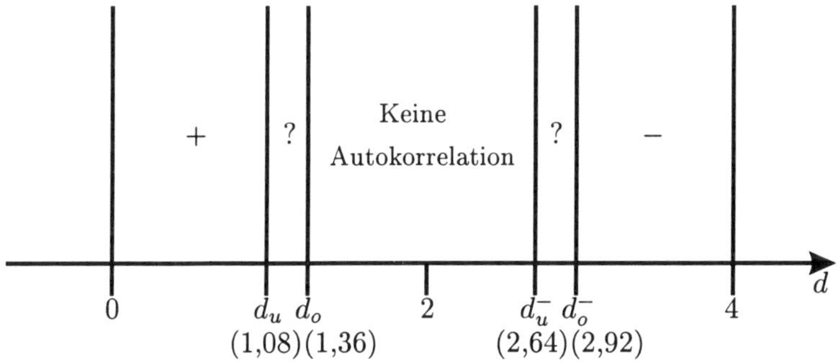

Liegt d in dem Intervall $0 < d < d_u (= 1{,}08)$, wird die Abweichung von 2 als signifikant erachtet und die H_0-Hypothese: „Keine Autokorrelation" zugunsten der Alternativhypothese: „Positive Autokorrelation" aufgegeben. Man kann dann Gleichung (12.18) nach $\hat{\varrho}$ auflösen und hat auf diese Weise einen Schätzwert für den Autoregressionskoeffizienten gewonnen. Es ist also nicht nötig, $\hat{\varrho}$ mit der OLS-Methode gesondert zu schätzen. Werte im Intervall

[5] DURBIN und WATSON (1951).

$d_o(=1{,}36) < d < 2$ lassen die Abweichung als zufällig erscheinen und bewirken eine Beibehaltung der Nullhypothese. Fällt ein d-Wert in das Intervall $d_u(=1{,}08) < d < d_o(=1{,}36)$, kann die Frage nach Autokorrelation nicht entschieden werden.

Da die Teststatistik d einer symmetrischen Verteilung unterliegt, sind aus den Tabellenwerten die entsprechenden kritischen Werte für einen Test mit negativer Autokorrelation als Alternativhypothese zu errechnen:

$$d_u^- = 4 - d_o \quad \text{und} \quad d_o^- = 4 - d_u,$$

$d_{u,o}^-$: kritische Werte für negative Autokorrelation.

Die Anwendung des Durbin-Watson Tests erweist sich nur dann als sinnvoll, wenn – wie bereits erwähnt – keine verzögert endogenen Variablen als Regressoren vorkommen, denn dann ist d fehlerhaft gegen zwei verzerrt; der empirische Befund würde zu optimistisch beurteilt.[6] Der mit der OLS-Methode oder aus Gleichung (12.18) ermittelte Schätzwert $\hat{\varrho}$ ist bei exogenen Regressoren konsistent und asymptotisch effizient.

Liegt Autokorrelation nicht als Markov-Prozess vor, sind andere Autokorrelationsstrukturen zu spezifizieren. Eine natürliche Erweiterung von Gleichung (12.1) besteht in der Annahme eines AR-Prozesses p-ter Ordnung:

$$\begin{aligned} v_t &= \varrho_1 v_{t-1} + \varrho_2 v_{t-2} + \ldots + \varrho_p v_{t-p} + \varepsilon_t, \\ &\text{mit } |\varrho_j| < 1 \text{ für } j = 1, \ldots, p. \end{aligned} \tag{12.19}$$

Gibt Gleichung (12.19) die Autokorrelation adäquat wieder, sind die Autokorrelationskoeffizienten $r_{v_t,v_{t-j}}$, $j = 1, \ldots, p$, von null verschieden. **Box**, **Ljung** und **Pierre**[7] haben für diesen Fall Tests entwickelt, die mit den OLS-Residuen durchgeführt werden können. Liegen die OLS-Residuen vor, schätzt man zunächst die Autokorrelationskoeffizienten bis zur p-ten Ordnung:

$$\hat{r}_{\hat{v}_t,\hat{v}_{t-j}} = \hat{r}(j) = \frac{\sum\limits_{t=j+1}^{T} \hat{v}_t \hat{v}_{t-j}}{\sum\limits_{t=1}^{T} \hat{v}_t^2}, \quad j = 1, \ldots, p. \tag{12.20}$$

Der geschätzte Autokorrelationskoeffizient erster Ordnung $\hat{r}(1)$ folgt aus Gleichung (12.20) für $j = 1$ als: $\hat{r}(1) = \sum\limits_{t=2}^{T} \hat{v}_t \hat{v}_{t-1} / \sum\limits_{t=1}^{T} \hat{v}_t^2$; analog hierzu erhält man die übrigen Autokorrelationskoeffizienten höherer Ordnung.

[6] Eine detaillierte Analyse dieser Problematik findet sich bei SPENCER (1975).

[7] Vgl. hierzu BOX und PIERCE (1970) sowie LJUNG und BOX (1978).

Summiert man die quadrierten, geschätzten Autokorrelationskoeffizienten und multipliziert diese Summe mit T, ergibt sich eine Teststatistik, die in der Literatur mit Q bezeichnet wird:

$$Q = T \sum_{j=1}^{p} \hat{r}^2(j). \tag{12.21}$$

Wegen der Wohlspezifikation der Regressionsgleichung lautet die Nullhypothese, dass keine Autokorrelation gemäß Gleichung (12.19) vorliegt; d.h. es gilt: $\varrho_1 = \varrho_2 = \ldots = \varrho_p = 0$ bzw. $r(j) = 0$ für $j = 1, \ldots, p$. Unter der Nullhypothese ist Q asymptotisch χ^2-verteilt mit p Freiheitsgraden, wenn für v_t eine Normalverteilung angenommen wird. Die aus den geschätzten Autokorrelationskoeffizienten gebildete Summe (12.21) dürfte dann auch nur zufällig von null abweichen. Die Alternativhypothese lautet „Autokorrelation“. Aus der Tabelle der χ^2-Verteilung (siehe Tabelle 3 im Tabellenanhang) folgt nach Festlegung des α-Fehlers und der Freiheitsgrade ein kritischer Wert, dessen Überschreiten als signifikante Abweichung von der Nullhypothese interpretiert wird. Die Nullhypothese ist dann widerlegt.

Eine Alternative zum Q-Test von Box und Pierce schlagen **Ljung** und **Box** vor. Die Teststatistik lautet jetzt:

$$Q' = T(T+2) \sum_{j=1}^{p} \frac{\hat{r}^2(j)}{T-j}. \tag{12.22}$$

Auch Q' ist unter der Nullhypothese approximativ χ^2-verteilt mit p Freiheitsgraden, so dass dieselbe Teststrategie wie beim Q-Test zur Anwendung kommt.

Für die Spezifikation des Autokorrelationsprozesses gibt es keine universellen Regeln. Bei praktischen Arbeiten wird man daher den Durbin-Watson-Test noch durch den Q-Test bzw. Q'-Test absichern. Auch liegt im Allgemeinen keine a priori Information über die Ordnung p des AR-Prozesses (12.19) vor, so dass der Q-Test mit unterschiedlichen Vorgaben für p durchzuführen ist. Es lassen sich aber auch die in Abschnitt 13.7 dargestellten Informationskriterien zur empirischen Festlegung der Ordnung p heranziehen.

12.4 Auswirkungen der Autokorrelation auf die statistischen Eigenschaften der OLS-Schätzfunktion

Schätzt man eine Regression mit der OLS-Methode, obwohl die Störvariablen autokorrelieren, bleiben die Schätzfunktionen weiterhin erwartungstreu, denn für diese Eigenschaft war nur notwendig, dass gilt: $\mathrm{E}(\boldsymbol{v}) = 0$. Diese Bedingung wird aber auch von autokorrelierten Störvariablen erfüllt.

Werden die Varianzen der Regressionskoeffizienten nach Gleichung (8.24) berechnet, begeht man bei Autokorrelation gemäß Gleichung (12.1) einen Fehler. Die Kovarianzmatrix ist jetzt:

$$\begin{aligned} \mathrm{var}(\boldsymbol{p}) &= (\boldsymbol{X}'\boldsymbol{X})^{-1}\boldsymbol{X}'\mathrm{E}(\boldsymbol{v}\boldsymbol{v}')\boldsymbol{X}(\boldsymbol{X}'\boldsymbol{X})^{-1} \\ &= \sigma_\varepsilon^2(\boldsymbol{X}'\boldsymbol{X})^{-1}\boldsymbol{X}'\boldsymbol{V}\boldsymbol{X}(\boldsymbol{X}'\boldsymbol{X})^{-1} \neq \sigma_v^2(\boldsymbol{X}'\boldsymbol{X})^{-1}, \end{aligned} \tag{12.23}$$

da nicht mehr gilt: $\mathrm{E}(\boldsymbol{v}\boldsymbol{v}') = \sigma_v^2\boldsymbol{I}$. Wegen $|\varrho| < 1$ sind im Falle eines Markov-Prozesses erster Ordnung für v_t alle Hauptdiagonalelemente der Matrix $\boldsymbol{V}$ größer als eins und damit größer als die Hauptdiagonalelemente der Einheitsmatrix $\boldsymbol{I}$. Daher müssen die nach Gleichung (12.23) ermittelten Varianzen der OLS-Schätzfunktionen p_k größer als bei fehlender Autokorrelation sein. Die OLS-Schätzfunktionen sind bei Autokorrelation zwar weiterhin erwartungstreu, aber nicht mehr effizient. Dieser Effizienzverlust tritt auch bei einem allgemeinen autoregressiven Prozess gemäß Gleichung (12.19) ein.

Ermittelt man die Varianzen bei autokorrelierten Störvariablen mit der Kovarianzmatrix $\mathrm{var}(p) = \sigma_v^2(\boldsymbol{X}\boldsymbol{X})^{-1}$, sind alle Tests bezüglich der Regressionskoeffizienten und alle Konfidenzintervalle, die mit diesen Varianzen berechnet werden, fehlerhaft. Unterliegen die Störvariablen einem Markov-Prozess erster Ordnung mit $0 < \varrho < 1$, unterschätzen die so gewonnenen Varianzen die Varianz der Stichprobenverteilung der Schätzer p_k, $k = 1, \ldots, K$, die sich bei Autokorrelation ergeben. Dieser Fehler wird noch dadurch verstärkt, dass σ_v^2 unbekannt und daher zu schätzen ist. Würde diese Schätzung mit Gleichung (8.42) bzw. (8.43) durchgeführt, wäre das Ergebnis bei autokorrelierten Störvariablen verzerrt gegen null,[8] d.h. auch die wahre Varianz der Störvariablen würde unterschätzt. Daher steigt bei positiver Autokorrelation die Gefahr einer zu optimistischen Beurteilung der Signifikanz einer Koeffizientenschätzung. Weder der t- noch der F-Wert haben dann verlässliche Aussagekraft. Es ist deshalb notwendig, entweder die Variablen so zu transformieren, dass die ursprüngliche Autokorrelation der Störvariablen verschwindet und sich daher für die OLS-Schätzfunktionen wieder Effizienz einstellt

[8] Ein Beweis hierfür findet sich bei THEIL (1971), S. 256. Für diese Schätzung kann aber eine Fehlergrenze angegeben werden. Vgl. hierzu NEUDECKER (1977) und (1978).

oder ein neues Schätzverfahren zu entwickeln, das auch bei autokorrelierten Störvariablen zu effizienten Schätzfunktionen führt.

12.5 Die Differenzmethode

Die Vorgehensweise zur Beseitigung der Autokorrelation lässt sich übersichtlich anhand der einfachen Regression entwickeln, bei einem multiplen Regressionsansatz verfährt man dann mit den übrigen Variablen entsprechend.

Das einfachste, aber auch der größten Restriktion unterworfene Verfahren ist die Differenzenbildung zeitlich aufeinander folgender Beobachtungen. Diese Vorgehensweise ist gerechtfertigt, wenn der Autokorrelationskoeffizient nahe bei eins liegt. Markov-Prozess und Regressionsgleichung werden dann gegeben durch:

$$v_t = v_{t-1} + \varepsilon_t \quad \text{und} \tag{12.24}$$

$$y_t = \pi_1 + \pi_2 x_t + v_t. \tag{12.25}$$

Für die Periode $t-1$ erhält man aus Gleichung (12.25):

$$y_{t-1} = \pi_1 + \pi_2 x_{t-1} + v_{t-1}. \tag{12.26}$$

Die Differenz der Gleichungen (12.25) und (12.26) ist dann:

$$(y_t - y_{t-1}) = \pi_2(x_t - x_{t-1}) + (v_t - v_{t-1}). \tag{12.27}$$

Nach Gleichung (12.24) ist aber $v_t - v_{t-1} = \varepsilon_t$; bezeichnet man die übrigen Differenzen mit $(y_t - y_{t-1}) = y_t^*$ und $(x_t - x_{t-1}) = x_t^*$, ergibt sich:

$$y_t^* = \pi_2 x_t^* + \varepsilon_t. \tag{12.28}$$

In Gleichung (12.28) erfüllt die Störvariable ε_t alle Annahmen, um die blu-Eigenschaften zu gewährleisten.[9] Der Achsenabschnitt π_1 kann jedoch nicht direkt geschätzt werden, sondern ist über $p_1 = \bar{y} - p_2\bar{x}$ zu ermitteln.

Eine nicht dieser Einschränkung bezüglich des Wertes von ϱ unterliegende Transformation erhält man, wenn Gleichung (12.26) mit ϱ multipliziert und dann von Gleichung (12.25) subtrahiert wird:[10]

$$(y_t - \varrho y_{t-1}) = \pi_1(1-\varrho) + \pi_2(x_t - \varrho x_{t-1}) + (v_t - \varrho v_{t-1}) \tag{12.29}$$

oder:

$$y_t^* = \pi_1^* + \pi_2 x_t^* + \varepsilon_t. \tag{12.30}$$

[9] Eine kritische Beurteilung dieses Transformationsverfahrens findet sich bei KADIYALA (1968).

[10] Vgl. hierzu COCHRANE und ORCUTT (1949).

Auch bei dieser Gleichung führt die OLS-Methode zu Effizienz, vorausgesetzt, dass der Wert für ϱ bekannt oder geschätzt ist. Cochrane und Orcutt schlagen eine iterative Vorgehensweise vor. Man wählt für ϱ einen beliebigen Startwert $\hat{\varrho}(0)$, $|\hat{\varrho}(0)| < 1$, transformiert damit die Beobachtungen gemäß Gleichung (12.29) und schätzt Gleichung (12.30) mit der OLS-Methode. Mit den jetzt vorliegenden Residuen wird im ersten Iterationsschritt $\hat{\varrho}(1)$ geschätzt und die Beobachtungen damit transformiert. Diese neuen Daten bilden die Basis für eine weitere OLS-Schätzung der Gleichung (12.30), aus deren Residuen dann $\hat{\varrho}(2)$ für den zweiten Iterationsschritt gewonnen wird. Diese Iteration wird so lange fortgesetzt, bis ein Autokorrelationstest Freiheit von Autokorrelation bei den Residuen anzeigt. Die Schätzung von ϱ kann dabei gemäß Gleichung (12.17) erfolgen.

Es ist aber auch möglich, ϱ direkt aus der transformierten Gleichung, und nicht erst aus den OLS-Residuen zu schätzen.[11] Hierzu löst man Gleichung (12.29) nach y_t auf:

$$y_t = \pi_1(1-\varrho) + \varrho y_{t-1} + \pi_2 x_t - \pi_2 \varrho x_{t-1} + \varepsilon_t. \tag{12.31}$$

Schätzt man diese Gleichung mit der OLS-Methode, stellt der Koeffizient von y_{t-1} einen Schätzwert für ϱ dar, den man dann für die Variablentransformation gemäß Gleichung (12.29) benutzt, um Gleichung (12.30) zu erhalten, auf die nun die OLS-Methode anwendbar ist. Gleichung (12.31) enthält aber y_{t-1} als verzögert endogenen Regressor und stellt damit eine endogen dynamische Regressionsgleichung dar. Die dann erzielbaren Schätzeigenschaften werden in Kapitel 14 behandelt.

12.6 Die verallgemeinerte Methode der kleinsten Quadrate

Die von Aitken[12] entwickelte verallgemeinerte Methode der kleinsten Quadrate (GLS)[13] bietet ein Schätzverfahren, das auch bei autokorrelierten Störvariablen effiziente Schätzfunktionen herzuleiten erlaubt. Bei der multiplen Regression $\boldsymbol{y} = \boldsymbol{X}\boldsymbol{\pi} + \boldsymbol{v}$ unterliegen die Störvariablen einem Markov-Prozess erster Ordnung, wobei zunächst unterstellt wird, dass ϱ bekannt ist. Damit ist die Annahme (2.17) außer Kraft, vielmehr gilt jetzt Gleichung (12.1). Die Annahme (2.20) kann weiter beibehalten werden, da wegen Gleichung (12.8) die Störvariablen homoskedastisch sind. Die Matrix $\boldsymbol{V}$ in Glei-

[11] Durbin (1960).
[12] Aitken (1935).
[13] GLS: Generalized Least Squares.

chung (12.13) ist symmetrisch und positiv definit;[14] dies impliziert, dass sie regulär und ihre Inverse $\boldsymbol{V}^{-1}$ ebenfalls positiv definit ist. Die Matrix $\boldsymbol{V}^{-1}$ lässt sich dann als Produkt zweier regulärer Matrizen schreiben:

$$\boldsymbol{V}^{-1} = \boldsymbol{H}'\boldsymbol{H}, \qquad (12.32)$$

$$\boldsymbol{H}: \text{ reguläre Matrix der Ordnung } T.$$

Die Elemente der Matrix $\boldsymbol{V}$ und damit auch die der Matrix $\boldsymbol{H}$ sind nicht stochastische Größen. Die Variablen der multiplen Regression werden mit der Matrix $\boldsymbol{H}$ transformiert:

$$\boldsymbol{H}\boldsymbol{y} = \boldsymbol{H}\boldsymbol{X}\boldsymbol{\pi} + \boldsymbol{H}\boldsymbol{v}. \qquad (12.33)$$

Anstelle der ursprünglichen Beobachtungsmatrix $(\boldsymbol{y}\ \boldsymbol{X})$ tritt jetzt eine neue Datenbasis, deren Werte durch die Beobachtungsmatrix $(\boldsymbol{H}\boldsymbol{y}\ \boldsymbol{H}\boldsymbol{X})$ gegeben werden.

Der Erwartungswert der transformierten Störvariablen $\boldsymbol{H}\boldsymbol{v}$ ist weiterhin null: $\mathrm{E}(\boldsymbol{H}\boldsymbol{v}) = \boldsymbol{H}\mathrm{E}(\boldsymbol{v}) = \boldsymbol{0}$. Als Kovarianzmatrix für $\boldsymbol{H}\boldsymbol{v}$ erhält man:

$$\mathrm{var}(\boldsymbol{H}\boldsymbol{v}) = \mathrm{E}(\boldsymbol{H}\boldsymbol{v}\boldsymbol{v}'\boldsymbol{H}') = \boldsymbol{H}\mathrm{E}(\boldsymbol{v}\boldsymbol{v}')\boldsymbol{H}' = \sigma_\varepsilon^2\boldsymbol{H}\boldsymbol{V}\boldsymbol{H}'. \qquad (12.34)$$

Aus Gleichung (12.32) ergibt sich: $\boldsymbol{V} = (\boldsymbol{H}'\boldsymbol{H})^{-1} = \boldsymbol{H}^{-1}(\boldsymbol{H}')^{-1}$. Setzt man dieses Ergebnis in Gleichung (12.34) ein, folgt:

$$\mathrm{var}(\boldsymbol{H}\boldsymbol{v}) = \sigma_\varepsilon^2\boldsymbol{H}\boldsymbol{H}^{-1}(\boldsymbol{H}')^{-1}\boldsymbol{H}' = \sigma_\varepsilon^2\boldsymbol{I}. \qquad (12.35)$$

Nach der Transformation mit der Matrix $\boldsymbol{H}$ zeigen die neuen Störvariablen $\boldsymbol{H}\boldsymbol{v}$ die gleichen stochastischen Charakteristika, die notwendig sind, damit die Anwendung der OLS-Methode zu Schätzwerten mit den blu-Eigenschaften führt. Gleichung (12.33) kann daher mit der OLS-Methode geschätzt werden. Als Schätzvektor für die Regressionskoeffizienten π_k erhält man nach Gleichung (7.32):

$$\boldsymbol{p} = (\boldsymbol{X}^{*\prime}\boldsymbol{X}^*)^{-1}\boldsymbol{X}^{*\prime}\boldsymbol{y}^*, \quad \text{mit } \boldsymbol{y}^* = \boldsymbol{H}\boldsymbol{y} \text{ und } \boldsymbol{X}^* = \boldsymbol{H}\boldsymbol{X} \quad \text{oder:}$$

$$\boldsymbol{p} = (\boldsymbol{X}'\boldsymbol{H}'\boldsymbol{H}\boldsymbol{X})^{-1}\boldsymbol{X}'\boldsymbol{H}'\boldsymbol{H}\boldsymbol{y}. \qquad (12.36)$$

Wegen Gleichung (12.32) gilt aber: $\boldsymbol{H}'\boldsymbol{H} = \boldsymbol{V}^{-1}$; eine Substitution des entsprechenden Ausdruckes in Gleichung (12.36) führt zu:

$$\boldsymbol{p}_{\mathrm{GLS}} = (\boldsymbol{X}'\boldsymbol{V}^{-1}\boldsymbol{X})^{-1}\boldsymbol{X}'\boldsymbol{V}^{-1}\boldsymbol{y}. \qquad (12.37)$$

Diese Gleichung stellt den Schätzvektor der verallgemeinerten Methode der kleinsten Quadrate dar. Die Kovarianzmatrix für die Schätzer entwickelt man

[14] Zur Definition von positiv definit siehe Anmerkung 3 auf S. 140.

analog zur Herleitung von Gleichung (8.24). Dabei werden die Matrix $\boldsymbol{X}$ durch $\boldsymbol{X}^*$ und σ_v^2 durch $\sigma^2_{\boldsymbol{Hv}}$ ersetzt:

$$\operatorname{var}(\boldsymbol{p}_{\mathrm{GLS}}) = \sigma^2_{\boldsymbol{Hv}}(\boldsymbol{X}^{*\prime}\boldsymbol{X}^*)^{-1}. \tag{12.38}$$

Beachtet man, dass die Störvariablen einem Markov-Prozess erster Ordnung unterliegen, bewirkt die Transformationsmatrix $\boldsymbol{H}$, dass $\boldsymbol{v}$ wegen Gleichung (12.35) in die Störvariable $\boldsymbol{\varepsilon}$ überführt und damit die Autokorrelation beseitigt wird. Es gilt daher: $\boldsymbol{Hv} = \boldsymbol{\varepsilon}$, wobei $\boldsymbol{\varepsilon}$ einen Spaltenvektor darstellt. Für $\sigma^2_{\boldsymbol{Hv}}$ kann auch $\sigma^2_{\boldsymbol{\varepsilon}}$ und für $\boldsymbol{X}^*$ kann $\boldsymbol{HX}$ geschrieben werden. Gleichung (12.38) geht dann über in:

$$\operatorname{var}(\boldsymbol{p}_{\mathrm{GLS}}) = \sigma^2_{\boldsymbol{\varepsilon}}(\boldsymbol{X}'\boldsymbol{V}^{-1}\boldsymbol{X})^{-1}. \tag{12.39}$$

Es existiert im Falle autokorrelierter Störvariablen nun keine andere in y lineare und erwartungstreue Schätzfunktion, die zu einer kleineren Varianz für die Schätzfunktionen als die GLS-Methode führt. Das folgt unmittelbar aus der Tatsache, dass die Störvariablen der transformierten Gleichung (12.33) die Annahmen erfüllen, damit die Schätzfunktionen die blu-Eigenschaften besitzen. Die blu-Eigenschaften lassen sich für die GLS-Methode aber auch gesondert nachweisen; die Beweisführung erfolgt analog zu den entsprechenden Beweisen bei der OLS-Methode.

Die Kovarianzmatrix (12.39) kann erst berechnet werden, wenn $\sigma^2_{\boldsymbol{\varepsilon}}$ geschätzt ist. Setzt man in Gleichung (12.33) für π den GLS-Schätzvektor $\boldsymbol{p}_{\mathrm{GLS}}$ ein, erhält man die Residuen, deren Quadratsumme ein Minimum ergibt:

$$(\widehat{\boldsymbol{Hv}}) = \boldsymbol{Hy} - \boldsymbol{HXp}_{\mathrm{GLS}} = \boldsymbol{H}(\boldsymbol{y} - \boldsymbol{Xp}_{\mathrm{GLS}}). \tag{12.40}$$

Es wurde bereits bewiesen, dass ein nach Gleichung (8.43) bestimmter Schätzer für die Varianz der Störvariablen, die den betreffenden Annahmen des statistischen Modells genügen, erwartungstreu ist. Für die Varianz $\sigma^2_{\boldsymbol{\varepsilon}}$ erhält man somit als erwartungstreue Schätzfunktion:

$$s^2_{\boldsymbol{Hv}} = s^2_{\boldsymbol{\varepsilon}} = \frac{(\widehat{\boldsymbol{Hv}})'(\widehat{\boldsymbol{Hv}})}{T-K} = \frac{(\boldsymbol{y} - \boldsymbol{Xp}_{\mathrm{GLS}})'\boldsymbol{V}^{-1}(\boldsymbol{y} - \boldsymbol{Xp}_{\mathrm{GLS}})}{T-K}. \tag{12.41}$$

Gleichung (12.41) stellt natürlich auch eine erwartungstreue Schätzfunktion für die Varianz $\sigma^2_{\boldsymbol{\varepsilon}}$ der Gleichung (12.13) dar; da ϱ bekannt und $\sigma^2_{\boldsymbol{\varepsilon}}$ jetzt geschätzt ist, können nach dieser Gleichung die Varianzen und Kovarianzen der autokorrelierten Störvablen v_t berechnet werden.

Bei der Herleitung des GLS-Schätzvektors wurde von einem bekannten Autoregressionskoeffizienten ϱ und damit bekannter Matrix $\boldsymbol{V}$ ausgegangen. Dies dürfte aber bei praktischen ökonometrischen Arbeiten selten vorkommen, so dass ϱ geschätzt werden muss. Mögliche konsistente Schätzfunktionen liegen mit Gleichung (12.17) oder mit dem Cochrane-Orcutt-Iterationsverfahren vor. Verwendet man anstelle von $\boldsymbol{V}$ die Schätzung $\hat{\boldsymbol{V}}$, gehen die Gleichungen (12.37), (12.39) und (12.41) über in:

$$\boldsymbol{p}_{\text{GLS}} = (\boldsymbol{X}'\hat{\boldsymbol{V}}\boldsymbol{X})^{-1}\boldsymbol{X}'\hat{\boldsymbol{V}}^{-1}\boldsymbol{y}, \tag{12.42}$$

$$\text{var}(\boldsymbol{p}_{\text{GLS}}) = s^2_{\varepsilon}(\boldsymbol{X}'\hat{\boldsymbol{V}}^{-1}\boldsymbol{X})^{-1} \quad \text{und} \tag{12.43}$$

$$s^2_{\varepsilon} = \frac{(\boldsymbol{y} - \boldsymbol{X}\boldsymbol{p}_{\text{GLS}})'\hat{\boldsymbol{V}}^{-1}(\boldsymbol{y} - \boldsymbol{X}\boldsymbol{p}_{\text{GLS}})}{T - K}. \tag{12.44}$$

Diese Gleichungen stellen wegen der Schätzung von $\boldsymbol{V}$ die **geschätzte** bzw. **gewichtete verallgemeinerte Methode der kleinsten Quadrate** dar. Sie wird nach den Anfangsbuchstaben ihrer englischen Bezeichnung mit **EGLS** oder **FGLS** abgekürzt.[15] Bis auf (wenige) Ausnahmen[16] ist bei konsistent geschätztem $\hat{\varrho}$ die Verwendung der Matrix $\hat{\boldsymbol{V}}$ der von $\boldsymbol{V}$ asymptotisch äquivalent. Die mit Gleichung (12.42) gegebenen Schätzfunktionen sind jetzt konsistent.

12.7 Heteroskedastizität und GLS-Schätzungen

Bei der Entwicklung der GLS-Methode und dem Nachweis ihrer blu-Eigenschaften ist kein Bezug auf den angenommenen autoregressiven Prozess, wie ihn Gleichung (12.1) ausdrückt, notwendig. Es reichte vollkommen aus anzunehmen, dass der stochastische Prozess der Störvariablen zu einer nicht skalaren Kovarianzmatrix $\text{E}(\boldsymbol{v}\boldsymbol{v}')$ führt,[17] die regulär und positiv definit ist und geschrieben werden kann als:

$$\text{E}(\boldsymbol{v}\boldsymbol{v}') = \sigma^2\boldsymbol{V}, \quad \boldsymbol{V} \neq \lambda\boldsymbol{I}, \tag{12.45}$$
$$\lambda: \text{ Skalar}, \quad \boldsymbol{V}: \text{ regulär und positiv definit.}$$

Damit ist aber der Anwendungsbereich der GLS-Methode viel allgemeiner als nur für den hier zunächst betrachteten Fall autokorrelierter Störvariablen, die einem Markov-Prozess erster Ordnung folgen. Grundsätzlich können alle Regressionsgleichungen, deren Störvariablen eine Kovarianzmatrix gemäß Gleichung (12.45) aufweisen, mit der GLS-Methode geschätzt werden, sofern

[15] EGLS: Estimated Generalized Least Squares; FGLS: Feasible Generalized Least Squares.

[16] Vgl. SCHMIDT (1976).

[17] Eine Matrix $\boldsymbol{A}$ heißt **Skalarmatrix**, wenn gilt: $\boldsymbol{A} = \lambda\boldsymbol{I}$, λ : Skalar.

die Matrix $\boldsymbol{V}$ a priori bekannt ist. Müssen hingegen mehr als T Elemente der Matrix $\boldsymbol{V}$ geschätzt werden, ist dies nicht möglich. Die quadratische Matrix $\boldsymbol{V}$ hat die Ordnung T und ist symmetrisch. Daher beträgt die maximale Anzahl verschiedener Elemente $(T^2 - T)/2 + T$, die sich aus T Beobachtungen nicht schätzen lassen. Eine Schätzung gelingt immer dann, wenn die Elemente einer bestimmten Gesetzmäßigkeit unterliegen, so dass weniger als T Elemente unbekannt sind. Bei einem Markov-Prozess erster Ordnung z.B. ist nur ϱ zu schätzen, um alle Elemente der Matrix $\boldsymbol{V}$ zu kennen.

Zwei Anwendungsgebiete der GLS-Methode sind besonders hervorzuheben:

(1) Jede Autokorrelation der Störvariablen ist zulässig, solange Gleichung (12.45) erfüllt bleibt,[18]

(2) die Störvariablen können heteroskedastisch sein.

Damit steht mit der GLS-Methode ein Verfahren zur Verfügung, das auch dann anwendbar ist, wenn die Störvariablen die Annahme (2.20) nicht erfüllen. AITKEN[19] hat gezeigt, dass bei vorgegebenen Werten der exogenen Variablen und solchen stochastischen Prozessen der Störvariablen, die zu einer Kovarianzmatrix gemäß Gleichung (12.45) führen, keine andere, in y lineare und erwartungstreue Schätzfunktion zu einer kleineren Varianz für die Regressionskoeffizienten führt als die GLS-Methode.[20]

Heteroskedastizität besagt, dass die Varianzen der Störvariablen periodenabhängig sind. Sie können von Periode zu Periode unterschiedliche Werte annehmen. Häufig trifft man dies bei Querschnitterhebungen an, aber auch bei langen Zeitreihen für Variablen, die mikroökonomische Größen repräsentieren und/oder einem starken Trend unterliegen, kann Heteroskedastizität beobachtet werden. Erste Auskunft hierüber kann ein Streudiagramm liefern, dessen Punktwolke dann eine ähnliche Lage um eine Regressionsgerade wie in Abbildung 12.3 aufweisen wird.

Bei der Analyse heteroskedastischer Störvariablen bleiben alle Annahmen des statistischen Modells bis auf (2.20) gültig; die Annahme nicht autokorrelierter Störvariablen jedoch nur zwecks Vereinfachung, da die GLS-Methode

[18] Diese geforderte formale Eigenschaft der Matrix $\boldsymbol{V}$ ist jedoch bei der praktischen ökonometrischen Arbeit zu allgemein, so dass sie durch zusätzliche Annahmen, wie z.B. durch die Annahme eines autoregressiven Prozesses für v_t gemäß Gleichung (12.19) präzisiert werden muss.

[19] AITKEN (1935).

[20] In letzter Zeit haben BEACH und MACKINNON (1978) ein Maximum Likelihood Verfahren entwickelt, das auch bei autokorrelierten Störvariablen zur Koeffizientenschätzung herangezogen werden kann.

Abb. 12.3: Punktwolke bei Heteroskedastie

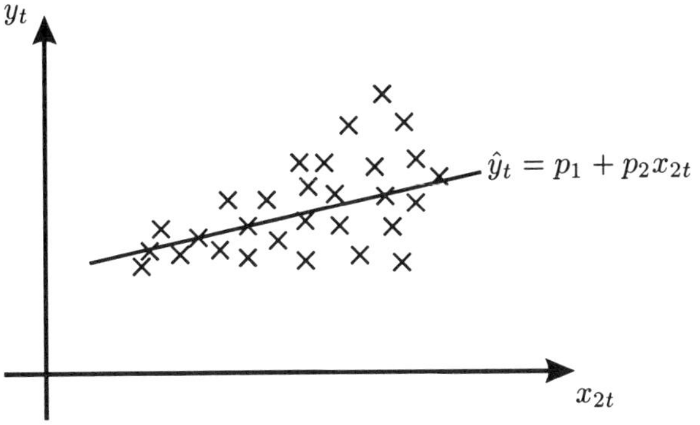

hier ebenfalls anwendbar ist. Bezeichnet σ_t^2, $t = 1, \ldots, T$ die zeitabhängigen Varianzen der Störvariablen v_t, lautet die Kovarianzmatrix jetzt:

$$\mathrm{E}(\boldsymbol{v}\boldsymbol{v}') = \begin{bmatrix} \sigma_1^2 & 0 & \ldots & \ldots & 0 \\ 0 & \sigma_2^2 & & & 0 \\ \vdots & & & & \vdots \\ \vdots & & & & \vdots \\ 0 & \ldots & \ldots & 0 & \sigma_T^2 \end{bmatrix} = \boldsymbol{V}. \tag{12.46}$$

Der Skalar σ^2 der Gleichung (12.45) beträgt hier eins. Da $\boldsymbol{V}$ eine Diagonalmatrix ist, hat die Inverse V^{-1} die Form:

$$\boldsymbol{V}^{-1} = \begin{bmatrix} \frac{1}{\sigma_1^2} & 0 & \ldots & \ldots & 0 \\ \vdots & \frac{1}{\sigma_2^2} & & & \vdots \\ \vdots & \vdots & & & \vdots \\ \vdots & \vdots & & & \vdots \\ 0 & 0 & \ldots & 0 & \frac{1}{\sigma_T^2} \end{bmatrix}. \tag{12.47}$$

Damit sind alle Größen gegeben, um die Koeffizienten mit der GLS-Methode zu schätzen.

Um zu sehen, welcher Transformation die GLS-Methode die Variablen der Regressionsgleichung unterwirft, wird für die Inverse $\boldsymbol{V}^{-1}$ die Transformationsmatrix $\boldsymbol{H}$ bestimmt. Man erhält:

$$\boldsymbol{H} = \begin{bmatrix} \frac{1}{\sigma_1} & 0 & \dots & & 0 \\ 0 & \frac{1}{\sigma_2} & \dots & & \vdots \\ \vdots & \vdots & & & 0 \\ 0 & 0 & \dots & 0 & \frac{1}{\sigma_T} \end{bmatrix}. \tag{12.48}$$

Es lässt sich leicht verifizieren, dass gilt: $\boldsymbol{H}'\boldsymbol{H} = \boldsymbol{V}^{-1}$. Mit $\boldsymbol{H}$ wird die Regression $\boldsymbol{y} = \boldsymbol{X}\boldsymbol{\pi} + \boldsymbol{v}$ so transformiert, dass die neuen Störvariablen $\boldsymbol{H}\boldsymbol{v}$ wieder homoskedastisch sind. Dies führt zu dem Regressionsansatz:

$$\frac{y_t}{\sigma_t} = \sum_{k=1}^{K} \pi_k \frac{x_{kt}}{\sigma_t} + \frac{v_t}{\sigma_t} \quad \text{für } t = 1, \dots, T. \tag{12.49}$$

Die ursprünglichen Beobachtungen sind in die Werte $\frac{y_t}{\sigma_t}$ und $\frac{x_{kt}}{\sigma_t}$, $k = 1, \dots, K$ überführt worden. Diese Gleichung erfüllt die notwendigen Bedingungen, damit die OLS-Methode Schätzwerte mit den blu-Eigenschaften ergibt:

$$\mathrm{E}(\boldsymbol{H}\boldsymbol{v}) = 0 \quad \text{und} \quad \mathrm{E}(\boldsymbol{H}\boldsymbol{v}\boldsymbol{v}\boldsymbol{H}') = \boldsymbol{H}\mathrm{E}(\boldsymbol{v}\boldsymbol{v}')\boldsymbol{H}' = \boldsymbol{H}\boldsymbol{V}\boldsymbol{H}' = \boldsymbol{I}.$$

Wegen der Transformationsart, die in Gleichung (12.49) deutlich wird, bezeichnet man dieses Verfahren auch als **gewogene Methode der kleinsten Quadrate** und $\boldsymbol{H}$ oft als **Gewichtungsmatrix**. Die Anwendung der GLS- bzw. der gewogenen kleinste-Quadrat-Methode setzt wiederum die Kenntnis der Varianzen σ_t^2, $t = 1, \dots, T$ voraus. Sind diese nicht bekannt, müssen aus einer Stichprobe im Umfang T neben den K Regressionskoeffizienten noch T Varianzen, also $T + K$ Unbekannte, geschätzt werden. Ohne vereinfachende Annahmen für die Zeitabhängigkeit der Varianzen ist dies nicht möglich. Als erste Hypothese soll deshalb unterstellt werden, dass die Varianz linear von der Zeit t abhängt:

$$\sigma_t^2 = ct, \qquad c: \text{ Konstante.} \tag{12.50}$$

Die Kovarianzmatrix für $\boldsymbol{v}$ ist dann:

$$E(\boldsymbol{v}\boldsymbol{v}') = \begin{bmatrix} c & 0 & \dots & & 0 \\ 0 & 2c & & & \vdots \\ \vdots & \vdots & & & \vdots \\ \vdots & \vdots & & & 0 \\ 0 & 0 & \dots & 0 & Tc \end{bmatrix} = c \begin{bmatrix} 1 & 0 & \dots & & 0 \\ \vdots & 2 & & & \vdots \\ \vdots & 0 & & & \vdots \\ \vdots & \vdots & & & 0 \\ 0 & 0 & \dots & 0 & T \end{bmatrix} = c\boldsymbol{V}.$$

Die Inverse $\boldsymbol{V}^{-1}$ und die Transformationsmatrix $\boldsymbol{H}$ lauten:

$$\boldsymbol{V}^{-1} = \begin{bmatrix} 1 & 0 & \dots & & 0 \\ 0 & \frac{1}{2} & \dots & & \vdots \\ \vdots & \vdots & \dots & & \vdots \\ \vdots & \vdots & \dots & & 0 \\ 0 & 0 & \dots & 0 & \frac{1}{T} \end{bmatrix}, \tag{12.51}$$

$$\boldsymbol{H} = \begin{bmatrix} 1 & 0 & & \dots & 0 \\ 0 & \frac{1}{\sqrt{2}} & 0 & \dots & \vdots \\ \vdots & 0 & & \dots & \vdots \\ \vdots & \vdots & & \dots & \vdots \\ 0 & 0 & & \dots & \frac{1}{\sqrt{T}} \end{bmatrix}. \tag{12.52}$$

Die Elemente von $\boldsymbol{H}$ sind a priori numerisch bekannt, so dass die Transformation der Variablen durchgeführt werden kann. Zur Veranschaulichung sind die Vektoren und Matrizen ausgeschrieben:

$$\boldsymbol{Hy} = \begin{bmatrix} y_1 \\ \frac{y_2}{\sqrt{2}} \\ \vdots \\ \frac{y_T}{\sqrt{T}} \end{bmatrix}; \quad \boldsymbol{HX} = \begin{bmatrix} x_{11} & x_{21} & \dots & x_{K1} \\ \frac{x_{12}}{\sqrt{2}} & \frac{x_{22}}{\sqrt{2}} & \dots & \frac{x_{K2}}{\sqrt{2}} \\ \vdots & \vdots & & \vdots \\ \frac{x_{1T}}{\sqrt{T}} & \frac{x_{2T}}{\sqrt{T}} & \dots & \frac{x_{KT}}{\sqrt{T}} \end{bmatrix}; \quad \boldsymbol{Hv} = \begin{bmatrix} v_1 \\ \frac{v_2}{\sqrt{2}} \\ \vdots \\ \frac{v_T}{\sqrt{T}} \end{bmatrix}.$$

Als zu schätzende Regression erhält man:

$$\frac{y_t}{\sqrt{t}} = \sum_{k=1}^{K} \pi_k \frac{x_{kt}}{\sqrt{t}} + \frac{v_t}{\sqrt{t}} \quad \text{für } t = 1, \dots, T. \tag{12.53}$$

Eine Schätzung dieser Gleichung mit der OLS-Methode führt zu blu-Schätzern.

Die Kovarianzmatrix der transformierten Störvariablen $\boldsymbol{Hv}$ ergibt sich als:

$$E(\boldsymbol{Hvv'H'}) = \boldsymbol{H}E(\boldsymbol{vv'})\boldsymbol{H'} = c\boldsymbol{HVH'} = c\boldsymbol{I}.$$

Die Konstante c stellt die Varianz der jetzt homoskedastischen Störvariablen $\boldsymbol{Hv}$ dar; eine erwartungstreue Schätzfunktion für c kann analog zu Gleichung (12.41) erstellt werden:

$$\hat{c} = s^2_{\boldsymbol{Hv}} = \frac{(\widehat{\boldsymbol{Hv}})'(\widehat{\boldsymbol{Hv}})}{T-K} = \frac{(\boldsymbol{y} - \boldsymbol{X p}_{\text{GLS}})'\boldsymbol{V}^{-1}(\boldsymbol{y} - \boldsymbol{X p}_{\text{GLS}})}{T-K}, \tag{12.54}$$

wobei $\boldsymbol{V}^{-1}$ durch Gleichung (12.51) bestimmt ist. Mit dem Schätzer $\hat{c}$ können alle Varianzen σ_t^2 der heteroskedastischen Störvariablen v geschätzt werden: $s_t^2 = \hat{c}t$.

Eine weitere Möglichkeit, Heteroskedastie zu modellieren, besteht darin, eine lineare Abhängigkeit der Standardabweichung σ_t von den Regressoren anzunehmen:

$$\sigma_t = \sum_{k=1}^{D} \alpha_k x_{kt}, \quad D \leq K. \tag{12.55}$$

Die Transformation bei dieser Abhängigkeitshypothese wird für die einfache Regression durchgeführt.[21] Da die Ableitungen analog zu dem vorausgegangenen Fall erfolgen, genügt es, nur die wichtigsten Schritte aufzuzeigen. Gleichung (12.55) wird bei einer einfachen Regression zu:

$$\sigma_t = a x_{2t}. \tag{12.56}$$

Die Verwendung der Standardabweichung in Gleichung (12.55) hat den Vorteil, dass die Varianzen vom Quadrat der Beobachtungen abhängen und daher die Matrix $\boldsymbol{V}$ ungeachtet der Vorzeichen von x_{2t} positiv definit bleibt. Als Kovarianzmatrix erhält man:

$$\mathrm{E}(\boldsymbol{v}\boldsymbol{v}') = a^2 \begin{bmatrix} x_{2t}^2 & 0 & \dots & 0 \\ 0 & & & \vdots \\ \vdots & & & \vdots \\ 0 & & \dots & x_{2T}^2 \end{bmatrix} = a^2 \boldsymbol{V}.$$

Hieraus ergeben sich $\boldsymbol{V}^{-1}$ und $\boldsymbol{H}$ als:

$$\boldsymbol{V}^{-1} = \begin{bmatrix} \frac{1}{x_{21}^2} & 0 & \dots & 0 \\ \vdots & & & \vdots \\ \vdots & & & \vdots \\ 0 & & \dots & \frac{1}{x_{2T}^2} \end{bmatrix} \quad \text{und} \quad \boldsymbol{H} = \begin{bmatrix} \frac{1}{x_{21}} & 0 & \dots & 0 \\ \vdots & & & \vdots \\ \vdots & & & 0 \\ 0 & & \dots & \frac{1}{x_{2T}} \end{bmatrix}.$$

Mit der OLS-Methode schätzt man nun folgende Gleichung:

$$\boldsymbol{H}\boldsymbol{y} = \boldsymbol{H}\boldsymbol{X}\boldsymbol{\pi} + \boldsymbol{H}\boldsymbol{v}, \quad \boldsymbol{X} = \begin{bmatrix} 1 & x_{21} \\ \vdots & \vdots \\ 1 & x_{2T} \end{bmatrix} : \text{ einfache Regression,}$$

[21] Eine allgemeine Analyse für den Fall, wie er in Gleichung (12.55) festgehalten ist, geben Rutemiller und Bowers (1968).

oder:

$$\frac{y_t}{x_{2t}} = \pi_1 \frac{1}{x_{2t}} + \pi_2 + \frac{v_t}{x_{2t}}. \tag{12.57}$$

Schließlich ist die Kovarianzmatrix der transformierten Variablen:

$$E(\boldsymbol{H}\boldsymbol{v}\boldsymbol{v}'\boldsymbol{H}') = a^2\boldsymbol{H}\boldsymbol{V}\boldsymbol{H}' = a^2\boldsymbol{I}.$$

Der Proportionalitätsfaktor a wird erwartungstreu gemäß Gleichung (12.54) geschätzt:

$$\hat{a}^2 = s^2_{\boldsymbol{Hv}} = \frac{(\widehat{\boldsymbol{Hv}})'(\widehat{\boldsymbol{Hv}})}{T-K};$$

danach lassen sich die Varianzen als $s_t^2 = \hat{a}^2 x_{2t}^2$ ermitteln.

Die hier unterstellte Verknüpfung heteroskedastischer Varianzen mit der Entwicklung einer exogenen Variablen wie in Gleichung (12.56) ist so vereinfachend, dass sie in vielen Fällen nur eine erste Annäherung an den tatsächlichen Zusammenhang darstellt. Eine realistischere, aber auch kompliziertere Funktion der zeitlichen Entwicklung der Störvariablen wird durch Gleichung (12.58) gegeben:[22]

$$\sigma_t^2 = \sigma^2 x_{2t}^{\gamma}. \tag{12.58}$$

Dieser Ansatz setzt voraus, dass alle Beobachtungen x_{2t} positiv sind; für $\gamma = 0$ liegt als Spezialfall Homoskedastie vor. Die Kovarianzmatrix $\mathrm{E}(\boldsymbol{v}\boldsymbol{v}')$ hat jetzt die Form:

$$\mathrm{E}(\boldsymbol{v}\boldsymbol{v}') = \sigma^2 \begin{bmatrix} x_{21}^{\gamma} & 0 & \dots & 0 \\ \vdots & & & \vdots \\ \vdots & & & 0 \\ 0 & \dots & 0 & x_{2T}^{\gamma} \end{bmatrix} = \sigma^2 \boldsymbol{V}. \tag{12.59}$$

Die Inverse $\boldsymbol{V}^{-1}$ und die Transformationsmatrix $\boldsymbol{H}$ sind dann:

$$\boldsymbol{V}^{-1} = \begin{bmatrix} x_{21}^{-\gamma} & 0 & \dots & 0 \\ 0 & & & \vdots \\ \vdots & & & \vdots \\ 0 & & \dots & x_{2T}^{-\gamma} \end{bmatrix}, \quad \boldsymbol{H} = \begin{bmatrix} x_{21}^{-\frac{\gamma}{2}} & 0 & \dots & 0 \\ 0 & & & \vdots \\ \vdots & & & 0 \\ 0 & & \dots & x_{2T}^{-\frac{\gamma}{2}} \end{bmatrix}.$$

[22] Vgl. zu diesem Ansatz PARK (1966).

Die mit der OLS-Methode zu schätzende einfache Regression erhält man nach der Transformation mit der Matrix $\boldsymbol{H}$ als:

$$\frac{y_t}{x_{2t}^{\frac{\gamma}{2}}} = \frac{\pi_1}{x_{2t}^{\frac{\gamma}{2}}} + \pi_2 x_{2t}^{1-\frac{\gamma}{2}} + \frac{v_t}{x_{2t}^{\frac{\gamma}{2}}} \tag{12.60}$$

$$\text{mit:} \quad \mathrm{E}(\boldsymbol{H}\boldsymbol{v}\boldsymbol{v}'\boldsymbol{H}') = \sigma^2 \boldsymbol{H}\boldsymbol{V}\boldsymbol{H}' = \sigma^2 \boldsymbol{I}.$$

Um allerdings die Variablentransformation durchführen zu können, müssen die Parameter der Gleichung (12.58) zuvor geschätzt werden. Hierzu wird eine Störvariable ε_t, in geeigneter Weise eingeführt, für die alle entsprechenden Annahmen des statistischen Modells gelten.[23] Gleichung (12.58) geht über in:

$$\sigma_t^2 = \sigma^2 x_{2t}^{\gamma} e^{\varepsilon_t}, \qquad e: \text{ Eulersche Zahl.} \tag{12.61}$$

Um die Koeffizienten dieser Gleichung zu schätzen, linearisiert man sie zunächst durch eine Logarithmustransformation:

$$\ln \sigma_t^2 = \ln \sigma^2 + \gamma \ln x_{2t} + \varepsilon_t. \tag{12.62}$$

Bei dieser Gleichung können die Werte für die Variable $x_{2t}^* = \ln x_{2t}$ leicht aus der Beobachtungsmatrix gewonnen werden; für $y_t^* = \ln \sigma_t^2$ liegen keine direkten Beobachtungen vor. Um Werte für diese Variable zu erhalten, schätzt man erst die Regressionsgleichung ungeachtet der Heteroskedastizität mit der OLS-Methode. Die Quadrate der daraus gewonnenen Residuen $\hat{v}_t^2$ stellen wegen $\mathrm{E}(v_t^2) = \sigma_t^2$ Schätzwerte für die Varianzen der Perioden $1, \ldots, T$ dar. Damit sind synthetische Beobachtungen für $y_t^* = \ln \sigma_t^2$ verfügbar, die als Zeilenvektor geschrieben lauten: $\boldsymbol{y}^{*\prime} = (\ln \hat{v}_1^2, \ldots, \ln \hat{v}_T^2)$. Gleichung (12.62) kann jetzt mit der OLS-Methode geschätzt werden. Der für die Transformation wichtige Koeffizient γ ist numerisch bestimmt.

Auch im heteroskedastischen Fall sind die OLS-Schätzungen weiterhin erwartungstreu. Ermittelt man die Varianzen dieser Schätzungen aber nach Gleichung (8.24), kann dies zu beachtlichen Abweichungen von den tatsächlichen Werten führen. Die Kovarianzmatrix des OLS-Schätzers $\boldsymbol{p}$ ergibt sich bei Heteroskedastizität als:

$$\begin{aligned} \mathrm{var}(\boldsymbol{p}) &= (\boldsymbol{X}'\boldsymbol{X})^{-1}\boldsymbol{X}'\mathrm{E}(\boldsymbol{v}\boldsymbol{v}')\boldsymbol{X}(\boldsymbol{X}'\boldsymbol{X})^{-1} \\ &= \sigma^2(\boldsymbol{X}'\boldsymbol{X})^{-1}\boldsymbol{X}'\boldsymbol{V}\boldsymbol{X}(\boldsymbol{X}'\boldsymbol{X})^{-1}. \end{aligned} \tag{12.63}$$

Bei Berücksichtigung der Heteroskedastizität mit der GLS-Methode wird die Kovarianzmatrix aber durch Gleichung (12.39) gegeben:

$$\mathrm{var}(\boldsymbol{p}_{\mathrm{GLS}}) = \sigma^2(\boldsymbol{X}'\boldsymbol{V}^{-1}\boldsymbol{X})^{-1}. \tag{12.64}$$

[23] Die Erweiterung von Gleichung (12.58) durch eine stochastische Komponente erfolgt so, dass nach einer Linearisierung dieser Gleichung systematische und stochastische Komponente additiv verknüpft sind.

Nach dem Theorem von AITKEN ist die Kovarianzmatrix nach Gleichung (12.63) um eine positiv semidefinite Matrix von der Kovarianzmatrix gemäß Gleichung (12.64) verschieden. Die OLS-Schätzer sind daher bei heteroskedastischen Störvariablen weniger effizient als die GLS-Schätzfunktionen. Muss die Matrix $\boldsymbol{H}$ geschätzt werden, ergeben sich für statistischen Eigenschaften der Schätzfunktionen dieselben Modifikationen wie im Falle von Autokorrelation.

12.8 Tests auf Heteroskedastizität

Da auch bei Heteroskedastizität die OLS-Koeffizientenschätzfunktionen erwartungstreu sind, kommt eine bei den Störvariablen vorliegende Heteroskedastizität auch bei den Residuen zum Ausdruck. Es ist daher möglich, anhand der Residuen auf Heteroskedastizität zu testen. Alle hier dargestellten Tests sind so aufgebaut, dass die Nullhypothese von Homoskedastizität ausgeht, also $\sigma_t^2 = \sigma^2$ =const. über alle t; nach der Alternativhypothese liegt Heteroskedastizität vor, also: $\sigma_1^2 \neq \sigma_2^2 \neq \ldots \neq \sigma_T^2$. Um die Verteilung der Testfunktion unter der Nullhypothese angeben zu können, werden unabhängige, normalverteilte Störvariablen unterstellt.

Ein allgemeiner Test, der keinerlei Vorgaben bezüglich des Entwicklungsgesetzes der Varianzen benötigt, wurde von **White**[24] entwickelt. Ausgangspunkt ist eine inhomogene Regressionsgleichung $y_t = \pi_1 x_{1t} + \ldots + \pi_K x_{Kt} + v_t$ mit $x_{1t} \equiv 1$, deren Koeffizienten mit der OLS-Methode signifikant geschätzt sind. Mit diesen K signifikanten Regressoren bildet man alle Kombinationen zur Klasse 2 mit Wiederholung, also: $(x_1, x_1), \ldots, (x_1, x_K), (x_2, x_2), \ldots, (x_2, x_K)$, $\ldots (x_{K-1}, x_K), (x_K, x_K)$. Die Anzahl dieser Kombinationen mit Wiederholung ergibt sich mit der Kombinatorikformel als: $\binom{K+1}{2} = \frac{(K+1)K}{2}$. Die in einer Kombination stehenden Regressoren werden multipliziert und das Produkt mit z_i, $i = 1, \ldots, (K+1)K/2$, bezeichnet. Man erhält:

$$
\begin{aligned}
&(1)\ z_1 = 1 \quad \text{für } x_1^2 \text{ wegen } x_{1t} = 1,\ t = 1, \ldots, T;\\
&(2)\ z_i = x_k \quad \text{für } x_1 x_k,\ k = 2, \ldots, K;\\
&(3)\ z_i = x_k^2 \quad \text{für } x_k x_k,\ k = 2, \ldots, K \quad \text{und}\\
&(4)\ z_i = x_j x_k \quad \text{für } j \neq k,\ j = 2, \ldots, K, \quad k = 3, \ldots, K, \quad j < k.
\end{aligned}
$$

Mit den quadrierten OLS-Residuen und den Variablen z_i wird nun die Hilfsregression: $\hat{v}_t^2 = \sum_i \alpha_i z_i + \varepsilon_t$ mit der OLS-Methode geschätzt und der Determinationskoeffizient R^2 berechnet. Unter der Nullhypothese $\sigma_t^2 = \sigma^2$ ist das

[24]Vgl. hierzu WHITE (1980).

Produkt TR^2 asymptotisch χ^2-verteilt mit $n = \frac{(K+1)K}{2} - 1$ Freiheitsgraden. Für einen vorgegebenen α-Fehler wird ein kritischer Wert $\chi^2(n, \alpha)$ aus der χ^2-Tabelle bestimmt, der Ablehnungs- und Annahmebereich trennt, und mit dem empirischen Wert TR^2 verglichen. Bei $TR^2 < \chi^2(n, \alpha)$ bleibt die Nullhypothese beibehalten, aus $TR^2 > \chi^2(n, \alpha)$ resultiert ihre Ablehnung. Jedoch weiß man beim White-Test nicht, wodurch die Heteroskedastizität entsteht, sondern nur, dass sie vorliegt. Daher liefert der Test keine Information für die Anwendung der GLS-Methode. Eine weitere Schwäche des Tests liegt darin, dass die Anzahl der Freiheitsgrade n, sehr groß werden kann. Bei konstantem α-Fehler wachsen die kritischen Werte $\chi^2(n, \alpha)$ mit der Anzahl der Freiheitsgrade, was tendenziell die Ablehnung der Nullhypothese erschwert. Auch könnte die Anzahl der z_i-Regressoren in der Hilfsregression größer als die Beobachtungsanzahl T werden, mit der Folge, dass die Hilfsregression nicht geschätzt werden kann. In diesem Fall ist die Anzahl der Hilfsregressoren durch Ausschluss der Kreuzprodukte zu verringern. Enthält eine Regressionsgleichung z.B. $K = 6$ Regressoren, sind bereits 21 z_i-Regressoren in die Hilfsregression aufzunehmen und die Teststatistik besitzt 20 Freiheitsgrade. Bei einem α-Fehler von 5% beträgt der kritische Wert nach der Tabelle: $\chi^2(20; 0,05) = 31,41$. Wurde die Regression mit $T = 25$ Beobachtungen geschätzt, führt der empirische Wert TR^2, der wegen $0 \leq R^2 \leq 1$ maximal den Wert 25 annehmen kann, niemals zu einer Ablehnung der Nullhypothese.

Bei dem von **Breusch** und **Pagan**[25] entwickelten Test ist vor seiner Durchführung festzulegen, von welchen Variablen die Varianzen der Störvariablen abhängen. Die funktionale Spezifikation der Abhängigkeit bleibt hingegen bis auf wenige allgemeine Eigenschaften unbestimmt. Bezeichnet man die bekannten, unabhängigen Variablen mit z_i, deren unbekannte Koeffizienten mit α_i, lässt sich die Abhängigkeit der Varianzen formulieren als:

$$\sigma_t^2 = f(\alpha_1 z_1 + \ldots + \alpha_m z_m) \quad \text{mit } z_1 \equiv 1. \tag{12.65}$$

Die Funktion f ist für alle Werte der unabhängigen Variablen z_i größer als null und mindestens zweimal stetig differenzierbar. Die Nullhypothese zeitkonstanter Varianzen restringiert die Koeffizienten α_i in Gleichung (12.65): $\alpha_2 = \alpha_3 = \ldots \alpha_m = 0$; die Varianz beträgt dann: $\sigma_t^2 = \sigma_v^2 = f(\alpha_1)$ und ist konstant über t.

Um die Nullhypothese homoskedastischer Störvariablen bei einer inhomogenen Regressionsgleichung zu testen, wird mit ihren quadrierten OLS-Residuen und den Variablen z_i aus Gleichung (12.65) die Hilfsregression: $\hat{v}_t^2 = \sum_{i=1}^{m} \beta_i z_{it} + \varepsilon_t$ mit der OLS-Methode geschätzt und der Determinationskoeffizient R^2 berechnet. Auch jetzt ist das Produkt TR^2 asymptotisch

[25] Breusch und Pagan (1980).

χ^2-verteilt mit $n = m - 1$ Freiheitsgraden; die weitere Vorgehensweise erfolgt daher analog zum White-Test. Bei empirischen Arbeiten sind die Regressoren z_i der Hilfsregression meist unbekannt. Liegen keine a priori Informationen vor, sind die Variablen z_i in Gleichung (12.65) durch die Regressoren x_k der Regressionsgleichung zu ersetzen. Hier geht man zunächst von nur wenigen Regressoren aus, so dass die beim White-Test ungünstig große Anzahl an Freiheitsgraden vermieden wird. Mit der Ablehnung der Nullhypothese weiß man jetzt, von welchen Variablen die zeitliche Entwicklung der Varianzen abhängt, ohne jedoch die funktionale Form zu kennen.

Ein häufig angewandter Test wurde von **Goldfeld** und **Quandt** [26] entwickelt. Diesem Test liegt eine funktionale Verknüpfung der Varianz mit einer exogenen Variablen zugrunde. Das Datenmaterial wird nun nicht mehr nach der Zeit, sondern nach der Größe der Beobachtungen einer ausgewählten exogenen Variablen angeordnet, wobei man mit dem kleinsten Wert beginnt. Bei der einfachen Regression entstehen bei der Auswahl der exogenen Variablen keine Schwierigkeiten, da ohnehin nur eine zur Verfügung steht. Jedoch ist bei der multiplen Regression die Wahl nicht so einfach zu treffen, sie mag durch theoretische a priori Erwägungen begründet sein. Die neue Anordnung wird in zwei gleich große Teilstichproben der T_1 kleinsten und T_2 größten Beobachtungen aufgeteilt, wobei zentrale Werte ausgelassen werden können. Dadurch verbessert sich die Trennschärfe des Tests. Allerdings muss die Anzahl der Beobachtungen der so gebildeten Teilstichproben für die Schätzung noch genügend groß bleiben. Bezeichnet N die Anzahl der ausgeschlossenen Variablen, gilt:

$$T = T_1 + T_2 + N \quad \text{und} \quad T_1 = T_2.$$

Auf der Datenbasis dieser beiden Teilstichproben wird mit der OLS-Methode je eine Schätzung für dieselbe Regressionsgleichung durchgeführt und dann die OLS-Residuen ermittelt. Es sei zunächst angenommen, dass die Varianzen der Störvariablen mit den Beobachtungen des ausgewählten Regressors positiv korrelieren. Die Testfunktion g ist dann definiert als:

$$g = \frac{(\sum\limits_{T_2} \hat{v}_t^2)_2}{(\sum\limits_{T_1} \hat{v}_t^2)_1}. \tag{12.66}$$

Im Zähler von Gleichung (12.66) steht die Quadratsumme, die mit den Residuen der Regression für die zweite Teilstichprobe berechnet wird; der Nenner stellt die Quadratsumme der Residuen aus der ersten Regression dar. Korrelieren die Varianzen positiv mit dem Regressor, müsste der Zähler größer als der Nenner sein. Unter der Nullhypothese sind die Residuen $\hat{v}_t$ unabhängig

[26] Goldfeldt und Quandt (1965).

normalverteilte Zufallsvariablen mit $\mathrm{E}(\hat{v}_t) = 0$ und zeitunabhängiger Varianz σ_v^2. Der Quotient $\hat{v}_t/\sigma_v$ ist standardnormalverteilt und die Zufallsvariablen $S_1 = \sum\limits_{T_1} \frac{\hat{v}_t^2}{\sigma_v^2}$ bzw. $S_2 = \sum\limits_{T_2} \frac{\hat{v}_t^2}{\sigma_v^2}$ sind unabhängig χ^2-verteilt mit $T_1 - K = T_2 - K$ Freiheitsgraden. Dividiert man S_1 und S_2 zunächst durch ihre Freiheitsgrade und bildet dann den Quotient, erhält man:

$$\frac{\frac{S_2}{T_2 - K}}{\frac{S_1}{T_1 - K}} = \frac{S_2}{S_1} = \frac{(\sum\limits_{T_2} \hat{v}_t^2)_2}{(\sum\limits_{T_1} \hat{v}_t^2)_1} = g. \tag{12.67}$$

Da S_1 und S_2 unabhängige, χ^2-verteilte Zufallsvariablen sind, ist der Quotient aus $S_2/(T_2 - K)$ und $S_1/(T_1 - K)$ F-verteilt mit $T_2 - K$ Freiheitsgraden im Zähler und der gleichen Anzahl an Freiheitsgraden im Nenner: $F_{T_2-K}^{T_2-K}$. Damit ist auch die Verteilungsfunktion der Teststatistik g gefunden. Erweitert man den Bruch in Gleichung (12.66) mit $1/(T_2 - K)$, stellen Zähler und Nenner unter der Nullhypothese Schätzfunktionen für σ_v^2 dar, die mit den Residuen der auf der Teilstichprobe T_1 und T_2 geschätzten Regression gebildet wurden: s_1^2 und s_2^2. Bei Homoskedastizität stimmen s_1^2 und s_2^2 in etwa überein. Geht man bei der Alternativhypothese von $\sigma_1^2 < \sigma_2^2$ aus, wird auch s_2^2 größer als s_1^2 sein. Es kann nun getestet werden, ob die Daten zu der Annahme heteroskedastischer Störvariablen Anlass geben oder nicht. Aus der Tabelle für die F-Verteilung wird bei gegebener Anzahl an Freiheitsgraden und festgelegtem α-Risiko ein kritischer Wert F_α bestimmt. Ist der berechnete Wert für g größer als F_α, liegt eine signifikante Abweichung von der Nullhypothese vor und sie wird durch die Alternativhypothese ersetzt. Korrelieren die Varianzen der Störvariablen mit den Werten des ausgewählten Regressors negativ, steht in Gleichung (12.66) die größere Quadratsumme nicht mehr im Zähler. Für den Test verwendet man daher den reziproken Wert $1/g$.

Die Auswahl des Regressors zur Präzisierung der funktionalen Abhängigkeit der Varianzen σ_t^2 dürfte bei den meisten praktischen ökonometrischen Arbeiten, sofern keine einfache Regression vorliegt, Probleme bereiten. Es empfiehlt sich daher, zunächst mit dem White-Test, der keine Annahmen an das Entwicklungsgesetz stellt, auf Heteroskedastizität zu testen. Bei Heteroskedastizität kann mit dem Goldfeld-Quandt Test bestimmt werden, welcher Regressor x_k die Heteroskedastizität funktional am besten erfasst, indem der Test für alternative Regressoren durchgeführt wird. Mit dem gefundenen Regressor lässt sich dann die für die Anwendung der GLS-Methode notwendige Transformationsmatrix $\boldsymbol{H}$ entwickeln.

12.9 Autoregressiv bedingte Heteroskedastizität

Bei der in Abschnitt 12.7 behandelten Heteroskedastizität entwickelt sich die Varianz der Störvariablen in Abhängigkeit der Zeit oder eines ausgewählten Regressors. Mit diesen Ansätzen kann Heteroskedastizität adäquat erfasst werden, wenn sich die Varianzen monoton zunehmend oder abnehmend verändern. Sie sind aber ungeeignet, wenn sich Heteroskedastizität abwechselnd in Perioden mit großen Varianzen, gefolgt von Perioden mit kleinen Varianzen, äußert, wobei die unbedingte, langfristige Varianz der Störvariablen homoskedastisch bleibt. Solche Entwicklungen findet man oft bei Märkten mit spekulativer Preisbildung, z.B. bei Aktien- und Wechselkursen oder bei der Inflationsrate. Abbildung 12.4 zeigt die Realisationen von Störvariablen, wie sie für diese Form der Heteroskedastizität typisch sind.

Abb. 12.4: Autoregressive Heteroskedastie

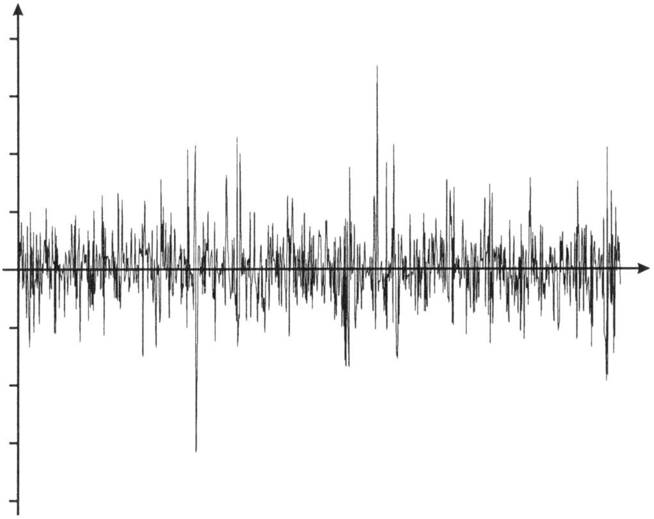

Um diese Zeitabhängigkeit der Varianz zu modellieren, entwickelt Engle[27] einen Ansatz, der wegen seiner englischen Bezeichnung unter dem Akronym ARCH: **A**uto**R**egressive **C**onditional **H**eterosedasticity Eingang in die Literatur findet. Die Grundidee dieses Ansatzes besteht darin, für Störvariablen, die den Bedingungen (2.16), (2.17) und (2.20) des statistischen Modells im

[27] ENGLE (1982).

zweiten Kapitel genügen, eine zeitvariable bedingte Varianz zu entwickeln. Das in Abbildung 12.4 dargestellte Zeitmuster legt es nahe, die bedingte Varianz für v_t von den Realisationen der Störvariablen der Vorperiode, v_{t-l}, $l = 1, \ldots, p$ abhängig anzusehen. Setzt man $p = 1$, ergibt sich die einfachste, autoregressive Abhängigkeit der bedingten Varianz als:

$$\mathrm{E}(v_t^2 | v_{t-1}) = \alpha_0 + \alpha_1 v_{t-1}^2, \tag{12.68}$$

wobei die Störvariable v_{t-1} quadriert wird, um positive bedingte Varianzen bei Koeffizienten $\alpha_i > 0$, $i = 0, 1$ zu sichern. Gleichung (12.68) stellt einen **ARCH-Prozess erster Ordnung** dar: **ARCH(1)**; seine Verallgemeinerung resultiert aus $p > 1$ und wird mit **ARCH(p)** abgekürzt:

$$\mathrm{E}(v_t^2 | v_{t-1}, \ldots, v_{t-p}) = \alpha_0 + \alpha_1 v_{t-1}^2 + \ldots + \alpha_p v_{t-p}^2.$$

Die unbedingte Varianz für einen ARCH(1)-Prozess erhält man aus Gleichung (12.68) nach erneuter Anwendung des Erwartungswertoperators:

$$\sigma_t^2 = \mathrm{E}(v_t^2) = \mathrm{E}[\mathrm{E}(v_t^2 | v_{t-1})] = \alpha_0 + \alpha_1 \mathrm{E}(v_{t-1}^2). \tag{12.69}$$

Bei homoskedastischen, unbedingten Varianzen gilt: $\mathrm{E}(v_t^2) = \mathrm{E}(v_{t-1}^2) = \sigma^2$ und aus Gleichung (12.69) folgt: $\sigma^2 = \frac{\alpha_0}{1-\alpha_1}$. Da die Varianz positiv ist, unterliegt α_1 der Restriktion: $0 < \alpha_1 < 1$.[28]

Störvariablen, die den oben abgegebenen Bedingungen des statistischen Modells genügen und deren bedingte Varianz durch Gleichung (12.68) gegeben wird, resultieren aus einem stochastischen Prozess, der in Gleichung (12.70) formalisiert ist:

$$v_t = \varepsilon_t (\alpha_0 + \alpha_1 v_{t-1}^2)^{\frac{1}{2}}. \tag{12.70}$$

Hier ist ε_t eine unabhängige, standardnormalverteilte Zufallsvariable.[29] Der bedingte und unbedingte Erwartungswert von v_t sind null: $\mathrm{E}(v_t | v_{t-1}) = (\alpha_0 + \alpha_1 v_{t-1}^2)^{\frac{1}{2}} \mathrm{E}(\varepsilon_t) = 0$; und daher folgt auch: $\mathrm{E}(v_t) = \mathrm{E}[\mathrm{E}(v_t | v_{t-1})] = 0$. Die bedingte Varianz erhält man als: $\mathrm{E}(v_t^2 | v_{t-1}) = \mathrm{E}[\varepsilon_t^2 (\alpha_0 + \alpha_1 v_{t-1}^2)] = \alpha_0 + \alpha_1 v_{t-1}^2$, weil annahmegemäß gilt: $\mathrm{E}(\varepsilon_t^2) = 1$; sie entspricht Gleichung (12.68). Daraus ergibt sich dann auch die oben bereits hergeleitete unbedingte Varianz. Schließlich lässt sich noch die bedingte und unbedingte Autokovarianz erster Ordnung angeben. Man erhält: $\mathrm{E}(v_t v_{t-1} | v_{t-1}) = v_{t-1} \mathrm{E}(v_t | v_{t-1}) = 0$ und $\mathrm{E}(v_t v_{t-1}) = \mathrm{E}[\mathrm{E}(v_t v_{t-1} | v_{t-1})] = 0$. Dieselben Ergebnisse stellen sich auch für einen ARCH-Prozess der Ordnung $p > 1$ ein.

---

[28] Bei einem ARCH(p)-Prozess ergibt sich die unbedingte Varianz entsprechend als: $\sigma^2 = \frac{\alpha_0}{1-(\alpha_1+\ldots+\alpha_p)}$ mit $(\alpha_1 + \ldots + \alpha_p) < 1$.

[29] Die Normierung der Varianz von ε_t auf eins bedeutet keine Einschränkung der Allgemeingültigkeit. Auch für $\sigma_\varepsilon^2 \neq 1$ lassen sich die nachstehenden Ergebnisse ableiten.

Wegen der abgeleiteten stochastischen Eigenschaften von Störvariablen, die Gleichung (12.70) generiert, liefert die OLS-Methode auch bei ARCH(p)-Prozessen blu-Schätzer für die in $\boldsymbol{\pi}$ enthaltenen Koeffizienten der multiplen Regressionsgleichung $\boldsymbol{y} = \boldsymbol{X\pi} + \boldsymbol{v}$. Jedoch würde bei bedingter Heteroskedastizität mit dem Durbin–Watson Test fälschlicherweise Autokorrelation diagnostiziert. Es empfiehlt sich daher, bei Regressionen mit z.B. Finanzmarktdaten auf ARCH-Prozesse zu testen. Eine einfache Vorgehensweise besteht darin, die multiple Regressionsgleichung $\boldsymbol{y} = \boldsymbol{X\pi} + \boldsymbol{v}$ mit der OLS-Methode zu schätzen und ihre Residuen $\hat{v}_t$ zu ermitteln. Auf der Basis dieser OLS-Residuen wird dann die Hilfsregression $\hat{v}_t^2 = \alpha_0 + \alpha_2\hat{v}_{t-1}^2 + \ldots + \alpha_p\hat{v}_{t-p}^2 + \varepsilon_t$ mit der OLS-Methode geschätzt und der Determinationskoeffizient berechnet. Weichen die geschätzten Koeffizienten $\hat{\alpha}_i$ nicht signifikant von $\alpha_i = 0$, $i = 1, \ldots, p$ ab, gilt: $\alpha_1 = \ldots = \alpha_p = 0$. Die bedingte Varianz geht dann über in $\mathrm{E}(v_t^2|v_{t-1}, \ldots, v_{t-p}) = \alpha_0$ und ist konstant, d.h. homoskedastisch. Um auf einen gemeinsamen signifikanten Einfluss der Regessoren $\hat{v}_{t-1}, \ldots, \hat{v}_{t-p}$ auf $\hat{v}_t$ zu testen, verwendet man das Produkt TR^2, das bei normalverteilten Störvariablen v_t χ^2-verteilt mit p Freiheitsgraden ist. Die weitere Vorgehensweise erfolgt analog zum White- oder Breusch-Pagan Test.

Liegen die Parameter $\hat{\alpha}_i$, $i = 0, \ldots, p$ der Hilfsregression numerisch vor, lassen sich die bedingten Varianzen mit $\hat{\hat{v}}_t^2 = \hat{\alpha}_0 + \sum_{i=1}^{p} \hat{\alpha}_i\hat{v}_{t-i}$ schätzen. Der bedingten Heteroskedastizität kann dann mit der gewogenen Methode der kleinsten Quadrate bei der Schätzung von $\boldsymbol{y} = \boldsymbol{X\pi} + \boldsymbol{v}$ Rechnung getragen werden. Jedoch müssen hierfür alle Varianzschätzungen größer als null sein.

Eine Verallgemeinerung des ARCH(p)-Prozesses stellt Bollerslev[30] vor. Die bedingte Varianz lautet jetzt:

$$\begin{aligned}\mathrm{E}(v_t^2|v_{t-1}, \ldots, v_{t-p}, \sigma_{t-1}^2, \ldots, \sigma_{t-q}^2) =& \alpha_0 + \alpha_1 v_{t-1}^2 + \ldots + \alpha_p v_{t-p}^2 + \beta_1\sigma_{t-1}^2 \\ &+ \ldots + \beta_q\sigma_{t-q}^2,\end{aligned}$$

wobei σ_{t-i}^2 bedingte Varianzen sind. Diese Gleichung stellt einen **verallgemeinerten, autoregressiven, bedingten, heteroskedastischen Prozess der Ordnung (p, q)** dar, der mit **GARCH(p, q)** abgekürzt wird. Hieraus folgt ein GARCH(1,1)-Prozess als:

$$\mathrm{E}(v_t^2|v_{t-1}, \sigma_{t-1}^2) = \alpha_0 + \alpha_1 v_{t-1}^2 + \beta_1\sigma_{t-1}^2. \tag{12.71}$$

Sukzessive Substitution der bedingten Varianzen σ_{t-i}^2 durch $\sigma_{t-i}^2 = \alpha_0 + \alpha_1 v_{t-1-i}^2 + \beta_1\sigma_{t-1-i}^2$ für $i = 1, 2, \ldots$ überführt Gleichung (12.71) in:

$$\mathrm{E}(v_t^2|v_{t-1}, \sigma_{t-1}^2) = \frac{\alpha_0}{1-\beta_1} + \alpha_1(v_{t-1}^2 + \beta_1 v_{t-2}^2 + \beta_1^2 v_{t-3}^2 + \beta_1^3 v_{t-4}^2 + \ldots).$$

[30] BOLLERSLEV (1986).

Die bedingte Varianz der Periode t wird jetzt abhängig von allen quadrierten Störvariablen der Vergangenheit. Die bei GARCH-Modellen eintretenden Schätzschwierigkeiten sollen hier nicht weiter verfolgt werden.

12.10 Scheinbar unverbundene Gleichungen: SURE-Schätzer

Liegt ein ökonometrisches Modell in der Form $\boldsymbol{y} + \boldsymbol{A}\boldsymbol{x} = \boldsymbol{u}$ vor, kann jede der G Gleichungen mit der OLS-Methode geschätzt werden. Jedoch tritt ein Effizienzverlust ein, wenn die Störvariablen $u_1, \ldots, u_G$ über die Gleichungen kontemporär korrelieren. Annahme (2.18) ist dann nicht mehr gültig, die Gleichungen sind nur scheinbar voneinander unabhängig. Es ist dann eine **SURE-Schätzung**[31] vorteilhaft. Um diese zu entwickeln, werden die G Gleichungen zu einer Gleichung zusammengefasst. Unter Berücksichtigung der Beobachtungen, die für jede Gleichung im selben Umfang T vorliegen, erhält man die g-te Gleichung als:

$$\boldsymbol{y}_g = \boldsymbol{X}_g \boldsymbol{\alpha}_g + \boldsymbol{u}_g, \quad g = 1, \ldots, G,$$

wobei $\boldsymbol{y}_g$ und $\boldsymbol{u}_g$ $(T \times 1)$-Spaltenvektoren sind, $\boldsymbol{\alpha}_g$ den $(K_g \times 1)$-Koeffizientenvektor, $\boldsymbol{X}_g$ die $(T \times K_g)$-Beobachtungsmatrix und K_g die Anzahl exogener Regressoren in der g-ten Gleichung kennzeichnen. Das für $g = 1, \ldots, G$ entstehende Gleichungssystem lautet in kompakter Schreibweise:

$$\begin{bmatrix} y_1 \\ \vdots \\ \vdots \\ y_G \end{bmatrix} = \begin{bmatrix} \boldsymbol{X}_1 & 0 & \ldots & 0 \\ 0 & \boldsymbol{X}_2 & & \vdots \\ \vdots & & \vdots & \\ 0 & \ldots & 0 & \boldsymbol{X}_G \end{bmatrix} \begin{bmatrix} \alpha_1 \\ \vdots \\ \vdots \\ \alpha_G \end{bmatrix} + \begin{bmatrix} u_1 \\ \vdots \\ \vdots \\ u_G \end{bmatrix} \quad \text{oder:}$$

$$\boldsymbol{y}^* = \boldsymbol{X}^* \boldsymbol{\alpha}^* + \boldsymbol{u}^*, \tag{12.72}$$

mit den Ordnungen für $\boldsymbol{y}^*$ und $\boldsymbol{u}^*$: $(TG \times 1)$, $\boldsymbol{X}^*$: $(TG \times \sum_{g=1}^{G} K_g)$, $\boldsymbol{\alpha}^*$: $(\sum_{g=1}^{G} K_g \times 1)$. Für die Störvariablen des Modells (12.72) gilt: $\mathrm{E}(\boldsymbol{u}^*) = 0$. Die Struktur der Kovarianzmatrix $\mathrm{E}(\boldsymbol{u}^*\boldsymbol{u}^{*\prime})$ erkennt man besser, wenn der Vektor $\boldsymbol{u}^*$ nach den Störvariablen $\boldsymbol{u}_g$ der einzelnen Gleichungen zerlegt wird: $\boldsymbol{u}^{*\prime} = (\boldsymbol{u}_1', \ldots, \boldsymbol{u}_G')$, wobei die Elemente $\boldsymbol{u}_g'$ Vektoren der Ordnung $(1 \times T)$

[31] SURE: Seemingly unrelated regression.

sind. Daraus erhält man die Kovarianzmatrix $\mathrm{E}(\boldsymbol{u}^*\boldsymbol{u}^{*\prime})$, die mit $\boldsymbol{\Sigma}$ bezeichnet wird, als:

$$\boldsymbol{\Sigma} = \begin{bmatrix} \mathrm{E}(\boldsymbol{u}_1\boldsymbol{u}_1') & \mathrm{E}(\boldsymbol{u}_1\boldsymbol{u}_2') & \dots & \mathrm{E}(\boldsymbol{u}_1\boldsymbol{u}_G') \\ \vdots & \vdots & & \vdots \\ \mathrm{E}(\boldsymbol{u}_G\boldsymbol{u}_1') & \mathrm{E}(\boldsymbol{u}_G\boldsymbol{u}_2') & \dots & \mathrm{E}(\boldsymbol{u}_G\boldsymbol{u}_G') \end{bmatrix}. \tag{12.73}$$

Die Hauptdiagonalelemente $\mathrm{E}(\boldsymbol{u}_g\boldsymbol{u}_g')$ der Kovarianzmatrix $\boldsymbol{\Sigma}$ sind selbst Kovarianzmatrizen der Störvariablen der einzelnen Gleichungen, wenn die Beobachtungsperioden beachtet werden. Die übrigen Matrizen $\mathrm{E}(\boldsymbol{u}_g\boldsymbol{u}_j')$, $g \neq j$ enthalten für gleichen Zeitbezug auf der Hauptdiagonalen die jetzt von null verschiedenen kontemporären Kovarianzen. Zum Beispiel ist $\mathrm{E}(\boldsymbol{u}_g\boldsymbol{u}_g') = \sigma_{u_g}^2\boldsymbol{I}$, wobei $\sigma_{u_g}^2$ die homoskedastische Varianz bedeutet und die Störvariablen in jeder Gleichung frei von Autokorrelation sind. Die Kovarianzmatrix $\mathrm{E}(\boldsymbol{u}_g\boldsymbol{u}_j') = \sigma_{gj}\boldsymbol{I}$ enthält die über t konstanten kontemporären Kovarianzen, während Störvariablen aus verschiedenen Gleichungen, aber bei unterschiedlichem Zeitbezug nicht korrelieren. Unter Berücksichtigung der Beobachtungsperioden kann die Kovarianzmatrix (12.73) auch geschrieben werden als:

$$\boldsymbol{\Sigma} = \begin{bmatrix} \sigma_{u_1}^2\boldsymbol{I} & \sigma_{12}\boldsymbol{I} & \dots & \sigma_{1G}\boldsymbol{I} \\ \vdots & \vdots & & \vdots \\ \sigma_{G1}\boldsymbol{I} & \sigma_{G2}\boldsymbol{I} & \dots & \sigma_{u_G}^2\boldsymbol{I} \end{bmatrix}, \tag{12.74}$$

mit $\boldsymbol{I}$ als Einheitsmatrix der Ordnung T. Die Kovarianzmatrix $\boldsymbol{\Sigma}$ ist keine Diagonalmatrix, jedoch regulär und positiv definit. Daher ist Gleichung (12.72) mit der GLS-Methode zu schätzen, will man den mit der OLS-Methode jetzt verbundenen Effizienzverlust vermeiden. Gemäß Gleichung (12.37) lautet der GLS-Schätzvektor:

$$\boldsymbol{p}_{GLS} = (\boldsymbol{X}^{*\prime}\boldsymbol{\Sigma}^{-1}\boldsymbol{X}^*)^{-1}\boldsymbol{X}^{*\prime}\boldsymbol{\Sigma}^{-1}\boldsymbol{y}^*. \tag{12.75}$$

Die Kovarianzmatrix folgt aus Gleichung (12.39) als:

$$\mathrm{var}(\boldsymbol{p}_{GLS}) = (\boldsymbol{X}^{*\prime}\boldsymbol{\Sigma}^{-1}\boldsymbol{X}^*)^{-1}, \tag{12.76}$$

sie ist quadratisch mit der Ordnung $\sum\limits_{g=1}^{G} K_g$.

In angewandten Arbeiten sind die Elemente der Matrix $\boldsymbol{\Sigma}$ unbekannt und müssen geschätzt werden. Hierzu schätzt man zunächst jede Gleichung $\boldsymbol{y}_g = \boldsymbol{X}_g\boldsymbol{\alpha}_g + \boldsymbol{u}_g$, $g = 1, \dots, G$ mit der OLS-Methode und ermittelt die OLS-Residuen. Diese verwendet man dann zur Schätzung von $\sigma_{u_g}^2$ und σ_{gj}. Die

Schätzfunktionen hierfür lauten:

$$s^2_{u_g} = \frac{\hat{\boldsymbol{u}}'_g \hat{\boldsymbol{u}}_g}{T - K_g} \quad \text{für } g = 1, \ldots, G \text{ und}$$

$$s_{gj} = \frac{\hat{\boldsymbol{u}}'_g \hat{\boldsymbol{u}}_j}{\sqrt{T - K_g}\sqrt{T - K_j}} \quad \text{für } g, j = 1, \ldots, G; \; g \neq j.$$

Damit sind alle Elemente der Kovarianzmatrix $\boldsymbol{\Sigma}$ bekannt, man bezeichnet sie jetzt mit $\hat{\boldsymbol{\Sigma}}$. Setzt man die geschätzte Kovarianzmatrix $\hat{\boldsymbol{\Sigma}}$ in die Gleichungen (12.75) und (12.76) ein, erhält man den **SURE-Schätzer**, der – wie die Herleitung zeigt – auch als **FGLS-Schätzer** bezeichnet werden kann.

In zwei Fällen führt die SURE-Schätzung zu denselben Ergebnissen wie die OLS-Schätzung der einzelnen Gleichungen. Liegt keine kontemporäre Korrelation vor, gilt: $\sigma_{gj} = 0$ und die Kovarianzmatrix hat wieder Diagonalform. SURE- und OLS-Schätzung stimmen dann überein. Es ist deshalb notwendig zu testen, nach welchem Verfahren zu schätzen ist. Der BREUSCH-PAGAN-Test ist hierfür geeignet. Die Nullhypothese lautet:

$$H_0 : \sigma_{12} = \ldots = \sigma_{1G} = \sigma_{23} = \ldots = \sigma_{2G} = \ldots = \sigma_{G-1,G} = 0.$$

Berechnet man alle Korrelationskoeffizienten r_{gj}, $g \neq j$ für die OLS-Residuen unterschiedlicher Gleichungen, ist die Summe ihrer Quadrate nach Multiplikation mit T χ^2-verteilt mit $G(G-1)/2$ Freiheitsgraden:

$$T \sum_{g=1}^{G-1} \sum_{j=g+1}^{G} r^2_{gj} : \chi^2\text{-verteilt.}$$

Die Korrelationskoeffizienten berechnet man mit den Elementen der geschätzten Kovarianzmatrix $\hat{\boldsymbol{\Sigma}}$ als: $r^2_{gj} = \dfrac{s^2_{gj}}{s^2_{u_g} s^2_{u_j}}$. Weicht dabei die berechnete Teststatistik signifikant von dem durch den α-Fehler festgelegten χ^2-Quantil ab, ist die Nullhypothese abzulehnen und eine SURE-Schätzung durchzuführen.

Die Übereinstimmung beider Schätzverfahren stellt sich aber auch bei kontemporärer Korrelation der Störvariablen ein, wenn jede der G Gleichungen dieselben Regressoren enthält, d.h. wenn gilt: $K_g = K$ für alle g.

12.11 Beispiel

Um zu prüfen, ob die Störvariablen der Regressionsgleichung (7.37) autokorrelieren, sind zunächst die Residuen zu ermitteln. Diese ergeben sich aus:

$\hat{v} = y - Xp$. Die Teststatistik d wird dann nach Gleichung (12.14) berechnet; für die Regressionsgleichung (7.38) sind die hierfür notwendigen Schritte in einer Arbeitstabelle aufgeführt:

Tab. 12.1: Arbeitstabelle für die d–Statistik

Jahr	$\hat{v}_t$	$\hat{v}_{t-1}$	$\hat{v}_t - \hat{v}_{t-1}$	$\hat{v}_t^2$	$(\hat{v}_t - \hat{v}_{t-1})^2$
1982	-8,13131			66,11825	
1983	-36,66830	-8,13131	-28,53698	1344,56387	814,35937
1984	-24,49622	-36,66830	12,17208	600,06476	148,15943
1985	5,96536	-24,49622	30,46158	35,58553	927,90785
1986	13,59805	5,96536	7,63269	184,90707	58,25801
1987	42,35414	13,59805	28,75608	1793,87289	826,91229
1988	19,97650	42,35414	-22,37764	399,06057	500,75860
1989	-13,24322	19,97650	-33,21972	175,38295	1103,55001
1990	-7,70438	-13,24322	5,53884	59,35754	30,67873
1991	-35,55567	-7,70438	-27,85128	1264,20548	775,69397
1992	-26,62550	-35,55567	8,93016	708,91750	79,74781
1993	62,20639	-26,62550	88,83190	3869,63545	7891,10621
1994	8,32416	62,20639	-53,88223	69,29165	2903,29510
				10570,96349	16060,42737

$$d = \frac{\sum\limits_{2} (\hat{v}_t - \hat{v}_{t-1})^2}{\sum\limits_{1} \hat{v}_t^2} = \frac{16060,42737}{10570,96349} = 1,51930.$$

Aus der Tabelle für die DURBIN-WATSON-Statistik erhält man bei alternativen Signifikanzniveaus von 5% bzw. 1%, $K = 2$ und $T = 13$ die Werte für die untere und obere Grenze bei einem linksseitigen Test (positive Autokorrelation):

$$\alpha = 5\% : \quad d_u = 1,010 \quad d_o = 1,340\,,$$
$$\alpha = 1\% : \quad d_u = 0,738 \quad d_o = 1,038.$$

Diese Werte legen nun die fünf Intervalle fest, die bei dem Autokorrelationstest relevant sind:

	$\alpha = 5\%$		$\alpha = 1\%$
1. Intervall:	$0 \leq d < 1,01$	: positive Autokorrelation:	$0 \leq d < 0,74$
2. Intervall:	$1,01 \leq d \leq 1,34$	: unentscheidbar:	$0,74 \leq d \leq 1,04$
3. Intervall:	$1,34 < d < 2,66$	: keine Autokorrelation:	$1,04 < d < 2,96$
4. Intervall:	$2,66 \leq d \leq 2,99$	: unentscheidbar:	$2,96 \leq d \leq 3,26$
5. Intervall:	$2,99 < d \leq 4$	: negative Autokorrelation:	$3,26 < d \leq 4$

Der hier berechnete d-Wert führt bei beiden α-Niveaus zu einer Annahme der H_0-Hypothese „keine Autokorrelation “.

Um zu prüfen, ob möglicherweise eine Autokorrelationsstruktur gemäß Gleichung (12.19) vorliegt, werden der Q-Test (vgl. Gleichung (12.21)) und Q'-Test (vgl. Gleichung (12.22)) durchgeführt. Die Ordnung p des autoregressiven Prozesses durchläuft dabei die Werte $p = 1, 2, 3, 4$ und 5; wobei für $p = 1$ dieselbe Autokorrelationsstruktur wie beim DURBIN-WATSON-Test vorliegt. Die entsprechenden Testwerte, mit $Q(p)$ bzw. $Q'(p)$ bezeichnet, sind in der folgenden Tabelle zusammengestellt:

p	1	2	3	4	5
$Q(p)$	0,7118	1,3296	2,4533	5,6774	5,8677
$Q'(p)$	0,8894	1,7290	3,4112	8,7808	9,1367
$\chi^2(0,95;p)$	3,841	5,991	7,815	9,488	11,070

Die sich für $p = 1, \ldots, 5$ Freiheitsgrade und $\alpha = 5\%$ ergebenden kritischen χ^2-Werte sind mit $\chi^2(0,95;p)$ bezeichnet und stehen in der vierten Zeile obiger Tabelle. Bei keiner Lag-Länge muss die Nullhypothese, dass keine Autokorrelation vorliegt, abgelehnt werden.

Um auf Heteroskedastizität zu testen, ist die in Abschnitt 7.5 verwendete Stichprobe zu klein. Deshalb wird die Regressionsgleichung (7.37) jetzt mit Beobachtungen des Zeitraums 1960 bis 1994 geschätzt. Das Ergebnis lautet:

$$\underset{}{y_{1t}} = \underset{(-4,0375)}{-\,334,1732} + \underset{(16,7274)}{1,5592}x_{2t}, \quad R^2 = 0,8945, \ \bar{R}^2 = 0,8913. \tag{12.77}$$

In Klammern stehen die t-Werte der Koeffizientenschätzungen. Da eine einfache Regression vorliegt, ergeben sich drei für den WHITE-Test benötigte Hilfsregressoren: $z_1 = 1$ (Scheinvariable), $z_2 = x_2$ und $z_3 = x_2^2$. Die zu schätzende Hilfsregression lautet dann:

$$\hat{v}_t^2 = \alpha_1 + \alpha_2 x_{2t} + \alpha_3 x_{2t}^2 + \varepsilon_t.$$

Mit der OLS-Methode erhält man:

$$\hat{\hat{v}}_t^2 = -63308,42 + 166,3482 x_{2t} - 0,0865 x_{2t}^2, \quad R^2 = 0,2.$$

Unter der Nullhypothese der Homoskedastizität ist TR^2 asymptotisch χ^2-verteilt mit $n = \dfrac{(K+1)K}{2} - 1 = 2$ Freiheitsgraden. Der für die Testentscheidung kritische χ^2-Wert beträgt bei einem α-Fehler von 5%: $\chi^2(0,95;2) = 5,991$. Da $TR^2 = 7$ größer als 5,991 ist, muss die Nullhypothese der Homoskedastizität abgelehnt werden.

Für den BREUSCH-PAGAN-Test benötigt man die Hilfsregression

$$\hat{v}_t^2 = \beta_1 z_{1t} + \ldots + \beta_m z_{mt} + \varepsilon_t,$$

wobei die Hilfsregressoren z_i nicht dieselbe Bedeutung wie beim WHITE-Test haben. Bei empirischen Arbeiten liegt über ihre inhaltliche Bestimmung und über m meist keine Information vor. Daher verwendet man für z_i die ursprünglichen Regressoren, womit dann auch gilt: $m = K$. Für die hier zu testende einfache Regression ergibt sich dann als Hilfsregression: $\hat{v}_t^2 = \beta_1 + \beta_2 x_{2t} + \varepsilon_t$, deren OLS-Schätzung lautet: $\hat{\hat{v}}_t^2 = 13081,86 - 1,0316 x_{2t}$, $R^2 = 0,0004$. Das Produkt TR^2 ist wieder asymptotisch χ^2-verteilt mit $n = m - 1 = 1$ Freiheitsgrad. Der kritische χ^2-Wert wird bei einem α-Fehler von 5 % jetzt gegeben durch $\chi^2(0,95;1) = 3,841$. Da hier $TR^2 = 0,0014$ kleiner als 3,841 ist, wird die Nullhypothese der Homoskedastizität mit dem BREUSCH-PAGAN-Test nicht abgelehnt.

Da beide Tests zu unterschiedlichen Ergebnissen führen, ist der GOLDFELD-QUANDT-Test zur Absicherung der Testentscheidung heranzuziehen. Da die Beobachtungen von x_{2t} monoton wachsen, entspricht ihre zeitliche Reihenfolge auch einer Ordnung in aufsteigender Größe von x_{2t}. Die Daten werden in zwei Stützzeiträume T_1: 1960 bis 1974 und T_2: 1980 bis 1994 aufgeteilt, wobei $N = 5$ mittlere Beobachtungen bei der Schätzung unberücksichtigt bleiben. Die beiden OLS-Schätzungen gibt folgende Tabelle wieder:

	Zeitraum	Schätzungen	$\sum \hat{v}_t^2$
T_1	1960-1974	$y_{1t} = -724,0214 + 2,0857 x_{2t}$	94504,16
T_2	1980-1994	$y_{1t} = 189,7146 + 1,1131 x_{2t}$	23617,79
emp. Wert		$F = 4,0014$	
krit. Werte		$F_\alpha(0,05) = 2,53,\ F_\alpha(0,01) = 3,91$	
$N = 5$			

Sowohl bei einem α-Fehler von 5% als auch von 1% ist die Nullhypothese der Homoskedastizität abzulehnen. Wie die Summe der quadrierten Residuen zeigt, korreliert die Varianz der Störvariablen negativ mit x_{2t} und damit hier auch mit der Zeit: Die Varianz der Störvariablen nimmt über die Zeit ab.

Da die Nullhypothese der Homoskedastizität mit zwei von drei Tests abgelehnt wird, ist eine variable Varianz der Störvariablen die wohl empirisch gehaltvollere Annahme. Jedoch sollten die Ergebnisse des GOLDFELD-QUANDT-Tests bei einer geringen Anzahl an Beobachtungen in beiden Teilstichproben vorsichtig interpretiert werden.

Übungsaufgaben

12.1 Welche Ursachen können zu autokorrelierten Störvariablen führen?

12.2 Was versteht man unter einem schwach stationären stochastischen Prozess?

12.3 Begründen Sie aus inhaltlicher und formaler Sicht die Zweckmäßigkeit der Annahme, dass der Autoregressionskoeffizient dem Betrage nach kleiner als eins ist!

12.4 Wodurch entstehen die Unschärfebereiche der DURBIN-WATSON-Statistik?

12.5 Welche Auswirkungen auf die statistischen Eigenschaften der OLS-Schätzfunktionen resultieren aus autokorrelierten Störvariablen?

12.6 Entwickeln Sie für die multiple Regression den GLS-Schätzvektor, wobei die Störvariablen einem MARKOV-Prozess 1. Ordnung unterliegen sollen!

12.7 Zeigen Sie, dass die Matrix (12.47) positiv definit ist!

12.8 In welchen Situationen können die Koeffizienten einer Regressionsgleichung mit der gewogenen Methode der kleinsten Quadrate geschätzt werden?

12.9 Ist es möglich, dass die Störvariablen sowohl einem Markov-Prozess erster Ordnung unterliegen als auch heteroskedastisch sind?

12.10 Geben Sie die Vor- und Nachteile des White-Tests an!

12.11
a) Wie testet man auf autoregressiv bedingte Heteroskedastizität?
b) Mit welcher Methode ist bei autoregressiv bedingter Heteroskedastizität zu schätzen, wenn der mit der OLS-Methode verbundene Effizienzverlust vermieden werden soll?

Kapitel 13

Univariate Zeitreihenmodelle

13.1 Ökonometrische Integration der Zeitreihenanalyse

Die statistische Zeitreihenanalyse wurde erst in den letzten Jahren verstärkt bei der ökonometrischen Forschung herangezogen. Dies lag hauptsächlich daran, dass die Grundkonzeption der Zeitreihenanalyse, nämlich die Erklärung der Entwicklung einer Zeitreihe ausschließlich aus ihren vorliegenden Daten, konträr zur ökonomisch-theoretischen Fundierung der Ökonometrie steht. Da die ökonomische Theorie hauptsächlich Beziehungen zwischen Variablen entwickelt, bedeutet die Einengung der Analyse auf nur eine Zeitreihe einen Informationsverlust, der aus der Vernachlässigung der übrigen, zu ihr in Beziehung stehenden Reihen resultiert.

Trotz der Berechtigung dieses Einwands werden die Vorteile der Zeitreihenanalyse zunehmend gesehen, so dass ihre Methoden heute zu den Verfahren der modernen Ökonometrie zählen. Vier wichtige Anwendungsbereiche für zeitreihenanalytische Vorgehensweisen sollen dies verdeutlichen.

Der erste Bereich resultiert aus der Wirtschaftstheorie selbst. Die dynamische Ökonomik stellt zeitabhängige Beziehungen zwischen den Variablen auf, die nach Umformungen meistens als **lineare Differenzengleichung** geschrieben werden können,[1] so z.B. als:

$$y_t = \alpha_1 y_{t-1} + \alpha_2 y_{t-2} + g(t). \tag{13.1}$$

In Gleichung (13.1) stellt $g(t)$ eine Funktion der Zeit t, nicht jedoch von y dar.[2] Ist $g(t) = 0$, heißt Gleichung (13.1) homogene, sonst inhomogene deterministische Differenzengleichung. Geht man zwecks Vereinfachung von einer homogenen Differenzengleichung aus, wird der Zeitreihenwert y_t nur durch seine beiden unmittelbaren Vorgänger „erklärt", wobei es sich hier um eine Differenzengleichung zweiter Ordnung handelt. Natürlich können aus der dynamischen Wirtschaftstheorie auch andere Ordnungen für Differenzengleichungen folgen.

Der zweite Bereich zeitreihenanalytischer Verfahren umfasst alle ökonomischen Beziehungen zwischen Variablen, die noch nicht im ausreichenden Maße theoretisch fundiert sind. Es macht dann wenig Sinn, für diese Variablen eine Regressionsgleichung aufzustellen und ökonometrisch zu schätzen. Hier kann die Analyse der einzelnen Reihen vorteilhafter sein.

Ähnliches gilt für den dritten Anwendungsbereich, wenn mit einer Regressionsgleichung prognostiziert werden soll. Eine Prognose mit der einfachen Regressionsgleichung $\hat{y}_t = \hat{p}_1 + \hat{p}_2 x_{2t}$ setzt die Kenntnis des Wertes des Regressors x_{2t} im Prognosezeitpunkt voraus. Ist dieser statistisch nur unsicher anzugeben, kann eine Prognose auf Zeitreihenbasis einer regressionsanalytischen überlegen sein.

Der vierte Anwendungsbereich resultiert aus dem originären Erkenntnisobjekt der Zeitreihenanalyse. Auch für die klassische Ökonometrie sind bei Längsschnittdaten Kenntnisse über das Zeitreihenverhalten der Regressoren und des Regressanden notwendig, um unechte Regressionsbeziehungen zu vermeiden. **Scheinregressionen** können sich sogar bei Variablen einstellen, die in keiner ökonomischen Beziehung zueinander stehen, aber alle einem Trend folgen. Allein wegen des Trends ergeben sich statistisch-ökonometrisch befriedigende Schätzergebnisse. Um den empirischen Gehalt ökonomischer Theorien mit ökonometrischen Methoden zu erfassen, muss eine Scheinregression ausgeschlossen sein. Daher verwendet man bei ökonometrischen Arbeiten oft trendbereinigte Werte. Mit der Trendbereinigung gehen aber auch die in den Daten enthaltenen Informationen über den langfristigen Zusammenhang zwischen den Variablen verloren. Die Kointegrationsanalyse (siehe Kapitel 15) zeigt eine Lösung dieses Problems durch Angabe der Bedingungen, unter denen auch mit trendbehafteten Zeitreihen Regressionsgleichungen ökonometrisch sinnvoll geschätzt werden können.

---

[1] Vgl. hierzu ASSENMACHER (1998).

[2] Sinnvolle ökonomische Spezifikationen sind: $g(t) = \alpha_0$: konst. oder $g(t) = e^{\alpha_0 t}$.

13.2 Grundkonzepte der Zeitreihenanalyse

Unter einer **Zeitreihe** versteht man die zeitlich geordnete Folge von Beobachtungen für eine bestimmte Variable x:[3] $x_1, x_2, \ldots, x_t, \ldots$. Der Index t kennzeichnet Zeitpunkte, falls x eine Bestandsgröße, oder Perioden, wenn x eine Stromgröße ist. Bleibt der zeitliche Abstand zwischen zwei aufeinander folgenden Beobachtungen für die gesamte Zeitreihe gleich, heißt sie **äquidistant**. Dies dürfte bei der angewandten Ökonometrie der Regelfall sein.

Jeder Zeitreihenwert x_t hängt entweder von (einigen oder allen) seiner Vorgänger x_{t-l}, $l = 1, 2, \ldots$ (verzögerte Werte) und von einem Zufallseinfluss oder nur von dem Zufallseinfluss u_t ab:

$$x_t = f(x_{t-1}, x_{t-2}, \ldots, u_t). \tag{13.2}$$

Die durch Gleichung (13.2) festgelegten Zeitreihenwerte x_t stellen wegen ihrer Abhängigkeit von der Zufallsvariablen u_t Realisationen von Zufallsvariablen X_t, $t = 1, \ldots$ dar. Diese Folge von Zufallsvariablen X_t bezeichnet man als einen **stochastischen Prozess**. Eine konkret vorliegende, beobachtete Zeitreihe stellt in ihrer Gesamtheit eine Realisation aus der Menge aller möglichen Zeitreihen des stochastischen Prozesses dar. Gilt für jedes X_t: $\mathrm{E}(X_t) = \mu$ konstant über t, $\mathrm{var}(X_t) = \sigma_X^2$ konstant über t und hängt die Kovarianz zwischen X_t und X_τ, $t \neq \tau$ nur vom zeitlichen Abstand $|t - \tau|$ ab, bezeichnet man den stochastischen Prozess als schwach stationär oder kurz stationär.[4] Beispiele für schwach stationäre Prozesse sind der im vorangegangenen Kapitel 12 eingeführte Markov-Prozess und der reine Zufallsprozess des statistischen Modells in Kapitel 2.

Der die Realisationen (13.2) erzeugende stochastische Prozess ist noch zu allgemein formuliert, um daraus konkrete Ergebnisse ableiten zu können. Hierzu müssen die Funktion f, die Anzahl der verzögerten Variablen und die stochastischen Eigenschaften der Zufallsvariablen angegeben werden. Für das gesamte Kapitel 14 gilt, dass x_t eine lineare Funktion von x_{t-l} mit einer endlichen Anzahl p an Verzögerungen ist, $l = 1, \ldots, p$. Gleichung (13.2) lässt sich dann schreiben als:

$$x_t = \alpha_0 + \alpha_1 x_{t-1} + \alpha_2 x_{t-2} + \ldots + \alpha_p x_{t-p} + u_t. \tag{13.3}$$

[3] Die Verwendung des Buchstabens x zur Kennzeichnung der Zeitreihenwerte bedeutet nicht, dass eine exogene Variable vorliegt. Die univariate Zeitreihenanalyse kennt keine Unterscheidung in exogene und endogene Variablen.

[4] Ein **streng stationärer Prozess** liegt vor, wenn die gemeinsame Verteilungsfunktion F jeder beliebigen, endlichen Auswahl n von Zufallsvariablen dieses Prozesses für jede zeitliche Verschiebung τ gleich bleibt: $F(X_{t_1}, \ldots, X_{t_n}) = F(X_{t_1+\tau}, \ldots, X_{t_n+\tau})$. Für die ökonometrische Zeitreihenanalyse sind die Eigenschaften schwach stochastischer Prozesse ausreichend, so dass sie den Regelfall bilden.

Wird für u_t ein reiner Zufallsprozess mit $\mu = 0$ angenommen, d.h. die Annahmen (2.16), (2.17) und (2.20) des statistischen Modells in Kapitel 2 sind erfüllt, stellt Gleichung (13.3) die allgemeine Form eines **reinen autoregressiven Prozesses der Ordnung** p dar, abgekürzt mit: AR(p).

Hängt x_t nur von einer Konstanten α_0 und u_t ab, ergibt sich aus Gleichung (13.2): $x_t = \alpha_0 + u_t$. Stellt u_t einen reinen Zufallsprozess dar, gilt dies auch für x_t. Alternativ zu einem reinen Zufallsprozess kann u_t einem **Moving Average Prozess der Ordnung** q: MA(q), unterliegen. Dieser Prozess ist definiert als:

$$u_t = \beta_0\varepsilon_t + \beta_1\varepsilon_{t-1} + \ldots + \beta_q\varepsilon_{t-q} \text{ mit } \beta_0 = 1,$$

wobei jede Zufallsvariable ε_{t-l}, $l = 0, 1, \ldots, q$, einen reinen Zufallsprozess bildet. Die Zeitreihenwerte entstehen jetzt als:

$$x_t = \alpha_0 + \varepsilon_t + \beta_1\varepsilon_{t-1} + \ldots + \beta_q\varepsilon_{t-q}, \tag{13.4}$$

wobei gilt:

$$\mathrm{E}(x_t) = \alpha_0 + \beta_0\mathrm{E}(\varepsilon_t) + \beta_1\mathrm{E}(\varepsilon_{t-1}) + \ldots + \beta_q\mathrm{E}(\varepsilon_{t-q}) = \alpha_0 \quad \text{und}$$

$$\mathrm{var}(x_t) = \sigma_x^2 = \mathrm{var}(\alpha_0 + \beta_0\varepsilon_t + \ldots + \beta_q\varepsilon_{t-q}) = \sigma_\varepsilon^2 \sum_{i=0}^{q} \beta_i^2.$$

Unter Beachtung, dass $\mathrm{E}(\varepsilon_t\varepsilon_\tau) = 0$ für $t \neq \tau$, kann z.B. die Autokovarianz für x_t und x_{t-2} berechnet werden als:

$$\begin{aligned}\mathrm{cov}(x_t, x_{t-2}) &= \mathrm{E}[(\beta_0\varepsilon_t + \beta_1\varepsilon_{t-1} + \ldots + \beta_q\varepsilon_{t-q})(\beta_0\varepsilon_{t-2} + \beta_1\varepsilon_{t-3} + \ldots \\ &\quad + \beta_q\varepsilon_{t-q-2})] \\ &= \beta_2\beta_0\mathrm{E}(\varepsilon_{t-2}^2) + \beta_3\beta_1\mathrm{E}(\varepsilon_{t-3}^2) + \ldots + \beta_q\beta_{q-2}\mathrm{E}(\varepsilon_{t-q}^2) \\ &= \sigma_\varepsilon^2(\beta_2\beta_0 + \ldots + \beta_q\beta_{q-2}) = \sigma_\varepsilon^2 \sum_{i=2}^{q} \beta_i\beta_{i-2}.\end{aligned}$$

Analog hierzu berechnet man die Autokovarianzen für beliebigen zeitlichen Abstand $k = 1, \ldots, q$. Man erhält dann die Autokovarianfunktion $\gamma(k)$ als:

$$\gamma(k) = \begin{cases} \sigma_\varepsilon^2 \sum\limits_{i=k}^{q} \beta_i\beta_{i-k} & , |k| = 1, \ldots, q \\ 0 & , \text{sonst} \end{cases}. \tag{13.5}$$

An der Berechnung der Autokovarianz $\mathrm{cov}(x_t, x_{t-2})$ wird deutlich, dass sich dasselbe Ergebnis auch für $\mathrm{cov}(x_t, x_{t+2})$ einstellen muss. Daher gilt: $\gamma(k) =$

$\gamma(-k)$ und der Betrag von k in Gleichung (13.5) wird hierdurch verständlich. Für $k = 0$ folgt aus Gleichung (13.5) die Varianz σ_x^2, für $k > q$ werden die Kovarianzen null, d.h. diese Zeitreihenwerte korrelieren nicht.

Die Autokorrelationsfunktion $r(k)$ eines MA-Prozesses der Ordnung q lässt sich mit der Autokovarianzfunktion (13.5) leicht ermitteln. Nach Gleichung (12.12) gilt: $r(k) = \frac{\gamma(k)}{\gamma(0)}$; ersetzt man $\gamma(0)$ und $\gamma(k)$ gemäß Gleichung (13.5), folgt die Autokorrelationsfunktion als:

$$r(k) = \frac{\sum\limits_{i=k}^{q} \beta_i \beta_{i-k}}{\sum\limits_{i=0}^{q} \beta_i^2}. \tag{13.6}$$

Da Erwartungswert, Varianz und Kovarianzen eines MA(q)-Prozesses nicht von der Zeit t abhängen, ist dieser Prozess stationär. Dies folgt aber bereits aus der Definition eines MA(q)-Prozesses, da er als Summe einer endlichen Anzahl q unabhängiger, stationärer Prozesse ε_{t-l}, $l = 0, \ldots, q$ entsteht. Für $q \to \infty$ bleibt die Stationarität erhalten, solange gilt: $\sum\limits_{i=0}^{\infty} |\beta_i| < \infty$. Ein solcher Prozess wird mit MA(∞) abgekürzt. Ein Beispiel hierfür ist die einem Markov-Prozess 1. Ordnung folgende Störvariable v_t in Abschnitt 12.2, deren MA(∞)-Darstellung mit Gleichung (12.3) gegeben wird.

Ersetzt man in Gleichung (13.3) u_t durch einen MA(q)-Prozess folgt:

$$x_t = \alpha_0 + \alpha_1 x_{t-1} + \ldots + \alpha_p x_{t-p} + \beta_0 \varepsilon_t + \beta_1 \varepsilon_{t-1} + \ldots + \beta_q \varepsilon_{t-q}, \quad \beta_0 = 1. \tag{13.7}$$

Gleichung (13.7) präsentiert eine allgemeinere Form stochastischer Prozesse zur Erzeugung der Zeitreihenwerte. Aus der Kombination eines AR- und MA-Prozesses entsteht ein **autoregressiver-moving-average-Prozess** , der mit **ARMA(p, q)** abgekürzt wird. Das Zahlenpaar (p, q) legt seine **Ordnung** fest. In Gleichung (13.7) ist ε_t der einzige Einfluss auf x_t, der nicht aus der Vergangenheit stammt. Man bezeichnet ε_t daher auch als **Innovation**, **Schock** oder **Impuls**.

An Gleichung (13.7) wird deutlich, dass die mathematische Notation für recht allgemein gehaltene stochastische Prozesse sehr aufwendig wird. Es ist deshalb vorteilhaft, die Verzögerungen einer Variablen durch einen mathematischen Operator auszudrücken, um so die Darstellung und den Rechenaufwand zu erleichtern und die Übersichtlichkeit zu steigern. Möglichkeiten hierfür werden im folgenden Abschnitt behandelt.

13.3 Lag-Operator und Lag-Reihen

Unter einem **Operator** versteht man eine Vorschrift, wie eine Variable mathematisch zu behandeln ist. Bekannte Beispiele sind der Summen- oder Differentialoperator. Der **Lag-Operator** beinhaltet die Anweisung, den Zeitbezug einer (zeitabhängigen) Variablen um eine Periode in die Vergangenheit zu verschieben, sie also um eine Periode zu verzögern.[5] Er ist definiert als:

$$\mathrm{L}x_t = x_{t-1}.$$

Entsprechend gilt: $\mathrm{L}(\mathrm{L}x_t) = \mathrm{L}^2 x_t = x_{t-2}$, oder allgemein:

$$\mathrm{L}^n x_t = x_{t-n}. \tag{13.8}$$

Da der Exponent bei L^n die Häufigkeit der Anwendung des Operators angibt, legt man fest. $\mathrm{L}^0 x_t = x_t$, $\mathrm{L}^0 = 1$ und bezeichnet L^0 als **neutralen Lag-Operator**. Aus Gleichung (13.8) folgt umittelbar: $\mathrm{L}^m(\mathrm{L}^n x_t) = \mathrm{L}^{m+n} x_t = x_{t-n-m}$.

Alle Gleichungen des vorangegangen Abschnitts lassen sich unter Verwendung des Lag-Operators darstellen. Für Gleichung (13.7) z.B. folgt nach geringfügigen Umstellungen:

$$\begin{aligned}
&x_t - \alpha_1 x_{t-1} - \ldots - \alpha_p x_{t-p} = \alpha_0 + \varepsilon_t + \beta_1 \varepsilon_{t-1} + \ldots + \beta_q \varepsilon_{t-q}, \\
&\mathrm{L}^0 x_t - \alpha_1 \mathrm{L}x_t - \ldots - \alpha_p \mathrm{L}^p x_t = \alpha_0 + \mathrm{L}^0 \varepsilon_t + \beta_1 \mathrm{L}\varepsilon_t + \ldots + \beta_q \mathrm{L}^q \varepsilon_t, \\
&(1 - \alpha_1 \mathrm{L} - \ldots - \alpha_q \mathrm{L}^p) x_t = \alpha_0 + (1 + \beta_1 \mathrm{L} + \ldots + \beta_q \mathrm{L}^q)\varepsilon_t.
\end{aligned}$$

Die in Klammern stehenden Summen heißen endliche **Lag-Reihen** oder **Lag-Polynome des Grades** p bzw. q. Sie lassen sich kompakt angeben als:

$$A(\mathrm{L}) = 1 - \alpha_1 \mathrm{L} - \ldots - \alpha_p \mathrm{L}^p \quad \text{und} \quad B(\mathrm{L}) = 1 + \beta_1 \mathrm{L} + \ldots + \beta_q \mathrm{L}^q.$$

Gleichung (12.9) kann jetzt geschrieben werden als:

$$A(\mathrm{L}) x_t = \alpha_0 + B(\mathrm{L})\varepsilon_t. \tag{13.9}$$

Eine **unendliche Lag-Reihe** im Lag-Operator L ist definiert als:

$$\Omega(\mathrm{L}) = \sum_{i=0}^{\infty} \omega_i \mathrm{L}^i \quad \text{mit} \quad \sum_{i=0}^{\infty} |\omega_i| < \infty. \tag{13.10}$$

[5] Daher kommt auch seine alternative Bezeichnung als **Backshift-Operator**. Eine vertiefende Darstellung der in diesem und im nächsten Abschnitt behandelten Probleme gibt DHRYMES (1971); eine mit vielen Beispielen versehene Zusammenfassung der wichtigsten, weiter unten entwickelten Sätzen zur Lag-Reihen Theorie findet sich bei GOLLNICK (1979).

Endliche und unendliche Lag-Reihen stellen ebenfalls Operatoren dar. In Verbindung mit einer zeitindizierten Variablen x_t bewirken sie den Übergang in eine verzögerte Reihe gemäß Gleichung (13.11):

$$\left(\sum_{i=0}^{\infty} \omega_i L^i\right) x_t = \sum_{i=0}^{\infty} \omega_i x_{t-i} = \omega_0 x_t + \omega_1 x_{t-1} + \omega_2 x_{t-2} + \ldots \qquad (13.11)$$

Ist in Gleichung (13.11) x_t eine Konstante, gilt also $x_{t-i} = c$ für $i = 0, 1, \ldots$, erhält man:

$$\left(\sum_{i=0}^{\infty} \omega_i \mathrm{L}^i\right) x_t = c \sum_{i=0}^{\infty} \omega_i. \qquad (13.12)$$

Gilt $\omega_i \geq 0$ für jedes i und $\sum_{i=0}^{\infty} \omega_i = 1$, heißt die Lag-Reihe **normalisiert**. Die Koeffizienten der Lag-Reihe lassen sich dann mit Wahrscheinlichkeitsfunktionen erzeugen, die selbst nur von wenigen Parametern abhängen.

Für Lag-Reihen und -Polynome sind die Addition und Multiplikation definiert:

$$\Omega(\mathrm{L}) + \Gamma(\mathrm{L}) = \sum_{i=0}^{\infty} \omega_i \mathrm{L}^i + \sum_{i=0}^{\infty} \gamma_i \mathrm{L}^i = \sum_{i=0}^{\infty} (\omega_i + \gamma_i) \mathrm{L}^i, \text{ und} \qquad (13.13)$$

$$\Omega(\mathrm{L})\Gamma(\mathrm{L}) = \left(\sum_{i=0}^{\infty} \omega_i \mathrm{L}^i\right) \left(\sum_{i=0}^{\infty} \gamma_i \mathrm{L}^i\right) = \sum_{i=0}^{\infty} \sum_{j=0}^{i} (\omega_j \gamma_{i-j}) \mathrm{L}^i. \qquad (13.14)$$

Liegen zwei endliche Lag-Polynome mit den Graden p und q vor, gilt für ihr Produkt:

$$\Omega(\mathrm{L})\Gamma(\mathrm{L}) = \sum_{i=0}^{p+q} \sum_{j=0}^{i} (\omega_j \gamma_{i-j}) \mathrm{L}^i. \qquad (13.15)$$

Das Rechnen mit diesen beiden Sätzen soll an zwei Lag-Polynomen verdeutlicht werden. Die Addition der Lag-Polynome $\sum_{i=0}^{1} \omega_i \mathrm{L}^i$ und $\sum_{i=0}^{2} \gamma_i \mathrm{L}^i$ ergibt:

$$\begin{aligned} &\omega_0 \mathrm{L}^0 + \omega_1 \mathrm{L}^1 + \gamma_0 \mathrm{L}^0 + \gamma_1 \mathrm{L}^1 + \gamma_2 \mathrm{L}^2 \\ &\quad = (\omega_0 + \gamma_0) \mathrm{L}^0 + (\omega_1 + \gamma_1) \mathrm{L}^1 + \gamma_2 \mathrm{L}^2. \end{aligned}$$

Ihre Multiplikation führt zu:

$$\begin{aligned} &(\omega_0 \mathrm{L}^0 + \omega_1 \mathrm{L}^1)(\gamma_0 \mathrm{L}^0 + \gamma_1 \mathrm{L}^1 + \gamma_2 \mathrm{L}^2) \\ &\quad = \omega_0 \gamma_0 \mathrm{L}^0 + (\omega_0 \gamma_1 + \omega_1 \gamma_0) \mathrm{L}^1 + (\omega_0 \gamma_2 + \omega_1 \gamma_1) \mathrm{L}^2 + \omega_1 \gamma_2 \mathrm{L}^3, \end{aligned}$$

wobei auf der rechten Seite von $L^iL^j = L^{i+j}$ Gebrauch gemacht wurde. Dasselbe Ergebnis erhält man auch mit Gleichung (13.15), indem berechnet wird: $\sum\limits_{i=0}^{3}\sum\limits_{j=0}^{i}(\omega_j\gamma_{i-j})L^i$.

Bei der Multiplikation kann eine Besonderheit eintreten, die an den beiden Lag-Reihen $\Omega(L) = 1 - \lambda L$ und $\Lambda(L) = 1 + \lambda L + \lambda^2L^2 + \ldots$, mit $|\lambda| < 1$ deutlich wird.[6] Ihr Produkt beträgt:

$$\begin{aligned}\Omega(L)\Lambda(L) =&(1-\lambda L)(1+\lambda L+\lambda^2L^2+\ldots) = (1+\lambda L+\lambda^2L^2+\ldots)\\ &-(\lambda L+\lambda^2L^2+\ldots = L^0 = 1.\end{aligned}$$

Als Resultat erhält man den neutralen Lag-Operator L^0. Wendet man beide Lag-Reihen nacheinander auf x_t an, wird x_t nicht verzögert.

$$\Omega(L)\Lambda(L) = (1-\lambda L)(\sum_{i=0}^{\infty}\lambda^iL^i) = L^0x_t = x_t.$$

Diese Beziehung zwischen zwei Lag-Reihen lässt sich für die Definition der **inversen Lag-Reihe** verallgemeinern. Gilt für das Produkt zweier beliebiger Lag-Reihen $\Omega(L)$ und $\Gamma(L)$: $\Gamma(L)\Omega(L) = L^0$, dann ist $\Gamma(L)$ die zu $\Omega(L)$ inverse Lag-Reihe und man schreibt: $\Gamma(L) = \frac{1}{\Omega(L)} = \Omega^{-1}(L)$. Natürlich ist auch $\Omega(L)$ die zu $\Gamma(L)$ inverse Lag-Reihe: $\Omega(L) = \frac{1}{\Gamma(L)} = \Gamma^{-1}(L)$. Die Bedeutung einer Lag-Reihe der Form $\frac{1}{\Omega(L)}$ zeigt das obige Beispiel. Die Lag-Reihe $\Lambda(L)$ ist eine unendliche geometrische Reihe im Lag-Operator L mit $\lim\limits_{n\to\infty}\lambda^nL^n = 0$ für $|\lambda| < 1$. Nach der Summenformel für eine solche Reihe lässt sich schreiben: $\Lambda(L) = \sum\limits_{i=0}^{\infty}\lambda^iL^i = \frac{1}{1-\lambda L} = \frac{1}{\Omega(L)}$. Damit wird deutlich, welche Verzögerungen die Lag-Reihe $\frac{1}{\Omega(L)}$ auslöst.

Aufgrund des Beispiels kann vermutet werden, dass nicht zu jeder Lag-Reihe die Inverse existiert. Die Existenz ist aber dann gesichert, wenn jede Nullstelle des konkreten Polynoms dem Betrage nach größer als eins ist. Für jedes Lag-Polynom existiert dann nur eine Inverse. Das **konkrete Polynom** geht aus einem Lag-Polynom $\Omega(L)$ des Grades n nach Substitution von L durch die Variable x hervor, die Werte des komplexen Zahlensystems annehmen kann;[7]

[6] Die Einschränkung für λ sichert, dass die durch Multiplikation entstehenden Summen endlich bleiben.

[7] Unter dem **komplexen Zahlensystem** versteht man die Vereinigungsmenge der reellen und der imaginären Zahlen.

die Nullstellen x_0 sind die Lösungen des konkreten Polynoms, nachdem dieses gleich null gesetzt wurde:

$$\sum_{i=0}^{n} \omega_i x_0^i = \omega_0 + \omega_1 x_0 + \ldots + \omega_n x_0^n = 0, \qquad x_0 : \text{ Nullstelle.} \tag{13.16}$$

Da die Lösungen x_0 komplexe Zahlen sein können, formuliert man die Existenzbedingung für inverse Lag-Reihen auch dadurch, dass alle Lösungen außerhalb des Einheitskreises liegen müssen. Komplexe Zahlen lassen sich in der **Gaußschen Zahlenebene** darstellen. Darunter versteht man ein rechtwinkliges Koordinatensystem mit den reellen Zahlen an der Abszisse und den rein imaginären Zahlen an der Ordinate. Jede komplexe Zahl in algebraischer Form wird durch genau einen Punkt dieser Zahlenebene repräsentiert. Der **Einheitskreis** hat einen Radius von eins und liegt mit seinem Mittelpunkt genau im Ursprung eines solchen Koordinatensystems.

Alternativ zur obigen Vorgehensweise kann das zu $\Omega(\mathrm{L})$ gehörende konkrete Polynom auch durch die Substitution $\mathrm{L}^i = x^{n-i}$ gebildet werden. Man erhält dann: $\sum_{i=0}^{n} \omega_i x_0^{n-i} = \omega_0 x_0^n + \omega_1 x_0^{n-1} + \ldots + \omega_n = 0$. Die Existenzbedingung lautet jetzt, dass alle Nullstellen des konkreten Polynoms innerhalb des Einheitskreises liegen müssen.

Hat man die Nullstellen des konkreten Polynoms (13.16) berechnet, lässt sich das Lag-Polynom $\Omega(\mathrm{L})$ gemäß Gleichung (13.17) darstellen:

$$\Omega(\mathrm{L}) = \sum_{i=0}^{n} \omega_i \mathrm{L}^i = \omega_0 \prod_{j=1}^{n} (1 - \phi_j \mathrm{L}), \tag{13.17}$$

ϕ_j : reziproker Wert der j-ten Nullstelle, $j = 1, \ldots, n$,

Π : Produktoperator.

Ein Beispiel verdeutlicht das Rechnen mit dieser Formel. Es sei $\omega(L) = 9 - L^2$ ein Lag-Polynom 2-ten Grades. Die ausführliche Darstellung dieses Lag-Polynoms ergibt:

$$\Omega(L) = \sum_{i=0}^{2} \omega_i L^i = 9L^0 + 0L^1 - 1L^2, \quad \sum_{i=0}^{2} |\omega_i| = 10 < \infty.$$

Hieraus erhält man: $\omega_0 = 9$. Die Nullstellen werden aus dem konkreten Polynom gemäß der Gleichung (13.16) bestimmt:

$$9 - x_0^2 = 0 = (3 + x_0)(3 - x_0); \; x_{01} = -3, \; x_{02} = 3;$$
$$\phi_1 = \frac{1}{x_{01}} = -\frac{1}{3}, \quad \phi_2 = \frac{1}{x_{02}} = \frac{1}{3}.$$

Gleichung (13.17) wird dann für dieses Beispiel zu:

$$\Omega(\mathrm{L}) = \omega_0 \prod_{j=1}^{2}(1-\phi_j\mathrm{L}) = 9(1+\frac{1}{3}\mathrm{L})(1-\frac{1}{3}\mathrm{L}) = 9(1-\frac{1}{9}\mathrm{L}^2) = 9-\mathrm{L}^2.$$

Mit Hilfe von Gleichung (13.17) ist man nun in der Lage zu zeigen, welche Verzögerungen für die Variable x_t resultieren, wenn ein Lag-Operator $\frac{1}{\Omega(\mathrm{L})}$ auf sie angewendet wird. Hierzu ist zunächst die inverse Lag-Reihe in der Form von Gleichung (13.10) zu entwickeln, anschließend bestimmt man die Verzögerungen von x_t nach Gleichung (13.11). Diese beiden Schritte sollen an dem Lag-Polynom $9-\mathrm{L}^2$ des obigen Beispiels nachvollzogen werden. Da beide Nullstellen des hierzu konkreten Polynoms absolut größer als eins sind, existiert für $\Omega(\mathrm{L})$ die Inverse $\frac{1}{\Omega(\mathrm{L})}$:

$$\begin{aligned}\frac{1}{\Omega(\mathrm{L})} &= \frac{1}{9-\mathrm{L}^2} = \frac{1}{9(1+\frac{1}{3}\mathrm{L})(1-\frac{1}{3}\mathrm{L})} = \frac{c_1}{9(1+\frac{1}{3}\mathrm{L})} + \frac{c_2}{(1-\frac{1}{3}\mathrm{L})}\\ &= \frac{c_1(1-\frac{1}{3}L) + 9c_2(1+\frac{1}{3}\mathrm{L})}{9-\mathrm{L}^2},\end{aligned}$$

$c_{1,2}$: zu bestimmende Konstante.

Von der zweiten zur dritten Umformung gelangt man wegen Gleichung (13.17). Da der Zähler des letzten Bruches dieser Umformungskette gleich eins sein muss, sind zwei Bestimmungsgleichungen für c_1 und c_2 festgelegt. Aus $c_1 + 9c_2 + (3c_2 - \frac{1}{3}c_1)L = 1$ folgen:

$$c_1 + 9c_2 = 1 \quad \text{und} \quad 3c_2 - \frac{1}{3}c_1 = 0.$$

Die zweite Gleichung gewährleistet einen Koeffizienten von null für L. Die Auflösung dieser beiden Gleichungen liefert als Ergebnis:

$$c_1 = \frac{1}{2}, \quad c_2 = \frac{1}{18}.$$

Damit kann die Inverse nun geschrieben werden als:

$$\frac{1}{\Omega(\mathrm{L})} = \frac{1}{18}\left[\frac{1}{(1+\frac{1}{3}\mathrm{L})} + \frac{1}{(1-\frac{1}{3}\mathrm{L})}\right].$$

Die beiden Brüche der eckigen Klammer sind aber die Summen zweier unendlicher geometrischer Reihen, die beide mit eins beginnen und deren Quotienten die Werte $-\frac{1}{3}$ bzw. $\frac{1}{3}$ haben. Man erhält deswegen:

$$\left.\begin{array}{l} \frac{1}{1+\frac{1}{3}\mathrm{L}} = 1 + (-\tfrac{1}{3})\mathrm{L} \quad +(-\tfrac{1}{3})^2\mathrm{L}^2 \quad +(-\tfrac{1}{3})^3\mathrm{L}^3 \quad +(-\tfrac{1}{3})^4\mathrm{L}^4 + \dots \\ \frac{1}{1-\frac{1}{3}\mathrm{L}} = 1 + \tfrac{1}{3}\mathrm{L} \quad +(\tfrac{1}{3})^2\mathrm{L}^2 \quad +(\tfrac{1}{3})^3\mathrm{L}^3 \quad +(\tfrac{1}{4})^4\mathrm{L}^4 + \dots \end{array}\right\} +$$

$$[\quad] = 2[1 + (\frac{1}{3})^2\mathrm{L}^2 + (\frac{1}{3})^4\mathrm{L}^4 + \dots]$$

Die Inverse $\Omega^{-1}(\mathrm{L})$ entspricht nun einer Lag-Reihe:

$$\Omega^{-1}(\mathrm{L}) = \frac{1}{\Omega(\mathrm{L})} = \frac{1}{9}\sum_{i=0}^{\infty}\left(\frac{1}{3}\right)^{2i}\mathrm{L}^{2i}.$$

Auf x_t angewandt erzeugt dieser Lag-Reihen-Operator die Reihe:

$$\Omega^{-1}(\mathrm{L}) = \frac{1}{\Omega(\mathrm{L})}x_t = \frac{1}{9}\left[\sum_{i=0}^{\infty}\left(\frac{1}{3}\right)^{2i}\mathrm{L}^{2i}\right]x_t = \frac{1}{9}x_t + \frac{1}{3^4}x_{t-2} + \frac{1}{3^6}x_{t-4} + \dots$$

Schließlich kann man nun auch den Quotienten zweier Lag-Polynome sinnvoll deuten. Bezeichnen $\Gamma(\mathrm{L})$ und $\Omega(\mathrm{L})$ zwei Lag-Polynome, deren Grade unterschiedlich sein können und existiert für $\Omega(\mathrm{L})$ die inverse Lag-Reihe, dann stellt der Quotient $\dfrac{\Gamma(\mathrm{L})}{\Omega(\mathrm{L})}$ diejenige Lag-Reihe dar, die aus einer Multiplikation von $\Gamma(\mathrm{L})$ und $\Omega^{-1}(\mathrm{L})$ hervorgeht. Faktorisiert man beide Lag-Reihen gemäß Gleichung (13.17), lassen sich im Zähler und Nenner all diejenigen Klammerausdrücke eliminieren, die in den reziproken Werten der Nullstellen übereinstimmen.

13.4 Stationäre autoregressive Prozesse

Die von der Wirtschaftstheorie entwickelten dynamischen Ansätze – vor allem der Konjunkturtheorie – führen zu autoregressiven Prozessen niedriger Ordnung.[8] Deshalb kann sich hier die ausführliche Darstellung auf AR(1)- und AR(2)-Prozesse beschränken. Die qualitativen Ergebnisse lassen sich auch auf den allgemeinen Fall eines AR(q)-Prozesses übertragen, jedoch ist ihr mathematischer Nachweis jetzt erheblich aufwendiger.

[8] Die Wirtschaftstheorie bedient sich bei der Erklärung ökonomischer Phänomene meist eines deterministischen Ansatzes. Die Entwicklung der ökonomischen Variablen wird daher bei stetiger Zeit mit Differentialgleichungen, bei diskreter Zeit mit Differenzengleichungen modelliert. Beispiele aus dem Bereich der Konjunkturerklärung findet man bei ASSENMACHER (1998). Bei stochastischer Interpretation der Variablen stellt eine Differenzengleichung einen autoregressiven Prozess dar.

Nach Gleichung (13.3) lautet der AR(1)-Prozess:

$$x_t = \alpha_0 + \alpha_1 x_{t-1} + u_t. \qquad (13.18)$$

Die Störvariable u_t unterliegt einem Zufallsprozess mit $\mathrm{E}(u_t) = 0$. Bei Verwendung des Lag-Operators geht Gleichung (13.18) über in:

$$(1 - \alpha_1 \mathrm{L})x_t = \alpha_0 + u_t. \qquad (13.19)$$

Gilt für den Koeffizient: $|\alpha_1| < 1$, ist die Nullstelle des zu dem Lag-Polynom $(1 - \alpha_1 \mathrm{L})$ gebildeten konkreten Polynoms $1 - \alpha_1 x = 0$ vom Betrag größer als eins und liegt somit außerhalb des Einheitskreises. Es existiert daher das inverse Lag-Polynom $1/(1-\alpha_1 \mathrm{L})$. Gleichung (13.19) geht nach Multiplikation mit der Inversen über in:

$$\begin{aligned} x_t &= \frac{1}{1-\alpha_1 \mathrm{L}}(\alpha_0 + u_t) \\ &= (1 + \alpha_1 \mathrm{L} + \alpha_1^2 \mathrm{L}^2 + \ldots)\alpha_0 + (1 + \alpha_1 \mathrm{L} + \alpha_1^2 \mathrm{L}^2 + \ldots)u_t \\ &= \alpha_0 \sum_{i=0}^{\infty} \alpha_i \mathrm{L}^i + (1 + \alpha_1 \mathrm{L} + \alpha_1^2 \mathrm{L}^2 + \ldots)u_t \\ &= \frac{\alpha_0}{1-\alpha_1} + u_t + \alpha_1 u_{t-1} + \alpha_1^2 u_{t-2} + \ldots . \end{aligned}$$

Der unbedingte Erwartungswert dieses Prozesses berechnet sich als:

$$\mathrm{E}(x_t) = \frac{\alpha_0}{1-\alpha_1}, \quad \text{da } \mathrm{E}(u_t) = 0 \text{ für alle } t. \qquad (13.20)$$

Die unbedingte Varianz σ_x^2 erhält man als:

$$\begin{aligned} \sigma_x^2 &= \mathrm{E}[x_t - \mathrm{E}(x_t)]^2 = \mathrm{E}[(u_t + \alpha_1 u_{t-1} + \alpha_1^2 u_{t-2} + \ldots)^2] \\ &= \mathrm{E}(u_t^2) + \alpha_1^2 \mathrm{E}(u_{t-1}^2) + \alpha_1^4 \mathrm{E}(u_{t-2}^2) + \ldots, \end{aligned}$$

weil die Erwartungswerte $\mathrm{E}(u_t u_\tau)$ für $t \neq \tau$ verschwinden. Wegen der Homoskedastizität gilt: $\mathrm{E}(u_t^2) = \sigma_u^2$ und als Varianz σ_x^2 ergibt sich nach Berechnung der unendlichen geometrischen Reihe als:

$$\sigma_x^2 = \frac{1}{1-\alpha_1^2}\sigma_u^2. \qquad (13.21)$$

Die Autokovarianz für x_t und x_{t-1} eines AR(1)-Prozesses ist definiert als:

$$\begin{aligned} \mathrm{cov}(x_t, x_{t-1}) = \gamma(1) &= \mathrm{E}\{[x_t - \mathrm{E}(x_t)][x_{t-1} - \mathrm{E}(x_{t-1})]\} \qquad (13.22) \\ &= \mathrm{E}\left[\left(x_t - \frac{\alpha_0}{1-\alpha_1}\right)\left(x_{t-1} - \frac{\alpha_0}{1-\alpha_1}\right)\right]. \end{aligned}$$

Die Berechnung vereinfacht sich, wenn Gleichung (13.18) in Abweichungen vom Erwartungswert formuliert wird:

$$\left.\begin{array}{ll} x_t & = \alpha_0 + \alpha_1 x_{t-1} + u_t \\ \mathrm{E}(x_t) & = \alpha_0 + \alpha_1 \mathrm{E}(x_{t-1}) \end{array}\right\} -$$

$$x_t - \mathrm{E}(x_t) = \alpha_1[x_{t-1} - \mathrm{E}(x_{t-1})] + u_t.$$

Umbenennung der Variablen $x_t - \mathrm{E}(x_t) := z_t$ führt zu:

$$z_t = \alpha_1 z_{t-1} + u_t. \tag{13.23}$$

Daher geht die Kovarianz (13.22) über in:

$$\gamma(1) = \mathrm{E}(z_t z_{t-1}) = \mathrm{E}(\alpha_1 z_{t-1}^2 + u_t z_{t-1}) = \alpha_1 \sigma_x^2, \tag{13.24}$$

weil: $\mathrm{E}(u_t z_{t-1}) = 0$ und $\mathrm{E}(z_{t-1}^2) = \mathrm{var}(z_{t-1}) = \mathrm{var}(x_{t-1}) = \sigma_x^2$. Die Kovarianz für $k > 1$ erhält man, indem Gleichung (13.23) mit z_{t-k}, $k = 2, 3, \ldots$ multipliziert und der Ertwartungswert gebildet wird. Für $k = 2$ z.B. ergibt dies:

$$\gamma(2) = \mathrm{E}(z_t, z_{t-2}) = \mathrm{E}(\alpha_1 z_{t-1} z_{t-2} + u_t z_{t-2}) = \alpha_1 \mathrm{E}(z_{t-1} z_{t-2}) = \alpha_1^2 \sigma_x^2, \tag{13.25}$$

weil nach Gleichung (13.24) gilt: $\mathrm{E}(z_{t-1} z_{t-2}) = \mathrm{E}(z_t z_{t-1}) = \alpha_1 \sigma_x^2$. Damit ist die Autokovarianzfunktion eines AR(1)-Prozesses gefunden:

$$\gamma(k) = \alpha_1^k \sigma_x^2. \tag{13.26}$$

Die Autokorrelationsfunktion $r(k)$ folgt analog zur Herleitung von Gleichung (12.12) aus Gleichung (13.26) nach Division mit $\gamma(0)$:

$$r(k) = \alpha_1^k. \tag{13.27}$$

In Abbildung 13.1 sind die Korrelogramme zweier Autokovarianzfunktionen für die Parameter $\alpha_1 = 0{,}7$ und $\alpha_1 = -0{,}6$ dargestellt. Die Autokovarianzfunktion ist für beide Parameterwerte eine Nullfolge, die bei $0 < \alpha_1 < 1$ monoton, für $-1 < \alpha_1 < 0$ alternierend gegen null konvergiert.

Die Gleichungen (13.20), (13.21) und (13.26) zeigen, dass ein AR(1)-Prozess mit $|\alpha_1| < 1$ die in Abschnitt 12.2 angegebenen Bedingungen eines schwach stationären Prozesses erfüllt. Für $\alpha_0 = 0$ stimmt der AR(1)-Prozess formal mit einem Markov-Prozess überein. Aus den Gleichungen (13.20), (13.21) und (13.26) folgen daher dieselben Ergebnisse wie in Abschnitt 12.2, wenn die dort verwendete Symbolik herangezogen wird.

Abb. 13.1: AR(1)-Prozesse

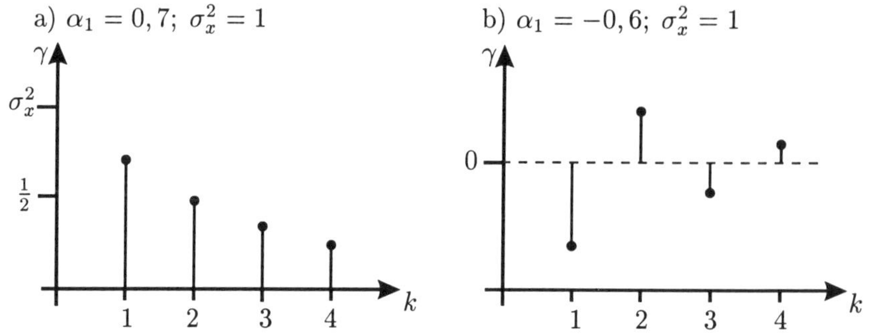

Aus Gleichung (13.3) folgt für $p = 2$ ein autoregressiver Prozess 2. Ordnung: $x_t - \alpha_1 x_{t-1} - \alpha_2 x_{t-2} = \alpha_0 + u_t$, der bei Verwendung des Lag-Reihen Operators geschrieben wird als:

$$A(\mathrm{L})x_t = \alpha_0 + u_t, \quad \text{mit } A(\mathrm{L}) = 1 - \alpha_1 \mathrm{L} - \alpha_2 \mathrm{L}^2. \tag{13.28}$$

Damit die zu $A(\mathrm{L})$ inverse Lag-Reihe existiert, müssen alle Nullstellen des konkreten Polynoms $1 - \alpha_1 x - \alpha_2 x^2 = 0$ außerhalb oder alle Nullstellen des konkreten Polynoms $x^2 - \alpha_1 x - \alpha_2 = 0$ innerhalb des Einheitskreises liegen. Die letzte Formulierung ist rechenfreundlicher, da die quadratische Gleichung hier bereits in Normalform vorliegt. Die beiden Nullstellen x_{01} und x_{02} erhält man als:

$$x_{01,02} = \frac{\alpha_1 \pm \sqrt{\alpha_1^2 + 4\alpha_2}}{2}.$$

Aus der Vorgabe $|x_{01}, x_{02}| < 1$ gewinnt man die Restriktionen für die Parameter α_1 und α_2, dass der AR(2)-Prozess invertierbar ist, als:[9]

$$\begin{aligned} &(a)\ 1 - \alpha_1 - \alpha_2 > 0, \\ &(b)\ 1 + \alpha_1 - \alpha_2 > 0, \\ &(c)\ 1 + \alpha_2 > 0. \end{aligned} \tag{13.29}$$

Die drei Restriktionen lassen sich auch grafisch wiedergeben. Liegen die Parameter eines AR(2)-Prozesses innerhalb des Dreiecks in Abbildung 13.2, existiert zu $A(\mathrm{L})$ die inverse Lag-Reihe $A^{-1}(\mathrm{L})$. Der schraffierte Bereich kennzeichnet konjugiert komplexe Lösungen, deren Betrag (Modul) aber kleiner als eins ist.

[9] Eine schrittweise Herleitung der drei Restriktionen findet man bei ASSENMACHER (1998), S. 337ff., wo auch die Entwicklung der nachstehenden Grafik dargestellt ist.

Abb. 13.2: Invertierbarkeitsbedingung für AR(2)-Prozesse

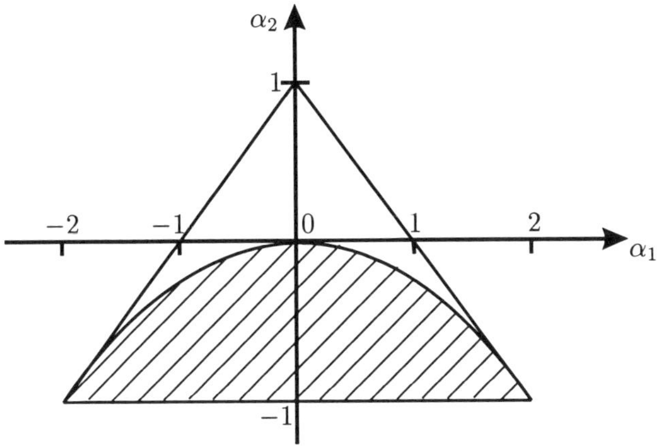

Zur Berechnung des unbedingten Erwartungswertes wird Gleichung (13.28) mit $A^{-1}(\mathrm{L})$ multipliziert:

$$x_t = A^{-1}(\mathrm{L})\alpha_0 + A^{-1}(\mathrm{L})u_t. \tag{13.30}$$

Aus der Multiplikationseigenschaft von Lag-Reihen Operatoren mit Konstanten folgt: $A^{-1}(\mathrm{L})\alpha_0 = \alpha_0/(1-\alpha_1-\alpha_2)$; daher erhält man den Erwartungswert für Gleichung (13.30) als:

$$\mathrm{E}(x_t) = \frac{\alpha_0}{1-\alpha_1-\alpha_2}, \quad \text{weil } \mathrm{E}(u_t) = 0. \tag{13.31}$$

Um die unbedingte Varianz zu ermitteln, wird wie bereits beim AR(1)-Prozess Gleichung (13.28) in Abweichung zum Erwartungswert formuliert. Zwecks Vereinfachung schreibt man für den nach Gleichung (13.31) zeitunabhängigen Erwartungswert: $\mathrm{E}(x_{t-l}) = \mu$ für $l = 0, 1, 2$. Man erhält dann:

$$\left.\begin{array}{ll} x_t & = \alpha_0 + \alpha_1 x_{t-1} + \alpha_2 x_{t-2} + u_t \\ \mathrm{E}(x_t) & = \alpha_0 + \alpha_1 \mathrm{E}(x_{t-1}) + \alpha_2 \mathrm{E}(x_{t-2}) \end{array}\right\} -$$

$$x_t - \mu = \alpha_1[x_{t-1} - \mu] + \alpha_2(x_{t-2} - \mu) + u_t.$$

Variablenumbenennung führt zu:

$$z_t = \alpha_1 z_{t-1} + \alpha_2 z_{t-2} + u_t. \tag{13.32}$$

Multiplikation von Gleichung (13.32) mit z_t und anschließende Berechnung des Erwartungswertes ergibt die Varianz von x_t:

$$\sigma_x^2 = \mathrm{E}(z_t^2) = \alpha_1 \mathrm{E}(z_t z_{t-1}) + \alpha_2 \mathrm{E}(z_t z_{t-2}) + \mathrm{E}(u_t z_t). \tag{13.33}$$

$\mathrm{E}(z_t z_{t-1})$ und $\mathrm{E}(z_t z_{t-2})$ sind analog zu den Gleichungen (13.24) und (13.25) die Kovarianzen zwischen x_t und x_{t-1} sowie zwischen x_t und x_{t-2}. Ersetzt man beim vierten Erwartungswert in Gleichung (13.33) z_t durch Gleichung (13.32), folgt: $\mathrm{E}(u_t z_z) = \sigma_u^2$. Gleichung (13.33) lautet jetzt:

$$\sigma_x^2 = \alpha_1 \mathrm{E}(z_t z_{t-1}) + \alpha_2 \mathrm{E}(z_t z_{t-2}) + \sigma_u^2. \tag{13.34}$$

Multipliziert man Gleichung (13.32) sukzessive mit z_{t-1} und z_{t-2} und berechnet jedes Mal den Erwartungswert, erhält man unter Beachtung von $\mathrm{E}(u_t z_{t-1}) = \mathrm{E}(u_t z_{t-2}) = 0$:

$$\mathrm{E}(z_t z_{t-1}) = \alpha_1 \mathrm{E}(z_{t-1}^2) + \alpha_2 \mathrm{E}(z_{t-1} z_{t-2}) \quad \text{und} \tag{13.35}$$
$$\mathrm{E}(z_t z_{t-2}) = \alpha_1 \mathrm{E}(z_{t-1} z_{t-2}) + \alpha_2 \mathrm{E}(z_{t-2}^2). \tag{13.36}$$

Es sei angenommen, dass aus der Invertierbarkeit der Lag-Reihe $A(\mathrm{L})$ auch Stationarität des AR(2)-Prozesses folgt. Dann gilt:

(1) $\mathrm{E}(z_{t-1}^2) = \mathrm{E}(z_{t-2}^2) = \sigma_x^2$ (2) $\mathrm{E}(z_t, z_{t-1}) = \mathrm{E}(z_{t-1}, z_{t-2}) = \gamma(1)$ und
(3) $\mathrm{E}(z_t z_{t-2}) = \gamma(2)$.

Die Gleichungen (13.35) und (13.36) lauten jetzt:

$$\gamma(1) = \alpha_1 \sigma_x^2 + \alpha_2 \gamma(1) \quad \text{und} \tag{13.37}$$
$$\gamma(2) = \alpha_1 \gamma(1) + \alpha_2 \sigma_x^2. \tag{13.38}$$

Schreibt man die Varianz (13.34) jetzt als:

$$\sigma_x^2 = \alpha_1 \gamma(1) + \alpha_2 \gamma(2) + \sigma_u^2$$

und ersetzt $\gamma(1)$ sowie $\gamma(2)$ durch die Gleichungen (13.37) und (13.38), folgt nach einigen algebraischen Umformungen:

$$\sigma_x^2 = \frac{1-\alpha_2}{(1-\alpha_1-\alpha_2)(1+\alpha_1-\alpha_2)(1+\alpha_2)} \sigma_u^2. \tag{13.39}$$

Soll mit Gleichung (13.39) eine sinnvolle Varianz für einen stationären stochastischen Prozess vorliegen, muss σ_x^2 positiv, d.h. der Quotient in Gleichung (13.39) muss größer als null sein. Dies ist gewährleistet, wenn gilt:[10] $(1-\alpha_1-\alpha_2) > 0$, $(1+\alpha_1-\alpha_2) > 0$ und $(1+\alpha_2) > 0$. Das sind aber genau die Bedingungen (13.29) für die Invertierbarkeit des Lag-Polynoms

[10] Der Leser kann sich hiervon anhand der Abbildung 13.2 überzeugen, indem die Vorzeichen der drei Klammerausdrücke für (α_1, α_2)-Kombinationen bestimmt werden, die außerhalb des Dreiecks liegen.

$A(\mathrm{L})$ des AR(2)-Prozesses. Ein AR(2)-Prozess ist invertierbar, d.h. es existiert $A^{-1}(\mathrm{L})$, wenn er stationär ist und umgekehrt. Daher bezeichnet man bei AR(p)-Prozessen die Invertierbarkeitsbedingungen auch als Stationaritätsbedingungen.

Aus Gleichung (13.32) erhält man direkt die Kovarianzen $\gamma(k)$, $k = 1, 2, \ldots$ durch Multiplikation mit z_{t-k} und anschließender Erwartungswertbildung:

$$\gamma(k) = \mathrm{E}(z_t z_{t-k}) = \alpha_1 \mathrm{E}(z_{t-1} z_{t-k}) + \alpha_2 \mathrm{E}(z_{t-2} z_{t-k}),$$

da $\mathrm{E}(u_t z_{t-k}) = 0$ für $k = 1, 2, \ldots$ oder:

$$\gamma(k) = \alpha_1 \gamma(k-1) + \alpha_2 \gamma(k-2). \tag{13.40}$$

Die Kovarianzfunktion (13.40) stellt eine Differenzengleichung 2. Ordnung in k dar. Sind zwei Anfangsbedingungen für k und $k+1$ bekannt, können alle anderen Kovarianzen iterativ berechnet werden.[11] Die zur Berechnung benötigten Anfangsbedingungen liefern die Gleichungen (13.37) und (13.38); ihre Auflösung nach $\gamma(1)$ und $\gamma(2)$ ergibt:

$$\gamma(1) = \frac{\alpha_1}{1-\alpha_2}\sigma_x^2 \quad \text{und} \quad \gamma(2) = \left(\frac{\alpha_1^2}{1-\alpha_2} + \alpha_2\right)\sigma_x^2.$$

Nach Division der Gleichung (13.40) und der beiden Anfangsbedingungen durch $\gamma(0) = \sigma_x^2$ folgt die Autokorrelationsfunktion:

$$r(k) = \alpha_1 r(k-1) + \alpha_2 r(k-2) \tag{13.41}$$

mit den Anfangsbedingungen $r(1) = \dfrac{\alpha_1}{1-\alpha_2}$ und $r(2) = \dfrac{\alpha_1^2}{1-\alpha_2} + \alpha_2$.

Die Autokorrelationsfunktion (13.41) heißt in der Literatur auch **Yule-Walker-Gleichung**. Die Stationarität des AR(2)-Prozesses sichert, dass $\gamma(k)$ und $r(k)$ für $k \to \infty$ gegen null konvergieren. Liegen die Parameterwerte α_1 und α_2 im schraffierten Bereich der Abbildung 13.2 , entwickeln sich $\gamma(k)$ und $r(k)$ periodisch gemäß einer Kosinusfunktion mit abnehmenden Amplituden; Parameterwerte aus dem übrigen Bereich des Stationaritätsdreiecks führen zu schwingungsfreier Konvergenz von $\gamma(k)$ und $r(k)$. In Abbildung 13.3 sind hierfür typische Korrelogramme dargestellt.

Die für einen AR(2)-Prozess gefundenen Ergebnisse lassen sich auf invertierbare AR(p)-Prozesse mit $p > 2$ übertragen. Auch hier sichern die Invertierbarkeitsbedingungen ihre Stationarität. Die Yule-Walker-Gleichung leitet

[11] Eine ausführliche Darstellung der Lösungen von Differenzengleichungen findet man bei ASSENMACHER (1998), S. 323ff.

Abb. 13.3: Korrelogramme eines AR(2)-Prozesses

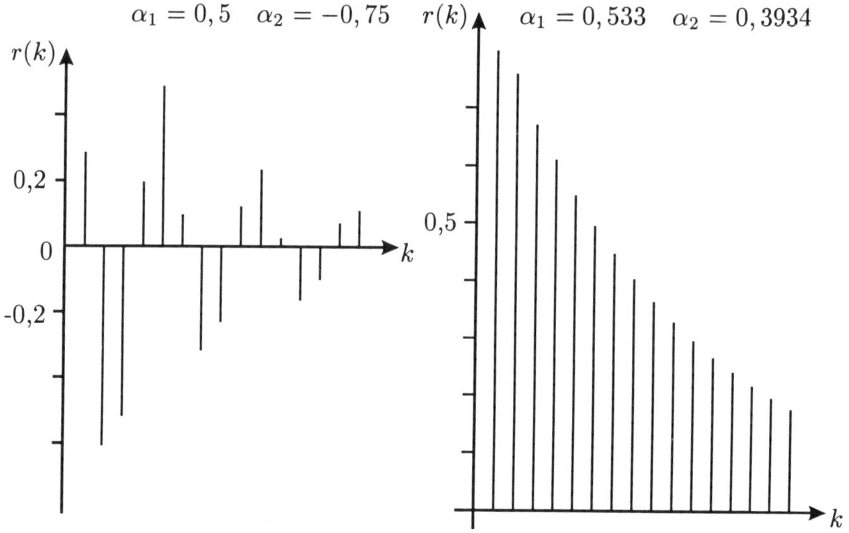

man analog zu $p = 2$ ab, wobei zu beachten ist, dass Gleichung (13.32) für $p > 2$ lautet:

$$z_t = \alpha_1 z_{t-1} + \alpha_2 z_{t-2} + \ldots + \alpha_p z_{t-p} + u_t. \tag{13.42}$$

Hieraus folgt die Yule-Walker-Gleichung als:

$$r(k) = \alpha_1 r(k-1) + \alpha_2 r(k-2) + \ldots + \alpha_p r(k-p). \tag{13.43}$$

Die Autokorrelationsfunktion (13.43) ist nun eine Differenzengleichung p-ter Ordnung. Zur iterativen Berechnung der Autokorrelationskoeffizienten benötigt man p aufeinander folgende Anfangsbedingungen. Wegen der Stationarität sind auch jetzt $\gamma(k)$ und $r(k)$ Nullfolgen.

Bei stationären, autoregressiven Prozessen weisen die partiellen Korrelationskoeffizienten eine Struktur auf, die bei der Bestimmung der Ordnung empirischer AR-Prozesse vorteilhaft ist. Nach Gleichung (9.15) berechnet man den partiellen Autokorrelationskoeffizienten für x_t und x_{t-2} eines AR(2)-Prozesses $x_t = \alpha_0 + \alpha_1 x_{t-1} + \alpha_2 x_{t-2} + u_t$ als:

$$r_{x2.1} = \frac{r_{x2} - r_{x1} r_{12}}{\sqrt{1 - r_{x1}^2}\sqrt{1 - r_{12}^2}},$$

wobei die Indizes x, 1 und 2 die Variablen x_t, x_{t-1} und x_{t-2} kennzeichnen. Da der Autokorrelationskoeffizient nur vom zeitlichen Abstand k abhängt, gilt: $r_{x1} = r_{12} = r(1)$ und $r_{x2} = r(2)$. Somit erhält man:

$$r_{x2.1} = \frac{r(2) - r^2(1)}{1 - r^2(1)}.$$

Die Autokorrelationskoeffizienten $r(1)$ und $r(2)$ wurden bereits als Anfangsbedingungen der Gleichung (13.41) bestimmt. Setzt man diese Werte hier ein, folgt:

$$r_{x2.1} = \frac{\frac{\alpha_1^2}{1-\alpha_2} + \alpha_2 - \frac{\alpha_1^2}{(1-\alpha_2)^2}}{1 - \frac{\alpha_1^2}{(1-\alpha_2)^2}} = \frac{\alpha_2[(1-\alpha_2)^2 - \alpha_1^2]}{(1-\alpha_2)^2 - \alpha_1^2} = \alpha_2. \tag{13.44}$$

Der partielle Autokorrelationskoeffizient erster Ordnung $r_{x2.1}$ entspricht dem Koeffizienten α_2 eines stationären AR(2)-Prozesses. Der einfache Autokorrelationskoeffizient $r(2)$ beträgt nach Gleichung (13.41):

$$r(2) = \alpha_1 r(1) + \alpha_2, \tag{13.45}$$

da gilt: $r(0) = 1$. Liegt anstatt eines AR(2)-Prozesses nur ein AR(1)-Prozess vor, ergibt sich aus der Autokorrelationsfunktion (13.27): $r(2) = \alpha_1^2$ und $r(1) = \alpha_1$. Mit diesen Werten geht Gleichung (13.45) über in: $\alpha_1^2 = \alpha_1^2 + \alpha_2$, oder: $\alpha_2 = 0$. Daher sind bei einem fälschlicherweise angenommenen AR(2)-Prozess die partiellen Autokorrelationskoeffizienten ab der zweiten Verzögerung null. Dieses Ergebnis lässt sich verallgemeinern. Bei einem AR(p)-Prozess sind alle partiellen Autokorrelationskoeffizienten für Verzögerungen größer als p null: $r_{xm.12\ldots p} = 0$ für $m > p$. Dieses für stochastische Prozesse gültige Ergebnis ist für empirische AR-Prozesse bedeutsam, deren Ordnung p nicht vorliegt und deren Parameter mit Stichprobendaten geschätzt werden. Mit den geschätzten partiellen Autokorrelationskoeffizienten lässt sich die Ordnung jetzt bestimmen.

Die Invertierbarkeit von Lag-Reihen ermöglicht eine duale Darstellung von AR(p)- und MA(q)-Prozessen. Aus $A(\mathrm{L})x_t = u_t$ folgt nach Multiplikation mit $A^{-1}(\mathrm{L})$: $A^{-1}(\mathrm{L})A(\mathrm{L})x_t = x_t = A^{-1}(\mathrm{L})u_t$. Dies ist die MA($\infty$)-Darstellung eines AR($p$)-Prozesses. Der stationäre MA(q)-Prozess $x_t = B(\mathrm{L})\varepsilon_t$ geht – sofern er invertierbar ist[12] – nach Multiplikation mit $B^{-1}(\mathrm{L})$ über in: $B^{-1}(\mathrm{L})x_t = \varepsilon_t$ und ist in einen unendlichen AR(∞)-Prozess überführt.

Ein ARMA(p,q)-Prozess $A(\mathrm{L})x_t = \alpha_0 + B(\mathrm{L})\varepsilon_t$ mit Lag-Polynomen $A(\mathrm{L})$ und $B(\mathrm{L})$ wie in Gleichung (13.7) kann mitunter in eine einfachere Form gebracht

[12]Für die Stationarität eines MA(q)-Prozesses waren keine Restriktionen für die β-Koeffizienten notwendig. Daher müssen die Nullstellen des zu $B(\mathrm{L})$ gehörenden konkreten Polynoms nicht die Stationaritätsbedingungen erfüllen. Auch dies verdeutlicht die Unterschiede zwischen einem AR(p)- und einem MA(q)-Prozess.

werden. Hierzu zerlegt man beide Polynome in Linearfaktoren. Z.B. lassen sich die Lag-Polynome $A(\mathrm{L}) = 1-2\mathrm{L}-3\mathrm{L}^2$ und $B(\mathrm{L}) = 1-\frac{1}{3}\mathrm{L}+\mathrm{L}^2$ zerlegen in: $A(\mathrm{L}) = (1-3\mathrm{L})(1+\mathrm{L})$ und $B(\mathrm{L}) = (1-\frac{1}{3}\mathrm{L})(1-3\mathrm{L})$. Der Linearfaktor (1-3L) kommt in beiden Zerlegungen vor und kann daher eliminiert werden. Der ursprüngliche ARMA(2,2)-Prozess geht in einen ARMA(1,1)-Prozess über.

13.5 Nichtstationäre und integrierte Prozesse

Obwohl die meisten ökonomischen Zeitreihen durch AR-, MA- oder ARMA-Prozesse niedriger Ordnung angemessen modelliert werden können, sind sie keineswegs immer auch stationär. Abbildung 13.4 stellt das Zeitreihendiagramm des realen Bruttoinlandsprodukts und des realen Konsums dar, die sich beide nicht stationär entwickeln.

Abb. 13.4: Entwicklung des Bruttoinlandsprodukt und des Konsums

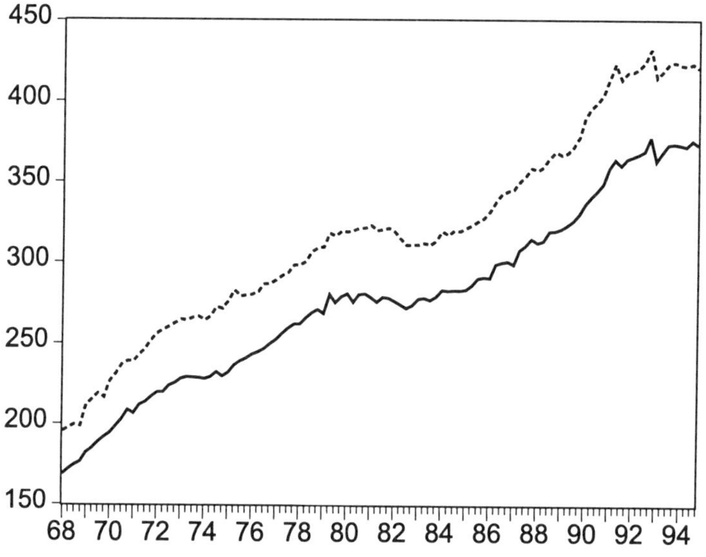

Die vielfältigen Formen nichtstationärer Zeitreihen lassen sich beispielhaft auf drei Grundarten zurückführen. Die längste Tradition besitzen der **lineare** und der **exponentielle Trend**: $x_t = a + bt$ bzw. $x_t = x_0 e^{bt}$. Da eine Logarithmustransformation den exponentiellen in einen linearen Trend überführt, wird nur dieser hier näher analysiert. In Verbindung mit einer Zufallsvariablen u_t, die einen reinen Zufallsprozess darstellt, lautet die lineare Trendfunktion:

$$x_t = a + bt + u_t. \tag{13.46}$$

Nach dieser Gleichung entsteht jeder Zeitreihenwert x_t als Summe einer systematischen und einer stochastischen Komponente. Man bezeichnet diese Entwicklung als **deterministischen Trend**. Der unbedingte Erwartungswert für x_t ist zeitabhängig und verstößt somit gegen die Bedingung der Mittelwertstationarität:

$$\mathrm{E}(x_t) = a + bt, \quad \text{wegen } \mathrm{E}(u_t) = 0. \tag{13.47}$$

Varianz und Autokovarianz hingegen sind zeitunabhängig. Man erhält:

$$\sigma_x^2 = \mathrm{E}[x_t - \mathrm{E}(x_t)]^2 = \mathrm{E}(u_t^2) = \sigma_u^2 \quad \text{und} \tag{13.48}$$

$$\mathrm{cov}(x_t, x_{t-k}) = \mathrm{E}(u_t u_{t-k}) = 0 \quad \text{für } k = 1, 2, \ldots. \tag{13.49}$$

In jüngerer Zeit wird für makroökonomische Zeitreihen vermutet, dass sie einen Random Walk Prozess darstellen. Ein **Random Walk Prozess** ist ein AR(1)-Prozess, bei dem der Parameter α_1 den Wert eins hat und u_t einem reinen Zufallsprozess unterliegt. Gleichung (13.18) geht dann über in:

$$x_t = \alpha_0 + x_{t-1} + u_t. \tag{13.50}$$

Wegen $\alpha_1 = 1$ ist der mit Gleichung (13.50) gegebene AR(1)-Prozess nicht mehr stationär und die im Abschnitt 13.4 abgeleiteten Ergebnisse ändern sich in gravierender Weise. Nimmt man zwecks Vereinfachung einen Startwert $x_0 = 0$ an, geht Gleichung (13.50) nach sukzessiver Substitution über in:

$$x_t = \alpha_0 t + \sum_{i=1}^{t} u_i, \quad t = 1, 2, \ldots. \tag{13.51}$$

Erwartungswert und Varianz ergeben sich jetzt als:

$$\mathrm{E}(x_t) = \alpha_0 t + \sum_{i=1}^{t} \mathrm{E}(u_i) = \alpha_0 t; \tag{13.52}$$

$$\begin{aligned} \sigma_x^2 &= \mathrm{E}(x_t - \alpha_0 t)^2 = \mathrm{E}[\sum_{i=1}^{t} u_i)^2] = \mathrm{E}(u_1^2) + \ldots + \mathrm{E}(u_t^2) \\ &= t\sigma_u^2. \end{aligned} \tag{13.53}$$

Der Erwartungswert bleibt nur für $\alpha_0 = 0$ über t konstant. Ist $\alpha_0 \neq 0$, liegt ein **Random Walk mit Drift** vor. Sein Erwartungswert entwickelt sich für

$\alpha_0 > 0$ linear steigend, für $\alpha_0 < 0$ linear fallend. Ein Drift ergibt sich aber auch für $\alpha_0 = 0$ und $\mathrm{E}(u_t) = \mu \neq 0$. Aus Gleichung (13.51) folgt jetzt: $\mathrm{E}(x_t) = \mathrm{E}\left(\sum_{i=1}^{t} u_i\right) = \sum_{i=1}^{t} \mu = \mu t$. Schließlich lassen sich noch die Autokovarianz- und Autokorrelationsfunktion ableiten. Aus $\gamma(k) = \mathrm{E}\left[\left(\sum_{i=1}^{t} u_i\right)\left(\sum_{i=1}^{t-k} u_i\right)\right] = \mathrm{E}(u_1^2) + \ldots + \mathrm{E}(u_{t-k}^2)$ folgt:

$$\gamma(k) = (t-k)\sigma_u^2 \quad \text{und} \quad (13.54) \qquad r_k = \frac{t-k}{t}, \quad t = 1, 2, \ldots . \qquad (13.55)$$

Erwartungswert, Varianz und Kovarianz sind bei einem Random Walk Funktionen der Zeit; er ist daher ein nichtstationärer stochastischer Prozess. Abbildung 13.5 zeigt einen Random Walk für $\alpha_0 = \frac{1}{2}$ und $x_0 = 0$.

Abb. 13.5: Random Walk, $\alpha_0 = \frac{1}{2}$, $x_0 = 0$

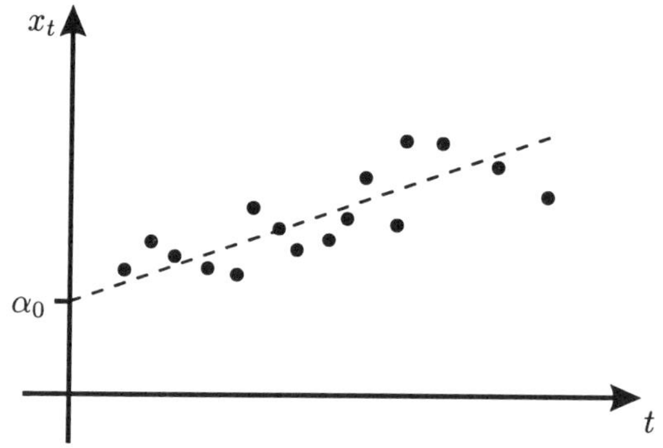

Die gestrichelte Gerade gibt die Entwicklung des Erwartungswertes $\mathrm{E}(x_t)$ wieder, die wegen $\alpha_0 > 0$ als positiver Trend der Zeitreihe interpretierbar ist. Da der Trend hier aus der Stochastik des Prozesses resultiert, liegt ein **stochastischer Trend** vor.

Das für einen Random Walk Prozess gefundene Ergebnis lässt sich verallgemeinern. Eine nichtstationäre Entwicklung tritt bei allen AR(1)-Prozessen ein, für deren Koeffizient α_1 gilt:$|\alpha_1| \geq 1$. Die sich für $|\alpha_1| > 1$ ergebenden nichtstationären Prozesse werden beispielhaft anhand des leicht umzuformenden AR(1)-Prozess (13.56) mit $\alpha_1 = 2$ gezeigt:

$$x_t = \alpha_0 + 2x_{t-1} + u_t . \qquad (13.56)$$

Den Erwartungswert $\mathrm{E}(x_t)$ erhält man nach sukzessiver Substitution als:

$$\mathrm{E}(x_t) = \alpha_0(1 + 2 + 2^2 + \ldots + 2^{\tau-1}) + 2^\tau x_{t-\tau}, \quad \tau = 1, 2, \ldots .$$

Varianz und Autokovarianzfunktion folgen analog zu der formalen Vorgehensweise bei einem Random Walk.

Die drei Grundarten nichtstationärer Entwicklungen, dargestellt mit den Gleichungen (13.46), (13.50) und (13.56) lassen sich kombinieren. So mag z.B. eine ökonomische Zeitreihe durch den Prozess $x_t = a + bt + x_{t-1} + u_t$ erzeugt worden sein, der einen deterministischen und einen stochastischen Trend vereint. Auch können bei allen drei Grundarten die Annahmen bezüglich der Störvariablen u_t durch MA(q)-Prozesse verallgemeinert werden. Gleichung (13.50) stellt dann zwar keinen Random Walk, jedoch immer noch einen nichtstationären Prozess dar.

Bei nichtstationären Prozessen kann es gelingen, sie durch Differenzenbildung in stationäre Prozesse zu überführen. Der Differenzenoperator Δ kann bei Verwendung des Lagoperators L geschrieben werden als:

$$\Delta x_t = (1 - \mathrm{L})x_t = x_t - x_{t-1}.$$

Zweimaliges Anwenden des Operators Δ führt zur Differenzenbildung zweiter Ordnung:

$$\Delta(\Delta x_t) = \Delta^2 x_t = (1 - \mathrm{L})^2 x_t = (1 - 2\mathrm{L} + \mathrm{L}^2)x_t = x_t - 2x_{t-1} + x_{t-2},$$

und d-maliges Anwenden entsprechend zur **Differenzenbildung d-ter Ordnung**. Geht ein nichtstationärer Prozess nach d-maliger Anwendung des Differenzenoperators in einen stationären Prozess über, nennt man ihn nach ENGLE und GRANGER[13] **integriert mit der Ordnung** d: $I(d)$. Ein originär stationärer Prozess heißt integriert mit der Ordnung null: $I(0)$. Liegen zwei unterschiedlich integrierte Zeitreihen vor, besitzt ihre Summe die höhere der beiden Integrationsordnungen. Ist x_t: $I(0)$ und y_t: $I(2)$, hat die Summe $z_t = x_t + y_t$ die Integrationsordnung $I(2)$. Bei einer Lineartransformation bleibt die Integrationsordnung erhalten. Für x_t: $I(d)$ folgt: $z_t = \alpha + \beta x_t$: $I(d)$.

Es ist leicht zu zeigen, dass die beiden nichtstationären Prozesse (13.46) und (13.50) durch einmaliges Differenzenbilden in stationäre Prozesse übergehen, sie somit $I(1)$-Prozesse darstellen. Für Gleichung (13.46) ergibt sich:

$$\begin{aligned} \Delta x_t &= a + bt + u_t - [a + b(t-1) + u_{t-1}], \quad \text{oder:} \\ \Delta x_t &= b + \Delta u_t. \end{aligned} \tag{13.57}$$

Da u_t als reiner Zufallsprozess stationär ist, gilt dies auch für den MA(1)-Prozess Δu_t. Zeitreihen, deren erste Differenzen sich gemäß Gleichung (13.57)

[13] ENGLE und GRANGER (1987), S. 252.

ergeben, heißen **trendstationär**, da sie stationäre Schwankungen um einen Trend aufweisen.

Die ersten Differenzen des Random Walk Prozesses (13.50) lauten:

$$\Delta x_t = \alpha_0 + u_t. \tag{13.58}$$

Da u_t ein reiner Zufallsprozess ist, zeigt auch Δx_t eine stationäre Entwicklung. Man bezeichnet Zeitreihen mit der Eigenschaft (13.58) als **differenzstationär**.

Der nichtstationäre Prozess (13.56) hingegen ist nicht integriert. Seine ersten Differenzen lauten:

$$\Delta x_t = 2(x_{t-1} - x_{t-2}) + \Delta u_t = 2\Delta x_{t-1} + \Delta u_t.$$

Hieraus folgt die d-te Differenz als: $\Delta^d x_t = 2\Delta^d x_{t-1} + \Delta^d u_t$, die wegen $\alpha_1 = 2$ für kein d stationär wird.

Die Modellierung der stochastischen Komponente u_t eines trend- bzw. differenzstationären Prozesses kann verallgemeinert werden. Es sind jetzt alle Formen zulässig, die zu invertierbaren ARMA(p, q)-Prozessen führen. Für die Zufallsvariable u_t gilt dann:

$$A(\mathrm{L})u_t = B(\mathrm{L})\varepsilon_t, \tag{13.59}$$

wobei ε_t ein reiner Zufallsprozess mit $\mathrm{E}(\varepsilon_t) = 0$ ist und $A(\mathrm{L})$ sowie $B(\mathrm{L})$ invertierbare Polynome in L der Ordnung p bzw. q sind. Die Gleichungen (13.46) und (13.50) gehen bei dieser Annahme über in:

$$\begin{aligned} x_t &= a + bt + \Omega(\mathrm{L})\varepsilon_t && \text{(trendstationär)},\\ x_t &= \alpha_0 + x_{t-1} + \Omega(\mathrm{L})\varepsilon_t && \text{(differenzstationär)},\\ &\text{mit: } \Omega(\mathrm{L}) = A^{-1}(\mathrm{L})B(\mathrm{L}). \end{aligned}$$

Überführt man beide Gleichungen in ihre erste Differenz, folgt:

$$\begin{aligned} (1-\mathrm{L})x_t &= b + (1-\mathrm{L})\Omega(\mathrm{L})\varepsilon_t = b + \Gamma(\mathrm{L})\varepsilon_t, \\ \Gamma(\mathrm{L}) &= (1-\mathrm{L})\Omega(\mathrm{L}) \end{aligned} \tag{13.60}$$

und

$$(1-\mathrm{L})x_t = \alpha_0 + \Omega(\mathrm{L})\varepsilon_t. \tag{13.61}$$

Obwohl die beiden Gleichungen (13.60) und (13.61) formal übereinstimmen, ergeben sich für die Wirkung der Zufallsvariablen ε_t auf die Differenzen Δx_t unterschiedliche Konsequenzen. Der Einfluss, der von ε_t auf die Differenzen Δx_{t+l}, $l = 0, 1, 2, \ldots$ ausgeht, hängt von den beiden unendlichen Lag-Reihen

$\Gamma(\mathrm{L}) = (1 + \gamma_1 \mathrm{L} + \gamma_2 \mathrm{L}^2 + \ldots)$ und $\Omega(\mathrm{L}) = (1 + \omega_1 \mathrm{L} + \omega_2 \mathrm{L}^2 + \ldots)$ ab. Wegen der Stationarität des Prozesses (13.59) hat die Zufallsvariable ε_{t-l} auf Δx_t dieselbe Wirkung wie ε_t auf Δx_{t+l}; man erhält sie durch partielle Differentiation von Δx_{t+l} nach ε_t als: $\dfrac{\partial \Delta x_{t+l}}{\partial \varepsilon_t} = \gamma_l$ bei einem trendstationären Prozess bzw. $\dfrac{\partial \Delta x_{t+l}}{\partial \varepsilon_t} = \omega_l$ bei einem differenzstationären Prozess für $l = 0, 1, 2, \ldots$. Die entsprechende Wirkung auf den Niveauwert x_t ist dann die Summe $(1 + \gamma_1 + \ldots + \gamma_l)$ bzw. $(1 + \omega_1 + \ldots + \omega_l)$. Für $l \to \infty$ erhält man für beide Prozesse jeweils eine unendliche Reihe, die den Gesamteffekt einer unendlich weit in der Vergangenheit liegenden Zufallsvariable wiedergibt. Diese unendliche Reihe erhält man auch aus den Lag-Reihen für L = 1:

$$\sum_{i=0}^{\infty} \gamma_i = \Gamma(1) \quad \text{und} \quad \sum_{i=0}^{\infty} \omega_i = \Omega(1).$$

Da die Zufallsvariablen ε_t wie Impulse bzw. Schocks interpretiert werden können, nennt man die beiden konkreten Lag-Reihen für L = 1 **Impulsfunktionen**. Die Impulsfunktion für den trendstationären Prozess beträgt:

$$\Gamma(\mathrm{L}) = (1 - \mathrm{L})\Omega(\mathrm{L})\Big|_{\mathrm{L}=1} = 0;$$

für den differenzstationären Prozess erhält man:

$$\Omega(\mathrm{L}) = \frac{B(\mathrm{L})}{A(\mathrm{L})}\bigg|_{\mathrm{L}=1} \neq 0,$$

da wegen der Invertierbarkeit die mit $A(\mathrm{L})$ und $B(\mathrm{L})$ korrespondierenden konkreten Polynome für $\mathrm{L} = x = 1$ ungleich null sind. Während bei einem trendstationären Prozess die Zufallsvariablen (Impulse, Schocks) keine dauerhafte Wirkung auf die Zeitreihenwerte x_t ausüben, bleibt bei differenzstationären Prozessen jeder Impuls dauerhaft in den Zeitreihenwerten enthalten. Dies gilt auch für den Spezialfall $A(\mathrm{L}) = B(\mathrm{L}) = 1$, d.h. die Zufallsvariable u_t ist wie in den Gleichungen (13.46) und (13.50) ein reiner Zufallsprozess. Die Impulsfunktionen betragen jetzt: $\Gamma(\mathrm{L})\big|_{\mathrm{L}=1} = 0$ und $\Omega(\mathrm{L})\big|_{\mathrm{L}=1} = 1$. Wegen $\Omega(1) = 1$ entspricht die Wirkung eines Impulses auf x_t nach unendlich vielen Perioden insgesamt seinem ursprünglichen Wert.

Auch bei nichtstationären AR-Prozessen höherer Ordnung kann geprüft werden, ob sie integriert sind. Ist z.B. der AR(p)-Prozess $I(1)$-integriert, lässt sich das Lag-Polynom $A(\mathrm{L})$ zerlegen in $(1 - \mathrm{L})A^*(\mathrm{L})$, wobei $A^*(\mathrm{L})$ jetzt ein stationäres Polynom in L ist. Man erhält dann für Gleichung (13.3):

$$A(\mathrm{L})x_t = A^*(\mathrm{L})(1 - \mathrm{L})x_t = A^*(\mathrm{L})\Delta x_t = \alpha_0 + u_t,$$

also eine differenzstationäre Zeitreihe erster Ordnung in Δx_t. Entsprechend gilt für $I(d)$-integrierte Zeitreihen:

$$A(\mathrm{L})x_t = A^*(\mathrm{L})(1-\mathrm{L})^d x_t = A^*(\mathrm{L})\Delta^d x_t = \alpha_0 + u_t. \tag{13.62}$$

Die Reihe $\Delta^d x_t$ ist jetzt stationär.

Das Lag-Polynom des AR(2)-Prozesses $x_t = 2 + \frac{5}{4}x_{t-1} - \frac{1}{4}x_{t-2} + u_t$ lautet: $A(\mathrm{L}) = 1 - \frac{5}{4}\mathrm{L} + \frac{1}{4}\mathrm{L}^2$. Die Nullstellen des konkreten Polynoms $1 - \frac{5}{4}x_0 - \frac{1}{4}x_0^2 = 0$ betragen: $x_{01} = 1$ und $x_{02} = 4$. Da nur die Nullstelle $x_{02} = 4$ außerhalb des Einheitskreises liegt, ist der AR(2)-Prozess nichtstationär. Wegen der Nullstelle $x_{01} = 1$ ist der Prozess jedoch differenzstationär bzw. $I(1)$-integriert. Deshalb wird der nichtstationäre Teil von $A(\mathrm{L})$ abgespaltet: $A(\mathrm{L}) = (1-\mathrm{L})(1-\frac{1}{4}\mathrm{L})$ und der AR(2)-Prozess kann geschrieben werden als: $A(\mathrm{L})x_t = (1-\frac{1}{4}\mathrm{L})(1-\mathrm{L})x_t = (1-\frac{1}{4}\mathrm{L})\Delta x_t = A^*(\mathrm{L})\Delta x_t = 2 + u_t$. Der AR(1)-Prozess in Δx_t ist jetzt stationär und x_t daher $I(1)$-integriert.

Folgt die Störvariable u_t in Gleichung (13.62) einem MA(q)-Prozess, liegt für x_t ein nichtstationärer ARMA(p,q)-Prozess vor, der aber nach d-facher Differenzenbildung in einen stationären ARMA-Prozess in $\Delta^d x_t$ übergeht. Zeitreihen mit dieser Eigenschaft bilden einen ARIMA-Prozess, wobei I für „integriert" steht. Die Ordnung von ARIMA-Prozessen wird mit dem Tripel (p,d,q) festgelegt: ARIMA(p,d,q).

Ökonomische Zeitreihen, deren Grundzeitperiode t kleiner als ein Jahr ist, z.B. wenn Quartals-, Monats- oder Tagesdaten vorliegen, enthalten oft eine Saisonkomponente. Vor der oben dargestellten Differenzenbildung zur Erzeugung stationärer Zeitreihen muss der Saisoneinfluss eliminiert werden. Die Vorgehensweise soll an einer Zeitreihe mit Quartalsdaten dargestellt werden. Um bei solchen Daten die Saisonkomponente zu beseitigen, ist ein Differenzenintervall der Länge 4 zu wählen: $x_t - x_{t-4} = (1-\mathrm{L}^4)x_t$. Gelingt es, nach D-maliger Anwendung des Operators $(1-\mathrm{L}^4)$ die Saisonkomponente zu eliminieren und wird die Zeitreihe dann nach d-maliger Anwendung des Differenzenoperators $(1-\mathrm{L}) = \Delta$ stationär, heißt die Ausgangszeitreihe **saisonal integriert mit der Ordnung** $(\mathbf{d},\mathbf{D})$ und wird mit $\mathbf{SI}(\mathbf{d},\mathbf{D})$ abgekürzt.[14] Als Beispiel diene die folgende Zeitreihe aus Quartalsdaten, die ohne Zufallseinfluss erzeugt wurden:

$$1, 3, 7, 7, 5, 7, 11, 11, 9, 11, 15, 15, \ldots$$

Der Operator $1-\mathrm{L}^4$ liefert bereits nach einmaliger Anwendung eine stationäre Reihe. Die Zeitreihe ist daher saisonal integriert: $SI(0,1)$.

[14] Vgl. hierzu ENGLE, GRANGER und HALLMANN (1989).

Eine allgemeinere Modellierung der Saisonkomponente wird durch:

$$x_t = \phi x_{t-4} + u_t, \quad u_t = \varrho u_{t-1} + \varepsilon_t, \quad |\phi| < 1, \quad |\varrho| < 1$$

gegeben. Die Störvariable folgt hier einem Markov-Prozess erster Ordnung (vgl. Gleichung (12.1)). Nach Umstellen und Multiplikation mit $(1 - \varrho \mathrm{L})$ erhält man:

$$(1 - \varrho \mathrm{L})(1 - \phi \mathrm{L}^4) x_t = \varepsilon_t. \qquad (13.63)$$

Gleichung (13.63) stellt ein **autoregressives, multiplikatives Saisonmodell** dar, das nach Multiplikation der beiden Polynome in L übergeht in:

$$x_t = \varrho x_{t-1} + \phi x_{t-4} - \varrho \phi x_{t-5} + \varepsilon_t.$$

Die Zeitreihenwerte x_t resultieren aus einem AR(5)-Prozess. Bereits an dieser alternativen Modellierung der Saisonkomponente erkennt man, dass rasch komplexe Prozesse erreicht werden. Die für Quartalsdaten aufgezeigten Modellierungsmöglichkeiten der Saisonkomponente lassen sich auf Daten mit kürzerer Grundzeitperiode übertragen.

13.6 Integrationstests

Die in den vorangegangenen Abschnitten dieses Kapitels behandelten Konzepte und Zeitreihenmodelle beziehen sich auf stochastische Prozesse, die in einer Grundgesamtheit stattfinden. In angewandten empirischen Untersuchungen liegen aber immer Zeitreihen mit einer bestimmten Länge vor. Diese endlichen Zeitreihen stellen Stichproben dar, mit deren Werten das sie erzeugende Zeitreihenmodell bestimmt werden soll. Bevor dies jedoch geschehen kann, muss geprüft werden, ob stationäre Beobachtungen vorliegen. Denn die Zeitabhängigkeit der Parameter nichtstationärer Prozesse führt dazu, dass auch ihre Schätzungen mit Stichprobendaten über die Zeit systematisch variieren und nicht nur zufällig, wie dies aus der Stichprobenverteilung jeder Schätzfunktion resultiert. Nichtstationäre Beobachtungen sind daher vor ihrer Verwendung bei der Schätzung in geeigneter Weise in stationäre Reihen zu überführen.

Um Integrationstests zu entwickeln, wird zunächst von einer Zeitreihe ohne Saisonkomponente ausgegangen. Es soll geprüft werden, ob die Zeitreihe einen Random Walk Prozess ohne Drift entspricht, d.h. ob sie integriert mit der Ordnung $d = 1$ ist: $I(1)$. Unter dieser Annahme werden die Zeitreihenwerte durch Gleichung (13.50) mit $\alpha_0 = 0$ erzeugt. Zur Erleichterung ist der Random Walk ohne Drift hier aufgeführt:

$$x_t = x_{t-1} + u_t. \qquad (13.64)$$

Es wäre nun naheliegend, Gleichung (13.64) als Regressionsgleichung zu formulieren:

$$x_t = \varrho x_{t-1} + u_t, \tag{13.65}$$

den Koeffizienten ϱ mit der OLS-Methode zu schätzen und mit der t-Statistik zu testen, ob die Schätzung $\hat{\varrho}$ signifikant von $\varrho = 1$ abweicht. Mehrere Einwände lassen sich gegen diese Vorgehensweise anführen, wobei auf die beiden wichtigsten näher eingegangen wird.

Unter der Nullhypothese $\varrho = 1$ ist x_t ein nichtstationärer Prozess; über die Verteilungseigenschaften der OLS-Schätzfunktion liegen bei solchen Daten noch wenig Informationen vor. Ist $|\varrho| < 1$, resultieren die Daten aus einem stationären Prozess. Wegen der Stationarität könnte jetzt der t-Test zur Anwendung kommen. Die Varianz der OLS-Schätzfunktion $\hat{\varrho}$ beträgt analog zu Gleichung (8.14):

$$\operatorname{var}(\hat{\varrho}) = \frac{\sigma_u^2}{T \operatorname{var}(x_{t-1})};$$

nach Gleichung (13.21) gilt: $\operatorname{var}(x_{t-1}) = \dfrac{\sigma_u^2}{1-\varrho^2}$. Somit erhält man als Varianz der Schätzfunktion:

$$\operatorname{var}(\hat{\varrho}) = \frac{1-\varrho^2}{T}. \tag{13.66}$$

Unter der Nullhypothese $\varrho = 1$ ist die Varianz nach Gleichung (13.66) null, obwohl die Stichprobenverteilung eine von null verschiedene Varianz besitzt. Dickey und Fuller[15] haben gezeigt, dass unter der Nullhypothese $\varrho = 1$ die Teststatistik $t = \dfrac{\hat{\varrho}-1}{s_{\hat{\varrho}}}$ noch nicht einmal asymptotisch t-verteilt ist. Diese Abweichung von der t-Verteilung führt dazu, dass die in Kapitel 9 dargestellte traditionelle Teststrategie die Nullhypothese bei Verwendung der t-Verteilung zu oft ablehnt. Dickey und Fuller haben die kritischen Werte unter der Nullhypothese mit Simulationsstudien berechnet und für verschiedene Stichprobenumfänge T tabelliert.

Zur Durchführung des von Dickey und Fuller entwickelten **Tests auf Integration**, im Folgenden mit **DF-Test** bezeichnet, wird Gleichung (13.65) umgeformt:

$$\begin{aligned} x_t - x_{t-1} &= (\varrho - 1)x_{t-1} + u_t \quad \text{oder:} \\ \Delta x_t &= \delta x_{t-1} + u_t \quad \text{mit } \delta = \varrho - 1. \end{aligned} \tag{13.67}$$

Unter der Nullhypothese $\varrho = 1$ wird $\delta = 0$ und x_t ist ein $I(1)$-Prozess. Die Alternativhypothese besagt, die vorliegende Zeitreihe ist stationär, d.h.: $I(0)$-integriert. Der Koeffizient ϱ ist dann kleiner als eins und δ negativ. Mit dem

[15] Fuller (1976), Dickey und Fuller (1979).

DF-Test wird nun geprüft, ob die OLS-Schätzung $\hat{\delta}$ signifikant kleiner als null ist. Als Teststatistik wird $\tau = \hat{\delta}/\hat{s}_{\hat{\delta}}$ berechnet und mit den in Abhängigkeit vom α-Fehler tabellierten kritischen DF-Werten verglichen. Ein berechneter τ-Wert kleiner als der kritische Wert widerlegt die Nullhypothese einer $I(1)$-integrierten Reihe und führt zur Annahme der Alternativhypothese einer stationären Zeitreihe.

Kann die Nullhypothese nicht abgelehnt werden, ist die Zeitreihe mindestens $I(1)$-integriert. Zur statistischen Absicherung der Integrationsordnung sollte jetzt ein Test auf Integration zweiter Ordnung durchgeführt werden. Stellt $x_t, t = 1, \ldots, T$ eine $I(2)$-Zeitreihe dar, gilt für ihre erste Differenz Δx_t: $I(1)$. Um x_t auf die Integrationsordnung 2 zu testen, prüft man, ob Δx_t eine $I(1)$-Zeitreihe ist. Man wendet den DF-Test auf Δx_t an. Die hierfür benötigte Regressionsgleichung lautet:

$$\Delta^2 x_t = \delta \Delta x_{t-1} + u_t. \tag{13.68}$$

Die Nullhypothese führt zu $\delta = 0$ und vermutet einen $I(2)$-integrierten Prozess für x_t bzw. einen $I(1)$-Prozess für Δx_t. Die Alternativhypothese geht von einem $I(1)$-integrierten Prozess für x_t bzw. einen $I(0)$-Prozess für Δx_t aus. Kann die Nullhypothese durch eine signifikant negative Schätzung $\hat{\delta} < 0$ abgelehnt werden, bedeutet dies eine statistische Bestätigung des als Alternativhypothese formulierten $I(1)$-integrierten Prozesses für x_t.

Der DF-Test kann auch bei einem Random Walk Prozess mit Drift angewendet werden. Die zu schätzende Regressionsgleichung wird jetzt gegeben durch:

$$\Delta x_t = \alpha_0 + \delta x_{t-1} + u_t. \tag{13.69}$$

Die Testdurchführung erfolgt analog zu den oben behandelten Fall.

Folgt u_t in Gleichung (13.46) einem AR(1)-Prozess, erhält man:

$$x_t = a + bt + u_t \quad \text{und} \quad u_t = \varrho u_{t-1} + \varepsilon_t, \quad |\varrho| < 1.$$

Multiplikation mit $(1 - \varrho \mathrm{L})$ ergibt:

$$\begin{aligned}
(1 - \varrho \mathrm{L})x_t &= (1 - \varrho \mathrm{L})(a + bt) + (1 - \varrho \mathrm{L})u_t \\
&= (1 - \varrho)a + \varrho b + b(1 - \varrho)t + \varepsilon_t \quad \text{oder:} \\
x_t &= [(1 - \varrho)a + \varrho b] + b(1 - \varrho)t + \varrho x_{t-1} + \varepsilon_t.
\end{aligned} \tag{13.70}$$

Gleichung (13.70) enthält sowohl einen stochastischen Trend in Form eines Random Walk Prozesses als auch einen deterministischen linearen Trend. Unterwirft man Gleichung (13.70) einem Einheitswurzeltest, kann zwischen beiden Trendhypothesen statistisch diskriminiert werden. Zur Testdurchführung wird auf beiden Seiten von Gleichung (13.70) x_{t-1} abgezogen:

$$\Delta x_t = x_t - x_{t-1} = \alpha_0 + b(1-\varrho)t + \delta x_{t-1} + \varepsilon_t, \quad \text{mit:} \qquad (13.71)$$
$$\alpha_0 = (1-\varrho)a + \varrho b \quad \text{und} \quad \delta = \varrho - 1.$$

Mit der Nullhypothese wird ein stochastischer Trend vermutet, so dass gilt: $\varrho = 1$ und $\delta = 0$. Nach der OLS-Schätzung der Regressionsgleichung (13.71) wird der Test auch hier mit der Statistik $\tau = \hat{\delta}/s_{\hat{\delta}}$ durchgeführt.

Gleichung (13.71) enthält die Gleichungen (13.67) und (13.69) als Spezialfälle: Für $a = b = 0$ gilt auch $\alpha_0 = 0$ und es folgt Gleichung (13.67); für $\alpha_0 \neq 0$ erhält man Gleichung (13.69). Die Einheitswurzeltests für diese Gleichungen können sowohl mit den von FULLER als auch mit den von MACKINNON berechneten kritischen Werten durchgeführt werden. Es empfiehlt sich jedoch, die von MACKINNON[16] tabellierten kritischen Werte zu verwenden, da sie (a) auf größeren Simulationsdurchläufen als die FULLER-Werte basieren und sie (b) mit verschiedenen Spezifikationen der Regressionsgleichung, die mit Gleichung (13.71) kompatibel sind, vorgenommen wurden.

Bei der Benutzung von Tabellen für Einheitswurzeltests ist zu beachten, dass die kritischen Werte für die Testentscheidung vom Umfang der Zeitreihe, vom α-Fehler und von der Spezifikation der Regressionsgleichung abhängen. Dabei sind die drei hier behandelten Fälle zu unterscheiden: (1) ohne Konstante, ohne Trend, (2) mit Konstante, ohne Trend, (3) mit Konstante, mit Trend. Die kritischen Werte, die von fast allen ökonometrischen Programmpaketen berechnet werden, sind beispielhaft für den DF-Test mit den von FULLER berechneten Werten in Tabelle 13.1 angegeben.[17]

Mit Tabelle 8 des Tabellenanhangs können die kritischen Werte τ_α nach MACKINNON für jede beliebige Zeitreihenlänge T und für jede der drei Testgleichungsspezifikationen (13.67), (13.69) und (13.71) selbst berechnet werden. Die Gleichung für die kritischen Werte lautet:

$$\tau_\alpha = \kappa_\infty + \frac{\kappa_1}{T} + \frac{\kappa_2}{T^2}.$$

Die κ-Werte sind für die α-Fehler 1%, 5% und 10% und für die drei Spezifikationen in Tabelle 8 gegeben. Bei Integrationstests ist $N = 1$. Den kritischen Wert für $\alpha = 5\%$, $T = 50$ und der Testgleichung (13.67): „ohne Konstante, ohne Trend" berechnet man als:

$$\tau_\alpha = -1,9393 - \frac{0,398}{50} = -1,94726.$$

Es führt zu dem in Tabelle 13.1 angegebenen gerundeten Wert $\tau_\alpha = -1,95$.

[16] MACKINNON (1991). Die Werte sind in Tabelle 8 des Tabellenanhangs enthalten.
[17] Die Werte wurden entnommen aus FULLER (1976), S. 373.

Tab. 13.1: Kritische Werte für den DF-Test

	ohne Konstante ohne Trend		Konstante ohne Trend		Konstante Trend	
T	1%	5%	1%	5%	1%	5%
25	-2,66	-1,95	-3,75	-3,00	-4,33	-3,60
50	-2,62	-1,95	-3,58	-2,93	-4,15	-3,50
100	-2,60	-1,95	-3,51	-2,89	-4,04	-3,45
∞	-2,58	-1,95	-3,43	-2,86	-3,96	-3,41

Alle hier dargestellten Einheitswurzeltests basieren auf autoregressiven Regressionsgleichungen, bei denen die OLS-Schätzfunktion empfindlich auf die Verletzung der Annahme nicht autokorrelierender Störvariablen reagiert (siehe das folgende Kapitel 14). Die Tests können nur dann verlässlich durchgeführt werden, wenn die Störvariablen u_t keine Autokorrelation zeigen. Korrelieren sie, sind in die Gleichungen (13.67), (13.69) und (13.71) so lange Hilfsregressoren Δx_{t-i}, $i = 1, 2, \ldots, k$ aufzunehmen, bis die Störvariable u_t frei von Autokorrelation ist. Wegen dieser Vorgehensweise heißt der Test jetzt **erweiterter (augmented)** DICKEY-FULLER **Test** und wird mit **ADF-Test** abgekürzt. Gleichung (13.69) z.B. lautet jetzt:

$$\Delta x_t = \alpha_0 + \delta x_{t-1} + \sum_{i=1}^{k} \delta_i \Delta x_{t-i} + \varepsilon_t, \tag{13.72}$$

mit: ε_t : reiner Zufallsprozess.

Die weitere Vorgehensweise erfolgt wie beim DF-Test.

Ein schnell durchzuführender $I(1)$-Integrationstest, bei dem zuvor keine Regressionsgleichung geschätzt werden muss, kann in Anlehnung an die Durbin-Watson-Teststatistik entwickelt werden. Die als **Integration-Durbin-Watson-Statistik (IDW)** bezeichnete Prüfgröße ist definiert als:

$$IDW = \frac{\sum\limits_{t=2}^{T} (x_t - x_{t-1})^2}{\sum\limits_{t=1}^{T} (x_t - \bar{x})^2}, \quad \text{mit: } \bar{x} = \frac{1}{T} \sum_{t=1}^{T} x_t. \tag{13.73}$$

Unter der Nullhypothese eines Random Walk Prozesses ist in Gleichung (13.65) $\varrho = 1$ und es gilt: $x_t - x_{t-1} = u_t$; der Zähler in Gleichung (13.73) geht über in $\sum\limits_{t=2}^{T} u_t^2$. Bei einem $I(1)$-integrierten Prozess wird $\sum\limits_{t=2}^{T} u_t^2$ gering sein und die IDW-Statistik nur kleine Werte annehmen. Als Faustregel zeigt ein Wert kleiner als 0,5 einen $I(1)$-integrierten Prozess an, während ein Wert in der Nähe von 2 auf einen $I(0)$-integrierten Prozess hinweist.

Den bislang behandelten Einheitswurzeltests liegt ein AR(1)-Prozess zugrunde. Die vorgestellte Teststrategie lässt sich aber auch auf AR(p)-Prozesse mit $p > 1$ übertragen. Dies wird zunächst für einen AR(2)-Prozess gezeigt. Gleichung (13.74) gibt den AR(2)-Prozess wieder.

$$\begin{aligned} &x_t - \alpha_1 x_{t-1} - \alpha_2 x_{t-2} = \alpha_0 + u_t, \quad \text{oder:} \\ &A(\mathrm{L})x_t = \alpha_0 + u_t, \quad u_t: \text{ reiner Zufallsprozess.} \end{aligned} \tag{13.74}$$

Annahmegemäß besitzt das Lag-Polynom $A(\mathrm{L})$ eine Einheitswurzel; gemäß Gleichung (13.62) kann es in $(1 - \mathrm{L})$ und den stationären Teil $A^*(\mathrm{L})$ zerlegt werden: $A(\mathrm{L}) = (1 - \mathrm{L})A^*(\mathrm{L})$. Für die Einheitswurzel $x_{01} = 1$ folgt aus dem mit $A(\mathrm{L})$ korrespondierenden konkreten Polynom: $1 - \alpha_1 - \alpha_2 = 0$ oder: $\alpha_1 + \alpha_2 = 1$. Gleichung (13.74) wird nun in eine Form gebracht, um diese Beziehung nutzen zu können. Nach Subtraktion von x_{t-1} auf beiden Seiten der Gleichung und Nullergänzung $(\alpha_2 x_{t-1} - \alpha_2 x_{t-1})$ erhält man:

$$\begin{aligned} &\Delta x_t = \alpha_0 + (\alpha_1 + \alpha_2 - 1)x_{t-1} - \alpha_2(x_{t-1} - x_{t-2}) + u_t, \quad \text{bzw.:} \\ &\Delta x_t = \alpha_0 + \delta x_{t-1} + \delta_1 \Delta x_{t-1} + u_t, \quad \text{mit} \\ &\delta = \alpha_1 + \alpha_2 - 1 \quad \text{und} \quad \delta_1 = -\alpha_2. \end{aligned} \tag{13.75}$$

Auf gleiche Weise überführt man einen AR(p)-Prozess mit $p > 2$ in:

$$\begin{aligned} &\Delta x_t = \alpha_0 + \delta x_{t-1} + \delta_1 \Delta x_{t-1} + \ldots + \delta_{p-1} \Delta x_{t-p+1} + u_t, \\ &\text{mit: } \delta = (\alpha_1 + \ldots + \alpha_p - 1). \end{aligned} \tag{13.76}$$

Gleichung (13.76) stimmt formal mit Gleichung (13.72) überein. Die Ordnung p des AR-Prozesses ist deshalb groß genug zu wählen, so dass bei empirischen Zeitreihen die Störvariable u_t tatsächlich frei von Autokorrelation ist. Ein geeignetes Kriterium hierfür wird im folgenden Abschnitt 13.7 dargestellt. Unter der Nullhypothese einer Einheitswurzel wird in den Gleichungen (13.75) und (13.76) $\delta = 0$. Nach der OLS-Schätzung kann mit dem ADF-Test geprüft werden, ob die Nullhypothese beizubehalten oder abzulehnen ist.

Bei den Verfahren zur Überprüfung saisonaler Integration sollen wegen des Komplexitätsgrades nur die einzelnen Testschritte dargestellt werden. Ein oft angewandter **Test auf stochastische Saisonkomponenten** wurde von DICKEY, HASZA und FULLER[18] **(DHF-Test)** entwickelt, der später von OSBORN[19] und anderen modifiziert wurde. Ausgangspunkt stellt eine Zeitreihe

[18] DICKEY, HASZA und FULLER (1984).

[19] OSBORN u. a. (1988).

dar, deren Werte x_t s-mal in einem Jahr gemessen werden, wie z.B. bei Monatswerten mit $s = 12$. Um eine solche Zeitreihe auf saisonale Integration zu testen, wird für die Saisondifferenzen $(1 - \mathrm{L}^s)x_t$ ein autoregressiver Prozess k-ter Ordnung angenommen und mit der OLS-Methode geschätzt:

$$(1 - \mathrm{L}^s)x_t = \sum_{i=1}^{k} \lambda_i (1 - \mathrm{L}^s)x_{t-i} + u_t. \tag{13.77}$$

Mit den OLS-Schätzungen $\hat{\lambda}_i$ erstellt man eine Hilfsvariable z_t als:

$$z_t = x_t - \sum_{i=1}^{k} \hat{\lambda}_i x_{t-i},$$

die zusammen mit den Saisondifferenzen $(1 - \mathrm{L}^s)x_{t-i}$, $i = 1, \ldots, k$ in folgende Regression eingeht:

$$(1 - \mathrm{L}^s)x_t = \delta z_{t-s} + \sum_{i=1}^{k} \delta_i (1 - \mathrm{L}^s)x_{t-i} + u_t. \tag{13.78}$$

Unter der Nullhypothese saisonaler Integration mit der Ordnung 1 gilt: $\delta = 0$ und die Zeitreihe $(1 - \mathrm{L}^s)x_t$ ist stationär. Weicht die mit der OLS-Schätzung gebildete Prüfgröße $\tau = \hat{\delta}/s_{\hat{\delta}}$ unter Verwendung der von Dickey, Hasza und Fuller tabellierten kritischen Werte signifikant von $\delta = 0$ ab, wird die Nullhypothese abgelehnt. Die Zeitreihe ist dann nicht saisonal integriert mit der Ordnung eins oder hat überhaupt keine stochastische Saisonkomponente.

Gleichung (13.78) weist große Ähnlichkeit mit den für den DF- oder ADF-Test benötigten Regressionsgleichungen auf. Substituiert man daher in dieser Gleichung die Variable z_{t-s} durch x_{t-s} und setzt $\delta_i = 0$ für $i = 1, \ldots, k$, resultiert die für den **Dickey–Fuller–Saison–Integrationstest (DFSI–Test)** geeignete Regressionsgleichung:

$$(1 - \mathrm{L}^s)x_t = \delta x_{t-s} + u_t. \tag{13.79}$$

Für $\delta_i \neq 0$, $i = 1, \ldots, k$ folgt aus Gleichung (13.78) die Regressionsgleichung:

$$(1 - \mathrm{L}^s)x_t = \delta x_{t-s} + \sum_{i=1}^{k} \delta_i (1 - \mathrm{L}^s)x_{t-i} + u_t, \tag{13.80}$$

mit der ein **erweiterter Dickey–Fuller–Saison–Integrationstest (ADF-SI–Test)** durchgeführt werden kann. Mit der OLS-Methode gewinnt man in beiden Fällen die zur Testdurchführung benötigte Schätzung $\hat{\delta}$.

13.7 Schätzung von ARMA-Modellen

Die in den Abschnitten 13.2 bis 13.6 behandelten Konzepte der theoretischen Zeitreihenanalyse führen zum ARIMA(p, d, q)-Modell als allgemeinste Formulierung eines datenerzeugenden Prozesses. ARMA-, AR- und MA-Prozesse folgen hieraus dann als Spezialfälle. Die empirische Zeitreihenanalyse muss nun anhand der Beobachtungen x_t einer endlichen Zeitreihe der Länge T das geeignete ARIMA-Modell identifizieren, um es nach seiner Überführung in ein stationäres ARMA-Modell zu schätzen. Hierzu sind die Integrationsordnung d, die Ordnung p des AR-Prozesses und die Ordnung q des MA-Prozesses zu bestimmen und für die relevanten Zeitreihenparameter Schätzfunktionen anzugeben.[20]

Um die theoretischen Ergebnisse bei der empirischen Analyse einer Zeitreihe zu nutzen, müssen alle theoretischen, für die Grundgesamtheit aufgestellten Maßzahlen, wie z.B. Erwartungswert für x_t oder Autokovarianzfunktion, durch entsprechende Stichprobenfunktionen geschätzt werden. Entstehen die Maßzahlen aus Grundgesamtheitsmomenten, werden sie bei stationären Prozessen, die **ergodisch**[21] sind, durch die ihnen entsprechenden Stichprobenmomente konsistent geschätzt. Für den Erwartungswert und die Autokovarianzfunktion erhält man als konsistente Schätzfunktionen:

$$\bar{x} = \frac{1}{T}\sum_{t=1}^{T} x_t \quad \text{und} \quad \hat{\gamma}(k) = \frac{1}{T-k}\sum (x_t - \bar{x})(x_{t-k} - \bar{x}).$$

Für $k = 0$ folgt die Varianz: $s^2 = \frac{1}{T}\sum(x_t - \bar{x})^2$, und daher die Stichprobenautokorrelationsfunktion als:

$$\hat{r} = \frac{\hat{\gamma}(k)}{s^2}. \tag{13.81}$$

Entsprechend verfährt man bei AR-Prozessen höherer Ordnung, bei denen die aufwendigen Rechenoperationen von statistisch-ökonometrischer Software übernommen werden.

Wie in Abschnitt 13.6 bereits angenommen, kann ein AR(p)-Prozess mit der OLS-Methode bei nicht autokorrelierenden Störvariablen konsistent geschätzt werden.[22] Nachdem dann mit dem entsprechenden Test der Integrationsgrad der Reihe gefunden ist, muss die Ordnung p des resultierenden stationären Prozesses festgelegt werden. Wie bereits gezeigt, liefert die Entwicklung der

[20]Diese Vorgehensweise wurde durch Box und Jenkins (1970) populär und heißt daher auch die **Box–Jenkins Methode**.

[21]Vereinfachend heißt ein Prozess ergodisch, wenn zeitlich hinreichend weit auseinander liegende Zeitreihenwerte fast nicht korrelieren. Vgl. hierzu Harvey (1995), S. 13.

[22]Eine umfassende Analyse der statistischen Eigenschaften der OLS-Schätzfunktionen gibt das folgende Kapitel 14.

partiellen Autokorrelationskoeffizienten hierfür erste Hinweise: Sie werden null, wenn der zeitliche Abstand zwischen zwei Zeitreihenwerten größer als die (richtige) Ordnung p ist. Besitzt ein AR-Prozess tatsächlich die Ordnung p, dann liefert die OLS-Schätzung eines AR-Prozesses der Ordnung k konsistente Koeffizientenschätzungen, solange $k > p$ ist, da jetzt u_t nicht autokorreliert. Es gilt dann: $\operatorname*{plim}_{T\to\infty} \hat{\alpha}_k = 0$ für $k > p$. Es lässt sich zeigen, dass $\sqrt{T}\hat{\alpha}_k$ für $k > p$ standardnormalverteilt ist. Hieraus ergibt sich die Standardabweichung von $\hat{\alpha}_k$ als: $s_{\hat{\alpha}_k} = 1/\sqrt{T}$. Der Signifikanztest kann jetzt wie folgt durchgeführt werden. Ist das Vorzeichen von α_k a priori unbekannt, kommt ein zweiseitiger Test zur Anwendung. In der Nullhypothese wird angenommen, dass die wahre Ordnung $k-1$ beträgt und dass daher gilt $\alpha_k = 0$. Die Testfunktion lautet somit:

$$\frac{\hat{\alpha}_k - 0}{1/\sqrt{T}} = \sqrt{T}\hat{\alpha}_k \quad : N(0,1). \tag{13.82}$$

Bei einem α-Fehler von 5% und zweiseitigem Test bleibt die Nullhypothese beibehalten, wenn $|\sqrt{T}\hat{\alpha}_k| \leq 1,96$;[23] andernfalls wird sie abgelehnt.

Die statistische Prüfung der Ordnungen p kann mit **Informationskriterien** erfolgen.[24] Informationskriterien berücksichtigen nicht nur die Güte der Anpassung, sondern auch die Anzahl der Regressoren. Wird die Anpassung mit zunehmender Regressorenzahl besser, verringert sich die Quadratsumme der Residuen bzw. ihre Varianz. Informationskriterien enthalten daher neben der Anzahl der Regressoren die Varianz der Residuen als Maß für die Güte der Anpassung. Das mit $AIC(p)$ abgekürzte **Akaike–Kriterium** ist definiert als:[25]

$$AIC(p) = \ln s_{\hat{u}}^2 + \frac{2p}{T}, \tag{13.83}$$

wobei $s_{\hat{u}}^2$ die Varianz der Residuen des geschätzten AR(p)-Prozesses darstellt. Man wählt nun diejenige Ordnung p, die $AIC(p)$ minimiert. Bei dieser Spezifikation geht die geringste Information, die in den Zeitreihenwerten insgesamt enthalten ist, verloren.

Das mit $SBC(p)$ abgekürzte **Schwarz–Bayes–Kriterium** lautet:[26]

$$SBC(p) = \ln s_{\hat{u}}^2 + \frac{p \ln T}{T}. \tag{13.84}$$

---

[23] Siehe Tabelle 1 des Tabellenanhangs.

[24] Natürlich ist auch eine Prüfung mit R^2 oder $\bar{R}^2$ möglich. Man legt dann diejenige Ordnung p fest, die R^2 bzw. $\bar{R}^2$ maximiert.

[25] AKAIKE (1973) und (1977).

[26] SCHWARZ (1978).

Auch hier wird p so bestimmt, dass $SBC(p)$ minimal wird. Bei langen Zeitreihen, also bei großem T, ist das SBC-Kriterium dem $AIC(p)$-Kriterium überlegen.

Die Schätzung eines MA(q)-Prozesses ist nicht so einfach wie bei einem AR(p)-Prozess durchzuführen. Die dabei entstehenden Probleme werden für einen MA(2)-Prozess aufgezeigt. Aus Gleichung (12.5) folgt für $q = 2$:

$$x_t = \alpha_0 + \varepsilon_t + \beta_1 \varepsilon_{t-1} + \beta_2 \varepsilon_{t-2}. \tag{13.85}$$

Nach der OLS-Methode müssten die Parameter α_0, β_1 und β_2 nun so geschätzt werden, dass sie die Summe der quadrierten Residuen $\hat{\varepsilon}_t$, $t = 1, \ldots, T$ minimieren: $\sum \hat{\varepsilon}_t^2 \underset{\hat{\alpha}_0, \hat{\beta}_1, \hat{\beta}_2}{\longrightarrow \text{Min!}}$ Die Residuen $\hat{\varepsilon}_t$ folgen aus Gleichung (13.85) als:

$$\begin{aligned}
\hat{\varepsilon}_1 &= x_1 - \hat{\alpha}_0 \\
\hat{\varepsilon}_2 &= x_2 - \hat{\alpha}_0 - \hat{\beta}_1 \varepsilon_1 \\
\hat{\varepsilon}_3 &= x_3 - \hat{\alpha}_0 - \hat{\beta}_1 \varepsilon_2 - \hat{\beta}_2 \varepsilon_1 \\
\hat{\varepsilon}_t &= x_t - \hat{\alpha}_0 - \hat{\beta}_1 \varepsilon_{t-1} - \hat{\beta}_2 \varepsilon_{t-2} \quad \text{für } t \geq 4, \ldots, T.
\end{aligned} \tag{13.86}$$

Abgesehen davon, dass die Regressoren ε_t nicht direkt beobachtbar sind, sieht man, dass die Summe $\sum \hat{\varepsilon}_t^2$ eine nichtlineare Funktion in den Parametern ist, für die sich keine geeigneten Schätzfunktionen mit der OLS-Methode gewinnen lassen. Auch ist bei der empirischen Zeitreihenanalyse die Ordnung q des MA-Prozesses nicht a priori bekannt. Ähnlich wie bei AR-Prozessen bietet jetzt hier die Autokorrelationsfunktion anstelle der partiellen Autokorrelationsfunktion eine Problemlösung. Nach Gleichung (13.5) werden alle Autokorrelationskoeffizienten für $k > q$ null. Die Stichprobenautokorrelationsfunktion (13.81) kann daher wie bei AR-Prozessen für einen Signifikanztest verwendet werden. Bei MA-Prozessen lässt sich zeigen, dass $\sqrt{T}[\hat{r}(k) - r(k)]$ asymptotisch normalverteilt ist mit einem Erwartungswert von null und der Varianz:

$$\sigma^2_{\hat{r}(k)} = 1 + 2 \sum_{i=1}^{q} r^2(i), \quad q = k - 1. \tag{13.87}$$

Die Testfunktion $\sqrt{T}[\hat{r}(k) - r(k)]/\sigma_{\hat{r}(k)}$ unterliegt einer (asymptotischen) Standardnormalverteilung; muss die Standardabweichung geschätzt werden, geht sie in die t-Verteilung über.[27] Die Schätzfunktion resultiert aus Gleichung (13.87) nach einer Substitution von $r^2(i)$ durch $\hat{r}^2(i)$. Die Nullhypothese postuliert einen MA-Prozess der Ordnung $k-1$, so dass gilt: $r(k) = 0$. Eine

[27] Bei langen Zeitreihen ($T > 30$) ist der Unterschied zwischen beiden Verteilungen so gering, dass weiter mit der Standardnormalverteilung getestet werden kann.

signifikante Abweichung der Testfunktion führt bei gegebenem α-Fehler zu einer Widerlegung der Nullhypothese: die Ordnung des MA-Prozesses ist größer als $k-1$. Der Test sollte nun mit einer Nullhypothese, in der $q = k$ gilt, wiederholt werden. Bei den meisten ökonometrischen Programmen enthält der Graph der Autokorrelationsfunktion noch zwei Konfidenzbänder, mit deren Hilfe rasch signifikante Abweichungen von $r(k) = 0$ erkannt werden können.

Mit der Ordnung q ist auch die Anzahl der unbekannten Koeffizienten festgelegt. Ihre Schätzung kann nach einem Vorschlag von BOX und JENKINS[28] iterativ mit den Zeitreihenwerten x_t erfolgen. Legt man für α_0 und ε_0 Anfangsbedingungen fest, z.B. $\alpha_0 = \bar{\alpha}$ wegen $\mathrm{E}(x_t) = \alpha_0$ und $\varepsilon_0 = 0$ wegen $\mathrm{E}(\varepsilon_t) = 0$, können mit dem Gleichungssystem (13.86) für jede Parametervorgabe $(\hat{\beta}_1, \hat{\beta}_2)$ die Werte der Residuen $\hat{\varepsilon}_t$ sukzessiv ermittelt und die Quadratsumme $\sum_{t=1}^{T} \hat{\varepsilon}_t^2$ berechnet werden. Als Schätzung (b_1, b_2) verwendet man diejenige Vorgabe $(\hat{\beta}_1, \hat{\beta}_2)$, die zur kleinsten Quadratsumme führt. Dieses Schätzverfahren ist bei MA-Prozessen mit großer Ordnung q sehr rechenaufwendig; jedoch besitzen MA-Prozesse in makroökonomischem Kontext meist eine kleine Ordnung.

Zur Schätzung eines ARMA-Modells kombiniert man die Vorgehensweise bei AR- und MA-Prozessen. Dies wird für das ARMA(2, 2)-Modell gezeigt. Stellt man seinen autoregressiven Teil als Lag-Polynom dar, gilt:

$$(1 - \alpha_1 \mathrm{L} - \alpha_2 \mathrm{L}^2) x_t = \alpha_0 + \varepsilon_t + \beta_1 \varepsilon_{t-1} + \beta_2 \varepsilon_{t-2}, \tag{13.88}$$

wobei das Lag-Polynom $A(\mathrm{L})$ invertierbar sein soll. Nach x_t aufgelöst ergibt:

$$x_t = A^{-1}(\mathrm{L})\alpha_0 + A^{-1}(\mathrm{L})\varepsilon_t + \beta_1 A^{-1}(\mathrm{L})\varepsilon_{t-1} + \beta_2 A^{-1}(\mathrm{L})\varepsilon_{t-2}. \tag{13.89}$$

Setzt man: $\alpha_0^* = A^{-1}(\mathrm{L})\alpha_0$ und $z_t = A^{-1}(\mathrm{L})\varepsilon_t$ für t, $t-1$ und $t-2$, geht Gleichung (13.89) über in:

$$x_t = \alpha_0^* + z_t + \beta_1 z_{t-1} + \beta_2 z_{t-2}, \tag{13.90}$$

wobei wegen der Invertierbarkeit α_0^* existiert.

Mit Gleichung (13.90) lassen sich bei Vorgabe der Parameter α_0^*, β_1 und β_2 Zeitreihenwerte der synthetischen Variablen z_t für $t = 1, \ldots, T$ erzeugen:

$$\begin{aligned} z_1 &= x_1 - \alpha_0^* \\ z_2 &= x_2 - \alpha_0^* - \beta_1 z_1 \\ &\vdots \\ z_t &= x_t - \alpha_0^* - \beta_1 z_{t-1} - \beta_2 z_{t-2} \quad \text{für } t = 3, \ldots, T. \end{aligned} \tag{13.91}$$

[28] BOX und JENKINS (1976), S. 245ff.

Für jede Parameterkonstellation $(\alpha_0^*, \beta_1, \beta_2)$[29] folgt aus dem Gleichungssystem (13.91) eine konkrete Zeitreihe $\{z_t\}$, $t = 1, \ldots, T$. Damit wird es möglich, eine Regressionsglcichung in z_t für die unbekannten Koeffizienten α_1 und α_2 des AR-Teils aufzustellen und zu schätzen. Aus der Definitionsgleichung $z_t = A^{-1}(\mathrm{L})\varepsilon_t$ folgt nach Multiplkation mit $A(\mathrm{L}) = (1-\alpha_1\mathrm{L}-\alpha_2\mathrm{L})$:

$$z_t = \alpha_1 z_{t-1} + \alpha_2 z_{t-2} + \varepsilon_t. \tag{13.92}$$

Auf der Basis jeder erzeugten Zeitreihe $\{z_t\}$ wird Gleichung (13.92) mit der OLS-Methode geschätzt und die zugehörige Quadratsumme der Residuen $\sum\limits_{t=1}^{T} \hat{\varepsilon}_t^2$, berechnet. Man wählt nun diejenige Schätzung, die zu kleinster Quadratsumme führt. Damit sind alle Parameter des ARMA(2,2)-Modells geschätzt. Die Parameter α_0^*, β_1 und β_2 der zu einem Minimum der Quadratsumme führenden Zeitreihe $\{z_t\}$ liefert die „Schätzungen“ $\hat{\alpha}_0^*$, b_1 und b_2, die OLS-Schätzung der Gleichung (13.92) mit diesen Daten ergibt $\hat{\alpha}_1$ und $\hat{\alpha}_2$.

Die für das ARMA(2,2)-Modell dargestellte Schätzstrategie lässt sich auf ARMA-Modelle beliebiger Ordnung verallgemeinern. Auch bei diesen Modellen können die Bestimmtheitsmaße R^2 und $\bar{R}^2$ sowie das AIC- oder das SBC-Kriterium zur Überprüfung der Ordnung herangezogen werden. Beim AIC- und SBC-Kriterium verwendet man die Summe $p + q$ als Größe der Ordnung eines ARMA-Prozesses.

Eine alternative Schätzmöglichkeit für AR-, MA- und ARMA-Prozesse bietet die Maximum Likelihood Methode. Die dabei notwendige Spezifikation der Verteilung der Störvariablen erfolgt mit der Normalverteilungshypothese. Behandelt man den Zeitreihenwert für $t = 0$ als gegebene Konstante, liegt eine **bedingte Maximum Likelihood Schätzung** vor; sie ist identisch mit einer OLS-Schätzung. Eine unbedingte ML-Schätzung resultiert aus der Kombination der bedingten Likelihoodfunktion mit der Likelihoodfunktion für die Anfangsbedingung. Für lange Zeitreihen, $T \to \infty$, sind beide Schätzansätze asymptotisch äquivalent, da eine gegebene Anfangsbedingung immer weniger Einfluss auf die Schätzung ausübt.

Schließlich sei noch darauf hingewiesen, dass ARIMA-Prozesse nach Überführung in ein stationäres ARMA-Modell durch Differenzenbildung wie oben dargestellt geschätzt werden.

---

[29] Soll auch der MA-Prozess invertierbar sein, müssen die Vorgaben für β_1 und β_2 den Bedingungen (13.29) genügen.

13.8 Beispiel

Die Schätzung der einfachen Regression (7.37) basiert auf Zeitreihenwerten des realen Konsums und der realen Bruttoinvestitionen. Es soll nun geprüft werden, welche Integrationsordnung beide Reihen besitzen. Die Testdurchführung erfolgt ausführlich für den Konsum; für die Investitionen wird nur das Ergebnis angegeben. Da für Integrationstests lange Zeitreihen erforderlich sind, werden die Beobachtungen für den Stützzeitraum 1968 bis 1994 als Quartalsdaten und in (konstanten) Preisen des Jahres 1991 erhoben. Die Saisonkomponente ist mit dem Census X-11-additiv Bereinigungsverfahren eliminiert.

Der DF-Test wird mit der Gleichung (13.69) durchgeführt. Unter der Nullhypothese ist $\delta = 0$; eine signifikante Abweichung hiervon widerlegt sie. Die Schätzung beträgt $\hat{\delta} = -0,005664$ bei einer geschätzten Standardabweichung $\hat{s}_{\hat{\delta}} = 0,005901$. Hieraus ergibt sich die Teststatistik als $\tau = -0,959946$. Die kritischen Werte (MacKinnon), berechnet nach Tabelle 8 des Tabellenanhangs für alternative α-Fehler lauten bei $T = 107$ Beobachtungen und bei einer Testgleichung mit Konstante und ohne Trend:

α	1%	5%	10%
τ_α	-3,4922	-2,8884	-2,5809

Die Nullhypothese kann bei keinem der drei α-Fehler abgelehnt werden; die Zeitreihe ist daher mindestens integriert erster Ordnung. Der jetzt notwendige Test auf Integration zweiter Ordnung wird mit der Testgleichung $\Delta^2 x_t = \alpha_0 + \delta \Delta x_t + u_t$ durchgeführt. Die Schätzung liefert: $\hat{\delta} = -1,201774$ und $\hat{s}_{\hat{\delta}} = 0,09688$. Hieraus ergibt sich die Teststatistik als $\tau = -12,40476$. Bei 106 Beobachtungen ergeben sich geringfügig andere kritische Werte als oben. Sie betragen jetzt:

α	1%	5%	1%
τ_α	-3,429	-2,8887	-2,5811

Bei jedem der drei α-Fehler ist die Schätzung $\hat{\delta}$ signifikant von null verschieden. Die Zeitreihe ist also nicht integriert zweiter Ordnung, sondern integriert erster Ordnung. Die Zeitreihe der ersten Differenzen Δx_t ist daher stationär. Dieselbe Integrationsordnung stellt sich für die Zeitreihe der realen Bruttoinvestitionen ein.

Es soll nun geprüft werden, ob ein AR(p)-Prozess die stationäre Zeitreihe Δx_t erzeugt haben könnte, wobei dies wieder für die Konsumzeitreihe geschieht. Da die Ordnung p unbekannt ist, wird sie mit einem der Informationskriterien bestimmt. Zunächst geht man von einer Ordnung k aus, die größer als die unbekannte Ordnung sein sollte und verringert diese sukzessive. Diejenige Ordnung k_{min}, die das vorgegenene Informationskriterien minimiert, ist dann die empirisch relevante: $p = k_{\text{min}}$. Setzt man $\Delta x_t = X_t$, lautet der AR(k)-Prozess: $X_t = \alpha_0 + \alpha_1 X_{t-1} + \ldots + \alpha_k X_{t-k} + u_t$. Beginnt man mit $k = 5$ und verringert die Ordnung bis $k = 1$, erhält man die in Tabelle 13.2 zusammengefassten OLS-Schätzungen:

Tab. 13.2: OLS-Schätzungen für AR(k)-Prozesse bei Quartalsdaten

k	$\hat{\alpha}_0$	$\hat{\alpha}_1$	$\hat{\alpha}_2$	$\hat{\alpha}_3$	$\hat{\alpha}_4$	$\hat{\alpha}_5$	AIC	SBC	$\bar{R}^2$
5	1,103	-0,291	-0,041	0,195	0,299	0,200	5,2339	5,3883	0,1116
4	1,440	-0,238	-0,002	0,194	0,252	–	5,2458	5,3737	0,0839
3	1,998	-0,203	-0,002	0,147	–	–	5,2914	5,3931	0,0335
2	2,358	-0,209	-0,031	–	–	–	5,2835	5,3494	0,0225
1	2,292	-0,202	–	–	–	–	5,2562	5,3065	0,0308

Nach dem AKAIKE-Kriterium hat der AR(5)-Prozess die Zeitreihe erzeugt. Hier ist auch der bereinigte Determinationskoeffizient über k maximal, und es liegt bei einem α-Fehler von 5% ein signifikanter Gesamtzusammenhang vor. Interpretiert man jedoch eine Zeitreihe mit über 100 Beobachtungen als lang, ist das SCHWARZ-BAYES-Kriterium dem AKAIKE-Kriterium überlegen. Danach hätte ein AR(1)-Prozess die Daten generiert. Obwohl auch hier bei $\alpha = 5\%$ ein signifikanter Gesamtzusammenhang geschätzt wurde, ist $\bar{R}^2$ sehr viel kleiner als beim AR(5)-Prozess.

Lässt man sich bei der zeitreihenanalytischen Modellwahl von Einfachheitsüberlegungen leiten, ist der AR(1)- dem AR(5)-Prozess vorzuziehen. Aus der OLS-Schätzung $\Delta x_t = 2,292 - 0,202 \Delta x_{t-1}$ erhält man den hiermit korrespondierenden AR(2)-Prozess in Niveaugrößen als:

$$x_t = 2,292 + 0,798 x_{t-1} + 0,202 x_{t-2}.$$

Dieser autoregressive Prozess ist nicht stationär; seine Koeffizienten verletzen die als Ungleichungssystem (13.29) angegebenen Stabilitätsbedingungen.

Die empirischen Befunde der Zeitreihenanalyse hängen stark von der Anzahl der Beobachtungen und von der Länge der Grundzeitperiode ab. Um dies zu zeigen, wird obige Analyse für den Konsum mit Jahresdaten des Stützzeitraumes 1980 bis 1994 durchgeführt. Auch bei Verwendung von Jahresdaten ist die Reihe integriert erster Ordnung, so dass die Zeitreihe der ersten Differenz stationär ist. Die OLS-Schätzungen der AR(k)-Prozesse mit $k = 1, \ldots, 5$ für $\Delta x_t = X_t$ sind in Tabelle 13.3 zusammengestellt.

Tab. 13.3: OLS-Schätzungen für AR(k)-Prozesses bei Jahresdaten

k	$\hat{\alpha}_0$	$\hat{\alpha}_1$	$\hat{\alpha}_2$	$\hat{\alpha}_3$	$\hat{\alpha}_4$	$\hat{\alpha}_5$	AIC	SBC	$\bar{R}^2$
5	29,177	1,083	-0,907	0,578	-0,208	-0,476	10,685	10,969	0,3368
4	21,852	1,090	-0,982	0,669	-0,376	–	10,591	10,827	0,3793
3	18,148	0,997	-0,786	0,346	–	–	10,508	10,696	0,4069
2	27,283	0,832	-0,496	–	–	–	10,492	10,633	0,3885
1	16,856	0,562	–	–	–	–	10,629	10,723	0,2604

Sowohl nach dem AKAIKE- als auch nach dem SCHWARZ-BAYES-Kriterium beträgt die empirische Ordnung $p = k_{\min} = 2$. Der bereinigte Determinationskoeffizient nimmt hier seinen zweitgrößten Wert an; der Gesamtzusammenhang ist bei $\alpha = 5\%$ signifikant. Die geschätzten Koeffizienten dieses AR(2)-Prozesses genügen den Stabilitätsbedingungen (13.29); der für die Niveaugrößen resultierende AR(3)-Prozess ist nicht stationär.

Übungsaufgaben

13.1 Stellen Sie $\Delta^2 x_t$ als Lag-Polynom dar!

13.2 Zeigen Sie, dass aus Gleichung (13.21) auch die Varianz für x_t abgeleitet werden kann!

13.3 Zeigen Sie, dass $u_t = \varepsilon_t - \varepsilon_{t-1}$ ein stationärer Prozess ist.

13.4 Stellen Sie die bedingte Likelihoodfunktion für den ARMA(2,2)-Prozess auf!

13.5 Zeigen Sie, dass das Lag-Polynom $\boldsymbol{\Omega}(\mathrm{L}) = 6 + \mathrm{L} - \mathrm{L}^2$ invertierbar ist! Berechnen Sie $\boldsymbol{\Omega}^{-1}(\mathrm{L})$!

13.6 Überführen Sie die Zeitreihe $x_t = 1, 3, 7, 7, 5, 7, 11, 11, 9, 11, 15, 15$ in die erste und zweite Differenz. Was zeigen Δx_t und $\Delta^2 x_t$?

13.7 Zeigen Sie, dass aus den Invertierbarkeitsbedingungen (13.29) folgt: $1 - \alpha_2 > 0$, was eine positive Varianz nach Gleichung (13.39) sichert.

Kapitel 14

Parameterschätzungen dynamischer Modellgleichungen

14.1 Verteilte Verzögerungen und ihre Schätzprobleme

Aufgrund von unterschiedlichen institutionellen und technischen Restriktionen, aber auch wegen psychologischer Ursachen, erfolgt die gesamte Reaktion einer endogenen Variablen auf Änderungen der exogenen Variablen nicht sofort in derselben Periode, sondern ist auf verschiedene Perioden verteilt. Daher sind in Regressionsgleichungen Reaktionen mit verschiedenen Fristigkeiten zu erfassen. Die Berücksichtigung von Wirkungs- und Reaktionsverzögerungen führt zu dynamisch formulierten Verhaltensgleichungen.[1] Es wird daher die von Kapitel 7 an beibehaltene Annahme unverzögerter Regressoren aufgegeben. Haben die Variablen unterschiedlichen Zeitbezug, liegen **dynamische Regressionsgleichungen** vor. Diese können in drei Gruppen unterteilt werden: Kommen nur exogene Variablen, die teilweise verzögert sind, als Regressoren vor, handelt es sich um eine **exogen dynamische Regressionsgleichung**, oder um ein **Modell mit verteilten Verzögerungen (distributed lag Modell)**. Werden endogene Variablen

[1]Eine ausgezeichnete Übersicht über die theoretische Fundierung von Lag-Strukturen und deren Verwendung in empirischen Untersuchungen findet sich bei Nerlove (1972).

mit zeitlicher Verzögerung neben unverzögerten exogenen Variablen als Regressoren verwendet, spricht man von einer **endogen dynamischen Regressionsgleichung**, einem **autoregressiven Prozess** oder auch von einer **inhomogenen stochastischen Differenzengleichung**. Kommen zeitlich verzögerte endogene und zeitlich verzögerte exogene Variablen als Regressoren vor, handelt es sich um die allgemeinste Form einer linearen, endogen dynamischen Regressionsgleichung, die **autoregressives Modell verteilter Verzögerungen** heißt. Seine Ordnung ergibt sich aus der höchsten Verzögerung m der endogenen und der höchsten Verzögerung n der exogenen Variablen. Wegen der englischen Bezeichnung „autoregressive distributed lags" wird es mit **ADL(m, n)-Modell** abgekürzt. Da sich bei exogen und endogen dynamischen Regressionsgleichungen unterschiedliche Eigenschaften der OLS-Schätzfunktion einstellen, werden sie getrennt analysiert.

Eine exogen dynamische, einfache Regressionsgleichung mit einer unendlichen Anzahl von Verzögerungen hat jetzt die Form:[2]

$$y_t = \pi_1 + \pi_{20} x_{2,t} + \pi_{21} x_{2,t-1} + \pi_{22} x_{2,t-2} + \ldots + v_t. \qquad (14.1)$$

Ein multipler Regressionsansatz lässt sich analog hierzu in eine exogen dynamische Form bringen, wobei auch die exogenen Variablen $x_{3t}, \ldots, x_{Kt}$ unendlich oft verzögert sind:

$$\begin{aligned} y_t = \pi_1 &+ \pi_{20} x_{2t} + \pi_{21} x_{2,t-1} + \pi_{22} x_{2,t-2} + \ldots \\ &+ \pi_{30} x_{3t} + \pi_{31} x_{3,t-1} + \pi_{32} x_{3,t-2} + \ldots \\ &+ \pi_{K0} x_{Kt} + \pi_{K1} x_{K,t-1} + \pi_{K2} x_{K,t-2} + \ldots + v_t. \end{aligned}$$

An dieser Gleichung erkennt man, dass durch einen multiplen Regressionsansatz keine neuen Probleme hinsichtlich der Lag-Struktur zu denen der einfachen Regression hinzukommen können; ohne Verlust der Allgemeingültigkeit wird sich deshalb bei den weiteren Ausführungen auf Gleichung (14.1) bezogen. Zur Vereinfachung der Notation und wenn keine Verwechslungen mit anderen Regressoren möglich sind, entfällt der Index 2 bei x_{2t}.

Gleichung (14.1) bietet die Möglichkeit, den zeitlichen Anpassungsprozess der Variablen y_t an einen neuen Wert von x_t analytisch darzustellen. Der Erwar-

[2] Obwohl in dieser Gleichung unendlich viele Regressoren (einschließlich der Konstanten) vorkommen, soll weiterhin die Bezeichnung einfache Regression beibehalten werden, da es sich um Verzögerungen derselben exogenen Variablen handelt. Diese Gleichung stellt aber hinsichtlich der Schätzmethodik eine multiple Regressionsgleichung dar. Von einer exogen dynamischen, multiplen Regressionsgleichung spricht man dann, wenn mindestens zwei inhaltlich verschiedene Regressoren in ihr enthalten sind, von denen mindestens einer verzögert sein muss.

tungswert für y_t entspricht dem systematischen Teil von Gleichung (14.1):

$$E(y_t) = \bar{y}_t = \pi_1 + \pi_{20}x_t + \pi_{21}x_{t-1} + \ldots = \pi_1 + \sum_{i=0}^{\infty} \pi_{2i}x_{t-i}. \quad (14.2)$$

Bleibt x_t über t auf dem Wert $\bar{x}$ konstant, erhält man:

$$\bar{y}_t = \pi_1 + \bar{x} \sum_{i=0}^{\infty} \pi_{2i}.$$

Damit Gleichung (14.1) ökonomisch sinnvoll ist, muss $\bar{y}$ endlich sein, d.h. es muss gelten:

$$-\infty < \sum_{i=0}^{\infty} \pi_{2i} < \infty.$$

Wird diese Bedingung eingehalten, bilden die Koeffizienten eine Nullfolge[3]: $\lim\limits_{i \to \infty} \pi_{2i} = 0$. Daraus folgt, dass der Einfluss auf y_t umso geringer wird, je weiter ein x-Wert in der Vergangenheit liegt. Die erste Differenz für Gleichung (14.2) ergibt:

$$\Delta\bar{y}_t = \sum_{i=0}^{\infty} \pi_{2i}\Delta x_{t-i}. \quad (14.3)$$

In der Periode t_0 soll sich x_t um eine Einheit erhöhen und diesen Wert in allen folgenden Perioden $t_0 + 1, t_0 + 2, \ldots$ beibehalten. Dann ist $\Delta x_t = 0$ für alle $t \neq t_0$ und $\Delta x_t = 1$ für $t = t_0$. Aus Gleichung (14.3) folgt daher:

$$\Delta\bar{y}_{t_0} = \sum_{i=0}^{\infty} \pi_{2i}\Delta x_{t_0-i} = \pi_{20}\Delta x_{t_0} + \pi_{21}\underbrace{\Delta x_{t_0-1}}_{=0} + \ldots = \pi_{20}\Delta x_{t_0} = \pi_{20},$$

$$\Delta\bar{y}_{t_0+1} = \pi_{21}\Delta x_{t_0} = \pi_{21},$$

oder allgemein:

$$\Delta\bar{y}_{t_0+i} = \pi_{2i}\Delta x_{t_0} = \pi_{2i}, \text{ da } \Delta x_{t_0} = 1. \quad (14.4)$$

Neuindizierung mit t_0 für $t_0 + i$ und Division durch Δx_{t_0-i} ergeben:

$$\frac{\Delta\bar{y}_{t_0}}{\Delta x_{t_0-i}} = \pi_{2i} \quad \text{für } i = 0, 1, 2, \ldots. \quad (14.5)$$

[3]Existiert die Summe einer unendlichen Reihe, bilden die Summanden eine Nullfolge. Die Umkehrung gilt nicht. Entwickeln sich die Summanden z.B. nach $\pi_{2i} = \frac{1}{i}$ für $i = 1, 2, \ldots$, gilt zwar: $\lim\limits_{i \to \infty} \pi_{2i} = 0$, die Summe aber divergiert gegen unendlich: $\sum\limits_{i=1}^{\infty} \pi_{2i} = \sum\limits_{i=1}^{\infty} \frac{1}{i} = \infty$.

Die Koeffizienten π_{2i} heißen **dynamische Multiplikatoren** oder auch **Reaktionskoeffizienten**, weil sie die Reaktion von y in der Periode $t_o + i$ auf eine Änderung von x in der Periode t_0 bzw. die Reaktion von y in der Periode t_0 auf eine Änderung von x in der Periode $t_0 - i$ angeben. In Abbildung 14.1 ist der Anpassungsprozess von y_t an eine Änderung $\Delta x_{t_0} = 1$ dargestellt, wobei sich y_t nach unendlich vielen Perioden an den neuen Wert von x_t angepasst hat. Kann angenommen werden, dass nach i_0 Perioden kein Einfluss mehr von der verzögert exogenen Variablen auf die endogene Variable ausgeht, bricht man die Lag-Struktur mit der Periode $t - i_0$ ab.

Abb. 14.1: Verteilte Verzögerung

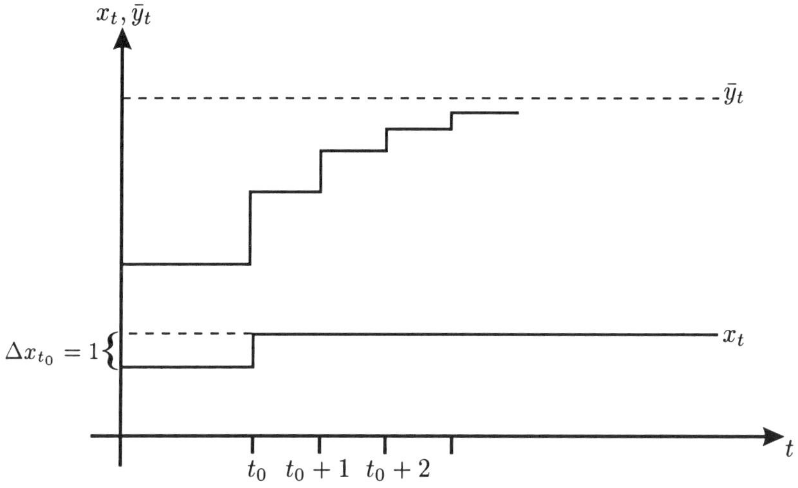

Die in Abbildung 14.1 dargestellte Entwicklung gibt die Niveauwerte von y_t wieder. Für diese gilt definitionsgemäß: $\bar{y}_{t_0} = \bar{y}_{t_0-1} + \Delta\bar{y}_{t_0}$ und wegen Gleichung (14.4):

$$\bar{y}_{t_0} = \bar{y}_{t_0-1} + \pi_{20}\Delta x_{t_0}.$$

Sukzessive Weiterentwicklung bis $t_0 + i$ ergibt:

$$\bar{y}_{t_0+i} = \bar{y}_{t_0-1} + \pi_{20}\Delta x_{t_0} + \ldots + \pi_{2i}\Delta x_{t_0} = \bar{y}_{t_0-1} + (\pi_{20} + \ldots + \pi_{2i})\Delta x_{t_0}.$$

Für $\Delta x_{t_0} = 1$ stellen die Stufenhöhen in Abbildung 14.1 die Werte der jeweiligen Koeffizienten $\pi_{20}, \pi_{21}, \ldots$ dar. Diese Koeffizienten bestimmen die zeitlich verzögerten Einflüsse der exogenen auf die endogene Variable und bilden somit ihre **Lag-Verteilung**. In Abbildung 14.1 wurde unterstellt, dass die Einflüsse von Beginn an abnehmen. Eine solche Lag-Verteilung ist in Abbildung 14.2.a dargestellt. Aber auch andere Verteilungen sind plausibel. Bedarf es erst einer bestimmten Zeit, bis allen Wirtschaftssubjekten die Information einer Datenänderung zugänglich ist, wird die stärkste Reaktion von y_t erst zu einem späteren Zeitpunkt eintreten. Abbildung 14.2.b zeigt eine Lag-Verteilung, die dieser Annahme entspricht.

Abb. 14.2: Typische Lag–Verteilungen

a) Streng monoton abnehmende Lag-Verteilung

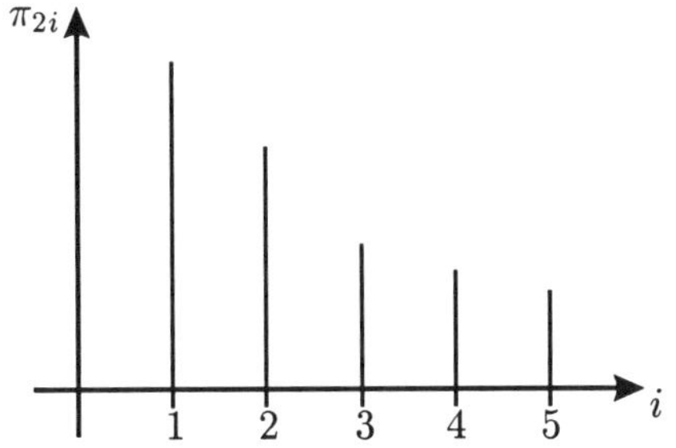

b) Unimodale Lag-Verteilung

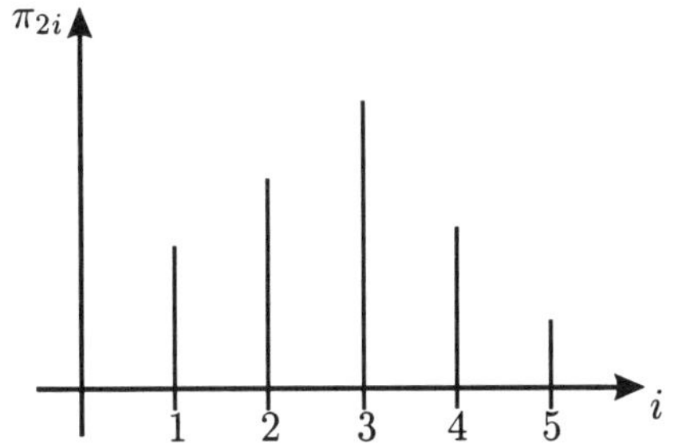

Die Summe aller Koeffizienten $\sum_{i=0}^{\infty} \pi_{2i}$ gibt die Gesamtveränderung von y_t an; man bezeichnet sie in Anlehnung an den entsprechenden makroökonomischen Zusammenhang als **Gesamtmultiplikator**[4]. Summiert man über eine endliche Anzahl von Perioden, hat man den **mittelfristigen** bzw. **kumulierten Multiplikator**. Dementsprechend heißt der Koeffizient π_{20}, der eine sofortige Reaktion von y_t auf eine sie auslösende Änderung von x_t misst, **unverzögerter Multiplikator**[5] und $\pi_{2\tau}$, $\tau = 1, 2, \ldots$ **verzögerter Multi-**

[4]Gemeint ist hier der von KEYNES entwickelte Multiplikator. Manche Autoren sprechen auch von einem **Gleichgewichtsmultiplikator**.

[5]Dieser wird auch impact multiplier genannt.

plikator, da sich y_t erst in der Periode $t + \tau$ um den Betrag $\pi_{2\tau}$ verändern wird.

Gleichung (14.1) geht bei Verwendung der Lag-Reihen-Schreibweise über in:

$$y_t = \pi_1 + \Pi(\mathrm{L})x_t + v_t, \quad \text{mit:} \qquad (14.6)$$
$$\Pi(\mathrm{L}) = \sum_{i=0}^{\infty} \pi_{2i}\mathrm{L}^i.$$

Die Wirkung der Lag-Verteilung und die Wirkung des Regressors x_t auf y_t lassen sich jetzt getrennt analysieren. Den unverzögerten Multiplikator π_{20} erhält man aus $\Pi(\mathrm{L})$ für $\mathrm{L} = 0$; den Gesamtmultiplikator für $\mathrm{L} = 1$: $\Pi(1) = \sum_{i=0}^{\infty} \pi_{2i}$. Ist für eine Regressionsgleichung a priori bekannt oder kann angenommen werden, dass alle Reaktionskoeffizienten dasselbe Vorzeichen besitzen, ist es vorteilhaft, die Lag-Reihe zu normieren, indem $\Pi(\mathrm{L})$ durch den Gesamtmultiplikator $\Pi(1)$ dividiert wird. Man erhält dann:

$$\frac{\Pi(\mathrm{L})}{\Pi(1)} = \frac{\pi_{20}}{\Pi(1)} + \frac{\pi_{21}}{\Pi(1)}\mathrm{L} + \frac{\pi_{22}}{\Pi(1)}\mathrm{L}^2 + \ldots = \omega_0 + \omega_1\mathrm{L}^1 + \omega_2\mathrm{L}^2 + \ldots = \Omega(\mathrm{L}).$$

Gleichung (14.6) lautet jetzt:

$$y_t = \pi_1 + \Pi(1)\Omega(\mathrm{L})x_t + v_t.$$

Wegen $\omega_i \geq 0$ für $i = 0, 1, 2 \ldots$ und $\sum_{i=0}^{\infty} \omega_i = 1$ stellen die Reaktionskoeffizienten ω_i Gewichte dar, die formal die Eigenschaften von Wahrscheinlichkeiten diskreter Zufallsvariablen besitzen. Damit stehen zur Modellierung von unendlichen, aber auch endlichen Lag-Verteilungen die Wahrscheinlichkeitsfunktionen diskreter Zufallsvariablen zur Verfügung.

Mit der Gewichtungsfunktion $\Omega(\mathrm{L})$ lässt sich ermitteln, nach wieviel Perioden die Hälfte der Anpassung von y_t abgeschlossen ist. Hierzu löst man die Gleichung $\omega_0 + \omega_1 + \ldots + \omega_m = 0{,}5$ nach m auf und erhält als Ergebnis den **Medianlag** L_m.[6] Auch der **Durchschnittslag** $\bar{\mathrm{L}}$ lässt sich mit $\Omega(\mathrm{L})$ leicht ermitteln. Er ist definiert als gewogener Durchschnitt über alle Verzögerungen:

$$\bar{\mathrm{L}} = \sum_{i=0}^{\infty} i\omega_i = \sum_{i=0}^{\infty} i\frac{\pi_{2i}}{\Pi(1)} = \frac{\sum_{i=0}^{\infty} i\pi_{2i}}{\sum_{i=0}^{\infty} \pi_{2i}}.$$

[6] Da m eine natürliche Zahl sein muss, kann die Lösung unter Umständen nur approximativ angegeben werden.

Bei der Berechnung von $\bar{\mathrm{L}}$ erweist sich eine Eigenschaft der Gewichtungsfunktion $\Omega(\mathrm{L}) = \omega_0 + \omega_1 \mathrm{L} + \omega_2 \mathrm{L}^2 + \ldots$ von Vorteil. Differenziert man $\Omega(\mathrm{L})$ nach L, folgt: $d\Omega(\mathrm{L})/d\mathrm{L} = \Omega'(\mathrm{L}) = \omega_1 + 2\omega_2 \mathrm{L} + 3\omega_3 \mathrm{L}^2 + \ldots$. Den Durchschnittslag ($\bar{\mathrm{L}}$) erhält man hieraus sofort für $\mathrm{L} = 1$:

$$\bar{\mathrm{L}} = \omega_1 + 2\omega_2 + 3\omega_3 + \ldots = \sum_{i=0}^{\infty} i\omega_i = \Omega'(1). \tag{14.7}$$

Ist der Durchschnittslag gefunden, kann auch die Varianz um diesen Wert berechnet werden. Dies wird dem Leser als Übung empfohlen.

Will man exogen dynamische Regressionen mit der OLS-Methode schätzen, muss die Anzahl der Verzögerungen begrenzt werden:

(1) Bei unendlich vielen Verzögerungen ist es unmöglich, aus einer endlichen Anzahl an Beobachtungen unendlich viele Koeffizienten zu schätzen. Aber auch bei endlich vielen Verzögerungen kann die Anzahl der zu schätzenden Koeffizienten noch beträchtlich groß im Vergleich zum Stichprobenumfang sein, so dass für den Schätzprozess nur wenige Freiheitsgrade übrig bleiben. Auch hier erweist sich eine Reduktion als vorteilhaft.

(2) Inhaltlich gleiche Variablen, die sich nur durch ihren Zeitbezug unterscheiden, sind gewöhnlich stark multikollinear: So ist z.B. zu erwarten, dass zwischen der Zeitreihe $x_{k,t}$ und $x_{k,t-1}$, $k = 1, 2, \ldots, K$ eine hohe Korrelation besteht.

14.2 Schätzverfahren bei endlichen Lag-Modellen

Mehrere Verfahren sind entwickelt worden, um die Reaktionskoeffizienten endlicher Lag-Modelle zu schätzen. Sie basieren alle auf bestimmten Annahmen über die Lag-Verteilung. Ein Grenzfall wird gegeben, wenn aufgrund theoretischer Erwägungen nur wenige zeitliche Verzögerungen in die Regressionsgleichung aufzunehmen sind und wenn die Störvariablen die entsprechenden Annahmen des statistischen Modells erfüllen. Die Gleichung

$$y_t = \pi_1 + \pi_{20} x_t + \pi_{21} x_{t-1} + \pi_{22} x_{t-2} + v_t. \tag{14.8}$$

kann direkt mit der OLS-Methode geschätzt werden, vorausgesetzt, dass die Multikollinearität zwischen den Regressoren nicht zu groß ist. Sonst müssen die Bereinigungsverfahren, wie sie in Kapitel 11 entwickelt wurden, zur Anwendung kommen.

Auf gleiche Weise geht man vor, wenn mehrere, inhaltlich unterschiedliche Regressoren in zeitlicher Verzögerung vorliegen. Auch hier darf die Anzahl der Verzögerungen pro Variable wegen der drohenden Multikollinearität nicht zu groß sein. Als Faustregel sollte man mit der OLS-Methode keine Regressionsgleichung schätzen, in der die einzelnen exogenen Variablen um mehr als drei Perioden verzögert sind. In jedem Fall empfiehlt es sich, die Stärke der Multikollinearität mit der Faustregel von KLEIN zu beurteilen.

Das Multikollinearitätsproblem kann bei endlichen Lag-Modellen gänzlich vermieden werden, wenn a priori die Gewichte $\omega_i = \frac{\pi_{2i}}{\Pi(1)}$ der Lag-Verteilung bekannt sind. Löst man nach π_{2i} auf, erhält man:

$$\pi_{2i} = \omega_i \Pi(1), \quad \Pi(1) = \sum_{i=0}^{i_0} \pi_{2i}. \tag{14.9}$$

Gleichung (14.1), für die jetzt eine maximale Verzögerung von i_0 Perioden angenommen wird, ist dann:

$$\begin{aligned} y_t &= \pi_1 + \omega_0 \Pi(1) x_t + \omega_1 \Pi(1) x_{t-1} + \ldots + \omega_{i_0} \Pi(1) x_{t-i_0} + v_t \\ &= \pi_1 + \Pi(1)(\omega_0 x_t + \omega_1 x_{t-1} + \ldots + \omega_{i_0} x_{t-i_0}) + v_t. \end{aligned} \tag{14.10}$$

Diese Gleichung stellt ein **normiertes, lineares Modell verteilter Lags mit bekannten Gewichten** dar. Die verzögerten Variablen werden mit den Gewichten ω_i in eine neue, **synthetische Variable** x_t^* transformiert, deren Werte sich aus den Beobachtungen berechnen lassen. Die mit der OLS-Methode zu schätzende Regressionsgleichung ist jetzt:

$$y_t = \pi_1 + \Pi(1) x_t^* + v_t. \tag{14.11}$$

Da $\Pi(1)$ die Summe aller Koeffizienten ist, können mit der Schätzung $\hat{\Pi}(1)$ gemäß Gleichung (14.9) Schätzungen der einzelnen Reaktionskoeffizienten π_{2i} ermittelt werden. Erfüllt v_t die Annahmen des statistischen Modells, haben die Schätzungen der Koeffizienten der endlichen distributed lag Funktion (14.10) die blu-Eigenschaften, da sie als lineare Transformationen aus $\hat{\Pi}(1)$ hervorgehen.

Dieses Verfahren ist nur an die Kenntnis der Gewichte gebunden; es ist somit auch dann anwendbar, wenn mehrere, inhaltlich verschiedene Regressoren einer endlichen, zeitlichen Verzögerung unterliegen. Da bei den meisten Modellen die Gewichte nicht a priori bekannt sein dürften, wird dieses Verfahren nur in seltenen Fällen anwendbar sein. Eine willkürliche Gewichtsverteilung anzunehmen führt aber zu Verzerrungen der berechneten Regressionskoeffizienten, wenn nicht zufällig die angenommene und die wahre Verteilung übereinstimmen.

Das von ALMON[7] entwickelte Verfahren zur Verringerung der Verzögerungen einer endlichen Lag-Verteilung basiert auf der Annahme, dass die Reaktionskoeffizienten π_{2i} durch ein Polynom niedriger Ordnung dargestellt werden können. Sie ergeben sich dann aus folgender Funktion:

$$\pi_{2i} = f(i) = a_0 + a_1 i + a_2 i^2 + \ldots + a_r i^r = \sum_{j=0}^{r} a_j i^j \tag{14.12}$$

für $i = 0, 1, \ldots, i_0$.

Den Koeffizienten π_{21} z.B. erhält man aus dieser Gleichung für $i = 1$:

$$\pi_{21} = f(1) = \sum_{j=0}^{r} a_j .$$

Um die Lag-Verteilung festzulegen, müssen $r + 1$ Parameter der Funktion (14.12) bestimmt werden. Da der Zweck des ALMON-Verfahrens in einer Verringerung der zu schätzenden Regressionskoeffizienten liegt, wird $r+1$ kleiner sein als[8] $i_0 + 1$. Ersetzt man jedes π_{2i}, $i = 0, 1, \ldots, i_0$ der jetzt i_0 Verzögerungen enthaltenen Gleichung (14.1) durch Gleichung (14.12), ergibt dies:

$$\begin{aligned} y_t =& \pi_1 + a_0 x_t + (\sum_{j=0}^{r} a_j 1^j) x_{t-1} + (\sum_{j=0}^{r} a_j 2^j) x_{t-2} + \ldots \\ &+ (\sum_{j=0}^{r} a_j i_0^j) x_{t-i_0} + v_t . \end{aligned} \tag{14.13}$$

Schreibt man jede Summe aus, wird eine schätztechnisch vorteilhafte Zusammenfassung möglich:

[7] ALMON (1965).

[8] Die Zahl $r+1$ entspricht der Anzahl der zu schätzenden Koeffizienten in der Funktion (14.12), $i_0 + 1$ der Anzahl der zu schätzenden Reaktionskoeffizienten in Gleichung (14.1) bei einer maximalen Verzögerung von i_0 Perioden.

$$
\begin{aligned}
y_t &= \pi_1 + a_0 x_t \\
&\quad + a_0 1^0 x_{t-1} + a_1 1^1 x_{t-1} + a_2 1^2 x_{t-1} + \ldots + a_r 1^r x_{t-1} \\
&\quad + a_0 2^0 x_{t-2} + a_1 2^1 x_{t-2} + a_2 2^2 x_{t-2} + \ldots + a_r 2^r x_{t-2} \\
&\quad \vdots \\
&\quad + a_0 i_0^0 x_{t-i_0} + a_1 i_0^1 x_{t-i_0} + a_2 i_0^2 x_{t-i_0} + \ldots + a_r i_o^r x_{t-i_0} + v_t \\
&= \pi_1 + a_0 \sum_{i=0}^{i_0} x_{t-i} + a_1 \sum_{i=1}^{i_0} i^1 x_{t-i} + a_2 \sum_{i=1}^{i_0} i^2 x_{t-i} + \ldots + a_r \sum_{i=1}^{i_0} i^r x_{t-i} + v_t .
\end{aligned}
$$

In der letzten Gleichung stellen die einzelnen Summen synthetische Regressoren x^*_{jt}, $j = 0, \ldots, r$ dar, deren Werte aus den Beobachtungen x_t, $t = 1, 2, \ldots, T$ berechnet werden können. Für $i_0 = 3$ z.B. erhält man die Beobachtungen für x^*_{1t} als $x^*_{1t} = \sum_{i=1}^{3} i x_{t-i}$:

$$
x^*_{1t} = \begin{bmatrix} x^*_{14} \\ x^*_{15} \\ x^*_{16} \\ \vdots \\ x^*_{1T} \end{bmatrix} = \begin{bmatrix} x_3 + 2x_2 + 3x_1 \\ x_4 + 2x_3 + 3x_2 \\ x_5 + 2x_4 + 3x_3 \\ \vdots \\ x_{T-1} + 2x_{T-2} + 3x_{T-3} \end{bmatrix} .
$$

Die zu schätzende Gleichung lautet schließlich:

$$
y_t = \pi_1 + a_0 x^*_{0t} + a_1 x^*_{1t} + \ldots + a_r x^*_{rt} + v_t . \tag{14.14}
$$

Diese Gleichung kann mit der OLS-Methode geschätzt werden, wenn die maximale Verzögerung i_0 und der Grad r des Polynoms festgelegt sind. Auf diese Weise erhält man Schätzungen $\hat{a}_j$, $j = 0, \ldots, r$, die zur Berechnung der Koeffizienten π_{2i}, $i = 0, 1, \ldots, i_0$ der endlichen distributed lag Funktion benötigt werden.

Alle in diesem Abschnitt behandelten Verfahren gehen von einer gegebenen maximalen Verzögerung aus. Für diese hat man jedoch nur in den seltensten Fällen a priori Informationen. Man wird daher die Regressionsgleichung mit verschiedenen Lag-Längen schätzen und diejenige Schätzung wählen, die ein geeignetes Anpassungs- oder Informationskriterium am besten erfüllt. Bei der praktischen Vorgehensweise wird die maximale Lag-Länge m festgelegt und die Regressionsgleichung für $i_0 = 0, 1, 2 \ldots, m$ geschätzt. Anpassungskriterien wie R^2 oder $\bar{R}^2$ sind zu maximieren, während Informationskriterien, wie das AKAIKE- oder das SCHWARZ-BAYES-Informationskriterium, zu minimieren sind.

14.3 Das Koyck-Verfahren

Während dem ALMON-Verfahren ein endliches Lag-Modell zugrunde liegt, ist die KOYCK-Transformation[9] sowohl auf endliche als auch auf unendliche Lag-Verteilungen anwendbar. Letzteres hat den Vorteil, dass die meist willkürliche Festlegung des maximalen Lags m vermieden wird. Da die Umformungstechniken und Probleme in beiden Fällen gleich sind, wird der allgemeinere Fall einer unendlichen Lag-Verteilung behandelt.

Bei der **Koyck–Verteilung** wird unterstellt, dass von einer bestimmten Periode an die Regressionskoeffizienten gemäß einer geometrischen Folge abnehmen. Zwecks Vereinfachung sei angenommen, dass dies bereits ab der ersten Periode gilt; als Koeffizientenfolge erhält man dann:

$$\pi_{20},\ \pi_{21} = \lambda\pi_{20},\ \pi_{22} = \lambda^2\pi_{20}, \ldots,$$

wobei λ einen Wert des offenen Intervalls $(-1, 1)$ annimmt.[10] Gleichung (14.1) lässt sich jetzt schreiben als:

$$\begin{aligned} y_t &= \pi_1 + \pi_{20}x_t + \lambda\pi_{20}x_{t-1} + \lambda^2\pi_{20}x_{t-2} + \ldots + v_t \qquad (14.15)\\ &= \pi_1 + \pi_{20}\Lambda(\mathrm{L})x_t + v_t, \quad \text{mit } \Lambda(\mathrm{L}) = \sum_{i=0}^{\infty} \lambda^i \mathrm{L}^i. \end{aligned}$$

Diese Gleichung kann auf zwei verschiedene Weisen für eine Schätzung umgeformt werden, wobei der Unterschied darin liegt, dass einmal die Regressoren exogen bleiben, während im zweiten Fall auch die um eine Periode verzögerte endogene Variable als Regressor vorkommt.

Um eine schätzbare Gleichung in exogenen Variablen zu erhalten, geht man zunächst davon aus, dass der Wert für λ bekannt ist. Die in Gleichung (14.15) enthaltenen verzögerten Regressoren werden in zwei Teile zerlegt: Der erste Teil besteht aus verzögerten Regressoren, für die Stichprobenbeobachtungen vorliegen, der zweite Teil umfasst diejenigen, für die das nicht gilt. Gleichung (14.15) wird dann zu:

$$y_t = \pi_1 + \pi_{20}\sum_{i=0}^{t-1} \lambda^i x_{t-i} + \pi_{20}\sum_{i=t}^{\infty} \lambda^i x_{t-i} + v_t. \qquad (14.16)$$

Da man λ als bekannt vorausgesetzt hat, lässt sich die erste Summe in Gleichung (14.16) als eine neue Variable x^*_{2t} auffassen, deren synthetische

[9] KOYCK (1954).

[10] Ist λ positiv, vollzieht sich die Anpassung von y_t an den neuen Wert von x_t streng monoton; negative λ-Werte führen zu einer alternierenden Anpassung.

Werte $(x_{21}^*, \ldots, x_{2T}^*)$ aus den Beobachtungen x_t wie folgt gewonnen werden: $x_{21}^* = \sum_{i=0}^{0} \lambda^i x_{1-i} = x_1, x_{22}^* = \sum_{i=0}^{1} \lambda^i x_{2-i} = x_2 + \lambda x_1$, und schließlich $x_{2T}^* = \sum_{i=0}^{T-1} \lambda^i x_{T-i} = x_T + \ldots + \lambda^{T-1} x_1$. Bei der zweiten Summe ist eine solche Berechnung nicht möglich, da für die hier enthaltenen verzögerten Variablen keine Beobachtungen vorliegen. Man umgeht diesen Mangel, indem der gesamte Einfluss dieser Variablen auf y_t als unbekannter Koeffizient aufgefasst wird, der zu schätzen ist. Schreibt man die zweite Summe aus und klammert λ^t aus, erhält man:

$$\sum_{i=t}^{\infty} \lambda^i x_{t-i} = \lambda^t(\lambda^0 x_0 + \lambda^1 x_{-1} + \lambda^2 x_{-2} + \ldots) = \lambda^t \sum_{i=0}^{\infty} \lambda^i x_{-i}.$$

Die Summe $\sum_{i=0}^{\infty} \lambda^i x_{-i}$ stellt den Einfluss der nicht direkt beobachtbaren Verzögerungen auf y_t dar; λ^t wird als neuer Regressor x_{3t}^* aufgefasst. Die Regressionsgleichung hat dann die Form:

$$y_t = \pi_1 + \pi_{20} x_{2t}^* + \pi_{30} x_{3t}^* + v_t, \tag{14.17}$$

$$\text{mit } x_{2t}^* = \sum_{i=0}^{t-1} \lambda^i x_{t-i}, \quad \pi_{30} = \pi_{20} \sum_{i=0}^{\infty} \lambda^i x_{-i} \quad \text{und} \quad x_{3t}^* = \lambda^t.$$

Gleichung (14.17) wäre problemlos mit der OLS-Methode zu schätzen, wenn λ tatsächlich numerisch vorliegen würde. Dies ist aber nicht der Fall, vielmehr wird gerade ein Wert für λ gesucht, der möglichst genau mit der wahren Lag-Struktur übereinstimmt. Man nimmt deshalb unterschiedliche Werte für λ an, schätzt die Regressionsgleichung und berechnet hieraus die Quadratsumme der Residuen. Anschließend wird dann dasjenige λ gewählt, das zu der kleinsten Quadratsumme führt und daher den Determinationskoeffizienten maximiert. Damit sind die Koeffizienten der Gleichung (14.15) geschätzt. Diese Vorgehensweise bezeichnet man wegen der Variation von λ als **Koeffizienten-Suchverfahren**.

Die zweite Möglichkeit zur Verringerung der unendlichen KOYCK-Lag-Verteilung ist sehr einfach, bringt jedoch einige schätztheoretische Schwierigkeiten mit sich. Verzögert man Gleichung (14.15) um eine Periode, multipliziert sie dann mit λ und zieht dieses Ergebnis von Gleichung (14.15) ab, erhält man eine Gleichung mit endlicher Verzögerung:

$$
\left.\begin{array}{lll}
y_t & = \pi_1 + \pi_{20}x_t + \lambda\pi_{20}x_{t-1} + \lambda^2\pi_{20}x_{t-2} + \ldots + v_t \\
\lambda y_{t-1} & = \lambda\pi_1 \qquad\qquad + \lambda\pi_{20}x_{t-1} + \lambda^2\pi_{20}x_{t-2} + \ldots + \lambda v_{t-1}
\end{array}\right\} -
$$

$$
y_t - \lambda y_{t-1} = (1-\lambda)\pi_1 + \pi_{20}x_t + (v_t - \lambda v_{t-1})
$$

oder:

$$
y_t = (1-\lambda)\pi_1 + \lambda y_{t-1} + \pi_{20}x_t + v_t^*, \quad v_t^* = v_t - \lambda v_{t-1}. \tag{14.18}
$$

Diese Umformung kann auch mit dem Lag-Reihen-Operator $\Lambda(\mathrm{L})$ erfolgen. Wegen der geometrischen Abnahme der Reaktionskoeffizienten in Gleichung (14.15) gilt:

$$
\Lambda(\mathrm{L}) = \sum_{i=0}^{\infty} \lambda^i \mathrm{L}^i = \frac{1}{1-\lambda\mathrm{L}}.
$$

Gleichung (14.15) lässt sich jetzt schreiben als:

$$
y_t = \pi_1 + \frac{\pi_{20}}{1-\lambda\mathrm{L}} x_t + v_t. \tag{14.19}
$$

Multiplikation mit $1 - \lambda\mathrm{L}$ ergibt nach einfachen Umstellungen Gleichung (14.18).

Die Berechnung des Durchschnittslags $\bar{\mathrm{L}}$ der KOYCK-Verteilung vereinfacht sich durch die Verwendung von Lag-Operatoren. Die Gewichtungsfunktion $\Omega(\mathrm{L})$ lautet hier: $\Omega(\mathrm{L}) = \frac{\Lambda(\mathrm{L})}{\Lambda(1)} = \frac{1}{1-\lambda\mathrm{L}} / \frac{1}{1-\lambda} = \frac{1-\lambda}{1-\lambda\mathrm{L}}$. Ihre Ableitung beträgt:

$$
\Omega'(\mathrm{L}) = \frac{-(1-\lambda)(-\lambda)}{(1-\lambda\mathrm{L})^2} = \frac{\lambda(1-\lambda)}{(1-\lambda\mathrm{L})^2};
$$

der Durchschnittslag $\bar{\mathrm{L}}$ folgt hieraus analog zu Gleichung (14.7) für $\mathrm{L} = 1$ als: $\bar{\mathrm{L}} = \Omega'(1) = \frac{\lambda}{1-\lambda}$.

In der Form (14.18) wird der Vorteil der Transformation von Gleichung (14.15) deutlich:

(1) Es sind anstelle unendlich vieler nur noch drei Koeffizienten zu schätzen.

(2) Die Regressoren sind frei von derjenigen Multikollinearität, die durch Verzögerungen derselben Variablen entsteht.

Jedoch gehen diese Vorteile mit Nachteilen einher, so dass die Anwendbarkeit der OLS-Methode Einschränkungen erfährt:

(1) Da eine verzögert endogene Variable als Regressor Verwendung findet, sind nicht mehr alle Regressoren zu jedem Zeitpunkt von den Störvariablen stochastisch unabhängig.[11] Dies lässt sich mit einer von null verschiedenen Kovarianz für y_{t-1} und v_t^* nachweisen:

$$\begin{aligned}\text{cov}(y_{t-1}, v_t^*) &= E[y_{t-1}(v_t - \lambda v_{t-1})] \\ &= E[(\pi_1 + \pi_{20}x_{t-1} + \ldots + v_{t-1})(v_t - \lambda v_{t-1})].\end{aligned}$$

Da $E(v_t) = 0$ und $E(v_t v_\tau) = 0$ für $t \neq \tau$, erhält man als Kovarianz:

$$\text{cov}(y_{t-1}, v_t^*) = -\lambda\sigma_v^2.$$

(2) Wegen der Transformation folgen die neuen Störvariablen v_t^* einem MA(1)-Prozess und korrelieren nach Gleichung (13.5) für $k = 1$ selbst dann, wenn v_t vorher frei von Autokorrelation war. Die Kovarianz zwischen v_t^* und v_{t-1}^* beträgt für $k = 1$: $\text{cov}(v_t^*, v_{t-1}^*) = -\lambda\sigma_v^2$; für einen zeitlichen Abstand $k > 1$ ist sie null.

In einer speziellen Situation sind die neuen Störvariablen nach der Transformation auch für $k = 1$ nicht autokorreliert. Dies ist der Fall, wenn die ursprünglichen Störvariablen selbst einem MARKOV-Prozess 1. Ordnung unterliegen, wobei der Autokorrelationskoeffizient ϱ gleich λ sein muss: $v_t = \lambda v_{t-1} + \varepsilon_t$ mit $|\lambda| < 1$. Die Störvariable v_t^* der Gleichung (14.18) wird dann zu: $v_t^* = v_t - \lambda v_{t-1} = \varepsilon_t$ und stellt einen reinen Zufallsprozess dar.

14.4 Korrigierte Erwartungen und das Modell der partiellen Anpassung

Die KOYCK Lag-Verteilung resultiert aus zwei unterschiedlichen Verhaltenshypothesen, die wegen ihrer Bedeutung in der ökonomischen Theorie kurz dargestellt werden. CAGAN[12] nimmt an, dass Wirtschaftssubjekte über zukünftige Ausprägungen ökonomischer Größen Erwartungen bilden und die Genauigkeit ihrer Prognosen an den realisierten Werten überprüfen. Dabei geht eine Vorhersage für die Periode $t+1$ aus der Prognose für die Periode t derart hervor, dass zu der Prognose für die Periode t ein Teil der Abweichung

[11] Die aus einer von null verschiedenen Kovarianz resultierenden schätztechnischen Probleme werden in Abschnitt 14.6 behandelt.

[12] CAGAN (1956).

zwischen prognostiziertem und tatsächlichem Wert der Periode t addiert wird:

$$\begin{aligned} \hat{x}_{t+1} &= \hat{x}_t + (1-\lambda)(x_t - \hat{x}_t) \\ &= (1-\lambda)x_t + \lambda\hat{x}_t, \quad 0 \leq \lambda \leq 1, \\ &\hat{x}_t : \text{ Prognosewert}, \quad x_t : \text{ tatsächlicher Wert.} \end{aligned} \tag{14.20}$$

Nach wiederholter Substitution der Prognosewerte $\hat{x}_t$ auf der rechten Seite von Gleichung (14.20) ergibt sich $\hat{x}_{t+1}$ in Abhängigkeit von den tatsächlichen Werten x_t:

$$\hat{x}_{t+1} = (1-\lambda)\sum_{i=0}^{\infty} \lambda^i x_{t-i} = (1-\lambda)\Lambda(\mathrm{L})x_t. \tag{14.21}$$

Hängt nun in einer einfachen Regression die endogene ökonomische Variable y_t von einem Prognosewert $\hat{x}_{t+1}$ ab, erhält man eine Funktion verteilter Verzögerungen, deren Koeffizienten einer KOYCK-Verteilung unterliegen:

$$y_t = \pi_1 + \pi_2\hat{x}_{t+1} = \pi_1 + (1-\lambda)\pi_2 \sum_{i=0}^{\infty} \lambda^i x_{t-i}. \tag{14.22}$$

Man bezeichnet diese Erwartungsbildung der Wirtschaftssubjekte als **„korrigierte"** oder **„adaptive Erwartungen"** bzw. **Cagan–Hypothese**.

Ebenfalls zu einer KOYCK Lag-Verteilung führt eine Verhaltensweise, die als **„Modell der partiellen Anpassung"**, **„flexibler Akzeleratormechanismus"** oder als **„partial adjustment model"** bekannt ist. Die gewünschte Höhe einer ökonomischen Variablen wird über eine lineare Funktion von einer erklärenden Variablen bestimmt:

$$\begin{aligned} y_t^* &= \pi_1 + \pi_2 x_t, \\ y_t^* &: \text{ gewünschter (oder geplanter) Wert.} \end{aligned} \tag{14.23}$$

Wegen Verzögerungen oder Anpassungsschwierigkeiten kann die gewünschte Höhe nicht in einer Periode erreicht werden. Vielmehr ist die tatsächliche Anpassung nur ein Teil der notwendigen:

$$(y_t - y_{t-1}) = (1-\lambda)(y_t^* - y_{t-1}), \quad 0 < \lambda < 1.$$

Nach y_t aufgelöst ergibt:

$$y_t = (1-\lambda)y_t^* + \lambda y_{t-1}. \tag{14.24}$$

Ersetzt man y_t^* durch Gleichung (14.23), führt dies zu:

$$y_t = (1-\lambda)\pi_1 + \lambda y_{t-1} + (1-\lambda)\pi_2 x_t. \tag{14.25}$$

Diese Gleichung stimmt formal mit dem systematischen Teil der Gleichung (14.18) überein, die aus einer KOYCK Lag-Verteilung hervorgegangen ist. Dann muss diese Verteilung auch der partiellen Anpassung zugrunde liegen.

14.5 Rationale distributed lag Funktionen

Die in den Abschnitten 14.2 und 14.3 behandelten Modelle verteilter Verzögerungen stellen wichtige Spezialfälle dar. Da bei empirischen Arbeiten die Lag-Verteilung im Allgemeinen unbekannt ist, muss ihre Modellierung so erfolgen, dass sie möglichst viele, in der Realität vorliegende Abläufe erfasst. Die bei der KOYCK-Verteilung z.B. eingeführte restriktive Annahme einer geometrischen Abnahme der Reaktionskoeffizienten bereits von der ersten Periode an kann aufgegeben werden. Tritt eine solche Entwicklung z.B. erst ab der zweiten Periode ein, wird Gleichung (14.15) zu:

$$\begin{aligned} y_t &= \pi_1 + \pi_{20} x_t + \pi_{21} \sum_{i=0}^{\infty} \lambda^i x_{t-1-i} + v_t \\ &= \pi_1 + \pi_{20} x_t + \frac{\pi_{21}}{1 - \lambda L} x_{t-1} + v_t \\ &= \pi_1 + \frac{\pi_{20}(1 - \lambda L) + \pi_{21} L}{1 - \lambda L} x_t + v_t \\ &= \pi_1 + \frac{\pi_{20} + (\pi_{21} - \lambda \pi_{20})\mathrm{L}}{1 - \lambda L} x_t + v_t . \end{aligned} \tag{14.26}$$

Aber auch diese Lockerung der Annahme schließt immer noch alle Lag-Verteilungen aus, deren Koeffizienten nicht von einer bestimmten Periode an eine abnehmende geometrische Reihe ergeben. Um jedes mögliche Zeitprofil der Reaktionskoeffizienten zuzulassen, schlägt JORGENSON[13] **rationale distributed lag Funktionen** vor. Danach kann jede unendliche oder endliche distributed lag Funktion durch das Verhältnis zweier endlicher Lag-Polynome approximiert werden, wobei sich das Ausmaß an Übereinstimmung durch eine Erhöhung der Polynomgrade beliebig steigern lässt. Die endliche Anzahl der zu schätzenden Koeffizienten der Approximation kann dabei sehr klein sein. Eine rationale distributed lag Funktion ist definiert als:

$$\frac{\sum\limits_{i=0}^{n} \alpha_i \mathrm{L}^i}{\sum\limits_{j=0}^{m} \beta_j \mathrm{L}^j} = \frac{A(\mathrm{L})}{B(\mathrm{L})}, \tag{14.27}$$

wobei alle Nullstellen des zu $B(\mathrm{L})$ konkreten Polynoms absolut größer als eins sind und für die Polynomgrade gilt: $m > n$. Gleichung (14.1) schreibt man jetzt ohne zusätzliche Restriktionen bezüglich der Reaktionskoeffizienten als:

$$y_t = \pi_1 + \frac{A(\mathrm{L})}{B(\mathrm{L})} x_t + v_t . \tag{14.28}$$

[13] JORGENSON (1966).

Eine Multiplikation dieser Gleichung mit $B(\mathrm{L})$ führt zu:

$$B(\mathrm{L})y_t = \pi_1 B(\mathrm{L}) + A(\mathrm{L})x_t + B(\mathrm{L})v_t. \tag{14.29}$$

Gleichung (14.29) stellt ein ADL(m,n)-Modell dar. Damit die Reihe $B(\mathrm{L})y_t$ mit y_t beginnt, wird β_0 auf eins normiert. Gleichzeitig hat man so auch eine eindeutige Darstellungsweise der rationalen distributed lag Funktionen festgelegt, weil durch die Normierung eine Erweiterung ausgeschlossen ist.[14]

Die Darstellung der unendlichen Lag-Reihe $\Pi(\mathrm{L})$ der Gleichung (14.1) durch gebrochenrationale Lag-Polynome $A(\mathrm{L})/B(\mathrm{L})$ verlangt, dass die Reaktionskoeffizienten von $\Pi(\mathrm{L})$ eindeutig durch die Reaktionskoeffizienten von $A(\mathrm{L})$ und $B(\mathrm{L})$ bestimmbar sind. Ohne Einschränkung der Allgemeingültigkeit wird das Nennerpolynom $B(\mathrm{L})$ geschrieben als:[15]

$$B(\mathrm{L}) = 1 - \beta_1\mathrm{L} - \beta_2\mathrm{L}^2 - \ldots - \beta_m\mathrm{L}^m.$$

Aus

$$\frac{A(\mathrm{L})}{B(\mathrm{L})} = \frac{\alpha_0 + \alpha_1\mathrm{L} + \ldots + \alpha_n\mathrm{L}^n}{1 - \beta_1\mathrm{L} - \ldots - \beta_m\mathrm{L}^m} = \pi_0 + \pi_1\mathrm{L} + \pi_2\mathrm{L}^2 + \ldots$$

folgt nach Multiplikation mit $B(\mathrm{L})$:

$$\begin{aligned}\alpha_0 + \alpha_1\mathrm{L} + \ldots + \alpha_n\mathrm{L}^n =& (1 - \beta_1\mathrm{L} - \ldots - \beta_m\mathrm{L}^m)(\pi_0 + \pi_1\mathrm{L} + \pi_2\mathrm{L}^2 + \ldots)\\ =& \pi_0 + \pi_1\mathrm{L} + \pi_2\mathrm{L}^2 + \pi_3\mathrm{L}^3 + \ldots\\ & - \beta_1\pi_0\mathrm{L} - \beta_1\pi_1\mathrm{L}^2 - \beta_1\pi_2\mathrm{L}^3 - \ldots\\ & \qquad - \beta_2\pi_0\mathrm{L}^2 - \beta_2\pi_1\mathrm{L}^3 - \ldots\\ & \qquad \vdots\end{aligned}$$

Die Bestimmungsgleichungen für π_i ergeben sich durch Gleichsetzung der

[14] Eine eindeutige Darstellungsweise ist auch durch das Postulat zu erreichen, dass Zähler- und Nennerpolynom keine gemeinsamen Wurzeln haben dürfen.

[15] Diese Festlegung sichert, dass nach Auflösen von Gleichung (14.29) nach y_t alle rechts vom Gleichheitszeichen stehenden Variablen positives Vorzeichen besitzen.

Koeffizienten von Lag-Operatoren gleichen Grades:

$$
\begin{aligned}
&\mathrm{L}^0 : \alpha_0 = \pi_0 \\
&\mathrm{L}^1 : \alpha_1 = \pi_1 - \beta_1 \pi_0 \\
&\mathrm{L}^2 : \alpha_2 = \pi_2 - \beta_1 \pi_1 - \beta_2 \pi_0 \\
&\quad\vdots \\
&\mathrm{L}^n : \alpha_n = \pi_n - \beta_1 \pi_{n-1} - \beta_2 \pi_{n-2} - \ldots - \beta_n \pi_0 \\
&\mathrm{L}^{n+1} : \alpha_{n+1} = 0 = \pi_{n+1} - \beta_1 \pi_n - \beta_2 \pi_{n-1} - \ldots - \beta_{n+1} \pi_0 \\
&\quad\vdots \\
&\mathrm{L}^m : \alpha_m = 0 = \pi_m - \beta_1 \pi_{m-1} - \beta_2 \pi_{m-2} - \ldots - \beta_m \pi_0 \\
&\mathrm{L}^{m+1} : \alpha_{m+1} = 0 = \pi_{m+1} - \beta_1 \pi_m - \beta_2 \pi_{m-1} - \ldots - \beta_m \pi_1 .
\end{aligned}
$$

Für $i \geq m$ erhält man die Bestimmungsgleichungen als:

$$0 = \pi_i - \beta_1 \pi_{i-1} - \beta_2 \pi_{i-2} - \ldots - \beta_m \pi_{i-m}. \tag{14.30}$$

Aus dem obigen Gleichungssystem gewinnt man bei gegebenen Lag-Polynomen $A(\mathrm{L})$ und $B(\mathrm{L})$ durch rekursive Auflösung die unbekannten Reaktionskoeffizienten π_i. So ist z.B. π_0 gleich α_0; mit bekanntem π_0 erhält man π_1 als: $\pi_1 = \alpha_1 + \beta_1 \pi_0$ usw. Für $i \geq m$ legt die Differenzengleichung (14.30) die Werte der Koeffizienten fest. Substituiert man hier π_i durch x^i, erhält man die charakteristische Gleichung:

$$x^i - \beta_1 x^{i-1} - \beta_2 x^{i-2} - \ldots - \beta_m x^{i-m} = 0.$$

Hieraus folgt für $i = m$:

$$x^m - \beta_1 x^{m-1} - \beta_2 x^{m-2} - \ldots - \beta_{m-1} x - \beta_m = 0.$$

Liegen alle Nullstellen dieser charakteristischen Gleichung innerhalb des Einheitskreises, nehmen die Koeffizienten π_i, $i \geq m$ so ab, dass gilt: $\sum\limits_{i=0}^{\infty} |\pi_i| < \infty$, d.h. die Reihenentwicklung konvergiert. Damit liegt die Invertierbarkeitsbedingung des Abschnitts 13.3 vor: das Lag-Polynom $\Pi(\mathrm{L})$ ist dann invertierbar.[16]

Aus der allgemeinen Lag-Polynomdarstellung (14.29) sind endliche Lag-Verteilungen, und damit das ALMON- wie auch das KOYCK-Verfahren als

[16] Für $m = 2$ erhält man aus Gleichung (14.30) die charakteristische Gleichung des in Gleichung (13.28) angegebenen AR(2)-Prozesses.

Spezialfälle ableitbar. Setzt man $B(L) = 1$, erhält man eine endliche distributed lag Funktion:

$$y_t = \pi_1 + A(\mathrm{L})x_t + v_t. \tag{14.31}$$

Um aus Gleichung (14.29) eine KOYCK-transformierte Regressionsgleichung zu erhalten, werden gemäß Gleichung (14.19) $A(\mathrm{L})$ als π_{20} und $B(L)$ als $1 - \lambda L$ spezifiziert.

Mit der allgemeinen Darstellung von Lag-Verteilungen durch rationale distributed lag Funktionen, die häufig auch **allgemeines Lag–Verteilungsmodell** genannt wird, ist es möglich, die Transformation einer autoregressiven in eine exogen dynamische Regressionsgleichung und umgekehrt zu zeigen. Das ADL(m, n)-Modell

$$y_t = \pi_1 + \beta_1 y_{t-1} + \ldots + \beta_m y_{t-m} + \alpha_0 x_t + \alpha_1 x_{t-1} + \ldots + \alpha_n x_{t-n} + v_t$$

lautet bei Verwendung von Lag-Operatoren:

$$B(\mathrm{L})y_t = \pi_1 + A(\mathrm{L})x_t + v_t, \tag{14.32}$$

$$\text{mit } B(\mathrm{L}) = 1 - \beta_1\mathrm{L} - \ldots - \beta_m\mathrm{L}^m \text{ und } A(\mathrm{L}) = \alpha_0 + \alpha_1\mathrm{L} + \ldots + \alpha_n\mathrm{L}^n.$$

Unter der Annahme, dass die Inverse zu $B(L)$ existiert, kann Gleichung (14.32) mit $\frac{1}{B(L)}$ multipliziert werden:

$$y_t = \frac{\pi_1}{B(L)} + \frac{A(L)}{B(L)}x_t + \frac{1}{B(L)}v_t. \tag{14.33}$$

Dies ist aber eine exogen dynamische Regressionsgleichung.

Um die Transformation einer exogen dynamischen in eine endogen dynamische Regressionsgleichung bzw. in ein ADL-Modell zu zeigen, wird sie zunächst in folgende Form gebracht:

$$y_t = \pi_1 + A(L)x_t + v_t. \tag{14.34}$$

Nimmt man an, dass $A(L)$ invertierbar ist, existiert die Inverse $A^{-1}(\mathrm{L})$. Nach Multiplikation mit $A^{-1}(\mathrm{L})$ geht Gleichung (14.34) über in:

$$A^{-1}(\mathrm{L})y_t = A^{-1}\pi_1 + x_t + A^{-1}(\mathrm{L})v_t. \tag{14.35}$$

Dies ist eine endogen dynamische Regressionsgleichung.

Aus diesen Transformationen resultiert jedoch eine nicht wünschenswerte Veränderung der stochastischen Eigenschaften der Störvariablen. Sind in den Gleichungen (14.32) und (14.34) die Störvariablen frei von Autokorrelation, geht diese Eigenschaft durch die Transformation im Allgemeinen verloren. Die Störvariablen der Gleichungen (14.33) und (14.35) folgen jetzt einem MA-Prozess, wobei seine Ordnung und Lag-Polynomgrad übereinstimmen.

14.6 Schätzung und Schätzeigenschaften endogen dynamischer Gleichungen

Da in ADL(m, n)-Modellen wenigstens eine verzögerte endogene Variable als Regressor enthalten ist, gilt nun nicht mehr, dass zu jeder Periode alle Regressoren einer zu schätzenden Regressionsgleichung von allen Störvariablen $v_1, \ldots, v_T$ stochastisch unabhängig sind bzw. eine Kovarianz von null aufweisen. Vielmehr ist der Regressor y_{t-1} stochastisch abhängig von allen Störvariablen dieser und vorangegangener Perioden, auch wenn die Störvariablen nicht autokorrelieren:

$$\operatorname{cov}(y_{t-1}, v_{t-1-\tau}) \neq 0 \quad \text{für } \tau = 0, 1, 2, \ldots \tag{14.36}$$

Diese Korrelation entsteht, weil in der Periode $t-1$ die in dieser Periode endogene Variable y_{t-1} von der jetzt determinierten Variablen y_{t-2} und der Störvariablen v_{t-1} abhängt; in der Vorperiode $t-2$ war aber y_{t-2} abhängig von y_{t-3} und v_{t-2} usw. Somit ist der Regressor y_{t-1} auch abhängig von $v_{t-2}, v_{t-3}, \ldots, v_0$. Bei nicht autokorrelierenden Störvariablen ist wenigstens die Kovarianz zwischen y_{t-1} und den Störvariablen aller zukünftigen Perioden null:

$$\operatorname{cov}(y_{t-1}, v_{t+\tau}) = 0 \quad \text{für } \tau = 0, 1, 2, \ldots \tag{14.37}$$

Die Auswirkung der von null verschiedenen Kovarianzen zwischen den verzögerten Regressoren und einigen Störvariablen auf die Schätzeigenschaften der OLS-Methode soll zunächst für das AR(1)-Modell dargestellt werden, wobei die Störvariablen v_t einen reinen Zufallsprozess bilden, also frei von Autokorrelation sind:

$$\begin{aligned} B(\mathrm{L})y_t &= v_t \quad \text{oder:} \\ y_t &= \beta_1 y_{t-1} + v_t. \end{aligned} \tag{14.38}$$

Liegen a priori Kenntnisse vor, dass β_1 absolut kleiner als eins ist, stellt Gleichung (14.38) einen stationären AR(1)-Prozess dar, dessen stochastische Eigenschaften im Abschnitt 13.4 analysiert wurden. Der stochastische Prozess $y_2, y_3, \ldots, y_T, \ldots$ ist für einen exogen gegebenen Startwert y_1 asymptotisch stationär, da mit zunehmendem t der Einfluss von y_1 auf y_t immer geringer wird;[17] bei einer stochastischen Interpretation von y_1 ist y_1 selbst ein Element des jetzt stationären Prozesses.

Schätzt man β_1 mit der OLS-Methode, ergibt sich bei einer homogen linearen Regression mit einem Regressor nur eine Normalgleichung. Die Schätzfunk-

[17] Ein Beispiel für einen Prozess mit bekannter Startperiode ist die Entwicklung der Menge eines Gutes, das in der Periode $t = 1$ erstmals auf den Markt kommt.

tion b_1 lautet:

$$b_1 = \frac{\sum\limits_{t=2}^{T} y_{t-1} y_t}{\sum\limits_{t=2}^{T} y_{t-1}^2}; \tag{14.39}$$

sie ist nicht mehr linear in y. Ersetzt man in der Schätzfunktion y_t durch Gleichung (14.38), führt dies zu:

$$b_1 = \frac{\sum\limits_{t=2}^{T} y_{t-1}(\beta_1 y_{t-1} + v_t)}{\sum\limits_{t=2}^{T} y_{t-1}^2} = \beta_1 + \frac{\sum\limits_{t=2}^{T} y_{t-1} v_t}{\sum\limits_{t=2}^{T} y_{t-1}^2}. \tag{14.40}$$

Der Erwartungswert für diese Gleichung beträgt:

$$\mathrm{E}(b_1) = \beta_1 + \mathrm{E}\left[\frac{\sum y_{t-1} v_t}{\sum y_{t-1}^2}\right] \neq \beta_1. \tag{14.41}$$

Das Ungleichheitszeichen resultiert aus einem Satz über den Erwartungswert von Verhältnissen von Zufallsvariablen. Danach darf der Erwartungswert nicht für Zähler und Nenner getrennt berechnet werden, selbst dann nicht, wenn es sich um stochastisch unabhängige Zufallsvariablen handelt. Fasst man Zähler und Nenner des Bruches in Gleichung (14.41) jeweils als Zufallsvariable auf, erkennt man, dass beide trotz Gültigkeit der Gleichung (14.37) wegen ihrer Abhängigkeit von y_{t-1}, $t = 2, \ldots, T$ hier auch korrelieren müssen. Die Schätzfunktion b_1 ist also nicht erwartungstreu.[18]

Es lässt sich aber zeigen, dass die Schätzfunktion b_1 wenigstens konsistent ist. Hierzu werden zwei Sätze über das Rechnen mit dem Wahrscheinlichkeitslimes benötigt. Sind z_1 und z_2 zwei Zufallsvariablen, gilt nach dem **Theorem von Slutzky** für den Wahrscheinlichkeitslimes des Produktes $z_1 z_2$:

$$\operatorname*{plim}_{T\to\infty} (z_1 z_2) = \operatorname*{plim}_{T\to\infty} z_1 \operatorname*{plim}_{T\to\infty} z_2.$$

[18]Für diesen einfachsten Fall einer autoregressiven Gleichung kann die Verzerrung ungefähr quantifiziert werden. Ausgehend von einer frühen Untersuchung von HURWICZ (1950) haben JOHNSTON (1972) und SCHÖNFELD (1971) eine Näherungsformel entwickelt. Die Verzerrung beträgt danach für hinreichend große T:

$$E(b_1) - \beta_1 = -\frac{2\beta_1}{T}.$$

Ist z eine Konstante, erhält man:

$$\operatorname*{plim}_{T\to\infty} z = z.$$

Um für Gleichung (14.40) den Wahrscheinlichkeitslimes zu berechnen, wird der Bruch mit $\frac{1}{T}$ erweitert:

$$b_1 = \beta_1 + (\frac{1}{T}\sum y_{t-1}v_t)(\frac{1}{T}\sum y_{t-1}^2)^{-1} = \beta_1 + z_1 z_2,$$

oder:

$$\operatorname*{plim}_{T\to\infty} b_1 = \beta_1 + \operatorname*{plim}_{T\to\infty} z_1 \operatorname*{plim}_{T\to\infty} z_2.$$

$$\text{mit } z_1 = \frac{1}{T}\sum y_{t-1}v_t \quad \text{und} \quad z_2 = (\frac{1}{T}\sum y_{t-1}^2)^{-1}.$$

Der Wahrscheinlichkeitslimes für z_1 wird mit den Sätzen (6.4) und (6.5) berechnet. Ist nachgewiesen, dass gilt:

$$\lim_{T\to\infty} \mathrm{E}(z_1) = a \quad \text{und} \quad \lim_{T\to\infty} \mathrm{var}(z_1) = 0,$$

dann ist dies eine hinreichende Bedingung dafür, dass die Zufallsvariable z_1 den Wahrscheinlichkeitslimes a hat. Bei vorgegebenem Stichprobenumfang T beträgt der Erwartungswert für z_1:

$$\mathrm{E}(z_1) = \frac{1}{T}\sum \mathrm{E}(y_{t-1}v_t) = 0. \tag{14.42}$$

Dies folgt unmittelbar aus der Annahme (14.37), weil $\mathrm{E}(y_{t-1}v_t)$ die Kovarianz zwischen y_{t-1} und v_t ist. Da Gleichung (14.37) bereits für endliche Stichprobenumfänge gilt, hat z_1 auch einen asymptotischen Erwartungswert von null. Die Varianz von z_1 ergibt sich als:

$$\mathrm{var}(z_1) = \mathrm{E}[z_1 - \mathrm{E}(z_1)]^2 = \mathrm{E}(z_1^2).$$

Für $\mathrm{E}(z_1^2)$ erhält man:

$$\mathrm{E}(z_1^2) = \frac{1}{T^2}\mathrm{E}[(y_1v_2 + y_2v_3 + \ldots + y_{T-1}v_T)(y_1v_2 + \ldots + y_{T-1}v_T)]. \tag{14.43}$$

Multipliziert man die Klammern aus, entstehen folgende Ausdrücke: Die Quadrate $y_1^2v_2^2$, $y_2^2v_3^2, \ldots, y_{T-1}^2v_T^2$ kommen jeweils einmal, die Kreuzprodukte $y_1v_2y_2v_3, \ldots y_1v_2y_{T-1}v_T, \ldots, y_{T-2}v_{T-1}y_{T-1}v_T$ jeweils zweimal vor. Unter der Annahme, dass $|\beta_1| < 1$ ist und der Prozess lange anhalten wird ($T \to \infty$), gilt:

(1) Jedes $\mathrm{E}(y_{t-1}v_t)^2$, $t = 2, \ldots, T$ kann wegen Gleichung (14.37) geschrieben werden als $\mathrm{E}(y_{t-1}^2)\mathrm{E}(v_t^2)$. Man erhält dann:

$$\mathrm{E}(y_{t-1}^2)\mathrm{E}(v_t^2) = \frac{\sigma_v^4}{1-\beta_1^2}, \text{ da } \mathrm{E}(v_t^2) = \sigma_v^2 \text{ und } \mathrm{E}(y_{t-1}^2) = \frac{1}{1-\beta_1^2}\sigma_v^2 \text{ ist.}^{19}$$

(2) Die Erwartungswerte der Kreuzprodukte sind null, weil y_t, y_{t+1} und v_{t+1} nicht mit v_{t+2} korrelieren.

Gleichung (14.43) geht dann über in:

$$\operatorname{var}(z_1) = \mathrm{E}(z_1^2) = \frac{T-1}{T^2}\frac{\sigma_v^4}{1-\beta_1^2}. \tag{14.44}$$

Für $T \to \infty$ folgt: $\lim\limits_{T\to\infty} \operatorname{var}(z_1) = 0$.

Damit ist gezeigt, dass gilt:

$$\operatorname*{plim}_{T\to\infty} z_1 = 0; \tag{14.45}$$

die Zufallsvariable z_1 stellt daher einen konsistenten Schätzer für die Kovarianz zwischen y_{t-1} und v_t dar.

Für die Konsistenz der Schätzfunktion b_1 muss jetzt nur noch $\operatorname*{plim}\limits_{T\to\infty} z_2$ endlich sein, d.h. $\mathrm{E}(z_2)$ existiert und $\operatorname{var}(z_2)$ konvergiert gegen null für $T \to \infty$. Bei stationären AR(p)-Prozessen tritt diese Konvergenz ein.[20] Daher gilt:

$$0 < \operatorname*{plim}_{T\to\infty} z_2 < \infty, \tag{14.46}$$

und der Wahrscheinlichkeitslimes für Gleichung (14.40) führt zu:

$$\operatorname*{plim}_{T\to\infty} b_1 = \beta_1. \tag{14.47}$$

Die OLS-Schätzfunktion ist bei einer homogen linearen Regressionsgleichung mit nur einem Regressor konsistent, wenn die Störvariablen nicht autokorrelieren und β_1 absolut kleiner als eins ist.[21]

Auch eine Schätzung von Gleichung (14.38) mit der Maximum Likelihood Methode liefert keine besseren Schätzeigenschaften. Zur Anwendung dieses

---

[19] $\mathrm{E}(y_{t-1}^2)$ erhält man aus Gleichung (13.21) nach Umbenennung der dort enthaltenen Symbole.

[20] Siehe hierzu auch Davidson und MacKinnon (1993), S. 152.

[21] Jedoch kann Konsistenz auch für $|\beta_1| > 1$ nachgewiesen werden. Vgl. hierzu Anderson (1959).

Verfahrens ist die Verteilung der Störvariablen zu spezifizieren. Die Maximum Likelihood Schätzfunktion hängt zudem noch von der Annahme ab, die man über den Anfangswert y_1 trifft. Betrachtet man y_1 als determiniert, lässt sich eine Transformation $\boldsymbol{T}$ angeben, mit der die Zufallsvariablen $v_2, \ldots, v_T$ aus den Zufallsvariablen $y_2, \ldots, y_T$ und der Anfangsbedingung y_1 hervorgehen. Man erhält dann folgendes System:

$$\begin{bmatrix} v_2 \\ v_3 \\ \vdots \\ \vdots \\ v_T \end{bmatrix} = \begin{bmatrix} 1 & 0 & & & \ldots & & 0 \\ -\beta_1 & 1 & 0 & & \ldots & & 0 \\ 0 & -\beta_1 & 1 & 0 & \ldots & & 0 \\ \vdots & \vdots & & & \ldots & & \vdots \\ 0 & 0 & & & \ldots & -\beta_1 & 1 \end{bmatrix} \begin{bmatrix} y_2 \\ y_3 \\ \vdots \\ \vdots \\ y_T \end{bmatrix} + \begin{bmatrix} -\beta_1 y_1 \\ 0 \\ \vdots \\ \vdots \\ 0 \end{bmatrix},$$

oder:

$$\boldsymbol{v} = \boldsymbol{T}\boldsymbol{y} + \boldsymbol{c}. \tag{14.48}$$

Die Transformationsmatrix $\boldsymbol{T}$ ist regulär, ihre Determinante hat den Wert eins. Der Vektor $\boldsymbol{c}$ enthält als von null verschiedenes Element nur die Anfangsbedingung y_1, multipliziert mit $-\beta_1$; enthielte Gleichung (14.38) höher verzögerte endogene Variablen und exogene Variablen als Regressoren, ginge $\boldsymbol{c}$ in eine Matrix über, die alle Anfangsbedingungen und die Werte der exogenen Variablen umfassen würde.

Gleichung (14.38) stellt bei gegebenem y_1 eine umkehrbare, lineare Transformation jeder Zufallsvariablen v_t, $t = 2, \ldots, T$ in die Zufallsvariablen y_t, $t = 2, \ldots, T$ dar. Für die Störvariablen v_t gilt jetzt annahmegemäß, dass sie gemeinsam unabhängig, identisch normalverteilt sind. Ihre Dichtefunktion erhält man wegen der Unabhängigkeitsannahme als Produkt der einzelnen Randverteilungen:

$$f_v(v_2, \ldots, v_T) = \prod_{t=2}^{T} f_t(v_t), \tag{14.49}$$

Π : Produktoperator.

Nach einem **Satz über umkehrbare Lineartransformationen von Zufallsvariablen** gilt: Sind $x_1, \ldots, x_m$ gemeinsam normalverteilte Zufallsvariablen mit der gemeinsamen Dichtefunktion $f_x(x_1, \ldots, x_m)$, dann sind auch die Zufallsvariablen $z_1, \ldots, z_m$, die aus x durch die Transformation $\boldsymbol{z} = \boldsymbol{A}\boldsymbol{x} + \boldsymbol{c}$ hervorgehen, gemeinsam normalverteilt mit der gemeinsamen Dichtefunktion:

$$\begin{aligned} f_z(z_1, \ldots, z_m) = f_z(\boldsymbol{z}) &= |\det \boldsymbol{A}^{-1}| f_x(\boldsymbol{x}) \\ &= |\det \boldsymbol{A}^{-1}| f_x[\boldsymbol{A}^{-1}(\boldsymbol{z} - \boldsymbol{c})], \end{aligned} \tag{14.50}$$

$|\det \boldsymbol{A}^{-1}|$: absoluter Wert der Determinante von $\boldsymbol{A}^{-1}$.

Da die Matrix $\boldsymbol{T}$ regulär ist, existiert auch ihre Inverse $\boldsymbol{T}^{-1}$. Auflösen der Gleichung (14.48) nach $\boldsymbol{Ty}$ und anschließende Multiplikation mit $\boldsymbol{T}^{-1}$ führen zu:

$$\boldsymbol{y} = \boldsymbol{T}^{-1}\boldsymbol{v} - \boldsymbol{T}^{-1}\boldsymbol{c}. \tag{14.51}$$

Gemäß Gleichung (14.50) kann nun die gemeinsame Dichtefunktion f_y bei vorgegebenem Wert für y_1 ermittelt werden. Da der Matrix $\boldsymbol{A}$ in Gleichung (14.50) die Matrix $\boldsymbol{T}^{-1}$ in Gleichung (14.51) entspricht, ergibt sich:

$$f_y(y_2, \ldots, y_T | y_1) = |\det \boldsymbol{T}| f_y(\boldsymbol{v}) = \prod_{t=2}^{T} f_t(v_t). \tag{14.52}$$

Die Determinante von $\boldsymbol{T}$ ist gleich eins; aus Gleichung (14.38) folgt: $v_t = y_t - \beta_1 y_{t-1}$. Damit geht Gleichung (14.52) über in:

$$f_y(y_2, \ldots, y_T | y_1) = \prod_{t=2}^{T} f_t(y_t - \beta_1 y_{t-1}). \tag{14.53}$$

Gemäß Gleichung (10.2) wird Gleichung (14.53) weiter umgeformt:

$$L_1 = f_y(y_2, \ldots, y_T | y_1) = \frac{1}{(\sigma_v^2 2\pi)^{\frac{T-1}{2}}} \exp[-\frac{1}{2\sigma_v^2} \sum_{t=2}^{T} (y_t - \beta_1 y_{t-1})^2]. \tag{14.54}$$

Bei gegebenen Beobachtungen $y_1, \ldots, y_T$ ist die Dichtefunktion f_y nur noch abhängig von β_1 und σ_v. Eine Differentiation der logarithmierten Likelihood-Funktion L_1 nach β_1 führt zu:

$$\frac{\partial \ln L_1}{\partial \beta_1} = \frac{1}{\sigma_v^2} \sum y_{t-1}(y_t - \beta_1 y_{t-1}) = 0.$$

Man erhält hieraus die gleiche Schätzfunktion b_1 für β_1 wie bei der OLS-Methode:

$$b_1 = \frac{\sum\limits_{t=2}^{T} y_{t-1} y_t}{\sum\limits_{t=2}^{T} y_{t-1}^2}. \tag{14.55}$$

Bei einer stochastischen Interpretation des Anfangswertes existiert für die Zufallsvariable y_1 eine Dichtefunktion. Da in jeder Periode die Störvariablen und damit auch die abhängigen Variablen einer Normalverteilung unterliegen, folgt auch y_1 diesem Verteilungsgesetz: y_1 ist normalverteilt mit einem Erwartungswert $\mathrm{E}(y_1) = 0$ und einer Varianz $\mathrm{var}(y_1) = \frac{\sigma_v^2}{1-\beta_1^2}$; die in der Periode 1 für y_1 gültige Dichtefunktion wird mit $f_1(y_1)$ bezeichnet.[22] Anstelle der Gleichung (14.52) ist nun die gemeinsame Dichtefunktion $f(y_1, y_2, \ldots, y_T)$ zu ermitteln. Da für bedingte Dichtefunktionen gilt:[23]

$$f_y(y_2, \ldots y_T | y_1) = \frac{f_y(y_1, \ldots, y_T)}{f_1(y_1)},$$

folgt hieraus wegen Gleichung (14.52):

$$\begin{aligned} f_y(y_1, \ldots, y_T) &= f_y(y_2, \ldots, y_T | y_1) f_1(y_1) \\ &= f_1(y_1) \prod_{t=2}^{T} f_t(v_t) \end{aligned} \tag{14.56}$$

oder:

$$L_2 = f_y(y_1, \ldots, y_T) = f_1(y_1) L_1, \tag{14.57}$$

wobei L_1 durch die Gleichungen (14.53) bzw. (14.54) definiert ist. Differenziert man die Likelihood-Funktion L_2 nach β_1, führt dies – da auch $f_1(y_1)$ von β_1 abhängt – zu

$$\frac{\partial L_2}{\partial \beta_1} = \frac{\partial f_1(y_1)}{\partial \beta_1} L_1 + f_1(y_1) \frac{\partial L_1}{\partial \beta_1} = 0. \tag{14.58}$$

Die hieraus folgende Schätzfunktion b_1 weicht bei endlichen Zeitreihen von der als Gleichung (14.55) vorliegenden ab; jedoch verschwindet die Diskrepanz für $T \to \infty$.

Der Anwendungsbereich der OLS-Methode kann auf das allgemeine ADL(m, n)-Modell (14.32) ausgedehnt werden.[24] Für diesen Ansatz lautet die Schätzgleichung:

$$y_t = \beta_1 y_{t-1} + \ldots + \beta_m y_{t-m} + \pi_1 + \alpha_0 x_t + \ldots + \alpha_n x_{t-n} + v_t. \tag{14.59}$$

Bezeichnet $\boldsymbol{X}$ wieder die Beobachtungsmatrix der Regressoren, stellen die ersten m Spalten die Zeitreihen der verzögert endogenen Regressoren dar, während die übrigen Spalten die Beobachtungen der exogenen Regressoren enthalten. Fasst man alle Regressionskoeffizienten zu dem Spaltenvektor $\boldsymbol{\pi} = (\beta_1, \ldots, \beta_m, \pi_1, \alpha_0, \ldots, \alpha_n)'$ zusammen, lässt sich Gleichung (14.59) kompakt schreiben als:

$$\boldsymbol{y} = \boldsymbol{X}\boldsymbol{\pi} + \boldsymbol{v}. \tag{14.60}$$

Unter den Voraussetzungen, dass:

[22] Der Leser, dem die Herleitung dieser beiden Verteilungsparameter Schwierigkeiten bereitet, sei auf Kapitel 13.4 verwiesen.

[23] Vgl. hierzu HOGG und CRAIG (1978), S. 61ff.

[24] Diese Verallgemeinerung basiert auf den grundlegenden Untersuchungen von MANN und WALD (1943).

(1) v_t ein reiner Zufallsprozess mit $\mathrm{E}(v_t) = 0$ für alle t ist,

(2) der autoregressive Prozess des ADL-Modells stationär ist, d.h. das Polynom $B(\mathrm{L})$ ist invertierbar,

(3) die Momente beliebiger Ordnung und $\lim\limits_{T\to\infty} \frac{1}{T}\boldsymbol{X}'\boldsymbol{X}$ existieren,

kann der Koeffizientenvektor $\boldsymbol{\pi}$ in Gleichung (14.60) mit der OLS-Methode durch $\boldsymbol{p} = (\boldsymbol{X}'\boldsymbol{X})^{-1}\boldsymbol{X}'\boldsymbol{y}$ konsistent geschätzt werden.[25]

Ebenso ist auch die Schätzung der Varianz σ_v^2 durch $s_v^2 = \dfrac{\hat{\boldsymbol{v}}'\hat{\boldsymbol{v}}}{T-K}$ konsistent.

Es lässt sich weiter zeigen, dass die Varianzen der Regressionskoeffizienten von ADL(m,n)-Modellen mit der OLS-Methode asymptotisch effizient geschätzt werden:[26] Mit zunehmendem Stichprobenumfang T gehen sie in effiziente Schätzer über. Dieser Eigenschaft kommt aber nur geringe praktische Bedeutung zu, da bei ökonometrischen Arbeiten immer relativ kurze Zeitreihen zur Verfügung stehen. Bei längeren Zeitreihen wirkt die Gefahr sich verändernder allgemeiner Bedingungen zunehmend restriktiv.

Schließlich hat DURBIN[27] nachgewiesen, dass die OLS-Schätzfunktionen noch asymptotisch normalverteilt sind.

Da die Schätzfunktionen der ML-Methode formal mit denen der OLS-Methode übereinstimmen, haben sie auch die gleichen Schätzeigenschaften wie die OLS-Methode.

Wenn die Störvariablen autokorrelieren, sind die mit der OLS-Methode gewonnenen Schätzfunktionen nicht mehr konsistent. Setzt man Gleichung (14.60) in den OLS-Schätzvektor $\boldsymbol{p}$ ein, führt die Anwendung des plim-Operators nach einfachen Umformungen zu:

$$\operatorname*{plim}_{T\to\infty} \boldsymbol{p} = \boldsymbol{\pi} + \operatorname*{plim}_{T\to\infty} (\boldsymbol{X}'\boldsymbol{X})^{-1}\boldsymbol{X}'\boldsymbol{v}. \tag{14.61}$$

Multiplikation des letzten Ausdruckes mit T/T und Anwendung des SLUTZKY-Theorems ergeben:

$$\operatorname*{plim}_{T\to\infty} (\boldsymbol{X}'\boldsymbol{X})^{-1}\boldsymbol{X}'\boldsymbol{v} = \operatorname*{plim}_{T\to\infty} (\frac{1}{T}\boldsymbol{X}'\boldsymbol{X})^{-1} \operatorname*{plim}_{T\to\infty} (\frac{1}{T}\boldsymbol{X}'\boldsymbol{v}).$$

Da $\boldsymbol{X}$ die m Zeitreihen der verzögert endogenen Regressoren y_{t-l}, $l = 1,\dots,m$ enthält, gilt nun wegen der Autokorrelation der Störvariablen: $\operatorname*{plim}\limits_{T\to\infty} (\frac{1}{T}\boldsymbol{X}'\boldsymbol{v}) \neq 0$ und daher $\operatorname*{plim}\limits_{T\to\infty} \boldsymbol{p} \neq \boldsymbol{\pi}$.

[25] Einen ausführlichen Beweis dieses und folgender Ergebnisse findet man bei MALINVAUD (1966).

[26] MANN und WALD (1943).

[27] DURBIN (1960).

Folgen in Gleichung (14.38) die Störvariablen v_t einem MARKOV-Prozess erster Ordnung mit $v_t = \varrho v_{t-1} + \varepsilon_t$, stellt Gleichung (14.38) einen ARMA(1,1)-Prozess dar. In diesem Fall führt der Wahrscheinlichkeitslimes bei Gleichung (14.40) zu:

$$\operatorname*{plim}_{T\to\infty} b_1 = \frac{\beta_1 + \varrho}{1 + \beta_1 \varrho}. \tag{14.62}$$

Auch hieran sieht man, dass nur für $\varrho = 0$ (: keine Autokorrelation erster Ordnung) b_1 eine konsistente Schätzfunktion für β_1 ist.

Diese Empfindlichkeit der OLS-Schätzfunktionen hinsichtlich einer Autokorrelation der Störvariablen schränkt die Anwendung rationaler distributed lag Funktionen zur Darstellung bzw. Approximation von Lag-Verteilungen ein. In der Form (14.28) ist eine Funktion für eine Schätzung nicht geeignet, hierzu muss sie gemäß Gleichung (14.29) geschrieben werden. Dies bewirkt aber, dass jetzt die Störvariablen dieser Gleichung autokorrelieren. Häufig wird deshalb von vornherein eine Autokorrelation der nicht transformierten Störvariablen derart angenommen,[28] dass $B(\mathrm{L})v_t$ zu einer nicht autokorrelierten Störvariablen ε_t führt. Auf diese Möglichkeit der Umgehung von Autokorrelation wurde schon bei dem KOYCK-Verfahren hingewiesen. Ist diese Annahme berechtigt, erzielt man mit der OLS-Methode konsistente Parameterschätzungen.

Die für den Schätzprozess notwendige a priori Festlegung der Polynomgrade von $B(\mathrm{L})$ und $A(\mathrm{L})$ ergibt nur zufällig eine Lag-Verteilung, die mit der tatsächlichen, aber unbekannten Verteilung übereinstimmt. Um eine bestmögliche Anpassung zu erreichen, wird man mit kleinen Polynomgraden beginnen und sie von Schätzung zu Schätzung sukzessive erhöhen, bis die Koeffizienten zusätzlicher Regressoren gerade noch gesichert sind. Es können aber auch die in Kapitel 13.7 behandelten Kriterien herangezogen werden. Jedoch ist hierbei auf das Multikollinearitätsproblem zu verweisen.

Kapitel 12 zeigt, dass bei autokorrelierten Störvariablen erster Ordnung die GLS-Methode dann zu blu-Schätzungen der Parameter führt, wenn ausschließlich exogene Variablen als Regressoren vorkommen, der Autokorrelationskoeffizient ϱ und damit auch die Kovarianzmatrix $\boldsymbol{V}$ der Störvariablen a priori bekannt sind. Liegen verzögert endogene Variablen als Regressoren vor, sind die mit der GLS-Methode ermittelten Schätzwerte wenigstens noch konsistent und asymptotisch effizient.[29] Diese Eigenschaften gehen jedoch im Allgemeinen verloren, wenn ϱ zu schätzen ist. WALLIS hat ein Verfahren vorgeschlagen, mit dem sich konsistente Schätzwerte selbst dann noch

[28] Vgl. hierzu JORGENSON und SIEBERT (1968). Eine Analyse verschiedener Lag-Verteilungsmodelle und ihre Anwendung auf die Konsumfunktion geben ZELLNER und GEISEL (1970).

[29] Vgl. hierzu JOHNSTON (1972), Kapitel 7.

berechnen lassen, wenn ein Teil der Regressoren verzögert endogen ist und der Autokorrelationskoeffizient erster Ordnung geschätzt werden muss.[30] Die Schätzfunktionen sind dann aber nicht mehr asymptotisch effizient.

Unter Bezugnahme auf das von WALLIS verwendete Beispiel besteht das ökonometrische Modell aus den beiden Gleichungen:

$$y_t = \pi_1 + \alpha_0 x_t + \beta_1 y_{t-1} + v_t \quad \text{und} \tag{14.63}$$

$$v_t = \varrho v_{t-1} + \varepsilon_t. \tag{14.64}$$

Es wird angenommen, dass gilt: $|\beta_1| < 1$ und $|\varrho| < 1$. Fasst man die Regressionskoeffizienten zu einem Spaltenvektor $\boldsymbol{\pi}$ zusammen, erhält man Regressionsgleichung und Beobachtungsmatrix als:

$$\boldsymbol{y} = \boldsymbol{X\pi} + \boldsymbol{v} \quad \text{mit} \quad \boldsymbol{X} = \begin{bmatrix} 1 & x_2 & y_1 \\ \vdots & \vdots & \vdots \\ 1 & x_T & y_{T-1} \end{bmatrix}. \tag{14.65}$$

Das Schätzverfahren basiert auf drei Schritten:

(1) Zunächst ermittelt man Residuen so, dass die Berechnung eines konsistenten Schätzwertes für ϱ überhaupt möglich wird.

(2) Aus diesen Residuen sind ϱ und damit auch die Kovarianzmatrix $\boldsymbol{V}$ konsistent zu schätzen.

(3) Schließlich werden mit der GLS-Methode die Regressionskoeffizienten der Gleichung (14.63) gewonnen.

Damit sich für ϱ konsistente Schätzungen einstellen, müssen die Residuen aus einer Regressionsgleichung stammen, deren Parameter wenigstens selbst konsistente Schätzfunktionen sind. Es ist daher nicht möglich, Gleichung (14.63) zunächst mit der OLS-Methode zu schätzen, da sie im vorliegenden Fall keine konsistenten Ergebnisse liefert. Wegen Gleichung (14.64) gilt auch für $T \to \infty$: $\mathrm{E}(\boldsymbol{X}'\boldsymbol{v}) \neq 0$, da $\mathrm{cov}(y_{t-1}, v_t) \neq 0$ ist. Ersetzt man in $\boldsymbol{X}$ den Regressor y_{t-1} durch x_{t-1}, resultiert eine neue Beobachtungsmatrix $\boldsymbol{Z}$:

$$\boldsymbol{Z} = \begin{bmatrix} 1 & x_2 & x_1 \\ \vdots & \vdots & \vdots \\ 1 & x_T & x_{T-1} \end{bmatrix}.$$

[30] Vgl. hierzu WALLIS (1967). Einen Vergleich der Schätzeigenschaften verschiedener, meist mit der Instrumentalvariablen-Methode (vgl. Kapitel 17) gewonnener Schätzfunktionen bei bekannter Autokorrelationsmatrix geben DHRYMES,BERNER und CUNNINS (1974). Siehe hierzu auch HENDRY und SRBA (1977).

Multipliziert man Gleichung (14.65) von links mit $\boldsymbol{Z}'$ und berechnet den Erwartungswert, führt dies zu $\mathrm{E}(\boldsymbol{Z}'\boldsymbol{v}) = \boldsymbol{0}$, da $\boldsymbol{Z}$ nur exogene Variablen enthält. Dies ist der Grundgedanke der **Instrumentalvariablen-Methode** (IV-Methode), die in Abschnitt 17.3 ausführlich behandelt wird: Man ersetzt einen von den Störvariablen abhängigen Regressor durch eine Instrumentalvariable, die zwar mit dem ersetzten Regressor, nicht aber mit den Störvariablen korreliert. Der Schätzvektor $\boldsymbol{p}_{IV}$ der IV-Methode hat die gleiche Struktur wie der OLS-Schätzvektor und lautet:

$$\boldsymbol{p}_{IV} = (\boldsymbol{Z}'\boldsymbol{X})^{-1}\boldsymbol{Z}'\boldsymbol{y}. \tag{14.66}$$

Aus Gleichung (14.66) folgen nun die Residuen als: $\hat{\boldsymbol{v}} = \boldsymbol{y} - \boldsymbol{X}\boldsymbol{p}_{IV}$. Damit ist es jetzt möglich, eine konsistente Schätzung $\hat{\varrho}$ zu ermitteln. Hierzu könnte man gemäß Gleichung (12.17) vorgehen; bei kleinen Stichproben stellt aber der Korrelationskoeffizient erster Ordnung $r_{v_t,v_{t-1}}$ nach einer Fehlerkorrektur eine bessere Schätzfunktion dar:[31]

$$\hat{\varrho} = \hat{r}(1) + \frac{K}{T} = \frac{\frac{1}{T-1}\sum \hat{v}_t\hat{v}_{t-1}}{\frac{1}{T}\sum \hat{v}_t^2} + \frac{K}{T}, \tag{14.67}$$

K ist die Anzahl der zu schätzenden Koeffizienten, hier also: $K = 3$.

Damit kann die Kovarianzmatrix $\hat{\boldsymbol{V}}$ erstellt und die GLS-Methode angewendet werden:

$$\boldsymbol{p}_{GLS} = (\boldsymbol{X}'\hat{\boldsymbol{V}}^{-1}\boldsymbol{X})^{-1}\hat{\boldsymbol{V}}^{-1}\boldsymbol{y}. \tag{14.68}$$

Bei der Übertragung dieses Verfahrens auf eine Regressionsgleichung mit mehreren exogenen Variablen als Regressoren entsteht das Problem der Wahl einer geeigneten Instrumentalvariablen. WALLIS schlägt in diesem Fall vor, die Beobachtungen der Instrumentalvariable als Linearkombination der Beobachtungen aller in der Regressionsgleichung enthaltenen exogenen Variablen zu konstruieren. Um die Skalare für diese Linearkombination zu ermitteln, wird eine Regressionsgleichung für die endogene Variable und alle exogenen Variablen aufgestellt und mit der OLS-Methode geschätzt: $\hat{y}_t = a_1x_{1t} + \ldots + a_nx_{nt}$, a: Schätzwerte. Eine Verzögerung dieser Gleichung um eine Periode ermöglicht die Berechnung der synthetischen Beobachtungen für die Instrumentalvariable mit den Beobachtungen der exogenen Variablen.

Die von WALLIS vorgeschlagene Schätzstrategie bei autokorrelierten Störvariablen lässt sich verkürzen, da mit Gleichung (14.66) bereits eine konsistente Schätzfunktion vorliegt. Nach Substitution von $\boldsymbol{y}$ durch die Regressionsgleichung $\boldsymbol{y} = \boldsymbol{X}\boldsymbol{\pi} + \boldsymbol{v}$ resultiert: $\boldsymbol{p}_{IV} = \boldsymbol{\pi} + (\boldsymbol{Z}'\boldsymbol{X})^{-1}\boldsymbol{Z}'\boldsymbol{v}$. Hieraus folgt nach

[31] Für eine ausführliche Diskussion approximativ erwartungstreuer Schätzungen für ϱ aus kleinen Stichproben in unterschiedlichen Situationen vgl. MALINVAUD (1966), Kapitel 13.4.

Multiplikation mit T/T der Wahrscheinlichkeitslimes als:

$$\operatorname*{plim}_{T\to\infty} \boldsymbol{p}_{IV} = \boldsymbol{\pi} + \operatorname*{plim}_{T\to\infty}(\frac{1}{T}\boldsymbol{Z}'\boldsymbol{X})^{-1} \operatorname*{plim}_{T\to\infty}(\frac{1}{T}\boldsymbol{Z}'\boldsymbol{v}).$$

Da auch bei autokorrelierten Störvariablen gilt: $\operatorname*{plim}_{T\to\infty}(\frac{1}{T}\boldsymbol{Z}'\boldsymbol{v}) = 0$, liegt mit $\boldsymbol{p}_{IV}$ bereits ein konsistenter Schätzer vor.

14.7 Autokorrelationstests bei verzögert endogenen Regressoren

Es wurde bereits bei der Behandlung des DURBIN-WATSON-Tests darauf hingewiesen, dass er bei verzögerten, endogenen Regressoren immer zu günstig bezüglich der Hypothese „keine Autokorrelation“ ausfällt. Deshalb muss man einen Test konstruieren, der diese Unschärfe nicht aufweist, denn gerade bei ADL-Modellen ist die Kenntnis autokorrelierter Störvariablen besonders wichtig: Während man bei ausschließlich exogenen Variablen als Regressoren mit der OLS-Methode immer noch erwartungstreue Schätzfunktionen erhält, haben OLS-Schätzfunktionen bei endogen dynamischen Regressionsgleichungen mit autokorrelierten Störvariablen keine statistischen Eigenschaften. DURBIN[32] hat deshalb einen Autokorrelationstest für endogen dynamische Regressionsgleichungen entwickelt. Der Testvorgang soll an der Regressionsgleichung (14.38) illustriert werden, die hier nochmals aufgeführt ist:

$$y_t = \beta_1 y_{t-1} + v_t. \tag{14.38}$$

Nach der Ermittlung der OLS-Residuen aus Gleichung (14.38) liefern Gleichung (12.17) oder Gleichung (14.67) einen Schätzer für ϱ. Diesen Wert setzt man in die Gleichung für die Teststatistik h ein, die definiert ist als:

$$h = \hat{\varrho}\left(\frac{T}{1 - T\mathrm{var}(b_1)}\right)^{\frac{1}{2}}. \tag{14.69}$$

Die Varianz $\mathrm{var}(b_1)$ des OLS-Schätzers b_1 wird mit Gleichung (8.14) berechnet. Die Teststatistik h ist für $T\mathrm{var}(b_1) > 1$ nicht definiert: Der Klammerausdruck ist dann negativ und die Quadratwurzel hat im Bereich der reellen Zahlen keine Lösung. Die Zufallsvariable h ist standard-normalverteilt: $N(0,1)$.

---

[32]DURBIN (1970). Die Eigenschaften dieses Tests bei kleinen Stichproben wurden von KENKEL (1974), bei der Verwendung von Instrumentalvariablen von GODFREY (1978) untersucht. Weitere, teilweise kompliziertere Tests findet man bei MADDALA und RAO (1973) sowie bei GODFREY (1976).

Für $h = 0$ liegt keine Autokorrelation erster Ordnung für die Störvariablen vor. Erst bei einer signifikanten Abweichung von null wird die Hypothese: „Keine Autokorrelation“ verworfen.

Die h-Statistik lässt sich wegen Gleichung (12.18) auch aus der d-Statistik ermitteln. Für $\hat{\varrho}$ erhält man aus Gleichung (12.18): $\hat{\varrho} = 1 - d/2$. In Gleichung (14.69) eingesetzt ergibt:

$$h = \left(1 - \frac{d}{2}\right)\left(\frac{T}{1 - T\text{var}(b_1)}\right)^{\frac{1}{2}}. \tag{14.70}$$

Der Test ist so robust, dass er auch bei endogen dynamischen Regressionsgleichungen höherer Ordnung anwendbar ist:

$$y_t = \pi_1 + \beta_1 y_{t-1} + \ldots + \beta_m y_{t-m} + \pi_2 x_{2t} + \ldots + \pi_K x_{Kt} + v_t. \tag{14.71}$$

Auch hier testet man mit h gemäß Gleichung (14.69), ob die Störvariablen nach einem MARKOV-Prozess autokorrelieren oder nicht.

Wegen der Bedeutung der Autokorrelation für die statistischen Eigenschaften der OLS-Koeffizientenschätzfunktionen ist ein Test vorteilhaft, der allgemeiner als der DURBIN-h-Test ist. Ein solcher Test wurde von BREUSCH und GODFREY entwickelt und ist als **Breusch–Godfrey–LM–Test** bekannt.[33] Er kann auf Gleichung (14.71) angewendet werden, wobei für die Störvariable die allgemeine Autokorrelationsstruktur (12.19) zulässig ist, die zwecks Erleichterung hier nochmals angegeben wird:

$$v_t = \varrho_1 v_{t-1} + \ldots + \varrho_p v_{t-p} + \varepsilon_t. \tag{14.72}$$

Die Nullhypothese lautet auch jetzt, dass die Störvariablen frei von Autokorrelation sind. Um den Test durchzuführen, wird Gleichung (14.71) mit der OLS-Methode geschätzt. Nach Berechnung der Residuen $\hat{v}_t$ schätzt man die Regression

$$\hat{v}_t = \pi_1 + \sum_{i=1}^{m} \beta_i y_{t-i} + \sum_{k=2}^{K} \pi_k x_{kt} + \sum_{j=1}^{p} \varrho_j \hat{v}_{t-j} + \varepsilon_t \tag{14.73}$$

ebenfalls mit der OLS-Methode und berechnet R^2. Da bei unrestringierten OLS-Residuen immer gilt $\boldsymbol{X}'\hat{\boldsymbol{v}} = \boldsymbol{0}$, auch wenn die Beobachtungsmatrix $\boldsymbol{X}$ verzögert endogene Regressoren enthält, muss ein von null verschiedenes R^2 durch die Autokorrelationsstruktur gemäß Gleichung (14.71) zustande kommen. Das Produkt TR^2 ist χ^2-verteilt mit p Freiheitsgraden. Ist es größer als der für gegebenen α-Fehler und p festgelegte kritische χ^2-Wert, ist die Nullhypothese abzulehnen. Die verzögerten Störvariablen $v_{t-1}, \ldots, v_{t-p}$ üben dann einen gemeinsamen Einfluss auf v_t aus, der die Autokorrelation begründet.

[33] BREUSCH (1978) und GODFREY (1978). Die Abkürzung LM bedeutet Lagrange-Multiplikator.

14.8 Beispiel

Nach Untersuchungen der Konsumtheorie lassen sich Wirtschaftssubjekte bei der Konsumnachfrage nicht nur von ihrem laufenden Einkommen, sondern auch von den in der Vergangenheit realisierten Konsumhöhen leiten (habit persistence Hypothese). Die reduzierte-Form-Gleichung (7.37) enthält dann die endogene Variable y_{1t} in zeitlich verzögerter Form als Regressor:

$$y_{1t} = \pi_1 + \beta_1 y_{1,t-1} + \ldots + \beta_m y_{1,t-m} + \pi_2 x_{2t} + v_{1t}. \tag{14.74}$$

Gleichung (14.74) stellt ein ADL$(m, 0)$-Modell dar, dessen Ordnung m meistens a priori unbekannt ist und ökonometrisch bestimmt werden muss. Dazu eignen sich die im vorangegangenen Kapitel behandelten Informationskriterien oder das bereinigte Bestimmtheitsmaß. Hier soll jedoch eine alternative Vorgehensweise eingeschlagen werden, bei der auch der Empfindlichkeit der OLS-Schätzfunktionen bei autokorrelierenden Störvariablen Rechnung getragen wird. Autokorrelation bei den Störvariablen ist oft ein Zeichen für eine Fehlspezifikation der Regressionsgleichung. Daher wird die Ordnung m des autoregressiven Teils der Regressionsgleichung so lange erhöht, bis für die Störvariablen weder Autokorrelation erster noch zweiter Ordnung mit den BREUSCH-GODFREY-LM-Test diagnostiziert werden kann.

Auf der Basis von Jahresdaten für den Zeitraum 1963 bis 1994 folgt auf diese Weise: $m = 3$. Die OLS-Schätzfunktionen sind jetzt konsistent. Als geschätzte Regression erhält man:

$$\begin{aligned} \hat{y}_{1t} = & -77,7503 + 1,3507 y_{1,t-1} - 1,1344 y_{1,t-2} + 0,6805 y_{1,t-3} \\ & (-2,8905) \quad (7,2204) \quad (-4,5169) \quad (4,5134) \\ & + 0,2563 x_{2t}, \\ & (3,6404) \end{aligned} \tag{14.75}$$

wobei die t-Werte in Klammern unter den Koeffizientenschätzungen stehen.

Alle Koeffizientenschätzungen sind bei einem α-Fehler von 1% signifikant. Dieser Befund sollte jedoch wegen der fehlenden Erwartungstreue der OLS-Schätzfunktion bei endogen dynamischen Regressionsgleichungen nicht überbewertet werden. Der Determinationskoeffizient beträgt $R^2 = 0,9954$. Er ist bei einem α-Fehler von weniger als 1% signifikant von null verschieden, so dass der Gesamteinfluss aller Regressoren statistisch gesichert ist.

Dividiert man den Koeffizienten $b_1 = 1,3507$ durch seinen t-Wert, erhält man die Standardabweichung: $\hat{s}_{b_1} = 0,1871$. Daraus ergibt sich die Varianzschätzung als $\hat{\text{var}}(b_1) = 0,035$. Bei diesem Wert ist der h-Test gemäß Gleichung (14.69) nicht durchführbar, da $1 - T\hat{\text{var}}(b_1) = 1 - 32 \cdot 0,035 = -0,12$

eine negative Zahl ist, deren Wurzel im Bereich der reellen Zahlen nicht existiert.

Übungsaufgaben

14.1 a) Was versteht man unter einer Lag-Verteilung?

b) Definieren Sie die Begriffe „unverzögerter", „verzögerter" und „Gesamtmultiplikator"!

14.2 Stellen Sie die Schätzschwierigkeiten dar, die bei endogen dynamischen und exogen dynamischen Regressionsgleichungen entstehen können!

14.3 Zeigen Sie, wie man aus einer Schätzung der Koeffizienten von Gleichung (14.14) (ALMON-Verfahren) und Gleichung (14.17) (Koeffizienten Suchverfahren) die Strukturparameter der Gleichung (14.1) berechnen kann!

14.4 Man überprüfe durch direkte Berechnung, dass gilt:

a) $(1-\lambda L)\sum\limits_{i=0}^{\infty}\lambda^i L^i = L^0$,

b) $(9-L^2)\frac{1}{9}\sum\limits_{i=0}^{\infty}\left(\frac{1}{3}\right)^{2i} L^{2i} = L^0$!

14.5 a) Zeigen Sie, wie mit Hilfe des ADL(m,n)-Modells endogen dynamische in exogen dynamische Regressionsgleichungen überführt werden können!

b) Ist es richtig, dass durch diese Transformationen die neuen Störvariablen Autokorrelation aufweisen, obwohl sie ursprünglich frei davon waren?

14.6 Zeigen Sie, dass gilt: $\mathrm{E}(z_2) = \frac{\sigma_v^2}{1-\beta_1^2}$ für $z_2 = \frac{1}{T-1}\sum\limits_{t=2}^{T} y_{t-1}^2$!

14.7 a) Zeigen Sie, dass die beiden Zufallsvariablen

$$z_1 = y_1 v_2 + y_2 v_3 + y_3 v_4 \text{ und } z_2 = y_1^2 + y_2^2 + y_3^2$$

korrelieren, wenn Gleichung (14.38) gilt!

b) Die Zufallsvariablen X_i, $i = 1,2$ sind i.i.d. mit $\mathrm{E}(X_i) = 0$ und $\sigma_X^2 = 1$. Zeigen Sie, dass die Zufallsvariablen $z_1 = X_1 + X_2$ und $z_2 = X_1 - X_2$ nicht korrelieren!

14.8 a) Stellen Sie die Auswirkungen autokorrelierter Störvariablen in Verbindung mit verzögert endogenen Regressoren auf die statistischen Eigenschaften der OLS-Koeffizientenschätzfunktionen dar!

b) Welche Verbesserungen werden erzielt, wenn die Störvariablen frei von Autokorrelation sind?

14.9 Zeigen Sie anhand der homogenen, endogen dynamischen Regressionsgleichung $y_t = \beta_1 y_{t-1} + v_t$, dass die ML-Schätzfunktion bei normalverteilten Störvariablen von der OLS-Schätzfunktion bei endlichen Stichproben und stochastischer Interpretation des Anfangswertes y_1 abweicht!

14.10 Auf welchen Schritten basiert das von WALLIS entwickelte Schätzverfahren für endogen dynamische Regressionsgleichungen mit autokorrelierten Störvariablen?

14.11 Stellen Sie Gleichung (14.71) unter Verwendung von Lag-Operatoren dar, und berechnen Sie den unverzögerten und gesamten Multiplikator!

14.12 Berechnen Sie $\text{cov}(y_{t-1}, v_{t-2})$, wobei die Regressionsgleichung gegeben wird durch: $y_t = \beta_1 y_{t-1} + v_t$. Wie entwickelt sich die Kovarianz in Abhängigkeit des Zeitbezuges der Störvariablen, wenn dieser immer weiter in die Vergangenheit verschoben wird?

Kapitel 15

Kointegration und vektorautoregressive Modelle

15.1 Grundkonzepte der Kointegration

Wie in Abschnitt 13.5 bereits dargestellt, zeigen die Zeitreihen der meisten ökonomischen Variablen wegen einer Trendkomponente einen nichtstationären Verlauf. Dennoch kann es vorkommen, dass zwischen zwei oder mehreren nichtstationären Zeitreihen eine stabile langfristige Beziehung existiert. Entwickeln sich z.B. die beiden Zeitreihen y_t und x_t auseinander, wie dies in Abbildung 15.1.a der Fall ist, liegt keine stabile, gemeinsame Entwicklung vor; der in Abbildung 15.1.b dargestellte Verlauf weist auf eine über die Zeit konstante Beziehung zwischen y_t und x_t hin, so dass ihre Differenz $(y_t - x_t)$ eine stationäre Zeitreihe bildet.

Über die Zeit konstante Beziehungen zwischen ökonomischen Variablen sind kennzeichnend für ein **langfristiges ökonomisches Gleichgewicht**. Liegt die von der (neoklassischen) Wirtschaftstheorie aufgezeigten Tendenz zu einem langfristigen dynamischen Gleichgewicht mit gleichen und konstanten Wachstumsraten (**steady state**) auch in der Realität vor, müssten die logarithmierten Zeitreihenwerte für jede Variable jeweils einem linearen Trend folgen, wobei alle Trendgeraden in ihren Steigungen übereinstimmen.

In der Zeitreihenanalyse führt die langfristige Parallelentwicklung von zwei oder mehreren Zeitreihen zum Konzept der **Kointegration**. Dieser von EN-

Abb. 15.1: Stabile und instabile Entwicklung

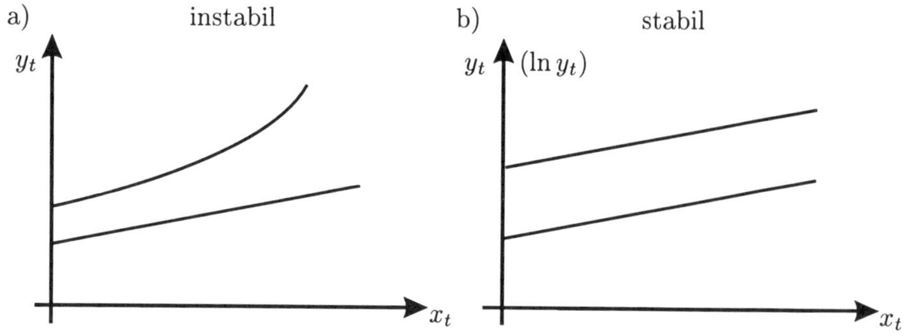

GLE und GRANGER (1987) entwickelte Ansatz besagt anschaulich, dass es eine Linearkombination aus nichtstationären Zeitreihen geben kann, die ihrerseits eine stationäre Zeitreihe produziert. Kointegration soll zunächst für zwei Variablen x_t und y_t definiert werden. Die beiden Variablen x_t und y_t heißen **kointegriert der Ordnung** $(\mathbf{d}, \mathbf{b})$, abgekürzt mit $CI(d, b)$, $d \geq b \geq 1$, wenn

(a) sie beide integriert mit der Ordnung d sind, also:

$$x_t : I(d) \text{ und } y_t : I(d), \quad \text{und}$$

(b) eine Linearkombination $\alpha_1 x_t + \alpha_2 y_t$ dieser Variablen existiert, die integriert mit der Ordnung $d - b$ ist:

$$\alpha_1 x_t + \alpha_2 y_t : I(d - b).$$

Die Koeffizienten α_1 und α_2 der Linearkombination werden meist zu einem Spaltenvektor $[\alpha_1, \alpha_2]$ zusammengefasst und mit **Kointegrationsvektor** oder **kointegrierender Vektor** bezeichnet.

Die Bedeutung der Kointegration für die dynamischen und statischen Regressionen der angewandten Ökonometrie lässt sich bereits an der einfachen Regression erkennen. Schreibt man Gleichung (7.3) als: $y_t - \pi_2 x_{2t} = \pi_1 + v_t$, stellt die linke Seite eine Linearkombination im Allgemeinen nichtstationärer ökonomischer Zeitreihen dar. Die Störvariable v_t hingegen bildet nach den in Kapitel 2 getroffenen Annahmen eine stationäre Zeitreihe. Damit die Linearkombination ebenfalls stationär ist, müssen die Variablen x_{2t} und y_t kointegriert mit der Ordnung (d, d) sein: $CI(d, d)$. Dann existiert eine Linearkombination, die stationär ist und daher dieselbe Integrationsordnung null wie

v_t besitzt. Der Kointegrationsvektor ist dann mit $[1, -\pi_2]$ gegeben und liegt in **normierter Form** vor.[1] Eine statistisch mögliche Scheinregression wird jetzt vermieden. Von allen Kointegrationsbeziehungen ist der Fall $CI(d, d)$ für die Ökonometrie von besonderer Relevanz.

Besteht für die nichtstationären Variablen x_{2t} und y_t keine Kointegrationsbeziehung, führt die Schätzung der Regressionsgleichung

$$y_t = \pi_1 + \pi_2 x_{2t} + v_t \tag{15.1}$$

zu einer **Scheinregression**. Zur Verdeutlichung sei angenommen, dass x_{2t} und y_t unabhängigen Random Walk Prozessen folgen:

$$x_{2,t} = x_{2,t-1} + u_{1t} \quad \text{und} \quad y_t = y_{t-1} + u_{2t},$$

wobei u_{1t} und u_{2t} jeweils reine Zufallsprozesse sind und nicht voneinander abhängen. Zwischen den beiden Variablen x_{2t} und y_t bestehen nun keinerlei Beziehungen. Schätzt man die Regressionsgleichung (15.1) mit den durch die beiden Random Walk Prozesse erzeugten Daten, erzielt man signifikante Parameterschätzungen, einen zufriedenstellend hohen Determinationskoeffizienten, jedoch einen nahe bei null liegenden Wert für die DURBIN-WATSON-Teststatistik. Dieses Ergebnis tritt ein, weil die beiden nichtstationären Variablen über ihren Trend scheinbar verbunden sind.

Bei der einfachen Regression (15.1) lassen sich drei typische Integrations- und Kointegrationsbeziehungen unterscheiden:

(1) $y_t : I(d)$, $x_{2t} : I(d-b)$ oder $y_t : I(d-b)$, $x_{2t} : I(d)$ mit $b = 1, 2, \ldots, (d-1) \Rightarrow v_t : I(d)$. Die beiden Variablen y_t und x_{2t} sind nicht kointegriert.

(2) $y_t : I(0)$, $x_{2t} : I(0)$. Eine Untersuchung auf Kointegration ist überflüssig.

(3) $y_t : I(d)$, $x_{2t} : I(d) \Rightarrow$ Es kann eine Kointegrationsbeziehung $CI(d, d)$ existieren, so dass für $y_t - \pi_2 x_{2t} = \pi_1 + v_t$ gilt: $I(0)$.

Bei den Fällen (2) und (3) ist eine sinnvolle Schätzung der einfachen Regressionsgleichung möglich. Liegt Situation (3) vor, muss jedoch die Integrationsordnung der Zeitreihen geprüft werden, da nur bei gleicher Ordnung eine Kointegrationsbeziehung vorliegen kann.

Sind y_t und x_{2t} in Gleichung (15.1) $I(d)$-Variablen und existiert eine Kointegrationsbeziehung $CI(d, d)$, ist diese langfristige gemeinsame Entwicklung

[1] Jeder Kointegrationsvektor $[\alpha_1, \alpha_2]$ kann durch Multiplikation mit $\lambda = \frac{1}{\alpha_1}$ oder $\lambda = \frac{1}{\alpha_2}$ normiert werden.

kennzeichnend für ein evolutorisches, ökonomisches Gleichgewicht. Da die stationären Abweichungen v_t einen Erwartungswert von null haben, entwickeln sich beide Variablen im Durchschnitt entlang ihres Gleichgewichtspfades (vgl. Abbildung 15.1.b), der für y_t durch $\bar{y}_t = \pi_1 + \pi_2 x_{2t}$ gegeben wird. ENGLE und GRANGER haben gezeigt, dass kointegrierte Beziehungen immer auch als **Fehler-Korrektur-Modell** (ECM)[2] formalisiert werden können. Diese Möglichkeit, auch als **Repräsentationstheorem** bezeichnet, soll für die kointegrierten $I(1)$-Variablen[3] y_t und x_{2t} entwickelt werden. Ausgangspunkt ist ein ADL(1,1)-Modell:

$$y_t - \beta_1 y_{t-1} = \pi + \alpha_0 x_{2t} + \alpha_1 x_{2,t-1} + v_t, \qquad (15.2)$$
$$|\beta_1| < 1, \quad v_t : \text{ reiner Zufallsprozess}, \quad \mathrm{E}(v_t) = 0.$$

Nach Subtraktion von y_{t-1} auf beiden Seiten und Nullergänzung $\alpha_0 x_{2,t-1} - \alpha_0 x_{2,t-1}$ geht Gleichung (15.2) über in:

$$y_t - y_{t-1} = \beta_1 y_{t-1} - y_{t-1} + \pi + \alpha_0(x_{2t} - x_{2,t-1}) + (\alpha_0 + \alpha_1)x_{2,t-1} + v_t,$$

oder:

$$\Delta y_t = \alpha_0 \Delta x_{2,t} - (1 - \beta_1)[y_{t-1} - \frac{\pi}{1-\beta_1} - \frac{\alpha_0 + \alpha_1}{1-\beta_1} x_{2,t-1}] + v_t. \qquad (15.3)$$

Gleichung (15.3) zeigt, dass die Änderung Δy_t der endogenen Variablen auf drei Einflüsse zurückzuführen ist. Der Zufallseinfluss v_t bedarf keiner weiteren Erklärung. Der erste Summand stellt die Änderung der exogenen Variablen $x_{2,t}$ gegenüber der Vorperiode dar. Diese Änderung löst eine unverzögerte Reaktion bei y_t in Höhe von $\alpha_0 \Delta x_{2,t}$ aus; α_0 ist also der kurzfristige Multiplikator. Die Bedeutung des zweiten Summanden wird durch das stationäre Gleichgewicht des ADL(1,1)-Modells deutlich. Das dynamische System (15.2) befindet sich für $y_t = \bar{y}$ und $x_{2t} = \bar{x}_2$ über alle t im stationären Gleichgewicht. Analytisch erhält man aus Gleichung (15.2):

$$\bar{y} = \frac{\pi}{1-\beta_1} + \frac{\alpha_0 + \alpha_1}{1-\beta_1} \bar{x}_2. \qquad (15.4)$$

Der Koeffizient $\frac{\alpha_0+\alpha_1}{1-\beta_1}$ ist der Gesamtmultiplikator. Gilt für die Koeffizienten in Gleichung (15.4): $\frac{\pi}{1-\beta_1} = \pi_1$ und $\frac{\alpha_0+\alpha_1}{1-\beta_1} = \pi_2$, geht Gleichung (15.4) über in $\bar{y} = \pi_1 + \pi_2 \bar{x}_2$ und stellt das stationäre Gleichgewicht für Gleichung

[2] GRANGER (1987), ENGLE und GRANGER (1987). Die Bezeichnung ECM resultiert aus der englischen Bezeichnung error-correction-model.

[3] Da die meisten ökonomischen Zeitreihen, spätestens nach Logarithmieren, $I(1)$ sind, wird dieser Fall hier behandelt. Eine hierzu analoge Vorgehensweise ergibt sich für $I(d)$-Variablen.

(15.1) dar. Der Ausdruck in der eckigen Klammer von Gleichung (15.3) repräsentiert daher eine in der Periode $t-1$ vorliegende Abweichung zwischen y_{t-1} und seinem Gleichgewichtswert $\bar{y}_{t-1}$. Liegt in $t-1$ kein Gleichgewicht vor, setzen für $(1-\beta_1) > 0$ Anpassungsprozesse ein, die beide Variablen x_{2t} und y_t wieder zu ihrer gleichgewichtigen Beziehung zurückführen. Für $y_{t-1} < \bar{y}_{t-1}$ nimmt die eckige Klammer einen negativen Wert an, Δy_t ist positiv und y_t steigt in Richtung $\bar{y}_t$. Für $y_{t-1} > \bar{y}_{t-1}$ sinkt y_t. Der zweite Summand in Gleichung (15.3) stellt daher einen **(Gleichgewichts-)Fehler-Korrekurmechanismus** dar. Da die beiden Variablen y_t und x_{2t} in Gleichung (15.1) kointegriert $CI(1,1)$ sind, vollzieht sich ihre gemeinsame, systematische Entwicklung mit einer konstanten Differenz, die mit der Differenz im Gleichgewichtszustand übereinstimmt: $y_t - \pi_2 x_{2t} = \bar{y} - \bar{x}_2 = \pi_1$. Gleichung (15.3) ist daher die Fehler-Korrektur-Repräsentation der kointegrierten Variablen in Gleichung (15.1). Im Fehler-Korrektur-Modell (15.3) sind über $\Delta x_{2,t}$ die kurzfristige und über den Fehlerkorrekturmechanismus die langfristige dynamische Beziehung zwischen y_t und x_{2t} erfasst. Der Koeffizient $(1-\beta_1)$ bestimmt die Anpassungsgeschwindigkeit an das langfristige Gleichgewicht. Bei numerisch bekanntem Kointegrationsvektor lassen sich die Gleichgewichtsabweichungen, die eine Fehlerkorrektur auslösen, aus den Beobachtungen für y_t und x_{2t} berechnen. Die OLS-Schätzfunktionen für die Koeffizienten in Gleichung (15.3) sind dann konsistent und asymptotisch normalverteilt. Dies gilt auch dann, wenn der Kointegrationsvektor unbekannt ist und die Abweichungen durch Proxy-Werte zu erfassen sind. Man schätzt daher auf einer ersten Stufe zunächst die in Gleichung (15.1) ausgedrückte Langfristbeziehung mit der OLS-Methode und berechnet hieraus die OLS-Residuen. Da diese die geschätzten Abweichungen von der gleichgewichtigen Entwicklung darstellen, werden sie mit $\hat{v}_L$ bezeichnet. Mit ihrer Verwendung geht das Fehler-Korrektur-Modell (15.3) in eine schätzbare Regressionsgleichung über:

$$\Delta y_t = \alpha_0 \Delta x_{2t} - (1-\beta_1)\hat{v}_{L,t-1} + v_t, \tag{15.5}$$

die auf der zweiten Stufe ebenfalls mit der OLS-Methode geschätzt wird. Da alle Variablen dieser Gleichung stationär sind, hat man mit diesem zweistufigen Verfahren keine Scheinregression ermittelt.

Das Fehlerkorrekturmodell (15.3) lässt sich verallgemeinern, indem für Δy_t und $\Delta x_{2,t}$ Lag-Verteilungen zugelassen sind. Man erhält dann:

$$\Gamma(L)\Delta y_t = A(L)\Delta x_{2,t} - (1-\beta_1)[y_{t-1} - \pi_1 - \pi_2 x_{2,t-1}] + v_t, \tag{15.6}$$

wobei das Lag-Polynom $\Gamma(L)$ den Grad m und das Lag-Polynom $A(L)$ den Grad n besitzt. Als Regressionsgleichung folgt hieraus:

$$\Delta y_t = \sum_{i=1}^{m} \gamma_i \Delta y_{t-i} + \sum_{j=0}^{n} \alpha_j \Delta x_{2,t-j} - (1-\beta_1)[y_{t-1} - \pi_1 - \pi_2 x_{2,t-1}] + v_t. \tag{15.7}$$

Bei bekannten Koeffizienten π_1 und π_2 kann Gleichung (15.6) direkt geschätzt werden; trifft dies nicht zu, geht man wie bei Gleichung (15.5) vor.

15.2 Kointegrationstests

Um zu testen, ob für die Variablen y_t und x_{2t} in Gleichung (15.1) die Kointegrationsbeziehung $CI(d,d)$ besteht,[4] geht man analog zu den Integrationstests in Kapitel 13.6 vor, nachdem zuvor geprüft wurde, ob y_t und x_{2t} denselben Integrationsgrad besitzen. Ist dies der Fall, ermittelt man nach einer OLS-Schätzung der Gleichung (15.1) die OLS-Residuen $\hat{v}_t$. Sind y_t und x_{2t} $CI(d,d)$, bilden die Residuen $\hat{v}_t$ eine stationäre Zeitreihe, die mit den in Abschnitt 13.6 entwickelten Einheitswurzeltests auf Stationarität geprüft werden kann. Der Kointegrationstest geht jetzt in einen Integrationstest über. Diese Vorgehensweise bezeichnet man in der Literatur als die **Engle–Granger Methode**. Die H_0-Hypothese bei Integrationstests lautet, dass $\hat{v}_t$ $I(1)$ ist, d.h. es liegt keine Kointegrationsbeziehung vor. Erst eine signifikante Abweichung der Teststatistik führt zur Alternativhypothese, dass $\hat{v}_t$ stationär und daher y_t und x_{2t} $CI(d,d)$ sind. Um den Einheitswurzeltest durchzuführen, werden analog zu den Gleichungen (13.67), (13.69) und (13.72) Testregressionen aufgestellt:

$$\left.\begin{aligned}\Delta\hat{v}_t &= \delta\hat{v}_{t-1} + u_t,\\ \Delta\hat{v}_t &= \alpha_0 + \delta\hat{v}_{t-1} + u_t,\end{aligned}\right\}\ \text{DF-Test}$$

$$\Delta\hat{v}_t = \alpha_0 + \delta\hat{v}_{t-1} + \sum_{i=1}^{k}\delta_i\Delta\hat{v}_{t-i} + u_t.\ \}\ \text{ADF-Test}$$

Aus den OLS-Schätzungen dieser Regressionen bildet man die Teststatistik $\tau = \hat{\delta}/s_{\hat{\delta}}$. Unter der Nullhypothese „keine Stationarität" dürfte τ nicht signifikant von null abweichen. Da die Schätzung von δ jedoch mit OLS-Residuen erfolgt, die wegen der OLS-Anpassungsvorschrift $\sum \hat{v}_t^2 \underset{p_1,p_2}{\rightarrow} \text{Min!}$ auch bei nicht kointegrierten Variablen die Zeitreihe der Residuen $\hat{v}_t$ stationär erscheinen lässt, sollten bei der Testentscheidung die von MACKINNON ermittelten kritischen Werte verwendet werden, da sonst die Nullhypothese „Nichtstationarität" zu oft fälschlicherweise abgelehnt wird.

Da mit der IDW-Statistik (vgl. Abschnitt 13.6) ebenfalls auf Integration getestet werden kann, eignet sie sich auch zur Überprüfung der Kointegration. Formuliert man Gleichung (13.73) mit OLS-Residuen und beachtet, dass dann gilt $\bar{\hat{v}} = 0$, ergibt sich wieder die DURBIN-WATSON-Statistik

[4] Kointegrationsbeziehungen $CI(d,b)$, $b < d$, sind ökonomisch von geringer Bedeutung, da der Kointegrationsvektor die Variablen y_t und x_{2t} in eine nichtstationäre Linearkombination überführt, die im allgemeinen nicht direkt ökonomisch interpretierbar ist.

(12.14), die jetzt **kointegrierte–Regression–Durbin–Watson–Statistik** heißt und mit $CRDW$ abgekürzt wird:

$$CRDW = \frac{\sum_{t=2}^{T}(\hat{v}_t - \hat{v}_{t-1})^2}{\sum_{t=1}^{T}\hat{v}_t^2}.$$

Bei Nichtstationarität (Einheitswurzeltest) ergeben sich für die IDW-Statistik Werte nahe bei null; dasselbe gilt dann auch für die $CRDW$-Statistik, wenn keine Kointegration vorliegt. Die Verteilung der CRDW-Statistik hängt von dem Prozess ab, der die Daten erzeugt. Daher existieren keine universell verwendbaren kritische Werte. Nur für den Fall, dass die Zeitreihe aus einem Random Walk Prozess resultiert, lassen sich kritische Werte in Abhängigkeit des α-Fehlers, der Anzahl der Variablen der Regressionsgleichung und der Anzahl der Beobachtungen bestimmen, die von einschlägigen Ökonometrieprogrammen berechnet werden. Als **Faustregel** gilt, dass Werte für $CRDW$ kleiner als das für Gleichung (15.1) berechnete Bestimmtheitsmaß R^2 mit großer Wahrscheinlichkeit das Fehlen von Kointegration anzeigen; ist $CRDW$ größer als 2, sind die Variablen „fast mit Sicherheit" kointegriert.

Kointegrationstests sollten nur dann angewendet werden, wenn die Zeitreihe keine Strukturbrüche enthält. Wird ein Strukturbruch in den Daten nicht erkannt, besteht die Gefahr einer fälschlichen Ablehnung der Kointegrationshypothese.

Liegt für y_t und x_{2t} eine Kointegrationsbeziehung $CI(d, d)$ vor, sind die OLS-Schätzer für Gleichung (15.1) **superkonsistent**. Darunter versteht man, dass die Konvergenz bei einem superkonsistenten Schätzer schneller als bei einem konsistenten erfolgt.[5] Diese Eigenschaft ist hauptsächlich von theoretischer Relevanz, da die angewandte Ökonometrie mit Beobachtungen auskommen muss, deren Umfänge weit geringer sind, als die zur Ausnutzung der Konvergenzeigenschaft notwendigen.

Die Definition der Kointegration für zwei Variablen lässt sich auf n Variablen erweitern. Ist jede dieser $n > 2$ Variablen integriert mit der Ordnung d, $I(d)$, und existiert eine Linearkombination $\alpha_1 x_{1t} + \alpha_2 x_{2t} + \ldots + \alpha_n x_{nt}$ mit der Integrationsordnung $d - b$, dann sind $x_{1t}, \ldots, x_{nt}$ kointegriert: $CI(d, b)$. Jedoch ist es jetzt möglich, dass auch dann Kointegration vorliegt, wenn die Variablen unterschiedliche Integrationsordnungen aufweisen. Gilt für die Variablen y_t, x_{2t} und x_{3t} der multiplen Regressionsgleichung $y_t = \pi_1 + \pi_2 x_{2t} +$

[5] Vgl. hierzu STOCK (1987). Bei Konsistenz konvergiert der Schätzer mit $T^{-\frac{1}{2}}$, bei Superkonsistenz mit T^{-1}. Drückt man die Konvergenzgeschwindigkeit als Rate $\dot{y}/y$ aus, ergibt sich $\dot{y}/y = -\frac{1}{2}T^{-1}$ bei Konsistenz und die doppelte Rate $\dot{y}/y = -T^{-1}$ bei Superkonsistenz.

$\pi_3 x_{3t} + v_t$ zum Beispiel $y_t : I(1)$, $x_{2t} : I(2)$ und $x_{3t} : I(2)$ und gibt es einen kointegrierenden Vektor $[\alpha_2, \alpha_3]$, so dass $\alpha_2 x_{2t} + \alpha_3 x_{2t} : I(1)$, dann sind x_{2t} und x_{3t} kointegriert: $CI(2,1)$. Jetzt kann auch für y_t und $z_t = \alpha_2 x_{2t} + \alpha_3 x_{3t}$ ein kointegrierender Vektor $[\beta_1, \beta_2]$ existieren, so dass gilt: $\beta_1 y_t + \beta_2 z_t : I(0)$.

Aus diesem Beispiel lassen sich zwei für die angewandte Ökonometrie wichtige Ergebnisse ableiten, damit Kointegration vorliegen kann:

(1) Haben in einer multiplen Regression die Variablen unterschiedliche Integrationsordnungen, darf die Integrationsordnung der endogenen Variablen y_t nie größer als die der übrigen Variablen sein.

(2) Ist die Integrationsordnung der endogenen Variablen kleiner als die höchste der exogenen Variablen, dann müssen immer mindestens zwei exogene Variablen dieselbe höchste Ordnung haben, wenn eine stabile langfristige Beziehung zwischen allen Variablen existieren soll, d.h. wenn die Störvariable v_t der multiplen Regressionsgleichung stationär sein soll.

Aus Ergebnis (2) resultiert unmittelbar eine Teststrategie auf Kointegration bei mehr als zwei Variablen. Da mindestens zwei Variablen die höchste Integrationsordnung aufweisen, lassen sich oft paarweise Kointegrationstests durchführen, wenn die Variablen mit der höchsten Integrationsordnung kointegriert sind. Da im obigen Beispiel x_{2t} und x_{3t} $I(2)$-Variablen sind, wird zunächst die Hilfsregression $x_{2t} = \alpha_1 + \alpha_3 x_{3t} + v_{2t}$ mit der OLS-Methode geschätzt und dann mit den in Abschnitt 13.6 dargestellten Integrationstests geprüft, ob die Residuen $\hat{v}_{2,t}$ die Integrationsordnung $d = 1$ aufweisen. Ist dies der Fall, gilt: x_{2t}, x_{3t}: $CI(2,1)$ mit dem geschätzten normierten Kointegrationsvektor $[1, a_3]$. Da die Linearkombination $z_t = x_{2t} + a_3 x_{3t}$ integriert mit der Ordnung eins ist, wird jetzt für y_t und z_t die Kointegrationsbeziehung $y_t = \beta_1 + \beta_2 z_t + v_{y,t}$ geschätzt. Anschließend wird getestet, ob die OLS-Residuen $\hat{v}_{y,t}$ eine $I(0)$-Zeitreihe ergeben. Wird diese Hypothese bestätigt, sind die drei Variablen y_t, x_{2t} und x_{3t} kointegriert und die OLS-Schätzung der multiplen Regression $y_t = \pi_1 + \pi_2 x_{2t} + \pi_3 x_{3t} + v_t$ liefert keine Scheinregression.

Bei mehr als drei Variablen wird die vorgestellte Teststrategie sehr aufwendig. Auch ist noch offen, wieviele Kointegrationsvektoren bei einer multiplen Regression überhaupt existieren können. Es wäre daher vorteilhaft, stünde ein kompakter Test auf Kointegration beim multiplen Regressionsmodell zur Verfügung, der auch noch die Anzahl kointegrierender Beziehungen angibt. Das von JOHANSEN hierfür entwickelte Verfahren basiert auf vektorautoregressiven Modellen und wird daher erst im Abschnitt 15.4 behandelt.

15.3 Vektorautoregressive Modelle

In der allgemeinen Formulierung (2.6) des ökonometrischen Modells werden G endogene Variablen von K, im Vektor $\boldsymbol{x}$ zusammengefassten (verzögerten oder unverzögerten) exogenen Variablen und von verzögert endogenen Variablen erklärt. Diese Konzeption bildet die Grundlage der meisten makroökonometrischen Modelle, deren direkte Schätzung entweder gleichungsweise (Kapitel 17) oder durch simultane Schätzung der Modellparameter (Kapitel 19) erfolgt. Jedoch ist bei solchen Systemen auch eine zeitreihenanalytische Vorgehensweise möglich. Denn die in Kapitel 13 dargestellte univariate Zeitreihenanalyse lässt sich auch zur Untersuchung des Zeitreihenverhaltens mehrerer Variablen verallgemeinern. Mit der multivariaten Zeitreihenanalyse steht ein Ansatz zur Verfügung, der die langfristigen Beziehungen aller Variablen allein aus ihren Beobachtungen quantifiziert. Diese datenbezogene Modellierung benötigt weder eine Unterteilung der Variablen in endogen und exogen, noch spezielle Annahmen über die Dynamik in ökonomischen Verhaltensgleichungen.

Die allgemeine Vorgehensweise bei der simultanen Analyse verschiedener Zeitreihen besteht darin, alle interessierenden Variablen als endogen aufzufassen und sie in einem Spaltenvektor anzuordnen. Die dynamische Entwicklung dieser Variablen wird dann aus ihrer gemeinsamen (Zeitreihen-)Vergangenheit erklärt, wobei Werte mit derselben Verzögerung in jeweils eigenen Vektoren stehen. Es resultiert jetzt eine Zeitreihe, deren Werte Vektoren sind; man nennt einen solchen Ansatz **vektorautoregressives Modell** und kürzt es mit **VAR-Modell** ab.

Zur Vereinfachung der formalen Darstellung wird zunächst von zwei Variablen y_1 und y_2 ausgegangen, deren zeitliche Entwicklung nur von ihren Werten der Vorperiode abhängt. Es liegt dann ein **zweidimensionales** (Anzahl der Variablen) **VAR-Modell erster Ordnung** (Anzahl der Verzögerungen) vor, dessen Gleichungen lauten:

$$\begin{aligned} y_{1t} &= \beta_{10} + \beta_{11} y_{1,t-1} + \beta_{12} y_{2,t-1} + u_{1t}, \\ y_{2t} &= \beta_{20} + \beta_{21} y_{1,t-1} + \beta_{22} y_{2,t-1} + u_{2t}. \end{aligned} \tag{15.8}$$

Die Störvariablen u_{1t} und u_{2t} stellen in jeder Gleichung einen reinen Zufallsprozess mit $\mathrm{E}(u_{1t}) = \mathrm{E}(u_{2t}) = 0$ dar, können aber über die Gleichungen bei selben Zeitbezug korrelieren. Für die kontemporären Kovarianzen gilt also: $\mathrm{cov}(u_{1t}, u_{2t}) \neq 0$ für $t = 1, \ldots, T$.

In Matrizenschreibweise erhält man das Gleichungssystem (15.8) als:

$$\begin{bmatrix} y_{1t} \\ y_{2t} \end{bmatrix} = \begin{bmatrix} \beta_{10} \\ \beta_{20} \end{bmatrix} + \begin{bmatrix} \beta_{11} & \beta_{12} \\ \beta_{21} & \beta_{22} \end{bmatrix} \begin{bmatrix} y_{1,t-1} \\ y_{2,t-1} \end{bmatrix} + \begin{bmatrix} u_{1t} \\ u_{2t} \end{bmatrix}, \quad \text{oder:}$$

$$\boldsymbol{y}_t = \boldsymbol{\beta}_0 + \boldsymbol{B}\boldsymbol{y}_{t-1} + \boldsymbol{u}_t. \tag{15.9}$$

Gleichung (15.9) zeigt eine formale Übereinstimmung mit dem AR(p)-Prozess (13.3): Anstelle der Einzelbeobachtungen x_t treten jetzt Spaltenvektoren, die im allgemeinen Fall G Zeitreihenvariablen besitzen. Ein **G-dimensionales VAR-Modell der Ordnung p, VAR(p)-Modell** lässt sich daher schreiben als:

$$\boldsymbol{y}_t = \boldsymbol{\beta}_0 + \boldsymbol{B}_1\boldsymbol{y}_{t-1} + \boldsymbol{B}_2\boldsymbol{y}_{t-2} + \ldots + \boldsymbol{B}_p\boldsymbol{y}_{t-p} + \boldsymbol{u}_t. \tag{15.10}$$

Analog zur univariaten Zeitreihenanalyse kann nun ein **Matrix-Lag-Polynom** definiert werden. Bringt man in Gleichung (15.10) alle $\boldsymbol{y}$-Vektoren auf die linke Seite, ergibt dies:

$$\boldsymbol{y}_t - \boldsymbol{B}_1\boldsymbol{y}_{t-1} - \ldots - \boldsymbol{B}_p\boldsymbol{y}_{t-p} = \boldsymbol{\beta}_0 + \boldsymbol{u}_t.$$

Mit dem Matrix-Lag-Polynom $\boldsymbol{B}(\mathrm{L}) = \boldsymbol{I} - \boldsymbol{B}_1\mathrm{L} - \boldsymbol{B}_2\mathrm{L}^2 - \ldots - \boldsymbol{B}_p\mathrm{L}^p$, bei dem jede Matrix quadratisch der Ordnung G ist, erhält man:

$$\boldsymbol{B}(\mathrm{L})\boldsymbol{y}_t = \boldsymbol{\beta}_0 + \boldsymbol{u}_t. \tag{15.11}$$

Da das Gleichungssystem (15.10) nicht auf einer ökonomischen Theorie basiert, sind weder Variablenauswahl noch Lag-Struktur theoretisch gestützt. Somit können auch keine a priori Parameterrestriktionen existieren. Es weicht daher von dem in Kapitel 2 entwickelten ökonometrischen Modell auf fundamentale Weise ab. Diese von SIMS[6] vorgeschlagene atheoretische, multivariate Modellierung verzichtet gänzlich auf theoretische Restriktionen. Bei praktischen Arbeiten werden VAR-Modellen aber schon durch die Auswahl der Variablen und durch die rasch wachsende Anzahl an Regressoren in jeder Gleichung Restriktionen auferlegt. Hat ein VAR-Modell z.B. die Dimension 6 und die Ordnung 4, enthält jede seiner Gleichungen bereits 24 Regressoren.

Liegt ein stationäres VAR-Modell vor,[7] erhält man den Erwartungswert für $\boldsymbol{y}_t$ als:

$$\mathrm{E}(\boldsymbol{y}_t) = \boldsymbol{\beta}_0 + \boldsymbol{B}_1\mathrm{L}\mathrm{E}(\boldsymbol{y}_t) + \ldots + \boldsymbol{B}_p\mathrm{L}^p\mathrm{E}(\boldsymbol{y}_t) \quad \text{oder:}$$
$$\mathrm{E}(\boldsymbol{y}_t) = (\boldsymbol{I} - \boldsymbol{B}_1\mathrm{L} - \ldots - \boldsymbol{B}_p\mathrm{L}^p)^{-1}\boldsymbol{\beta}_0 = \boldsymbol{B}(\mathrm{L})^{-1}\boldsymbol{\beta}_0 = \boldsymbol{\mu}. \tag{15.12}$$

[6]SIMS (1980).

[7]Die in Kapitel 13 gegebene Definition der Stationarität lässt sich analog auf VAR-Modelle übertragen.

Die Kovarianzen für die um $\tau = 1, 2, \ldots, p$ Perioden auseinander liegenden Variablen ergeben sich als:

$$\begin{aligned} &\operatorname{cov}(\boldsymbol{y}_t, \boldsymbol{y}_{t-\tau}) = \mathrm{E}\{[\boldsymbol{y}_t - \boldsymbol{\mu}][\boldsymbol{y}_{t-\tau} - \boldsymbol{\mu}]'\} = \boldsymbol{\Sigma}_\tau, \qquad (15.13) \\ &[\boldsymbol{y}_t - \boldsymbol{\mu}] : \text{ Spaltenvektor.} \end{aligned}$$

Die Kovarianzmatrizen $\boldsymbol{\Sigma}_\tau$, $\tau = 1, \ldots, p$ hängen für alle Vektoren nur von dem zeitlichen Abstand τ ab. Für $\tau = 0$ geht Gleichung (15.13) in die Kovarianzmatrix $\operatorname{var}(\boldsymbol{y}_t)$ über. Ihre Hauptdiagonalelemente sind dann die Varianzen der in $\boldsymbol{y}_t$ enthaltenen Variablen, die übrigen Elemente stellen die kontemporären Kovarianzen dar:

$$\begin{aligned} \operatorname{var}(\boldsymbol{y}_t) &= \mathrm{E}\{[\boldsymbol{y}_t - \boldsymbol{\mu}][\boldsymbol{y}_t - \boldsymbol{\mu}]'\} \\ &= \begin{bmatrix} \operatorname{var}(y_{1t}) & \operatorname{cov}(y_{1t}, y_{2t}) & \ldots & \operatorname{cov}(y_{1t}, y_{Gt}) \\ \vdots & \ddots & & \vdots \\ \operatorname{cov}(y_{Gt}, y_{1t}) & \operatorname{cov}(y_{Gt}, y_{2t}) & \ldots & \operatorname{var}(y_{Gt}) \end{bmatrix}. \end{aligned} \qquad (15.14)$$

Die Matrizen $\boldsymbol{B}_1, \ldots, \boldsymbol{B}_p$ und der Vektor $\boldsymbol{\beta}_0$ enthalten die systematischen Koeffizienten eines VAR(p)-Modells, die Matrix $\mathrm{E}(\boldsymbol{u}_t \boldsymbol{u}_t') = \boldsymbol{\Sigma}$ gibt die Varianzen und Kovarianzen der Störvariablen an. Alle Elemente dieser Matrizen müssen geschätzt werden. Die Matrix $\boldsymbol{\Sigma}$ ist nicht notwendigerweise eine Diagonalmatrix. Man erhält $\boldsymbol{\Sigma}$ aus der Matrix der Gleichung (15.14), indem jedes y durch u ersetzt wird. Beachtet man den Stichprobenumfang T, stellt jedes Element dieser Matrix selbst eine Kovarianzmatrix dar. Zum Beispiel können in der Matrix $\operatorname{cov}(\boldsymbol{u}_1, \boldsymbol{u}_2)$ nur die kontemporären, über t konstanten Kovarianzen von null verschieden sein; die übrigen Kovarianzen sind null:

$$\operatorname{cov}(\boldsymbol{u}_1, \boldsymbol{u}_2) = \begin{bmatrix} \operatorname{cov}(u_{11}, u_{21}) & 0 & \ldots & 0 \\ 0 & & & \vdots \\ \vdots & & & 0 \\ 0 & \ldots & 0 & \operatorname{cov}(u_{1T}, u_{2T}) \end{bmatrix} = \sigma_{12} \boldsymbol{I}.$$

Um ein stationäres VAR(p)-Modell zu schätzen, kann man gleichungsweise vorgehen. Will man die einzelnen Gleichungen des VAR(p)-Modells (15.10) ausschreiben, benötigt man für die Elemente der systematischen Matrizen $\boldsymbol{B}$ drei Indizes. Der erste Index kennzeichnet die Gleichung, der zweite die

Variable und der dritte die Verzögerung. Die g-te Gleichung lautet dann:

$$\begin{aligned} y_{g,t} &= \beta_{g0} + \beta_{g1,1} y_{1,t-1} + \ldots + \beta_{gG,1} y_{G,t-1} \\ &+ \beta_{g1,2} y_{1,t-2} + \ldots + \beta_{gG,2} y_{G,t-2} \\ &\vdots \\ &+ \beta_{g1,p} y_{1,t-p} + \ldots + \beta_{gG,p} y_{G,t-p} + u_{gt}, \\ &\text{für } g = 1, \ldots, G \text{ und } t = p+1, \ldots, T.^{8} \end{aligned} \tag{15.15}$$

Fasst man alle Beobachtungen des Regressanden zu einem Vektor $\boldsymbol{y}_g$, alle Beobachtungen der Regressoren zu einer Matrix $\boldsymbol{X}$ zusammen und stellt die Koeffizienten und Störvariablen jeweils als einen Vektor $\boldsymbol{\beta}_g$ und $\boldsymbol{u}_g$ dar, geht Gleichung (15.15) für $t = p+1, \ldots, T$ über in:

$$\boldsymbol{y}_g = \boldsymbol{X}\boldsymbol{\beta}_g + \boldsymbol{u}_g. \tag{15.16}$$

Die Spaltenvektoren $\boldsymbol{y}_g$ und $\boldsymbol{u}_g$ haben $T-p$ Zeilen; der Spaltenvektor $\boldsymbol{\beta}_g$ besitzt $Gp+1$ Elemente und die Matrix $\boldsymbol{X}$ hat die Ordnung $(T-p)\times(Gp+1)$. Gleichung (15.16) kann mit der OLS-Methode für $T-p > Gp+1$ konsistent geschätzt werden. Der Schätzvektor $\boldsymbol{b}_g$ lautet: $\boldsymbol{b}_g = (\boldsymbol{X}'\boldsymbol{X})^{-1}\boldsymbol{X}'\boldsymbol{y}_g$. Für den Wahrscheinlichkeitslimes erhält man:

$$\begin{aligned} \operatorname*{plim}_{T\to\infty} \boldsymbol{b}_g &= \operatorname*{plim}_{T\to\infty} [(\boldsymbol{X}'\boldsymbol{X})^{-1}\boldsymbol{X}'(\boldsymbol{X}\boldsymbol{\beta}_g + \boldsymbol{u}_g)] \\ &= \boldsymbol{\beta}_g + \operatorname{plim}[\frac{1}{T}(\boldsymbol{X}'\boldsymbol{X})^{-1}]\operatorname{plim}(\frac{1}{T}\boldsymbol{X}'\boldsymbol{u}_g). \end{aligned}$$

Bei einem stationären VAR(p)-Modell konvergiert die Matrix $\frac{1}{T}(\boldsymbol{X}'\boldsymbol{X})^{-1}$ für $T \to \infty$ gegen eine Matrix mit endlichen Elementen; da für die Störvariablen des VAR(p)-Modells Freiheit von Autokorrelation angenommen wurde, gilt: $\operatorname{plim}(\frac{1}{T}\boldsymbol{X}'\boldsymbol{u}_g) = \boldsymbol{0}$. Dies beweist die Konsistenz des OLS-Schätzers.[9] Sind alle Gleichungen des VAR-Modells geschätzt, ist seine Struktur quantifiziert.

Die Elemente der Matrix $\boldsymbol{\Sigma}$ schätzt man mit den Residuen, die sich für jede der G Regressionsgleichungen aus Gleichung (15.16) als $\hat{\boldsymbol{u}}_g = \boldsymbol{y}_g - \boldsymbol{X}\boldsymbol{b}_g$, $g = 1, \ldots, G$ ermitteln lassen. Dabei stellt $\hat{\boldsymbol{u}}_g$ einen Spaltenvektor dar, der die Residuen für $t = p+1$ bis T enthält: $\hat{\boldsymbol{u}}_g = (\hat{u}_{g,p+1}, \ldots, \hat{u}_{g,T})$. Das (i,j)-Element der Matrix $\boldsymbol{\Sigma}$ stellt die Kovarianz für u_{it} und u_{jt} dar: $\operatorname{cov}(u_{it}, u_{jt}) =$

[8] Wegen der Ordnung des VAR-Modells verringert sich die Anzahl der zur Schätzung verfügbaren Beobachtungen um p.

[9] Bei kontemporären Kovarianzen ungleich null liegen „scheinbar" unverbundene Regressionsgleichungen vor, die mit dem SURE-Verfahren geschätzt werden sollten. Die G Einzelgleichungen eines VAR-Modells besitzen aber alle die als Gleichung (15.16) angegebene Struktur, d.h. sie haben dieselben Regressoren. In diesem Fall tritt bei der OLS-Methode kein Effizienzverlust ein.

σ_{ij}; sie wird geschätzt durch:[10]

$$s_{ij} = \frac{1}{T-p-(Gp+1)}\hat{\boldsymbol{u}}_i'\hat{\boldsymbol{u}}_j = \frac{1}{T-p-(Gp+1)}\sum_{t=p+1}^{T}\hat{u}_{it}\hat{u}_{jt}. \qquad (15.17)$$

Auf der Hauptdiagonalen der Matrix $\boldsymbol{\Sigma}$ stehen die Varianzen der Störvariablen $\boldsymbol{u}_g$, $g = 1, \ldots, G$, die – wie bereits gezeigt – mit $s_g^2 = \frac{\hat{\boldsymbol{u}}_g'\hat{\boldsymbol{u}}_g}{T-p} = \frac{1}{T-p}\sum_{t=p+1}^{T}\hat{u}_{gt}^2$ erwartungstreu geschätzt werden.

Bis jetzt wurde die Ordnung p eines VAR-Modells als bekannt angenommen. Bei empirischen Arbeiten ist dies aber keineswegs der Fall. Vielmehr bestimmt man dann seine Ordnung gemäß der in Kapitel 13.7 gegebenen Begründung mit den dort dargestellten Informationskriterien.

Wie bei univariaten Zeitreihen kann ein invertierbares VAR-Modell als Moving Average Modell dargestellt werden, das wegen seiner vektoriellen Form **Vektor Moving Average (VMA)-Modell** heißt. Nach Multiplikation von Gleichung (15.11) mit $\boldsymbol{B}^{-1}(\mathrm{L})$ folgt:

$$\boldsymbol{y}_t = \boldsymbol{B}^{-1}(\mathrm{L})\boldsymbol{\beta}_0 + \boldsymbol{B}^{-1}(\mathrm{L})\boldsymbol{u}_t. \qquad (15.18)$$

Da $\boldsymbol{B}(\mathrm{L})$ ein Matrizen-Lag-Polynom ist, muss dass hierzu inverse Polynom eine unendliche Matrizen-Lag-Reihe sein:[11]

$$\boldsymbol{B}^{-1}(\mathrm{L}) = \boldsymbol{I}_{G\times G} + \boldsymbol{A}_1\mathrm{L} + \boldsymbol{A}_2\mathrm{L}^2 + \ldots.$$

Gleichung (15.18) geht dann über in:

$$\boldsymbol{y}_t = \boldsymbol{B}^{-1}(1)\boldsymbol{\beta}_0 + \boldsymbol{u}_t + \boldsymbol{A}_1\boldsymbol{u}_{t-1} + \boldsymbol{A}_2\boldsymbol{u}_{t-2} + \ldots \qquad (15.19)$$

Jedes Element des Vektors $\boldsymbol{y}_t$ ist jetzt eine gewogene Summe der gegenwärtigen und aller vorangegangenen Zufallsschocks (Störvariablen) $\boldsymbol{u}_t$. Mit der Darstellung (15.19) gelingt es, die Reaktionen (response) der Variablen in $\boldsymbol{y}_t$ auf einen Zufallsschock (impulse) zu analysieren. Am Gleichungssystem (15.8) wird deutlich, dass eine einmalige Änderung z.B. der Zufallsvariablen u_{1t} in der Periode t direkt zu einer Änderung von y_{1t} führt, die ihrerseits in der zweiten Periode sowohl sich selbst als auch $y_{2,t+1}$ beeinflusst. Auf diese Weise breitet sich der Impuls über mehrere Perioden hinweg auf alle Variablen des VAR-Modells aus. Die Stärke dieser Auswirkungen hängt von den Elementen

[10] Der Nenner in den Schätzfunktionen stellt die Freiheitsgrade dar.

[11] Zum besseren Verständnis siehe hierzu die Ausführungen in Kapitel 13.3

der Matrizen $\boldsymbol{A}_i$, $i = 1, 2, \ldots$ in Gleichung (15.19) ab. **Impulse-Response-Funktionen** erfassen diese Wirkungsketten, die ein Impuls auslöst, wobei alle Variablen bis auf u_{1t}, die sich auf die Periode t oder Vorperioden beziehen, konstant bleiben. Die graphische Wiedergabe von Impulse-Response-Funktionen ermöglicht eine einfache Auswertung der Effekte.

Da sich eine Erhöhung von u_{1t} über eine Veränderung von y_{1t} auf y_g, $g = 2, \ldots, G$ in den nachfolgenden Perioden auswirkt, geben Impulse-Response-Funktionen auch die Reaktionen von y_g auf Änderungen von y_j, $j \neq g$, über die Zeit wieder. Bei dieser Interpretation wird die Analogie zwischen den Reaktionskoeffizienten und ihrer Lag-Verteilung bei exogen dynamischen Regressionsgleichungen und den Impulse-Response-Funktionen bei VAR-Modellen besonders deutlich.

Impulse-Response-Funktionen haben einen erheblichen Nachteil, der aus der atheoretischen Konzeption von VAR-Modellen resultiert. Denn für jede mögliche Anordnung der Variablen $y_1, \ldots, y_G$ im Vektor $\boldsymbol{y}_t$ ergeben sich spezifische Reaktionsmuster der Variablen auf einen Zufallsschock. Umfasst der Vektor $\boldsymbol{y}_t$ z.B. sechs Variablen, existieren 720 unterschiedliche Anordnungen (Permutationen) seiner Elemente, für die jeweils Impulse-Response-Funktionen berechnet werden können. Um hier eine sinnvolle Eingrenzung zu erreichen, müssen für die Variablen kausale Strukturen gefunden werden, die ihre Reihenfolge im Vektor $\boldsymbol{y}_t$ bestimmen. Kausale Strukturen können empirisch- statistisch oder ökonometrisch-theoretisch begründet sein. Das in Kapitel 1 entwickelte ökonomische Modell gibt für einen großen Teil seiner Variablen Kausalbeziehungen vor, die für VAR-Modelle genutzt werden können. Die ursprünglich große Diskrepanz zwischen beiden Modellklassen wird auf diese Weise deutlich geringer. Die statistische Erfassung einer Kausalstruktur erfolgt hingegen nur anhand vorliegender Daten. Dabei kommt meist ein von GRANGER[12] vorgeschlagenes Verfahren zur Anwendung, das bei positivem Ausgang „**Granger–Kausalität**" anzeigt. Eine Variable y_1 ist für die stationäre Variable y_2 GRANGER-kausal, wenn sich die Prognosegüte für y_{2t} durch Hinzunahme von $y_{1,t-l}$, $l = 1, 2, \ldots, p$ zur prognoserelevanten Informationsmenge signifikant erhöht. Liegt GRANGER-Kausalität vor, schreibt man: $y_1 \dashrightarrow y_2$. Gilt zudem noch $y_2 \dashrightarrow y_1$, sind die Variablen **gegenseitig Granger–kausal**; man bezeichnet dies auch als **Feedback**. Wäre in Gleichung (15.15) z.B. die Variable y_1 für y_g nicht GRANGER-kausal und wäre die gesamte für y_g prognoserelevante Informationsmenge im VAR-Modell enthalten, müsste gelten: $\beta_{g1,l} = 0$ für $l = 1, \ldots, p$. Um dies zu überprüfen, formuliert man die Nullhypothese als:

$$H_0 : \beta_{g1,l} = 0 \quad \text{für } l = 1, \ldots, p.$$

[12] GRANGER (1969).

Da Gleichung (15.15) unter der Nullhypothese nicht mehr die Regressoren $y_{1,t-l}$, $l = 1, \ldots, p$ enthält, bezeichnet man sie als **restringierte Regressionsgleichung**. Restringierte und nicht restringierte Regressionsgleichung werden mit der OLS-Methode geschätzt und anschließend die Summe der quadrierten Abweichungen für beide Schätzungen ermittelt. Unter der Nullhypothese müssten beide Summen in etwa gleich groß sein: $S_r^2 = \sum \hat{u}_{gt,r}^2 \approx S^2 = \sum \hat{u}_{gt}^2$, wobei der Index r die Quadratsumme der restringierten Regression kennzeichnet. Ist die Nullhypothese falsch, passt sich die nicht restringierte Regression besser den Daten an und S^2 wird deutlich kleiner als S_r^2 sein. Diesen Sachverhalt kann man zur Durchführung eines F-Tests nutzen, wobei seine stochastischen Voraussetzungen mindestens approximativ erfüllt sein sollen.[13] Die Prüfgröße des Tests lautet:

$$F = \frac{\frac{(S_r^2 - S^2)}{p}}{\frac{\sum \hat{u}_{gt}^2}{(T-p)-(Gp+1)}}.$$

Der Nenner des Doppelbruchs stellt eine nach Gleichung (15.17) vorgenommene Schätzung s_{gg} der Varianz $\sigma_{u_g}^2$ dar; p ist die Anzahl der Freiheitsgrade der Zufallsvariablen $(S_r^2 - S^2)$ und entspricht den in der Nullhypothese angeführten Koeffizientenrestriktionen. Die Prüfgröße lässt sich vereinfachen zu: $F = \dfrac{S_r^2 - S^2}{p s_{gg}}$; sie ist F-verteilt mit p Freiheitsgraden im Zähler und $(T-p)-(Gp+1)$ Freiheitsgraden im Nenner. Erst wenn F bei gegebenem α-Fehler signifikant von dem theoretischen Wert $F(\alpha)$ abweicht, wird die Nullhypothese abgelehnt und durch die Alternativhypothese, dass y_1 GRANGER-kausal für y_g ist, ersetzt.

Bei Kausalitätstests ist zu beachten, dass das Testergebnis auf die Anzahl der Variablen G und auf die Ordnung p eines VAR-Modells reagiert. So ist es möglich, dass eine als GRANGER-kausal ausgewiesene Variable diese Eigenschaft nach Erweiterung der Informationsmenge durch zusätzliche Variablen verliert. Derselbe Effekt kann aus einer Erhöhung der Ordnung p resultieren. Daher sollten Kausalitätstests für verschiedene (G, p)-Kombinationen durchgeführt werden, um so die Testentscheidung abzusichern.

Bei einem VAR-Modell kann eine kontemporäre Korrelation zwischen den Störvariablen in unterschiedlichen Gleichungen bestehen. Da bei Impulse-Response-Funktionen diese aber unberücksichtigt bleiben, geben sie bei von null verschiedenen Kovarianzen den Reaktionsablauf nicht adäquat wieder. Man überführt daher das VAR-Modell in eine Form, dass die kontemporären

[13] Die Vorgehensweise bei diesem Test erfolgt analog zum Test auf gemeinsame Einflüsse in Kapitel 10.2.

Kovarianzen verschwinden. Die Störvariablen korrelieren dann nicht mehr paarweise; man nennt sie dann auch **orthogonale Impulse**. Die vorzunehmenden Transformationen sollen hier nicht formal dargestellt werden; die meisten neueren ökonometrischen Programmpakete berechnen Impulse-Response-Funktionen auch mit orthogonalen Störvariablen. Die auf die Weise gefundenen Reaktionsverläufe geben den quantitativen Effekt eines Impulses besser wieder als die Vernachlässigung kontemporär korrelierender Störvariablen.

VAR-Modelle können mit der OLS-Methode konsistent geschätzt werden, solange die Störvariablen jeder Gleichung frei von Autokorrelation sind. Um Scheinregressionen zu vermeiden, sollten die Variablen stationär oder kointegriert sein. Daher sind auch die Zeitreihen der in einem VAR-Modell enthaltenen Variablen auf Stationarität und gegebenenfalls auf Kointegration zu testen. Erfüllen sie nicht diese Anforderung, müssen sie durch geeignete Transformationen, z.B. durch Bildung der ersten Differenz, stationarisiert werden. Dies dürfte bei den meisten ökonomischen Zeitreihen möglich sein, so dass Stationarität keine wirkliche Einschränkung des Anwendungsbereiches bedeutet.

15.4 Kointegration bei VAR-Modellen: Das JOHANSEN-Verfahren

Die in den Abschnitten 13.5 und 15.1 eingeführten Definitionen zur Integration und Kointegration lassen sich auf Vektoren übertragen. So bedeutet z.B. $\boldsymbol{y}_t : I(d)$, dass alle Variablen im Vektor $\boldsymbol{y}_t$ integriert mit der Ordnung d sind. Entsprechend legt $\boldsymbol{y}_t : CI(d,d)$ fest, dass die Variablen des Vektors $\boldsymbol{y}_t$ kointegriert sind und dass die Linearkombination $\boldsymbol{\alpha}_1'\boldsymbol{y}_t : I(0)$ ist mit $\boldsymbol{\alpha}_1$ als kointegrierendem Vektor.

Bei einem VAR-Modell mit mehr als zwei Variablen ($G > 2$) kann es bis zu $G - 1$ linear unabhängige, kointegrierende Vektoren geben. Bezeichnet r die Anzahl kointegrierender Vektoren, liegt für $r = 0$ keine, und für $r = 1$ genau eine langfristige Gleichgewichtsbeziehung vor. Je mehr kointegrierende Vektoren existieren, desto wahrscheinlicher wird es, dass die ökonomischen Variablen eines VAR-Modells einer gemeinsamen, stabilen langfristigen Entwicklung folgen. In diesem Sinne wächst der Stabilitätsgrad eines VAR-Modells mit der Anzahl r seiner kointegrierenden Vektoren.

Für die weitere Darstellung wird angenommen, dass alle Variablen in $\boldsymbol{y}_t$ dieselbe Integrationsordnung besitzen, die entweder null oder eins beträgt. Damit geht keine Einschränkung der Allgemeingültigkeit einher, da durch entsprechendes Differenzenbilden diese Bedingung eingehalten werden kann. Durch Hinzufügen von $\boldsymbol{y}_{t-1}, \boldsymbol{y}_{t-2}, \ldots, \boldsymbol{y}_{t-p}, A_1\boldsymbol{y}_{t-2}, A_2\boldsymbol{y}_{t-3}, \ldots A_{p-1}\boldsymbol{y}_{t-p}$ auf beiden Seiten der Gleichung (15.10) und nach Vernachlässigung der Konstanten $\boldsymbol{\beta}_0$ geht das VAR-Modell durch entsprechende Zusammenfassungen in seine **Vektor-Fehler-Korrektur-Darstellung (VECM)** über:

$$\begin{aligned} \Delta\boldsymbol{y}_t &= \sum_{i=1}^{p-1} \boldsymbol{\Gamma}_i \Delta\boldsymbol{y}_{t-i} + \boldsymbol{\Pi}\boldsymbol{y}_{t-p} + \boldsymbol{u}_t, \\ \text{mit: } \boldsymbol{\Gamma}_i &= -\boldsymbol{I} + \boldsymbol{B}_1 + \ldots + \boldsymbol{B}_i, \quad i = 1, \ldots, p-1 \quad \text{und} \\ \boldsymbol{\Pi} &= -(\boldsymbol{I} - \boldsymbol{B}_1 - \ldots - \boldsymbol{B}_p). \end{aligned} \tag{15.20}$$

In den Matrizen $\boldsymbol{\Gamma}_i$ kommt die kurzfristige Dynamik der G Zeitreihen zum Ausdruck, während die Matrix $\boldsymbol{\Pi}$ die langfristige Beziehung zwischen $\boldsymbol{y}_1, \ldots, \boldsymbol{y}_G$ erfasst. Somit ist diese Matrix für die Existenz von Kointegration entscheidend. Da die quadratische Matrix $\boldsymbol{\Pi}$ die Ordnung G hat, kann ihr Rang höchstens G sein. Aus dem Repräsentationstheorem von ENGLE und GRANGER (1987) folgt für

(a) $\text{Rang}(\boldsymbol{\Pi}) = G: \quad \boldsymbol{y}_t : I(0)$;

(b) $\text{Rang}(\boldsymbol{\Pi}) = r \leq G - 1:$ es existieren r linear unabhängige kointegrierende Vektoren $\boldsymbol{\alpha}_1, \ldots, \boldsymbol{\alpha}_r$.

Die Anordnung der r linear unabhängigen Kointegrationsvektoren $\boldsymbol{\alpha}_i$, $i = 1, \ldots, r$ zu einer Matrix $\boldsymbol{\alpha} = (\boldsymbol{\alpha}_1, \ldots, \boldsymbol{\alpha}_r)$ heißt **kointegrierende Matrix** mit der Ordnung $(G \times r)$. Ihr Rang beträgt: $\text{Rang}(\boldsymbol{\alpha}) = r$ und wird **kointegrierender Rang** genannt.

Die Matrix $\boldsymbol{\Pi}$ kann jetzt als Produkt zweier Matrizen geschrieben werden, wobei eine die kointegrierende Matrix $\boldsymbol{\alpha}$ ist: $\boldsymbol{\Pi} = \boldsymbol{\beta}\boldsymbol{\alpha}'$. Gleichung (15.20) geht nach entsprechender Substitution über in:

$$\begin{aligned} \Delta\boldsymbol{y}_t &= \sum_{i=1}^{p-1} \boldsymbol{\Gamma}_i \Delta\boldsymbol{y}_{t-i} + \boldsymbol{\beta}\boldsymbol{z}_{t-p} + \boldsymbol{u}_t, \quad \text{mit} \\ \boldsymbol{z}_{t-p} &= \boldsymbol{\alpha}'\boldsymbol{y}_{t-p}. \end{aligned} \tag{15.21}$$

Jedes Element des Vektors $\boldsymbol{z}_{t-p}$ ist jetzt eine $I(0)$-Variable.

Die gerade für empirische Analysen wichtige Bestimmung des kointegrierenden Ranges r und die Schätzung der kointegrierenden Matrix $\boldsymbol{\alpha}$ kann mit dem JOHANSEN-Verfahren durchgeführt werden. Wegen seiner großen formalen Komplexität erfolgt nur eine Beschreibung der allgemeinen Vorgehensweise.[14] Ist der Rang der Matrix $\mathbf{\Pi}$ kleiner als G, existieren kointegrierende Vektoren. Kointegrationstests prüfen daher, welchen Rang die geschätzte Matrix $\hat{\mathbf{\Pi}}$ hat. Die Schätzung erfolgt dabei mit einem von JOHANSEN entwickelten Verfahren, das als Computerprogramm verfügbar ist. Schätzung und Test basieren auf der Annahme, dass alle Störvariablen des VAR-Modells unabhängig normalverteilt sind. Um den Rang der geschätzten Matrix $\hat{\mathbf{\Pi}}$ zu ermitteln, berechnet man ihre G Eigenwerte λ_i und ordnet sie in abnehmender Größe an: $\lambda_1 \geq \lambda_2 \geq \lambda_3 \geq \ldots \geq \lambda_G$. Die Anzahl der von null verschiedenen Eigenwerte gibt den Rang der Matrix $\hat{\mathbf{\Pi}}$ an. Man testet daher, wieviele Eigenwerte signifikant von null abweichen. Hierfür stehen zwei Tests zur Auswahl: der Trace-Statistik Test und der maximale Eigenwert Test.

Mit der **Trace-Statistik** (Tr) testet man auf höchstens r_0 von null verschiedene Eigenwerte. Daher lautet die Nullhypothese: $r \leq r_0$; die Alternativhypothese wird durch $r_0 < r \leq G-1$ gegeben. Unter der Nullhypothese dürfen die Eigenwerte λ_i mit $i = r_0 + 1, \ldots, G-1$ nicht von null signifikant verschieden sein. Die Prüfgröße ist daher definiert als:

$$Tr = -T \sum_{i=r_0+1}^{G} \ln(1 - \lambda_i).$$

Übersteigt Tr den bei gegebenem α-Fehler kritischen Wert $Tr(\alpha)$, wird die Nullhypothese abgelehnt. Beim Testen sollte man daher mit $r_0 = 0$ (keine Kointegration) beginnen. Wird jetzt die Nullhypothese abgelehnt, testet man sukzessive für $r_0 = 1, 2, \ldots,$ bis zum ersten Mal die Nullhypothese nicht abgelehnt wird. Ist dies bei $r = r_0 + 1$ der Fall, beträgt die Anzahl signifikant von null verschiedener Eigenwerte r_0.

Beim **maximalen Eigenwerttest** bleibt die Nullhypothese wie beim Trace-Statistik-Test, jedoch wird die Alternativhypothese schärfer formuliert. Sie lautet jetzt, dass nicht $r > r_0$, sondern genau $r_0 + 1$ Eigenwerte von null verschieden sind. Die Teststatistik $\lambda_{\max}$ ist hier definiert als:

$$\lambda_{\max} = -T \ln(1 - \lambda_{r_0+1}).$$

Die Testdurchführung verläuft wie beim Trace-Statistik-Test. Zur Testentscheidung benötigt man kritische Werte, die von den entsprechenden Computerprogrammpaketen geliefert werden.

Bei den beiden Tests auf Kointegration ist zu beachten, dass bei Verletzung der Verteilungsannahme für die Störvariablen die Hypothese „keine Kointegration“ öfter als statistisch gerechtfertigt abgelehnt wird. Auch gelten die

[14] Eine (formal) ausführliche Darstellung geben JOHANSEN (1988,1991), JOHANSEN und JUSELIUS (1990), BANERJEE u. a. (1993) sowie HAMILTON (1994).

Tests nur dann uneingeschränkt, wenn alle im Vektor $\boldsymbol{y}_t$ enthaltenen Variablen denselben Integrationsgrad haben.

Ist der Rang der Matrix $\hat{\boldsymbol{\Pi}}$ mit r_0 gefunden, können für jeden Eigenwert λ_i, $i = 1, \ldots, r_0$ korrespondierende normierte Eigenvektoren $\hat{\boldsymbol{\alpha}}_i$, $i = 1, \ldots, r_0$ berechnet werden. JOHANSEN (1989) hat gezeigt, dass diese Eigenvektoren Maximum-Likelihood-Schätzer für die kointegrierenden Vektoren $\boldsymbol{\alpha}_i$ sind. Damit liegt auch eine Schätzung $\hat{\boldsymbol{\alpha}}$ der kointegrierenden Matrix $\boldsymbol{\alpha}$ vor: $\hat{\boldsymbol{\alpha}} = (\hat{\boldsymbol{\alpha}}_1, \ldots, \hat{\boldsymbol{\alpha}}_{r_0})$; ihre Parameter quantifizieren die langfristigen Gleichgewichtsbeziehungen aller G Variablen des VAR-Modells. Schließlich lässt sich mit $\hat{\boldsymbol{\Pi}}$ und $\hat{\boldsymbol{\alpha}}$ noch die Matrix $\boldsymbol{\beta}$ schätzen, deren Elemente ebenfalls ökonomisch interpretierbar sind.[15] Da $\boldsymbol{z}_t = \boldsymbol{\alpha}'\boldsymbol{y}_t$ die langfristige, gemeinsame Entwicklung der kointegriereten Variablen darstellt, werden Störungen dieser Entwicklungen gemäß Gleichung (15.21) über die Matrix $\boldsymbol{\beta}$ in Veränderungen $\Delta\boldsymbol{y}_t$ transformiert. Die Matrix $\boldsymbol{\beta}$ heißt daher **Anpassungs-** oder auch **Feedback-Matrix**, deren Elemente die Anpassungsgeschwindigkeit zurück zur gleichgewichtigen Entwicklung angeben.

Mit dem JOHANSEN-Verfahren liegt ein Ansatz vor, der auch zur Prüfung von Kointegration in einer multiplen Regressionsgleichung oder in einem ADL-Modell geeignet ist. Hierzu wird für die Variablen ein VAR-Modell aufgestellt. Existieren Kointegrationsbeziehungen, vermeidet man bei einer Schätzung die Ermittlung einer nur scheinbaren Regressionsgleichung.

15.5 Beispiel

Die einfache Regressionsgleichung (7.37) enthält den Verbrauch und die Investitionen als Variablen. Da beide integriert erster Ordnung sind, kann eine Kointegrationsbeziehung $CI(1,1)$ existieren, so dass die Linearkombination $y_{1t} - \pi_2 x_{2t} = \pi_1 + v_t$ integriert nullter Ordnung ist. Um auf Kointegration zu testen, wird die Gleichung (7.38) zur Berechnung der Residuen geschätzt. Die aus der Schätzung (7.38) resultierenden Residuen sind in der zweiten Spalte der Tabelle 12.1 aufgeführt. Es ist jetzt nur zu prüfen, ob die Zeitreihe der Residuen stationär ist. Die Testgleichung lautet:

$$\Delta\hat{v}_t = \delta\hat{v}_{t-1} + \varepsilon_t. \tag{15.22}$$

Die Nullhypothese geht von keiner Kointegrationsbeziehung aus, d.h. $\hat{v}_t$ ist nicht $I(0)$. Daraus folgt: $\delta = 0$. Erst eine signifikante, negative Abweichung der Schätzung $\hat{\delta}$ führt zu ihrer Ablehnung.

[15] Vgl. hierzu JOHANSEN (1989), S. 16.

Als OLS-Schätzung erhält man $\hat{\delta} = -0,7645$ bei einer Standardabweichung $\hat{s}_{\hat{\delta}} = 0,2931$. Die Teststatistik beträgt daher $\tau = -\frac{0,7645}{0,2931} = -2,6083$. Bei einem α-Fehler von 5% beträgt der kritische Wert nach Tabelle 8 des Tabellenanhangs für einen Test ohne Konstante und ohne Trend: $\tau_\alpha = -1,9725$. Die Nullhypothese einer Einheitswurzel ist abzulehnen und die Residuen sind $I(0)$. Damit existiert eine Kointegrationsbeziehung, die mit Gleichung (7.38) geschätzt wurde.

Alternativ kann man auch mit der CRDW-Statistik auf Kointegration getestet werden. Die in Abschnitt 12.11 für die Regressionsgleichung (7.38) berechneten d-Statistik beträgt $d = 1,5193$ und ist größer als das Bestimmtheitsmaß $R^2 = 0,9832$ dieser Gleichung. Nach der in Abschnitt 15.2 angegebenen Faustregel liegt daher eine Kointegrationsbeziehung für Gleichung (7.38) vor.

Die zur Schätzung der Gleichung (7.37) herangezogene Zeitreihe ist eigentlich zu kurz, um auf Kointegration zu testen. Bei konkreten empirischen Untersuchungen ist daher stets darauf zu achten, dass hinreichend viele Beobachtungen zur Verfügung stehen.

Die Fehler-Korrektur Repräsentation der Gleichung (7.37) lautet:

$$\Delta y_{1t} = \alpha_0 \Delta x_{2t} - (1 - \beta_1)\hat{v}_{L,t-1} + v_t, \tag{15.23}$$

wobei $\hat{v}_{L,t-1}$ die in Spalte 2 der Tabelle 12.1 angegebenen Residuen sind. Damit liegen für alle Variablen der Gleichung (15.23) Beobachtungen vor, so dass sie geschätzt werden kann:

$$\Delta \hat{y}_{1t} = 0,8803 \Delta x_{2t} - 0,6623 \hat{v}_{L,t-1}.$$

Alle Koeffizienten sind bei einem α-Fehler von 5% signifikant von null verschieden. Die Schätzung $\hat{\alpha}_0 = 0,8803$ gibt die kurzfristige Reaktion von y_{1t} auf Änderungen von x_{2t} wieder, der Koeffizient $\widehat{(1 - \beta_1)} = 0,6623$ bestimmt die Anpassungsgeschwindigkeit an das langfristige Gleichgewicht, falls dieses gestört ist. Die kurzfristige Reaktion ist zwar größer als die langfristige, jedoch weist die Höhe des Koeffizienten $\widehat{(1 - \beta_1)} = 0,6623$ auf eine rasche Rückkehr zum Gleichgewicht hin.

VAR-Modelle basieren nicht auf einer ökonomischen Theorie und unterscheiden daher auch nicht zwischen endogenen und exogen Variablen. Da auch das verfügbare Einkommen der privaten Haushalte in Preisen von 1991 integriert erster Ordnung ist, soll mit einem zweidimensionalen VAR(p)-Modell die langfristige Beziehung zwischen dem Konsum (y_{1t}) und dem verfügbaren Einkommen (y_{2t}) analysiert werden. Die Ordnung wird (ohne Tests) mit

$p = 1$ und $p = 2$ festgelegt. Die zahlreichen ökonometrischen Untersuchungen zur Einkommenshypothese weisen auf eine kointegrierende Beziehung zwischen verfügbarem Einkommen und Konsumausgaben hin, so dass das VAR-Modell direkt mit der OLS-Methode auf der Basis von Quartalsdaten für die Jahre 1968 bis 1994 geschätzt wird. Lässt man sich bei der Bestimmung der Ordnung p vom bereinigten Determinationskoeffizienten leiten, ist das VAR(1)-Modell bei beiden Gleichungen dem VAR(2)-Modell geringfügig überlegen. Gleichung (15.24) gibt das geschätzte VAR(1)-Modell wieder:

$$\begin{bmatrix} \hat{y}_{1t} \\ \hat{y}_{2t} \end{bmatrix} = \begin{bmatrix} 2,5442 \\ 4,8172 \end{bmatrix} + \begin{bmatrix} 0,8332 & 0,1434 \\ 0,0845 & 0,9178 \end{bmatrix} \begin{bmatrix} y_{1,t-1} \\ y_{2,t-1} \end{bmatrix} \tag{15.24}$$

Die geschätzte Kovarianzmatrix $\hat{\boldsymbol{\Sigma}}$ des VAR(1)-Modells lautet:

$$\hat{\boldsymbol{\Sigma}} = \begin{bmatrix} \hat{\mathrm{var}}(\boldsymbol{u}_1) & \hat{\mathrm{cov}}(\boldsymbol{u}_1, \boldsymbol{u}_2) \\ \hat{\mathrm{cov}}(\boldsymbol{u}_2, \boldsymbol{u}_1) & \hat{\mathrm{var}}(\boldsymbol{u}_2) \end{bmatrix} = \begin{bmatrix} 11,1134 & 59,8128 \\ 59,8128 & 15,6434 \end{bmatrix} \tag{15.25}$$

Bei expliziter Berücksichtigung des Zeitbezugs erhält man die Kovarianzmatrix der homoskedastischen Störvariablen u_1 und u_2 als:

$$\mathrm{E}(\boldsymbol{u}_1\boldsymbol{u}_1') = \sigma_{u_1}^2 \boldsymbol{I} = 11,1134\boldsymbol{I}, \quad \mathrm{E}(\boldsymbol{u}_2\boldsymbol{u}_2') = 15,6434\boldsymbol{I}.$$

Für über t konstante, kontemporäre Kovarianzen gilt:

$$\mathrm{E}(\boldsymbol{u}_1\boldsymbol{u}_2') = \mathrm{E}(\boldsymbol{u}_2\boldsymbol{u}_1') = \mathrm{E}\begin{bmatrix} u_{11}u_{21} & \dots & u_{11}u_{2T} \\ \vdots & & \vdots \\ u_{1T}u_{21} & \dots & u_{1T}u_{2T} \end{bmatrix} = 59,8128\boldsymbol{I}.$$

Die Matrix $\boldsymbol{I}$ ist quadratisch mit der Ordnung 107.

Bei dem zweidimensionalen VAR(1)-Modell (15.24) lassen sich vier Impulse-Response-Funktionen (IR-Funktionen) aufstellen. Diese ergeben sich als Reaktionen von y_1 und y_2 auf eine einmalige Änderung von u_1 und als Reaktionen von y_1 und y_2 auf eine einmalige Änderung von u_2. Die Graphen dieser vier IR-Funktionen sind in Abbildung 15.2 a) bis d) dargestellt. Die Impulse haben eine Größe von einer Standardabweichung der Störvariablen.

Da IR-Funktionen von der Anordnung der Variablen y_{1t} und y_{2t} im Vektor $\boldsymbol{y}_t$ abhängen, wird ihre Reihenfolge in allen y-Vektoren des VAR(1)-Modells (15.24) vertauscht. Der Vektor $\hat{\boldsymbol{y}}_t$ z.B. lautet dann: $\hat{\boldsymbol{y}} = (\hat{y}_{2t}, \hat{y}_{1t})'$. Die sich jetzt ergebenden vier IR-Funktionen zeigt Abbildung 15.2 e) bis h). Es stellen sich deutliche Unterschiede bei den Reaktionen der Variablen auf dieselben Impulse ein.

Abb. 15.2: IR-Funktionen für $\mathbf{y}_{1t}, \mathbf{y}_{2t}$

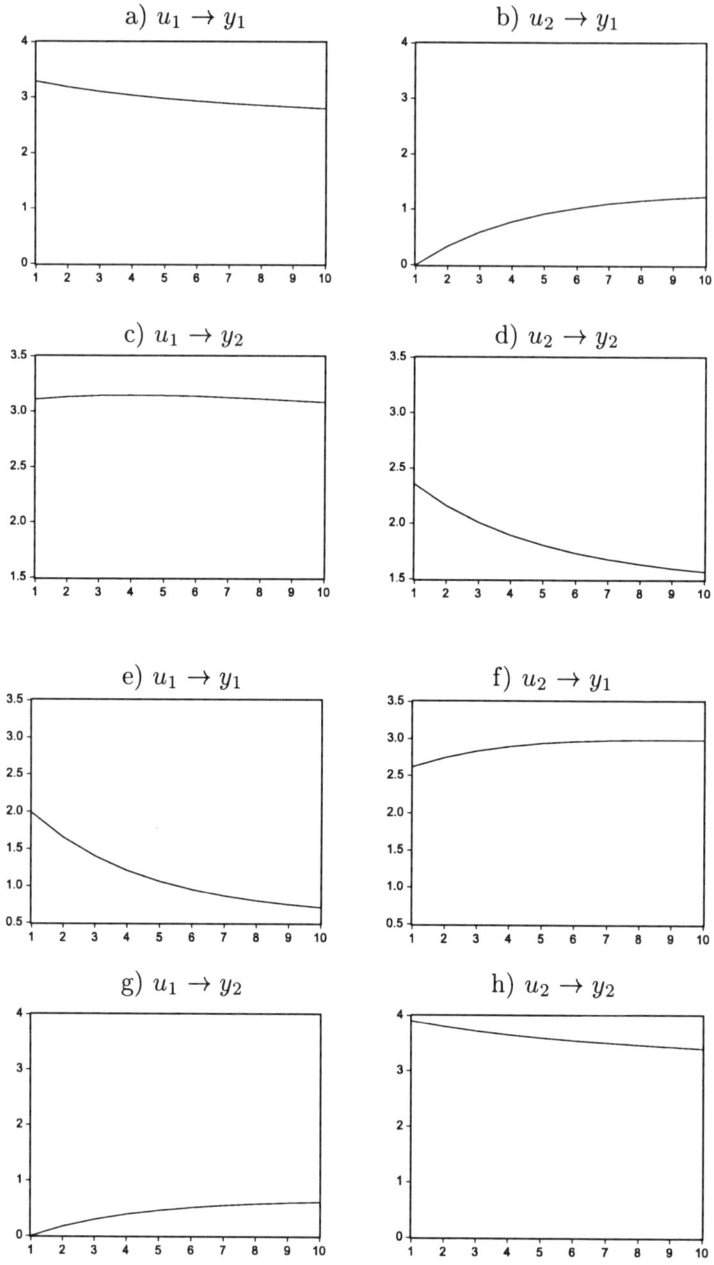

Kapitel 16

Qualitative Einflüsse: Die Verwendung von (0,1)-Regressoren

16.1 Qualitative Regressoren

In den bis jetzt behandelten ökonometrischen Modellen bzw. Gleichungen finden nur quantitative Variablen als Regressanden und Regressoren Verwendung. Jedoch enthalten ökonomische Theorien häufig auch qualitative Variablen. Sicherlich werden in vielen ökonomischen Verhaltensgleichungen qualitative Faktoren wie Geschlecht, Beruf, Religion, Familienstand, die Zugehörigkeit zu bestimmten sozialen Gruppen u.v.m. eine bedeutende Rolle spielen. Aber auch saisonale Einflüsse fallen hierunter: So sind die Werte vieler, nicht nur aggregierter ökonomischer Variablen z.B. im Winterquartal wesentlich anders als im Frühjahrs-, Sommer- oder Herbstquartal. Saisoneinflüsse werden aber erst dann relevant, wenn Beobachtungen in kleineren als jährlichen Zeiteinheiten vorliegen.

All diesen qualitativen Einflüssen kann in Regressionsgleichungen durch Regressoren Rechnung getragen werden, die nur die Werte null und eins annehmen können.[1] Die Verwendung von (0,1)-Regressoren wird an einem Beispiel dargestellt. Sozio-ökonomische Erwägungen sollen zu der Vermutung führen,

[1] In der englischsprachigen Literatur und in einigen deutschsprachigen Abhandlungen heißen diese Regressoren auch **Dummy-Variablen**.

dass die nachgefragte Menge eines Konsumgutes y geschlechtsspezifisch differiert. Sie hängt von dem Marktpreis x und dem Geschlecht des Nachfragers ab. Da die qualitative Variable „Geschlecht“ die beiden Ausprägungen „weiblich“ und „männlich“ hat, wird die Regressionsgleichung zunächst um zwei (0,1)-Regressoren erweitert. Sie lautet dann:

$$y_t = \pi_1 + \pi_2 x_{2t} + \pi_3 x_{3t} + \pi_4 x_{4t} + v_t. \tag{16.1}$$

Die Störvariablen v_t erfüllen die entsprechenden Annahmen des statistischen Modells, sie können aber auch eine periodenabhängige Varianz haben. Die Variable x_{3t} steht für die Ausprägung „weiblich“ und x_{4t} für die Ausprägung „männlich“. Der Wertebereich dieser beiden Variablen ergibt sich dann als:

x_{3t}	Merkmalsausprägung	x_{4t}
1	weiblich	0
0	männlich	1

Die Beobachtungsmatrix $\boldsymbol{X}$ hat beispielsweise für eine Erhebung mit fünf Probanden folgendes Aussehen:

$$\boldsymbol{X} = \begin{array}{c} \begin{array}{cccc} x_{1t} & x_{2t} & x_{3t} & x_{4t} \end{array} \\ \begin{bmatrix} 1 & x_{21} & 1 & 0 \\ 1 & x_{22} & 0 & 1 \\ 1 & x_{23} & 1 & 0 \\ 1 & x_{24} & 1 & 0 \\ 1 & x_{25} & 0 & 1 \end{bmatrix} \end{array} \begin{array}{l} \\ \leftarrow \text{weiblich} \\ \leftarrow \text{männlich} \\ \\ \\ \\ \end{array} . \tag{16.2}$$

Gleichung (16.1) kann mit der OLS-Methode geschätzt werden, wenn der Rang der quadratischen Produktmatrix $(\boldsymbol{X}'\boldsymbol{X})$ gleich ihrer Ordnung ist, in diesem Fall gleich vier. In Gleichung (16.2) ergibt die Summe der Spalten 3 und 4 die erste Spalte. Daher haben die Beobachtungsmatrix $\boldsymbol{X}$ und die Produktmatrix $\boldsymbol{X}'\boldsymbol{X}$ nur den Rang 3. Die Inverse $(\boldsymbol{X}'\boldsymbol{X})^{-1}$ existiert nicht, so dass es bei dem Regressionsansatz (16.1) keine Lösung für den Schätzvektor $\boldsymbol{p}$ gibt. Man bezeichnet eine solche Situation als **Dummy-Variablen-Falle.**[2]

Gleichung (16.2) macht deutlich, dass die Matrix $(\boldsymbol{X}'\boldsymbol{X})$ wegen der Scheinvariablen x_1 und den beiden (0,1)-Regressoren x_{3t} und x_{4t} singulär ist. Man erhält daher wieder eine reguläre Matrix $(\boldsymbol{X}'\boldsymbol{X})$, indem ein (0,1)-Regressor aus Gleichung (16.1) entfernt wird. Allgemein gilt, dass zu einer inhomogenen Regressionsgleichung nur noch $m-1$ Dummy-Variablen hinzukommen dürfen, wobei m die Anzahl der Merkmalsausprägungen der qualitativen Variablen

[2] SUITS (1957).

darstellt. Bei homogenen Regressionsgleichungen entfällt diese Beschränkung; hier entsprechen sich die Anzahl der Dummy-Variablen und die Anzahl der Merkmalsausprägungen. Gleichung (16.1) lautet ohne den Regressor x_{4t}:

$$y_t = \pi_1 + \pi_2 x_{2t} + \pi_3 x_{3t} + v_t. \tag{16.3}$$

Aus der OLS-Schätzung $\hat{y}_t = \hat{p}_1 + \hat{p}_2 x_{2t} + \hat{p}_3 x_{3t}$ lässt sich der Einfluss der beiden Merkmalsausprägungen „weiblich" bzw. „männlich" auf das Nachfrageverhalten ermitteln. Die Nachfragefunktion „weiblicher" bzw. „männlicher" Konsumenten erhält man, indem $x_{3t} = 1$ bzw. $x_{3t} = 0$ gesetzt wird (vgl. Abbildung 16.1):

$$\hat{y}_{wt} = (\hat{p}_1 + \hat{p}_3) + \hat{p}_2 x_{2t},$$
$$\hat{y}_{mt} = \hat{p}_1 \qquad\quad + \hat{p}_2 x_{2t},$$

$\hat{y}_{w(m)}$: Nachfrage weiblicher (männlicher) Konsumenten.

Abb. 16.1: Niveaueffekte qualitativer Regressoren ($\hat{\mathbf{p}}_3 > 0$)

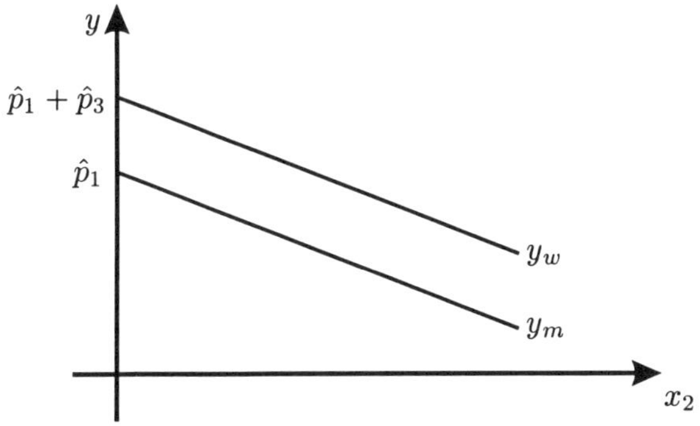

Abbildung 16.1 verdeutlicht, dass die Verwendung des (0,1)-Regressors, wie sie in diesem Beispiel erfolgt, eine Parallelverschiebung der Nachfragefunktion bewirkt. Nur das Nachfrageniveau variiert geschlechtsspezifisch, während der Einfluss des Regressors x_{2t} auf y_t geschlechtsunabhängig ist.

Es ist aber auch denkbar, dass bei manchen Gütern nicht nur das Niveau, sondern auch die Steigung der Nachfragekurve geschlechtsspezifisch determiniert ist. Um die Auswirkungen einer qualitativen Variablen auf das Niveau und die Steigung der Regressionsgleichung zu analysieren, muss in Gleichung (16.3) eine neue (0,1)-Variable x_{4t} eingeführt werden, die definiert wird als: $x_{4t} = x_{2t}x_{3t}$. Diese Variable nimmt den Wert null an, wenn die Beobachtungen von einem männlichen Probanden stammen; bei weiblichen Nachfragern entspricht x_{4t} der Variablen x_{2t}. Die Regressionsgleichung lautet jetzt:

$$y_t = \pi_1 + \pi_2 x_{2t} + \pi_3 x_{3t} + \pi_4 x_{4t} + v_t \quad \text{mit:} \tag{16.4}$$

$$x_{3t} = \begin{cases} 0, & \text{wenn männlich} \\ 1, & \text{wenn weiblich} \end{cases} \quad \text{und}$$

$$x_{4t} = \begin{cases} 0, & \text{wenn männlich} \\ x_{2t}, & \text{wenn weiblich} \end{cases} .$$

Stellt man die Beobachtungsmatrix $\boldsymbol{X}$ für diese Regression auf, wobei die ersten drei Spalten denen der Matrix aus Gleichung (16.2) entsprechen sollen, erhält man:

$$\boldsymbol{X} = \begin{bmatrix} 1 & x_{21} & 1 & x_{21} \\ 1 & x_{22} & 0 & 0 \\ 1 & x_{23} & 1 & x_{23} \\ 1 & x_{24} & 1 & x_{24} \\ 1 & x_{25} & 0 & 0 \end{bmatrix} .$$

In der Regel ist die Produktmatrix $(\boldsymbol{X}'\boldsymbol{X})$ regulär, wenn nicht zufällig gilt: $x_{21} = x_{23} = x_{24}$. Denn dann wäre die letzte Spalte der Matrix $\boldsymbol{X}$ lediglich ein Vielfaches der dritten Spalte. Je größer aber der Stichprobenumfang wird, desto geringer ist diese Gefahr einzuschätzen.

Aus der OLS-Schätzung $\hat{y}_t = \hat{p}_1 + \hat{p}_2 x_{2t} + \hat{p}_3 x_{3t} + \hat{p}_4 x_{4t}$ lassen sich wieder zwei geschlechtsspezifische Nachfragefunktionen ermitteln (vgl. Abbildung 16.2).

Abb. 16.2: Niveau- und Marginaleffekt qualitativer Regressoren

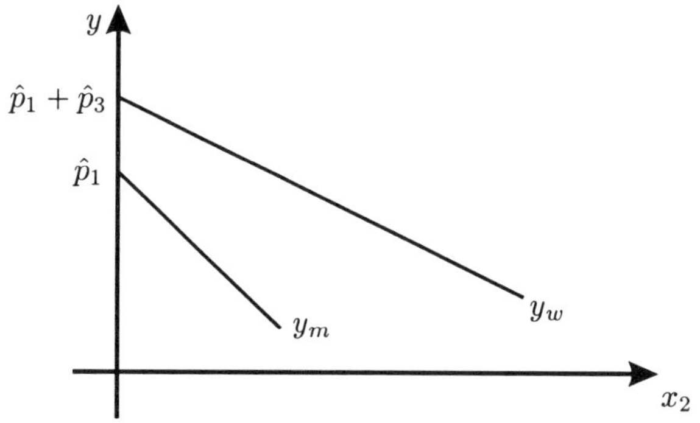

Als Nachfragefunktion weiblicher Konsumenten erhält man :

$$\begin{aligned} \hat{y}_{wt} &= \hat{p}_1 + \hat{p}_2 x_{2t} + \hat{p}_3 + \hat{p}_4 x_{2t} \\ &= (\hat{p}_1 + \hat{p}_3) + (\hat{p}_2 + \hat{p}_4) x_{2t}, \quad \text{da } x_{3t} = 1 \text{ und daher } x_{4t} = x_{2t}. \end{aligned}$$

Für $x_{3t} = 0$ ergibt sich die Nachfragefunktion männlicher Wirtschaftssubjekte:

$$\hat{y}_{mt} = \hat{p}_1 + \hat{p}_2 x_{2t}, \text{ da } x_{3t} = 0 \text{ und deshalb auch } x_{4t} = 0.$$

Die Verwendung von (0,1)-Regressoren erfordert meist ein Datenmaterial in disaggregierter Form; Ausnahmen hiervon können bei der Erfassung saisonaler Einflüsse oder bei Ländervergleichen vorliegen.

Ökonomische Theorien erklären nicht nur stetige abhängige Variablen, sondern auch Entscheidungen von Wirtschaftssubjekten, die sich in der Durchführung oder Nichtdurchführung einer Aktion äußern. Zwei Beispiele hierfür sind

(a) die Entscheidung eines Arbeitnehmers, seine Arbeitskraft in Abhängigkeit seines Anspruchslohns anzubieten oder nicht,

(b) die Entscheidung eines Konsumenten, ein bestimmtes Gut zu kaufen oder nicht.

Solche Entscheidungssituationen bilden die Grundlage **qualitativer Wahlhandlungsmodelle**, bei denen die endogene Variable nicht stetig, sondern diskret variiert. In den beiden Beispielen ist die endogene Variable binär, es liegt daher ein **binäres Wahlhandlungsmodell** vor; mehr als zwei Entscheidungsmöglichkeiten führen zu **multinomialen Wahlhandlungsmodellen**.

Bei Wahlhandlungsmodellen ist der Regressand eine Dummy-Variable. Die klassische Ökonometrie, wie sie in diesem Buch dargestellt wird, ist für die quantitative Analyse solcher Modelle ungeeignet. Das zeigt sich schon allein daran, dass aus stetigen Störvariablen und z.B. binärer endogener Variablen ein Widerspruch entsteht.[3] Die Störvariablen folgen jetzt einer (heteroskedastischen) Zweipunkt-Verteilung.[4] Alle Tests, die eine (stetige) Normalverteilung der Störvariablen voraussetzen, sind nicht mehr anwendbar. Es hat sich daher ein neuer Zweig der quantitativen Wirtschaftsforschung herausgebildet, die **Mikroökonometrie**, deren Anwendungsbereich weit über die regressionsanalytische Behandlung qualitativer abhängiger Variablen hinausgeht. Die Methoden der Mikroökonometrie werden hier nicht weiter verfolgt; dem interessierten Leser seien die Monographien von MADDALA (1983), AMEMIYA (1985) und RONNING (1991) empfohlen.

[3]Dieser Widerspruch entsteht auch bei multinomialen Wahlhandlungsmodellen.

[4]Dies wurde von GOLDBERGER (1964) nachgewiesen.

16.2 Strukturbruchtests

Mit Hilfe von (0,1)-Regressoren kann auch getestet werden, ob Strukturbrüche innerhalb des Beobachtungszeitraumes vorliegen. Vor dem statistisch-ökonometrischen Test sollte eine wirtschaftshistorische Festlegung der Periode des Strukturbruchs erfolgen.[5] Die Zeitreihen der Regressionsvariablen werden in zwei Teilreihen zerlegt, die nicht notwendiger Weise gleich lang sein müssen. Als Trennperiode wählt man diejenige, ab der ein Strukturbruch zu vermuten ist und schätzt auf der Basis dieser beiden Reihen jeweils dieselbe Regressionsgleichung. Weicht wenigstens ein Parameter der einen Gleichung signifikant von dem entsprechenden Parameter der anderen Gleichung ab, liegt ein Strukturbruch vor. Natürlich kann eine Beobachtungsreihe auch mehrere Strukturbrüche enthalten, es sind dann die hierfür geeigneten Unterteilungen vorzunehmen. Strukturbrüche sind ein Anzeichen dafür, dass sich die allgemeinen Bedingungen, deren Konstanz konstituierend für das statistische Modell ist, verändert haben.

Vor der Entwicklung eines Tests mit (0,1)-Regressoren sei kurz der **Chow-Test**[6] zur Ermittlung von Strukturbrüchen behandelt, der auf unabhängigen, normalverteilten Störvariablen mit zeitunabhängiger Varianz basiert. Liegt der vermutete Strukturbruch in der Periode $T_1 + 1$, lassen sich für den Test drei Zeitreihen festlegen. Zeitreihe I umfasst alle Beobachtungen für $t = 1, \ldots, T$; Zeitreihe II diejenigen vor dem Strukturbruch, also für $t = 1, \ldots, T_1$. Zeitreihe III schließlich besteht aus Beobachtungen ab dem Strukturbruch: $t = T_1 + 1, \ldots, T$, deren Anzahl mit T_2 bezeichnet wird. Mit diesen drei Zeitreihen werden drei Schätzungen für dieselbe Regression durchgeführt und jeweils die OLS-Residuen berechnet. Man erhält:

$$\text{Schätzung I:} \quad \sum\nolimits_I = \sum_{t=1}^{T} \hat{v}_t^2 \; : \; T - K \text{ Freiheitsgrade,}$$

$$\text{Schätzung II:} \quad \sum\nolimits_{II} = \sum_{t=1}^{T_1} \hat{v}_t^2 \; : \; T_1 - K \text{ Freiheitsgrade,}$$

$$\text{Schätzung III:} \quad \sum\nolimits_{III} = \sum_{t=T_1+1}^{T} \hat{v}_t^2 \; : \; T_2 - K \text{ Freiheitsgrade.}$$

Die Summe $\sum_I$ ist immer größer oder gleich der Summe $\sum_{II} + \sum_{III}$, weil die geschätzten Regressionen II und III an ihre jeweiligen Teilzeitreihen so mit

[5] Als Beispiel einer wirtschaftshistorischen Festlegung sei der Strukturbruch im Jahr 1973 erwähnt, der durch den sogenannten Ölpreisschock ausgelöst wurde.

[6] CHOW (1960).

der OLS-Methode angepasst werden, dass die Quadratsumme der Residuen hierfür minimal wird, während dies bei der Schätzung I zwar für die gesamte Stützperiode, nicht jedoch notwendigerweise für jede Teilzeitreihe gilt. Aus diesen drei Quadratsummen entsteht eine vierte:

$$\sum_{IV} = \sum_{I} - \left(\sum_{II} + \sum_{III}\right) \quad \text{mit } K \text{ Freiheitsgraden.}$$

Die Nullhypothese lautet: Kein Strukturbruch. Dividiert man die IV. Quadratsumme und die Summe aus der II. und III. Quadratsumme durch die entsprechende Anzahl an Freiheitsgraden, ist das Verhältnis dieser beiden Ausdrücke unter der Nullhypothese F-verteilt[7]:

$$F^{K}_{T-2K} = \frac{\dfrac{\sum_{IV} \hat{v}_t^2}{K}}{\dfrac{\sum_{II} \hat{v}_t^2 + \sum_{III} \hat{v}_t^2}{T-2K}}. \tag{16.5}$$

Liegt kein Strukturbruch vor, gilt: $\sum_I \approx \sum_{II} + \sum_{III}$ und daher $\sum_{IV} \approx 0$. Ist der nach Gleichung (16.5) berechnete F-Wert größer als der tabellierte F-Wert bei gegebenem α-Fehler, lehnt man die H_0-Hypothese: „Kein Strukturbruch" ab. Damit ist der wirtschaftshistorisch festgelegte Strukturbruch statistisch bestätigt.

In dieser Formulierung gibt der Test noch keine Auskunft darüber, wieviele Regressionskoeffizienten von einem Strukturbruch betroffen sind. Eine Verallgemeinerung hinsichtlich dieser Fragestellung und bezüglich der Anzahl der Strukturbrüche ist jedoch möglich.[8]

Ein kürzerer Test resultiert aus der Verwendung von (0,1)-Regressoren. Dieses Verfahren wird für die einfache Regression entwickelt, bei der beide Regressionskoeffizienten auf eine signifikante Veränderung getestet werden. Auch hier teilt die vermutete Strukturbruchperiode $T_1 + 1$ die gesamte Zeitreihe mit dem Umfang T in zwei Teilzeitreihen mit dem Umfang T_1 und T_2 auf. In der Regressionsgleichung (16.4) bedeutet x_{3t} nun eine Dummy-Variable, die den Wert eins annimmt, wenn die Beobachtungen aus der ersten Teilzeitreihe stammen; bei Beobachtungen aus der zweiten Teilzeitreihe ist ihr Wert null (oder umgekehrt). Die Variable x_{4t} ist definiert als: $x_{4t} = x_{2t}x_{3t}$; sie geht wegen des Wertebereichs von x_{3t} nur bei Beobachtungen aus der ersten Teilstichprobe in die Regressionsgleichung ein.

[7]Die Begründung hierfür ist dieselbe wie beim GOLDFELDT-QUANDT Test. Die Zählerfreiheitsgrade der F-Statistik erhält man als: $(T-K) - [(T_1 - K) + (T_2 - K)] = K$; für den Nenner ergibt sich: $(T_1 - K) + (T_2 - K) = T - 2K$.

[8]Vgl. hierzu MÜNNICH (1970).

Aus der Schätzung lassen sich wie bei qualitativen Regressoren zwei Regressionsgleichungen ermitteln. Für die Schätzung mit den T_1 Daten vor dem Strukturbruch erhält man:

$$\hat{y}_t = (\hat{p}_1 + \hat{p}_3) + (\hat{p}_2 + \hat{p}_4)x_{2t}.$$

Die Beobachtungen nach dem Strukturbruch führen zu der Regressionsgleichung:

$$\hat{y}_t = \hat{p}_1 + \hat{p}_2 x_{2t}.$$

Sind die Varianzen der Regressionskoeffizienten berechnet, können die Koeffizienten einem Differenzentest unterworfen werden. Die Nullhypothese geht von keinem Strukturbruch aus. Die Differenzen $d_3 = (p_1 + p_3) - p_1 = p_3$ und $d_4 = (p_2 + p_4) - p_2 = p_4$ sind dann nur zufallsbedingt von null verschieden. Weichen bei gegebenem α-Fehler p_3 und p_4 signifikant von null ab, liegt in der Periode $T_1 + 1$ ein Strukturbruch vor, der sowohl Steigung als auch Achsenabschnitt der Regressionsgeraden signifikant beeinflusst.

Dieser Test ist ohne Schwierigkeiten auf die multiple Regression übertragbar, solange der Strukturbruch nur zu einer Parallelverschiebung der Regressionshyperebene führt. In diesem Fall weichen die beiden Achsenabschnitte signifikant voneinander ab. Will man auch die übrigen Regressionskoeffizienten auf eine signifikante Änderung hin prüfen, müssen genauso viele (0,1)-Regressoren zusätzlich in die Regressionsgleichung aufgenommen werden, wie in ihr zu testende Koeffizienten enthalten sind. Dies kann aber zu einer erheblichen Verringerung der Freiheitsgrade führen, d.h., es bleiben nur noch wenige Beobachtungen für den eigentlichen Schätzprozess übrig. Eine a priori Information über diejenigen Koeffizienten, die von einem Strukturbruch betroffen sein könnten, wäre vorteilhaft, da sie eine Reduktion der notwendigen (0,1)-Regressoren bewirkt.

16.3 Beispiel

Mit dem von CHOW entwickelten Strukturbruchtest soll geprüft werden, ob der Ölpreisschock im Jahre 1973 zu einem Strukturbruch in der Bundesrepublik Deutschland führte. Hierzu wird Regressionsgleichung (7.37) für den gesamten Stützzeitraum 1960 bis 1994 und für die Teilzeiträume 1960 bis 1972 und 1973 bis 1994 geschätzt. Die drei Schätzungen ergeben:

Regression I: $\hat{y}_{1t} = -334,1732 + 1,5592x_{2t}$
Zeitraum: 1960-1994 Freiheitsgrade: 33
Quadratsumme: $\sum_I \hat{v}_t^2 = 426682,9$

Regression II: $\hat{y}_{1t} = -141,8544 + 1,1493x_{2t}$
Zeitraum: 1960-1972 Freiheitsgrade: 11
Quadratsumme: $\sum_{II} \hat{v}_t^2 = 10128,4$

Regression III: $\hat{y}_{1t} = 36,2160 + 1,2318x_{2t}$
Zeitraum: 1973-1994 Freiheitsgrade: 20
Quadratsumme: $\sum_{III} \hat{v}_t^2 = 120319,7.$

Als vierte Quadratsumme erhält man hieraus:

$$\sum\nolimits_{IV} = \sum\nolimits_{I} - \left(\sum\nolimits_{II} + \sum\nolimits_{III}\right) = 426682,9 - (10128,4 + 120319,7)$$
$$= 296234,8.$$

Bei dieser Quadratsumme beträgt die Anzahl der Freiheitsgrade 2.

Gemäß Gleichung (16.5) berechnet sich ein F-Wert von:

$$F_{15}^{2} = \frac{\frac{296234,8}{2}}{\frac{130448,1}{31}} = 35,199.$$

Die Anzahl der Freiheitsgrade im Nenner ergibt sich als Summe der Freiheitsgrade der zweiten und dritten Quadratsumme.

Bei einem α-Fehler von 5% erhält man als kritischen Wert aus der Tabelle der F-Verteilung: $F_{15}^2(\alpha = 0,05) = 3,68$. Da der berechnete F-Wert größer als der Tabellenwert ist, wird die H_0-Hypothese: „Kein Strukturbruch" abgelehnt.

Bei einem Strukturbruchtest mit Dummy-Variablen stehen auch bei der einfachen Regression mehrere Testalternativen zur Auswahl. So kann sich ein Strukturbruch bei beiden oder jeweils nur bei einem Koeffizienten auswirken. Im folgenden Beispiel wird davon ausgegangen, dass Absolutglied und Steigung der Regression von einem möglichen Strukturbruch betroffen sind. Es werden daher in die Regressionsgleichung (7.37) zwei Dummy-Variablen aufgenommen. Man erhält dann:

$$y_{1t} = \pi_1 + \pi_2 x_{2t} + \pi_3 x_{3t} + \pi_4 x_{4t} + v_t \tag{16.6}$$
$$\text{mit } x_{3t} = \begin{cases} 0, & t < 1973 \\ 1, & t \geq 1973 \end{cases} \text{ und } x_{4t} = \begin{cases} 0, & t < 1973 \\ x_{2t}, & t \geq 1973 \end{cases}.$$

Ein Strukturbruch liegt vor, wenn die Schätzungen $\hat{p}_3$ und $\hat{p}_4$ signifikant von null abweichen. Die OLS-Schätzung mit dem Stützzeitraum 1960 bis 1994 lautet:

$$\hat{y}_{1t} = -141,8544 + 1,149294x_{2t} + 178,0703x_{3t} + 0,082516x_{4t}.$$

Bis auf die Schätzung $\hat{p}_2$ sind alle übrigen Koeffizienten bei einem α-Fehler von 5% nicht signifikant von null verschieden. Mit den Dummy-Variablen lässt sich somit kein Strukturbruch identifizieren. Als Regression vor und nach dem Strukturbruch erhält man:

$$\begin{aligned} \hat{y}_{1t} &= -141,8544 + 1,149294x_{2t}, && t < 1973 \text{ und} \\ \hat{y}_{1t} &= 36,2159 + 1,2318x_{2t}, && t \geq 1973. \end{aligned}$$

Der Ölpreisschock hatte somit keine dauerhaften Auswirkungen auf das konsumptive Verhalten der Wirtschaftssubjekte. Bei der Interpretation dieser Ergebnisse sollte beachtet werden, dass der verwendete Regressor die (Brutto-) Investitionen darstellt.

Übungsaufgaben

16.1 a) Wann ist es sinnvoll, (0,1)-Regressoren zu verwenden?

b) Was versteht man unter der Dummy-Variablen-Falle? Welche Rolle spielt hierbei die Scheinvariable?

16.2 Begründen Sie, warum die Summe $\sum_{IV}$ in Gleichung (16.5) fast null ergeben muss, wenn kein Strukturbruch vorliegt? Verdeutlichen Sie Ihre Überlegungen anhand einer Grafik!

16.3 Zeigen Sie die einzelnen Schritte für einen Strukturbruchtest mit (0,1)-Regressoren auf!

Kapitel 17

Schätzverfahren für identifizierbare Modellgleichungen

17.1 Vorzüge der direkten Koeffizientenschätzung

Bei vielen Modellen ist es nützlich, die Modellkoeffizienten direkt und nicht erst über den Umweg der reduzierten Form zu schätzen. Die Gründe hierfür haben entweder rechentechnischen oder schätztechnischen Ursprung.

Aus rechentechnischer Sicht kann es von Nachteil sein, eine Strukturgleichung des Modells (2.6) in ihre reduzierte Form zu transformieren, da dadurch die Anzahl der zu schätzenden Koeffizienten im Allgemeinen zunimmt. Denn in der reduzierten Form hängt jede endogene Variable von allen determinierten Variablen des Modells ab, auch wenn einige dieser Variablen nicht in der ursprünglichen Modellgleichung enthalten sind. Darüber hinaus kann es mitunter umständlich sein, die reduzierte-Form-Koeffizienten nach den Strukturparametern aufzulösen, dies um so eher, je größer die Dimension des Modells ist.

Aus schätztechnischer Sicht lässt sich anführen, dass die Gefahr der Multikollinearität bei reduzierten Formen wegen der Abhängigkeit der endogenen Variablen von allen determinierten Variablen des Modells größer einzuschätzen ist als bei einzelnen Modellgleichungen. Ignoriert man bei der Schätzung der reduzierten-Form-Koeffizienten a priori Restriktionen, die in dem ökonometrischen Modell für die Koeffizienten enthalten sind, führt dies zu einem Effizienzverlust.[1] Der einfachste und beste Weg, alle durch das Modell gegebenen a priori Informationen zu nutzen, ist daher die direkte Schätzung der Strukturparameter. Die Strukturgleichungen eines Modells können einzeln oder simultan geschätzt werden. Bevorzugt man die Einzelgleichungsschätzung, verzichtet man auf einen Teil der a priori Informationen, die in den übrigen Modellgleichungen enthalten sind. Solche Verfahren nennt man deshalb **Schätzmethoden bei beschränkter Information**. Werden hingegen alle Parameter eines Modells direkt und gleichzeitig geschätzt, hat man eine **Methode bei voller Information** angewendet. Es können jedoch nur solche Strukturgleichungen bzw. Modelle geschätzt werden, die genau identifizierbar oder überidentifiziert sind. Ist eine Strukturgleichung unteridentifiziert, sind keine sinnvollen Parameterschätzungen möglich.[2]

In diesem Kapitel werden Schätzverfahren für genau identifizierbare Gleichungen (Modelle) entwickelt. Bei Anwendung dieser Verfahren auf überidentifizierte Gleichungen ist zu beachten, dass sie dann mehrdeutige Ergebnisse liefern. Da ein großer Teil der ökonomischen Theorie zu überidentifizierten Modellen führt, behandelt das folgende Kapitel hierfür geeignete Schätzverfahren.

17.2 Die indirekte Methode der kleinsten Quadrate

Um die Parameter einer Strukturgleichung zu schätzen, muss man diese so umstellen, dass auf der linken Seite nur noch die endogene Variable steht, deren Koeffizient auf den Wert eins normiert wurde. Die erste Gleichung des ökonometrischen Modells (2.5) lautet dann:

$$y_{1t} = \beta_{12}y_{2t} + \ldots + \beta_{1L}y_{L1} + \alpha_{11}x_{1t} + \ldots + \alpha_{1D}x_{Dt} + u_{1t} \quad (17.1)$$
$$\text{mit } x_{1t} \equiv 1.$$

Gemäß der getroffenen Konventionen gilt für die Indizes L und $D : L \leq G$ und $D \leq K$. Ist das Ungleichheitszeichen zutreffend, sind aus Gleichung (17.1) einige Modellvariablen durch Nullrestriktionen für ihre Koeffizienten ausgeschlossen.

[1] Vgl. hierzu KLEIN (1964).

[2] Vereinzelt findet man den Vorschlag, solche Gleichungen ungeachtet ihrer schätztheoretischen Unzulänglichkeiten einfach mit der OLS-Methode zu schätzen. Hiervon ist aber abzuraten, denn unzuverlässige Informationen können schlechter sein als gar keine.

Es soll nun analysiert werden, welche Schätzeigenschaften mit der OLS-Methode bei einer Strukturgleichung zu erzielen sind, wenn mindestens eine endogene Variable als Regressor vorliegt. Ausgangspunkt ist die einfachste Verhaltensgleichung mit Achsenabschnitt, die dieser Bedingung genügt:

$$y_{1t} = \alpha_{11} + \beta_{12} y_{2t} + u_{1t}. \tag{17.2}$$

Die Zufallsvariable u_{1t} ist ein reiner Zufallsprozess mit $\mathrm{E}(u_{1t}) = 0$. Ein überschaubares, identifizierbares Modell, das mit dieser Verhaltensgleichung kompatibel ist und noch keine reduzierte Form darstellt, wird in Verbindung mit den Ausführungen des Kapitels 1 aufgestellt. Damit das Modell vollständig ist, muss es noch eine weitere Gleichung enthalten, in der die zweite endogene Variable y_{2t} und wenigstens eine exogene Variable vorkommen. Um das Modell so einfach wie möglich zu gestalten, wird die zweite Gleichung als Gleichgewichtsbedingung spezifiziert:

$$y_{2t} = y_{1t} + x_{2t}. \tag{17.3}$$

In Gleichung (17.2) korrelieren y_{2t} und u_{1t} wegen Gleichung (17.3). Dies lässt sich zeigen, indem in Gleichung (17.3) die Variable y_{1t} durch Gleichung (17.2) ersetzt und dann nach y_{2t} aufgelöst wird. Man erhält:

$$y_{2t} = \frac{\alpha_{11}}{1-\beta_{12}} + \frac{1}{1-\beta_{12}} x_{2t} + \frac{1}{1-\beta_{12}} u_{1t}, \tag{17.4}$$

wobei β_{12} nicht eins sein darf. Multiplikation dieser Gleichung mit u_{1t} und Berechnung des Erwartungswertes ergibt die Kovarianz zwischen y_{2t} und u_{1t}:

$$\operatorname{cov}(y_2, u_1) = \mathrm{E}(y_{2t} u_{1t}) = \frac{1}{1-\beta_{12}} \mathrm{E}(u_{1t}^2) = \frac{\sigma_{u_1}^2}{1-\beta_{12}}. \tag{17.5}$$

Damit ist Annahme (2.23) des statistischen Modells verletzt, die eine Kovarianz von null zwischen Regressor und Störvariablen verlangt. Wird β_{12} in Gleichung (17.2) direkt mit der OLS-Methode geschätzt, erhält man nach Gleichung (7.15):

$$b_{12} = \frac{\sum (y_{1t} - \bar{y}_1)(y_{2t} - \bar{y}_2)}{\sum (y_{2t} - \bar{y}_2)^2}. \tag{17.6}$$

Um die Auswirkung von $\operatorname{cov}(y_2, u_1) \neq 0$ auf den OLS-Schätzer zu analysieren, substituiert man für $(y_{1t} - \bar{y}_1)$ den Ausdruck $\beta_{12}(y_{2t} - \bar{y}_2) + (u_{1t} - \bar{u}_1)$. Bezeichnet man die Abweichungen der Beobachtungen vom Mittel mit m, geht Gleichung (17.6) über in:

$$b_{12} = \beta_{12} + \frac{\sum (y_{2t} - \bar{y}_2)(u_{1t} - \bar{u}_1)}{\sum (y_{2t} - \bar{y}_2)^2} = \beta_{12} + \frac{\sum m_{y_2} m_{u_1}}{\sum m_{y_2}^2}. \tag{17.7}$$

Die OLS-Schätzfunktion b_{12} ist weder erwartungstreu noch konsistent. Ihre Verzerrtheit folgt unmittelbar aus der Anwendung des Erwartungswertoperators auf Gleichung (17.7), da der Erwartungswert des Quotienten nicht verschwindet. Konsistenz verlangt: $\operatorname*{plim}_{T\to\infty} b_{12} = \beta_{12}$. Nach Erweitern des Bruches in Gleichung (17.7) mit $1/T$ folgt als Wahrscheinlichkeitslimes:

$$\operatorname*{plim}_{T\to\infty} b_{12} = \beta_{12} + \frac{\operatorname{plim}\frac{1}{T}\sum m_{y_2} m_{u_1}}{\operatorname{plim}\frac{1}{T}\sum m_{y_2}^2}. \tag{17.8}$$

Da $\frac{1}{T}\sum m_{y_2} m_{u_1}$ eine konsistente Schätzfunktion für die Kovarianz zwischen y_2 und u_1 ist, gilt: $\operatorname*{plim}_{T\to\infty}\frac{1}{T}\sum m_{y_2} m_{u_1} = \frac{\sigma_{u_1}^2}{1-\beta_{12}}$. Nach Gleichung (17.4) erhält man: $m_{y_2}^2$ als:

$$m_{y_2}^2 = \frac{1}{(1-\beta_{12})^2}(m_{x_2}^2 + 2m_{x_2} m_{u_1} + m_{u_1}^2).$$

Damit gilt für den Nenner in Gleichung (17.8):

$$\begin{aligned}\operatorname*{plim}_{T\to\infty}\frac{1}{T}\sum m_{y_2}^2 = &\frac{1}{(1-\beta_{12})^2}(\operatorname*{plim}_{T\to\infty}\frac{1}{T}\sum m_{x_2}^2 + \operatorname*{plim}_{T\to\infty}\frac{2}{T}\sum m_{x_2} m_{u_1} \\ &+ \operatorname*{plim}_{T\to\infty}\frac{1}{T}\sum m_{u_1}^2).\end{aligned}$$

Nach Gleichung (2.14) existiert $\operatorname*{plim}_{T\to\infty}\frac{1}{T}\sum m_{x_2}^2$; die beiden übrigen Wahrscheinlichkeitsgrenzwerte beziehen sich auf konsistente Schätzfunktionen und betragen daher: $\operatorname*{plim}_{T\to\infty}\frac{1}{T}\sum m_{x_2} m_{u_1} = 0$ und $\operatorname*{plim}_{T\to\infty}\frac{1}{T}\sum m_{u_1}^2 = \sigma_{u_1}^2$. Der Wahrscheinlichkeitsgrenzwert für Gleichung (17.8) ist jetzt gefunden:

$$\begin{aligned}\operatorname*{plim}_{T\to\infty} b_{12} &= \beta_{12} + \frac{\frac{\sigma_{u_1}^2}{1-\beta_{12}}}{\frac{1}{(1-\beta_{12})^2}(\operatorname{plim}\frac{1}{T}\sum m_{x_2}^2 + \sigma_{u_1}^2)} \\ &= \beta_{12} + \frac{(1-\beta_{12})\sigma_{u_1}^2}{\operatorname{plim}\frac{1}{T}\sum m_{x_2}^2 + \sigma_{u_1}^2} \neq \beta_{12}.\end{aligned}$$

Diese Schwäche der OLS-Methode bei Strukturgleichungen ist als „**Kleinste-Quadrate-Verzerrung**" oder als „**simultaneous equation bias**" bekannt.[3] Kommen in einer Regressionsgleichung neben endogenen auch exoge-

[3] HAAVELMO (1943) hat bereits darauf hingewiesen, dass die OLS-Methode für Parameterschätzungen von Strukturgleichungen inadäquat ist.

ne Regressoren vor, überträgt sich diese Schwäche auch auf die Schätzfunktionen dieser Koeffizienten. Eine Ausnahme hiervon bilden nur Strukturgleichungen eines rekursiven Modells: Sie können, wie weiter unten gezeigt wird, mit der OLS-Methode konsistent geschätzt werden.

Transformiert man das aus den Gleichungen (17.2) und (17.3) bestehende Modell in seine reduzierte Form, erhält man als Schätzgleichungen:

$$\begin{aligned} y_{1t} &= \frac{\alpha_1}{1-\beta_{12}} + \frac{\beta_{12}}{1-\beta_{12}} x_{2t} + \frac{1}{1-\beta_{12}} u_{1t} \\ &= \pi_{11} + \pi_{12} x_{2t} + v_t \end{aligned} \tag{17.9}$$

und

$$\begin{aligned} y_{2t} &= \frac{\alpha_1}{1-\beta_{12}} + \frac{1}{1-\beta_{12}} x_{2t} + \frac{1}{1-\beta_{12}} u_{1t} \\ &= \pi_{21} + \pi_{22} x_{2t} + v_t. \end{aligned} \tag{17.10}$$

Die mit der OLS-Methode geschätzten Regressionskoeffizienten π sind jetzt erwartungstreu und konsistent. Bezeichnet man mit p die OLS-Schätzfunktionen, ist es möglich, aus p_{12} einen Schätzer b_{12} für den Strukturparameter β_{12} zu gewinnen.[4] Nach Gleichung (7.15) erhält man p_{12} als:

$$p_{12} = \frac{\sum m_{y_1} m_{x_2}}{\sum m_{x_2}^2}. \tag{17.11}$$

Da p_{12} aber auch gleich $\frac{b_{12}}{1-b_{12}}$ ist, folgt nach Gleichsetzung die Schätzfunktion b_{12} aus $p_{12} = \frac{b_{12}}{1-b_{12}}$ als:

$$\begin{aligned} b_{12} &= \frac{p_{12}}{1+p_{12}} = \frac{\frac{\sum m_{y_1} m_{x_2}}{\sum m_{x_2}^2}}{1 + \frac{\sum m_{y_1} m_{x_2}}{\sum m_{x_2}^2}} \quad \text{wegen Gleichung (17.11)} \\ &= \frac{\sum m_{y_1} m_{x_2}}{\sum m_{x_2}^2 + \sum m_{y_1} m_{x_2}}. \end{aligned} \tag{17.12}$$

Eine weitere Umformungsmöglichkeit ergibt sich, wenn Gleichung (17.3) in Abweichungen vom arithmetischen Mittel geschrieben wird:

$$(y_{2t} - \bar{y}_2) = (y_{1t} - \bar{y}_1) + (x_{2t} - \bar{x}_2).$$

[4] Da es sich hier um ein identifizierbares Modell handelt, kann zur Berechnung von b_{12} genauso gut der Schätzwert p_{22} herangezogen werden.

Multipliziert man diese Gleichung mit $(x_{2t} - \bar{x}_2)$ und summiert über t, führt dies zu:

$$\sum(y_{2t} - \bar{y}_2)(x_{2t} - \bar{x}_2) = \sum(x_{2t} - \bar{x}_2)^2 + \sum(y_{1t} - \bar{y}_1)(x_{2t} - \bar{x}_2)$$

oder:

$$\sum m_{y_2} m_{x_2} = \sum m_{x_2}^2 + \sum m_{y_1} m_{x_2}. \tag{17.13}$$

Gleichung (17.13) in Gleichung (17.12) eingesetzt vereinfacht diese zu:

$$b_{12} = \frac{\sum m_{y_1} m_{x_2}}{\sum m_{y_2} m_{x_2}} = \frac{\sum(y_{1t} - \bar{y}_1)(x_{2t} - \bar{x}_2)}{\sum(y_{2t} - \bar{y}_2)(x_{2t} - \bar{x}_2)}. \tag{17.14}$$

Gleichung (17.14) stellt nun eine Möglichkeit dar, den Strukturparameter β_{12} direkt, und nicht erst über die Schätzfunktionen der reduzierten Form zu schätzen. Man bezeichnet dieses Verfahren als die „**indirekte Methode der kleinsten Quadrate**“ (**ILS-Methode**),[5] da dieses Schätzverfahren über die Auflösung der geschätzten reduzierten-Form-Koeffizienten zustande kommt.

Die statistischen Eigenschaften dieser Schätzfunktion lassen sich leicht nachweisen, wenn Zähler und Nenner des Bruches umgeformt werden. Misst man die Variablen der beiden reduzierte-Form-Gleichungen (17.9) und (17.10) als Abweichungen vom arithmetischen Mittel, multipliziert sie mit $(x_{2t} - \bar{x}_2)$ und summiert über t, entsteht:

$$\begin{aligned} \sum(y_{1t} - \bar{y}_1)(x_{2t} - \bar{x}_2) =& \frac{\beta_{12}}{1-\beta_{12}} \sum(x_{2t} - \bar{x}_2)^2 \\ &+ \frac{1}{1-\beta_{12}} \sum(u_{1t} - \bar{u}_1)(x_{2t} - \bar{x}_2), \end{aligned} \tag{17.15}$$

und

$$\begin{aligned} \sum(y_{2t} - \bar{y}_2)(x_{2t} - \bar{x}_2) =& \frac{1}{1-\beta_{12}} \sum(x_{2t} - \bar{x}_2)^2 \\ &+ \frac{1}{1-\beta_{12}} \sum(u_{1t} - \bar{u}_1)(x_{2t} - \bar{x}_2). \end{aligned} \tag{17.16}$$

Wird Gleichung (17.15) durch Gleichung (17.16) dividiert, erhält man den ILS-Schätzer b_{12}:

$$\begin{aligned} b_{12} &= \frac{\beta_{12} \sum(x_{2t} - \bar{x}_2)^2 + \sum(u_{1t} - \bar{u}_1)(x_{2t} - \bar{x}_2)}{\sum(x_{2t} - \bar{x}_2)^2 + \sum(u_{1t} - \bar{u}_1)(x_{2t} - \bar{x}_2)} \\ &= \frac{\beta_{12} \sum m_{x_2}^2 + \sum m_{u_1} m_{x_2}}{\sum m_{x_2}^2 + \sum m_{u_1} m_{x_2}}. \end{aligned}$$

[5] ILS: Indirect Least Squares.

Bildet man für b_{12} den Erwartungswert, zeigt sich, dass b_{12} keine erwartungstreue Schätzfunktion ist:

$$\mathrm{E}(b_{12}) = \mathrm{E}\left(\frac{\beta_{12}\sum m_{x_2}^2 + \sum m_{u_1}m_{x_2}}{\sum m_{x_2}^2 + \sum m_{u_1}m_{x_2}}\right) \neq \beta_{12}. \tag{17.17}$$

Jedoch lässt sich die Konsistenz der Schätzfunktion b_{12} beweisen:

$$\operatorname*{plim}_{T\to\infty} b_{12} = \frac{\beta_{12}\mathrm{plim}\ \frac{1}{T}\sum m_{x_2}^2 + \mathrm{plim}\ \frac{1}{T}\sum m_{u_1}m_{x_2}}{\mathrm{plim}\ \frac{1}{T}\sum m_{x_2}^2 + \mathrm{plim}\ \frac{1}{T}\sum m_{u_1}m_{x_2}}.$$

Wegen Annahme (2.14) ist $\frac{1}{T}\sum m_{x_2}^2$ endlich, aber größer als null; $\operatorname*{plim}_{T\to\infty} \frac{1}{T}\sum m_{u_1}m_{x_2}$ ist eine konsistente Schätzfunktion für die Kovarianz zwischen x_2 und u_1, die wegen der Exogenität von x_2 in der Grundgesamtheit null ist. Daher gilt:

$$\mathrm{plim} b_{12} = \beta_{12}.$$

An diesem sehr einfachen Modell wird deutlich, dass die eindeutige Auflösung der geschätzten reduzierte-Form-Koeffizienten nach den unbekannten Strukturparametern nur gelingt, wenn das Modell genau identifizierbar ist. Die Koeffizienten der Gleichung (17.2) sind deshalb identifizierbar, da eine im Modell enthaltene Variable von dieser Gleichung ausgeschlossen ist (Abzählkriterium). Die aus den Schätzfunktionen der reduzierten-Form-Koeffizienten durch Auflösung gewonnenen Schätzfunktionen für die Strukturparameter sind nicht mehr erwartungstreu, wohl aber noch konsistent. Der Verlust der Erwartungstreue ist darauf zurückzuführen, dass die Strukturparameter nicht als lineare Funktionen der reduzierten-Form- Koeffizienten vorliegen.

Die ILS-Methode lässt sich für höher dimensionierte ökonometrische Modelle verallgemeinern, solange diese genau identifizierbar sind.[6] Das allgemeine ökonometrische Modell (2.6) mit G endogenen und K determinierten Variablen wird dabei in die reduzierte Form transformiert, jede Gleichung kann dann einzeln mit der OLS-Methode geschätzt werden. Man erhält G OLS-Schätzvektoren $\boldsymbol{p}_g$, die in geeigneter Anordnung eine Matrix $\boldsymbol{P}$ bilden:

$$\boldsymbol{P} = [\boldsymbol{p}_1', \ldots, \boldsymbol{p}_G'] = \begin{bmatrix} p_{11} & \cdots & p_{1K} \\ \vdots & & \vdots \\ p_{G1} & \cdots & p_{GK} \end{bmatrix}.$$

Hieraus gewinnt man Schätzfunktionen für die Strukturparameter α und β, da gilt:

$$(\widehat{\boldsymbol{B}^{-1}\boldsymbol{A}}) = \boldsymbol{P}. \tag{17.18}$$

[6] KHAZZOOM (1976) ist es gelungen, die indirekte Methode der kleinsten Quadrate auch auf überidentifizierte Regressionsgleichung zu übertragen.

Das Zeichen $\wedge$ bedeutet, dass die Elemente der Matrix $(\widehat{\boldsymbol{B}^{-1}\boldsymbol{A}})$ jetzt aus den Schätzern a und b gebildet sind und nicht mehr aus den unbekannten Strukturparametern α und β. Durch Gleichsetzung entsprechender Elemente aus beiden Matrizen erhält man ein GK dimensionales Gleichungssystem, in dem maximal $G(G-1+K)$ unbekannte Strukturparameter enthalten sein können.[7] Das Gleichungssystem ist dann nicht eindeutig nach den Strukturparametern auflösbar. Bei genau identifizierbaren Modellen bewirken aber Nullrestriktionen für einige Koeffizienten der Matrizen $\boldsymbol{A}$ und $\boldsymbol{B}$, dass genau GK unbekannte Strukturparameter übrigbleiben, die dann eindeutig bestimmt werden können. Denn in jeder Gleichung werden jetzt $G-1$ Variablen ausgeschlossen, d.h. ihre Koeffizienten sind null. Insgesamt erhält man $G(G-1)$ Koeffizienten, die null sind. Zieht man diese Anzahl von der maximalen Anzahl $G(G-1)+GK$ ab, bleiben genau GK Koeffizienten übrig.

17.3 Die Instrumentalvariablen-Methode

Eine weitere Möglichkeit des direkten Schätzens einer Strukturgleichung stellt die Instrumentalvariablen-Methode dar. Sie soll zunächst für die einfache Regression entwickelt werden, wobei das einfache ökonometrische Modell, bestehend aus den Gleichungen (17.2) und (17.3), Verwendung findet.

Die **Instrumentalvariablenmethode (IV-Methode)** folgt aus der OLS-Methode, indem man letztere so ändert, dass sich auch bei endogenen Variablen als Regressoren konsistente Parameterschätzer einstellen. Für diese Entwicklung ist es vorteilhaft, den Schätzvorgang der OLS-Methode in leicht abgewandelter Form an Gleichung (17.2) zu demonstrieren. Um β_{12} zu schätzen, schreibt man diese Gleichung zunächst als Abweichung von den jeweiligen Mittelwerten:

$$y_{1t}-\bar{y}_1=\beta_{12}(y_{2t}-\bar{y}_2)+(u_{1t}-\bar{u}_1). \tag{17.19}$$

Multiplikation mit $(y_{2t}-\bar{y}_2)$ und Summation über t führen zu:

$$\sum(y_{1t}-\bar{y}_1)(y_{2t}-\bar{y}_2)=\beta_{12}\sum(y_{2t}-\bar{y}_2)^2+\sum(u_{1t}-\bar{u}_1)(y_{2t}-\bar{y}_2). \tag{17.20}$$

Die OLS-Methode schätzt nun β_{12} so, dass hieraus ein Schätzer für $\sum(u_{1t}-\bar{u}_1)\times(y_{2t}-\bar{y}_2)$ entsteht, der null ist. Diese Schätzfunktion wird durch $\sum(\hat{u}_{1t}-\bar{\hat{u}})(y_{2t}-\bar{y}_2)=0$ gegeben (vgl. Gleichung (7.21)). Aus Gleichung (17.20) folgt daher die OLS-Schätzfunktion b_{12} für $\sum(u_{1t}-\bar{u}_1)(y_{2t}-\bar{y}_2)=0$.

[7] Diese Anzahl entsteht, weil jede der G Gleichungen maximal K unbekannte Koeffizienten der exogenen und wegen der Normierungsregel $G-1$ unbekannte Koeffizienten der endogenen Variablen umfassen kann.

Bei der Regressionsgleichung (17.2) ist dieser Schätzer aber verzerrt, da die Kovarianz zwischen y_{2t} und u_{1t} gemäß Gleichung (17.5) ungleich null ist. Hieraus entsteht die Inkonsistenz der OLS-Schätzfunktion bei Strukturgleichungen mit endogenen Variablen als Regressoren. Multipliziert man hingegen Gleichung (17.19) mit $(x_{2t}-\bar{x}_2)$ anstelle von $(y_{2t}-\bar{y}_2)$, begeht man keinen Fehler, wenn β_{12} so geschätzt wird, dass der daraus resultierende Schätzer für $\sum(u_{1t}-\bar{u}_1)(x_{2t}-\bar{x}_2)$ den Wert null annimmt: Der Erwartungswert dieses Kreuzmomentes ist selbst null, weil x_{2t} eine exogene Variable darstellt:

$$E[\sum(u_{1t} - \bar{u}_1)(x_{2t} - \bar{x}_2)] = 0.$$

Gleichung (17.19) wird dann zu:

$$\begin{aligned}\sum(y_{1t} - \bar{y}_1)(x_{2t} - \bar{x}_2) =&\beta_{12} \sum(y_{2t} - \bar{y}_2)(x_{2t} - \bar{x}_2) \\ &+ \sum(u_{1t} - \bar{u}_1)(x_{2t} - \bar{x}_2).\end{aligned} \tag{17.21}$$

Aus dieser Gleichung resultiert die IV-Schätzfunktion, indem die letzte Summe auf der rechten Seite gleich null gesetzt wird:

$$\sum(y_{1t} - \bar{y}_1)(x_{2t} - \bar{x}_2) = b_{12} \sum(y_{2t} - \bar{y}_2)(x_{2t} - \bar{x}_2). \tag{17.22}$$

Man bezeichnet diese Gleichung als **Quasi-Normalgleichung**. Nach b_{12} aufgelöst erhält man:

$$b_{12} = \frac{\sum(y_{1t} - \bar{y}_1)(x_{2t} - \bar{x}_2)}{\sum(y_{2t} - \bar{y}_2)(x_{2t} - \bar{x}_2)} : \quad \text{IV-Schätzfunktion.} \tag{17.23}$$

Da die Instrumentalvariablenmethode zu der gleichen Schätzfunktion wie die ILS-Methode führt, ist sie auch konsistent, aber nicht erwartungstreu. Die Variable x_{2t} nennt man **Instrumentalvariable**; an sie sind folgende Anforderungen geknüpft:

(1) Sie darf nicht mit den Störvariablen korrelieren.

(2) Sie soll sowohl mit der durch die Strukturgleichung zu erklärenden als auch mit der zu ersetzenden endogenen Variablen stark korrelieren.

(3) Kommen noch weitere Regressoren in der Regressionsgleichung vor, so soll sie mit diesen möglichst gering korrelieren, damit das Problem der Multikollinearität in Schranken gehalten wird.

Der Achsenabschnitt α_{11} wird nun mit der IV-Methode so geschätzt, dass sich ein Schätzer $\frac{1}{T}\sum \hat{u}_t$ einstellt, der den gleichen Wert wie der Erwartungswert

$E(u_t)$ annimmt. Es muss somit gelten:

$$\frac{1}{T}\sum \hat{u}_t = 0, \quad \text{wegen } E(u_t) = 0.$$

Hieraus folgt: $\sum \hat{u}_t = 0$. Unter Beachtung dieser Vorschrift erhält man die Schätzfunktion a_{11} für α_{11} nach folgenden Umformungen. Aus $y_{1t} = \hat{y}_{1t} + \hat{u}_{1t}$ folgt nach Substitution von $\hat{y}_{1t}$ durch $a_{11} + b_{12}y_{2t}$: $y_{1t} = a_{11} + b_{12}y_{2t} + \hat{u}_{1t}$. Summation über t und Division durch T ergeben: $\bar{y}_1 = a_{11} + b_{12}\bar{y}_2$, weil $\frac{1}{T}\sum \hat{u}_{1t} = 0$. Nach a_{11} aufgelöst ergibt:

$$a_{11} = \bar{y}_1 - b_{12}\bar{y}_2 \quad : \text{IV-Schätzfunktion.} \tag{17.24}$$

Schließlich kann eine asymptotische Varianz der Schätzwerte berechnet werden. Dies sei für den Koeffizienten b_{12} durchgeführt. Dividiert man Gleichung (17.21) durch $\sum(y_{2t} - \bar{y}_2)(x_{2t} - \bar{x}_2)$, wird die IV-Schätzfunktion zu:

$$b_{12} = \frac{\sum m_{y_1} m_{x_2}}{\sum m_{y_2} m_{x_2}} = \beta_{12} + \frac{\sum m_{u_1} m_{x_2}}{\sum m_{y_2} m_{x_2}}. \tag{17.25}$$

In die Varianzformel $\text{var}(b_{12}) = E[b_{12} - E(b_{12})]^2$ setzt man nun für b_{12} die rechte Seite von Gleichung (17.25) und für $E(b_{12})$ den wahren Strukturparameter β_{12} ein, obwohl letzteres erst für $T \to \infty$ gerechtfertigt ist, da bei endlichen Stichproben keine Erwartungstreue für b_{12} vorliegt. Man erhält dann den Mean-Square-Error (MSE):

$$\text{MSE}(b_{12}) = E\left[\frac{\sum m_{u_1} m_{x_2}}{\sum m_{y_2} m_{x_2}}\right]^2. \tag{17.26}$$

Eine weitere Berechnung des Erwartungswertes ist nun nicht mehr möglich, da sowohl Zähler als auch Nenner Zufallsvariablen darstellen. Es lässt sich aber eine Formel für den Mean-Square-Error unter der Annahme entwickeln, dass nicht nur x_{2t}, sondern auch y_{2t} vorgegeben ist und daher beide Variablen nicht mit u_{1t} korrelieren. Gleichung (17.26) wird dann zu:

$$\text{MSE}(b_{12}) = \sigma_u^2 \frac{\sum m_{x_2}^2}{(\sum m_{y_2} m_{x_2})^2}. \tag{17.27}$$

Obwohl die Annahme bezüglich der Variablen y_{2t} offensichtlich falsch ist, da diese Variable gemäß Gleichung (17.5) mit der Störvariablen u_{1t} korreliert, hat man mit Gleichung (17.27) wenigstens noch eine asymptotische Varianz für b_{12} gewonnen.[8] Weil σ_u^2 unbekannt ist, muss dieser Wert auf die übliche

[8] Vergleiche hierzu GOLDBERGER (1964), S. 295ff.

Weise aus den Residuen geschätzt werden:

$$s_u^2 = \frac{\hat{v}'_{IV}\hat{v}_{IV}}{T-2} \tag{17.28}$$

$\hat{v}_{IV}$: Vektor der Residuen der IV-Methode.

Die Methode der Instrumentalvariablen lässt sich auch bei einer multiplen Strukturgleichung anwenden. In einem G-dimensionalen Modell mit G endogenen und K determinierten Variablen wird die erste Gleichung direkt geschätzt:

$$\begin{aligned} & y_{1t} + \beta_{12}y_{2t} + \ldots + \beta_{1L}y_{Lt} + \alpha_{11}x_{1t} + \ldots + \alpha_{1D}x_{Dt} = u_{1t}, \\ & \beta_{11} = 1. \end{aligned} \tag{17.29}$$

Es sei angenommen, dass diese Gleichung genau identifizierbar ist. Dann ist nach dem Abzählkriterium die Anzahl der aus dieser Gleichung ausgeschlossenen Modellvariablen gleich $G-1$; d.h. es gilt:

$$\begin{aligned} G - L + K - D &= G - 1 \quad \text{oder:} \\ K &= D + L - 1. \end{aligned}$$

Die Anzahl der in Gleichung (17.29) zu schätzenden Regressionskoeffizienten beträgt $D+L-1$, da wegen der Normierungsregel $\beta_{11} = 1$ ist. Um diese Koeffizienten mit der IV-Methode zu schätzen, benötigt man $D+L-1$ Quasi-Normalgleichungen und somit K determinierte Variablen als Instrumente. Da das Modell aber genau K determinierte Variablen als Regressoren enthält, können diese Quasi-Normalgleichungen aufgestellt werden. Aber nicht nur bei genau identifizierbaren, sondern auch bei überidentifizierten Regressionsgleichungen ist die IV-Methode anwendbar. In diesem Fall gilt:

$$K > D + L - 1.$$

Es stehen somit mehr Instrumentalvariablen zur Verfügung, als für die $D+L-1$ Quasi-Normalgleichungen erforderlich sind. Die Auswahl geeigneter Instrumentalvariablen ist dann jedoch willkürlich; man sollte deshalb bei überidentifizierten Modellen auf diese Methode verzichten.[9]

Ist eine Gleichung (Modell) unteridentifiziert, lassen sich die zur Schätzung notwendigen Quasi-Normalgleichungen nicht aufstellen und die Koeffizienten noch nicht einmal mit minimalen statistischen Eigenschaften schätzen.

[9]Will man mit dieser Methode dennoch schätzen, sollten diejenigen Variablen als Instrumente gewählt werden, die den drei aufgestellten Bedingungen am besten genügen.

Um den Schätzvektor der IV-Methode für die multiple Regression herzuleiten, wird Gleichung (17.29) nach y_{1t} aufgelöst. Unter Einbeziehung der Stichprobe ergibt sich in Matrixschreibweise:

$$\boldsymbol{y} = \boldsymbol{X}\boldsymbol{\pi} + \boldsymbol{u}. \tag{17.30}$$

In der Matrix $\boldsymbol{X}$ repräsentieren die ersten $L-1$ Spalten die Beobachtungen der endogenen Regressoren $y_{2t}, \ldots, y_{Lt}$. Dementsprechend sind die ersten $L-1$ Elemente des Vektors $\boldsymbol{\pi}$ die Koeffizienten dieser Regressoren. Aus der Matrix $\boldsymbol{X}$ wird nun eine neue Matrix $\boldsymbol{Z}$ gebildet, indem man die $L-1$ endogenen Regressoren durch Instrumentalvariablen ersetzt, die im Modell, nicht jedoch in der zu schätzenden Gleichung vorkommen. Die Anzahl der aus Gleichung (17.29) ausgeschlossenen determinierten Variablen beträgt $K-D$, wegen der Identifizierbarkeit der zu schätzenden Gleichung gilt: $L-1 = K-D$. Damit liegen genau die zur Substitution der endogenen Regressoren benötigten Instrumentalvariablen vor. Die Matrix $\boldsymbol{Z}$ besteht jetzt nur noch aus determinierten Variablen. Multipliziert man Gleichung (17.30) von links mit $\boldsymbol{Z}'$, führt dies zu:

$$\boldsymbol{Z}'\boldsymbol{y} = \boldsymbol{Z}'\boldsymbol{X}\boldsymbol{\pi} + \boldsymbol{Z}'\boldsymbol{u}. \tag{17.31}$$

Da gilt: $\mathrm{E}(\boldsymbol{Z}'\boldsymbol{u}) = \boldsymbol{0}$, wird der Vektor $\boldsymbol{\pi}$ nun so geschätzt, dass daraus eine Schätzfunktion für $\boldsymbol{Z}'\boldsymbol{u}$ resultiert, die mit dem Erwartungswert übereinstimmt. Unter Beachtung dieser Vorschrift geht Gleichung (17.31) über in:

$$\boldsymbol{Z}'\boldsymbol{y} = \boldsymbol{Z}'\boldsymbol{X}\boldsymbol{p}. \tag{17.32}$$

Nach $\boldsymbol{p}$ aufgelöst erhält man:

$$\boldsymbol{p}_{IV} = (\boldsymbol{Z}'\boldsymbol{X})^{-1}\boldsymbol{Z}'\boldsymbol{y}. \tag{17.33}$$

Der Schätzvektor $\boldsymbol{p}_{IV}$ der Instrumentalvariablen-Methode liefert konsistente Schätzfunktionen. Dies wird nachgewiesen, indem man $\boldsymbol{y}$ durch Gleichung (17.30) ersetzt und dann den Wahrscheinlichkeitslimes bildet. Aus

$$\begin{aligned}\boldsymbol{p}_{IV} &= (\boldsymbol{Z}'\boldsymbol{X})^{-1}\boldsymbol{Z}'(\boldsymbol{X}\boldsymbol{\pi} + \boldsymbol{u}) = (\boldsymbol{Z}'\boldsymbol{X})^{-1}\boldsymbol{Z}'\boldsymbol{X}\boldsymbol{\pi} + (\boldsymbol{Z}'\boldsymbol{X})^{-1}\boldsymbol{Z}'\boldsymbol{u}\\ &= \boldsymbol{\pi} + (\boldsymbol{Z}'\boldsymbol{X})^{-1}\boldsymbol{Z}'\boldsymbol{u},\end{aligned}$$

folgt:

$$\operatorname*{plim}_{T\to\infty} \boldsymbol{p}_{IV} = \boldsymbol{\pi} + \operatorname*{plim}_{T\to\infty} [(\frac{1}{T}\boldsymbol{Z}'\boldsymbol{X})^{-1}(\frac{1}{T}\boldsymbol{Z}'\boldsymbol{u})]. \tag{17.34}$$

Da der Wahrscheinlichkeitslimes für das Produkt zweier Zufallsvariablen gleich dem Produkt der Wahrscheinlichkeitsgrenzwerte der einzelnen Zufallsvariablen ist, auch wenn diese wie hier stochastisch abhängig sind, kann der letzte Term in Gleichung (17.34) umgeformt werden:

$$\underset{T\to\infty}{\text{plim}}\,[(\frac{1}{T}\boldsymbol{Z}'\boldsymbol{X})^{-1}(\frac{1}{T}\boldsymbol{Z}'\boldsymbol{u})] = \underset{T\to\infty}{\text{plim}}\,(\frac{1}{T}\boldsymbol{Z}'\boldsymbol{X})^{-1}\underset{T\to\infty}{\text{plim}}\,(\frac{1}{T}\boldsymbol{Z}'\boldsymbol{u}).$$

Weil gilt: $\underset{T\to\infty}{\text{plim}}\,(\frac{1}{T}\boldsymbol{Z}'\boldsymbol{u}) = \boldsymbol{0}$, geht Gleichung (17.34) über in:

$$\underset{T\to\infty}{\text{plim}}\,\boldsymbol{p}_{IV} = \boldsymbol{\pi}. \tag{17.35}$$

Die stochastische Abhängigkeit eines Teils der Elemente von $\boldsymbol{X}$ mit den Elementen des Vektors $\boldsymbol{u}$ führt dazu, dass $\boldsymbol{p}_{IV}$ nicht erwartungstreu ist.

Auch bei der multiplen Regression stellt sich aus den gleichen Gründen wie bei der einfachen Regression für die IV-Schätzwerte nur eine asymptotische Kovarianzmatrix ein. Für einen endlichen Stichprobenumfang T kann nur der mittlere quadratische Fehler angegeben werden. Aus $\boldsymbol{p} - \boldsymbol{\pi} = (\boldsymbol{Z}'\boldsymbol{X})^{-1}\boldsymbol{Z}'\boldsymbol{u}$ folgt:

$$\begin{aligned} \text{MSE}(\boldsymbol{p}_{IV}) &= \text{E}[(\boldsymbol{p}-\boldsymbol{\pi})(\boldsymbol{p}-\boldsymbol{\pi})'] = (\boldsymbol{Z}'\boldsymbol{X})^{-1}\boldsymbol{Z}'\text{E}(\boldsymbol{u}\boldsymbol{u}')\boldsymbol{Z}(\boldsymbol{X}'\boldsymbol{Z})^{-1} \\ &= \sigma_u^2(\boldsymbol{Z}'\boldsymbol{X})^{-1}\boldsymbol{Z}'\boldsymbol{Z}(\boldsymbol{X}'\boldsymbol{Z})^{-1}. \end{aligned} \tag{17.36}$$

Ein Schätzwert für σ_u^2 läßt sich analog zu Gleichung (17.28) berechnen, wobei der Nenner jetzt durch $T - K$ gegeben wird.

Liegt ein ökonometrisches Modell in rekursiver Form vor, ist es identifizierbar. Die Annahme (2.18) wirkt als identifizierende Restriktion, denn das Abzählkriterium versagt hier. Bildet man gemäß Gleichung (12.73) die Kovarianzmatrix $\boldsymbol{\Sigma}$ für alle im Modell enthaltenen Störvariablen, erhält man eine Diagonalmatrix:

$$\text{E}(\boldsymbol{u}\boldsymbol{u}') = \boldsymbol{\Sigma} = \begin{bmatrix} \sigma_{u_1}^2 & 0 & & \dots & 0 \\ 0 & \sigma_{u_2}^2 & 0 & \dots & 0 \\ \vdots & \vdots & & \dots & 0 \\ 0 & 0 & & \dots\ 0 & \sigma_{u_G}^2 \end{bmatrix}, \tag{17.37}$$

mit $\boldsymbol{u}' = (u_1, u_2, \dots, u_G)$.

Bei Berücksichtigung der Beobachtungsperioden repräsentieren die einzelnen Elemente $\sigma_{u_i}^2$, $i = 1, \dots, G$ selbst Kovarianzmatrizen, die bei nicht autokorrelierenden Störvariablen wiederum Diagonalform aufweisen.

Jede umkehrbare Lineartransformation überführt ein rekursives Modell in ein neues Modell, bei dem die Diagonalgestalt der Kovarianzmatrix verletzt wird, es sei denn, die Transformationsmatrix entspricht der Einheitsmatrix

I. Zu einem rekursiven Modell existiert somit kein beobachtungsäquivalentes Modell, es ist daher identifizierbar.

Schreibt man ein rekursives Modell aus, erhält man ein G-dimensionales Gleichungssystem, wobei nicht alle α-Koeffizienten von null verschieden sein müssen.

$$
\begin{array}{lllllll}
y_{1t} & & & & & + \sum\limits_{k=1}^{K} \alpha_{1k} x_{kt} & = u_{1t} \\
\beta_{21} y_{1t} & + \quad y_{2t} & & & & + \sum\limits_{k=1}^{K} \alpha_{2k} x_{kt} & = u_{2t} \\
\beta_{31} y_{1t} & + \beta_{32} y_{2t} & + \quad y_{3t} & & & + \sum\limits_{k=1}^{K} \alpha_{3k} x_{kt} & = u_{3t} \\
\vdots & & & & & \vdots & \\
\beta_{G1} y_{1t} & + \beta_{G2} y_{2t} & + \beta_{G3} y_{3t} & + \ldots & + y_{Gt} & + \sum\limits_{k=1}^{K} \alpha_{Gk} x_{kt} & = u_{Gt}.
\end{array}
$$

Man darf die erste Gleichung mit der OLS-Methode schätzen, da in ihr nur determinierte Variablen als Regressoren vorkommen. In der zweiten Gleichung ist y_{1t} der einzige endogene Regressor, der jedoch nicht von u_{2t} abhängt, weil von y_{2t} kein Einfluss auf y_{1t} ausgeht und die Störvariablen u_{1t} sowie u_{2t} stochastisch unabhängig sind. Damit können alle Regressoren der zweiten Gleichung wie determinierte Variablen behandelt werden, die von u_{2t} stochastisch unabhängig sind. Analog hierzu sind in der dritten Gleichung neben x_{kt}, $k = 1, \ldots, K$ die beiden Regressoren y_{1t} und y_{2t} von u_{3t} stochastisch unabhängig. Jede Gleichung des rekursiven Modells kann daher nacheinander mit der OLS-Methode geschätzt werden. Die Schätzfunktionen sind konsistent. Liegen keine verzögert endogenden Variablen als Regressoren vor, sind sie sogar erwartungstreu. Der Nachweis dieser Eigenschaften erfolgte bereits in den Kapiteln 8 und 14.

17.4 Beispiel

Mit der Instrumentalvariablen-Methode liegt ein Schätzverfahren vor, das eine direkte Quantifizierung der Modellparameter – und nicht erst über die reduzierte Form – erlaubt. Um hiermit die marginale Konsumneigung β_{12} der in Abschnitt 7.5 eingeführten Konsumfunktion zu schätzen, benötigt man noch die Daten für die Variable y_{2t} der Jahre 1982 bis 1994. Um eine Vergleichbarkeit mit den Schätzergebnissen des Abschnitts 7.5 zu erreichen, wurde y_{2t} als Bruttoinlandsprodukt zu Preisen des Jahres 1991 ohne Außenbeitrag gemessen, da das betrachtete Modell eine geschlossene Volkswirtschaft beschreibt.

Als Zeitreihe für y_{2t} und als arithmetische Mittel $\bar{y}_1, \bar{y}_2$ und $\bar{x}_2$ erhält man:

t	y_{2t} (Mrd. DM)	t	y_{2t} (Mrd. DM)
1982	1899,30	1989	2299,55
1983	1956,61	1990	2609,73
1984	1983,76	1991	2955,16
1985	1993,14	1992	3035,48
1986	2062,83	1993	2957,93
1987	2114,48	1994	3046,64
1988	2200,01		

$$\bar{y}_1 = 1355,32 \text{ (Mrd. DM)}$$
$$\bar{y}_2 = 2393,43 \text{ (Mrd. DM)}$$
$$\bar{x}_2 = 1038,11 \text{ (Mrd. DM)}$$

Es können jetzt alle für die IV-Schätzung notwendigen Größen berechnet werden. Gemäß Gleichung (17.23) ergibt sich für $\hat{b}_{12}$:

$$\hat{b}_{12} = \frac{\sum(y_{1t} - \bar{y}_1)(x_{2t} - \bar{x}_2)}{\sum(y_{2t} - \bar{y}_2)(x_{2t} - \bar{x}_2)} = \frac{625426,5018}{1202836,191} = 0,52.$$

Dasselbe Ergebnis wurde bereits in Abschnitt 7.5 durch Auflösung des reduzierten-Form-Koeffizienten $\hat{p}_2$ nach $\hat{b}_{12}$ gefunden. Da beide Vorgehensweisen theoretisch übereinstimmen, erklären sich eventuell vorkommende numerische Abweichungen durch Rundungsfehler.

Übungsaufgaben

17.1 Was versteht man unter der „Kleinste-Quadrate-Verzerrung“ und wodurch entsteht sie?

17.2 Warum versagt bei unteridentifizierten Strukturgleichungen die indirekte Methode der kleinsten Quadrate?

17.3 a) Welchen Anforderungen müssen Regressoren genügen, damit sie als Instrumentalvariablen verwendet werden können?

b) Welche statistischen Eigenschaften besitzen die mit der IV-Methode gewonnenen Schätzfunktionen?

17.4 Warum entsteht bei überidentifizierten Modellen ein Problem bei der Wahl geeigneter Instrumentalvariablen?

17.5 a) Zeigen Sie, dass ein Modell in rekursiver Form immer insgesamt identifizierbar ist!

b) Warum können die Gleichungen eines solchen Modells einzeln mit der OLS-Methode direkt geschätzt werden?

17.6 Entwickeln Sie ausführlich Gleichung (17.36)! (Hinweis: Gehen sie von Gleichung (17.33) aus).

17.7 Es sei $z = \frac{1}{T} \sum m_{u_1} m_{x_2}$. Zeigen Sie, dass z eine konsistente Schätzfunktion für die Kovarianz $\text{cov}(x_2, u_1)$ ist!

17.8 Zeigen Sie, dass aus Gleichung (17.26) bei gegebenem y_{2t} Gleichung (17.27) folgt!

Kapitel 18

Schätzverfahren für überidentifizierte Modellgleichungen

18.1 Die zweistufige Methode der kleinsten Quadrate

Während die Schätzverfahren des vorangegangenen Kapitels nur bei genau identifizierbaren Strukturgleichungen angewendet werden sollten, unterliegen die Methoden zur Schätzung überidentifizierter Strukturgleichungen keiner analogen Beschränkung. Ihr Anwendungsbereich ist daher allgemeiner; sie können auch bei genau identifizierbaren Strukturgleichungen herangezogen werden.

Das bekannteste Verfahren zur Schätzung überidentifizierter Strukturgleichungen ist die **zweistufige Methode der kleinsten Quadrate (2SLS)**[1]. Für Gleichung (17.29), die aus einem G endogene und K determinierte Variablen umfassenden Modell stammt, gilt nun, dass die Anzahl der von ihr ausgeschlossenen Modellvariablen größer als $G-1$ ist:

$$y_{1t} = \beta_{12}y_{2t} + \ldots + \beta_{1L}y_{Lt} + \alpha_{11}x_{1t} + \ldots + \alpha_{1D}x_{Dt} + u_{1t} \quad (18.1)$$
$$\text{mit } G - L + K - D > G - 1, \quad x_{1t} = 1 \text{ für alle } t.$$

[1] 2SLS: 2-Stage Least Squares. Diese Methode wurde von THEIL (1953) und BASMANN (1957) entwickelt.

Um den allgemeinsten Fall eines interdependenten Modells analysieren zu können, soll die Annahme (2.18) hier nicht zusätzlich eingeführt werden: Die Störvariablen der einzelnen Gleichungen korrelieren untereinander kontemporär. Damit sind auch alle endogenen Regressoren in Gleichung (18.1) von u_{1t} stochastisch abhängig. Aber selbst wenn Annahme (2.18) gültig wäre, lässt sich bei einem nicht rekursiven, interdependenten Modell zeigen, dass einige endogene Regressoren von der Störvariablen u_{1t} abhängig sein müssen. Es handelt sich dabei um jene Variablen $y_{2t}, y_{3t}, \ldots$, die in ihren Modellgleichungen selbst durch y_{1t} erklärt werden; damit entsteht aber auch eine Abhängigkeit von u_{1t}.

Berücksichtigt man die Beobachtungen, lassen sich für die Variablen der Gleichung (18.1) folgende Matrizen bzw. Vektoren bilden:

$$\boldsymbol{Y}_1 = \begin{bmatrix} y_{21} & \cdots & y_{L1} \\ \vdots & & \vdots \\ y_{2T} & \cdots & y_{LT} \end{bmatrix} :$$ Beobachtungsmatrix der endogenen Regressoren in Gleichung (18.1).

$$\boldsymbol{y}_1 = (y_{1t}, \ldots, y_{1T})' :$$ Spaltenvektor der Beobachtungen des Regressanden.

$$\boldsymbol{X} = \left[\begin{array}{ccc|ccc} x_{11} & \cdots & x_{D1} & x_{D+1,1} & \cdots & x_{K1} \\ \vdots & & \vdots & \vdots & & \vdots \\ x_{1T} & \cdots & x_{DT} & x_{D+1,T} & \cdots & x_{KT} \end{array}\right] :$$ Beobachtungsmatrix aller im Modell enthaltenen determinierten Variablen.

Diese Matrix wird so zerlegt (gestrichelte Linie), dass eine Teilmatrix $\boldsymbol{X}_1$ entsteht, die nur die determinierten Variablen der Gleichung (18.1) enthält und in eine Teilmatrix $\boldsymbol{X}_A$, in der alle von dieser Gleichung ausgeschlossenen determinierten Variablen zusammengefasst sind:

$$\boldsymbol{X} = (\boldsymbol{X}_1\ \boldsymbol{X}_A), \quad \boldsymbol{X}_1 = \begin{bmatrix} x_{11} & \cdots & x_{D1} \\ \vdots & & \vdots \\ x_{1T} & \cdots & x_{DT} \end{bmatrix}.$$

Zwischen keinem beliebigen Paar der in dem Modell enthaltenen determinierten Variablen soll exakte Multikollinearität vorliegen. Der Rang von $\boldsymbol{X}$ ist dann gleich K. Die gleiche Annahme soll auch für die Gruppe der endogenen Variablen zutreffen. Die Beobachtungsvektoren der endogenen Variablen sind linear unabhängig.

Die Spaltenvektoren $\boldsymbol{\beta}_1 = (\beta_{12}, \ldots, \beta_{1L})'$ und $\boldsymbol{\alpha}_1 = (\alpha_{11}, \ldots, \alpha_{1D})'$ enthalten als Elemente die Koeffizienten der endogenen bzw. determinierten Regressoren der Gleichung (18.1). In kompakter Schreibweise führt dies zu:

$$\boldsymbol{y}_1 = \boldsymbol{Y}_1\boldsymbol{\beta}_1 + \boldsymbol{X}_1\boldsymbol{\alpha}_1 + \boldsymbol{u}_1. \tag{18.2}$$

Wegen der Abhängigkeit der endogenen Regressoren von den Störvariablen kann Gleichung (18.2) nicht mit der OLS-Methode geschätzt werden. Ersetzt man die endogenen Regressoren hingegen durch solche Variablen, die von u_{1t} unabhängig sind und gleichzeitig mit den zu substituierenden Größen eine hohe Korrelation aufweisen, wäre der Einwand gegen die Verwendung der OLS-Methode beseitigt. Um eine willkürliche Auswahl, wie sie z.B. mit der Instrumentalvariablen-Methode im Falle überidentifizierter Gleichungen verbunden ist, zu vermeiden, werden die endogenen Regressoren durch ihre reduzierten Formen ersetzt. Man erhält diese für die zu ersetzenden Variablen $y_2, \ldots, y_L$ aus:

$$\begin{bmatrix} y_{21} & \cdots & y_{L1} \\ \vdots & & \vdots \\ y_{2T} & \cdots & y_{LT} \end{bmatrix} = \begin{bmatrix} x_{11} & \cdots & x_{K1} \\ \vdots & & \vdots \\ x_{1T} & \cdots & x_{KT} \end{bmatrix} \begin{bmatrix} \pi_{21} & \cdots & \pi_{L1} \\ \vdots & & \vdots \\ \pi_{2K} & \cdots & \pi_{LK} \end{bmatrix} + \begin{bmatrix} v_{21} & \cdots & v_{L1} \\ \vdots & & \vdots \\ v_{2T} & \cdots & v_{LT} \end{bmatrix} \tag{18.3}$$

oder:[2]

$$\boldsymbol{Y}_1 = \boldsymbol{X}\boldsymbol{\Pi}_1' + \boldsymbol{V}_1, \tag{18.4}$$
$$\boldsymbol{Y}_1, \boldsymbol{X}, \boldsymbol{\Pi}_1', \boldsymbol{V}_1 : \text{Matrizen.}$$

Der Index 1 bei der Matrix $\boldsymbol{\Pi}_1'$ weist darauf hin, dass sie nur die reduzierten-Form-Koeffizienten der in Gleichung (18.1) vorkommenden endogenen Regressoren enthält; die Transposition ist wegen der Definition von $\boldsymbol{\Pi}$ in Gleichung (3.7) notwendig.

Setzt man Gleichung (18.4) in Gleichung (18.2) ein, erhält man:

$$\begin{aligned} \boldsymbol{y}_1 &= (\boldsymbol{X}\boldsymbol{\Pi}_1' + \boldsymbol{V}_1)\boldsymbol{\beta}_1 + \boldsymbol{X}_1\boldsymbol{\alpha}_1 + \boldsymbol{u}_1 \\ &= \boldsymbol{X}\boldsymbol{\Pi}_1'\boldsymbol{\beta}_1 + \boldsymbol{X}_1\boldsymbol{\alpha}_1 + (\boldsymbol{u}_1 + \boldsymbol{V}_1\boldsymbol{\beta}_1). \end{aligned} \tag{18.5}$$

In dieser Gleichung sind jetzt nur noch determinierte Variablen als Regressoren vorhanden. Wäre die Koeffizientenmatrix $\boldsymbol{\Pi}_1'$ bekannt, könnte diese

[2]Die reduzierte Form für die g-te endogene Variable, $g = 2, \ldots, L$ erhält man hieraus, indem in den Matrizen $\boldsymbol{Y}_1, \boldsymbol{\Pi}_1$ und $\boldsymbol{V}_1$ jeweils nur die g-ten Spalten betrachtet werden.

Gleichung mit der OLS-Methode konsistent geschätzt werden. Dies ist im Allgemeinen jedoch nicht der Fall, vielmehr ist erst $\boldsymbol{\Pi}_1'$ zu schätzen. Da Gleichung (18.4) eine reduzierte Form darstellt, verwendet man hierzu die OLS-Methode. Man geht analog zu Gleichung (7.32) vor, wobei anstelle des Vektors $\boldsymbol{y}$ die Matrix $\boldsymbol{Y}_1$ verwendet wird; der Vektor $\boldsymbol{p}$ geht dann in die Matrix $\boldsymbol{P}_1'$ über:

$$\boldsymbol{P}_1' = (\boldsymbol{X}'\boldsymbol{X})^{-1}\boldsymbol{X}'\boldsymbol{Y}_1. \tag{18.6}$$

In Gleichung (18.2) lässt sich $\boldsymbol{Y}_1$ ersetzen durch: $\boldsymbol{Y}_1 = \hat{\boldsymbol{Y}}_1 + \hat{\boldsymbol{V}}_1$:

$$\boldsymbol{y}_1 = \hat{\boldsymbol{Y}}_1\boldsymbol{\beta}_1 + \boldsymbol{X}_1\boldsymbol{\alpha}_1 + \boldsymbol{u}_1 + \hat{\boldsymbol{V}}_1\boldsymbol{\beta}_1, \quad \hat{\boldsymbol{Y}}_1 = \boldsymbol{X}\boldsymbol{P}_1'. \tag{18.7}$$

Die Matrizen $\hat{\boldsymbol{Y}}_1$ und $\boldsymbol{X}_1$ können als Teilmatrizen einer neuen Matrix $\boldsymbol{M}$ interpretiert werden; da $\hat{\boldsymbol{Y}}_1$ und $\boldsymbol{X}_1$ gleiche Zeilenanzahl haben, wird $\boldsymbol{M}$ gegeben durch: $\boldsymbol{M} = (\hat{\boldsymbol{Y}}_1\ \boldsymbol{X}_1)$. Die Matrix $\boldsymbol{M}$ hat $D+L-1$ Spalten, die alle linear unabhängig sind. Wegen $T > D+L-1$ entspricht die Spaltenzahl dem Rang der Matrix $\boldsymbol{M}$. Die beiden Koeffizientenvektoren $\boldsymbol{\alpha}_1$ und $\boldsymbol{\beta}_1$ ergeben einen neuen Spaltenvektor $\boldsymbol{\gamma}$:

$$\boldsymbol{\gamma} = (\boldsymbol{\beta}_1'\ \boldsymbol{\alpha}_1')'.$$

Gleichung (18.7) wird dann zu:

$$\boldsymbol{y}_1 = \boldsymbol{M}\boldsymbol{\gamma} + \boldsymbol{\varepsilon}, \quad \boldsymbol{\varepsilon} = \boldsymbol{u}_1 + \hat{\boldsymbol{V}}_1\boldsymbol{\beta}_1 : \text{ Störvariablenvektor.} \tag{18.8}$$

Diese Gleichung kann nun ebenfalls mit der OLS-Methode geschätzt werden, da $\boldsymbol{M}'\boldsymbol{M}$ regulär mit der Ordnung $D+L-1$ ist:

$$\hat{\boldsymbol{\gamma}} = (\boldsymbol{M}'\boldsymbol{M})^{-1}\boldsymbol{M}'\boldsymbol{y}_1. \tag{18.9}$$

Hieraus erhält man nach entsprechender Substitution:

$$\begin{bmatrix}\boldsymbol{b}_1\\ \boldsymbol{a}_1\end{bmatrix} = \begin{bmatrix}\hat{\boldsymbol{Y}}_1'\hat{\boldsymbol{Y}}_1 & \hat{\boldsymbol{Y}}_1'\boldsymbol{X}_1\\ \boldsymbol{X}_1'\hat{\boldsymbol{Y}}_1 & \boldsymbol{X}_1'\boldsymbol{X}_1\end{bmatrix}\begin{bmatrix}\hat{\boldsymbol{Y}}_1'\boldsymbol{y}_1\\ \boldsymbol{X}_1'\boldsymbol{y}_1\end{bmatrix}, \tag{18.10}$$

$$\boldsymbol{a}_1, \boldsymbol{b}_1 : \text{ Schätzvektoren für } \boldsymbol{\alpha}_1 \text{ und } \boldsymbol{\beta}_1.$$

Um die Schätzungen $\boldsymbol{a}_1$ und $\boldsymbol{b}_1$ nach Gleichung (18.10) zu ermitteln, muss zuvor die Matrix $\hat{\boldsymbol{Y}}_1$ berechnet werden; erst dann erhält man durch nochmalige Anwendung der OLS-Methode die eigentlichen Koeffizientenschätzer. Daher resultiert auch die Bezeichnung zweistufige Methode der kleinsten Quadrate. Diese aufwendige Vorgehensweise lässt sich vereinfachen, indem die Teilmatrizen $\hat{\boldsymbol{Y}}_1'\hat{\boldsymbol{Y}}_1, \hat{\boldsymbol{Y}}_1'\boldsymbol{X}_1$ und $\boldsymbol{X}_1'\hat{\boldsymbol{Y}}_1$ der Matrix $(\boldsymbol{M}'\boldsymbol{M})^{-1}$ sowie die Matrix $\hat{\boldsymbol{Y}}_1$ so umgeformt werden, dass ihre Elemente nur noch von den tatsächlichen

Beobachtungen und nicht mehr von den berechneten Werten abhängen. Die Schätzung kann also praktisch einstufig durchgeführt werden.

Für $\hat{\boldsymbol{Y}}_1$ gilt wegen $\hat{\boldsymbol{Y}}_1 = \boldsymbol{X}\boldsymbol{P}_1'$ und Gleichung (18.6)

$$\hat{\boldsymbol{Y}}_1 = \boldsymbol{X}(\boldsymbol{X}'\boldsymbol{X})^{-1}\boldsymbol{X}'\boldsymbol{Y}_1. \tag{18.11}$$

Für die Teilmatrix $\hat{\boldsymbol{Y}}_1'\hat{\boldsymbol{Y}}_1$ folgt dann:

$$\hat{\boldsymbol{Y}}_1'\hat{\boldsymbol{Y}}_1 = \boldsymbol{Y}_1'\boldsymbol{X}(\boldsymbol{X}'\boldsymbol{X})^{-1}\boldsymbol{X}'\boldsymbol{X}(\boldsymbol{X}'\boldsymbol{X})^{-1}\boldsymbol{X}'\boldsymbol{Y}_1 = \boldsymbol{Y}_1'\boldsymbol{X}(\boldsymbol{X}'\boldsymbol{X})^{-1}\boldsymbol{X}'\boldsymbol{Y}_1.$$

Aus Gleichung (18.11) ergibt sich nach Linksmultiplikation mit $\boldsymbol{X}'$:

$$\boldsymbol{X}'\hat{\boldsymbol{Y}}_1 = \boldsymbol{X}'\boldsymbol{X}(\boldsymbol{X}'\boldsymbol{X})^{-1}\boldsymbol{X}'\boldsymbol{Y}_1 = \boldsymbol{X}'\boldsymbol{Y}_1.$$

und, da $\boldsymbol{X}_1$ eine Teilmatrix von $\boldsymbol{X}$ ist, auch:

$$\boldsymbol{X}_1'\hat{\boldsymbol{Y}}_1 = \boldsymbol{X}_1'\boldsymbol{Y}_1.$$

Beachtet man ferner, dass $\hat{\boldsymbol{Y}}_1'\boldsymbol{X}_1$ die Transponierte zu $\boldsymbol{X}_1'\hat{\boldsymbol{Y}}_1$ darstellt, kann Gleichung (18.10) jetzt geschrieben werden als:

$$\begin{bmatrix} \boldsymbol{b}_1 \\ \boldsymbol{a}_1 \end{bmatrix} = \begin{bmatrix} \boldsymbol{Y}_1'\boldsymbol{X}(\boldsymbol{X}'\boldsymbol{X})^{-1}\boldsymbol{X}'\boldsymbol{Y}_1 & \boldsymbol{Y}_1'\boldsymbol{X}_1 \\ \boldsymbol{X}_1'\boldsymbol{Y}_1 & \boldsymbol{X}_1'\boldsymbol{X}_1 \end{bmatrix}^{-1} \begin{bmatrix} \boldsymbol{Y}_1'\boldsymbol{X}(\boldsymbol{X}'\boldsymbol{X})^{-1}\boldsymbol{X}'\boldsymbol{y}_1 \\ \boldsymbol{X}_1'\boldsymbol{y}_1 \end{bmatrix}. \tag{18.12}$$

In diesem Gleichungssystem sind die Schätzfunktionen der 2SLS-Methode nur noch durch die tatsächlichen Beobachtungen bestimmt.

Man kann zeigen, dass die 2SLS-Methode konsistente, aber keine erwartungstreuen Schätzfunktionen liefert. Hierzu wird Gleichung (18.8) in Gleichung (18.9) eingesetzt.

$$\begin{aligned} \hat{\gamma} &= (\boldsymbol{M}'\boldsymbol{M})^{-1}\boldsymbol{M}'\boldsymbol{M}\gamma + (\boldsymbol{M}'\boldsymbol{M})^{-1}\boldsymbol{M}'(\boldsymbol{u}_1 + \hat{\boldsymbol{V}}_1\boldsymbol{\beta}_1) \\ &= \gamma + (\boldsymbol{M}'\boldsymbol{M})^{-1}\boldsymbol{M}'\boldsymbol{u}_1 + (\boldsymbol{M}'\boldsymbol{M})^{-1}\boldsymbol{M}'\hat{\boldsymbol{V}}_1\boldsymbol{\beta}_1. \end{aligned} \tag{18.13}$$

Der letzte Ausdruck dieser Gleichung verschwindet, da $\boldsymbol{M}'\hat{\boldsymbol{V}}_1 = \boldsymbol{0}$ ist:

$$\boldsymbol{M}'\hat{\boldsymbol{V}}_1 = \begin{bmatrix} \hat{\boldsymbol{Y}}_1' \\ \boldsymbol{X}_1' \end{bmatrix} \hat{\boldsymbol{V}}_1 = \begin{bmatrix} \hat{\boldsymbol{Y}}_1'\hat{\boldsymbol{V}}_1 \\ \boldsymbol{X}_1'\hat{\boldsymbol{V}}_1 \end{bmatrix} = \begin{bmatrix} 0 \\ 0 \end{bmatrix}.$$

Der Nullvektor in dieser Umformung ergibt sich aus folgender Überlegung:

Aus $\hat{\boldsymbol{V}}_1 = \boldsymbol{Y}_1 - \hat{\boldsymbol{Y}}_1 = \boldsymbol{Y}_1 - \boldsymbol{X}(\boldsymbol{X}'\boldsymbol{X})^{-1}\boldsymbol{X}'\boldsymbol{Y}_1$ resultiert nach Linksmultiplikation mit $\boldsymbol{X}'$:

$$\boldsymbol{X}'\hat{\boldsymbol{V}}_1 = \boldsymbol{X}'\boldsymbol{Y}_1 - \boldsymbol{X}'\boldsymbol{X}(\boldsymbol{X}'\boldsymbol{X})^{-1}\boldsymbol{X}'\boldsymbol{Y}_1 = \boldsymbol{X}'\boldsymbol{Y}_1 - \boldsymbol{X}'\boldsymbol{Y}_1 = \boldsymbol{0}.$$

Dann muss aber auch $\boldsymbol{X}_1'\hat{\boldsymbol{V}}_1 = \mathbf{0}$ sein, da $\boldsymbol{X}_1'$ eine Teilmatrix von $\boldsymbol{X}'$ ist. Es ist nun nur noch zu zeigen, dass $\hat{\boldsymbol{Y}}'\hat{\boldsymbol{V}}_1 = \mathbf{0}$ wird. Definitionsgemäß gilt $\hat{\boldsymbol{Y}}_1' = \boldsymbol{P}_1\boldsymbol{X}'$. Somit folgt nach Rechtsmultiplikation mit $\hat{\boldsymbol{V}}_1$:

$$\hat{\boldsymbol{Y}}_1'\hat{\boldsymbol{V}}_1 = \boldsymbol{P}_1\boldsymbol{X}'\hat{\boldsymbol{V}}_1 = \mathbf{0}, \qquad \text{weil } \boldsymbol{X}'\hat{\boldsymbol{V}}_1 = \mathbf{0}.$$

Gleichung (18.13) geht daher über in:

$$\hat{\gamma} = \gamma + (\boldsymbol{M}'\boldsymbol{M})^{-1}\boldsymbol{M}'\boldsymbol{u}_1 \quad \text{oder:} \tag{18.14}$$

$$\hat{\gamma} - \gamma = \left(\frac{1}{T}\boldsymbol{M}'\boldsymbol{M}\right)^{-1}\frac{1}{T}\boldsymbol{M}'\boldsymbol{u}_1. \tag{18.15}$$

Wendet man den Erwartungswertoperator auf Gleichung (18.15) an, ergibt dies:

$$\mathrm{E}(\hat{\gamma} - \gamma) = \mathrm{E}\left[\left(\frac{1}{T}\boldsymbol{M}'\boldsymbol{M}\right)^{-1}\frac{1}{T}\boldsymbol{M}'\boldsymbol{u}_1\right] \neq \mathbf{0}, \tag{18.16}$$

weil die Teilmatrix $\hat{\boldsymbol{Y}}_1$, die Element der Matrix $\boldsymbol{M}$ ist, wegen der reduzierten-Form-Regressionskoeffizientenschätzung gemäß Gleichung (18.6) von allen Störvariablen des interdependenten Modells abhängt und daher nicht stochastisch unabhängig von $\boldsymbol{u}_1$ ist.

Jedoch führt die Anwendung des plim-Operators bei Gleichung (18.15) dazu, dass $\hat{\gamma} - \gamma = \mathbf{0}$ wird, womit die Konsistenz der 2SLS-Schätzfunktion nachgewiesen wäre:

$$\operatorname*{plim}_{T\to\infty}(\hat{\gamma} - \gamma) = \operatorname*{plim}_{T\to\infty}\left(\frac{1}{T}\boldsymbol{M}'\boldsymbol{M}\right)^{-1}\operatorname*{plim}_{T\to\infty}\left(\frac{1}{T}\boldsymbol{M}'\boldsymbol{u}_1\right) = \mathbf{0}. \tag{18.17}$$

Man beweist dies, indem man zeigt, dass[3]

(1) $\operatorname*{plim}_{T\to\infty}\left(\frac{1}{T}\boldsymbol{M}'\boldsymbol{u}_1\right) = \mathbf{0}$ und (2) $\operatorname*{plim}_{T\to\infty}\left(\frac{1}{T}\boldsymbol{M}'\boldsymbol{M}\right)^{-1}$ existiert.

Bei Teil (1) des Beweises kann $\operatorname*{plim}_{T\to\infty}\left(\frac{1}{T}\boldsymbol{M}'\boldsymbol{u}_1\right)$ wegen $\boldsymbol{M} = (\hat{\boldsymbol{Y}}_1\ \boldsymbol{X}_1)$ aufgeteilt werden in $\operatorname*{plim}_{T\to\infty}\left(\frac{1}{T}\hat{\boldsymbol{Y}}_1'\boldsymbol{u}_1\right)$ und $\operatorname*{plim}_{T\to\infty}\left(\frac{1}{T}\boldsymbol{X}_1'\boldsymbol{u}_1\right)$.

Da $\boldsymbol{X}_1$ nur determinierte Variablen enthält, ist $\operatorname{plim}\left(\frac{1}{T}\boldsymbol{X}_1'\boldsymbol{u}_1\right)$ annahmegemäß gleich null. Für $\operatorname{plim}\left(\frac{1}{T}\hat{\boldsymbol{Y}}_1'\boldsymbol{u}_1\right)$ erhält man folgende Umformungs-

[3]Bei vielen Konsistenzbeweisen in der Ökonometrie ist dieser Beweisgang einfacher als der Nachweis über die Gleichungen (6.4) und (6.5).

kette:

$$\begin{aligned}\operatorname*{plim}_{T\to\infty}\left(\frac{1}{T}\hat{\boldsymbol{Y}}_1'\boldsymbol{u}_1\right) &= \operatorname*{plim}_{T\to\infty}\left(\frac{1}{T}\boldsymbol{P}_1\boldsymbol{X}'\boldsymbol{u}_1\right) = \operatorname*{plim}_{T\to\infty}\boldsymbol{P}_1\operatorname*{plim}_{T\to\infty}\left(\frac{1}{T}\boldsymbol{X}'\boldsymbol{u}_1\right)\\ &= \boldsymbol{\Pi}_1\operatorname*{plim}_{T\to\infty}\left(\frac{1}{T}\boldsymbol{X}'\boldsymbol{u}_1\right) = \boldsymbol{0},\end{aligned}$$

weil $\boldsymbol{P}_1$ als Schätzer reduzierter-Form-Koeffizienten immer konsistent ist und $\boldsymbol{X}$ nur determinierte Variablen enthält.

Wegen der Annahmen (2.11) bis (2.14) des statistischen Modells und der Annahme, dass $\boldsymbol{M}'\boldsymbol{M}$ eine reguläre Matrix darstellt, wird Teil (2) des Beweises erfüllt.

Da die Schätzfunktionen der 2SLS-Methode konsistent, aber nicht erwartungstreu sind, kann nur eine asymptotische Kovarianzmatrix angegeben werden:[4]

$$\operatorname{var}(\hat{\gamma}) = T^{-1}\sigma_{u_1}^2\operatorname*{plim}_{T\to\infty}\left(\frac{1}{T}\boldsymbol{M}'\boldsymbol{M}\right)^{-1}. \tag{18.18}$$

Bei endlichen Stichproben wird die asymptotische Kovarianzmatrix geschätzt durch:

$$\operatorname{MSE}(\hat{\gamma}) = \sigma_{u_1}^2(\boldsymbol{M}'\boldsymbol{M})^{-1} = \sigma_{u_1}^2\begin{bmatrix}\boldsymbol{Y}_1'\boldsymbol{X}(\boldsymbol{X}'\boldsymbol{X})^{-1}\boldsymbol{Y}_1 & \boldsymbol{Y}_1'\boldsymbol{X}_1\\ \boldsymbol{X}_1'\boldsymbol{Y}_1 & \boldsymbol{X}_1'\boldsymbol{X}_1\end{bmatrix}^{-1}. \tag{18.19}$$

Da $\sigma_{u_1}^2$ unbekannt ist, muss dieser Wert mit den 2SLS-Residuen geschätzt werden. Die Anzahl der Freiheitsgrade beträgt $T-(D+L-1)$, da in der Gleichung (18.1) insgesamt $D+L-1$ Regressionskoeffizienten zu schätzen sind. Die Schätzfunktion lautet daher:

$$s_{u_1}^2 = \frac{\hat{\boldsymbol{u}}_{2\mathrm{SLS}}'\hat{\boldsymbol{u}}_{2\mathrm{SLS}}}{T-(D+L-1)}. \tag{18.20}$$

$\hat{\boldsymbol{u}}_{2\mathrm{SLS}}$: Vektor der Residuen der 2 SLS-Schätzung.

Mit der geschätzten Kovarianzmatrix (18.19) sind die 2SLS-Schätzfunktionen asymptotisch normalverteilt.

Es wurde bereits darauf hingewiesen, dass die 2SLS-Methode nur bei genau identifizierbaren oder überidentifizierten Gleichungen anwendbar ist. Dies soll nun genauer untersucht werden. Aus dieser Analyse geht auch hervor, warum unteridentifizierte Gleichungen mit dieser Methode nicht schätzbar sind. Damit Gleichung (18.9) einen eindeutigen Schätzvektor $\hat{\gamma}$ liefert, muss die Inverse $(\boldsymbol{M}'\boldsymbol{M})^{-1}$ existieren. Da $\boldsymbol{M}'\boldsymbol{M}$ eine quadratische Matrix der Ordnung

[4] Vgl. hierzu GOLDBERGER (1964), S. 333.

$D + L - 1$ ist, existiert die Inverse nur dann, wenn gilt:

$$\text{Rang}\,(\boldsymbol{M}'\boldsymbol{M}) = D + L - 1 \quad \text{oder:} \quad \text{Rang}\,(\boldsymbol{M}) = D + L - 1.$$

Die Matrix $\boldsymbol{M}$ enthält genau $D + L - 1$ Spalten und T Zeilen:

$$\boldsymbol{M} = \begin{bmatrix} \hat{y}_{21} & \dots & \hat{y}_{L1} & x_{11} & \dots & x_{D1} \\ \vdots & & \vdots & \vdots & & \vdots \\ \hat{y}_{2T} & \dots & \hat{y}_{LT} & x_{1T} & \dots & x_{DT} \end{bmatrix}, \quad T > D + L - 1.$$

Damit die Matrix $\boldsymbol{M}$ vollen Spaltenrang hat, müssen alle ihre Spaltenvektoren linear unabhängig sein. Für Matrizen $\boldsymbol{M}^*$, die aus einer Kombination der Beobachtungsvektoren $\boldsymbol{x}_1, \dots, \boldsymbol{x}_K$ und der reduzierten-Form-Vektoren $\hat{\boldsymbol{y}}_g$, $g = 1, \dots, G$ hervorgehen, lässt sich eine Obergrenze für den Rang festlegen. Da exakte Multikollinearität annahmegemäß ausgeschlossen ist, enthält das ökonometrische Modell genau K linear unabhängige Spaltenvektoren $\boldsymbol{x}_1, \dots, \boldsymbol{x}_K$. Aus diesen liefert die Transformation $\hat{\boldsymbol{Y}} = \boldsymbol{X}\boldsymbol{P}'$ eine neue Menge reduzierter-Form-Vektoren $\hat{\boldsymbol{y}}_g$, $g = 1, \dots, G$. Bildet man nun aus allen Spaltenvektoren $\boldsymbol{x}_1, \dots, \boldsymbol{x}_K$ und wenigstens einem Vektor der Menge $\hat{\boldsymbol{y}}_g$, $g = 1, \dots, G$ eine Matrix $\boldsymbol{M}^*$, dann ist ihr Rang gleich K, obwohl sie $K + 1$ Spalten hat. Dies liegt daran, dass jeder reduzierte-Form-Vektor $\hat{\boldsymbol{y}}_g$, $g = 1, \dots, G$ eine Linearkombination der determinierten Variablen darstellt. Damit lässt sich die Obergrenze für den Rang der Matrix $\boldsymbol{M}$ festlegen: Keine Matrix, die aus den Spaltenvektoren $\boldsymbol{x}_1, \dots, \boldsymbol{x}_K$ und $\hat{\boldsymbol{y}}_1, \dots, \hat{\boldsymbol{y}}_G$ gebildet wird, wobei nicht notwendigerweise alle Vektoren dieser beiden Mengen verwendet werden müssen, kann einen Rang größer als K haben. Dies bedeutet, dass auch die Matrix $\boldsymbol{M}$ maximal den Rang K hat. Sind in der Gleichung (18.1) mehr als K Koeffizienten zu schätzen, gilt also:

$$D + L - 1 > K, \tag{18.21}$$

so hat $\boldsymbol{M}$ zwar $D + L - 1$ Spalten, jedoch nur einen Rang von K. Die Inverse $(\boldsymbol{M}'\boldsymbol{M})^{-1}$ existiert nicht und man erhält keine eindeutige Lösung für $\hat{\gamma}$. Es muss sich dann aber um eine unteridentifizierte Strukturgleichung handeln, da Gleichung (18.1) weniger als $G - 1$ Modellvariablen ausschließt. Nach Addition von G auf beiden Seiten der Gleichung (18.21) folgt:

$$G - 1 > K + G - D - L,$$

was nach dem Abzählkriterium eine unteridentifizierte Strukturgleichung bedeutet.

Sind in Gleichung (18.1) genau K Koeffizienten zu schätzen, ist diese Gleichung genau identifizierbar, da aus $K = D+L-1$ folgt: $K+G-D-L = G-1$.

Die Matrix $\boldsymbol{M}$ hat dann vollen Spaltenrang K. Jeder der $L-1$ reduzierte-Form-Vektoren $\hat{\boldsymbol{y}}_g$, $g = 2, \ldots, L$ ist von den einzelnen Beobachtungsvektoren $\boldsymbol{x}_k$, $k = 1, \ldots, K$ linear unabhängig; wegen $L - 1 < K$ sind sie auch untereinander linear unabhängig. Man kann sich die Matrix $\boldsymbol{M}$ aus der Matrix $\boldsymbol{X}$ gewonnen vorstellen, indem in $\boldsymbol{X}$ die Teilmatrix $\boldsymbol{X}_A$ durch die Teilmatrix $\boldsymbol{Y}_1$ ersetzt wird.

Schließlich ist bei einer überidentifizierbaren Gleichung die Anzahl der zu schätzenden Regressionskoeffizienten kleiner als K. Auch jetzt hat $\boldsymbol{M}$ vollen Spaltenrang, weil in ihr alle Spalten linear unabhängig sind.

18.2 Das Prinzip des minimalen Varianzquotienten

Ein weiteres Verfahren zur Schätzung der Koeffizienten einer Strukturgleichung wird durch das Prinzip des **minimalen Varianzquotienten (LVR-Verfahren)**[5] gegeben. Dieses Verfahren basiert auf folgender Überlegung: Wenn in Gleichung (18.1) die Koeffizienten $\beta_{12}, \ldots, \beta_{1L}$ bekannt wären, ließe sich aus allen endogenen Variablen eine neue synthetische endogene Variable y_t^* bilden:

$$y_t^* = \sum_{i=1}^{L} \beta_{1i} y_{it} \quad \text{mit} \quad \beta_{11} = 1$$

oder unter Einbeziehung der Beobachtungen:

$$\boldsymbol{y}^* := \boldsymbol{Y}\boldsymbol{\beta}_1, \qquad \boldsymbol{Y} = \begin{bmatrix} y_{11} & y_{21} & \cdots & y_{L1} \\ \vdots & \vdots & & \vdots \\ y_{1T} & y_{2T} & \cdots & y_{LT} \end{bmatrix}. \tag{18.22}$$

Gleichung (18.1) geht dann nach Umstellung der endogenen Regressoren auf die linke Seite über in:

$$y_t^* = \alpha_{11} x_{1t} + \ldots + \alpha_{1D} x_{Dt} + u_{1t}. \tag{18.23}$$

Bildet das der Gleichung (18.23) zugrunde liegende ökonomische Modell die Realität adäquat ab, dann müsste eine OLS-Schätzung der Regressionsgleichung

$$y_t^* = \theta_{11} x_{1t} + \ldots + \theta_{1K} x_{Kt} + v_{1t} \tag{18.24}$$

für die ersten D Regressionskoeffizienten $\theta_{11}, \ldots, \theta_{1D}$ die gleichen Ergebnisse liefern, wie sie bei einer direkten Schätzung der Gleichung (18.23) gewonnen

[5] LVR: Least Variance Ratio.

würden; die übrigen Regressionskoeffizienten der Gleichung (18.24) müssten null sein:

$$\begin{aligned} \theta_{1i} &= \alpha_{1i} \quad \text{für } i = 1, \ldots, D, \\ \theta_{1i} &= 0 \quad \text{für } i = D+1, \ldots, K. \end{aligned}$$

Selbst bei adäquater Wiedergabe der Realität durch ein ökonomisches Modell wird wegen des stochastischen Ansatzes und des daraus resultierenden Schätzfehlers nie eine volle Übereinstimmung in den Schätzungen für diese beiden Gleichungen zu erreichen sein. Jedoch darf man erwarten, dass die Abweichungen nur zufällig und nicht signifikant sind. Dann müssten aber die Quadratsumme der Residuen aus Gleichung (18.23) und die Quadratsumme der Residuen aus Gleichung (18.24) in etwa übereinstimmen und für ihr Verhältnis λ müsste gelten:

$$\lambda = \frac{\sum \hat{u}_{1t}^2}{\sum \hat{v}_{1t}^2} \approx 1. \tag{18.25}$$

Der Nenner dieses Ausdruckes kann nie größer als der Zähler werden, da durch die Hinzunahme zusätzlicher Regressoren, wie es in Gleichung (18.24) im Vergleich zu Gleichung (18.23) geschehen ist, die Anpassung der Regression an eine Beobachtungspunktewolke allenfalls besser, aber niemals schlechter werden kann.[6] Da aber die β-Koeffizienten der Gleichung (18.1) numerisch nicht bekannt sind, stellt Gleichung (18.25) für den Schätzprozess eine Zielvorschrift dar: Es werden solche Werte b_{1i} für die Parameter β_{1i}, $i = 1, \ldots, L$ gesucht, die λ minimieren: $\lambda \to \underset{b_{1i}}{\text{Min!}}$. Sind auf diese Weise die Werte b_{1i}, $i = 1, \ldots, L$ gefunden, wobei wegen der Normierungsvorschrift immer $b_{11} = 1$ ist, können die Koeffizienten α_{1k}, $k = 1, \ldots, D$ der Gleichung (18.23) geschätzt werden, da sich jetzt die Beobachtungen für die synthetische Variable y_t^* als Linearkombination der tatsächlichen Beobachtungen $y_{1t}, \ldots, y_{Lt}$ gemäß Gleichung (18.26) ermitteln lassen:

$$\begin{bmatrix} y_1^* \\ \vdots \\ y_T^* \end{bmatrix} = b_{11} \begin{bmatrix} y_{11} \\ \vdots \\ y_{1T} \end{bmatrix} + \ldots + b_{1L} \begin{bmatrix} y_{L1} \\ \vdots \\ y_{LT} \end{bmatrix}. \tag{18.26}$$

Um die Werte b_{1i} zu erhalten, die Gleichung (18.25) minimieren, ist die Zielvorgabe in Abhängigkeit der unbekannten Koeffizienten β_{1i} zu formulieren. Bei Beachtung der Beobachtungen lautet Gleichung (18.23) in Matrizenschreibweise: $\boldsymbol{y}^* = \boldsymbol{X}_1\boldsymbol{\alpha} + \boldsymbol{u}_1$; der OLS-Schätzvektor $\boldsymbol{a}$ für $\boldsymbol{\alpha}$ wird gegeben

[6] Auf diesen Einfluss zusätzlicher Regressoren wurde schon beim Determinationskoeffizienten (Kapitel 9) hingewiesen.

durch:

$$\boldsymbol{a} = (\boldsymbol{X}_1'\boldsymbol{X}_1)^{-1}\boldsymbol{X}_1'\boldsymbol{y}^*.$$

Mit den OLS-Residuen $\hat{\boldsymbol{u}}_1 = \boldsymbol{y}^* - \boldsymbol{X}_1\boldsymbol{a}$ ergibt sich die Quadratsumme als:

$$\begin{aligned}\hat{\boldsymbol{u}}_1'\hat{\boldsymbol{u}}_1 &= (\boldsymbol{y}^* - \boldsymbol{X}_1\boldsymbol{a})'(\boldsymbol{y}^* - \boldsymbol{X}_1\boldsymbol{a})\\ &= [\boldsymbol{y}^* - \boldsymbol{X}_1(\boldsymbol{X}_1'\boldsymbol{X}_1)^{-1}\boldsymbol{X}_1'\boldsymbol{y}^*]'[\boldsymbol{y}^* - \boldsymbol{X}_1(\boldsymbol{X}_1'\boldsymbol{X}_1)^{-1}\boldsymbol{X}_1'\boldsymbol{y}^*]\\ &= \boldsymbol{y}^{*\prime}\boldsymbol{y}^* - \boldsymbol{y}^{\prime *}\boldsymbol{X}_1(\boldsymbol{X}_1'\boldsymbol{X}_1)^{-1}\boldsymbol{X}_1'\boldsymbol{y}^*.\end{aligned}$$

In Verbindung mit Gleichung (18.22) führt dies zu:

$$\begin{aligned}\hat{\boldsymbol{u}}_1'\hat{\boldsymbol{u}}_1 &= \boldsymbol{\beta}_1'\boldsymbol{Y}'\boldsymbol{Y}\boldsymbol{\beta}_1 - \boldsymbol{\beta}_1'\boldsymbol{Y}'\boldsymbol{X}_1(\boldsymbol{X}_1'\boldsymbol{X}_1)^{-1}\boldsymbol{X}_1'\boldsymbol{Y}\boldsymbol{\beta}_1\\ &= \boldsymbol{\beta}_1'\boldsymbol{Y}'[\boldsymbol{I} - \boldsymbol{X}_1(\boldsymbol{X}_1'\boldsymbol{X}_1)^{-1}\boldsymbol{X}_1']\boldsymbol{Y}\boldsymbol{\beta}_1.\end{aligned}$$

Setzt man $\boldsymbol{Y}'[\boldsymbol{I} - \boldsymbol{X}_1(\boldsymbol{X}_1'\boldsymbol{X}_1)^{-1}\boldsymbol{X}_1']\boldsymbol{Y} = \boldsymbol{W}_1$, folgt:

$$\hat{\boldsymbol{u}}_1'\hat{\boldsymbol{u}}_1 = \boldsymbol{\beta}_1'\boldsymbol{W}_1\boldsymbol{\beta}_1. \tag{18.27}$$

Analog hierzu kann die Quadratsumme der Residuen für Gleichung (18.24) berechnet werden, nachdem die Koeffizienten dieser Gleichung mit der OLS-Methode geschätzt sind. Als Schätzvektor erhält man $\hat{\boldsymbol{\theta}} = (\boldsymbol{X}'\boldsymbol{X})^{-1}\boldsymbol{X}'\boldsymbol{y}^*$ und für $\hat{\boldsymbol{v}}_1'\hat{\boldsymbol{v}}_1$:

$$\begin{aligned}\hat{\boldsymbol{v}}_1'\hat{\boldsymbol{v}}_1 &= (\boldsymbol{y}^* - \boldsymbol{X}\hat{\boldsymbol{\theta}})'(\boldsymbol{y}^* - \boldsymbol{X}\hat{\boldsymbol{\theta}})\\ &= [\boldsymbol{y}^* - \boldsymbol{X}(\boldsymbol{X}'\boldsymbol{X})^{-1}\boldsymbol{X}'\boldsymbol{y}^*]'[\boldsymbol{y}^* - \boldsymbol{X}(\boldsymbol{X}'\boldsymbol{X})^{-1}\boldsymbol{X}'\boldsymbol{y}^*]\\ &= \boldsymbol{y}^{*\prime}\boldsymbol{y}^* - \boldsymbol{y}^{*\prime}\boldsymbol{X}(\boldsymbol{X}'\boldsymbol{X})^{-1}\boldsymbol{X}'\boldsymbol{y}^*.\end{aligned}$$

Ersetzt man wieder $\boldsymbol{y}^*$ durch Gleichung (18.22), ergibt dies:

$$\begin{aligned}\hat{\boldsymbol{v}}_1'\hat{\boldsymbol{v}}_1 &= \boldsymbol{\beta}_1'\boldsymbol{Y}'\boldsymbol{Y}\boldsymbol{\beta}_1 - \boldsymbol{\beta}_1'\boldsymbol{Y}'\boldsymbol{X}(\boldsymbol{X}'\boldsymbol{X})^{-1}\boldsymbol{X}'\boldsymbol{Y}\boldsymbol{\beta}_1\\ &= \boldsymbol{\beta}_1'\boldsymbol{Y}'[\boldsymbol{I} - \boldsymbol{X}(\boldsymbol{X}'\boldsymbol{X})^{-1}\boldsymbol{X}']\boldsymbol{Y}\boldsymbol{\beta}_1. \qquad (18.28)\end{aligned}$$

Führt man auch hier für die Matrix $\boldsymbol{Y}'[\boldsymbol{I} - \boldsymbol{X}(\boldsymbol{X}'\boldsymbol{X})^{-1}\boldsymbol{X}']\boldsymbol{Y}$ eine neue Bezeichnung $\boldsymbol{W}_2$ ein, lässt sich Gleichung (18.28) verkürzen zu:

$$\hat{\boldsymbol{v}}_1'\hat{\boldsymbol{v}}_1 = \boldsymbol{\beta}_1'\boldsymbol{W}_2\boldsymbol{\beta}_1. \tag{18.29}$$

Gleichung (18.25) wird dann nach Substitution ihrer Quadratsummen durch die Gleichungen (18.27) und (18.29) zu:

$$\lambda = \frac{\boldsymbol{\beta}_1'\boldsymbol{W}_1\boldsymbol{\beta}_1}{\boldsymbol{\beta}_1'\boldsymbol{W}_2\boldsymbol{\beta}_1}, \tag{18.30}$$

$$\begin{aligned}\text{mit } \boldsymbol{W}_1 &= \boldsymbol{Y}'[\boldsymbol{I} - \boldsymbol{X}_1(\boldsymbol{X}_1'\boldsymbol{X}_1)^{-1}\boldsymbol{X}_1']\boldsymbol{Y} \quad \text{und}\\ \boldsymbol{W}_2 &= \boldsymbol{Y}'[\boldsymbol{I} - \boldsymbol{X}(\boldsymbol{X}'\boldsymbol{X})^{-1}\boldsymbol{X}']\boldsymbol{Y}.\end{aligned}$$

Bei vorliegenden Beobachtungen ist λ jetzt nur noch eine Funktion von $\boldsymbol{\beta}_1$. Um λ hinsichtlich $\boldsymbol{\beta}_1$ zu minimieren, sind die partiellen Ableitungen nach den Elementen des Vektors $\boldsymbol{\beta}_1$ zu bilden. Dies im Einzelnen hier durchzuführen wäre sehr aufwendig. Da Zähler und Nenner in Gleichung (18.30) quadratische Formen sind, soll die Minimierung mit Hilfe eines **Satzes über die vektorielle Differentiation quadratischer Formen** erfolgen. Bezeichnet $\boldsymbol{x}'\boldsymbol{A}\boldsymbol{x}$ eine quadratische Form, dann gilt:

$$\frac{\partial(\boldsymbol{x}'\boldsymbol{A}\boldsymbol{x})}{\partial\boldsymbol{x}} = (\boldsymbol{A}+\boldsymbol{A}')\boldsymbol{x},$$

$\boldsymbol{x}$: Spaltenvektor, $\boldsymbol{A}$: quadratische Matrix.

Die Elemente des Spaltenvektors $(\boldsymbol{A}+\boldsymbol{A}')\boldsymbol{x}$ sind die partiellen Ableitungen nach den Elementen von $\boldsymbol{x}$.

Im vorliegenden Fall sind sowohl $\boldsymbol{W}_1$ als auch $\boldsymbol{W}_2$ symmetrische Matrizen, da gilt: $\boldsymbol{W}_1' = \boldsymbol{W}_1$ und $\boldsymbol{W}_2' = \boldsymbol{W}_2$. Die vektorielle Differentiation der beiden quadratischen Formen nach $\boldsymbol{\beta}_1$ führt daher zu:

$$\frac{\partial(\boldsymbol{\beta}_1'\boldsymbol{W}_1\boldsymbol{\beta}_1)}{\partial\boldsymbol{\beta}_1} = 2\boldsymbol{W}_1\boldsymbol{\beta}_1 \quad \text{und} \quad \frac{\partial(\boldsymbol{\beta}_1'\boldsymbol{W}_2\boldsymbol{\beta}_1)}{\partial\boldsymbol{\beta}_1} = 2\boldsymbol{W}_2\boldsymbol{\beta}_1.$$

Man kann nun die Ableitung $\dfrac{\partial\lambda}{\partial\boldsymbol{\beta}_1}$ bilden und erhält, indem sie gleich null gesetzt wird, die notwendige Bedingung für ein Minimum. Nach der Quotientenregel ergibt sich für $\dfrac{\partial\lambda}{\partial\boldsymbol{\beta}_1}$:

$$\frac{\partial\lambda}{\partial\boldsymbol{\beta}_1} = \frac{2\boldsymbol{W}_1\boldsymbol{\beta}_1\boldsymbol{\beta}_1'\boldsymbol{W}_2\boldsymbol{\beta}_1 - 2\boldsymbol{\beta}_1'\boldsymbol{W}_1\boldsymbol{\beta}_1\boldsymbol{W}_2\boldsymbol{\beta}_1}{(\boldsymbol{\beta}_1'\boldsymbol{W}_2\boldsymbol{\beta}_1)^2} = \mathbf{0} \quad \text{oder:}$$

$$2\boldsymbol{W}_1\boldsymbol{\beta}_1\boldsymbol{\beta}_1'\boldsymbol{W}_2\boldsymbol{\beta}_1 - 2\boldsymbol{\beta}_1'\boldsymbol{W}_1\boldsymbol{\beta}_1\boldsymbol{W}_2\boldsymbol{\beta}_1 = \mathbf{0}.$$

Dividiert man diese Gleichung durch den Skalar $2\boldsymbol{\beta}_1'\boldsymbol{W}_2\boldsymbol{\beta}_1$, erhält man:

$$\boldsymbol{W}_1\boldsymbol{\beta}_1 - \frac{\boldsymbol{\beta}_1'\boldsymbol{W}_1\boldsymbol{\beta}_1\boldsymbol{W}_2\boldsymbol{\beta}_2}{\boldsymbol{\beta}_1'\boldsymbol{W}_2\boldsymbol{\beta}_1} = \boldsymbol{W}_1\boldsymbol{\beta}_1 - \lambda\boldsymbol{W}_2\boldsymbol{\beta}_1 = \mathbf{0} \quad \text{oder:}$$

$$(\boldsymbol{W}_1 - \lambda\boldsymbol{W}_2)\boldsymbol{\beta}_1 = \mathbf{0}. \tag{18.31}$$

Gleichung (18.31) stellt ein homogenes Gleichungssystem dar, das nur dann eine nicht triviale Lösung $\boldsymbol{\beta}_1 \neq \mathbf{0}$ besitzt, wenn die Determinante verschwindet:

$$|\boldsymbol{W}_1 - \lambda\boldsymbol{W}_2| = 0. \tag{18.32}$$

Berechnet man diese Determinante, entsteht ein Polynom L-ter Ordnung in λ, dessen Nullstellen reelle Werte sind, da $\boldsymbol{W}_1$ und $\boldsymbol{W}_2$ symmetrische Matrizen darstellen.[7] Von diesen Lösungen wählt man wegen der Minimierungsvorschrift den kleinsten Wert für λ; er soll mit λ_1 bezeichnet werden. Der Vektor für die Koeffizienten der endogenen Variablen in Gleichung (18.1) ist dann nach Substitution von λ durch λ_1 aus Gleichung (18.31) zu ermitteln:

$$(\boldsymbol{W}_1 + \lambda_1 \boldsymbol{W}_2)\boldsymbol{b}_1 = \boldsymbol{0}.$$

Die aus diesem Gleichungssystem für $\boldsymbol{b}_1$ bestimmte Lösung ist bis auf ein Vielfaches eindeutig, d.h.: Ist $\boldsymbol{b}_1$ eine Lösung, so stellt auch $c\boldsymbol{b}_1$ eine Lösung dar, wobei c eine reelle Zahl ist. Diese Unbestimmtheit resultiert daraus, dass die quadratische Matrix $(\boldsymbol{W}_1 - \lambda_1 \boldsymbol{W}_2)$ zwar die Ordnung L, aber nur einen Rang von $L-1$ hat. Mit der Normierungsregel $b_{11} = 1$ wird diese Unbestimmtheit beseitigt, so dass die Schätzer $b_{12}, \ldots, b_{1L}$ eindeutig bestimmbar sind. Sowohl λ_1 als auch b_{1i}, $i = 2, \ldots, L$ sind wegen der Abhängigkeit des Quotienten λ von den endogenen Variablen gemäß Gleichung (18.30) Zufallsvariablen.

Die Beobachtungen für die synthetische Variable y_t^* lassen sich jetzt gemäß Gleichung (18.26) berechnen. Der Schätzvektor für die Koeffizienten α_{1i}, $i = 1, \ldots, D$ der Gleichung (18.23) ist dann:

$$\boldsymbol{a} = (\boldsymbol{X}_1'\boldsymbol{X}_1)^{-1}\boldsymbol{X}_1'\boldsymbol{Y}\boldsymbol{b}_1, \quad \text{weil: } \boldsymbol{y}^* = \boldsymbol{Y}\boldsymbol{b}_1. \tag{18.33}$$

Zusammenfassend sollen nochmals die einzelnen Schritte dieses Schätzverfahrens aufgeführt werden:

(1) Man stellt zunächst die benötigten Matrizen $\boldsymbol{Y}, \boldsymbol{X}_1$ und $\boldsymbol{X}$ auf und berechnet dann die Matrizen $\boldsymbol{W}_1$ und $\boldsymbol{W}_2$.

(2) Danach legt man die Nullstellen des Polynoms in λ fest, das durch die Determinante $|\boldsymbol{W}_1 - \lambda \boldsymbol{W}_2| = 0$ definiert ist.

(3) Mit dem kleinsten Wert λ_1 und der Normierung $b_{11} = 1$ wird eindeutig ein Schätzvektor $\boldsymbol{b}_1$ aus $(\boldsymbol{W}_1 - \lambda_1 \boldsymbol{W}_2)\boldsymbol{b}_1 = \boldsymbol{0}$ gewonnen.

(4) Nach Berechnung der Beobachtungen der synthetischen Variablen y^* wird für Gleichung (18.23) der Vektor $\boldsymbol{\alpha}$ mit der OLS-Methode geschätzt.

Die nach dem Prinzip des minimalen Varianzquotienten ermittelten Schätzfunktionen sind konsistent und haben die gleiche asymptotische Kovarianzmatrix, wie sie durch die Gleichungen (18.18) und (18.19) für die 2SLS-Methode gegeben werden. Dies setzt allerdings eine nicht unteridentifizierte

[7] Gleichung (18.31) kann auf ein Eigenwertproblem zurückgeführt werden. Darunter versteht man die Berechnung nicht trivialer Lösungen für ein homogenes Gleichungssystem der Form $\boldsymbol{A}\boldsymbol{x} = \lambda\boldsymbol{x}$. $\boldsymbol{A}$: Matrix, $\boldsymbol{x}$: Vektor, λ: Skalar. Dieses besitzt immer reelle Lösungen für λ, wenn $\boldsymbol{A}$ eine symmetrische Matrix ist.

Gleichung (18.1) voraus. Wie die Diskussion in den vorangegangenen Kapiteln zeigt, sind die Schätzfunktionen weiter konsistent, wenn in der Matrix $\boldsymbol{X}$ Beobachtungen verzögert endogener Variablen vorkommen, die Störvariablen aber nicht autokorrelieren. Verzögert endogene Variablen als Regressoren führen in Verbindung mit autokorrelierten Störvariablen schließlich zum Verlust der Konsistenzeigenschaft der Schätzfunktionen.

18.3 Die Maximum Likelihood Methode bei beschränkter Information

KOOPMANS und HOOD[8] haben gezeigt, dass man zu den gleichen Schätzfunktionen wie mit dem LVR-Verfahren gelangt, wenn bei unabhängig normalverteilten Störvariablen die Maximum Likelihood Methode zur Schätzung von Parametern identifizierbarer oder überidentifizierter Strukturgleichungen herangezogen wird.[9] Jedoch ist das Verfahren des minimalen Varianzquotienten allgemeiner, weil es nicht auf der Annahme normalverteilter Störvariablen basiert. Obwohl in den ML-Ansatz alle exogenen Variablen des Modells eingehen, werden jedoch nur a priori Restriktionen für die Koeffizienten der zu schätzenden Gleichung berücksichtigt. Man zählt daher dieses Verfahren zu den Schätzmethoden bei beschränkter Information und bezeichnet es als **Maximum Likelihood Methode bei beschränkter Information**. In der angelsächsischen Literatur findet sich hierfür oft die Bezeichnung: „Limited Information Single Equation Maximum Likelihood Method", für die sich die Abkürzung **LIML** durchgesetzt hat.

18.4 k-Klasse Schätzungen

Ein allgemeines Verfahren zur Schätzung der Koeffizienten von Strukturgleichungen, das auch die Bedingung für die Konsistenzeigenschaft liefert, wurde von THEIL[10] entwickelt. Es handelt sich hierbei um eine Klasse von Schätzverfahren, deren Schätzvektoren $\hat{\gamma}$ den in Gleichung (18.34) wiedergegebenen allgemeinen Aufbau haben:

$$\hat{\gamma} = \begin{bmatrix} \boldsymbol{Y}'\boldsymbol{Y} - k\hat{\boldsymbol{V}}'\hat{\boldsymbol{V}} & \boldsymbol{Y}'\boldsymbol{X} \\ \boldsymbol{X}'\boldsymbol{Y} & \boldsymbol{X}'\boldsymbol{X} \end{bmatrix}^{-1} \begin{bmatrix} (\boldsymbol{Y} - k\hat{\boldsymbol{V}})'\boldsymbol{y} \\ \boldsymbol{X}'\boldsymbol{y} \end{bmatrix}. \tag{18.34}$$

[8] KOOPMANS und HOOD (1953).

[9] Dieses Verfahren wurde von ANDERSON und RUBIN (1949) zur Schätzung überidentifizierter Strukturgleichungen entwickelt.

[10] THEIL (1961). Vgl. hierzu auch FAREBROTHER und SAVIN (1974).

Der Skalar k in Gleichung (18.34) kann sowohl eine deterministische als auch stochastische Größe sein;[11] von seinem Wert hängt es ab, welches konkrete Schätzverfahren als Spezialfall resultiert. Die in dieser Gleichung enthaltenen Matrizen und der Vektor $\boldsymbol{y}$ sind hinsichtlich der zu schätzenden Regressionsgleichung noch näher zu spezifizieren.

Die mit Gleichung (18.34) durchgeführten Schätzungen sind konsistent, wenn gilt:

$$\operatorname*{plim}_{T\to\infty} k = 1.$$

Es lässt sich nun zeigen, dass aus Gleichung (18.34) für $k = 0$ die OLS-Methode, für $k = 1$ die 2SLS-Methode und für $k = \lambda_1$ die LVR-Methode folgt.

Um die Strukturgleichung (18.1) mit der OLS-Methode zu schätzen, wird die Beobachtungsmatrix für die in dieser Gleichung enthaltenen Regressoren so in zwei Teilmatrizen zerlegt, dass alle endogenen von den determinierten Regressoren getrennt sind: $\boldsymbol{M}_1 = (\boldsymbol{Y}_1\ \boldsymbol{X}_1)$.

Gleichung (18.2) wird dann zu:

$$\begin{aligned} &\boldsymbol{y}_1 = \boldsymbol{M}_1\boldsymbol{\gamma} + \boldsymbol{u}_1 = (\boldsymbol{Y}_1\ \boldsymbol{X}_1)\boldsymbol{\gamma} + \boldsymbol{u}_1 \\ &\text{mit } \boldsymbol{\gamma} = (\boldsymbol{\beta}_1'\ \boldsymbol{\alpha}_1')'. \end{aligned} \tag{18.35}$$

Die OLS-Schätzung ergibt:

$$\begin{aligned} \hat{\boldsymbol{\gamma}} &= (\boldsymbol{M}_1'\boldsymbol{M}_1)^{-1}\boldsymbol{M}_1'\boldsymbol{y}_1 \\ &= \left[\begin{bmatrix}\boldsymbol{Y}_1'\\ \boldsymbol{X}_1'\end{bmatrix}(\boldsymbol{Y}_1\ \boldsymbol{X}_1)\right]^{-1}\begin{bmatrix}\boldsymbol{Y}_1'\boldsymbol{y}_1\\ \boldsymbol{X}_1'\boldsymbol{y}_1\end{bmatrix} = \begin{bmatrix}\boldsymbol{Y}_1'\boldsymbol{Y}_1 & \boldsymbol{Y}_1'\boldsymbol{X}_1\\ \boldsymbol{X}_1'\boldsymbol{Y}_1 & \boldsymbol{X}_1'\boldsymbol{X}_1\end{bmatrix}^{-1}\begin{bmatrix}\boldsymbol{Y}_1'\boldsymbol{y}_1\\ \boldsymbol{X}_1'\boldsymbol{y}_1\end{bmatrix}. \end{aligned}$$

Der letzte Teil dieser Umformung stimmt formal mit Gleichung (18.34) für $k = 0$ überein. Da k in diesem Fall eine determinierte Variable darstellt, ist $\operatorname*{plim}_{T\to\infty} 0 = 0 \neq 1$; somit erhält man das bereits abgeleitete Ergebnis inkonsistenter OLS-Schätzungen bei Strukturgleichungen.

Um zu sehen, dass man die 2SLS-Methode für $k = 1$ aus Gleichung (18.34) gewinnt, wird Gleichung (18.12) geringfügig umgeformt. Da für die Matrix der Residuen $\hat{\boldsymbol{V}}_1$ gilt:

$$\hat{\boldsymbol{V}}_1 = \boldsymbol{Y}_1 - \hat{\boldsymbol{Y}}_1 = \boldsymbol{Y}_1 - \boldsymbol{X}(\boldsymbol{X}'\boldsymbol{X})^{-1}\boldsymbol{X}'\boldsymbol{Y}_1,$$

[11] In diesem Zusammenhang darf k nicht mit dem Laufindex k für determinierte Variablen oder mit deren Anzahl in einer Gleichung bzw. in einem Modell verwechselt werden.

erhält man für $\hat{\boldsymbol{V}}_1'\hat{\boldsymbol{V}}_1$:

$$\begin{aligned}\hat{\boldsymbol{V}}_1'\hat{\boldsymbol{V}}_1 &= [\boldsymbol{Y}_1' - \boldsymbol{Y}_1'\boldsymbol{X}(\boldsymbol{X}'\boldsymbol{X})^{-1}\boldsymbol{X}'][\boldsymbol{Y}_1 - \boldsymbol{X}(\boldsymbol{X}'\boldsymbol{X})^{-1}\boldsymbol{X}'\boldsymbol{Y}_1]\\ &= \boldsymbol{Y}_1'\boldsymbol{Y}_1 - \boldsymbol{Y}_1'\boldsymbol{X}(\boldsymbol{X}'\boldsymbol{X})^{-1}\boldsymbol{X}'\boldsymbol{Y}_1 \qquad \text{oder:}\end{aligned}$$

$$\boldsymbol{Y}_1'\boldsymbol{X}(\boldsymbol{X}'\boldsymbol{X})^{-1}\boldsymbol{X}'\boldsymbol{Y}_1 = \boldsymbol{Y}_1'\boldsymbol{Y}_1 - \hat{\boldsymbol{V}}_1'\hat{\boldsymbol{V}}_1. \tag{18.36}$$

Für das Element $\boldsymbol{Y}_1'\boldsymbol{X}(\boldsymbol{X}'\boldsymbol{X})^{-1}\boldsymbol{X}'\boldsymbol{y}_1$ kann nach Transposition der Matrizen in Gleichung (18.11) geschrieben werden:

$$\boldsymbol{Y}_1'\boldsymbol{X}(\boldsymbol{X}'\boldsymbol{X})^{-1}\boldsymbol{X}'\boldsymbol{y}_1 = \hat{\boldsymbol{Y}}_1'\boldsymbol{y}_1 = (\boldsymbol{Y}_1 - \hat{\boldsymbol{V}}_1)'\boldsymbol{y}_1. \tag{18.37}$$

Setzt man die Beziehungen (18.36) und (18.37) für die entsprechenden Elemente in Gleichung (18.12) ein, ergibt dies:

$$\hat{\gamma} = \begin{bmatrix}\boldsymbol{Y}_1'\boldsymbol{Y}_1 - \hat{\boldsymbol{V}}_1'\hat{\boldsymbol{V}}_1 & \boldsymbol{Y}_1'\boldsymbol{X}_1\\ \boldsymbol{X}_1'\boldsymbol{Y}_1 & \boldsymbol{X}_1'\boldsymbol{X}_1\end{bmatrix}^{-1}\begin{bmatrix}(\boldsymbol{Y}_1 - \hat{\boldsymbol{V}}_1)'\boldsymbol{y}_1\\ \boldsymbol{X}_1'\boldsymbol{y}_1\end{bmatrix}.$$

Die 2SLS-Methode folgt somit für $k = 1$ aus Gleichung (18.34). Hier zeigt der k-Wert, dass sie konsistente Schätzfunktionen liefert.

Auf den Nachweis, dass die LVR-Methode für $k = \lambda_1$ eine k-Klasse Schätzung ist, soll verzichtet werden, da der Beweisgang sehr umständlich ist.[12] Es sei aber erwähnt, dass k jetzt eine stochastische Größe darstellt: λ_1 und damit auch k sind u.a. vom Stichprobenumfang, der einer Schätzung zugrunde liegt, abhängig. GOLDBERGER[13] hat nachgewiesen, dass für den aus Gleichung (18.32) gewonnenen minimalen Wert λ_1 gilt: $\operatorname*{plim}_{T\to\infty} \lambda_1 = 1$, wobei λ_1 als Schätzung aus einer endlichen Beobachtungsanzahl resultiert.[14]

Abschließend sei noch darauf hingewiesen, dass bei allen k-Klasse Schätzern die asymptotische Kovarianzmatrix durch Gleichung (18.19) in Verbindung mit Gleichung (18.20) gegeben wird.

18.5 Die Fixpunktmethode

Ein verteilungsfreies Verfahren zur Schätzung überidentifizierter Strukturgleichungen ist die von WOLD[15] entwickelte **Fixpunktmethode (FP-Methode)**. Sie bezieht im Gegensatz zu den anderen Verfahren dieses Kapitels alle vorliegenden Beobachtungen, wenn auch teilweise nur indirekt, in

[12] Ein Beweis findet sich bei STÖWE (1977), S. 390ff.

[13] GOLDBERGER (1964), S. 343ff.

[14] Dieses Ergebnis ist wegen Gleichung (18.25) und den dort gemachten Ausführungen auch zu erwarten.

[15] WOLD (1966). Dieses Verfahren wurde von von LYTTKENS (1967) weiterentwickelt.

den Schätzprozess ein und basiert auf einer iterativen Anwendung des OLS-Verfahrens.

Die FP-Methode kann übersichtlich an einem einfachen, identifizierbaren Modell gezeigt werden, das zwei endogene und zwei exogene Variablen enthält:

$$y_{1t} = \beta_{12} y_{2t} + \alpha_{11} x_{1t} + u_{1t}, \tag{18.38}$$

$$y_{2t} = \beta_{21} y_{1t} + \alpha_{22} x_{2t} + u_{2t}. \tag{18.39}$$

Die Schätzschwierigkeiten bei solchen Strukturgleichungen resultieren aus der Eigenschaft der endogenen Regressoren, mit den Störvariablen der betreffenden Gleichung zu korrelieren:

$$E(y_{it} u_{jt}) \neq 0 \quad \text{für } i = 1,2 \quad \text{und} \quad j = 1,2.$$

Bei der 2SLS-Methode beseitigt man diese unerwünschte Eigenschaft mit einer Substitution der endogenen Regressoren durch ihre reduzierte Form. Für Gleichung (18.38) erhält man dann:

$$\begin{aligned} y_{1t} &= \beta_{12}(\sum_{i=1}^{2} p_{2i} x_{it} + \hat{v}_{2t}) + \alpha_{11} x_{1t} + u_{1t} \\ &= \beta_{12} \sum_{i=1}^{2} p_{2i} x_{it} + \alpha_{11} x_{1t} + w_{1t}, \qquad w_{1t} = u_{1t} + \beta_{12} \hat{v}_{2t}. \end{aligned} \tag{18.40}$$

Mit der Fixpunktmethode versucht man nun eine Variable y^*_{2t} als Substitut für den Regressor y_{2t} in Gleichung (18.38) zu finden, deren bedingter Erwartungswert $E(y^*_{2t}|x_t)$ nicht mit der in Gleichung (18.40) enthaltenen Störvariablen korreliert: $E[E(y^*_{2t}|x_t) w_{1t}] = 0$, obwohl gilt: $E(y^*_{2t} w_{1t}) \neq 0$.

Auf analoge Weise erfolgt die Ersetzung des Regressors y_{1t} in Gleichung (18.39). Die Beobachtungen für y^*_{2t} und y^*_{1t} werden künstlich erzeugt, wobei man mit beliebigen Ausgangswerten beginnen kann. Eine iterative Anwendung des OLS-Verfahrens verbessert diese Beobachtungen solange, bis sie einen beliebig genauen Schätzwert für den unbekannten Erwartungswert $E(y^*_{2t}|x_t)$ bzw. $E(y^*_{1t}|x_t)$ darstellen.

Aus den Beobachtungen schätzt man zunächst die Koeffizienten der Gleichungen (18.38) und (18.39) mit der OLS-Methode. Obwohl diese Schätzungen inkonsistent sind, werden sie dennoch zur Ermittlung der berechneten Werte für die Variablen y^*_{1t} und y^*_{2t} benutzt:

$$y^{*(1)}_{1t} = b^{(1)}_{12} y_{2t} + a^{(1)}_{11} x_{1t},$$

$$y^{*(1)}_{2t} = b^{(1)}_{21} y_{1t} + a^{(1)}_{22} x_{2t}.$$

Der in Klammern stehende Exponent bezeichnet die Anzahl der bereits durchgeführten OLS-Schätzungen. Diese berechneten Werte liegen jetzt einer erneuten Schätzung als „Beobachtungen“ für y_{1t} und y_{2t} zugrunde. Aus den beiden Gleichungen

$$\begin{aligned} y_{1t} &= \beta_{12} y_{2t}^{*(1)} + \alpha_{11} x_{1t} + w_{1t}^{(2)}, \\ y_{2t} &= \beta_{21} y_{1t}^{*(1)} + \alpha_{22} x_{2t} + w_{2t}^{(2)}, \end{aligned}$$

erhält man nun die Koeffizientenschätzungen $b_{12}^{(2)}, b_{21}^{(2)}, a_{11}^{(2)}$ und $a_{22}^{(2)}$ mit denen wiederum neue „Beobachtungen“ $y_{1t}^{*(2)}$ und $y_{2t}^{*(2)}$ gewonnen werden, die jetzt bei einer nächsten Schätzung als Regressoren Verwendung finden. Auf diese Weise verfährt man, bis die so erzeugten Elemente zweier Beobachtungsvektoren aufeinander folgender Schätzungen voneinander geringer abweichen als eine vorgegebene, beliebig kleine, positive Zahl ε:

$$\begin{aligned} &|\boldsymbol{y}_i^{*(s)} - \boldsymbol{y}_i^{*(s+1)}| < \varepsilon, \qquad i = 1, 2, \\ &\varepsilon, \boldsymbol{y}_i^{*(s)} : \text{ Spaltenvektoren.} \end{aligned}$$

Die Koeffizienten der beiden Strukturgleichungen (18.38) und (18.39) werden dann durch Einzelgleichungsschätzungen mit der OLS-Methode ermittelt, wobei anstelle der endogenen Regressoren y_{1t} und y_{2t} jetzt die synthetischen Variablen $y_{1t}^{*(s+1)}$ und $y_{2t}^{*(s+1)}$ Verwendung finden:

$$y_{1t} = \beta_{12} y_{2t}^{*(s+1)} + \alpha_{11} x_{1t} + w_{1t}, \tag{18.41}$$

$$y_{2t} = \beta_{21} y_{1t}^{*(s+1)} + \alpha_{22} x_{2t} + w_{2t}. \tag{18.42}$$

Die nicht direkt beobachtbaren Störvariablen w_{1t} und w_{2t} setzen sich nunmehr zusammen aus:

$$\begin{aligned} w_{1t} &= u_{1t} + \beta_{12}(y_{2t} - y_{2t}^{*(s+1)}) \quad \text{und} \\ w_{2t} &= u_{2t} + \beta_{21}(y_{1t} - y_{1t}^{*(s+1)}). \end{aligned}$$

Es lässt sich mit Hilfe des Fixpunktsatzes zeigen, dass für die iterativen Schätzungen ein Grenzwert existiert:

$$\lim_{s \to \infty} y_i^{*(s)} = \hat{y}_i^*, \quad i = 1, 2,$$

wobei $\hat{y}_i^*$ den Grenzwert darstellt, der ein Schätzwert für $E(y_{it}^*|x_t)$ ist. Daher heißt dieses Verfahren auch Fixpunktmethode.

18.6 Beispiel

Um die einzelnen Schritte der zweistufigen Methode der kleinsten Quadrate an einem Beispiel übersichtlich darzustellen, wird zunächst wieder von dem einfachen Modell des Abschnitts 7.5 ausgegangen. Eine direkte Schätzung der Konsumfunktion $y_{1t} = \alpha_{11} + \beta_{12}y_{2t} + u_{1t}$ mit der OLS-Methode ist wegen der stochastischen Abhängigkeit des Regressors y_{2t} von der Störvariablen u_{1t} aufgrund theoretischer Erwägungen problematisch. Die endogene Variable y_{2t} ist deshalb bei der zweistufigen Methode der kleinsten Quadrate durch ihre reduzierte Form zu ersetzen, die in Abschnitt 7.5 bereits auf der Datenbasis der Jahre 1982 bis 1994 mit der OLS-Methode (1. Stufe) geschätzt wurde:

$$\hat{y}_{2t} = 230,8841 + 2,0832x_{2t}.$$

Setzt man für x_{2t} die Beobachtungen aus dem Zeitraum 1982 bis 1994 ein, erhält man die Zeitreihe der berechneten $\hat{y}_{2t}$-Werte:

$$\hat{y}_2 = \begin{bmatrix} 1907,46 \\ 1993,31 \\ 2008,29 \\ 1987,21 \\ 2049,27 \\ 2072,16 \\ 2180,07 \\ 2312,83 \\ 2617,48 \\ 2990,77 \\ 3062,16 \\ 2895,78 \\ 3038,37 \end{bmatrix}.$$

Da gilt: $y_{2t} = \hat{y}_{2t} + \hat{v}_{2t}$, geht die Konsumfunktion über in:

$$\begin{aligned} y_{1t} &= \alpha_{11} + \beta_{12}(\hat{y}_{2t} + \hat{v}_{2t}) + u_{1t} \quad \text{oder:} \\ y_{1t} &= \alpha_{11} + \beta_{12}\hat{y}_{2t} + \varepsilon_t, \quad \text{mit } \varepsilon_t = u_{1t} + \beta_1\hat{v}_{2t}. \end{aligned}$$

(Man beachte die Analogie zu Gleichung (18.7)).

Diese Gleichung erfüllt nun alle Voraussetzungen, um mit der OLS-Methode für Beobachtungen der Jahre 1982 bis 1994 erneut geschätzt werden zu können (2. Stufe). Es ergibt sich:

$$\hat{y}_{1t} = 110,8360 + 0,52\hat{y}_{2t}.$$

Für b_{12} beträgt der Standardfehler: $\hat{s}_{b_{12}} = 0,02$. Zum Vergleich wurde die Konsumfunktion mit der OLS-Methode direkt geschätzt. Dies führt zu:

$$\hat{y}_{1t} = 106,0069 + 0,5220 y_{2t}$$

mit einem Standardfehler von $\hat{s}_{b_1} = 0,0094$. Die marginale Konsumneigung ist größer, während sich der Standardfehler um mehr als die Hälfte verringert. Es sei aber darauf hingewiesen, dass es sich hier wegen des simultaneous equation bias um eine nicht konsistente Schätzung handelt.

Nach der habit persistence Hypothese hängt der Konsum einer Periode auch von seinem Vorperiodenwert ab. Die Konsumfunktion lässt sich dann formulieren als:

$$y_{1t} = \alpha_{11} + \beta_{12} y_{2t} + \beta_{13} y_{1,t-1} + u_{1t}. \tag{18.43}$$

Fügt man noch die Gleichgewichtsbedingung $y_{2t} = y_{1t} + x_{2t}$ hinzu, ist die Konsumfunktion innerhalb dieses aus zwei Gleichungen bestehenden Modells genau identifizierbar. Ihre Koeffizienten können über die reduzierte Form, mit der IV-Methode oder mit der zweistufigen Methode der kleinsten Quadrate geschätzt werden. Die OLS-Schätzung der reduzierten Form ergibt:

$$\hat{y}_{1t} = \underset{}{137,2439} + \underset{(0,1003)}{0,7756 x_{2t}} + \underset{(0,0981)}{0,3152 y_{1,t-1}}.$$

Die Zahlen in Klammern stellen den Standardfehler des darüber stehenden Koeffizienten dar. Nach den Parametern der Konsumfunktion (18.43) aufgelöst folgt:

$$\hat{y}_{1t} = 77,2948 + 0,4368 y_{2t} + 0,1775 y_{1,t-1}.$$

Die zweistufige Methode der kleinsten Quadrate führt zu genau demselben Ergebnis:

$$\hat{y}_{1t} = 77,2948 + \underset{(0,0318)}{0,4368 \hat{y}_{2t}} + \underset{(0,0649)}{0,1775 y_{1,t-1}}.$$

An diesen beiden Beispielen wird eine Eigenschaft der indirekten Methode der kleinsten Quadrate, der IV-Methode und der zweistufigen Methode der kleinsten Quadrate deutlich: Bei genau identifizierbaren Gleichungen sind diese Verfahren schätzäquivalent, sie führen zu denselben Koeffizientenschätzungen.

Ein Signifikanztest ist bei konsistenten und asymptotisch effizienten Schätzfunktionen nur eingeschränkt aussagekräftig. Führt man ihn hier durch, sind alle Koeffizientenschätzungen bei einem α-Fehler von höchstens 5% signifikant von null verschieden.

Übungsaufgaben

18.1 Stellen Sie den Schätzvorgang der 2SLS-Methode dar!

18.2 Begründen Sie, warum selbst bei Gültigkeit der Annahme (2.18) einige endogene Regressoren mit der Störvariablen dieser Modellgleichung korrelieren! Warum gilt dies nicht bei einem rekursiven Modell?

18.3 Welcher Zusammenhang besteht zwischen der IV- und der 2SLS-Methode bei genau identifizierbaren Modellgleichungen?

18.4 Zeigen Sie, dass

a) bei exakter Multikollinearität für mindestens zwei Regressoren,

b) bei einer unteridentifizierten Modellgleichung mit der 2SLS-Methode keine eindeutigen Schätzungen erzielt werden können!

18.5 a) Skizzieren Sie die Rationalität, die dem Prinzip des minimalen Varianzquotienten zugrunde liegt!

b) Begründen Sie, warum das Minimum des durch Gleichung (18.25) definierten Quotienten niemals kleiner als eins werden kann!

c) Geben Sie die einzelnen Schritte des LVR-Schätzverfahrens an!

18.6 a) Man zeige, dass sich für $k = 0$ die OLS-Schätzfunktion aus den k-Klasse-Schätzungen ergibt!

b) Was bedeutet es, wenn plim $k \neq 1$ ist?

18.7 Wie ersetzt man bei der Fixpunktmethode diejenigen Regressoren, die mit der Störvariablen der entsprechenden Gleichung korrelieren?

18.8 a) Warum bezeichnet man die in Kapitel 17 und 18 entwickelten Methoden als Schätzverfahren bei beschränkter Information?

b) Wie beurteilen Sie in diesem Zusammenhang die OLS-Methode?

18.9 Geben Sie an, wann die beiden reduzierten-Form-Vektoren:

$$\hat{\boldsymbol{y}}_1 = p_{11}\boldsymbol{x}_1 + p_{12}\boldsymbol{x}_2 + \ldots + p_{1K}\boldsymbol{x}_K \text{ und}$$
$$\hat{\boldsymbol{y}}_2 = p_{21}\boldsymbol{x}_1 + p_{22}\boldsymbol{x}_2 + \ldots + p_{2K}\boldsymbol{x}_K, \; K > 2,$$

linear unabhängig sind!

Kapitel 19

Simultane Schätzungen der Modellkoeffizienten

Ein Nachteil aller Einzelgleichungsschätzungen ist darin zu sehen, dass auf einen Teil der a priori-Information, die in einem ökonometrischen Modell als Ganzem und in der Datenbasis enthalten ist, verzichtet wird. Die Verfahren zur Schätzung von Strukturgleichungen ziehen zwar alle verfügbaren Informationen heran, die durch die determinierten Variablen des Modells und durch die endogenen Variablen der betreffenden Gleichung vorliegen, vernachlässigen jedoch die von der zu schätzenden Gleichung ausgeschlossenen endogenen Variablen als Informationsquelle.

Es sind deshalb Schätzmethoden entwickelt worden, die eine simultane Schätzung aller Modellparameter erlauben. Da sie jede im Modell verfügbare Information ausnutzen, nennt man sie **Schätzmethoden bei voller Information**.

19.1 Die Maximum Likelihood Methode bei voller Information

Es sollen nun alle Koeffizienten eines durch Gleichung (2.6) gegebenen ökonometrischen Modells mit der Maximum Likelihood-Methode bei voller Information (FIML)[1] geschätzt werden. Unter Berücksichtigung der Beobach-

[1]Die Abkürzung resultiert aus der englischen Bezeichnung dieser Methode: full information maximum likehood.

tungen erhält man dieses Modell in Matrizenschreibweise als:

$$\begin{bmatrix} y_{11} & \dots & y_{G1} \\ \vdots & & \vdots \\ y_{1T} & \dots & y_{GT} \end{bmatrix} \begin{bmatrix} \beta_{11} & \dots & \beta_{G1} \\ \vdots & & \vdots \\ \beta_{1G} & \dots & \beta_{GG} \end{bmatrix} \tag{19.1}$$

$$= \begin{bmatrix} x_{11} & \dots & x_{K1} \\ \vdots & & \vdots \\ x_{1T} & \dots & x_{KT} \end{bmatrix} \begin{bmatrix} \alpha_{11} & \dots & \alpha_{G1} \\ \vdots & & \vdots \\ \alpha_{1K} & \dots & \alpha_{GK} \end{bmatrix} + \begin{bmatrix} u_{11} & \dots & u_{G1} \\ \vdots & & \vdots \\ u_{1T} & \dots & u_{GT} \end{bmatrix},$$

$$\beta_{gg} = 1 \quad \text{für } g = 1, \dots, G$$

oder in kompakter Form:

$$\boldsymbol{YB}' = \boldsymbol{XA}' + \boldsymbol{U}. \tag{19.2}$$

Für die in diesem Modell enthaltenen Störvariablen u_{it}, $i = 1, \dots, G$, $t = 1, \dots, T$ gilt das statistische Modell, insbesondere die Annahme (2.18) sowie die zusätzliche Hypothese gemeinsam normalverteilter Störvariablen. In jeder Gleichung sind die Störvariablen unabhängig identisch normalverteilt. Da jedoch die Varianzen für Störvariablen verschiedener Gleichungen nicht übereinstimmen müssen, sind die Störvariablen des Modells insgesamt unabhängig, aber nicht identisch normalverteilt.

Man charakterisiert dieses statistische Modell häufig als **Diagonalfall**, weil wegen der Annahme (2.18) die Kovarianzmatrix $\boldsymbol{\Sigma}$ (vgl. Gleichung (12.73)) Diagonalform hat. Ist Annahme (2.18) nicht erfüllt, wird für die resultierenden Kovarianzen angenommen, dass sie zwischen Störvariablen nur kontemporär existieren und über die Zeit invariant sind: $\operatorname{cov}(u_{it}, u_{jt}) = \sigma_{ij} =$ const. über t.

Wegen der angenommenen Homoskedastizität und Freiheit von Autokorrelation für die Störvariablen in den einzelnen Gleichungen ergibt sich $\boldsymbol{\Sigma}$ als:

$$\boldsymbol{\Sigma} = \begin{bmatrix} \sigma^2_{u_1}\boldsymbol{I} & 0 & \dots & & 0 \\ 0 & \sigma^2_{u_2}\boldsymbol{I} & \dots & & \vdots \\ \vdots & \vdots & \dots & & \vdots \\ \vdots & \vdots & \dots & & 0 \\ 0 & 0 & \dots & 0 & \sigma^2_{u_G}\boldsymbol{I} \end{bmatrix}.$$

Aus dem ökonometrischen Modell sind alle Identitäten mit einer entsprechenden Anzahl endogener Variablen entfernt, so dass die Anzahl der noch verbleibenden endogenen Variablen und die Anzahl der Gleichungen weiter übereinstimmen, jedoch nur noch stochastische Beziehungen vorkommen, für die keine Störvariable identisch gleich null ist.[2]

Bei der simultanen Schätzung aller Koeffizienten eines Modells wird eine unterschiedliche Indizierung der Gleichungszugehörigkeit bei den endogenen Variablen und bei den Störvariablen notwendig. Wie bisher kennzeichnet g bei den endogenen Variablen, aber i bei den Störvariablen den Gleichungsbezug. Natürlich gilt auch für i: $i = 1, \ldots, G$. Aus der Randverteilung $f(u_{it})$ der i-ten Störvariablen erhält man die gemeinsame Dichtefunktion aller Störvariablen $u_{1t}, \ldots, u_{Gt}$ bei gegebener Periode t in Analogie zu Gleichung (10.2) als Produkt der einzelnen Randverteilungen:

$$f_{\boldsymbol{u}_t}(u_{1t}, \ldots, u_{Gt}) = f_{\boldsymbol{u}_t}(\boldsymbol{u}_t') = \prod_{i=1}^{G} f(u_{it}), \tag{19.3}$$

$\prod$: Produktoperator,

$f_{\boldsymbol{u}_t}(\boldsymbol{u}_t')$: gemeinsame Dichtefunktion aller G Störvariablen in der Periode t,

$\boldsymbol{u}_t'$: Zeilenvektor, dessen Elemente die Störvariablen u_{it}, $i = 1, \ldots, G$ der Periode t sind (t-te Zeile der Matrix $\boldsymbol{U}$ in Gleichung (19.1)).

Wegen $f(u_{it}) = \sigma_{u_i}^{-1}(2\pi)^{-\frac{1}{2}} \exp\left(-\frac{1}{2}\frac{u_{it}^2}{\sigma_{u_i}^2}\right)$ geht Gleichung (19.3) über in:[3]

$$f_{\boldsymbol{u}_t}(\boldsymbol{u}_t') = \left(\prod_{i=1}^{G} \sigma_{u_i}^{-1}\right)(2\pi)^{-\frac{G}{2}} \exp\left(-\frac{1}{2}\sum_{i=1}^{G}\frac{u_{it}^2}{\sigma_{u_i}^2}\right). \tag{19.4}$$

Auf gleiche Weise, wie in Kapitel 14 Gleichung (14.50) gewonnen wurde, insbesondere durch die Anwendung des dort eingeführten Satzes über die Dichtefunktion lineartransformierter Zufallsvariablen, kann nun aus Gleichung (19.4) die gemeinsame Dichtefunktion der G endogenen Variablen für die Periode t abgeleitet werden. Die Transformation ist durch die reduzierte Form für das Gleichungssystem (19.2) festgelegt:

$$\boldsymbol{Y} = \boldsymbol{X}\boldsymbol{A}'(\boldsymbol{B}^{-1})' + \boldsymbol{U}(\boldsymbol{B}^{-1})'. \tag{19.5}$$

Bei gegebenen x-Werten sind die endogenen Variablen somit lineare Funktionen der Störvariablen und deshalb genau wie diese ebenfalls gemeinsam

[2] Diese Elimination ist notwendig, weil sonst die gemeinsame Dichtefunktion der Störvariablen bei vorgegebenen Werten der exogenen Regressoren nicht existieren würde.

[3] Eine periodenbezogene Indizierung der Varianz $\sigma_{u_i}^2$ der i-ten Störvariablen ist wegen der Homoskedastizität: $\sigma_{u_{i1}}^2 = \sigma_{u_{i2}}^2 = \ldots = \sigma_{u_{iT}}^2$ nicht notwendig.

normalverteilt. Ihre Dichtefunktion ist dann unter Beachtung, dass $\boldsymbol{B}'$ die Inverse der Transformationsmatrix $(\boldsymbol{B}^{-1})'$ ist und dass gilt: $|\boldsymbol{B}'| = |\boldsymbol{B}|$:

$$\begin{aligned} f_{\boldsymbol{y}_t}(\boldsymbol{y}_t'|\boldsymbol{x}_t') &= |\det \boldsymbol{B}| f_{\boldsymbol{u}_t}(\boldsymbol{u}_t') \qquad (19.6) \\ &= |\det \boldsymbol{B}| \left(\prod_{i=1}^{G} \sigma_{u_i}^{-1} \right) (2\pi)^{-\frac{G}{2}} \exp\left(-\frac{1}{2} \sum_{i=1}^{G} \frac{u_{it}^2}{\sigma_{u_i}^2} \right), \text{ mit:} \\ \boldsymbol{y}_t' &= (y_{1t}, \ldots, y_{Gt}), \quad \boldsymbol{x}_t' = (x_{1t}, \ldots, x_{Kt}), \\ |\det \boldsymbol{B}| &: \text{ absoluter Wert der Determinante (det) von } \boldsymbol{B} \text{ und:}^4 \end{aligned}$$

$$u_{it} = \sum_{g=1}^{G} \beta_{ig} y_{gt} - \sum_{k=1}^{K} \alpha_{1k} x_{kt}. \qquad (19.7)$$

Gleichung (19.7) folgt unmittelbar aus entsprechender Zeilen- und Spaltenmultiplikation des als Gleichung (19.1) gegebenen Systems.

Die gemeinsame Dichtefunktion für alle G endogenen Variablen zu allen Perioden t, $t = 1, \ldots, T$ gewinnt man wegen der Annahme nicht autokorrelierter Störvariablen als Produkt der periodenbezogenen Dichtefunktionen $f_{\boldsymbol{y}_t}(\boldsymbol{y}_t'|\boldsymbol{x}_t')$:

$$\begin{aligned} f_{\boldsymbol{Y}}(\boldsymbol{Y}|\boldsymbol{X}) &= \prod_{t=1}^{T} f_{\boldsymbol{y}_t}(\boldsymbol{y}_t'|\boldsymbol{x}_t') \\ &= |\det \boldsymbol{B}|^T (2\pi)^{-\frac{TG}{2}} \left(\prod_{i=1}^{G} \sigma_{u_i} \right)^{-T} \exp\left(-\frac{1}{2} \sum_{t=1}^{T} \sum_{i=1}^{G} \frac{u_{it}^2}{\sigma_{u_i}^2} \right); \end{aligned} \qquad (19.8)$$

die Matrizen $\boldsymbol{Y}$ und $\boldsymbol{X}$ sind durch die Gleichungen (19.1) bzw. (19.2) definiert, u_{it} durch Gleichung (19.7).

Bei gegebenen Beobachtungen ist Gleichung (19.8) nur noch abhängig von den unbekannten Parametern des ökonometrischen Modells. Analog zu Kapitel 10 werden diese so bestimmt, dass sich für die vorliegenden Beobachtungen eine maximale Dichte einstellt. Man maximiert die Likelihood-Funktion hinsichtlich aller Parameter des ökonometrischen Modells, die in den Matrizen $\boldsymbol{A}, \boldsymbol{B}, \boldsymbol{\Sigma}$ zusammengefasst sind.

Um die Likelihood-Funktion $L(\boldsymbol{A}, \boldsymbol{B}, \boldsymbol{\Sigma})$ zu maximieren, unterzieht man sie

[4] Wenn nicht der Betrag einer Determinante $\boldsymbol{A}$ gemeint ist, wird sie mit $|\boldsymbol{A}|$ bezeichnet.

auch hier einer Logarithmus-Transformation:

$$\begin{aligned}\ln L(\boldsymbol{A}, \boldsymbol{B}, \boldsymbol{\Sigma}) =& T \ln |\det \boldsymbol{B}| - \frac{TG}{2} \ln(2\pi) \\ & - T \sum_{i=1}^{G} \ln \sigma_{u_i} - \frac{1}{2} \sum_{t=1}^{T} \sum_{i=1}^{G} \frac{1}{\sigma_{u_i}^2} \left(\sum_{g=1}^{G} \beta_{ig} y_{gt} - \sum_{k=1}^{K} \alpha_{ik} x_{kt} \right)^2 .\end{aligned} \tag{19.9}$$

Diese Gleichung wird nun nach den Elementen der Matrizen $\boldsymbol{A}, \boldsymbol{B}$ und $\boldsymbol{\Sigma}$ partiell differenziert und alle partiellen Ableitungen werden gleich null gesetzt.[5] Man erhält dann ein Gleichungssystem, das aus drei Gruppen von Bestimmungsgleichungen besteht:

$$\frac{\partial \ln L}{\partial \alpha_{ik}} = 0 \quad \text{für } i = 1, \ldots, G, \quad k = 1, \ldots, K, \tag{19.10}$$

$$\frac{\partial \ln L}{\partial \beta_{ig}} = 0 \quad \text{für } i = 1, \ldots, G, \quad g = 1, \ldots, G, \tag{19.11}$$

$$\frac{\partial \ln L}{\partial \sigma_{u_i}} = 0 \quad \text{für } i = 1, \ldots, G. \tag{19.12}$$

Maximal ergeben sich $G^2 + (GK) + G$ Gleichungen,[6] die meist nicht linear sind. Es existieren dann verschiedene Lösungen für die geschätzten Regressionskoeffizienten, die mathematisch kompliziert zu ermitteln sind. Unter der Annahme gegebener Elemente der Matrizen $\boldsymbol{A}$ und $\boldsymbol{B}$ kann die Likelihood-Funktion partiell nach den Variablen σ_{u_i} maximiert werden. Das Gleichungssystem liefert als Schätzfunktionen für die G Varianzen:

$$s_{u_i}^2 = \frac{1}{T} \sum \hat{u}_{it}^2, \quad i = 1, \ldots, G, \tag{19.13}$$

$\hat{u}_{it}$: Residuum der i-ten Gleichung in der Periode t.

Eine Schätzvereinfachung stellt sich bei einem rekursiven Modell ein. Da jetzt $\boldsymbol{B}$ eine Dreiecksmatrix ist, erhält man ihre Determinante als Produkt der Hauptdiagonalelemente: $\prod_{g=1}^{G} \beta_{gg}$. Wegen der Normierungsregel haben alle Elemente der Hauptdiagonalen den Wert eins; dies ist dann auch der Wert der

[5] Genau genommen wird nur nach den Koeffizienten differenziert, die keinen Restriktionen unterliegen. Existieren außer Nullrestriktionen noch andere Beschränkungen für die Modellkoeffizienten, z.B. dass sich zwei Parameter zu eins addieren, liegt ein Maximierungsproblem unter Nebenbedingungen vor, dessen mathematische Behandlung recht aufwendig ist. Es soll deshalb hier angenommen werden, dass außer Nullrestriktionen keine weiteren Beschränkungen vorliegen.

[6] Diese Anzahl ist eine theoretische Obergrenze. Die Identifikation eines Modells verlangt, dass von jeder Gleichung $G - 1$ Variablen ausgeschlossen sind; die Normierungsregel weist G Koeffizienten den Wert eins zu. Daher verbleiben nur $GK + G$ unbekannte Koeffizienten und eine entsprechende Anzahl an partiellen Ableitungen.

Determinante. Maximierung der Gleichung (19.9) bezüglich der Strukturparameter führt jetzt zu einer OLS-Schätzung jeder einzelnen Modellgleichung.

Liegt nicht mehr der Diagonalfall vor, ist also Annahme (2.18) des statistischen Modells ungültig, wird die Kovarianzmatrix $\boldsymbol{\Sigma}$ gegeben durch:

$$\boldsymbol{\Sigma} = \begin{bmatrix} \sigma_{11}\boldsymbol{I} & \sigma_{12}\boldsymbol{I} & \dots & \sigma_{1G}\boldsymbol{I} \\ \vdots & \vdots & & \vdots \\ \sigma_{G1}\boldsymbol{I} & \sigma_{G2}\boldsymbol{I} & \dots & \sigma_{GG}\boldsymbol{I} \end{bmatrix}. \tag{19.14}$$

Die Elemente σ_{ij} sind für $i \neq j$ die kontemporären Kovarianzen und für $i = j$ die Varianzen $\sigma^2_{u_i}$ (vgl. Gleichung (12.74)). Die gemeinsame Dichtefunktion der G Störvariablen für die Periode t erhält man dann nicht mehr als Produkt der Randverteilungen, sondern wird gegeben durch:[7]

$$f_{\boldsymbol{u}_t}(\boldsymbol{u}'_t) = (2\pi)^{-\frac{G}{2}}|\boldsymbol{\Sigma}|^{-\frac{1}{2}} \exp\left(-\frac{1}{2}\boldsymbol{u}'_t\boldsymbol{\Sigma}^{-1}\boldsymbol{u}_t\right). \tag{19.15}$$

Die gemeinsame Normalverteilung der endogenen Variablen bei gegebenen x-Werten folgt hieraus für die Periode t als:

$$f_{\boldsymbol{y}_t}(\boldsymbol{y}'_t|\boldsymbol{x}'_t) = |\det \boldsymbol{B}|(2\pi)^{-\frac{G}{2}}|\boldsymbol{\Sigma}|^{-\frac{1}{2}} \exp\left(-\frac{1}{2}\boldsymbol{u}'_t\boldsymbol{\Sigma}^{-1}\boldsymbol{u}_t\right). \tag{19.16}$$

Der Vektor $\boldsymbol{u}'_t$ lässt sich analog zu Gleichung (19.7) ersetzen. Beispielsweise folgt für u_{11} aus dem Gleichungssystem (19.1):

$$(y_{11} \dots y_{G1}) \begin{bmatrix} \beta_{11} \\ \vdots \\ \beta_{1G} \end{bmatrix} - (x_{11} \dots x_{K1}) \begin{bmatrix} \alpha_{11} \\ \vdots \\ \alpha_{1K} \end{bmatrix} = u_{11}. \tag{19.17}$$

Diese Gleichung verdeutlicht die Darstellung der ersten Zeile $\boldsymbol{u}'_1$ der Matrix $\boldsymbol{U}$ als:

$$\boldsymbol{y}'_1\boldsymbol{B}' - \boldsymbol{x}'_1\boldsymbol{A}' = \boldsymbol{u}'_1.$$

Der t-te Zeilenvektor ist dann:

$$\boldsymbol{y}'_t\boldsymbol{B}' - \boldsymbol{x}'_t\boldsymbol{A}' = \boldsymbol{u}'_t. \tag{19.18}$$

Gleichung (19.16) geht daher über in:

$$f_{\boldsymbol{y}}(\boldsymbol{y}'_t|\boldsymbol{x}'_t) = |\det \boldsymbol{B}|(2\pi)^{-\frac{G}{2}}|\boldsymbol{\Sigma}|^{-\frac{1}{2}} \exp\left[-\frac{1}{2}(\boldsymbol{y}'_t\boldsymbol{B}' - \boldsymbol{x}'_t\boldsymbol{A}')\boldsymbol{\Sigma}^{-1}(\boldsymbol{B}\boldsymbol{y}_t - \boldsymbol{A}\boldsymbol{x}_t)\right]. \tag{19.19}$$

[7] Siehe hierzu z.B. Hogg und Craig (1978), S. 380ff.

Hieraus gewinnt man die gemeinsame Dichtefunktion für alle Perioden $t = 1, \ldots, T$:

$$\begin{aligned} f_{\boldsymbol{Y}}(\boldsymbol{Y}|\boldsymbol{X}) &= \prod_{t=1}^{T} f_{\boldsymbol{y}}(\boldsymbol{y}_t'|\boldsymbol{x}_t') \\ &= |\det \boldsymbol{B}|^T (2\pi)^{-\frac{TG}{2}} |\boldsymbol{\Sigma}|^{-\frac{T}{2}} \\ &\exp\left[-\frac{1}{2}\sum_{t=1}^{T}(\boldsymbol{y}_t'\boldsymbol{B}' - \boldsymbol{x}_t'\boldsymbol{A}')\boldsymbol{\Sigma}^{-1}(\boldsymbol{B}\boldsymbol{y}_t - \boldsymbol{A}\boldsymbol{x}_t)\right]. \end{aligned} \tag{19.20}$$

Die eckige Klammer in Gleichung (19.20) lässt sich vereinfachen. Der Ausdruck $(\boldsymbol{y}_t'\boldsymbol{B}' - \boldsymbol{x}_t'\boldsymbol{A}')$ stellt den t-ten Zeilenvektor der Differenzmatrix $(\boldsymbol{Y}\boldsymbol{B}' - \boldsymbol{X}\boldsymbol{A}')$ dar; demnach ist $(\boldsymbol{B}\boldsymbol{y}_t - \boldsymbol{A}\boldsymbol{x}_t)$ der t-te Spaltenvektor der Differenzmatrix $(\boldsymbol{B}\boldsymbol{Y}' - \boldsymbol{A}\boldsymbol{X}')$. Die Summe über t in Gleichung (19.20) entspricht daher der Summe aller Diagonalelemente der Produktmatrix $(\boldsymbol{B}\boldsymbol{Y}' - \boldsymbol{A}\boldsymbol{X}')'\boldsymbol{\Sigma}^{-1}(\boldsymbol{B}\boldsymbol{Y}' - \boldsymbol{A}\boldsymbol{X}')$ und ist somit gleich der Spur dieser Matrix. Da für die Spur das kommutative Gesetz gilt, kann nun geschrieben werden:

$$\begin{aligned} &\sum_{t=1}^{T}(\boldsymbol{y}_t'\boldsymbol{B}' - \boldsymbol{x}_t'\boldsymbol{A}')\boldsymbol{\Sigma}^{-1}(\boldsymbol{B}\boldsymbol{y}_t - \boldsymbol{A}\boldsymbol{x}_t) \\ &\quad = \mathrm{Sp}[(\boldsymbol{B}\boldsymbol{Y}' - \boldsymbol{A}\boldsymbol{X}')'\boldsymbol{\Sigma}^{-1}(\boldsymbol{B}\boldsymbol{Y}' - \boldsymbol{A}\boldsymbol{X}')] \\ &\quad = \mathrm{Sp}[\boldsymbol{\Sigma}^{-1}(\boldsymbol{B}\boldsymbol{Y}' - \boldsymbol{A}\boldsymbol{X}')(\boldsymbol{B}\boldsymbol{Y}' - \boldsymbol{A}\boldsymbol{X}')']. \end{aligned}$$

Setzt man diese Umformung in Gleichung (19.20) ein und unterzieht sie einer Logarithmustransformation, erhält man schließlich die Likelihood-Funktion in Abhängigkeit von den unbekannten Elementen der Matrizen $\boldsymbol{A}, \boldsymbol{B}$ und $\boldsymbol{\Sigma}$:

$$\begin{aligned} \ln L(\boldsymbol{A}, \boldsymbol{B}, \boldsymbol{\Sigma}) =& T \ln|\det \boldsymbol{B}| - \frac{TG}{2}\ln(2\pi) - \frac{T}{2}\ln|\boldsymbol{\Sigma}| \\ &- \frac{1}{2}\mathrm{Sp}[\boldsymbol{\Sigma}^{-1}(\boldsymbol{B}\boldsymbol{Y}' - \boldsymbol{A}\boldsymbol{X}')(\boldsymbol{B}\boldsymbol{Y}' - \boldsymbol{A}\boldsymbol{X}')']. \end{aligned} \tag{19.21}$$

Die Differentiation dieser Gleichung nach den Elementen der Matrizen $\boldsymbol{A}, \boldsymbol{B}$ und $\boldsymbol{\Sigma}$ erfolgt analog zu dem Diagonalfall. Auch hier ergeben sich drei Gleichungsgruppen, die nach Nullsetzen nach den unbekannten Parametern aufgelöst werden können. Man hat dann die Schätzwerte a_{ik}, b_{ig} sowie Schätzungen für die unbekannten Varianzen $s_{u_i}^2$ und die Kovarianzen $\mathrm{cov}(u_i, u_j)$, $i \neq j$ ermittelt. Dieses Auflösen ist jedoch mit erheblichen Schwierigkeiten verbunden, da in dem System nichtlineare Gleichungen vorkommen. Iterationsverfahren führen meistens zum Ziel; sie werden hier jedoch nicht vorgestellt.[8]

[8] Ein Lösungsverfahren findet sich bei CHERNOFF und DIVINSKY (1953). Von EISENPRESS (1962) wurde ein Computerprogramm entwickelt.

Ein vereinfachendes Verfahren zur Berechnung der Schätzwerte schlagen ROTHENBERG und LEENDERS vor.[9] Danach werden die in den Parametern nichtlinearen Bestimmungsgleichungen durch eine Taylorreihenentwicklung linear approximiert und dann durch diese Approximation ersetzt. Die aus dem so linearisierten Gleichungssystem gewonnenen Schätzfunktionen weisen bei großen Stichprobenumfängen die gleichen Eigenschaften wie die ML-Schätzer auf. Man nennt dieses Verfahren die **linearisierte Maximum Likelihood Methode**.

Bei gegebenen Parametern α_{ik} und β_{ig} liefern die partiellen Ableitungen nach den Elementen der Kovarianzmatrix $\boldsymbol{\Sigma}$ Schätzwerte für die Varianzen und Kovarianzen der G Störvariablen. Auch hier wird davon ausgegangen, dass die Kovarianzmatrix $\boldsymbol{\Sigma}$ keinen a priori Restriktionen unterliegt. Um die Ableitungen der Gleichung (19.21) nach $\boldsymbol{\Sigma}$ durchzuführen, benötigt man zwei Regeln der Matrizendifferentiation:

$$\frac{d \ln |\boldsymbol{X}|}{d\boldsymbol{X}} = (\boldsymbol{X}')^{-1} \quad \text{und} \tag{19.22}$$

$$\frac{d\mathrm{Sp}(\boldsymbol{X}^{-1}\boldsymbol{A})}{d\boldsymbol{X}} = -(\boldsymbol{X}^{-1}\boldsymbol{A}\boldsymbol{X}^{-1})'. \tag{19.23}$$

Hierbei stellt $\boldsymbol{X}$ eine quadratische Matrix mit positiver Determinante dar.[10]

Leitet man Gleichung (19.21) unter Beachtung dieser beiden Regeln nach $\boldsymbol{\Sigma}$ ab, führt dies wegen $\boldsymbol{\Sigma}' = \boldsymbol{\Sigma}$ zu:

$$\begin{aligned}\frac{\partial \ln L(\boldsymbol{A}, \boldsymbol{B}, \boldsymbol{\Sigma})}{\partial \boldsymbol{\Sigma}} &= -\frac{T}{2}\boldsymbol{\Sigma}^{-1} \\ &+\frac{1}{2}[\boldsymbol{\Sigma}^{-1}(\boldsymbol{B}\boldsymbol{Y}' - \boldsymbol{A}\boldsymbol{X}')(\boldsymbol{B}\boldsymbol{Y}' - \boldsymbol{A}\boldsymbol{X}')'\boldsymbol{\Sigma}^{-1}]' = \boldsymbol{0}.\end{aligned} \tag{19.24}$$

Umstellung und Multiplikation mit $\frac{2}{T}$ ergeben:

$$\boldsymbol{\Sigma}^{-1} = \frac{1}{T}\boldsymbol{\Sigma}^{-1}(\boldsymbol{B}\boldsymbol{Y}' - \boldsymbol{A}\boldsymbol{X}')(\boldsymbol{B}\boldsymbol{Y}' - \boldsymbol{A}\boldsymbol{X}')'\boldsymbol{\Sigma}^{-1}.$$

Die Auflösung nach der Matrix $\boldsymbol{\Sigma}$ ist durch Multiplikation dieser Gleichung sowohl von links als auch von rechts mit $\boldsymbol{\Sigma}$ erreicht:

$$\boldsymbol{\Sigma} = \frac{1}{T}(\boldsymbol{B}\boldsymbol{Y}' - \boldsymbol{A}\boldsymbol{X}')(\boldsymbol{B}\boldsymbol{Y}' - \boldsymbol{A}\boldsymbol{X}')'. \tag{19.25}$$

---

[9] ROTHENBERG und LEENDERS (1964).

[10] Ist die Determinante nicht positiv, gilt diese Ableitungsregel nicht. Bei der Kovarianzmatrix $\boldsymbol{\Sigma}$ kann aber angenommen werden, dass ihre Determinante positiv ist.

Aus Gleichung (19.1) folgt: $(\boldsymbol{B}\boldsymbol{Y}' - \boldsymbol{A}\boldsymbol{X}') = \boldsymbol{U}'$; setzt man für die Matrizen $\boldsymbol{A}$ und $\boldsymbol{B}$, die bei dieser Ableitung als gegeben angenommen wurden, die ML-Schätzungen ein, geht Gleichung (19.25) über in:

$$\hat{\boldsymbol{\Sigma}} = \frac{1}{T}\hat{\boldsymbol{U}}'\hat{\boldsymbol{U}}. \tag{19.26}$$

Die Diagonalelemente, multipliziert mit dem Skalar $\frac{1}{T}$, stellen die geschätzten Varianzen der Störvariablen u_i, $i = 1, \ldots, G$ dar; die übrigen Elemente repräsentieren Kovarianzschätzungen:

$$s_{ii} = s^2_{u_i} = \frac{1}{T}\sum_{t=1}^{T} \hat{u}^2_{it}, \quad i = 1, \ldots, G; \tag{19.27}$$

$$s_{ij} = \hat{\text{cov}}(u_i, u_j) = \frac{1}{T}\sum_{t=1}^{T} \hat{u}_{it}\hat{u}_{jt}, \quad i \neq j,\ i,j = 1, \ldots, G. \tag{19.28}$$

Man erhält mit der Maximum Likelihood Methode bei voller Information Parameterschätzungen, die konsistent, asymptotisch effizient und asymptotisch normalverteilt sind. Diese Ergebnisse bleiben auch erhalten, wenn verzögert endogene Variablen als Regressoren vorkommen, die Störvariablen aber nicht autokorrelieren.[11] Auch wenn die Annahme gemeinsam normalverteilter Störvariablen nicht zutreffend ist, liefert die FIML-Methode immerhin noch konsistente und asymptotisch normalverteilte Schätzungen;[12] man bezeichnet sie dann als Quasi-Maximum-Likelihood-Schätzungen.

19.2 Die dreistufige Methode der kleinsten Quadrate

Ein weiteres Verfahren zur simultanen Schätzung aller Koeffizienten eines ökonometrischen Modells stellt die dreistufige Methode der kleinsten Quadrate (3SLS)[13] dar. Sie wurde von ZELLNER und THEIL[14] entwickelt und

[11] Welche asymptotische Eigenschaften bei simultanen Schätzungen der Koeffizienten dynamischer, autoregressiver Modelle erhalten bleiben, haben DHRYMES und ERLAT (1974) gezeigt. Die Schätzeigenschaften der Maximum Likelihood Methode bei voller Information und einer Autokorrelation zweiter Ordnung für die Störvariablen wurden von BEACH und MACKINNON (1978) untersucht. FAIR (1970) hat ein von SARGAN (1961) entwickeltes Schätzverfahren für autokorrelierte, dynamische Modellgleichungen durch eine Verringerung der für die Konsistenzeigenschaft notwendigen Instrumentalvariablen für die praktische Arbeit verbessert.

[12] Den Nachweis erbrachten KOOPMANS, RUBIN und LEIPNITZ (1950).

[13] 3SLS: 3 Stage Least Squares.

[14] ZELLNER und THEIL (1962).

basiert auf der 2SLS-Methode. Im Gegensatz zu dieser zählt sie aber zu den Verfahren bei voller Information, da alle Koeffizienten in einer Schätzgleichung zusammengefasst sind.

Wie bei der zweistufigen Methode der kleinsten Quadrate formt man zunächst alle Strukturgleichungen eines Modells so um, dass auf der linken Gleichungsseite nur noch diejenige endogene Variable steht, deren Koeffizient auf den Wert eins normiert wurde. Alle Identitätsgleichungen sind aus dem ökonometrischen Modell eliminiert, für die Störvariablen u_i gilt bis auf Annahme (2.18) das statistische Modell.

Die erste Gleichung eines solchen Modells wird dann durch Gleichung (18.2) gegeben, die hier als Gleichung (19.29) nochmals aufgeführt wird:

$$\boldsymbol{y}_1 = \boldsymbol{Y}_1\boldsymbol{\beta}_1 + \boldsymbol{X}_1\boldsymbol{\alpha}_1 + \boldsymbol{u}_1. \tag{19.29}$$

Führt man nun analog zu Gleichung (18.35) eine Matrix $\boldsymbol{M}_1$ und einen Spaltenvektor $\boldsymbol{\gamma}_1$ ein, die definiert sind als:

$$\boldsymbol{M}_1 = (\boldsymbol{Y}_1\ \boldsymbol{X}_1) \quad \text{und} \quad \boldsymbol{\gamma}_1 = (\boldsymbol{\beta}_1'\ \boldsymbol{\alpha}_1')',$$

geht Gleichung (19.29) über in:

$$\boldsymbol{y}_1 = \boldsymbol{M}_1\boldsymbol{\gamma}_1 + \boldsymbol{u}_1. \tag{19.30}$$

Multiplikation von links mit $\boldsymbol{X}'$ führt zu:

$$\boldsymbol{X}'\boldsymbol{y}_1 = \boldsymbol{X}'\boldsymbol{M}_1\boldsymbol{\gamma}_1 + \boldsymbol{X}'\boldsymbol{u}_1. \tag{19.31}$$

Auf gleiche Weise lassen sich nun alle G Gleichungen des Modells darstellen:

$$\begin{aligned} \boldsymbol{X}'\boldsymbol{y}_1 &= \boldsymbol{X}'\boldsymbol{M}_1\boldsymbol{\gamma}_1 + \boldsymbol{X}'\boldsymbol{u}_1 \\ &\vdots \\ \boldsymbol{X}'\boldsymbol{y}_G &= \boldsymbol{X}'\boldsymbol{M}_G\boldsymbol{\gamma}_G + \boldsymbol{X}'\boldsymbol{u}_G \end{aligned}$$

oder:

$$\begin{bmatrix} \boldsymbol{X}'\boldsymbol{y}_1 \\ \vdots \\ \vdots \\ \boldsymbol{X}'\boldsymbol{y}_G \end{bmatrix} = \begin{bmatrix} \boldsymbol{X}'\boldsymbol{M}_1 & \mathbf{0} & \dots & \dots & \mathbf{0} \\ \vdots & & & & \vdots \\ \vdots & & & & \mathbf{0} \\ \mathbf{0} & \dots & \dots & \mathbf{0} & \boldsymbol{X}'\boldsymbol{M}_G \end{bmatrix} \begin{bmatrix} \boldsymbol{\gamma}_1 \\ \vdots \\ \vdots \\ \boldsymbol{\gamma}_G \end{bmatrix} + \begin{bmatrix} \boldsymbol{X}'\boldsymbol{u}_1 \\ \vdots \\ \vdots \\ \boldsymbol{X}'\boldsymbol{u}_G \end{bmatrix} \tag{19.32}$$

In kompakter Schreibweise ergibt dies:

$$\boldsymbol{y}^* = \boldsymbol{M}^*\boldsymbol{\gamma}^* + \boldsymbol{u}^*, \tag{19.33}$$

wobei im Spaltenvektor γ^* jetzt alle Koeffizienten des Modells als Elemente enthalten sind.

Gleichung (19.33) sollte man nicht mit der OLS-Methode schätzen, da wegen der Ungültigkeit der Annahme (2.18) die im Vektor $\boldsymbol{u}^*$ enthaltenen Störvariablen über die Gleichungen kontemporär korrelieren. Die Kovarianzmatrix wird gegeben durch:

$$\boldsymbol{\Sigma}_{\boldsymbol{u}^*} = \mathrm{E}(\boldsymbol{u}^*\boldsymbol{u}^{*\prime}) = \mathrm{E}\left\{ \begin{bmatrix} \boldsymbol{X}'\boldsymbol{u}_1 \\ \vdots \\ \boldsymbol{X}'\boldsymbol{u}_G \end{bmatrix} (\boldsymbol{u}_1'\boldsymbol{X}, \ldots, \boldsymbol{u}_G'\boldsymbol{X}) \right\} \tag{19.34}$$

$$= \mathrm{E} \begin{bmatrix} \boldsymbol{X}'\boldsymbol{u}_1\boldsymbol{u}_1'\boldsymbol{X} & \ldots & \boldsymbol{X}'\boldsymbol{u}_1\boldsymbol{u}_G'\boldsymbol{X} \\ \vdots & & \vdots \\ \boldsymbol{X}'\boldsymbol{u}_G\boldsymbol{u}_1'\boldsymbol{X} & \ldots & \boldsymbol{X}'\boldsymbol{u}_G\boldsymbol{u}_G'\boldsymbol{X} \end{bmatrix}.$$

Die Elemente dieser Matrix sind selbst Matrizen. Wegen der statistischen Annahme liefert der Erwartungswert für $i = j$ die Varianzen und für $i \neq j$ die kontemporären Kovarianzen:

$$\mathrm{E}(\boldsymbol{X}'\boldsymbol{u}_i\boldsymbol{u}_j'\boldsymbol{X}) = \boldsymbol{X}'\mathrm{E}(\boldsymbol{u}_i\boldsymbol{u}_j')\boldsymbol{X} = \sigma_{ij}\boldsymbol{X}'\boldsymbol{X},$$

$$\sigma_{ii}: \text{ Varianz für } i = j; \quad \sigma_{ij}: \text{ kontemporäre Kovarianz für } i \neq j.$$

Gleichung (19.34) wird dann zu:[15]

$$\boldsymbol{\Sigma}_{\boldsymbol{u}^*} = \begin{bmatrix} \sigma_{11}\boldsymbol{X}'\boldsymbol{X} & \ldots & \sigma_{1G}\boldsymbol{X}'\boldsymbol{X} \\ \vdots & & \vdots \\ \sigma_{G1}\boldsymbol{X}'\boldsymbol{X} & \ldots & \sigma_{GG}\boldsymbol{X}'\boldsymbol{X} \end{bmatrix} = \boldsymbol{V}. \tag{19.35}$$

Es soll zunächst der allgemeinere Fall weiter verfolgt werden, dass $\sigma_{ij} \neq 0$ für $i \neq j$ ist, d.h., zwischen der Störvariablen der i-ten und der j-ten Gleichung existiert zu jeder Periode t eine von null verschiedene kontemporäre Kovarianz. Wegen dieser Eigenschaft der Kovarianzmatrix ist Gleichung (19.33) mit der GLS-Methode zu schätzen (vgl. hierzu Kapitel 12). Analog zu Gleichung (12.37) erhält man den GLS-Schätzvektor $\hat{\gamma}^*$ als:

$$\hat{\gamma}^* = (\boldsymbol{M}^{*\prime}\boldsymbol{V}^{-1}\boldsymbol{M}^*)^{-1}\boldsymbol{M}^{*\prime}\boldsymbol{V}^{-1}\boldsymbol{y}^*. \tag{19.36}$$

Da die GLS-Methode jedoch die Kenntnis der Kovarianzmatrix $\boldsymbol{V}$ voraussetzt, müssen die Varianzen bzw. Kovarianzen σ_{ij}, $i = 1, \ldots, G$; $j = 1, \ldots, G$ vorher geschätzt werden. Dies geschieht mit den Residuen, die sich aus den 2SLS-Schätzungen für jede der G Strukturgleichungen ergeben.

[15] Man beachte, dass hier $\boldsymbol{V}$ wie in Kapitel 12 eine Kovarianzmatrix bezeichnet.

Um den Aufbau des 3SLS-Schätzvektors und die notwendigen Berechnungen besser erkennen zu können, wird Gleichung (19.36) ausgeschrieben. Nach Substitution von σ_{ij} durch den Schätzer s_{ij} lautet die Inverse $\hat{\boldsymbol{V}}^{-1}$:[16]

$$\hat{\boldsymbol{V}}^{-1} = \begin{bmatrix} s^{11}(\boldsymbol{X}'\boldsymbol{X})^{-1} & \dots & s^{1G}(\boldsymbol{X}'\boldsymbol{X})^{-1} \\ \vdots & & \vdots \\ s^{G1}(\boldsymbol{X}'\boldsymbol{X})^{-1} & \dots & s^{GG}(\boldsymbol{X}'\boldsymbol{X})^{-1} \end{bmatrix} \tag{19.37}$$

s^{ij} : Element der inversen geschätzten Kovarianzmatrix $\hat{\boldsymbol{\Sigma}}_{\boldsymbol{u}^*}^{-1}$, $i, j = 1, \dots, G$.

Setzt man Gleichung (19.37) in Gleichung (19.36) ein und beachtet die Definitionen von $\boldsymbol{M}^*$ und $\boldsymbol{y}^*$, erhält man für $\hat{\gamma}^*$:

$$\begin{aligned} \hat{\gamma}^* &= \begin{bmatrix} \hat{\gamma}_1 \\ \vdots \\ \hat{\gamma}_G \end{bmatrix} \qquad (19.38) \\ &= \begin{bmatrix} s^{11}\boldsymbol{M}_1'\boldsymbol{X}(\boldsymbol{X}'\boldsymbol{X})^{-1}\boldsymbol{X}'\boldsymbol{M}_1 & \dots & s^{1G}\boldsymbol{M}_1'\boldsymbol{X}(\boldsymbol{X}'\boldsymbol{X})^{-1}\boldsymbol{X}'\boldsymbol{M}_G \\ \vdots & & \vdots \\ s^{G1}\boldsymbol{M}_G'\boldsymbol{X}(\boldsymbol{X}'\boldsymbol{X})^{-1}\boldsymbol{X}'\boldsymbol{M}_1 & \dots & s^{GG}\boldsymbol{M}_G'\boldsymbol{X}(\boldsymbol{X}'\boldsymbol{X})^{-1}\boldsymbol{X}'\boldsymbol{M}_G \end{bmatrix}^{-1} \\ &\times \begin{bmatrix} \sum\limits_{g=1}^{G} s^{1g}\boldsymbol{M}_1'\boldsymbol{X}(\boldsymbol{X}'\boldsymbol{X})^{-1}\boldsymbol{X}'\boldsymbol{y}_g \\ \vdots \\ \sum\limits_{g=1}^{G} s^{Gg}\boldsymbol{M}_G'\boldsymbol{X}(\boldsymbol{X}'\boldsymbol{X})^{-1}\boldsymbol{X}'\boldsymbol{y}_g \end{bmatrix}. \end{aligned}$$

Gleichung (19.38) liefert für den Diagonalfall die 2SLS-Schätzer, weil jetzt in Gleichung (19.35) alle $\sigma_{ij} = 0$ für $i \neq j$ sind. Der Schätzvektor $\hat{\gamma}_1$ wird beispielsweise dann:

$$\hat{\gamma}_1 = [s^{11}\boldsymbol{M}_1'\boldsymbol{X}(\boldsymbol{X}'\boldsymbol{X})^{-1}\boldsymbol{X}'\boldsymbol{M}_1]^{-1}s^{11}\boldsymbol{M}_1'\boldsymbol{X}(\boldsymbol{X}'\boldsymbol{X})^{-1}\boldsymbol{X}'\boldsymbol{y}_1. \tag{19.39}$$

---

[16] Gleichung (19.37) lässt sich als **Kronecker-Produkt** zweier Matrizen darstellen. Das Kronecker-Produkt zweier Matrizen $\boldsymbol{A}$ und $\boldsymbol{B}$ berechnet man, indem jedes Element der Matrix $\boldsymbol{A}$ mit der Matrix $\boldsymbol{B}$ multipliziert wird: $\boldsymbol{A} \otimes \boldsymbol{B} = ||a_{ij}\boldsymbol{B}||$. Das Symbol $\otimes$ stellt das Multiplikationszeichen der Kronecker- Multiplikation dar. Die Matrix $\boldsymbol{V}$ in Gleichung (19.35) erhält man jetzt als: $\boldsymbol{V} = \boldsymbol{\Sigma} \otimes \boldsymbol{X}'\boldsymbol{X}$, wobei die Matrix $\boldsymbol{\Sigma}$ durch Gleichung (19.14) gegeben ist. Hieraus lässt sich die Inverse berechnen als: $\boldsymbol{V}^{-1} = \boldsymbol{\Sigma}^{-1} \otimes (\boldsymbol{X}'\boldsymbol{X})^{-1}$. Diese Regel wird hier angewendet.

Setzt man für $\boldsymbol{M}_1$ die Definitionsgleichung $\boldsymbol{M}_1 = (\boldsymbol{Y}_1\ \boldsymbol{X}_1)$ ein, ergibt dies:

$$\begin{aligned}\hat{\gamma}_1 &= \begin{bmatrix} \boldsymbol{b}_1 \\ \boldsymbol{a}_1 \end{bmatrix} \qquad (19.40)\\ &= \begin{bmatrix} \boldsymbol{Y}_1'\boldsymbol{X}(\boldsymbol{X}'\boldsymbol{X})^{-1}\boldsymbol{X}'\boldsymbol{Y}_1 & \boldsymbol{Y}_1'\boldsymbol{X}(\boldsymbol{X}'\boldsymbol{X})^{-1}\boldsymbol{X}'\boldsymbol{X}_1 \\ \boldsymbol{X}_1'\boldsymbol{X}(\boldsymbol{X}'\boldsymbol{X})^{-1}\boldsymbol{X}'\boldsymbol{Y}_1 & \boldsymbol{X}_1'\boldsymbol{X}(\boldsymbol{X}'\boldsymbol{X})^{-1}\boldsymbol{X}'\boldsymbol{X}_1 \end{bmatrix}^{-1} \\ &\times \begin{bmatrix} \boldsymbol{Y}_1'\boldsymbol{X}(\boldsymbol{X}'\boldsymbol{X})^{-1}\boldsymbol{X}'\boldsymbol{y}_1 \\ \boldsymbol{X}_1'\boldsymbol{X}(\boldsymbol{X}'\boldsymbol{X})^{-1}\boldsymbol{X}'\boldsymbol{y}_1 \end{bmatrix}.\end{aligned}$$

Hieraus resultiert Gleichung (18.12) unter Beachtung, dass aus $\boldsymbol{X}(\boldsymbol{X}'\boldsymbol{X})^{-1}\boldsymbol{X}'\boldsymbol{X} = \boldsymbol{X}$ auch für die Teilmatrix $\boldsymbol{X}_1$ folgt:

$$\boldsymbol{X}(\boldsymbol{X}'\boldsymbol{X})^{-1}\boldsymbol{X}'\boldsymbol{X}_1 = \boldsymbol{X}_1.$$

Die asymptotische Kovarianzmatrix für die 3SLS-Schätzungen wird schließlich gegeben durch:

$$\operatorname{var}(\hat{\gamma}^*) = \begin{bmatrix} s^{11}\boldsymbol{M}_1'\boldsymbol{X}(\boldsymbol{X}'\boldsymbol{X})^{-1}\boldsymbol{X}'\boldsymbol{M}_1 & \dots & s^{1G}\boldsymbol{M}_1'\boldsymbol{X}(\boldsymbol{X}'\boldsymbol{X})^{-1}\boldsymbol{X}'\boldsymbol{M}_G \\ \vdots & & \vdots \\ s^{G1}\boldsymbol{M}_G'\boldsymbol{X}(\boldsymbol{X}'\boldsymbol{X})^{-1}\boldsymbol{X}'\boldsymbol{M}_1 & \dots & s^{GG}\boldsymbol{M}_G'\boldsymbol{X}(\boldsymbol{X}'\boldsymbol{X})^{-1}\boldsymbol{X}'\boldsymbol{M}_G \end{bmatrix}^{-1} \qquad (19.41)$$

Eine 3SLS-Schätzung beruht zusammenfassend auf drei Schritten. Zunächst sind alle reduzierten Formen für die endogenen Variablen des Modells mit der OLS-Methode zu schätzen. Dann werden unter Verwendung der berechneten y-Werte alle Strukturgleichungen mit der 2SLS-Methode geschätzt, um die Residuen zur Schätzung der Elemente der Matrix $\boldsymbol{V}$ zu erhalten. Liegen diese vor, lässt sich im dritten Schritt Gleichung (19.33) mit der GLS-Methode schätzen. Da sie alle Modellkoeffizienten enthält, hat man eine simultane Schätzung erreicht.

Die 3SLS-Schätzer sind konsistent und asymptotisch effizient;[17] da sie alle im Modell und in der Datenbasis enthaltenen Informationen bei der Schätzung benutzen, sind sie den 2SLS-Schätzungen vorzuziehen. Dies gilt jedoch dann nicht mehr, wenn die kontemporären Kovarianzen null sind. Hier reicht die 2SLS-Methode aus, auch dann, wenn sich die Störvariablen der verschiedenen Gleichungen in ihren Varianzen unterscheiden.

Obwohl der Rechenaufwand bei der 3SLS-Methode immer noch beträchtlich ist, hat er doch im Vergleich zu der Maximum Likelihood Methode abgenommen. Dies ist unter einem pragmatischen Gesichtspunkt nicht unerheblich.

---

[17] Vgl. hierzu ROTHENBERG und LEENDERS (1964).

Übungsaufgaben

19.1 a) Warum müssen bei der FIML-Methode aus stochastischen Erwägungen alle Identitätsgleichungen aus dem Modell entfernt werden?

b) Weshalb ist die Anzahl der endogenen Variablen um die entsprechende Anzahl der eliminierten Identitäten zu verringern?

19.2 Welche Schätzeigenschaften erhält man mit der FIML-Methode?

19.3 Was versteht man unter dem Diagonalfall?

19.4 Beschreiben Sie die einzelnen Schritte der 3SLS-Methode!

19.5 In welches Schätzverfahren geht die 3SLS-Methode über, wenn die Störvariablen der einzelnen Modellgleichungen untereinander nicht kontemporär korrelieren?

Kapitel 20

Prognosen

20.1 Wahl des Schätzverfahrens: Ein Vergleich

Obwohl bei vielen praktischen Arbeiten die Wahl des Schätzverfahrens aufgrund der noch gültigen Annahmen des statistischen Modells und/oder des ökonomischen Modelltyps determiniert ist, bleibt bei denjenigen Methoden eine Wahlmöglichkeit, die einzelne Gleichungen eines Modells oder das ganze Modell simultan zu schätzen erlauben. So könnte beispielsweise jede identifizierbare oder überidentifizierte Strukturgleichung eines Modells mit der 2SLS-Methode nacheinander geschätzt werden, obwohl die Strukturparameter auch mit der FIML- oder 3SLS-Methode simultan zu gewinnen wären. Bei der Wahl des Schätzverfahrens haben die statistischen Gütekriterien, die mit den einzelnen Schätzverfahren verbunden sind, eine große Bedeutung. Sollen mit zunehmendem Stichprobenumfang T die Schätzer zum wahren, unbekannten Strukturparameter konvergieren, sind konsistente Schätzfunktionen zu verwenden. Bei einer Modellschätzung scheidet daher die OLS-Methode aus, obwohl sie u.U. bei kleinen Stichproben zu Schätzungen mit nur geringer Verzerrung führen könnte. Die 2SLS- und LIML-Methoden hingegen sind bei gleichungsweiser Modellschätzung konsistent, wobei OWEN (1976) für die 2SLS-Methode eine monotone Verringerung von Verzerrung und Varianz der Stichprobenfunktion für $T \to \infty$ nachgewiesen hat.[1]

Da die FIML- und die 3SLS-Methode alle im ökonometrischen Modell enthaltenen Informationen bei der Schätzung der Modellparameter simultan nut-

[1] Diese Eigenschaft folgt nicht zwangsläufig aus der Konsistenz. So könnte eine mit Wahrscheinlichkeit eintretende Verringerung der Verzerrung und Varianz erst ab einem bestimmten, möglicherweise großen Stichprobenumfang einsetzen.

zen, sind sie unter diesem Gesichtspunkt allen anderen Verfahren überlegen. Vor allem dürfen wegen der Berücksichtigung kontemporärer Korrelationen zwischen Störvariablen aus verschiedenen Gleichungen, die bei einer Einzelgleichungsschätzung unbeachtet bleiben müssen, effizientere Schätzungen erwartet werden. Liegen a priori Informationen über die Kovarianzmatrix $\boldsymbol{\Sigma}$ vor, ist die FIML- der 3SLS-Methode asymptotisch überlegen. Jedoch sind solche Informationen bei praktischen Arbeiten selten verfügbar, so dass wegen ihrer rechentechnischen Vorteile die 3SLS-Methode bei der simultanen Modellschätzung oft den Vorzug erhält.

Die Überlegenheit simultaner Schätzverfahren erfährt Einschränkungen, wenn das ökonometrische Modell teilweise fehlspezifiziert ist. Bei Schätzverfahren mit beschränkter Information wirkt sich eine Fehlspezifikation nur auf die Koeffizientenschätzungen der davon betroffenen Gleichung aus; bei einer simultanen Schätzung hingegen auf alle Strukturparameter. In solchen Fällen ist ein Verfahren mit beschränkter Information vorteilhafter als eines mit voller Information.

Die Reihung der Schätzverfahren basiert auf der Annahme eines wohlspezifizierten ökonometrischen Modells und auf relativ großen Datensätzen. Insbesondere die letzte Voraussetzung ist bei der angewandten Ökonometrie wegen der Konstanzerfordernis der allgemeinen Bedingungen nicht zu erreichen. Bei kleinen Stichproben mag sich aber eine ganz andere Reihenfolge der Schätzfunktionen einstellen, da sich jetzt auch bei konsistenten Schätzfunktionen erhebliche Verzerrungen ergeben können. Welche statistischen Eigenschaften die Schätzfunktionen bei kleinen Stichproben besitzen, ist seitens der Theorie noch nicht befriedigend geklärt.[2] Eine Möglichkeit, hierüber Informationen zu gewinnen, ist die sogenannte **Monte Carlo Simulation**.[3] Die Vorgehensweise lässt sich in fünf Schritten zusammenfassen:

(1) Man konzipiert ein ökonometrisches Modell, in dem keine Gleichung unteridentifiziert ist und das keine Identitäten mehr enthält. Es lässt sich dann gemäß Gleichung (19.2) darstellen als:

$$\boldsymbol{Y}\boldsymbol{B}' = \boldsymbol{X}\boldsymbol{A}' + \boldsymbol{U}.$$

[2]Erst für wenige, und meist einfache ökonometrische Modelle, liegen exakte Ergebnisse vor. Vgl. hierzu BASMANN (1963), BASMANN und RICHARDSON (1973), KADIYALA (1970), NAGAR (1962) und SAWA (1972). Ein Vergleich der Schätzeigenschaften der Maximum Likelihood- und der 3SLS-Methode gibt DHRYMES (1973). Die Eigenschaften der IV-Methode findet man bei MARIANO (1977). Bei dynamischen Strukturgleichungen ist der exakte Nachweis der statistischen Eigenschaften so kompliziert, dass man sich zunächst mit experimentellen Ergebnissen zufrieden geben muss. Vgl. hierzu BASMANN, RICHARDSON und ROHR (1974).

[3]Vgl. hierzu auch CHRIST (1966) und JOHNSTON (1972). Häufig spricht man auch von Monte-Carlo Experimenten.

Das statistische Modell ist durch die zusätzliche Angabe einer Verteilungsfunktion für die Störvariablen zu präzisieren.

(2) Die Elemente der Koeffizientenmatrizen $\boldsymbol{A}$ und $\boldsymbol{B}$ sowie die Beobachtungen der determinierten Variablen sind a priori vorgegeben. Die Beobachtungs-„Stichprobe" sollte einen Umfang von 10 bis 30 Daten haben, eine Größenordnung, wie sie bei vielen ökonometrischen Untersuchungen anzutreffen ist.

(3) Die künstlichen Beobachtungen der endogenen Variablen werden wie folgt ermittelt: Über den deterministischen Teil des Modells $\boldsymbol{Y} = \boldsymbol{X}\boldsymbol{A}'(\boldsymbol{B}')^{-1}$ wird die systematische Komponente der y-Werte erzeugt; mit einem Zufallszahlengenerator, der die Verteilungshypothese für die Störvariablen enthält, gewinnt man die Realisationen der stochastischen Komponente u_t für jede Periode. Addition dieser beiden Teile ergibt die künstlichen Beobachtungen der endogenen Variablen pro Periode. Auf diese Weise lassen sich beliebig viele Beobachtungsmatrizen $\boldsymbol{Y}$ generieren.

(4) Mit diesen Datenbasen schätzt man nun die Koeffizienten des Modells. Die Beobachtungen der determinierten Variablen bleiben bei jeder Schätzung unverändert, für die endogenen Variablen verwendet man bei jeder Schätzung eine andere erzeugte Beobachtungsmatrix. Dieses experimentelle Vorgehen entspricht der Modellannahme vorgegebener x-Werte.

(5) Man erhält für die Schätzungen eine Häufigkeitsverteilung. Die „wahren" Koeffizienten dieser Struktur sind die a priori vorgegebenen Strukturparameter der Matrizen $\boldsymbol{A}$ und $\boldsymbol{B}$. Ein Vergleich der Schätzungen mit diesen wahren Werten erlaubt Aussagen über die Schätzeigenschaften der verschiedenen Verfahren bei kleinen Stichproben.

Jedoch bestehen für die Monte Carlo Methode wissenschaftstheoretische Einschränkungen. Da dieses Vorgehen immer auf einer Struktur, einem Modell also mit numerisch vorgegebenen Parametern und auf bestimmten Realisationen der Störvariablen basiert, sind Verallgemeinerungen der gefundenen Ergebnisse, insbesondere der Überlegenheit eines Schätzverfahrens, nicht möglich. Das bessere Abschneiden einer Schätzmethode im Vergleich zu konkurrierenden mag in den zufällig erzeugten Werten der Störvariablen begründet sein. Zu einer Verallgemeinerung wäre man nur bei einer mathematisch deduktiven Analyse berechtigt.

Darüber hinaus kann die Rangfolge der Schätzverfahren von dem Vergleichskriterium abhängen. Ein Beispiel verdeutlicht dies. Aus den empirischen

Häufigkeitsverteilungen zweier Schätzfunktionen b_1 und b_2 für den wahren, bekannten Koeffizienten β ergibt sich hinsichtlich Verzerrung und Varianz folgende Situation, wobei die Verzerrung als Differenz zwischen dem Mittelwert der Schätzungen und dem bekannten Strukturparameter gemessen wird:

$$\text{Verzerrung:} \quad \frac{1}{N}\sum_{i=1}^{N} b_{1i} - \beta = \bar{b}_1 - \beta < \frac{1}{N}\sum_{i=1}^{N} b_{2i} - \beta = \bar{b}_2 - \beta,$$

$$\text{Varianz:} \quad \frac{1}{N}\sum_{i=1}^{N}(b_{1i} - \bar{b}_1)^2 > \frac{1}{N}\sum_{i=1}^{N}(b_{2i} - \bar{b}_2)^2,$$

i: Anzahl der Durchführungen des Experiments.

Nimmt man die Verzerrung als Vergleichskriterium, ist das Schätzverfahren 1 dem Verfahren 2 überlegen, da im Mittel die Schätzungen b_{1i} dichter an dem wahren Wert β liegen; nach der Varianz ist die zweite Schätzung der ersten vorzuziehen, da die Werte b_{2i} weniger streuen.

Eine Kombination beider Kriterien führt zum mittleren quadratischen Fehler (MSE):

$$\text{MSE}(b_i) = \frac{1}{N}\sum_{i=1}^{N}(b_i - \beta)^2,$$

der gemäß Gleichung (6.8) in Varianz und quadrierte Verzerrung zerlegt werden kann:

$$\text{MSE}(b_i) = \frac{1}{N}\sum_{i=1}^{N}(b_i - \beta)^2 + (\frac{1}{N}\sum_{i=1}^{N} b_i - \beta)^2.$$

Bei Gleichgewichtung von Reduktion der Varianz und Reduktion der quadrierten Verzerrung ist das Schätzverfahren optimal, das den mittleren quadratischen Fehler minimiert.

Dieses Vergleichskriterium hat sich bei vielen Monte Carlo Experimenten durchgesetzt. Die Ergebnisse dieser Studien[4] lassen noch nicht auf eine eindeutige Rangfolge schließen. Die Maximum Likelihood Methode bei vollkommener Information, die wegen ihrer theoretischen Schätzeigenschaften bei Strukturgleichungen allen anderen Verfahren vorzuziehen ist, kann ihre dominierende Rolle in Monte Carlo Experimenten nicht immer bestätigen. Teilweise ist sie der 2SLS-Methode und der Maximum Likelihood Methode bei beschränkter Information unterlegen. Die beiden letztgenannten Verfahren schneiden bei Experimenten in etwa gleich gut ab; da der Rechenaufwand bei der zweistufigen Methode der kleinsten Quadrate aber bedeutend geringer als bei der LIML-Methode ist, wird sie in der Praxis vorgezogen.

[4]Erwähnt seien die Arbeiten von Cragg (1967), Grenzdörffer (1969), Hendry und Harrison (1974), Quandt (1965), Seibt (1968), Smith (1971), Sowey (1973), Summers (1965) und Wagner (1958).

Neben dem Monte Carlo Experiment versucht man eine Bewertung der Schätzmethoden aus ihren Prognoseeigenschaften abzuleiten. Aber auch hier sind die gleichen wissenschaftstheoretischen Einwände, wie sie bereits bei den Monte Carlo Experimenten erhoben wurden, gültig. So kann die Rangfolge der Schätzverfahren, die sich aus der Prognosegenauigkeit eines ökonometrischen Modells ergibt, von Volkswirtschaft zu Volkswirtschaft wegen der unterschiedlichen Datenbasen verschieden sein. Wenn auch der Prognosefehler, der aus den einzelnen Verfahren resultiert, sich nicht als ultimativer Bewertungsmaßstab für die Dominanz des einen oder anderen Verfahrens eignet, ist doch gerade die Erstellung wirtschaftlicher Vorhersagen ein wichtiges Anwendungsgebiet ökonometrischer Modelle.

20.2 Prognoseerstellung

Um die Anwendungsmöglichkeiten ökonometrischer Modelle bei der Prognoseerstellung analysieren zu können, muss der Begriff **Prognose** präzisiert werden. Liegt die Datenbasis für das ökonometrische Modell als Querschnitterhebung vor, bezieht sich eine Prognose meistens auf die Vorhersage des Verhaltens von Merkmalsträgern, die nicht in die Beobachtungsbasis aufgenommen wurden. Diese Prognosen haben deshalb den gleichen Zeitbezug wie das Beobachtungsmaterial.

Sind die Koeffizienten des ökonometrischen Modells hingegen auf der Basis einer Längsschnitterhebung geschätzt, verwendet man diese Modelle überwiegend zur Vorhersage zukünftiger Ereignisse, wobei hierzu sowohl die Angabe des Eintrittszeitpunktes als auch die quantitativen und/oder qualitativen Ausprägungen des Ereignisses gehören. Es lassen sich verschiedene Grade der Präzisierung unterscheiden. Beispielsweise ist die Aussage, dass in Zukunft das Inlandsprodukt steigen wird, viel ungenauer als die Vorhersage eines Wachstums des realen Inlandsproduktes von 4% für das nächste Jahr. Mit zunehmendem Informationsgehalt steigt jedoch auch die Möglichkeit einer falschen Prognose.

Gibt man für die quantitative Ausprägung eines zukünftigen Ereignisses nur einen Wert an, bezeichnet man dies als eine **Punktprognose**; die Angabe eines Intervalls für das zukünftige Ereignis ist kennzeichnend für eine **Intervallprognose**. Die Punktprognose in obigem Beispiel wird zur Intervallprognose, wenn für die tatsächliche Wachstumsrate des nächsten Jahres ein Intervall von z.B. 3% – 5% prognostiziert wird.[5]

[5] Diese Genauigkeit der Angaben darf aber nicht darüber hinwegtäuschen, dass es sich immer um Zufallsereignisse handelt, für die im diskreten Fall bestimmte Eintrittswahrscheinlichkeiten und stetigen Fall bestimmte Intervalldichten existieren.

Nach den Ausführungen des ersten und zweiten Kapitels unterliegen die Realisationen wirtschaftlicher Variablen dem Ätialprinzip und werden durch gleichzeitig existierende andere Beziehungen überlagert und gestört. Ignoriert man diese Zusammenhänge bei der Prognoseerstellung, spricht man von einer **unbedingten Prognose**, die häufig wegen ihres unwissenschaftlichen Charakters auch einfach **Prophezeiung** genannt wird. Bei der **bedingten Vorhersage** werden qualitative und/oder quantitative Annahmen über die Bedingungen getroffen, die das zu prognostizierende Ereignis beeinflussen. Es handelt sich daher immer um „wenn-dann“ Aussagen. Bedingungen können eine oder auch mehrere Annahmen sein. Die unbedingte Punktprognose für die Wachstumsrate des Inlandsprodukts geht in eine bedingte Punktprognose durch die Angabe der Annahmen über, auf denen sie basiert. Die Aussage, dass das Inlandsprodukt im nächsten Jahr mit 3% wächst, wenn die Wachstumsraten des technischen Fortschritts und der Arbeitsproduktivität 2% bzw. 3% betragen, ist eine bedingte Prognose. Man gibt bei diesem Prognosetyp also immer auch die Gründe an, auf denen die Vorhersage basiert. Sie ist somit jederzeit intersubjektiv überprüfbar.

Gemäß ihres zeitlichen Geltungsbereiches lassen sich Prognosen in drei Gruppen unterteilen.[6] **Saison-** und **Konjunkturprognosen** bezeichnet man als kurzfristige, **Wachstumsprognosen** als mittelfristige Vorhersagen; unter einer langfristigen Prognose wird **Zukunftsforschung** verstanden.

Schließlich hängt eine Unterteilung noch davon ab, ob die zukünftige Entwicklung einer einzelnen ökonomischen Größe oder die Entwicklung der wichtigsten ökonomischen Aggregate simultan zu prognostizieren sind. Bei der **Einzelprognose** können wegen des definitorischen Verbundes vieler ökonomischer Variablen Inkonsistenzen entstehen, so z.B., dass die Summe aus geschätztem Konsum und geschätzten Investitionen in einer Periode von der Inlandsproduktschätzung dieser Periode abweicht. Bei nur geringen Diskrepanzen ist dies jedoch kein Einwand gegen die Verwendung von Einzelprognosen.

Mit ökonometrischen Modellen lassen sich bedingte Prognosen erstellen. Dies liegt schon in der Vorgehensweise bei der Koeffizientenschätzung begründet. Die Schätzungen gelten zunächst nur für

(1) konstant bleibende allgemeine Bedingungen und

(2) vorgegebene determinierte Variablen.

Bei Simultanprognosen sollten alle Parameter des verwendeten Modells gleichzeitig geschätzt worden sein, bei Einzelprognosen sind alle Schätzverfahren

[6] Vgl. hierzu KRELLE (1978), S. 15.

zur Gewinnung der Parameter einer Gleichung anwendbar. Hat man die Koeffizienten ermittelt, ist für eine in der Zukunft liegende Periode $T_0 > T$ eine Prognose möglich, sofern die Werte der determinierten Variablen für diese Periode bekannt sind. Da dies jedoch im Allgemeinen nicht der Fall sein wird, müssen die Regressoren zunächst selbst prognostiziert werden. Die Genauigkeit der Vorhersage der endogenen Variablen hängt nicht zuletzt von der Güte dieser Prognosen ab. Die Gefahr eines hieraus resultierenden Prognosefehlers steigt, je mehr exogene Variablen in der „wenn-Bedingung" enthalten sind. Mit Hilfe des „**Projekt-Link**", des Zusammenschlusses aller ökonometrischen Prognosesysteme der Welt, versucht man, die Anzahl der exogenen Variablen in Großmodellen zu verringern: Ein Teil der exogenen Variablen nationaler ökonometrischer Modelle lässt sich dadurch endogenisieren.

Bei den Vorhersagen der determinierten Regressoren geht man davon aus, dass sie in der Regel leichter und genauer durchzuführen sind als bei endogenen Größen. Es kommen hier meist nur Trendextrapolationen oder Methoden der univariaten Zeitreihenanalyse zur Anwendung. Entwickelt sich ein Regressor z.B. mit einem Trend gemäß Gleichung (13.46), erhält man seinen Prognosewert für die Periode T_0 als: $x_{T_0} = a + bT_0$. Lässt sich für die Beobachtungen $x_1, \ldots, x_T$ eines Regressors ein stationärer AR(1)-Prozess, wie ihn Gleichung (13.18) beschreibt, feststellen, kann diese Gleichung für Prognosen genutzt werden. Nach Anwendung des Erwartungswertoperators geht Gleichung (13.18) über in: $\mathrm{E}(x_t) = \alpha_0 + \alpha_1 \mathrm{E}(x_{t-1})$. Wegen der Stationarität sind beide Erwartungswerte gleich und betragen gemäß Gleichung (13.20) $\mathrm{E}(x_t) = \mathrm{E}(x_{t-1}) = \frac{\alpha_0}{1-\alpha_1} = \mu$. Somit gilt: $\mu = \alpha_0 + \alpha_1\mu$. Zieht man diese Gleichung von Gleichung (13.18) ab, erhält man:

$$\begin{aligned} x_t - \mu &= \alpha_1(x_{t-1} - \mu) + u_t, \quad \text{oder:} \\ x_t &= (1-\alpha_1)\mu + \alpha_1 x_{t-1} + u_t. \end{aligned} \tag{20.1}$$

Mit Gleichung (20.1) lassen sich die Zeitreihenwerte für zukünftige Perioden $T+i$, $i = 1, 2, \ldots$ gewinnen. Für $T+1$ und $T+2$ z.B. erhält man:

$$\begin{aligned} x_{T+1} &= (1-\alpha_1)\mu + \alpha_1 x_T + u_{T+1} \quad \text{und} \\ x_{T+2} &= (1-\alpha_1^2)\mu + \alpha_1^2 x_T + u_{T+2} + \alpha_1 u_{T+1}. \end{aligned}$$

Hieraus folgt für beliebiges $i = 1, 2, 3, \ldots$:

$$x_{T+i} = (1-\alpha_1^i)\mu + \alpha_1^i x_T + u_{T+i} + \alpha_1 u_{T+i-1} + \ldots + \alpha_1^{i-1} u_{T+1}. \tag{20.2}$$

Eine Prognose für die Perioden $T+i$, $i = 1, 2, 3, \ldots$ unter Ausnutzung der letzten verfügbaren Information x_T kann aus Gleichung (20.2) jetzt als bedingter Erwartungswert $\mathrm{E}(x_{T+i}|x_T)$ gebildet werden:

$$\mathrm{E}(x_{T+i}|x_T) = (1-\alpha_1^i)\mu + \alpha_1^i x_T. \tag{20.3}$$

Sind die Parameter des AR(1)-Prozesses (13.18) mit der OLS-Methode auf der Datenbasis $t = 1, \ldots, T$ geschätzt, geht Gleichung (20.3) über in:

$$\hat{x}_{T+i} = (1 - a_1^i)\hat{\mu} + a_1^i x_t,$$

wobei $\hat{x}_{T+i}$ der bedingte Prognosewert ist. Der geschätzte Erwartungswert $\hat{\mu}$ folgt aus Gleichung (13.20) unter Verwendung der Schätzfunktion $a_{0,1}$ für $\alpha_{0,1}$ als: $\hat{\mu} = a_0/(1 - a_1)$.

Wegen der klaren Trennung in zu erklärende und erklärende Variablen verwendet man bei der ökonometrischen Prognose der endogenen Variablen die Modelle meist in reduzierter Form, die deshalb auch **Prognoseform** heißt. Die mit solchen Prognosen verbundene Problematik soll am Beispiel der einfachen Regression aufgezeigt werden. Hat man für eine Periode $T_0 > T$ den Wert des Regressors festgelegt, ist über Gleichung (20.4) ein Prognosewert für die endogene Variable zu ermitteln:

$$\hat{y}_{T_0} = p_1 + p_2 x_{T_0}. \tag{20.4}$$

Nur in ganz seltenen Fällen werden Prognosewert $\hat{y}_{T_0}$ und tatsächlich realisierter Wert y_{T_0} übereinstimmen, vielmehr wird ein mehr oder weniger großer **Prognosefehler** $(y_{T_0} - \hat{y}_{T_0})$ eintreten, der auf die Störvariablen zurückzuführen ist. Der Prognosefehler unterliegt daher einer bedingten Verteilung, für die sich Erwartungswert und Varianz bestimmen lassen.[7] Hierzu schreibt man den Prognosefehler als:

$$y_{T_0} - \hat{y}_{T_0} = (\pi_1 - p_1) + (\pi_2 - p_2)x_{T_0} + v_{T_0}. \tag{20.5}$$

Bei erwartungstreuen Koeffizientenschätzungen: $\mathrm{E}(p_1) = \pi_1$ und $\mathrm{E}(p_2) = \pi_2$ wird der Erwartungswert des Prognosefehlers wegen $\mathrm{E}(v_{T_0}) = 0$ zu:

$$E(y_{T_0} - \hat{y}_{T_0}) = 0. \tag{20.6}$$

Ist der Erwartungswert des Prognosefehlers null, heißt die Prognose unverzerrt; bei nur konsistenten Schätzungen ist er gleich der Verzerrung, die bei endlichen Stichproben eintritt.

Um die Varianz zu berechnen, wird Gleichung (20.5) leicht verändert:

$$y_{T_0} - \hat{y}_{T_0} = v_{T_0} - [(p_1 - \pi_1) + (p_2 - \pi_2)x_{T_0}].$$

Ins Quadrat erhoben ergibt sich:

$$\begin{aligned}(y_{T_0} - \hat{y}_{T_0})^2 = & v_{T_0}^2 + [(p_1 - \pi_1) + (p_2 - \pi_2)x_{T_0}]^2 \\ & - 2v_{T_0}[(p_1 - \pi_1) + (p_2 - \pi_2)x_{T_0}].\end{aligned} \tag{20.7}$$

[7] Es ist realistischer, auch den prognostizierten Wert der exogenen Variablen für die Periode T_0 als stochastisch anzusehen. Welche Modifikation dann für den Prognosefehler von $\hat{y}_{T_0}$ eintreten, hat FELDSTEIN (1971) analysiert.

Hieraus folgt für die Varianz:

$$\operatorname{var}(y_{T_0} - \hat{y}_{T_0}) = E(v_{T_0}^2) + E[(p_1 - \pi_1) + (p_2 - \pi_2)x_{T_0}]^2. \tag{20.8}$$

Der Erwartungswert des dritten Ausdrucks auf der rechten Seite von Gleichung (20.7) ist null, weil p_1 und p_2 zwar von den Störvariablen $v_1, \ldots, v_T$ abhängen, nicht aber von v_{T_0}, solange keine Autokorrelation vorliegt.

Gleichung (20.8) kann weiter umgeformt werden:

$$\begin{aligned}\operatorname{var}(y_{T_0} - \hat{y}_{T_0}) =& E(v_{T_0}^2) + E(p_1 - \pi_1)^2 + x_{T_0}^2 E(p_2 - \pi_2)^2 \\ &+ 2x_{T_0} E(p_1 - \pi_1)(p_2 - \pi_2).\end{aligned}$$

Folgende Substitutionen lassen sich vornehmen:

(a) $\mathrm{E}(v_{T_0}^2) = \sigma_v^2$,

(b) $\mathrm{E}(p_1 - \pi_1)^2 = \operatorname{var}(p_1) = \sigma_v^2 \left(\frac{1}{T} + \frac{\bar{x}^2}{\sum(x_t - \bar{x})^2} \right)$, wegen Gleichung (8.16) und des dritten Schrittes der sich daran anschließenden Entwicklung,

(c) $\mathrm{E}(p_2 - \pi_2)^2 = \operatorname{var}(p_2) = \sigma_v^2 \frac{1}{\sum(x_t - \bar{x})^2}$, wegen Gleichung (8.14)

(d) $\mathrm{E}[(p_1 - \pi_1)(p_2 - \pi_2)] = \operatorname{cov}(p_1, p_2) = -\sigma_v^2 \frac{\bar{x}}{\sum(x_t - \bar{x})^2}$.

Ergebnis (d) erhält man, weil gilt: $(p_1 - \pi_1) = \left[\left(\frac{1}{T} - \bar{x}_2 w_t \right) v_t \right]$ (vgl. Gleichung (8.15)) und $(p_2 - \pi_2) = \sum w_t v_t$ (vgl. Gleichung (8.11)). Zu beachten ist noch, dass w_t durch Gleichung (8.2) definiert ist.

Für Gleichung (20.8) ergibt sich dann:

$$\begin{aligned}\operatorname{var}(y_{T_0} - \hat{y}_{T_0}) &= \sigma_v^2 \left(1 + \frac{1}{T} + \frac{\bar{x}^2 + x_{T_0}^2 - 2\bar{x}x_{T_0}}{\sum(x_t - \bar{x})^2} \right) \\ &= \sigma_v^2 \left(1 + \frac{1}{T} + \frac{(x_{T_0} - \bar{x})^2}{\sum(x_t - \bar{x})^2} \right).\end{aligned} \tag{20.9}$$

Die Varianz (20.9) kann nach Schätzung von σ_v^2 gemäß Gleichung (8.42) berechnet werden.

Mit Hilfe der durch Gleichung (20.9) gegebenen Varianz gelingt jetzt die Überführung der Punktschätzung $\hat{y}_{T_0}$ in eine Intervallschätzung. Hierzu ist lediglich in Analogie zu Gleichung (9.25) für den Prognosefehler ein Konfidenzintervall zu entwickeln.[8] Um die Intervallgrenzen bei vorgegebenem Vertrauensniveau $1-\alpha$ zu bestimmen, muss für den Prognosefehler eine Verteilung angenommen werden. Bei normalverteilten Störvariablen unterliegt auch der standardisierte Prognosefehler dieser Verteilung. Da der Prognosefehler einen Erwartungswert von null hat, führt seine Standardisierung bei geschätzter Varianz gemäß Gleichung (20.9) zu:

$$t = \frac{y_{T_0} - \hat{y}_{T_0}}{s_{y_{T_0}-\hat{y}_{T_0}}} \text{ mit } T-2 \text{ Freiheitsgraden, } s_{y_{T_0}-\hat{y}_{T_0}} = \sqrt{\text{var}(y_{T_0} - \hat{y}_{T_0})}.$$

Das Prognoseintervall für y_{T_0} wird jetzt gegeben durch:

$$P(\hat{y}_{T_0} - t_{1-\frac{\alpha}{2}} s_{y_{T_0}-\hat{y}_{T_0}} < y_{T_0} < \hat{y}_{T_0} + t_{1-\frac{\alpha}{2}} s_{y_{T_0}-\hat{y}_{T_0}}) = 1-\alpha,$$

P : Wahrscheinlichkeit.

Die Werte für $t_{1-\frac{\alpha}{2}}$ liegen tabelliert vor. An Gleichung (20.9) wird deutlich, dass das Prognoseintervall für y_{T_0} zunimmt, je mehr der prognostizierte Wert der exogenen Variablen x_{T_0} von dem (empirischen) arithmetischen Mittel $\bar{x}$, das sich aufgrund der Stichprobenbeobachtungen berechnen lässt, abweicht. Abbildung 20.1 zeigt den typischen Verlauf der Intervallprognosebänder in Abhängigkeit von x_t.

Abb. 20.1: Prognoseintervall

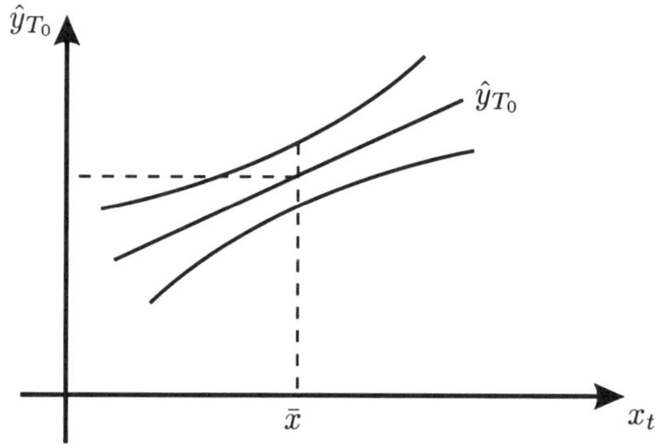

Die beiden Bänder erhält man als $\hat{y}_{T_0} \pm t_{1-\frac{\alpha}{2}} s_{y_{T_0}-\hat{y}_{T_0}}$. Für $x_{T_0} = \bar{x}$ nimmt die Varianz (20.9) den kleinsten Wert an: $\text{var}(y_{T_0} - \hat{y}_{T_0}) = \frac{T+1}{T}\sigma_v^2$. Unterliegt der

[8] Während bei einem Konfidenzintervall nur die Grenzen Zufallsvariablen darstellen, ist bei einem Prognoseintervall auch noch y_{T_0} eine Zufallsvariable.

Regressor x einem Trend, wird die Prognoseungenauigkeit größer, je weiter der Prognosezeitpunkt T_0 in der Zukunft liegt.

Bei der multiplen Regression ergeben sich hinsichtlich der Prognosegewinnung keine neuen Aspekte; die Varianz des Prognosefehlers berechnet sich als:

$$\text{var}(\boldsymbol{y}_{T_0} - \hat{\boldsymbol{y}}_{T_0}) = \sigma_v^2 \left[1 + \boldsymbol{x}'_{T_0}(\boldsymbol{X}'\boldsymbol{X})^{-1}\boldsymbol{x}_{T_0}\right]. \tag{20.10}$$

Hierbei stellt $\boldsymbol{x}_{T_0}$ einen Spaltenvektor dar, dessen Elemente die für die Periode T_0 prognostizierten Werte der determinierten Variablen sind. Der Vektor $\boldsymbol{y}_{T_0} - \hat{\boldsymbol{y}}_{T_0}$ enthält maximal G Elemente.

Die bei der multiplen Regression möglicherweise auftauchenden Multikollinearitäten führen im Allgemeinen nicht zu einer Beeinträchtigung der Prognosequalität. Da die Regressionskoeffizienten im gleichen Maße negativ wie die Regressoren positiv korrelieren (vgl. hierzu Gleichung (11.9)), kann über Gleichung (20.10) die Varianz der Prognosefehler geringer sein als die Summe aus den Varianzen der einzelnen Regressionskoeffizienten.[9] Sind jedoch im Prognosezeitraum nicht mehr die gleichen Multikollinearitäten wie in den Beobachtungsperioden wirksam oder haben sich zwischen den Regressoren neue Korrelationen gebildet, die in der verwendeten Datenbasis noch nicht vorlagen, wird dadurch die Prognosegüte reduziert.

Liegt bei den Störvariablen Autokorrelation vor, ist dies hinsichtlich der Prognoseerstellung positiv zu beurteilen. Über den autoregressiven Prozess kann nach Schätzung des Autoregressionskoeffizienten ϱ ein Schätzwert für die Realisation der Störvariablen in der Periode T_0 ermittelt werden. Die Prognose der endogenen Variablen für die Periode T_0 setzt sich dann zusammen aus:

$$\hat{y}_{T_0} + \hat{v}_{T_0} \quad \text{mit} \quad \hat{v}_{T_0} = \hat{\varrho}^{T_0-T}\hat{v}_t.$$

Die Beurteilung der Prognosegüte kann auf verschiedene Weisen erfolgen. Der einfachste Weg ist der direkte Vergleich des prognostizierten mit dem tatsächlichen Wert. Bildet man N Prognosen für die Perioden $T_0 + i$, $i = 1, \ldots, N$, berechnet man den **mittleren absoluten Prognosefehler** MAE (mean absolute error) als:

$$MAE = \frac{1}{N}\sum_{i=1}^{N} |y_{T_0+i} - \hat{y}_{T_0+i}|. \tag{20.11}$$

Bei dieser Definition werden alle Prognosen für die Perioden $T_0 + i$ in derselben Basisperiode t erstellt. Prognostiziert man von der Periode t für die Periode $t + 1$, liegt eine **Einschritt-Prognose** vor. Für die Perioden $T_0 + i$

[9] Eine ausführliche Analyse dieses Zusammenhangs findet sich bei SILVEY (1969).

wird dann in der Periode $T_0 + i - 1$ prognostiziert; man bezeichnet diese Einschritt-Prognose mit $\hat{y}_{t_0+i-1,1}$, wobei der Index hinter dem Komma den Prognoseschritt angibt. Der mittlere absolute Prognosefehler ist dann definiert als:

$$MAE = \frac{1}{N}\sum_{i=1}^{N} |y_{T_0+i} - \hat{y}_{T_0+i-1,1}|. \tag{20.12}$$

Die beiden Möglichkeiten (20.11) und (20.12) zur Berechnung des Prognosefehlers sind auf unterschiedliche Weisen modifiziert worden. Die Modifikationen werden im Folgenden für die Form (20.11) angegeben; eine Überführung in die Berechnung (20.12) ist ohne Schwierigkeiten möglich. Den **mittleren quadratischen Fehler** RMSE (root mean square error) erhält man als:

$$RMSE = \sqrt{\frac{1}{N}\sum (y_{T_0+i} - \hat{y}_{T_0+i})^2}. \tag{20.13}$$

Dividiert man den Prognosefehler durch den tatsächlich eingetretenen Wert, gewinnt man prozentuale Prognosefehler. Der **mittlere absolute prozentuale Prognosefehler** MAPE (mean absolute percentage error) ist definiert als:

$$MAPE = \frac{1}{N}\sum_{i=1}^{N} \frac{|y_{T_0+i} - \hat{y}_{T_0+i}|}{y_{T_0+i}}, \tag{20.14}$$

während man den **mittleren quadratischen prozentualen Prognosefehler** RMSPE (root mean square percentage error) erhält als:

$$RMSPE = \sqrt{\frac{1}{N}\sum (\frac{y_{T_0+i} - \hat{y}_{T_0+i}}{y_{T_0+i}})^2}. \tag{20.15}$$

Neben dem direkten Vergleich des tatsächlichen Wertes mit der Prognose wird gerade hinsichtlich der konjunkturellen Vorhersage die Prognosegüte an der Fähigkeit gemessen, konjunkturelle Wendepunkte vorauszusagen. Ein Verfahren, das beide Beurteilungskriterien kombiniert, ist der von THEIL[10] entwickelte **Ungleichheitskoeffizient** UK, der definiert ist als:

$$UK = \frac{\frac{1}{N}\sum_{i=1}^{N}(\Delta\hat{y}_{T_0+i} - \Delta y_{T_0+i})^2}{\frac{1}{N}\sum_{i=1}^{N}(\Delta y_{T_0+i})^2}, \tag{20.16}$$

$$\Delta\hat{y}_{T_0+i} = \hat{y}_{T_0+i} - y_{T_0+i-1},$$
$$\Delta y_{T_0+i} = y_{T_0+i} - y_{T_0+i-1}.$$

[10]THEIL (1961).

Gleichung (20.16) ist auch bei einer einzelnen Prognose anwendbar. Der Zähler ist dann gleich dem Quadrat des Prognosefehlers $y_{T_0} - \hat{y}_{T_0}$.

Der Ungleichheitskoeffizient nimmt Werte des Intervalls $0 \leq UK < \infty$ an. Treffen alle Prognosen zu, d.h. ist jede prognostizierte Änderung gleich der tatsächlichen, wird der Zähler in Gleichung (20.16) null und damit auch der Ungleichheitskoeffizient. Ein Wert $UK = 1$ ergibt sich nur, wenn tatsächlich Änderungen eintreten, die Prognose aber keine Veränderungen voraussagt. Diesen Wert kann man als kritische Marke für gute und schlechte Prognosen ansehen, denn bei einem UK-Wert größer als eins prognostiziert man mit einem ökonometrischen Modell schlechter, als dies mit einer naiven Fortschreibung der Gegenwart in die Zukunft geschehen würde. Mit einer Prognose soll aber die Information über die Entwicklung zukünftiger Ereignisse besser und nicht schlechter ausfallen, als sie durch die Gleichsetzung des heutigen mit dem zukünftigen Zustand bereits gegeben ist.

Um bei der Überprüfung der Prognosegüte eines ökonometrischen Modells nicht bis zu der Periode warten zu müssen, für die eine Prognose erstellt wurde, konfrontiert man die Modelle mit **ex post Prognosen**. Unter einer ex post Prognose versteht man die Vorhersage für Perioden der Vergangenheit, die nicht in der Datenbasis enthalten sind, für die aber Beobachtungen vorliegen. Nimmt man an, dass in all diesen Perioden die allgemeinen Bedingungen unverändert blieben, kann die Prognosegüte sofort überprüft werden. Jedoch darf man auch hier nicht zweifelsfrei auf eine gleichbleibende Prognosegüte bei ex ante Prognosen schließen.

Eine spezielle Form bedingter Prognosen ist in der **Modellsimulation** zu sehen, die bei fortschreitender Entwicklung der Computertechnik immer bedeutsamer wird. Nachdem die Koeffizienten eines ökonometrischen Modells geschätzt sind, lässt sich das Modellverhalten analysieren, wenn bestimmte Variablen oder auch Parameter in ihren Werten verändert werden. Durch die Hinzunahme von Zufallsschocks lassen sich für die einzelnen ökonomischen Aggregate Zeitpfade generieren, die mit der realen Dynamik gut übereinstimmen.[11]

Mit der Simulation ist es möglich, die Auswirkungen einzelner oder auch gebündelter wirtschaftspolitischer Maßnahmen auf die Modellwirtschaft zu analysieren. Wie weit die Ergebnisse als Empfehlungen für die praktische Wirtschaftspolitik oder für die Unternehmensleitung aufzufassen sind, hängt nicht zuletzt von dem Stand der ökonomischen Theorie ab, die jedem ökonometrischen Modell zugrunde liegt und den erzielten Schätzeigenschaften der Strukturparameter. Auf keinen Fall darf man jedoch den Fehler begehen, sich

[11] Vgl. hierzu besonders ADELMAN und ADELMAN (1966).

bei der Beurteilung stochastischer Phänomene von deterministischen Überlegungen leiten zu lassen.

Übungsaufgaben

20.1 a) Beschreiben Sie die „Versuchsanordnung" bei Monte Carlo Experimenten!

b) Welche Gründe sprechen gegen eine Verallgemeinerung der damit gewonnenen Ergebnisse?

20.2 a) Begründen Sie, dass die Rangfolge der Schätzverfahren hinsichtlich ihrer Schätzgenauigkeit von dem verwendeten Vergleichskriterium abhängen kann!

b) Warum verwendet man häufig den mittleren quadratischen Fehler als Vergleichsmaß?

20.3 Wodurch unterscheidet sich eine Prognose von einer Prophezeiung?

20.4 Zeigen Sie, dass die Varianz einer mit Gleichung (20.2) durchgeführten Prognose für $i \to \infty$ gegen den durch Gleichung (13.21) gegebenen Wert wächst!

20.5 Berechnen Sie $\mathrm{cov}(p_1, p_2)$ für die Koeffizientenschätzfunktionen der einfachen Regression!

20.6 Können auf der Basis nur konsistenter Parameterschätzungen Prognosen erstellt werden, für die der Erwartungswert des Prognosefehlers verschwindet?

20.7 Zeigen Sie, wie man aus einer Punkt- eine Intervallschätzung gewinnt!

20.8 Wie sind Autokorrelation der Störvariablen und Multikollinearität bei den Regressoren im Zusammenhang mit einer Prognoseerstellung zu beurteilen?

20.9 Definieren Sie den Ungleichheitskoeffizienten und erläutern Sie seine Aussage!

Tabellenanhang

Tab. 1: Verteilungsfunktion der Standardnormalverteilung

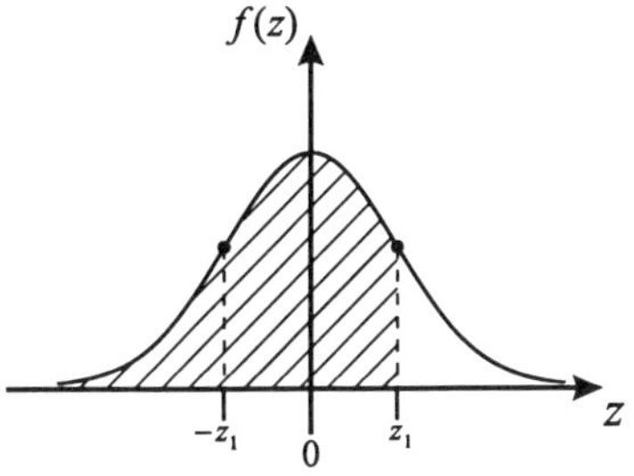

Beispiel zur Benutzung der Tabelle:
$P(Z \leq 2,36) = 0,9909$.
Man liest diesen Wert im Schnittpunkt der Zeile 2.3 mit der Spalte 0,06.

z	0,00	0,01	0,02	0,03	0,04	0,05	0,06	0,07	0,08	0,09
0,0	0,5000	0,5040	0,5080	0,5120	0,5160	0,5199	0,5239	0,5279	0,5319	0,5359
0,1	0,5398	0,5438	0,5478	0,5517	0,5557	0,5596	0,5636	0,5675	0,5714	0,5753
0,2	0,5793	0,5832	0,5871	0,5910	0,5948	0,5987	0,6026	0,6064	0,6103	0,6141
0,3	0,6179	0,6217	0,6255	0,6293	0,6331	0,6368	0,6406	0,6443	0,6480	0,6517
0,4	0,6554	0,6591	0,6628	0,6664	0,6700	0,6736	0,6772	0,6808	0,6844	0,6879
0,5	0,6915	0,6950	0,6985	0,7019	0,7054	0,7088	0,7123	0,7157	0,7190	0,7224
0,6	0,7257	0,7291	0,7324	0,7357	0,7389	0,7422	0,7454	0,7486	0,7517	0,7549
0,7	0,7580	0,7611	0,7642	0,7673	0,7704	0,7734	0,7764	0,7794	0,7823	0,7852
0,8	0,7881	0,7910	0,7939	0,7967	0,7995	0,8023	0,8051	0,8078	0,8106	0,8133
0,9	0,8159	0,8186	0,8212	0,8238	0,8264	0,8289	0,8315	0,8340	0,8365	0,8389
1,0	0,8413	0,8438	0,8461	0,8485	0,8508	0,8531	0,8554	0,8577	0,8599	0,8621
1,1	0,8643	0,8665	0,8686	0,8708	0,8729	0,8749	0,8770	0,8790	0,8810	0,8830
1,2	0,8849	0,8869	0,8888	0,8907	0,8925	0,8944	0,8962	0,8980	0,8997	0,9015
1,3	0,9032	0,9049	0,9066	0,9082	0,9099	0,9115	0,9131	0,9147	0,9162	0,9177
1,4	0,9192	0,9207	0,9222	0,9236	0,9251	0,9265	0,9279	0,9292	0,9306	0,9319
1,5	0,9332	0,9345	0,9357	0,9370	0,9382	0,9394	0,9406	0,9418	0,9429	0,9441
1,6	0,9452	0,9463	0,9474	0,9484	0,9495	0,9505	0,9515	0,9525	0,9535	0,9545
1,7	0,9554	0,9564	0,9573	0,9582	0,9591	0,9599	0,9608	0,9616	0,9625	0,9633
1,8	0,9641	0,9649	0,9656	0,9664	0,9671	0,9678	0,9686	0,9693	0,9699	0,9706
1,9	0,9713	0,9719	0,9726	0,9732	0,9738	0,9744	0,9750	0,9756	0,9761	0,9767
2,0	0,9772	0,9778	0,9783	0,9788	0,9793	0,9798	0,9803	0,9808	0,9812	0,9817
2,1	0,9821	0,9826	0,9830	0,9834	0,9838	0,9842	0,9846	0,9850	0,9854	0,9857
2,2	0,9861	0,9864	0,9868	0,9871	0,9875	0,9878	0,9881	0,9884	0,9887	0,9890
2,3	0,9893	0,9896	0,9898	0,9901	0,9904	0,9906	0,9909	0,9911	0,9913	0,9916
2,4	0,9918	0,9920	0,9922	0,9925	0,9927	0,9929	0,9931	0,9932	0,9934	0,9936
2,5	0,9938	0,9940	0,9941	0,9943	0,9945	0,9946	0,9948	0,9949	0,9951	0,9952
2,6	0,9953	0,9955	0,9956	0,9957	0,9959	0,9960	0,9961	0,9962	0,9963	0,9964
2,7	0,9965	0,9966	0,9967	0,9968	0,9969	0,9970	0,9971	0,9972	0,9973	0,9974
2,8	0,9974	0,9975	0,9976	0,9977	0,9977	0,9978	0,9979	0,9979	0,9980	0,9981
2,9	0,9981	0,9982	0,9982	0,9983	0,9984	0,9984	0,9985	0,9985	0,9986	0,9986
3,0	0,9987	0,9987	0,9987	0,9988	0,9988	0,9989	0,9989	0,9989	0,9990	0,9990
3,1	0,9990	0,9991	0,9991	0,9991	0,9992	0,9992	0,9992	0,9992	0,9993	0,9993
3,2	0,9993	0,9993	0,9994	0,9994	0,9994	0,9994	0,9994	0,9995	0,9995	0,9995
3,3	0,9995	0,9995	0,9995	0,9996	0,9996	0,9996	0,9996	0,9996	0,9996	0,9997
3,4	0,9997	0,9997	0,9997	0,9997	0,9997	0,9997	0,9997	0,9997	0,9997	0,9998
3,5	0,9998	0,9998	0,9998	0,9998	0,9998	0,9998	0,9998	0,9998	0,9998	0,9998

Tab. 2: Quantile der t–Verteilung

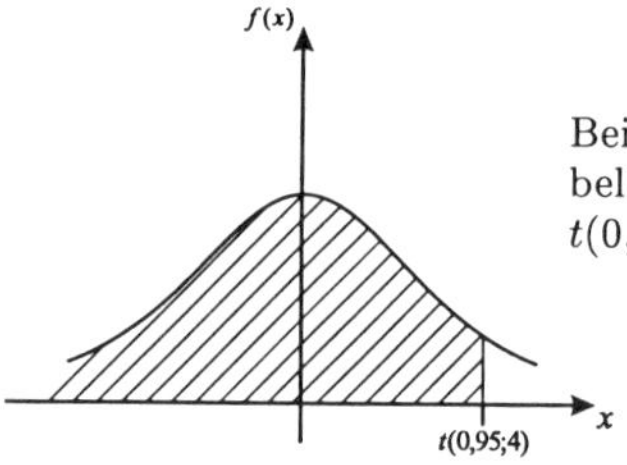

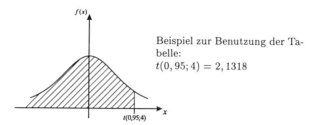

Beispiel zur Benutzung der Tabelle:
$t(0,95;4) = 2,1318$

n	0,6	0,7	0,8	0,9	0,95	0,975	0,99	0,995
1	0,3249	0,7265	1,3764	3,0777	6,3137	12,7062	31,8210	63,6559
2	0,2887	0,6172	1,0607	1,8856	2,9200	4,3027	6,9645	9,9250
3	0,2767	0,5844	0,9785	1,6377	2,3534	3,1824	4,5407	5,8408
4	0,2707	0,5686	0,9410	1,5332	2,1318	2,7765	3,7469	4,6041
5	0,2672	0,5594	0,9195	1,4759	2,0150	2,5706	3,3649	4,0321
6	0,2648	0,5534	0,9057	1,4398	1,9432	2,4469	3,1427	3,7074
7	0,2632	0,5491	0,8960	1,4149	1,8946	2,3646	2,9979	3,4995
8	0,2619	0,5459	0,8889	1,3968	1,8595	2,3060	2,8965	3,3554
9	0,2610	0,5435	0,8834	1,3830	1,8331	2,2622	2,8214	3,2498
10	0,2602	0,5415	0,8791	1,3722	1,8125	2,2281	2,7638	3,1693
11	0,2596	0,5399	0,8755	1,3634	1,7959	2,2010	2,7181	3,1058
12	0,2590	0,5386	0,8726	1,3562	1,7823	2,1788	2,6810	3,0545
13	0,2586	0,5375	0,8702	1,3502	1,7709	2,1604	2,6503	3,0123
14	0,2582	0,5366	0,8681	1,3450	1,7613	2,1448	2,6245	2,9768
15	0,2579	0,5357	0,8662	1,3406	1,7531	2,1315	2,6025	2,9467
16	0,2576	0,5350	0,8647	1,3368	1,7459	2,1199	2,5835	2,9208
17	0,2573	0,5344	0,8633	1,3334	1,7396	2,1098	2,5669	2,8982
18	0,2571	0,5338	0,8620	1,3304	1,7341	2,1009	2,5524	2,8784
19	0,2569	0,5333	0,8610	1,3277	1,7291	2,0930	2,5395	2,8609
20	0,2567	0,5329	0,8600	1,3253	1,7247	2,0860	2,5280	2,8453
21	0,2566	0,5325	0,8591	1,3232	1,7207	2,0796	2,5176	2,8314
22	0,2564	0,5321	0,8583	1,3212	1,7171	2,0739	2,5083	2,8188
23	0,2563	0,5317	0,8575	1,3195	1,7139	2,0687	2,4999	2,8073
24	0,2562	0,5314	0,8569	1,3178	1,7109	2,0639	2,4922	2,7970
25	0,2561	0,5312	0,8562	1,3163	1,7081	2,0595	2,4851	2,7874
26	0,2560	0,5309	0,8557	1,3150	1,7056	2,0555	2,4786	2,7787
27	0,2559	0,5306	0,8551	1,3137	1,7033	2,0518	2,4727	2,7707
28	0,2558	0,5304	0,8546	1,3125	1,7011	2,0484	2,4671	2,7633
29	0,2557	0,5302	0,8542	1,3114	1,6991	2,0452	2,4620	2,7564
30	0,2556	0,5300	0,8538	1,3104	1,6973	2,0423	2,4573	2,7500
31	0,2555	0,5298	0,8534	1,3095	1,6955	2,0395	2,4528	2,7440
32	0,2555	0,5297	0,8530	1,3086	1,6939	2,0369	2,4487	2,7385
33	0,2554	0,5295	0,8526	1,3077	1,6924	2,0345	2,4448	2,7333
34	0,2553	0,5294	0,8523	1,3070	1,6909	2,0322	2,4411	2,7284
35	0,2553	0,5292	0,8520	1,3062	1,6896	2,0301	2,4377	2,7238
36	0,2552	0,5291	0,8517	1,3055	1,6883	2,0281	2,4345	2,7195
37	0,2552	0,5289	0,8514	1,3049	1,6871	2,0262	2,4314	2,7154
38	0,2551	0,5288	0,8512	1,3042	1,6860	2,0244	2,4286	2,7116
39	0,2551	0,5287	0,8509	1,3036	1,6849	2,0227	2,4258	2,7079
40	0,2550	0,5286	0,8507	1,3031	1,6839	2,0211	2,4233	2,7045
45	0,2549	0,5281	0,8497	1,3007	1,6794	2,0141	2,4121	2,6896
50	0,2547	0,5278	0,8489	1,2987	1,6759	2,0086	2,4033	2,6778

Tab. 3: Quantile der χ^2–Verteilung

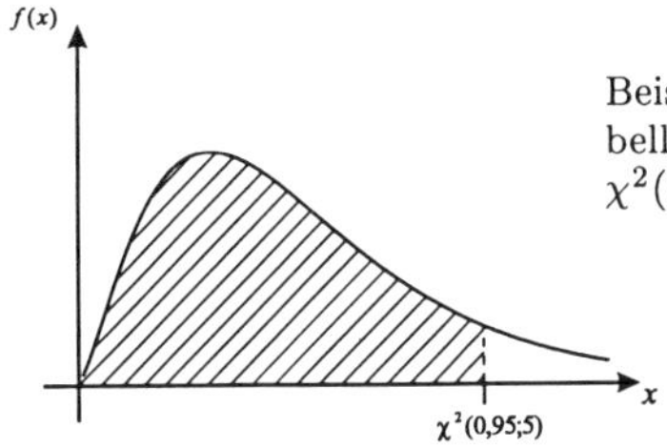

Beispiel zur Benutzung der Tabelle:
$\chi^2(0,95;5) = 11,07$.

$F(x)$	0,005	0,01	0,025	0,05	0,1	0,9	0,95	0,975	0,99	0,995
n										
1	0,000	0,000	0,001	0,004	0,016	2,706	3,841	5,024	6,635	7,879
2	0,010	0,020	0,051	0,103	0,211	4,605	5,991	7,378	9,210	10,597
3	0,072	0,115	0,216	0,352	0,584	6,251	7,815	9,348	11,345	12,838
4	0,207	0,297	0,484	0,711	1,064	7,779	9,488	11,143	13,277	14,860
5	0,412	0,554	0,831	1,145	1,610	9,236	11,070	12,832	15,086	16,750
6	0,676	0,872	1,237	1,635	2,204	10,645	12,592	14,449	16,812	18,548
7	0,989	1,239	1,690	2,167	2,833	12,017	14,067	16,013	18,475	20,278
8	1,344	1,647	2,180	2,733	3,490	13,362	15,507	17,535	20,090	21,955
9	1,735	2,088	2,700	3,325	4,168	14,684	16,919	19,023	21,666	23,589
10	2,156	2,558	3,247	3,940	4,865	15,987	18,307	20,483	23,209	25,188
11	2,603	3,053	3,816	4,575	5,578	17,275	19,675	21,920	24,725	26,757
12	3,074	3,571	4,404	5,226	6,304	18,549	21,026	23,337	26,217	28,300
13	3,565	4,107	5,009	5,892	7,041	19,812	22,362	24,736	27,688	29,819
14	4,075	4,660	5,629	6,571	7,790	21,064	23,685	26,119	29,141	31,319
15	4,601	5,229	6,262	7,261	8,547	22,307	24,996	27,488	30,578	32,801
16	5,142	5,812	6,908	7,962	9,312	23,542	26,296	28,845	32,000	34,267
17	5,697	6,408	7,564	8,672	10,085	24,769	27,587	30,191	33,409	35,718
18	6,265	7,015	8,231	9,390	10,865	25,989	28,869	31,526	34,805	37,156
19	6,844	7,633	8,907	10,117	11,651	27,204	30,144	32,852	36,191	38,582
20	7,434	8,260	9,591	10,851	12,443	28,412	31,410	34,170	37,566	39,997
21	8,034	8,897	10,283	11,591	13,240	29,615	32,671	35,479	38,932	41,401
22	8,643	9,542	10,982	12,338	14,041	30,813	33,924	36,781	40,289	42,796
23	9,260	10,196	11,689	13,091	14,848	32,007	35,172	38,076	41,638	44,181
24	9,886	10,856	12,401	13,848	15,659	33,196	36,415	39,364	42,980	45,558
25	10,520	11,524	13,120	14,611	16,473	34,382	37,652	40,646	44,314	46,928
26	11,160	12,198	13,844	15,379	17,292	35,563	38,885	41,923	45,642	48,290
27	11,808	12,878	14,573	16,151	18,114	36,741	40,113	43,195	46,963	49,645
28	12,461	13,565	15,308	16,928	18,939	37,916	41,337	44,461	48,278	50,994
29	13,121	14,256	16,047	17,708	19,768	39,087	42,557	45,722	49,588	52,335
30	13,787	14,953	16,791	18,493	20,599	40,256	43,773	46,979	50,892	53,672
40	20,707	22,164	24,433	26,509	29,051	51,805	55,758	59,342	63,691	66,766
50	27,991	29,707	32,357	34,764	37,689	63,167	67,505	71,420	76,154	79,490

Tab. 4: 0,95–Quantile der F-Verteilung

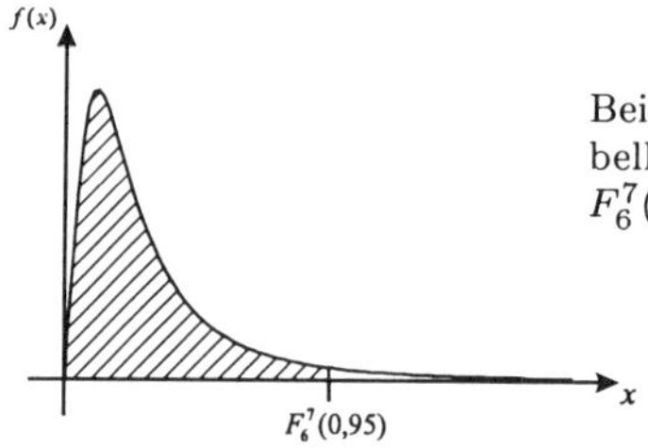

Beispiel zur Benutzung der Tabelle:
$F_6^7(0,95) = 4,21.$

Freiheitsgrade Zähler m														
n (Freiheitsgrade Nenner n)	1	2	3	4	5	6	7	8	10	12	15	20	24	30
1	161,4	199,5	215,7	224,6	230,2	234,0	236,8	238,9	241,9	243,9	245,9	248,0	249,1	250,1
2	18,51	19,00	19,16	19,25	19,30	19,33	19,35	19,37	19,40	19,41	19,43	19,45	19,45	19,46
3	10,13	9,55	9,28	9,12	9,01	8,94	8,89	8,85	8,79	8,74	8,70	8,66	8,64	8,62
4	7,71	6,94	6,59	6,39	6,26	6,16	6,09	6,04	5,96	5,91	5,86	5,80	5,77	5,75
5	6,61	5,79	5,41	5,19	5,05	4,95	4,88	4,82	4,74	4,68	4,62	4,56	4,53	4,50
6	5,99	5,14	4,76	4,53	4,39	4,28	4,21	4,15	4,06	4,00	3,94	3,87	3,84	3,81
7	5,59	4,74	4,35	4,12	3,97	3,87	3,79	3,73	3,64	3,57	3,51	3,44	3,41	3,38
8	5,32	4,46	4,07	3,84	3,69	3,58	3,50	3,44	3,35	3,28	3,22	3,15	3,12	3,08
9	5,12	4,26	3,86	3,63	3,48	3,37	3,29	3,23	3,14	3,07	3,01	2,94	2,90	2,86
10	4,96	4,10	3,71	3,48	3,33	3,22	3,14	3,07	2,98	2,91	2,85	2,77	2,74	2,70
11	4,84	3,98	3,59	3,36	3,20	3,09	3,01	2,95	2,85	2,79	2,72	2,65	2,61	2,57
12	4,75	3,89	3,49	3,26	3,11	3,00	2,91	2,85	2,75	2,69	2,62	2,54	2,51	2,47
13	4,67	3,81	3,41	3,18	3,03	2,92	2,83	2,77	2,67	2,60	2,53	2,46	2,42	2,38
14	4,60	3,74	3,34	3,11	2,96	2,85	2,76	2,70	2,60	2,53	2,46	2,39	2,35	2,31
15	4,54	3,68	3,29	3,06	2,90	2,79	2,71	2,64	2,54	2,48	2,40	2,33	2,29	2,25
16	4,49	3,63	3,24	3,01	2,85	2,74	2,66	2,59	2,49	2,42	2,35	2,28	2,24	2,19
17	4,45	3,59	3,20	2,96	2,81	2,70	2,61	2,55	2,45	2,38	2,31	2,23	2,19	2,15
18	4,41	3,55	3,16	2,93	2,77	2,66	2,58	2,51	2,41	2,34	2,27	2,19	2,15	2,11
19	4,38	3,52	3,13	2,90	2,74	2,63	2,54	2,48	2,38	2,31	2,23	2,16	2,11	2,07
20	4,35	3,49	3,10	2,87	2,71	2,60	2,51	2,45	2,35	2,28	2,20	2,12	2,08	2,04
21	4,32	3,47	3,07	2,84	2,68	2,57	2,49	2,42	2,32	2,25	2,18	2,10	2,05	2,01
22	4,30	3,44	3,05	2,82	2,66	2,55	2,46	2,40	2,30	2,23	2,15	2,07	2,03	1,98
23	4,28	3,42	3,03	2,80	2,64	2,53	2,44	2,37	2,27	2,20	2,13	2,05	2,01	1,96
24	4,26	3,40	3,01	2,78	2,62	2,51	2,42	2,36	2,25	2,18	2,11	2,03	1,98	1,94
25	4,24	3,39	2,99	2,76	2,60	2,49	2,40	2,34	2,24	2,16	2,09	2,01	1,96	1,92
30	4,17	3,32	2,92	2,69	2,53	2,42	2,33	2,27	2,16	2,09	2,01	1,93	1,89	1,84
40	4,08	3,23	2,84	2,61	2,45	2,34	2,25	2,18	2,08	2,00	1,92	1,84	1,79	1,74
60	4,00	3,15	2,76	2,53	2,37	2,25	2,17	2,10	1,99	1,92	1,84	1,75	1,70	1,65

Tab. 5: 0,99–Quantile der F–Verteilung

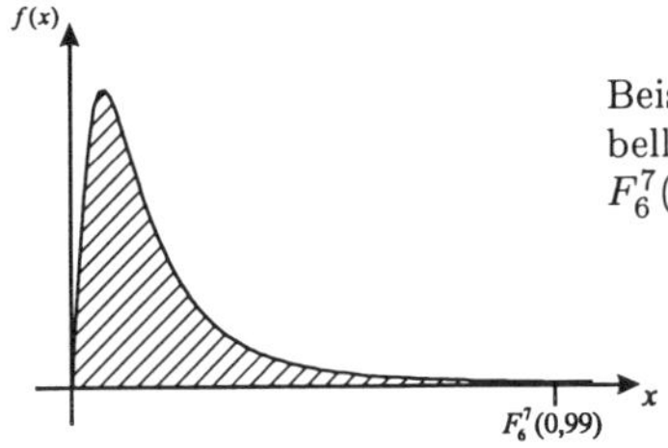

Beispiel zur Benutzung der Tabelle:
$F_6^7(0,99) = 8,26$.

Freiheitsgrade Zähler m														
n	1	2	3	4	5	6	7	8	10	12	15	20	24	30
1	4052,2	4999,3	5403,5	5624,3	5764,0	5859,0	5928,3	5981,0	6055,9	6106,7	6157,0	6208,7	6234,3	6260,4
2	98,50	99,00	99,16	99,25	99,30	99,33	99,36	99,38	99,40	99,42	99,43	99,45	99,46	99,47
3	34,12	30,82	29,46	28,71	28,24	27,91	27,67	27,49	27,23	27,05	26,87	26,69	26,60	26,50
4	21,20	18,00	16,69	15,98	15,52	15,21	14,98	14,80	14,55	14,37	14,20	14,02	13,93	13,84
5	16,26	13,27	12,06	11,39	10,97	10,67	10,46	10,29	10,05	9,89	9,72	9,55	9,47	9,38
6	13,75	10,92	9,78	9,15	8,75	8,47	8,26	8,10	7,87	7,72	7,56	7,40	7,31	7,23
7	12,25	9,55	8,45	7,85	7,46	7,19	6,99	6,84	6,62	6,47	6,31	6,16	6,07	5,99
8	11,26	8,65	7,59	7,01	6,63	6,37	6,18	6,03	5,81	5,67	5,52	5,36	5,28	5,20
9	10,56	8,02	6,99	6,42	6,06	5,80	5,61	5,47	5,26	5,11	4,96	4,81	4,73	4,65
10	10,04	7,56	6,55	5,99	5,64	5,39	5,20	5,06	4,85	4,71	4,56	4,41	4,33	4,25
11	9,65	7,21	6,22	5,67	5,32	5,07	4,89	4,74	4,54	4,40	4,25	4,10	4,02	3,94
12	9,33	6,93	5,95	5,41	5,06	4,82	4,64	4,50	4,30	4,16	4,01	3,86	3,78	3,70
13	9,07	6,70	5,74	5,21	4,86	4,62	4,44	4,30	4,10	3,96	3,82	3,66	3,59	3,51
14	8,86	6,51	5,56	5,04	4,69	4,46	4,28	4,14	3,94	3,80	3,66	3,51	3,43	3,35
15	8,68	6,36	5,42	4,89	4,56	4,32	4,14	4,00	3,80	3,67	3,52	3,37	3,29	3,21
16	8,53	6,23	5,29	4,77	4,44	4,20	4,03	3,89	3,69	3,55	3,41	3,26	3,18	3,10
17	8,40	6,11	5,19	4,67	4,34	4,10	3,93	3,79	3,59	3,46	3,31	3,16	3,08	3,00
18	8,29	6,01	5,09	4,58	4,25	4,01	3,84	3,71	3,51	3,37	3,23	3,08	3,00	2,92
19	8,18	5,93	5,01	4,50	4,17	3,94	3,77	3,63	3,43	3,30	3,15	3,00	2,92	2,84
20	8,10	5,85	4,94	4,43	4,10	3,87	3,70	3,56	3,37	3,23	3,09	2,94	2,86	2,78
21	8,02	5,78	4,87	4,37	4,04	3,81	3,64	3,51	3,31	3,17	3,03	2,88	2,80	2,72
22	7,95	5,72	4,82	4,31	3,99	3,76	3,59	3,45	3,26	3,12	2,98	2,83	2,75	2,67
23	7,88	5,66	4,76	4,26	3,94	3,71	3,54	3,41	3,21	3,07	2,93	2,78	2,70	2,62
24	7,82	5,61	4,72	4,22	3,90	3,67	3,50	3,36	3,17	3,03	2,89	2,74	2,66	2,58
25	7,77	5,57	4,68	4,18	3,85	3,63	3,46	3,32	3,13	2,99	2,85	2,70	2,62	2,54
30	7,56	5,39	4,51	4,02	3,70	3,47	3,30	3,17	2,98	2,84	2,70	2,55	2,47	2,39
40	7,31	5,18	4,31	3,83	3,51	3,29	3,12	2,99	2,80	2,66	2,52	2,37	2,29	2,20
60	7,08	4,98	4,13	3,65	3,34	3,12	2,95	2,82	2,63	2,50	2,35	2,20	2,12	2,03

Freiheitsgrade Nenner n

Tab. 6: Untere (d_u) und obere (d_o) Grenzen für die Durbin–Watson Teststatistik d, $\alpha = 5\%$

	$K=2$		$K=3$		$K=4$		$K=5$		$K=6$		$K=7$	
T	d_u	d_o	d_u	d_o	d_u	d_o	d_u	d_o	d_u	d_o	d_u	d_o
8	0,763	1,332	0,559	1,777	0,368	2,287	-	-	-	-	-	-
9	0,824	1,320	0,629	1,699	0,455	2,128	0,296	2,588	-	-	-	-
10	0,879	1,320	0,697	1,641	0,525	2,016	0,376	2,414	0,243	2,822	-	-
11	0,927	1,324	0,758	1,604	0,595	1,928	0,444	2,283	0,316	2,645	0,203	3,005
12	0,971	1,331	0,812	1,579	0,658	1,864	0,512	2,177	0,379	2,506	0,268	2,832
13	1,010	1,340	0,861	1,562	0,715	1,816	0,574	2,094	0,445	2,390	0,328	2,692
14	1,045	1,350	0,905	1,551	0,767	1,779	0,632	2,030	0,505	2,296	0,389	2,572
15	1,077	1,361	0,946	1,543	0,814	1,750	0,685	1,977	0,562	2,220	0,447	2,472
16	1,106	1,371	0,982	1,539	0,857	1,728	0,734	1,935	0,615	2,157	0,502	2,388
17	1,133	1,381	1,015	1,536	0,897	1,710	0,779	1,900	0,664	2,104	0,554	2,318
18	1,158	1,391	1,046	1,535	0,933	1,696	0,820	1,872	0,710	2,060	0,603	2,257
19	1,180	1,401	1,074	1,536	0,967	1,685	0,859	1,848	0,752	2,023	0,649	2,206
20	1,201	1,411	1,100	1,537	0,998	1,676	0,894	1,828	0,792	1,991	0,692	2,162
21	1,221	1,420	1,125	1,538	1,026	1,669	0,927	1,812	0,829	1,964	0,732	2,124
22	1,239	1,429	1,147	1,541	1,053	1,664	0,958	1,797	0,863	1,940	0,769	2,090
23	1,257	1,437	1,168	1,543	1,078	1,660	0,986	1,785	0,895	1,920	0,804	2,061
24	1,273	1,446	1,188	1,546	1,101	1,656	1,013	1,775	0,925	1,902	0,837	2,035
25	1,288	1,454	1,206	1,550	1,123	1,654	1,038	1,767	0,953	1,886	0,868	2,012
26	1,302	1,461	1,224	1,553	1,143	1,652	1,062	1,759	0,979	1,873	0,897	1,992
27	1,316	1,469	1,240	1,556	1,162	1,651	1,084	1,753	1,004	1,861	0,925	1,974
28	1,328	1,476	1,255	1,560	1,181	1,650	1,104	1,747	1,028	1,850	0,951	1,958
29	1,341	1,483	1,270	1,563	1,198	1,650	1,124	1,743	1,050	1,841	0,975	1,944
30	1,352	1,489	1,284	1,567	1,214	1,650	1,143	1,739	1,071	1,833	0,998	1,931
31	1,363	1,496	1,297	1,570	1,229	1,650	1,160	1,735	1,090	1,825	1,020	1,920
32	1,373	1,502	1,309	1,574	1,244	1,650	1,177	1,732	1,109	1,819	1,041	1,909
33	1,383	1,508	1,321	1,577	1,258	1,651	1,193	1,730	1,127	1,813	1,061	1,900
34	1,393	1,514	1,333	1,580	1,271	1,652	1,208	1,728	1,144	1,808	1,080	1,891
35	1,402	1,519	1,343	1,584	1,283	1,653	1,222	1,726	1,160	1,803	1,097	1,884
36	1,411	1,525	1,354	1,587	1,295	1,654	1,236	1,724	1,175	1,799	1,114	1,877
37	1,419	1,530	1,364	1,590	1,307	1,655	1,249	1,723	1,190	1,795	1,131	1,870
38	1,427	1,535	1,373	1,594	1,318	1,656	1,261	1,722	1,204	1,792	1,146	1,864
39	1,435	1,540	1,382	1,597	1,328	1,658	1,273	1,722	1,218	1,789	1,161	1,859
40	1,442	1,544	1,391	1,600	1,338	1,659	1,285	1,721	1,230	1,786	1,175	1,854
45	1,475	1,566	1,430	1,615	1,383	1,666	1,336	1,720	1,287	1,776	1,238	1,835
50	1,503	1,585	1,462	1,628	1,421	1,674	1,378	1,721	1,355	1,771	1,291	1,822
55	1,528	1,601	1,490	1,641	1,452	1,681	1,414	1,724	1,374	1,768	1,334	1,814
60	1,549	1,616	1,514	1,652	1,480	1,689	1,444	1,727	1,408	1,767	1,372	1,808
65	1,567	1,629	1,536	1,662	1,503	1,696	1,471	1,731	1,438	1,767	1,404	1,805
70	1,583	1,641	1,554	1,672	1,525	1,703	1,494	1,735	1,464	1,768	1,433	1,802
75	1,598	1,652	1,571	1,680	1,543	1,709	1,515	1,739	1,487	1,770	1,458	1,801
80	1,611	1,662	1,586	1,688	1,560	1,715	1,534	1,743	1,507	1,772	1,480	1,801
85	1,624	1,671	1,600	1,696	1,575	1,721	1,550	1,747	1,525	1,774	1,500	1,801
90	1,635	1,679	1,612	1,703	1,589	1,726	1,566	1,751	1,542	1,776	1,518	1,801
95	1,645	1,687	1,623	1,709	1,602	1,732	1,579	1,755	1,557	1,778	1,535	1,802
100	1,654	1,694	1,634	1,715	1,613	1,736	1,592	1,758	1,571	1,780	1,550	1,803
150	1,720	1,746	1,706	1,760	1,693	1,774	1,679	1,788	1,665	1,802	1,651	1,817
200	1,758	1,778	1,748	1,789	1,738	1,799	1,728	1,810	1,718	1,820	1,707	1,831

K: Anzahl der Regressoren einschließlich des Achsenabschnitts
T: Stichprobenumfang

Tab. 7: Untere (d_u) und obere (d_o) Grenzen für die DURBIN–WATSON Teststatistik d, $\alpha = 1\%$

	$K=2$		$K=3$		$K=4$		$K=5$		$K=6$		$K=7$	
T	d_u	d_o	d_u	d_o	d_u	d_o	d_u	d_o	d_u	d_o	d_u	d_o
8	0,497	1,003	0,345	1,489	0,229	2,102	-	-	-	-	-	-
9	0,554	0,998	0,408	1,389	0,279	1,875	0,183	2,433	-	-	-	-
10	0,604	1,001	0,466	1,333	0,340	1,733	0,230	2,193	0,150	2,690	-	-
11	0,653	1,010	0,519	1,297	0,396	1,640	0,286	2,030	0,193	2,453	0,124	2,892
12	0,697	1,023	0,569	1,274	0,449	1,575	0,339	1,913	0,244	2,280	0,164	2,665
13	0,738	1,038	0,616	1,261	0,499	1,526	0,391	1,826	0,294	2,150	0,211	2,490
14	0,776	1,054	0,660	1,254	0,547	1,490	0,441	1,757	0,343	2,049	0,257	2,354
15	0,811	1,070	0,700	1,252	0,591	1,464	0,488	1,704	0,391	1,967	0,303	2,244
16	0,844	1,086	0,737	1,252	0,633	1,446	0,532	1,663	0,437	1,900	0,349	2,153
17	0,874	1,102	0,772	1,255	0,672	1,432	0,574	1,630	0,480	1,847	0,393	2,078
18	0,902	1,118	0,805	1,259	0,708	1,422	0,613	1,604	0,522	1,803	0,435	2,015
19	0,928	1,132	0,835	1,265	0,742	1,415	0,650	1,584	0,561	1,767	0,476	1,963
20	0,952	1,147	0,863	1,271	0,773	1,411	0,685	1,567	0,598	1,737	0,515	1,918
21	0,975	1,161	0,890	1,277	0,803	1,408	0,718	1,554	0,633	1,712	0,552	1,881
22	0,997	1,174	0,914	1,284	0,831	1,407	0,748	1,543	0,667	1,691	0,587	1,849
23	1,018	1,187	0,938	1,291	0,858	1,407	0,777	1,534	0,698	1,673	0,620	1,821
24	1,037	1,199	0,960	1,298	0,882	1,407	0,805	1,528	0,728	1,658	0,652	1,797
25	1,055	1,211	0,981	1,305	0,906	1,409	0,831	1,523	0,756	1,645	0,682	1,766
26	1,072	1,222	1,001	1,312	0,928	1,411	0,855	1,518	0,783	1,635	0,711	1,759
27	1,089	1,233	1,019	1,319	0,949	1,413	0,878	1,515	0,808	1,626	0,738	1,743
28	1,104	1,244	1,037	1,325	0,969	1,415	0,900	1,513	0,832	1,618	0,764	1,729
29	1,119	1,254	1,054	1,332	0,988	1,418	0,921	1,512	0,855	1,611	0,788	1,718
30	1,133	1,263	1,070	1,339	1,006	1,421	0,941	1,511	0,877	1,606	0,812	1,707
31	1,147	1,273	1,085	1,345	1,023	1,425	0,960	1,510	0,897	1,601	0,834	1,698
32	1,160	1,282	1,100	1,352	1,040	1,428	0,979	1,510	0,917	1,597	0,856	1,690
33	1,172	1,291	1,114	1,358	1,055	1,432	0,996	1,510	0,936	1,594	0,876	1,683
34	1,184	1,299	1,128	1,364	1,070	1,435	1,012	1,511	0,954	1,591	0,896	1,677
35	1,195	1,307	1,140	1,370	1,085	1,439	1,028	1,512	0,971	1,589	0,914	1,671
36	1,206	1,315	1,153	1,376	1,098	1,442	1,043	1,513	0,988	1,588	0,932	1,666
37	1,217	1,323	1,165	1,382	1,112	1,446	1,058	1,514	1,004	1,586	0,950	1,662
38	1,227	1,330	1,176	1,388	1,124	1,449	1,072	1,515	1,019	1,585	0,966	1,658
39	1,237	1,337	1,187	1,393	1,137	1,453	1,085	1,517	1,034	1,584	0,982	1,655
40	1,246	1,344	1,198	1,398	1,148	1,457	1,098	1,518	1,048	1,584	0,997	1,652
45	1,288	1,376	1,245	1,423	1,201	1,474	1,156	1,528	1,111	1,584	1,065	1,643
50	1,324	1,403	1,285	1,446	1,245	1,491	1,205	1,538	1,164	1,587	1,123	1,639
55	1,356	1,427	1,320	1,466	1,284	1,506	1,247	1,548	1,209	1,592	1,172	1,638
60	1,383	1,449	1,350	1,484	1,317	1,520	1,283	1,558	1,249	1,598	1,214	1,639
65	1,407	1,468	1,377	1,500	1,346	1,534	1,315	1,568	1,283	1,604	1,251	1,642
70	1,429	1,485	1,400	1,515	1,372	1,546	1,343	1,578	1,313	1,611	1,283	1,645
75	1,448	1,501	1,422	1,529	1,395	1,557	1,368	1,587	1,340	1,617	1,313	1,646
80	1,466	1,515	1,441	1,541	1,416	1,568	1,390	1,595	1,364	1,624	1,338	1,653
85	1,482	1,528	1,458	1,553	1,435	1,578	1,411	1,603	1,386	1,630	1,362	1,657
90	1,496	1,540	1,474	1,563	1,452	1,587	1,429	1,611	1,406	1,636	1,383	1,661
95	1,510	1,552	1,489	1,573	1,468	1,596	1,446	1,618	1,425	1,642	1,403	1,666
100	1,522	1,562	1,503	1,583	1,482	1,604	1,462	1,625	1,441	1,647	1,421	1,670
150	1,611	1,637	1,598	1,651	1,584	1,665	1,571	1,679	1,557	1,693	1,543	1,708
200	1,664	1,684	1,653	1,693	1,643	1,704	1,633	1,715	1,623	1,725	1,613	1,735

K: Anzahl der Regressoren einschließlich des Achsenabschnitts
T: Stichprobenumfang

Tab. 8: Kritische Werte für Integrations- und Kointegrationstests

N	Variante	α-Fehler	κ_∞	κ_1	κ_2
1	Ohne Konstante, ohne Trend	1	-2,5658	-1,960	-10,04
		5	-1,9393	-0,398	0,0
		10	-1,6156	-0,181	0,0
1	Konstante, ohne Trend	1	-3,4335	-5,999	-29,25
		5	-2,8621	-2,738	-8,36
		10	-2,5671	-1,438	-4,48
1	Konstante, Trend	1	-3,9638	-8,353	-47,44
		5	-3,4126	-4,039	-17,83
		10	-3,1279	-2,418	-7,58
2	Konstante, ohne Trend	1	-3,9001	-10,534	-30,03
		5	-3,3377	-5,967	-8,98
		10	-3,0462	-4,069	-5,73
2	Konstante, Trend	1	-4,3266	-15,531	-34,03
		5	-3,7809	-9,421	-15,06
		10	-3,4959	-7,203	-4,01
3	Konstante, ohne Trend	1	-4,2981	-13,790	-46,37
		5	-3,7429	-8,352	-13,41
		10	-3,4518	-6,241	-2,79
3	Konstante, Trend	1	-4,6676	-18,492	-49,35
		5	-4,1193	-12,024	-13,13
		10	-3,8344	-9,188	-4,85
4	Konstante, ohne Trend	1	-4,6493	-17,188	-59,20
		5	-4,1000	-10,745	-21,57
		10	-3,8110	-8,317	-5,19
4	Konstante, Trend	1	-4,9695	-22,504	-50,22
		5	-4,4294	-14,501	-19,54
		10	-4,1474	-11,165	-9,88
5	Konstante, ohne Trend	1	-4,9587	-22,140	-37,29
		5	-4,4185	-13,641	-21,16
		10	-4,1327	-10,638	-5,48
5	Konstante, Trend	1	-5,2497	-26,606	-49,56
		5	-4,7154	-17,432	-16,50
		10	-4,4345	-13,654	-5,77
6	Konstante, ohne Trend	1	-5,2400	-26,278	-41,65
		5	-4,7048	-17,120	-11,17
		10	-4,4242	-13,347	0,0
6	Konstante, Trend	1	-5,5127	-30,735	-52,50
		5	-4,9767	-20,883	-9,05
		10	-4,6999	-16,445	0,0

Die Tabelle wurde mit leichten Änderungen entnommen aus MacKinnon (1991), S. 275.

Die kritischen Werte τ_α werden für Integrationstests ($N = 1$) und Kointegrationstests ($N \geq 2$) bei gegebenem α-Fehler und gegebener Spezifikation der Testgleichung in Abhängigkeit von der Zeitreihenlänge T nach folgender Formel berechnet:

$$\tau_\alpha = \kappa_\infty + \frac{\kappa_1}{T} + \frac{\kappa_2}{T^2}.$$

$N \geq 2$ gibt die Anzahl der Variablen einschließlich der Konstanten an, für die eine Kointegrationsbeziehung getestet werden soll. Für $N = 1$ liegt ein Integrationstest für die Zeitreihe einer Variablen oder ein Kointegrationstest bei bekanntem Kointegrationsvektor vor, wobei die Anzahl der kointegrierenden Variablen beliebig ist.

Beispiel: Gesucht ist der kritische Wert τ_α für einen Integrationstest; die Testgleichung hat eine Konstante aber keinen Trend; $\alpha = 5\%$, $T = 106$. Man erhält:

$$\tau_\alpha = -2,8621 - \frac{2,738}{106} - \frac{8,36}{(106)^2} = -2,8887.$$

Literaturverzeichnis

ACKLEY, G. (1961), Macroeconomic Theory; New York.

ADELMAN, I. UND ADELMAN, F. L. (1959), The Dynamic Properties of the Klein-Goldberger Model; Econometrica, Vol. 37. Wiederabgedruckt in: GORDON, R. A. und KLEIN, L. R. (eds.) (1966), Readings in Business Cycles; London, S. 278-306.

AIGNER, D. L. (1971), Basic Econometrics; Englewood Cliffs, New Jersey.

AITKEN, A. C. (1935), On Least Squares and Linear Combinations of Observation, Proceedings of the Royal Statistical Society, Vol. 55, S. 42-48.

AKAIKE, H. (1973), Information Theory and an Extension of the Maximum Likelihood Principles; in: PETROV UND CSAKI (eds.) (1973).

AKAIKE, H. (1977), On Entropy Maximization Principles; in: KRISHNIAK, (ed.) (1977).

ALBERT, H. (1959), Der logische Charakter der theoretischen Nationalökonomie. Zur Diskussion um die exakte Wirtschaftstheorie; Jahrbücher für Nationalökonomie und Statistik, Vol. 171, S. 1-13.

ALBERT, H., KEMP, M. C., KRELLE, W. MENGES, G. UND MEYER, W. (Hrsg.) (1978), Ökonometrische Modelle und sozialwissenschaftliche Erkenntnisprogramme, Mannheim u.a.

ALMON, S. (1965), Distributed Lag between Capital Appropriations and Expenditures; Econometrica, Vol. 33, S. 178-196.

AMEMIYA, T. (1994), Introduction to Statistics and Econometrics; Cambridge, Massachusetts.

ANDERSON, T. W. UND RUBIN, H. (1949), Estimation of Parameters of a Single Equation in a Complete System of Stochastic Equations; Annals of Mathematical Statistics, Vol. 20, S. 46-63.

ANDERSON, T. W. (1959), On Asymptotic Distributions of Estimates of Parameters of Stochastic Difference Equations; Annals of Mathematical Statistics, Vol. 30, S. 676-687.

ASSENMACHER, W. (1985), Eine wissenschaftstheoretische Begründung der Linearhypothese in angewandten ökonometrischen Modellen; Jahrbücher für Nationalökonomie und Statistik, Vol. 200, S. 56-70.

ASSENMACHER, W. (1986), Zum Verhältnis zwischen Wirtschaftstheorie und Ökonometrie; Allgemeines Statistisches Archiv, Vol. 76, S. 327-343.

ASSENMACHER, W. (1998), Konjunkturtheorie; 8. Aufl., München, Wien.

ASSENMACHER, W. (2000), Induktive Statistik; Berlin u.a.

ASSENMACHER, W. UND BRAUN, G. E. (1981), Das Einfachheitspostulat in Wissenschaftstheorie und Ökonometrie; Statistische Hefte, Vol. 22, S. 152-175.

AUER, L. V. (1999), Ökonometrie – Eine Einführung; Berlin u.a.

BAMBERG, G. UND SCHITTKO, U. (1979), Einführung in die Ökonometrie; Stuttgart, New York.

BANERJEE, A., DOLADO, J., GALBRAITH, J. W. UND HENDRY, D. F. (1993), Co-Integration, Error-Correction and the Econometric Analysis of Non-Stationary Data; Oxford.

BASMANN, R. L. (1957), A Generalized Classical Method of Linear Estimation of Coefficients in a Structural Equation; Econometrica, Vol. 25, S. 77-83.

BASMANN, R. L. (1963), A Note on the Exact Finite Sample Frequency Functions of Generalized Classical Linear Estimators in a Leading Three Equation Case; Journal of the American Statistical Association, Vol. 58, S. 161-171.

BASMANN, R. L. UND RICHARDSON, D. H. (1973), The Exact Finite Sample Distribution of a Non-Consistent Structural Variance Estimator; Econometrica, Vol. 41, S. 41-65.

BASMANN, R. L., RICHARDSON, D. H. UND ROHR, R. J. (1974), Finite Sample Distributions Associated with Stochastic Difference Equations – Some Experimental Evidence; Econometrica, Vol. 42, S. 825-839.

BAUMOL, W. J. (1966), Ökonomische Modelle und die Mathematik; in: KRUPP, S. R. (ed.), The Structure of Economic Science Essays on Methodology; Englewood Cliffs, 1966. Hier zitiert nach ALBERT, H. (Hrsg.) (1972), Theorie und Realität; Tübingen, S. 153-168.

BEACH, CH. M. UND MACKINNON, J. G. (1978a), Full Maximum Likelihood Estimation of Second-Order Autoregressive Error Models; Journal of Econometrics, Vol. 7, S. 187-198.

BEACH, CH. M. UND MACKINNON, J. G. (1978b), A Maximum Likelihood Procedure for Regression with Autocorrelated Errors; Econometrica, Vol. 46, S. 51-58.

BERGSTROM, A. R. (1976), Statistical Inference in Continuous Time Economic Models; Amsterdam u.a.

BOLLERSLEV, T. (1986), Generalized Autoregressive Conditional Heteroscedasticity; Journal of Econometrics, Vol. 31, S. 307-327.

BOX, G. E. P. UND JENKINS, G. M. (1970), Time Series Analysis, Forecasting and Control; San Francisco.

BOX, G. E. P. UND PIERCE, D. A. (1970), Distribution of Residual Autocorrelations in Autoregressive-Integrated Moving Average Time Series Models; Journal of the American Statistical Association, Vol. 65, S. 1509-1526.

BRENNAN, M. J. (1965), Preface to Econometrics: An Introduction to Quantitative Methods in Economics; Prentice Hall, Englewood Cliffs.

BREUSCH, T. S. (1978), Testing for Autocorrelation in Dynamic Linear Models; Australian Economic Papers, Vol. 17, S. 334-355.

BREUSCH, T. S. UND PAGAN, A. R. (1980), A Simple Test for Heteroskedasticity and Random Coefficient Variation; Econometrica, Vol. 47, S. 1287-1294.

BROWN, T. M., (1970), Specification and Uses of Econometric Models; London.

CAGAN, P. (1956), The Monetary Dynamics of Hyper-Inflations; in: FRIEDMAN (ed.) (1956), S. 25-117.

CHAREMZA, W. W. UND DEADMAN, D. F. (1997), New Directions in Econometric Practice, 2. Aufl.; Aldershot.

CHERNOFF, H. UND DIVINSKY, N. (1953), The Computation of Maximum-Likelihood Estimates of Linear Structural Equations; in: HOOD und KOOPMANS (1953), S. 236-269.

CHETTY, V. K. (1971), Estimation of Solow's Distributed Lag Models; Econometrica, Vol. 39, S. 99-117.

CHOW, G. C. (1960), Tests of Equality Between Sets of Coefficients in Two Linear Regressions; Econometrica, Vol. 28, S. 591-605.

CHOW, G. C. (1975), Analysis and Control of Dynamic Economic Systems; New York u.a.

CHRIST, C. F. (1966), Econometric Models and Methods; New York.

CHU, K. (1972), Principles of Econometrics; Scranton u.a.

COCHRANE, D. UND ORCUTT, G. H. (1949), Application of Least Squares Regression to Relationships Containing Autocorrelated Error Terms; Journal of the American Statistical Association, Vol. 44, S. 32-61.

COMMON, M. S. (1980), Ökonometrie; Stuttgart, New York.

CRAGG, J. G. (1967), On the Relative Small-Sample Properties of Several Structural Equation Estimators; Econometrica, Vol. 35 S. 89-110.

CRAMER, J. S. (1969), Empirical Econometrics; Amsterdam.

DAVIDSON, R. UND MACKINNON, J. G. (1993), Estimation and Inference in Econometrics; New York, Oxford.

DARNELL, A. C. (1995), A Dictionary of Econometrics, Aldershot.

DESAI, M. (1976), Applied Econometrics; Oxford.

DHRYMES, PH. J. (1970), Econometrics: Statistical Foundations and Applications; New York u.a.

DHRYMES, PH. J. (1971), Distributed Lags: Problems of Estimation and Formulation; San Francisco.

DHRYMES, PH. J. (1973), Small Sample and Asymptotic Relations Between Maximum Likelihood and Three Stage Least Squares Estimator; Econometrica, Vol. 41, S. 357-364.

DHRYMES, PH. J. (1978a), Mathematics for Econometrics; Berlin u.a.

DHRYMES, PH. J. (1978b), Introductory Econometrics; Berlin u.a.

DHRYMES, PH. J. UND ERLAT, H. (1974), Asymptotic Properties of Full Information Estimators in Dynamic Autoregressive Simultaneous Equation Models; Journal of Econometrics, Vol. 2, S. 247-259.

DHRYMES, PH. J., BERNER, R. UND CUNNINS, D. (1974), A Comparison of Some Limited Information Estimators for Dynamic Simultaneous Equation Models with Autocorrelated Errors; Econometrica, Vol. 42, S. 311-332.

DICKEY, D. A. UND FULLER, W. A. (1979), Distributions of the Estimators for Autoregressive Time Series with a Unit Root; Journal of the American Statistical Association, Vol. 74, S. 427-431.

DICKEY, D. A., HASZA, D. P. UND FULLER, W. A. (1984), Testing for Unit Roots in Seasonal Time Series; Journal of the American Statistical Association, Vol. 79, S. 355-367.

DORAN, H. E. UND GRIFFITHS, W. E. (1978), Inconsistency of the OLS Estimator of the Partial Adjustment – Adaptive Expectations Model; Journal of Econometrics, Vol. 6, S. 133-146.

DURBIN, J. (1960), Estimation of Parameters in Time-Series Regression Models; Journal of the Royal Statistical Society, Reihe B, Vol. 22, S. 139-153.

DURBIN, J. (1970), Testing for Serial Correlation in Least-Squares Regression When Some of the Regressors Are Lagged Dependent Variables; Econometrica, Vol. 38, S. 410-421.

DURBIN, J. UND WATSON, G. (1950), Testing Serial Correlation in Least Squares Regressions Part I, Biometrika, Vol. 37, S. 409-428.

DURBIN, J. UND WATSON, G. (1951), Testing Serial Correlation in Least Squares Regressions Part II; Biometrika, Vol. 38, S. 159-178.

DULTA, M. (1975), Econometric Methods; Cincinnati, Ohio.

ECKEY, H.-F., KOSFELD, R. UND DREGER, CH. (1995), Ökonometrie – Grundlagen, Methoden Beispiele; Wiesbaden.

EISENPRESS, H. (1962), Note on Computation of Full-Information Maximum-Likelihood Estimates of Coefficients of a Simultaneous System; Econometrica, Vol. 30, S. 343-348.

ENGLE, R. F. (1982), Autoregressive Conditional Heteroskedasticity with Estimates of Variance of the United Kingdom Inflation; Econometrica, Vol. 50, S. 987-1008.

ENGLE, R. F. UND GRANGER, C. W. J. (1987), Co-Integration and Error Correction: Representation, Estimating and Testing; Econometrica, Vol. 55, S. 251-276.

ENGLE, R. F. UND GRANGER, C. W. J. (eds) (1991), Long-Run Economic Relationships. Readings in Cointegration; Oxford.

ENGLE, R. F., GRANGER, C. W. J. UND HALLMANN, J.J. (1989), Merging Short- and Long-run Forecasts: An Application of Seasonal Cointegration to Monthly Electricity Soles Forecasting; Journal of Econometrics, Vol. 40, S. 45-62.

EVANS, M. K. (1969), Macroeconomic Activity: Theory, Forecasting, and Control. An Econometric Approach; New York u.a.

FAIR, R. C. (1970), The Estimation of Simultaneous Equation Models with Lagged Endogenous Variables and First Order Serially Correlated Errors; Econometrica, Vol. 38, S. 507-516.

FAREBROTHER, R. W. UND SAVIN, N. E. (1974), The Graph of the k-Class Estimator: An Algebraic and Statistical Interpretation; Journal of Econometrics, Vol. 2, S. 373-388.

FASE, M. M. G. (1970), An Econometric Model of Age-Income Profiles; Rotterdam.

FELDSTEIN, M. S. (1971), The Error of Forecast in Econometric Models when the Forecast Period Exogenous Variables are Stochastic; Econometrica, Vol. 39, S. 55-60.

FELDSTEIN, M. S. (1973), Multicollinearity and the Mean Square Error of Alternative Estimators; Econometrica, Vol. 41, S. 337-346.

FÖRSTNER, K. (1960), Über die Bestimmbarkeit wirtschaftlicher Kenngrößen; Meisenheim.

FRIEDMAN, M. (ed.) (1956), Studies in the Quantity Theory of Money; Chicago.

FRISCH, R. (1934), Statistical Confluence Analysis by Means of Complete Regression Systems; Oslo.

FRISCH, R. UND WAUGH, F. V. (1933), Partial Time Regressions as Compared with Individual Trends; Econometrica, Vol. 1, S. 387-401.

FROHN, J. (1980), Grundausbildung in Ökonometrie; Berlin, New York.

FROMBY, T. B., HILL, R. C. UND JOHNSON, S. R. (1984), Advanced Econometric Methods; New York u. a.

FROMM, G. UND KLEIN, L. R. (1975), The Brookings Model: Perspective and Recent Developments; Amsterdam, New York.

FROMM, G. UND TAUBMAN, P. (1968), Policy Simulation with an Econometric Model; Washington.

FULLER, W. A. (1975), Introduction to Statistical Time Series; New York.

GODFREY, L. G. (1976), Testing for Serial Correlation in Dynamic Simultaneous Equations Models; Econometrica, Vol. 44, S. 1077-1084.

GODFREY, L. G. (1978a), A Note on the Use of Durbin's *h* Test when the Equation is Estimated by Instrumental Variables; Econometrica, Vol. 46, S. 225-228.

GODFREY, L. G. (1978b), Testing against General Autoregressive and Moving Average Error Models when the Regressors Include Lagged Dependent Variables; Econometrica, Vol. 46, S. 1293-1302.

GODFREY. L. G. (1978c), Testing for Higher Order Serial Correlation in Regression Equations when the Regressors Include Lagged Dependent Variables; Econometrica, Vol. 46, S. 1303-1310.

GOLDBERGER, A. S. (1964), Econometric Theory; New York u.a.

GOLDFELD, S. M. UND QUANDT, R. E. (1965), Some Tests of Homoscedasticity; Journal of the American Statistical Association, Vol. 60, S. 539-547.

GOLLNICK, H. (1979), Lag-Verteilungs-Modelle; Kurseinheit 1, Fernuniversität Hagen.

GOLLNICK, H. UND THIEL, N. (1980), Ökonometrie; Stuttgart.

GRANGER, C. W. J. (1969), Investigating Causal Relations by Econometric Models and Cross-Spectral Methods; Econometrica, Vol. 37, S. 24-36.

GRANGER, C. W. J. (1983), Co-Integrated Variables and Error-Correcting Models; Unpublished Discussion Paper 83-13, University of California, San Diego.

GREENE, W. H. (1993), Econometric Analysis, 2. Aufl.; New Jersey.

GRENZDÖRFER, K. (1969), Vergleich einiger in der Ökonometrie verwendeter Schätzverfahren mittels Simulationen von Drei-Gleichungssystemen; Würzburg.

GRUBER, J. (1968), Ökonometrische Modelle des Cowles-Commission Types: Bau und Interpretation; Hamburg, Berlin.

HAAVELMO, T. (1943), The Statistical Implications of a System of Simultaneous Equations; Econometrica, Vol. 11, S. 1-12.

HAAVELMO, T. (1944), The Probability Approach in Econometrics: Supplement to Econometrica.

HAMILTON, J. D. (1994), Time Series Analysis; Princeton.

HANSEN, G. (1971), Eine ökonometrische Untersuchung ausgewählter Konsumfunktionen für die Bundesrepublik – Spezifikation, Schätzung, Prognose –; Göttingen.

HARTWIG, H. (1956), Naturwissenschaftliche und Sozialwissenschaftliche Statistik; Zeitschrift für die gesamte Staatswissenschaft, Vol. 112, S. 252-266.

HARVEY, A. C. (1995), Zeitreihenmodelle; 2. Aufl. München, Wien.

HATANAKA, M. (1976), Several Efficient Two-step Estimators for the Dynamic Simultaneous Equations Model with Autoregressive Disturbances; Journal of Econometrics, Vol. 4, S. 189-204.

HEIKE, H. D. UND KADE, G. (1968), Methodologische Probleme makroökonomischer Theorien; Konjunkturpolitik, Vol. 14, S. 291-374.

HANSEN, G. (1993), Quantitative Wirtschaftsforschung; München.

HENDRY, D. F. (1976), The Structure of Simultaneous Equation Estimators; Journal of Econometrics, Vol. 4, S. 51-88.

HENDRY, D. F. UND HARRISON, R. W. (1974), Monte Carlo Methodology and the Small Sample Behaviour of Ordinary and Two-stage Least Squares; Journal of Econometrics, Vol. 2, S. 151-174.

HENDRY, D. F. UND SRBA, E. (1977), The Properties of Autoregressive Instrumental Variables Estimators in Dynamic Systems; Econometrica, Vol. 45, S. 969-990.

HENSHAW, R. C. (1966), Testing Single-Equation Least Squares Regression Models for Autocorrelated Disturbances; Econometrica, Vol. 34, S. 646-660.

HOCHSTÄDTER, D. UND UEBE, G. (1970), Ökonometrische Methoden; Berlin u.a.

HOGG, R. V. UND GRAIG, A. T. (1978), Introduction to Mathematical Statistics, 4. Aufl.; New York, London.

HOOD, W. C. UND KOOPMANS, T. C. (eds.) (1953), Studies in Econometric Method; New Haven, London.

HUANG, D. S. UND SCHULZ, H. (1988), Einführung in die Mathematik für Wirtschaftswissenschaftler, 3. Aufl.; München, Wien.

HÜBLER, O. (1989), Ökonometrie; Göttingen, Zürich.

HUJER, R. UND CREMER, R. (1978), Methoden der empirischen Wirtschaftsforschung; München.

HURWICZ, L. (1950), Least-squares Bias in Time Series; in: KOOPMANS (ed.) (1950), S. 365-383.

HÜTTNER, M. (1986), Prognoseverfahren und ihre Anwendung; Berlin, New York.

INTRILLIGATOR, M. D. (1978), Econometric Models, Techniques and Applications; Amsterdam, Oxford.

JARCHOW, H. J. (1973), Theorie und Politik des Geldes: 1. Geldtheorie; Göttingen.

JAYATISSA, W. A. (1977), Tests of Equality Between Sets of Coefficients in Two Linear Regressions when Disturbance Variances are Unequal; Econometrica, Vol. 45, S. 1291-1292.

JOCHIMSEN, R. UND KNOBEL, H. (1971), Zum Gegenstand und zur Methodik der Nationalökonomie; in: dieselben (Hrsg.): Gegenstand und Methoden der Nationalökonomie; Köln, S.11-66.

JOHANSEN, S. (1988), Statistical Analysis of Cointegration vectors; Journal of Economic Dynamics and Control, Vol. 12, S. 231-254.

JOHANSEN, S. (1989) Likelihood Based Inferences on Cointegration. Theory ans Applications, Cento Interuniverssitario di Econometrica (CIDE); Bologna.

JOHANSEN, S. (1991), Estimation and Hypothesis Testing of Cointegrating Vectors in Gaussian Vector Autoregressive Models; Econometrica, Vol. 59, S. 1551-1580.

JOHANSEN , S. UND JUSELIUS, K. (1990), Maximum Likelihood Estimation and Inference on Cointegration – with Applications to the Demand for Money; Oxford Bulletin of Economics and Statistics, Vol. 52, S. 169-210.

JOHNSTON, J. (1972), Econometric Methods; New York u.a.

JOHNSTON, J. UND DI NARDO, J. (1997), Econometric Methods, 4. Aufl.; Singapore.

JORGENSON, D. W. (1966), Rational Distributed Lag Function; Econometrica, Vol. 34, S. 135-149.

JORGENSON, D. W. UND SIEBERT, C. D. (1968), A Comparison of Alternative Theories of Corporated Investment Behavior; American Economic Review, Vol. 58, S. 681-712.

JUDGE, G. G., GRIFFITHS, W. E., HILL, R. C., LÜTKEPOHL, H. UND LEE, T. C. (1985), The Theory and Practice of Econometrics, 2. Aufl.; Chichester u. a.

KADIYALA, K. R. (1968), Transformation Used to Circumvent the Problem of Autocorrelation; Econometrica, Vol. 36, S. 93-96.

KADIYALA, K. R. (1970), An Exact Small Sample Property of the k-Class Estimators; Econometrica, Vol. 38, S. 97-117.

KELEJIAN, H. H. UND OATES, W. E. (1974), Introduction to Econometrics: Principles and Applications; New York u. a.

V. KEMPSKI, J. (1952), Zur Logik der Ordnungsbegriffe, besonders in den Sozialwissenschaften; Studium Generale, 1952. Wiederabgedruckt in: ALBERT, H. (Hrsg.) (1972): Theorie und Realität; Tübingen, S. 115-137.

KENKEL, J. L. (1974), Some Small Sample Properties of Durbin's Tests for Serial Correlation in Regression Models Containing Lagged Dependent Variables; Econometrica, Vol. 42, S. 763-769.

KENNEDY, P. (1998), A Guide to Econometrics, 4. Aufl.; Oxford.

KHAZZOOM, J. D. (1976), An Indirect Least Squares Estimator for Overidentified Equations; Econometrica, Vol. 44, S. 741-750.

KLEIN, L. R. (1956), A Textbook of Econometrics; Evanstone, New York.

KLEIN, L. R. (1958), The Estimation of Distributed Lags; Econometrica, Vol. 26, S. 553-565.

KLEIN, L. R. (1964), The Efficiency of Estimation in Econometric Models; in: PFOUTS, R. W. (ed.) (1964), Essays in Econometrics; Chapel Hill.

KLEIN, L. R. (1969), Einführung in die Ökonometrie; Düsseldorf.

KMENTA, J. (1986), Elements of Econometrics, 2. Aufl.; New York, London.

KOOPMANS, T. C. (1947), Measurement without Theory; The Review of Economics and Statistics, Vol. 29, S. 161-172.

KOOPMANS, T. C. (ed.) (1950), Statistical Inference in Dynamic Economic Models; New York.

KOOPMANS, T. C. (1953), Identification Problems in Economic Model Construction; in: HOOD und KOOPMANS (eds.) (1953), S. 27-48.

KOOPMANS, T. C. UND HOOD, W. C. (1953), The Estimation of Simultaneous Linear Economic Relationships; in: HOOD und KOOPMANS (eds.) (1953), S. 112-199.

KOOPMANS, T. C., RUBIN, H. UND LEIPNITZ, R. B. (1950), Measuring the Equation Systems of Dynamic Economics; in: KOOPMANS (ed.) (1950).

KOSFELD, R. (1986), Theoretische und numerische Aspekte in der Maximum-Likelihood-Faktorenanalyse; Frankfurt, New York.

KOYCK, L. M. (1954), Distributed Lags and Investment Analysis; Amsterdam.

KRÄMER, W. (1989), Econometrics of Structural Change; Berlin u.a.

KRELLE, W. (1978), Wirtschaftsprognosen mit ökonometrischen Modellen – Probleme und Erfahrungen; in: ALBERT U.A. (Hrsg.), (1978), S. 15-40.

KRELLE, W. (Hrsg.) (1986), Ökonomische Prognose-, Entscheidungs- und Gleichgewichtsmodelle, DFG; Weinheim.

KRISHNIAK, P. R. (ed.) (1977), Applications of Statistics; Amsterdam.

KUZNETS, S. (1972), Quantitative Economic Research: Trends and Problem; New York.

LESERER, M. (1980), Grundlagen der Ökonometrie; Göttingen.

L'ESPERANCE, W. L. UND TAYLOR, D. (1975), The Power of Four Tests of Autocorrelation in the Linear Regression Model; Journal of Econometrics, Vol. 3, S. 1-21.

V. D. LIPPE, P. (1990), Wirtschaftsstatistik, 4. Aufl.; Stuttgart, New York.

LJUNG, G. M. UND BOX, G. E. P. (1978), On a Measure of Lack of Fit in Time Series Models; Biometrika, Vol. 65, S. 297-303.

LÜDEKE, D. (1964), Schätzprobleme in der Ökonometrie, Würzburg, Wien.

LYTTKENS, E. (1966), Standard Errors of Regression Coefficients by Autocorrelated Residuals; in: WOLD (ed.) (1967), S. 169-228.

LYTTKENS, E. (1967), On the Fix-Point Method and Related Problems: Including an Explicit Treatment of the Estimation Problem of Girshick-Haavelmo Models, Part I and II; Papers presented at the first Blaricum Meeting of the Econometric Society.

MACHLUP, F. (1960/61), Idealtypus, Wirklichkeit und Konstruktion; Ordo. Wiederabgedruckt in: JOCHIMSEN und KNOBEL (eds.) (1971), S. 226-254.

MACKINNON, J. G. (1991), Critical Values for Cointegration Tests; in: ENGLE und GRANGER (eds.) (1991), S. 267-287.

MADANSKY, A. (1976), Foundations of Econometrics; Amsterdam, Oxford.

MADDALA, G. S. (1992), Introduction to Econometrics, 2. ed.; New York.

MADDALA, G. S. UND RAO, A. S. (1973), Tests for Serial Correlation in Regression Models with Lagged Dependent Variables and Serially Correlated Errors; Econometrica, Vol. 41, S. 761-774.

MALINVAUD, E. (1980), Statistical Methods of Econometrics, 3. Aufl.; Amsterdam.

MANKIW, N. G. (1996), Makroökonomik; 2. Aufl., Wiesbaden.

MANN, H. B. UND WALD, A. (1943), On the Statistical Treatment of Linear Stochastic Difference Equations; Econometrica, Vol. 11, S. 173-220.

MARIANO, R. S. (1977), Finite Sample Properties of Instrumental Variable Estimator of Structural Coefficients; Econometrica, Vol. 45, S. 487-496.

MENGES, G. (1961), Ökonometrie; Wiesbaden.

MINCER, J. (1969), Economic Forecasts and Expectations; New York.

MÜNNICH, F. E. (1970), Verallgemeinerung eines Tests von Chow; Statistische Hefte, Vol. 11, S. 153-159.

MÜNNICH, F. E. (1977), Einführung in die empirische Makroökonomik; Berlin.

NAGAR, A. G. (1962), Double k-class Estimators of Parameters in Simultaneous Equations and Their Small Sample Properties; International Economic Review, Vol. 3, S. 168-188.

NAKAMURA, A. UND NAKAMURA, M. (1978), On the Impact of the Tests for Serial Correlation upon the Test of Significance for the Regression Coefficients; Journal of Econometrics, Vol. 7, S. 199-210.

NERLOVE, M. (1972), Lags in Economic Behavior; Econometrica, Vol. 40, S. 221-251.

NEUDECKER, H. (1977), Bounds for the Bias of the Least Squares Estimator of σ^2 in the Case of a First-Order Autoregressive Process (Positive Autocorrelation); Econometrica, Vol. 45, S. 1257-1262.

NEUDECKER, H. (1978) Bounds for the Bias of the LS Estimator of σ^2 in the Case of a First-Order (Positive) Autoregressive Process when the Regression Contains a Constant Term; Econometrica, Vol. 46, S. 1223-1226.

V. NEUMANN, J. (1941), Distribution of the Ratio of the Mean Square Successive Difference to the Variance; Annals of Mathematical Statistics, Vol. 12, S. 367-395.

OBERHOFER, W. (1984), Lineare Algebra für Wirtschaftswissenschaftler, 2. Aufl.; München, Wien.

OSBORN, D. R., CHUI, A. P. L., SMITH, J. P. UND BIRCHENHALL, C. R. (1988), Seasonality and the Order of Integration for Consumption; Oxford Bulletin of Economics and Statistics, Vol. 50, S. 361-377.

OTT, A. E. (1979), Einführung in die dynamische Wirtschaftstheorie, 3. Aufl.; Göttingen.

OWEN, A. D. (1976), A Proof that both the Bias and the Mean Square Error of the Two-Stage-Least Squares Estimator are monotonically Non-Decreasing Functions of Sample Size; Econometrica, Vol. 44, S. 409-411.

PARK, R. E. (1966), Estimation with Heteroscedastic Error Terms; Econometrica, Vol. 34, S. 888.

PETROV, P. R. UND CSAKI, F. (eds.) (1973), 2nd International Symposium on Information Theory; Budapest.

POLLOCK, D. S. G. (1979), The Algebra of Econometrics; Chichester u.a.

POPPER, K. R. (1969), Logik der Forschung, 3. vermehrte Auflage; Tübingen.

POWELL, A. A. UND WILLIAMS, R. A. (1973), Econometric Studies of Macro and Monetary Relations; Amsterdam, London.

QUANDT, R. E. (1965), On Certain Small Sample Properties of k-Class Estimators; International Economic Review, Vol. 6, S. 92-104.

RAMSEY, J. B. (1969), Tests for Specification Errors in Classical Linear Least-Squares Regression Analysis; Journal of the Royal Statistical Society, Reihe B, Vol. 31, S. 350-371.

RICHMOND, J. (1974), Identifiability in Linear Models; Econometrica, Vol. 42, S. 731-736.

RINNE, H. (1976), Ökonometrie; Stuttgart.

RONNING, G. (1991), Mikroökonometrie; Berlin u.a.

ROTHENBERG, T. J. UND LEENDERS, C. T. (1964), Efficient Estimation of Simultaneous Equation System; Econometrica, Vol. 32, S. 57-76.

RUTEMILLER, H. C. UND BOWERS, D. A. (1968), Estimation in a Heteroscedastic Regression Model; Journal of the American Statistical Society, S. 552-557.

SAMUELSON, P. A. (1939), Interactions Between the Multiplier Analysis and the Principle of Acceleration; Review of Economics ans Statistics, Vol. 21, S. 75-78. Wiederabgedruckt in: WEBER, W. (Hrsg.) (1967), Konjunktur und Beschäftigungstheorie; Köln, Berlin, 1967, S. 235-274.

SARGAN, J. D. (1961), The Maximum Likelihood Estimation of Economic Relationships with Autoregressive Residuals; Econometrica, Vol. 29, S. 414-426.

SAWA, T. (1972), Finite-Sample Properties of the k-Class Estimators, Econometrica, Vol. 40, S. 653-680.

SCHAICH, E. UND BRACHINGER, H. W. (1999), Studienbuch Ökonometrie, 2. Aufl.; München.

SCHMIDT, P. (1976), Econometrics; New York, Basel.

SCHNEEWEISS, H. (1990), Ökonometrie, 4. Aufl.; Heidelberg.

SCHNEEWEISS, H. UND MITTAG, H.-J. (1986), Lineare Modelle mit fehlerbehafteten Daten; Heidelberg, Wien.

SCHÖNFELD, P. (1969), Methoden der Ökonometrie, Bd. 1: Lineare Regressionsmodelle; Berlin, Frankfurt.

SCHÖNFELD, P. (1971), Methoden der Ökonometrie, Bd. 2: Stochastische Regressoren und simultane Gleichungen; München.

SCHULTZ, H. (1938), Theory and Measurement of Demand; Chicago.

SCHWARZ, G. (1978), Estimating the Dimension of a Model; Annals of Statistics, Vol. 6, S. 461- 464.

SEIBT, H. (1968), Schätzung und Prognose bei simultanen Gleichungsmodellen: Eine Monte Carlo-Untersuchung; Göttingen.

SEIFERT, H. (1969), Einführung in die Wissenschaftstheorie I; München.

SELLEKAERTS, W. (1974), Econometrics and Econometric Theory; London, Basingstoke.

SILVEY, S. D. (1969), Multicollinearity and Imprecise Estimation; Journal of the Royal Statistical Society, Reihe B, Vol. 31, S. 539-552.

SIMON, H. A. (1953), Causal Ordering and Identifiability; in: HOOD und KOOPMANS (eds.) (1953), S. 49-74.

SIMS, C. A. (1980), Macroeconomics and Reality; Econometrica, Vol. 48, S. 1-48.

SMITH, V. K. (1971), A Comparative Tabular Survey of Monte Carlo and Exact Sampling Studies; American Economic Review, Vol. 61, S. 196-202.

SOWEY, E. R. (1973), A Classified Bibliography of Monte Carlo Studies in Econometrics; Journal of Econometrics, Vol. 1, S. 377-395.

SPENCER, B. G. (1975), The Small Sample Bias of Durbin's Tests for Serial Correlation When One of the Regressors is the Lagged Dependent Variable and the Null Hypothesis is True; Journal of Econometrics, Vol. 3, S. 249-254.

STEGMÜLLER, W. (1973), Personelle und statistische Wahrscheinlichkeit, 2. Halbband: Statistisches Schließen, Statistische Begründung, Statistische Analyse; Berlin u.a.

STEWART, J. (1976), Understanding Econometrics; London.

STIGUM, B. P. (1976), Least Squares and Stochastic Difference Equations; Journal of Econometrics, Vol. 4, S. 349-370.

STOCK, J. H. (1987), Asymptotic Properties of Least Squares Estimators of Co-Integrated Vectors; Econometrica, Vol. 55, S. 1035-1056.

STÖWE, H. (1959), Ökonometrie und makroökonomische Theorie; Stuttgart.

STÖWE, H. (1977), Ökonometrie; Meisenheim.

STREISSLER, E. W. (1970), Pitfalls in Econometric Forecasting; London.

STROTZ, R. H. UND WOLD, H. O. A. (1960), A Triptych on Causal Chain Systems, Part 1111; Econometrica, Vol. 28, S. 417-463.

STUDENMUND, A. H. UND CASSIDY, H. J. (2000), Using Econometrics, 4. Aufl.; Oxford.

SUMMERS, R. (1965), A Capital Intensive Approach to the Small Sample Properties of Various Simultaneous Equation Estimators; Econometrica, Vol. 33, S. 1-41.

SUITS, D. B. (1957), The Use of Dummy Variables in Regression Equations, Journal of the American Statistical Association, Vol. 52, S. 548-551.

THEIL, H. (1953), Estimation and Simultaneous Correlation in Complete Equation Systems; Den Haag.

THEIL, H. (1961), Economic Forecasts and Policy, 2. Aufl.; Amsterdam.

THEIL, H. (1965), The Analysis of Disturbances in Regression Analysis; Journal of the American Statistical Association, Vol. 60, S. 1067-1079.

THEIL, H. (1966), Applied Economic Forecasting; Amsterdam.

THEIL, H. (1971), Principles of Econometrics; New York u.a.

THEIL, H. UND NAGAR, A. L. (1961), Testing the Independence of Regression Disturbances; Journal of the American Statistical Association, Vol. 56, S. 793-806.

THEIL, H., BOOT, J. C. G. UND KLOEK, T. (1971), Prognosen und Entscheidungen. Einführung in die Unternehmensforschung und Ökonometrie; Opladen.

TINBERGEN, J. (1940), Econometric Business Cycle Research; The Review of Economic Studies, Vol. 7, S. 73-90.

TINBERGEN, J. (1952), Einführung in die Ökonometrie; Wien, Stuttgart.

TINTNER, G. (1952), Econometrics; New York.

TINTNER, G. (1960), Handbuch der Ökonometrie; Berlin u.a.

TINTNER, G. (1969), Economic Models, Estimation and Risk Programming; Berlin u.a.

TINTNER, G. UND SENGUPTA, J. K. (1972), Stochastic Economics, New York.

VALAVANIS, ST. (1959), Econometrics: An Introduction to Maximum Likelihood Methods; New York u.a.

VERBECK, M. (2000), A Guide to Modern Econometrics; Chichester u.a.

WAGNER, H. M. (1958), A Monte Carlo Study of Estimates of Simultaneous Linear Structural Equations; Econometrica, Vol. 26, S. 117-133.

WALLIS, K. F. (1967), Lagged Dependent Variables and Serial Correlated Errors: A Reappraisal of Three-Pass Least Squares; The Review of Economics and Statistics, Vol. 49, S. 555-567.

WALLIS, K. F. (1972a), Introductory Econometrics; London.

WALLIS, K. F. (1972b), Testing for Fourth Order Autocorrelation in Quarterly Regression Equations; Econometrica, Vol. 40, S. 617-636.

WALTERS, A. A. (1970), An Introduction to Econometrics, 2. Aufl.; London.

WHITE, H. (1980), A Heteroskedasticity-Consistent Covariance Matrix Estimator and a Direct Test for Heteroskedasticity; Econometrica, Vol. 48, S. 817-838.

WOLD, H. O. A. (1966), A Fix-Point Theorem with Econometric Background; Archiv für Mathematik, S. 209-240.

WOLD, H. O. A. (ed.) (1967), Econometric Model Building, 2. Aufl.; Amsterdam.

ZELLNER, A. UND GEISEL, M. S. (1970), Analysis of Distributed Lag Models with Applications to Consumption Function Estimation; Econometrica, Vol. 38, S. 865-888.

ZELLNER, A. UND THEIL, H. (1962), Three-Stage Least Squares: Simultaneous Estimation of Simultaneous Equations; Econometrica, Vol. 30, S. 54-78.

Ökonometrische Gesamtmodelle

EVANS, M. K., An Econometric Model of the French Economy; Paris, 1969.

EVANS, M. K., An Econometric Model of the Israeli Economy; Econometrica, Vol. 38, S. 624-660, 1970.

FLEISSNER, P., FÜRST, E., LÖSCHNER, E., SCHEBECK, F., SCHLEICHER, S., SCHWÖDIAUER, G. und WINTER, H., Modell „Österreich I" Ein makroökonometrisches Prognose- und Entscheidungsmodell, Teil I und II, Forschungsberichte Nr. 44 und 45 des Instituts für Höhere Studien und Wirtschaftliche Forschung, Wien, 1970.

GAHLEN, B. UND SAILER, M., Macroeconometric Models of the West German Economy; Berlin, 1985.

GÜLICHER, H., Ein einfaches ökonometrisches Dezisionsmodell zur Beurteilung der quantitativen Auswirkungen einiger wirtschaftspolitischer Maßnahmen für die Wirtschaft der Bundesrepublik Deutschland; Zeitschrift für Staatswissenschaften, Vol. 117, S. 56-85, 1961.

HANSEN, G., ECHLER, R., GUMBART, R., JANSSEN, M., MOUSLY, M., WESTPHAL, U., BEZIKOFER, M., BOCK, B., VON WÜLFINGEN, E., KRÖGER, J., NEUTMANN, D., PAULY, P., PALINKAS, P. UND SCHÖBERL, M., Vierteljährliches makroökonomisches „System for Simulation and Forecasting" SYSIFO-, SISIFO-Forschungsberichte der Universitäten Frankfurt und Hamburg, 1977.

HEILEMANN, U., The RWI Econometrie Short-Term Model: Practice and Problems; in: GAHLEN und SAILER (Hrsg.), S. 189-202, 1985.

HIGGINS, C. L. UND FITZGERALD, U. W., An Econometric Model of the Australian Economy; Journal of Econometrics, Vol. 1, S. 229-265, 1973.

JAHNKE, W., Ökonometrisches Modell der Deutschen Bundesbank für die Bundesrepublik Deutschland; Frankfurt, (unveröffentlicht), 1976.

KLEIN, L. R. UND GOLDBERGER, A. S., An Econometric Model of the United States 1929-1952; Amsterdam, 1955.

KLEIN, L. R., BOLL, R. J., HAZELWOOD, A. UND VANDORNE, P., An Econometric Model of the United Kingdom; Oxford, 1961.

KÖNIG, H. UND TIMMERMANN, V., Ein ökonometrisches Modell für die Bundesrepublik Deutschland 1950-1960; Zeitschrift für die gesamte Staatswissenschaft, Vol. 118, S. 598-652, 1962.

KRELLE, W., Erfahrungen mit einem ökonometrischen Prognosemodell für die Bundesrepublik Deutschland; Meisenheim, 1974.

KRELLE, W., MARTIENSEN, J., OBERHOFER, W., SANDERMANN, G. UND SCHLOENBACH, K., An Extended Version of the Prognostication Model for the West Germany Economy, (Model 3) - The Model and its Prognostications; Discussion Papers, Bonn u.a., 1970.

LÜDEKE, D., Ein ökonometrisches Vierteljahresmodell für die Bundesrepublik Deutschland; Tübingen, 1969.

MARTIENSEN, J., Ein ökonometrisches Vierteljahresmodell des Geld- und Kreditsektors für die BRD; Meisenheim, 1975.

MENGES, G., Ein ökonometrisches Modell der Bundesrepublik Deutschland (vier Strukturgleichungen); 1170-Studien, München, S. 1-23, 1959.

MENGES, G., ZWERT, R. UND HEILIG, B., Das Heidelberger Modell. Ein erster Bericht über ein neues ökonometrisches Modell der Bundesrepublik Deutschland; Statistische Hefte, Vol. 17, 1976.

SHAPIRO, H. T., Macroeconomic Models of the Soviet Union and Eastern European Economies: A Tabular Survey; Econometrica, Vol. 45, S. 1747-1766, 1977.

TEWES, T. UND SCHMIDT, R., Ökonometrisches Modell für die Bundesrepublik Deutschland; Kiel, 1977.

UEBE, G., HUBER, G. UND FISCHER, J., Macroeconometric Models – International Bibliography; Aldershot, 1989.

VAN DER WERF, D., Die Wirtschaft der Bundesrepublik in 19 Verhaltensgleichungen; IFO-Studien, Vol. 21, S. 75-117, 1975.

Sachverzeichnis